기적처럼 재미있는 웹 프로그래밍

미라클 HTML5+ CSS3+ 자바스크립트

지은이 **조성호** zoch@hs.ac.kr

중학생 때 아버지에게 애플 II 컴퓨터를 선물 받은 것을 계기로 한국외국어대학교 전산학과에 진학한 후 고려대학교 컴퓨터학과에서 석사와 박사 학위를 취득했다. 현재 한신대학교 소프트웨어융합학부 교수로 재직 중이다. 기계만 보면 직접 만져보고 뜯어봐야 직성이 풀린다. 또 컴퓨터, 사진, 자동차, 음악 등에 관심이 많으며, 프로그램으로 무언가 만드는 일을 좋아한다. 저서로는 『IT 세상을 만나는 컴퓨터 개론(2판)』(한빛아카데미, 2024), 『쉽게 배우는 운영체제(2판)』(한빛아카데미, 2023), 『스티브 잡스는 왜 오징어 게임을 죽였을까?』(생능북스, 2023)가 있다.

미라클 HTML5+CSS3+자바스크립트

초판발행 2024년 7월 11일
2쇄발행 2025년 9월 1일

지은이 조성호 / **펴낸이** 전태호
펴낸곳 한빛아카데미(주) / **주소** 서울시 서대문구 연희로2길 62 한빛아카데미(주) 2층
전화 02-336-7112 / **팩스** 02-336-7199
등록 2013년 1월 14일 제2017-000063호 / **ISBN** 979-11-5664-033-2 93000

총괄 박현진 / **책임편집** 김성무 / **기획·편집** 안비단 / **교정** 윤미현 / **진행** 안비단
디자인 표지 조현덕 내지 박정우 / **전산편집** 이소연 / **삽화** 김주리 / **제작** 박성우, 김정우
영업 김호철, 김태진, 김성삼, 이정훈, 임현기, 이성훈, 김주성, 심지연

이 책에 대한 의견이나 오탈자 및 잘못된 내용은 출판사 홈페이지나 아래 이메일로 알려주십시오.
파본은 구매처에서 교환하실 수 있습니다. 책값은 뒤표지에 표시되어 있습니다.
홈페이지 www.hanbit.co.kr / 이메일 question@hanbit.co.kr

Published by HANBIT Academy, Inc. Printed in Korea

MIRACLE

★★ 기적처럼 재미있는 웹 프로그래밍 ★★

미라클 HTML5+ CSS3+ 자바스크립트

조성호 지음

한빛아카데미
Hanbit Academy, Inc.

한 권으로 쉽게 배우는 최신 웹 프로그래밍 입문서

HTML, CSS, 자바스크립트를 사용하는 웹 프로그래밍은 C 언어나 자바를 사용하는 일반 프로그래밍과는 결이 다릅니다. 일반 프로그래밍에서는 문제를 해결하는 기능에 집중하지만, 웹 프로그래밍에서는 내용을 전달하는 방법에 초점을 맞춥니다. 예를 들어 자동차와 관련된 프로그램을 만들 때 일반 프로그래밍에서는 자동차를 움직이거나 세우는 기능을 구현합니다. 반면 웹 프로그래밍에서는 자동차의 장점을 부각하는 웹 페이지를 만들어 소비자의 구매를 유도합니다.

● 웹 프로그래밍을 처음 배우는데 어렵지 않을까요?

여러분은 웹 서버의 존재를 알고 있지만 웹 서버가 무엇인지 한 마디로 설명하기는 쉽지 않을 것입니다. 책이나 위키백과에서 웹 서버에 대하여 찾아봐도 어려운 말로 정의되어 있습니다. 『미라클 HTML5+CSS3+자바스크립트』는 암기를 위한 지식을 나열하지 않고, 쉽게 이해할 수 있도록 풀어 설명했습니다. 기술이 만들어진 배경부터 소개한 다음 기술의 특징을 제시함으로써 독자가 자연스럽게 깨우치도록 했습니다. 그러니 억지로 외우려 하지 않아도 "웹 서버란 웹 데몬(HTTPD)이 설치된 컴퓨터"라고 떠올리게 됩니다. 1부의 HTML, 2부의 CSS, 3부의 자바스크립트 기술을 설명하는 데에 모두 이러한 전개 방식을 적용했습니다. 그래서 천천히 책을 읽으면서 예제를 따라 하는 것만으로도 웹 프로그래밍 기술을 충분히 익힐 수 있습니다.

● 무료로 제공되는 'miracle 웹 시스템'이란 무엇인가요?

대부분의 대학 강의는 큰 화면에 띄운 강의자료를 중심으로 진행됩니다. 혼자 공부하더라도 책을 읽으면서 예제의 출력 결과를 살펴보는 것이 전부입니다. 기존의 책으로 공부할 때는 폴더를 뒤져서 예제 소스 코드를 실행한 후에야 결과를 확인할 수 있어서 불편했습니다. 그래서 이 책의 부록인 'miracle 웹 시스템'에 책의 모든 예제를 담았습니다. 클릭 한 번으로 HTML 소스 코드와 출력 결과를 전환하여 태그의 작동 원리를 한눈에 파악할 수 있습니다. 또한 웹 서버에 구현되는 폴더의 구조를 파악하고 경로 개념을 이해할 수 있습니다.

● 이해하기 쉬운 설명 외에 다른 책과의 차별점이 있나요?

HTML5 웹 페이지는 글씨만 있는 책이 아니라 멀티미디어를 표현하는 그림책과 같습니다.

또한 웹 페이지에서 이벤트를 통해 사용자와 상호작용할 수도 있습니다. 그래서 웹 프로그래밍에서 코드 작성과 더불어 디자인과 사용자 경험(UX) 또한 중요한 요소입니다. 그럼에도 기존의 책은 웹 페이지 색상이나 그림 파일의 수준이 그리 높지 않았습니다. 이 책을 쓰면서 본문뿐 아니라 실습 화면에 나타낼 사진 한 장, 선 하나의 색에까지 심혈을 기울여서 보기 좋은 웹 페이지가 되도록 신경 썼습니다. 인터넷에서 수천 장의 사진 중 수준 높은 사진만을 모았고 이미지 크기를 서로 비슷하게 맞췄습니다. 또한 배색 사이트를 이용하여 예제에 사용할 색상을 조합했습니다.

● 웹 페이지 제작 실습을 쉽게 하는 방법이 있나요?

혼자서 웹 페이지를 만들려면 적당한 이미지를 찾는 데에 시간을 많이 소모하게 됩니다. 또한 과제로 학생들에게 웹 페이지를 만들어 제출하도록 하면 강의자는 수많은 HTML과 이미지 파일을 받게 됩니다. 수십 명의 학생 이름으로 폴더를 만들어 일일이 결과를 확인하기란 쉽지 않습니다. 그래서 이 책에서는 미니 프로젝트로 '나만의 햄버거 이야기', '나만의 동물 이야기'와 같은 주제를 구성하고 주제와 관련 있는 350여 장의 이미지를 제공합니다. 학생들은 마음에 드는 이미지를 골라 자신만의 웹 페이지를 만들면 됩니다. 강의자는 학생으로부터 HTML 파일 하나씩만 받아 결과를 편리하게 확인할 수 있습니다.

● 더 깊이 배우려면 어떻게 공부해야 할까요?

'miracle 웹 시스템'을 열면 처음에는 단순한 웹 페이지가 나타납니다. 실망하지 마세요! 마우스 커서를 여기저기에 올리면 놀라운 일이 일어납니다. 책에서 설명한 기술들을 응용하여 웹 페이지 구석구석에 다양한 변화 요소를 첨가했습니다. 박스가 튀어나오는 듯 보이거나, 없던 글자가 나타나거나, 박스 테두리와 배경색이 변합니다. 특히 [falling snow] 버튼을 누르면 화면 가득히 눈이 내립니다. 또한 12장 '도전! 프로젝트'에는 경마 게임, 무지개 문자열, 슬롯머신과 같이 재미있는 도전 과제가 마련되어 있습니다. 이러한 코드를 분석함으로써 책으로 학습한 내용을 확장하고 응용하는 법을 배울 수 있습니다.

저와 한빛아카데미(주)는 많은 웹 프로그래밍 책에서 그동안 구현하지 못했던 부분을 보강하여 종합선물세트 같은 책을 만들었습니다. 많은 부분에 신경 쓰며 준비하다 보니 출간까지 오랜 시간이 걸렸습니다. 우리의 노력이 웹 프로그래밍을 가르치거나 배우려는 분들에게 놀라운 경험으로 다가가기를 바랍니다.

지은이 **조성호**

이 책의 구성 요소

[본문]

HTML, CSS, 자바스크립트의 기능을 이해하기 쉽게 설명합니다. 복잡한 개념이나 예제는 그림과 말풍선으로 풀어 해설합니다.

[Know-how]

여러분이 앞으로 웹 프로그래밍을 계속할 때 도움이 될 지식과 디자인 노하우를 알려줍니다.

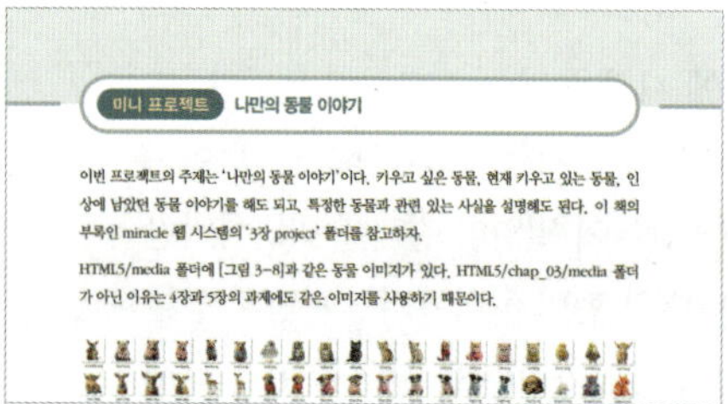
미니 프로젝트 나만의 동물 이야기

이번 프로젝트의 주제는 '나만의 동물 이야기'이다. 키우고 싶은 동물, 현재 키우고 있는 동물, 인상에 남았던 동물 이야기를 해도 되고, 특정한 동물과 관련 있는 사실을 설명해도 된다. 이 책의 부록인 miracle 웹 시스템의 '3장 project' 폴더를 참고하자.

HTML5/media 폴더에 [그림 3-8]과 같은 동물 이미지가 있다. HTML5/chap_03/media 폴더가 아닌 이유는 4장과 5장의 과제에도 같은 이미지를 사용하기 때문이다.

[미니 프로젝트]

이 책의 1부와 2부에는 미니 프로젝트가 마련되어 있습니다. 장이 끝날 때마다 자신만의 이야기를 담은 웹 페이지를 작성하여 과제로 제출하도록 했습니다.

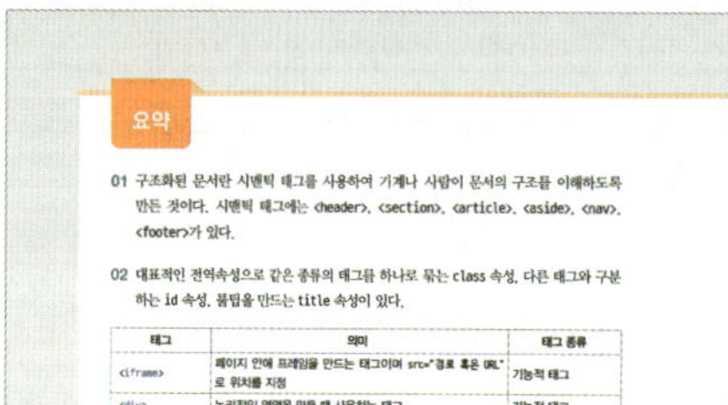
요약

01 구조화된 문서란 시맨틱 태그를 사용하여 기계나 사람이 문서의 구조를 이해하도록 만든 것이다. 시맨틱 태그에는 <header>, <section>, <article>, <aside>, <nav>, <footer>가 있다.

02 대표적인 전역속성으로 같은 종류의 태그를 하나로 묶는 class 속성, 다른 태그와 구분하는 id 속성, 풍팁을 만드는 title 속성이 있다.

태그	의미	태그 종류
<iframe>	페이지 안에 프레임을 만드는 태그이며 src="경로 혹은 URL"로 위치를 지정	기능적 태그
<div>	논리적인 영역을 만들 때 사용하는 태그	기능적 태그

[요약]

장 하나를 학습한 후에 해당 장의 핵심 내용을 정리할 수 있습니다.

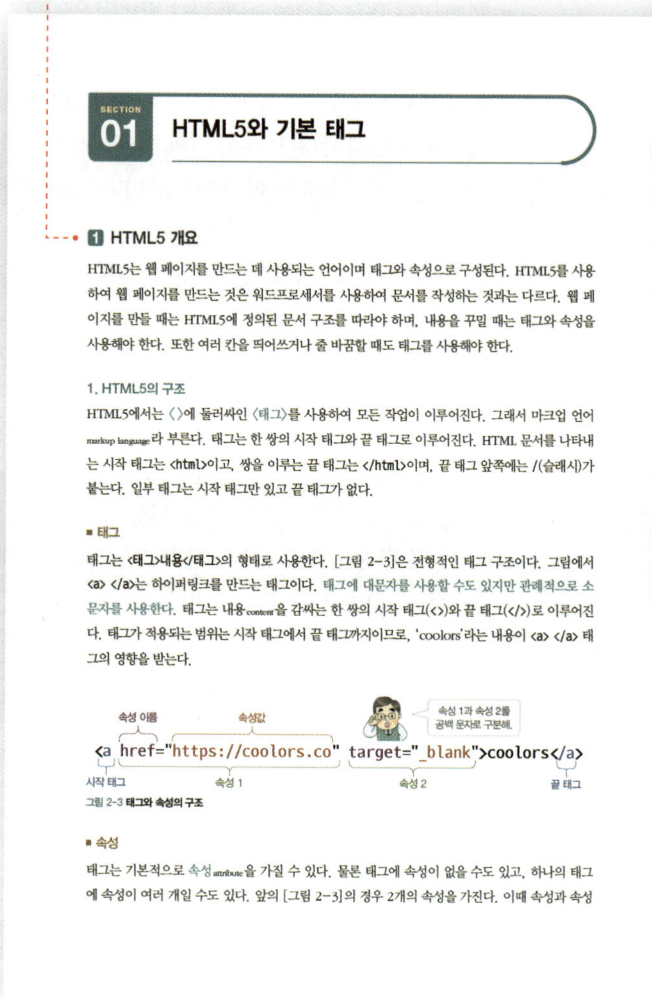
SECTION 01 HTML5와 기본 태그

1 HTML5 개요

HTML5는 웹 페이지를 만드는 데 사용되는 언어이며 태그와 속성으로 구성된다. HTML5를 사용하여 웹 페이지를 만드는 것은 워드프로세서를 사용하여 문서를 작성하는 것과는 다르다. 웹 페이지를 만들 때는 HTML5에 정의된 문서 구조를 따라야 하며, 내용을 꾸밀 때는 태그와 속성을 사용해야 한다. 또한 여러 칸을 띄어쓰거나 줄 바꿈할 때도 태그를 사용해야 한다.

1. HTML5의 구조

HTML5에서는 〈 〉에 둘러싸인 〈태그〉를 사용하여 모든 작업이 이루어진다. 그래서 마크업 언어markup language라 부른다. 태그는 한 쌍의 시작 태그와 끝 태그로 이루어진다. HTML 문서를 나타내는 시작 태그는 <html>이고, 쌍을 이루는 끝 태그는 </html>이며, 끝 태그 앞쪽에는 /(슬래시)가 붙는다. 일부 태그는 시작 태그만 있고 끝 태그가 없다.

■ 태그

태그는 <태그>내용</태그>의 형태로 사용한다. [그림 2-3]은 전형적인 태그 구조이다. 그림에서 <a> </a>는 하이퍼링크를 만드는 태그이다. 태그에 대문자를 사용할 수도 있지만 관례적으로 소문자를 사용한다. 태그는 내용content을 감싸는 한 쌍의 시작 태그(<>)와 끝 태그(</>)로 이루어진다. 태그가 적용되는 범위는 시작 태그에서 끝 태그까지이므로, 'coolors'라는 내용이 <a> </a> 태그의 영향을 받는다.

속성 이름 / 속성값 / 속성 1과 속성 2를 공백 문자로 구분해.

```
<a href="https://coolors.co" target="_blank">coolors</a>
```

시작 태그 / 속성 1 / 속성 2 / 끝 태그

그림 2-3 태그와 속성의 구조

■ 속성

태그는 기본적으로 속성attribute을 가질 수 있다. 물론 태그에 속성이 없을 수도 있고, 하나의 태그에 속성이 여러 개일 수도 있다. 앞의 [그림 2-3]의 경우 2개의 속성을 가진다. 이때 속성과 속성

[예제]

본문에서 설명한 기능이 실제 웹 페이지에서 어떻게 활용되는지 살펴봅니다. 부록 'miracle 웹 시스템'에서도 소스 코드와 실행 결과를 확인할 수 있습니다.

[여기서 잠깐]

참고로 알아두면 좋은 내용, 해당 장의 학습목표에서 조금 더 나아간 개념을 소개합니다.

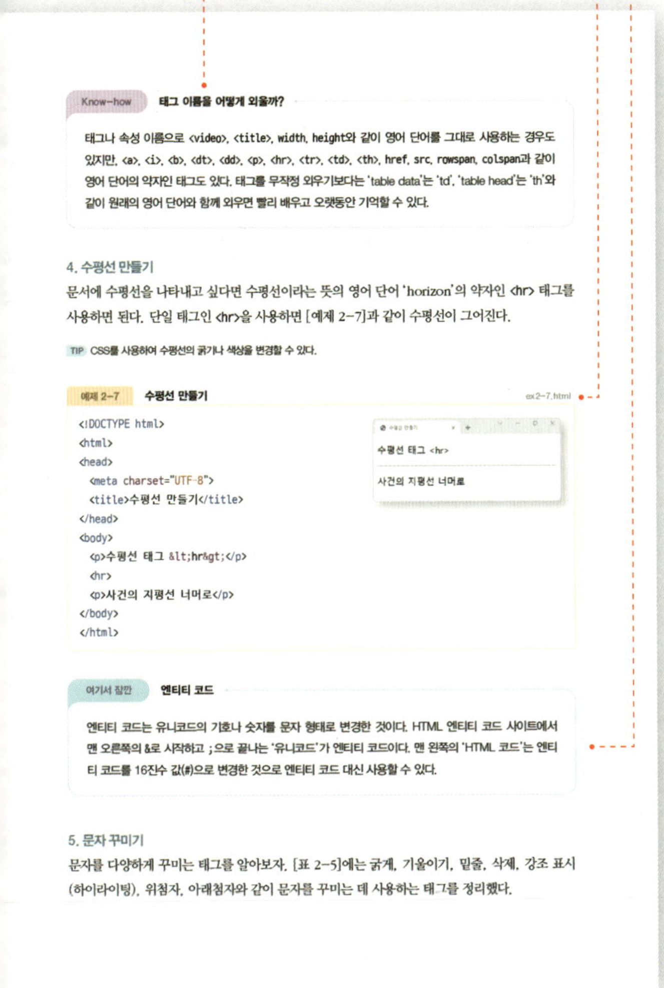

Know-how **태그 이름을 어떻게 외울까?**

태그나 속성 이름으로 <video>, <title>, width, height와 같이 영어 단어를 그대로 사용하는 경우도 있지만, <a>, <i>, <b>, <dt>, <dd>, <p>, <hr>, <tr>, <td>, <th>, href, src, rowspan, colspan과 같이 영어 단어의 약자인 태그도 있다. 태그를 무작정 외우기보다는 'table data'는 'td', 'table head'는 'th'와 같이 원래의 영어 단어와 함께 외우면 빨리 배우고 오랫동안 기억할 수 있다.

4. 수평선 만들기

문서에 수평선을 나타내고 싶다면 수평선이라는 뜻의 영어 단어 'horizon'의 약자인 <hr> 태그를 사용하면 된다. 단일 태그인 <hr>을 사용하면 [예제 2-7]과 같이 수평선이 그어진다.

TIP CSS를 사용하여 수평선의 굵기나 색상을 변경할 수 있다.

예제 2-7 **수평선 만들기** ex2-7.html

```
<!DOCTYPE html>
<html>
<head>
  <meta charset="UTF-8">
  <title>수평선 만들기</title>
</head>
<body>
  <p>수평선 태그 &lt;hr&gt;</p>
  <hr>
  <p>사건의 지평선 너머로</p>
</body>
</html>
```


여기서 잠깐 **엔티티 코드**

엔티티 코드는 유니코드의 기호나 숫자를 문자 형태로 변경한 것이다. HTML 엔티티 코드 사이트에서 맨 오른쪽의 &로 시작하고 ;으로 끝나는 '유니코드'가 엔티티 코드이다. 맨 왼쪽의 'HTML 코드'는 엔티티 코드를 16진수 값(#)으로 변경한 것으로 엔티티 코드 대신 사용할 수 있다.

5. 문자 꾸미기

문자를 다양하게 꾸미는 태그를 알아보자. [표 2-5]에는 굵게, 기울이기, 밑줄, 삭제, 강조 표시(하이라이팅), 위첨자, 아래첨자와 같이 문자를 꾸미는 데 사용하는 태그를 정리했다.

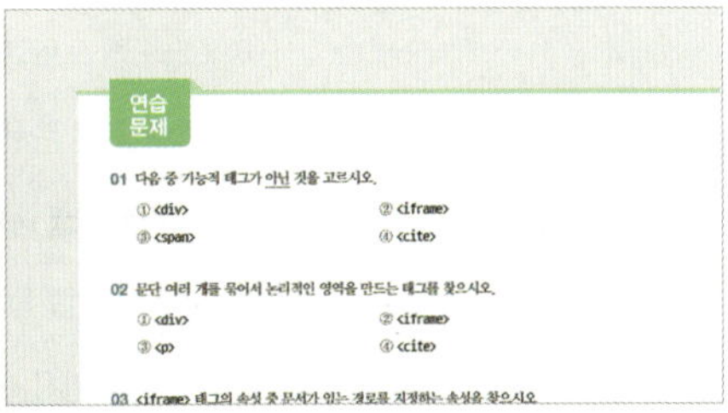

연습문제

01 다음 중 기능적 태그가 아닌 것을 고르시오.

① <div> ② <iframe>
③ <span> ④ <cite>

02 문단 여러 개를 묶어서 논리적인 영역을 만드는 태그를 찾으시오.

① <div> ② <iframe>
③ <p> ④ <cite>

03 <iframe> 태그의 속성 중 문서가 있는 경로를 지정하는 속성을 찾으시오.

[연습문제]

이론을 잘 이해했는지 4지선다형 연습문제로 확인하고, 실습형 연습문제로 소스 코드를 읽거나 직접 작성합니다.

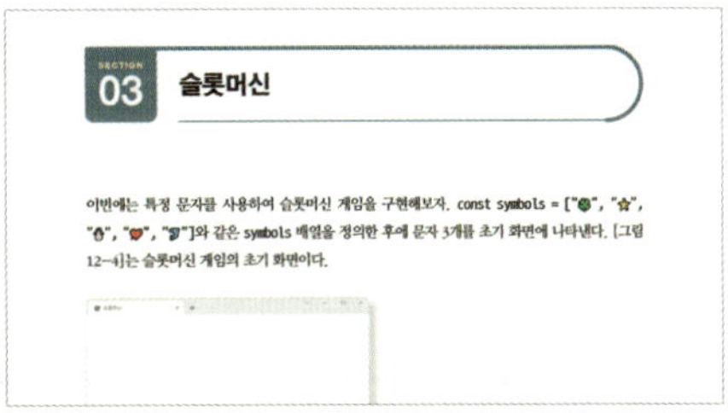

SECTION 03 슬롯머신

이번에는 특정 문자를 사용하여 슬롯머신 게임을 구현해보자. const symbols = ["[illegible]", "[illegible]", "[illegible]", "[illegible]", "[illegible]"]와 같은 symbols 배열을 정의한 후에 문자 3개를 초기 화면에 나타낸다. [그림 12-4]는 슬롯머신 게임의 초기 화면이다.

[도전! 프로젝트]

이 책의 마지막 장은 배운 내용을 종합하여 해결하는 프로젝트입니다. 먼저 주어진 기능을 구현한 다음 자유롭게 변형하여 개성 있는 웹 페이지를 만들도록 했습니다.

컴퓨터 전공자 대상 강의계획표

16주 강의를 기준으로 강의계획표를 다음과 같이 구성했습니다. 컴퓨터 전공자 대상의 강의에 이 계획표를 권장합니다. 빠르게 책의 모든 장을 학습할 수 있으며, 일부 예제는 강의 중에 다루지 못할 수 있습니다.

주	해당 장	강의 내용	시작일	종료일
1	1장	HTML5와 웹 프로그래밍	03/02	03/04
2	2장	HTML5로 기본 문서 만들기	/	/
3	2~3장	문서 구조화와 웹 폼	/	/
4	3장	문서 구조화와 웹 폼	/	/
5	4장	CSS3로 웹 페이지 꾸미기	/	/
6	4~5장	CSS의 고급 기능	/	/
7	5장	CSS의 고급 기능	/	/
8		중간고사	/	/
9	6장	자바스크립트 기초	/	/
10	6~7장	자바스크립트 객체 다루기	/	/
11	7장	자바스크립트 객체 다루기	/	/
12	8장	문서 객체모델	/	/
13	9장	이벤트 처리하기	/	/
14	10장	브라우저 객체모델과 반응형 웹	/	/
15	11~12장	캔버스로 그림 그리기, 도전! 프로젝트	/	/
16		기말고사	/	/

컴퓨터 비전공자 대상 강의계획표

중간 속도의 학습자를 위한 강의계획표를 다음과 같이 구성했습니다. 컴퓨터 비전공자 대상의 강의이거나, 전공자 대상의 강의이더라도 자바스크립트 강의가 별도로 개설되는 경우 이 계획표를 권장합니다. 강의 중에 모든 예제를 꼼꼼히 다룰 수 있습니다.

주	해당 장	강의 내용	시작일	종료일
1	1장	인터넷과 웹, 웹 시스템의 발전	03/02	03/04
2	1~2장	웹 페이지 제작을 위한 기초 지식, HTML5와 기본 태그	/	/
3	2장	문서 만들기	/	/
4	3장	문서 구조화	/	/
5	3장	웹 폼 만들기	/	/
6	4장	CSS 이해하기	/	/
7	4장	기본적인 CSS 사용법	/	/
8	중간고사		/	/
9	5장	레이아웃 만들기, 태그 꾸미기	/	/
10	5~6장	시각적 효과, 자바스크립트 이해하기	/	/
11	6장	조건문과 반복문, 함수와 변수 범위	/	/
12	7장	자바스크립트 객체 다루기	/	/
13	9장	이벤트 처리하기	/	/
14	10~11장	반응형 웹 만들기, 캔버스 기본 기능	/	/
15	11~12장	캔버스 고급 기능과 애니메이션, 도전! 프로젝트	/	/
16	기말고사		/	/

누구를 위한 책인가

- 웹 페이지를 제작하기 위해 HTML을 학습하려는 독자
- 웹 프로그래밍 강의 수강생

이 책의 특징

- HTML5, CSS3, 자바스크립트 표준 웹 프로그래밍을 실습할 수 있습니다.
- 8가지 '미니 프로젝트'에서는 자신만의 이야기를 담은 웹 페이지를 만듭니다. 3가지 '도전! 프로젝트'에서는 전체 내용을 종합하여 웹 페이지를 만듭니다.

학습 보조 자료

- 실습에 필요한 자료는 다음 주소에서 다운로드할 수 있습니다.
  http://www.hanbit.co.kr/src/40332
- 다운로드한 파일 중 index.html 파일을 실행합니다. miracle 웹 시스템에서 모든 예제의 소스 코드와 실행 결과를 확인할 수 있습니다.

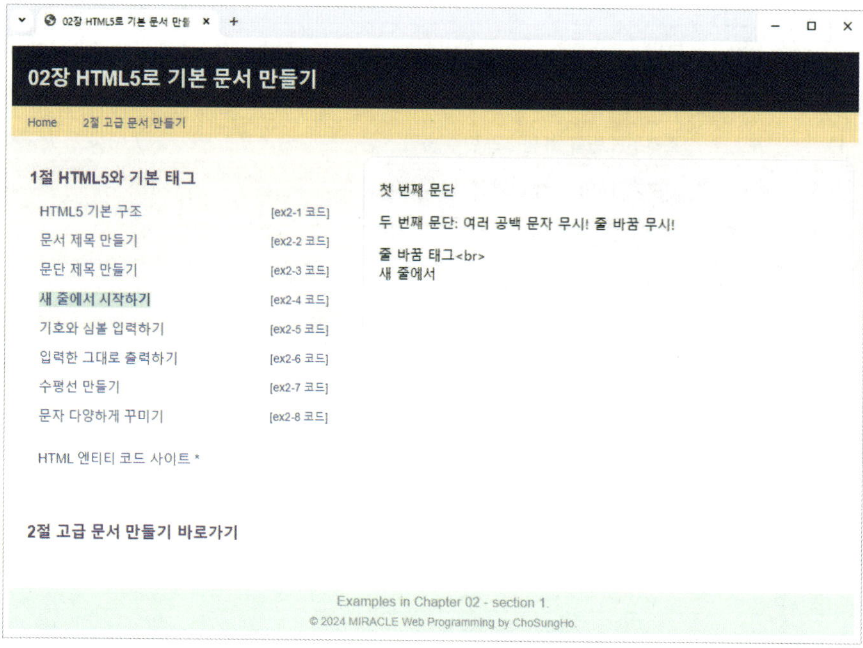

[miracle 웹 시스템 실행 화면]

실습환경

- **편집기:** 비주얼 스튜디오 코드와 같은 편집기를 권장합니다. 윈도우 운영체제의 메모장 프로그램에서도 HTML, CSS, 자바스크립트 코드를 편집하거나 저장할 수 있습니다.
- **예제 실행:** 구글 크롬 웹 브라우저를 권장합니다.

강의 보조 자료

한빛아카데미 홈페이지에서 '교수회원'으로 가입하신 분은 인증 후 교수용 강의 보조 자료를 제공받을 수 있습니다. 한빛아카데미 홈페이지 상단의 〈교수전용공간〉 메뉴를 클릭하세요.

http://www.hanbit.co.kr

연습문제 해답 안내

본 도서는 대학 강의용 교재로 개발되었으므로 연습문제 해답은 제공하지 않습니다.

무엇을 다루는가

- **1부 웹과 HTML5(1~3장)** 웹 페이지는 문서 내용과 구조를 정의하는 HTML, 문서의 디자인과 색상을 정의하는 CSS, 문서를 동적으로 만드는 자바스크립트로 구성됩니다. HTML5 표준에 정의된 문서 구조에 따라 태그와 속성을 사용해 봅니다.
- **2부 CSS3(4~5장)** 일반적으로 웹 페이지의 내용만 HTML로 작성하고 웹 브라우저 화면에 나타나는 다양한 시각적 표현은 스타일시트에 분리하여 작성합니다. CSS로 웹 페이지의 레이아웃을 만들거나 그림자와 애니메이션 같은 다양한 효과를 지정하는 방법을 알아봅니다.
- **3부 자바스크립트(6~11장)** 웹 페이지에 동적인 영역을 만들 때 자바스크립트를 사용합니다. 자바스크립트 객체의 개념을 이해하고 문서 객체모델, 브라우저 객체모델을 이용하여 복잡한 기능을 구현합니다.
- **도전! 프로젝트(12장)** 경마 게임, 색이 변하는 문자열, 슬롯머신 등 동적인 요소가 있는 웹 페이지 만들기에 도전할 수 있습니다. 스스로 조건에 맞는 코드를 작성하고 기능을 발전시킵니다.

목차

PART 01 웹과 HTML5

CHAPTER 01 HTML5와 웹 프로그래밍

CHAPTER 02 HTML5로 기본 문서 만들기

CHAPTER 03 문서 구조화와 웹 폼

PART 02 CSS3

CHAPTER 04 CSS3로 웹 페이지 꾸미기

PART 03 자바스크립트

CHAPTER 06 자바스크립트와 ES6

CHAPTER 07 자바스크립트 객체 다루기

CHAPTER 09

이벤트 처리하기

CHAPTER 10 브라우저 객체모델과 반응형 웹

CHAPTER 11 캔버스로 그림 그리기

CHAPTER 12 도전! 프로젝트

PART 01

웹과 HTML5

CONTENTS

CHAPTER 01

HTML5와 웹 프로그래밍

학습 목표

- 인터넷의 발전 과정을 살펴보고 인터넷과 웹의 정확한 의미와 차이점을 이해한다.
- 웹 시스템의 발전 과정을 이해하고 웹 시스템의 구성 요소를 알아본다.
- 웹 페이지 제작에 필요한 색상 표현 방식과 이미지 포맷과 같은 기초 지식을 살펴본다.

- 인터넷과 웹
  - 인터넷의 탄생
    - 통신의 시작
    - 인터넷의 시작
  - 웹 시스템
    - 웹의 시작
    - 웹 관련 주요 용어
    - 도메인 네임
    - 클라이언트-서버 구조
  - HTML
    - HTML의 탄생 배경
    - 웹 페이지의 구성 요소
- 웹 시스템의 발전
  - 웹 관련 기술의 발전
  - XML
  - HTML5
- 웹 페이지 제작의 기초 지식
  - 컴퓨터의 색상 표현
    - RGB 색상 표현
    - 16진수 색상 표현
  - 이미지 사용
    - 비손실 압축과 손실 압축
    - 이미지 포맷의 종류
    - 정당한 저작물 사용
  - 웹 페이지 제작 시 주의할 점
    - 파일과 폴더 구성
    - 웹 프로그래밍 연습 도구

SECTION

01 인터넷과 웹

1 인터넷의 탄생

인터넷은 전 세계를 연결하는 고속도로에 비유할 수 있다. 고속도로를 통해 도시들이 연결되면 새로운 건물이 생겨나고, 건물에는 새로운 가게들이 들어선다. 웹은 인터넷이라는 고속도로를 따라 연결된 도시에 생겨난 건물과도 같다. 건물들이 모여서 상권이 만들어지듯이 인터넷으로 연결된 웹은 새로운 문화와 산업을 발전시켰다. 인터넷의 발전 과정을 이해하고 웹과 인터넷의 차이점을 알아보자.

1. 통신의 시작

사전적인 의미의 통신communication은 의사, 감정, 정보를 한쪽에서 다른 쪽으로 전달하는 것이다. 전기를 사용하기 이전에도 통신은 있었다. 사람들 사이에 가장 일반적인 통신 방법은 대화이다. 그러나 대화는 말소리가 들리지 않는 먼 거리까지 정보를 전달할 수 없다. 멀리 있는 사람에게 정보를 전달하기 위해 우편mail이 생겨났다. 우편은 정보가 목적지에 도달하기까지 시간이 오래 걸린다. 위급한 정보를 멀리까지 신속하게 전달하기 위해 봉화가 개발되었다.

그림 1-1 **전기 발명 이전의 통신**

전기가 발명된 이후 유선 전화가 대중화되었다. 유선 전화telephone는 멀리tele까지 소리phone를 전달하는 통신 시스템이다. 그러나 유선 전화는 모든 기기를 전선으로 연결해야 하고, 이동 중에는 통신이 불가능하다는 단점이 있다. 이를 개선한 것이 무선통신 시스템이다. 무전기, 라디오, TV, 휴대전화와 같은 무선통신 기기가 개발되어 오늘날까지 사용되고 있다.

■ 데이터 통신과 프로토콜

데이터 통신data communication이란 컴퓨터와 같은 기기들끼리 데이터를 주고받는 것을 말한다. 데이터 통신이 개발되기 전에는 한 컴퓨터에서 다른 컴퓨터로 데이터를 옮기는 작업이 아주 번거로웠다. 그 당시 데이터를 옮기려면 테이프 드라이브나 플로피 디스크와 같은 저장 장치를 사용했다. 한 컴퓨터에서 테이프 드라이브에 데이터를 저장한 후, 이를 다른 컴퓨터로 가져가 다시 입력하는 방식이다. 이러한 불편함을 없애기 위해 컴퓨터를 전선으로 연결하고 데이터를 보내기 시작했다. 이것이 최초의 데이터 통신이다.

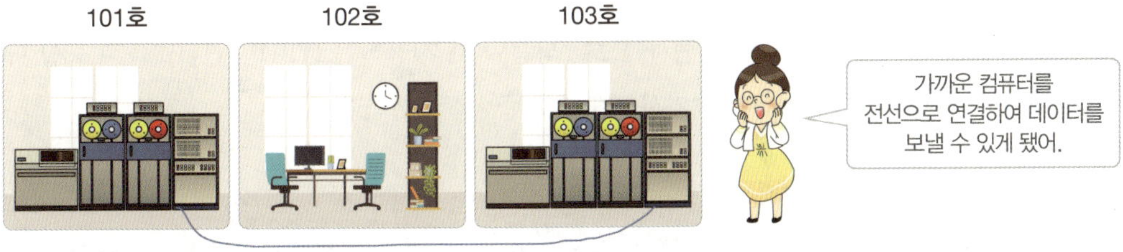

그림 1-2 전선을 이용한 데이터 전달

TIP 컴퓨터는 데이터를 처리하여 의미 있는 자료로 만드는데, 이를 정보(information)라 부른다. 따라서 IT(Information Technology), 즉 정보 기술은 데이터를 가공하여 가치 있는 정보로 만드는 모든 기술을 의미한다. 여기에 통신 기술이 빠질 수 없으므로 함께 묶어 ICT(Information and Communication Technology), 즉 정보통신 기술이라고 부른다.

통신은 컴퓨터를 전선으로 연결하는 것만으로 이루어지지 않는다. 통신하려면 누가 먼저 데이터를 보낼지, 얼마나 빠른 속도로 데이터를 보낼지 서로 약속해야 한다. 이러한 통신 약속을 **프로토콜**protocol이라 부른다. 번역하면 **통신 규약**이다. 종이컵 전화를 생각해보자. 두 사람 사이를 종이컵과 선으로 연결했다고 해서 통신이 이루어지는 것은 아니다. 한쪽에서 종이컵에 대고 말하는 동안 다른 한쪽이 종이컵을 귀에 대고 있어야 한다. 둘 다 종이컵을 입에 대고 말하거나 둘 다 종이컵을 귀에 대고 있으면 통신이 이루어지지 않는다.

그림 1-3 프로토콜을 지키지 않아 통신이 이루어지지 않는 경우

2. 인터넷의 시작

데이터 통신 초창기에는 컴퓨터 두 대를 1대 1로 연결했지만, 기술이 발전하면서 컴퓨터 여러 대를 연결해 서로 데이터를 주고받을 수 있게 되었다. 이렇게 컴퓨터 여러 대가 서로 데이터를 주고받는 통신 시스템을 컴퓨터 네트워크computer network라 부른다. 네트워크network는 그물을 뜻하는 'net'와 작업을 뜻하는 'work'의 합성어이다. 다시 말해 컴퓨터 네트워크는 그물처럼 선으로 연결된 컴퓨터들이 데이터를 주고받는 통신망을 말한다.

컴퓨터 네트워크에서 데이터를 전송하기 위해서는 두 가지 조건이 충족되어야 한다. 즉, 물리적인 연결(유·무선 통신 연결)이 있어야 하며, 통신 약속(프로토콜)이 필요하다. 네트워크 분야의 많은 용어가 P로 끝난다. 예를 들어 웹사이트를 방문할 때 사용하는 HTTP, 인터넷을 이용할 때 사용하는 TCP와 IP도 P로 끝난다. 여기서 P가 프로토콜을 의미한다.

■ 네트워크를 하나로 묶는 인터넷

인터넷internet은 컴퓨터 네트워크를 하나로 묶는 기술로 정의할 수 있다. 인터넷이 탄생하기 전에 초기 컴퓨터 네트워크는 가까운 기기만 연결하였다. 한 건물 내에 있는 컴퓨터들을 연결하거나 기껏해야 수백 미터 떨어진 컴퓨터들을 연결했다. 이렇게 짧은 거리를 연결하는 네트워크를 Local Area Network, 약어로 LAN이라 부른다. LAN은 짧게는 수 미터에서 길게는 1킬로미터 내에 있는 컴퓨터를 연결하는 근거리 네트워크이다. 현재 사람들이 사용하는 컴퓨터에는 랜카드LAN card가 달려 있는데, LAN 선으로 랜카드와 공유기를 연결하여 사용하고 있다. LAN 선을 사용하는 이유는 공유기에서 컴퓨터까지의 거리가 길어 봐야 수백 미터로 근거리이기 때문이다.

TIP 국가 전체를 연결하거나 국가와 국가 간을 연결하는 네트워크는 'Wide Area Network', 약어로 'WAN'이다. WAN은 수백 킬로미터 이상을 연결하는 장거리 네트워크이다. 통신사의 인터넷 서비스에 가입하면 외부에서 집까지 전선을 연결해주는데, 이 전선이 WAN 선이다.

LAN은 컴퓨터 사이에 데이터를 편리하게 전송한다는 이유로 급속도로 보급되었다. 그러나 LAN을 만드는 회사들이 각자의 규격을 고집하다 보니 서로 호환되지 않았다. 마치 지금의 노트북 어댑터가 서로 달라 호환되지 않는 것과 같다.

1960년대 미국 국방성에서도 LAN의 호환성 문제로 골머리를 앓았다. 군사 통신에서는 일관된 정보 전달이 생명이다. 그런데 육군, 해군, 공군이 서로 호환되지 않는 LAN을 사용했기 때문에 한 번에 명령을 전달하기가 어려웠다. 그래서 미국 국방성에서는 서로 호환되지 않는 LAN을 묶어 하나로 통합하는 연구인 ARPAAdvanced Research Project Agency 프로젝트를 진행했다. 이 연구의 결과로 새로운 구조의 네트워크가 1969년에 발표되었는데, 이것이 아파넷ARPAnet이다. 이후 아파넷은 전 세계의 대학과 연구소에 공개되어 연구나 개발 정보를 주고받는 데 사용되었다.

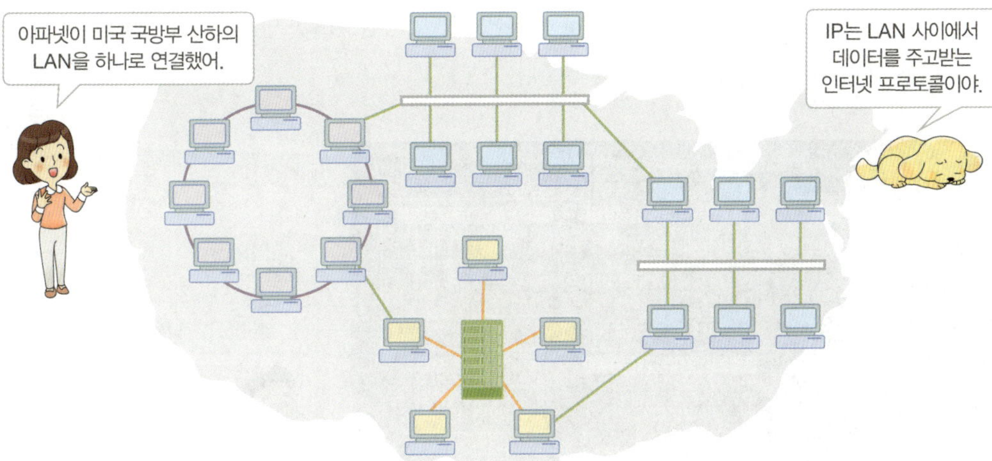

그림 1-4 다양한 LAN을 연결한 아파넷

■ IP와 TCP

아파넷은 중계기를 사용하여 서로 호환되지 않는 LAN을 하나로 연결했다. 그러나 하드웨어의 연결만으로는 통신이 이루어지지 않는다. LAN 사이에 데이터를 주고받는 통신에 대한 프로토콜이 필요했다. 그렇게 만들어진 IP는 네트워크 사이를 거쳐Inter-networking 목적지까지 데이터를 전송하는 프로토콜이 되었다.

서로 다른 종류의 LAN을 하나로 연결하여 데이터를 주고받다 보니 데이터가 사라지거나 순서가 바뀌어 전달되는 문제가 발생했다. 이러한 문제를 해결하는 프로토콜로 TCPTransmission Control Protocol가 추가되었다. 결국 인터넷은 좁은 지역만 연결하던 작은 도로에서 넓은 지역을 연결하는 하나의 큰 고속도로가 되었다. 정리하자면 인터넷을 사용한다는 것은 하나로 연결된 LAN 사이에서 TCP/IP를 사용하여 데이터를 주고받는 것이다.

2 웹 시스템

1. 웹의 시작

초창기에 인터넷은 국방용이나 연구용으로만 사용되었다. 이후 웹 브라우저의 등장과 웹 시스템의 개발은 일반인들이 인터넷에 관심을 가지는 계기가 되었다.

■ 문자 기반 인터페이스와 그래픽 사용자 인터페이스

인터넷 개발 초기의 서비스는 대부분 문자 위주였다. 채팅, 이메일, 게시판을 이용할 때 문자로만 명령을 내렸다. 일반인들도 하이텔이나 천리안과 같은 프로그램을 사용하면서 문자 기반의 명령을 사용했다. [그림 1-5]와 같은 하이텔에서 상위 메뉴로 이동하려면 P를, 초기화면으로 이동하려면 [T]를, 다음 메뉴를 선택하려면 [N]을 눌렀다. 이처럼 키보드만 사용하여 컴퓨터에 명령을 내리는 것을 문자 기반 인터페이스라 부른다.

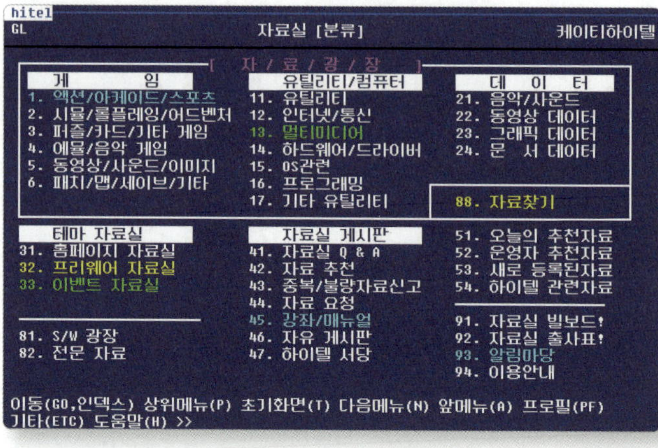

그림 1-5 하이텔의 문자 기반 인터페이스

> **여기서 잠깐** **프롬프트 방식**
>
> 챗GPT나 미드저니와 같은 생성형 인공지능에 명령을 내릴 때 조그만 창에 문자를 입력하는데, 이를 프롬프트(prompt) 방식이라 부른다. 프롬프트 방식도 문자 기반 인터페이스이다. 따라서 챗GPT에도 문자를 입력하여 명령하는 문자 기반 인터페이스가 포함되어 있다.

이후에 마우스와 그래픽 사용자 인터페이스Graphical User Interface(GUI)가 개발되어 지금과 같이 마우스를 이용하여 컴퓨터를 작동시키게 되었다. 그러나 일반인들은 그때까지만 해도 연구용으로 만들어진 인터넷에 큰 관심이 없었다.

■ 웹 브라우저

1993년 미국 일리노이대학교 NCSA 연구소에서 일하던 대학생 마크 앤드리슨Marc Andreessen과 에릭 비나Eric Bina가 모자이크라는 응용 프로그램을 개발했다. 모자이크Mosaic는 한 화면에 문자와 그림을 한꺼번에 표현할 수 있는 웹 브라우저이다. 하이텔이 글로만 이루어진 책이라면 웹 브라우저는 그림책이다. 문자만으로 밤하늘의 별자리를 설명했을 때는 이해하기 어려웠는데, 웹 브라우저에서는 사진과 함께 별자리를 설명할 수 있게 되어 표현 범위가 확대되었다.

그림 1-6 **최초의 웹 브라우저, 모자이크**

모자이크는 특정 위치에 링크link를 만들어 다른 화면과 연결할 수 있는 기능도 제공했다. 예를 들어 문서 안에서 문장 중간의 특정 단어를 클릭하면 그 단어와 연관된 페이지로 이동하는데, 문서에서 다른 문서를 연결할 때 사용하는 참조 고리를 **하이퍼링크**hyperlink라 부른다. 그리고 이러한 문서를 하이퍼텍스트라 부른다. **하이퍼텍스트**hypertext는 문자, 이미지, 하이퍼링크로 구성된 문서의 집합이다. 일반적으로 웹 페이지web page, 혹은 웹 문서라 부르는 것이 바로 하이퍼텍스트이다.

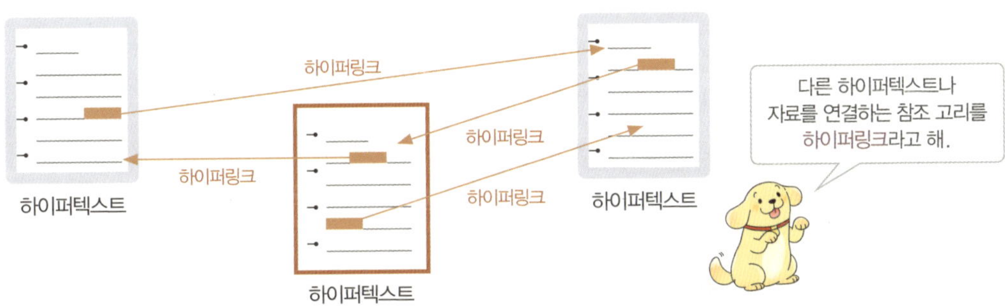

그림 1-7 **하이퍼텍스트와 하이퍼링크**

웹 브라우저web browser는 웹 서버에서 하이퍼링크를 따라 페이지를 이동하면서navigate 문서, 이미지, 동영상을 화면에 보여주는 응용 프로그램이다. 여기서 웹은 월드 와이드 웹World Wide Web을 줄인 말이다. 모자이크를 개발하던 팀이 NCSA를 나와 회사를 차렸고, 1994년 넷스케이프 내비게이터Netscape Navigator라는 웹 브라우저를 출시했다. 1995년 마이크로소프트는 넷스케이프 내비게이터를 흉내 내어 인터넷 익스플로러Internet Explorer를 출시했다. 이후 크롬, 파이어폭스, 오페라, 엣지와 같은 다양한 웹 브라우저가 출시되었다.

■ **웹 서비스**

웹 브라우저를 통해 인터넷을 효과적으로 사용하기 시작하면서 웹사이트 하나만 잘 만들면 전 세계 어디서나 제품이나 작품, 취미를 공유할 수 있게 되었다. 기업은 자신이 만든 제품을 소개하는 웹 페이지를 만들었고, 개인 사용자는 개성 있는 홈페이지를 만들었다. 전 세계 수많은 사람들이 웹 브라우저를 통해 인터넷 공간으로 몰려들면서 쇼핑몰, 소셜미디어, 커뮤니티, 동영상 스트리밍과 같은 새로운 개념의 서비스가 생겨났다. 웹의 폭발적인 성장으로 인하여 2000년대 초반 3차 산업혁명이 일어났다.

인터넷은 TCP/IP로 전 세계의 LAN을 하나로 연결하였다. 웹 시스템은 하나로 연결된 인터넷 위에서 다양한 서비스를 제공하는 플랫폼이다. 인터넷과 웹 시스템에서 기업 홈페이지와 개인 홈페이지, 거래, 교육, 금융과 같은 다양한 서비스가 구현되었고 이러한 웹 서비스는 지금도 계속 발전하고 있다.

TIP 인터넷에서 웹 서비스뿐 아니라 자동차, 가전제품, 센서가 연결되어 새로운 부가가치를 만들고 있다. 이렇게 다양한 사물이 인터넷으로 연결되어 부가가치를 만드는 기술을 사물 인터넷(Internet of Things), 약어로 IoT라 부른다.

2. 웹 관련 주요 용어

응용 프로그램을 개발할 때 C 언어, 자바, 파이썬과 같은 프로그래밍 언어를 사용한다. 마찬가지로 하이퍼텍스트를 만들 때는 **하이퍼텍스트 마크업 언어**HyperText Markup Language, 약어로 HTML을 사용한다. 반대로 HTML을 사용하여 만들어진 페이지를 하이퍼텍스트 혹은 웹 페이지라 부른다.

웹 브라우저는 HTML을 사용하여 만든 웹 페이지를 가져와 사용자 모니터 화면에 보여준다. 크롬 브라우저를 통해 네이버 메인 페이지에 방문해보자. 웹 브라우저 주소창에 'naver.com'을 입력한다. 그런데 Enter 를 누른 다음 주소창을 다시 보면 'https://www.naver.com'이라고 나타난다. 여기서 https와 www가 무슨 의미인지 살펴보자.

그림 1-8 웹 브라우저를 이용한 웹 페이지 접속

HTTP는 하이퍼텍스트를 보내달라고transfer 요청하는 프로토콜이다. 그래서 주소 앞에는 '하이퍼텍스트를 보내달라는 프로토콜'이라는 의미로 약어인 HTTP가 붙는다. HTTP가 처음 만들어졌을 때는 간단한 문서와 그림만 주고받았기 때문에 데이터를 암호화할 필요가 없었다. 그러나 지금은 이름과 생년월일, 신용카드 비밀번호, 은행 계좌 정보처럼 민감한 데이터까지 HTTP를 사용하여 전송하기 때문에 반드시 데이터를 암호화해야 한다. 그래서 HTTP의 암호화 버전 프로토콜인 HTTPS HTTP with Secure를 사용한다.

또한 웹 주소의 맨 앞에는 항상 www가 붙는다. 해당 하이퍼텍스트가 월드 와이드 웹(WWW)을 통한 서비스라는 의미이다.

3. 도메인 네임

인터넷에서 통신할 때 4바이트로 구성된 IP 주소를 사용한다. 그러나 인간은 223.12.34.4나 127.15.36.12처럼 비슷한 숫자로 이루어진 IP 주소를 잘 기억하지 못한다. 전화를 걸 때도 상대방의 전화번호를 입력해야 하지만 모든 번호를 기억할 수 없다. 많아야 스무 명 정도의 전화번호를 기억하는 수준이다. 그래서 스마트폰의 전화번호부에는 이름이나 별명을 전화번호와 함께 저장하여 사용한다. 번호를 기억하지 못해도 이름이나 별명을 검색하여 전화를 걸 수 있다.

IP 주소도 마찬가지이다. IP 주소에 기억하기 쉬운 이름을 붙이면 숫자를 외우지 않아도 된다. 이렇게 IP 주소에 이름을 부여한 것이 **도메인 네임**domain name이다. naver.com, google.com, samsung.co.kr 등이 바로 도메인 네임이다. 따라서 IP 주소 218.38.58.195를 입력하지 않아도 도메인 네임인 'hanbit.co.kr'만으로 한빛미디어 출판사 홈페이지에 접속할 수 있다.

그림 1-9 도메인 네임의 필요성

■ 도메인 네임의 규칙

도메인 네임에는 규칙이 있다. 일반적으로 '이름.종류.국가' 순이다. 도메인 네임 맨 뒤의 국가 자리를 보자. 한국은 kr, 일본은 jp, 영국은 uk, 프랑스는 fr이다. 그렇다면 미국은 어떨까? 미국은 인터넷을 만든 종주국이기 때문에 미국 웹사이트의 도메인 네임에는 국가명을 생략한다. 또한 도메인 네임 중간에는 기관의 종류가 들어가는데, 회사는 co, 학교는 ac, 비영리 기관은 or, 연구소는 re, 국가 기관은 go이다. 미국은 도메인 네임에 국가명을 쓰지 않기 때문에 기관의 종류를 도메인 네임의 마지막에 3글자로 표시한다. 회사는 com, 비영리 기관은 org, 국가 기관은 gov이다. 마지막으로 도메인 네임 맨 앞에는 회사명, 상호, 조직명과 같은 이름이 들어간다.

'이름.종류.국가' 규칙을 따르지 않는 도메인 네임도 많다. 예를 들어 LG전자 홈페이지의 도메인 네임은 lge.co.kr이지만 삼성전자 홈페이지의 도메인 네임은 samsung.com이다. 또한 한신대학교 홈페이지의 도메인 네임은 hs.ac.kr이지만 일본 와세다대학교 홈페이지의 도메인 네임은 waseda.jp이다.

표 1-1 도메인 네임의 예

'이름.종류.국가' 규칙을 따른 도메인 네임	'이름.종류.국가' 규칙을 따르지 않은 도메인 네임
lge.co.kr(LG전자) hs.ac.kr(한신대학교) kisa.or.kr(한국인터넷진흥원)	samsung.com(삼성전자) waseda.jp(와세다대학교) kiice.org(한국정보통신학회)

■ 도메인 네임의 활용

웹 시스템뿐만 아니라 인터넷을 사용하는 모든 응용 프로그램이 IP 주소 대신 도메인 네임을 사용한다. 그래서 인터넷을 사용하는 응용 프로그램에는 각자의 주소 체계가 있다. 웹 시스템이 사용하는 주소 체계를 URL이라 부른다. **URL** Uniform Resource Locator은 '프로토콜://도메인 네임' 형태이며, 하이퍼텍스트, 이미지, 동영상 데이터의 위치를 가리키는 주소이다. 일반적으로 웹 브라우저에서 프로토콜로 HTTP나 HTTPS를 사용하지만, FTP나 GOPHER와 같은 프로토콜도 지원한다. 또한 웹 브라우저 주소창에 'file://C:'라고 입력하면 컴퓨터 하드디스크의 C 드라이브에 있는 파일을 열 수 있다.

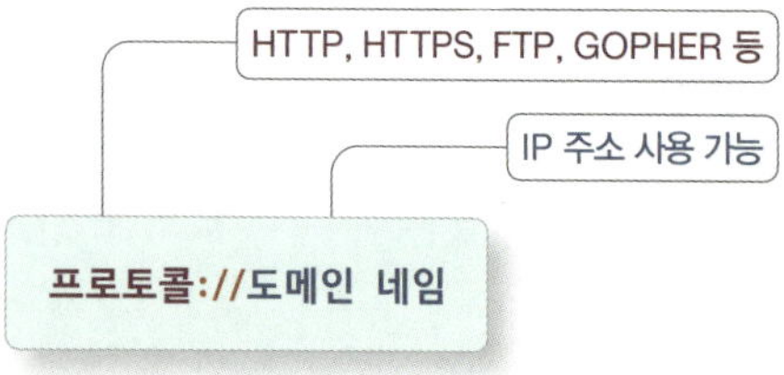

(a) URL의 체계

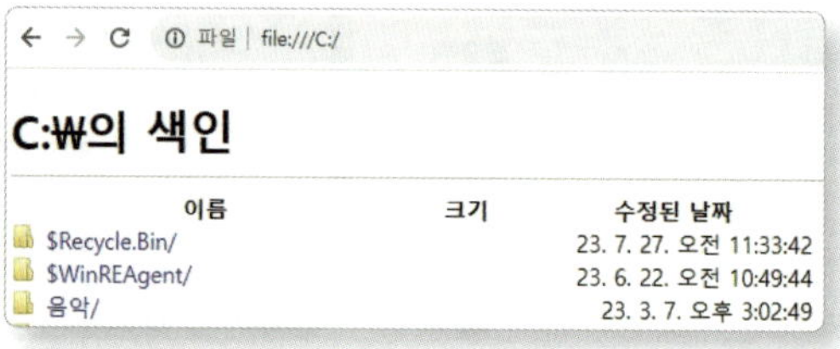

(b) C 드라이브의 색인

그림 1-10 도메인 네임의 활용

여기서 잠깐 **URL**

URL의 정확한 체계는 '프로토콜://도메인 네임:포트 번호'이다. 하나의 컴퓨터에는 네트워크를 사용하는 여러 개의 응용 프로그램이 존재한다. 포트 번호는 네트워크를 사용하는 응용 프로그램이 여러 개일 때 구별하는 번호이다. HTTP는 포트 번호 80번, HTTPS는 443번을 고정적으로 사용한다. 따라서 네이버 홈페이지를 방문하려면 'naver.com:443'이라고 입력해야 한다. https로 시작하는 모든 웹 페이지가 포트 번호 443번을 사용하기 때문에 ':443'은 생략할 수 있다.

또한 URL에서 '프로토콜://' 다음에 입력하는 'www.도메인 네임'에서 'www.'를 생략해도 웹에 접속할 수 있다. 다시 말해 www.naver.com과 naver.com은 동일한 주소이다. 웹 브라우저 주소창에서 'www.naver.com:443' 또는 'naver.com:443'이라 입력해도 'www.naver.com'을 입력했을 때처럼 네이버 메인 페이지에 접속되는지 확인해보자.

4. 클라이언트-서버 구조

웹 시스템은 클라이언트-서버 구조로 되어 있다. 클라이언트client란 서비스를 요청하는 컴퓨터를 말한다. 익스플로러, 크롬, 파이어폭스, 엣지와 같은 웹 브라우저가 대표적인 클라이언트 소프트웨어이다. 웹 브라우저는 서버 컴퓨터에 접속하여 웹 페이지를 요청한다. 이때 HTTP, 즉 하이퍼텍스트를 전송하라는 프로토콜을 사용한다. 서버server가 요청을 받으면 HTML로 만들어진 웹 페이지를 클라이언트에 전송한다. 클라이언트에서는 웹 브라우저가 전달받은 웹 페이지를 화면에 보여준다. 웹 브라우저는 사용자에게 웹 페이지를 구경시켜 주는browse 응용 프로그램이다.

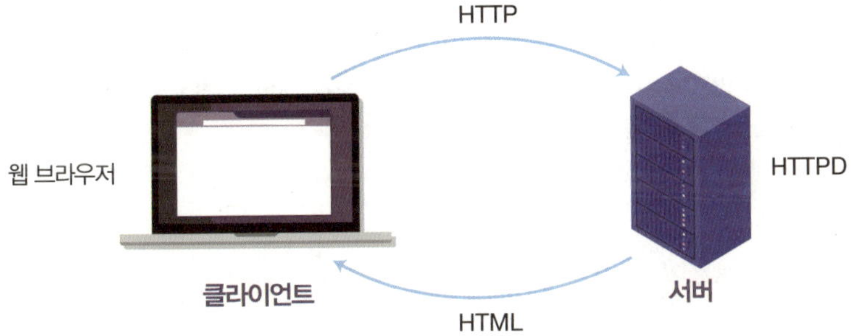

그림 1-11 웹 시스템의 클라이언트-서버 구조

클라이언트에 설치된 소프트웨어는 사용자가 필요할 때 사용하다가 사용이 끝나면 종료시킨다. 그러나 서버에 설치된 소프트웨어는 다르다. 클라이언트가 언제 서비스를 요청할지 모르기 때문에 항상 대기 상태로 기다려야 한다. 이렇게 죽지 않고 살아서 계속 서비스하는 프로그램을 데몬daemon이라 부른다. 일반적으로 데몬은 프로토콜 이름 뒤에 D를 붙여 부른다. 웹 시스템의 서버 쪽에는 HTTP 요청을 받을 웹 데몬, 즉 HTTPD HyperText Transfer Protocol Daemon가 설치되어 있어야 한다. 대표적인 웹 데몬 제품으로 아파치Apache와 IIS Internet Information Service가 있다. 정리하면 서버란 데몬이 설치된 컴퓨터이다. 특히 웹 데몬인 HTTPD가 설치된 컴퓨터를 웹 서버라 부른다.

파일을 주고받기 위해서는 프로토콜이 필요하다. 인터넷에서 파일을 전송할 때 사용되는 프로토콜이 FTP File Transfer Protocol이다. 인터넷을 통해 누군가에게 파일을 보내거나 받고 싶을 때 파일 서버를 구축하면 된다. 주의할 점은 서버가 특정 하드웨어를 가리키지 않는다는 것이다. 파일 서버를 구축한다는 말은 컴퓨터에 FTPD를 설치한다는 의미이며, 웹 서버를 구축한다는 말은 컴퓨터에 아파치나 IIS와 같은 HTTPD를 설치한다는 의미이다. 물론 컴퓨터가 서버의 역할을 하려면 CPU 성능이 높아야 하고, 24시간 안정적으로 작동하도록 내구성도 갖춰야 한다. 그래서 고사양 컴퓨터를 '서버급 컴퓨터'라 부른다.

표 1-2 웹 시스템 용어

용어	설명
웹 페이지	웹 시스템에서 문자, 이미지, 하이퍼링크로 구성된 문서의 집합으로, 하이퍼텍스트라고도 부름
하이퍼링크	웹 페이지에서 자료를 연결하는 참조 고리
HTML	하이퍼텍스트를 만드는 마크업 언어
HTTP	하이퍼텍스트를 전송하는 프로토콜
HTTPS	HTTP의 암호화 버전 프로토콜
URL	웹에서 사용하는 주소 체계이며 '프로토콜://도메인 네임' 형태
도메인 네임	웹 시스템에서 IP 주소 대신 사용하는 문자 기반의 주소 체계
클라이언트-서버 구조	서비스를 요청하는 컴퓨터와 요청에 응답하는 컴퓨터로 구성되는 2중 구조
웹 브라우저	클라이언트 컴퓨터에 설치된 응용 프로그램으로, 서버로부터 전달받은 하이퍼텍스트를 화면에 보여줌
웹 서버	웹 데몬(HTTPD)이 설치된 컴퓨터로 HTTP의 요청을 처리함

3 HTML

1. HTML의 탄생 배경

모자이크 웹 브라우저를 설계했을 때 문서, 그림, 하이퍼링크가 포함된 웹 페이지를 만들 수 있는 새로운 언어가 필요했다. 그래서 탄생한 것이 HTML이다. HTML이 만들어진 배경에 대해 살펴보자.

아래아한글이나 MS워드와 같이 문서를 작성할 때 사용하는 응용 프로그램을 문서 편집기word processor라 부른다. 전 세계적으로 MS워드를 많이 사용하며, 한국에서는 아래아한글도 많이 사용한다. 문서 편집기로 만들어진 문서는 다른 프로그램과의 호환성 문제가 있다. 예를 들어 아래아한글로 작성한 문서를 미국으로 보낼 경우, 받는 사람의 컴퓨터에도 아래아한글이 설치되어 있어야 문서를 열 수 있다. MS워드로 작성한 문서도 마찬가지이다.

호환성 문제를 해결하기 위하여 특정 응용 프로그램에 속하지 않는 전 세계적인 문서 표준이 필요하였다. 응용 프로그램에 독립적인 전 세계 문서 표준이 SGML Standard Generalized Markup Language이다. SGML에서 가장 중요한 요소는 문자의 속성을 나타내는 태그tag이다. SGML에서는 속성을 표현하려는 문자의 앞과 뒤에 태그 한 쌍을 붙인다. 예를 들어 love라는 문자를 기울인 글씨로italics 표현하려면 `<ITALICS>love</ITALICS>`라고 작성한다. 이를 화면에 표현할 때 기울임 속성 태그 `<ITALICS>`를 읽어서 *love*라 보여준다. 굵은bold 글씨는 SGML에서 `<BOLD> love </BOLD>`라 작성하면 된다. 이렇게 문자의 앞뒤에 속성을 나타내는 태그를 붙여서 문서를 표현하는 방식을 **마크업 언어**markup language라 부른다.

그림 1-12 SGML과 마크업 언어

SGML은 국제 표준화 기구에서 정한 표준이지만 널리 사용되지는 못했다. 가장 큰 이유는 수학, 물리, 음악 등 모든 영역에서 사용할 문서 표준을 만들다 보니 그 내용이 방대했기 때문이다. SGML의 모든 내용을 하나의 소프트웨어로 처리하기 어려웠다. 또한 모든 문자의 속성을 일일이 태그로 지정해야 하니 작업이 번거로웠다. 문서 편집기에서는 간단한 작업이지만 SGML로 작업하려면 몇 배의 시간이 걸렸다.

■ 마크업 언어

웹 페이지는 여러 응용 프로그램에서 사용할 수 있어야 한다. 그래서 웹 페이지를 제작하는 언어인 HTML은 SGML과 같은 마크업 언어이다. SGML과 HTML에 공통으로 붙은 'ML'이 마크업 언어를 의미한다. HTML에는 문자 속성, 표 속성, 하이퍼텍스트 속성과 같은 태그가 정의되어 있다. 또한 확장 가능 마크업 언어인 XML eXtensible Markup Language은 HTML을 확장한 마크업 언어이다.

[표 1-3]은 HTML에서 사용하는 주요 태그이다. HTML이 설계될 당시 웹 페이지는 기본적인 문서, 이미지, 하이퍼링크만 처리하면 되었으므로 태그 수가 많을 필요가 없었다. 속성이 방대한 SGML과는 상반된다. 지금도 HTML은 태그 수가 적고 간단하여 쉽게 익힐 수 있다.

표 1-3 HTML 주요 태그

태그 종류	주요 태그	설명
텍스트 관련	<h1>, <h2>, <h3>, <h4>, <h5>, <h6>	제목(heading) 태그
	<p>	문단(paragraph) 태그
	 	줄 바꿈(break) 태그
	<strong> 또는 <b>	강조 태그
	<em> 또는 <i>	이탤릭체 태그
	<u>	밑줄 태그
	<del>	취소선 태그
	<small>	작게 태그
	<mark>	표시(하이라이트) 태그
	<sup>	위 첨자 태그
	<sub>	아래 첨자 태그
이미지와 링크	<img>	이미지 태그
	<a>	앵커(anchor) 태그
테이블과 목록	<table>	테이블 태그
	<ul>	비순서형 목록 태그
	<ol>	순서형 목록 태그
	<li>	리스트 아이템(list item) 태그
폼 관련	<form>	폼(form) 태그
	<input>	입력 필드 태그
	<textarea>	여러 줄 입력 필드 태그
	<select>	드롭다운 목록 태그
	<option>	드롭다운 목록 항목 태그
	<button>	버튼 태그
	<label>	입력 필드 레이블 태그
	<fieldset>	입력 필드 세트 태그
	<legend>	입력 필드 세트 레전드(제목) 태그

2. 웹 페이지의 구성 요소

웹 페이지의 3가지 구성 요소는 HTML, CSS, 자바스크립트javascript이다. HTML은 웹 페이지의 알맹이에 해당하며, 웹 페이지의 내용과 구조를 만든다. CSSCascading Style Sheets는 웹 페이지의 껍데기에 해당하며, 웹 페이지의 디자인과 색상을 결정한다. 자바스크립트는 정적인 웹 페이지를 동적으로 만든다. 자바스크립트가 없는 HTML 문서는 마치 그림책과 같아서 동적으로 바뀌는 부분이 없다. 자바스크립트를 적절히 활용하면 웹 페이지의 내용을 풍부하게 표현할 수 있다.

표 1-4 웹 페이지의 구성 요소

구성 요소	역할
HTML	웹 페이지의 내용과 구조를 정의
CSS	웹 페이지의 디자인과 색상을 정의
자바스크립트	정적인 웹 페이지를 동적으로 만들어 줌

▪ CSS를 사용하는 이유

초창기에 웹 페이지를 제작할 때 내용뿐 아니라 문서의 디자인과 색상까지 HTML을 사용하여 만들었다. 내용과 함께 문자 색상이나 배경 색상까지 HTML로 작성한 것이다. 그래서 이미 만들어진 문서의 배경 색상을 흰색에서 노란색으로 바꾸려면 배경에 해당하는 부분을 직접 찾아 바꿔야 했다. 작성한 웹 페이지가 몇 페이지 안 된다면 별문제가 아니지만, 1,000페이지가 넘는다고 하면 디자인이나 색상을 일일이 찾아 바꾸는 것은 결코 간단하지 않다.

현재 웹 페이지 제작 방식은 문서의 내용은 HTML로 만들고, 디자인과 색상은 별도의 CSS 파일로 만들어 관리한다. CSS는 HTML에 종속되는cascading 스타일시트이다. CSS에서 배경 색상을 노란색으로 바꾸면 모든 웹 페이지에 적용된다. 이처럼 내용과 디자인을 분리해 작성하기 때문에 웹 페이지 관리가 쉬워진다.

(a) 내용과 디자인을 HTML로 작성한 경우

(b) 디자인을 CSS 파일로 분리한 경우

그림 1-13 CSS를 사용하는 이유

▪ 자바스크립트를 사용하는 이유

HTML은 문자 속성 지정하기, 표 만들기, 이미지 삽입하기와 같이 주로 문서를 구성하는 태그로만 이루어져 있다. 이런 태그만으로는 버튼을 만들어 작동시키거나 마우스의 움직임에 따라 변하는 문서를 만들기 어렵다. 웹 페이지에서 동적으로 변하는 부분은 자바스크립트가 담당한다. 자바스크립트는 자바 프로그래밍 문법을 사용하여 웹 페이지의 동적인 부분을 만드는 언어이다.

여기서 잠깐 **컴파일 언어와 스크립트 언어**

C 언어나 자바는 컴파일하여 실행파일을 만든 후에 실행하는 컴파일 언어이다. 반면 자바스크립트와 같은 스크립트 언어는 컴파일하지 않고 위에서부터 아래로 코드 한 줄씩 실행시킨다.

다음 예제를 통해 HTML, CSS, 자바스크립트가 웹 페이지에서 어떤 역할을 하는지 살펴보자. 우선 무료로 제공되는 'miracle 웹 시스템'에서 1장의 예제 [HTML만 사용]을 클릭한다. 그러면 흰색 배경 화면에 검은색 글씨로 '환영합니다!'라는 메시지가 나타난다. 해당 HTML 코드는 [그림 1-14]와 같다. HTML로 만들어진 문서의 확장자는 html이며 index.html로 저장되어 있다. 여기서 index.html은 웹 페이지의 처음 시작하는 문서를 의미한다. 참고적으로 웹 페이지가 사용하는 CSS의 파일 이름은 styles.css이며, 자바스크립트의 파일 이름은 script.js이다. 비교하기 위해 styles.css와 script.js 파일은 해당 폴더에 없다. 그래서 흰색 바탕의 검은색 글씨만 나타난다.

```
<!DOCTYPE html>
<html>
<head>
    <meta charset="UTF-8">
    <title>간단한 웹 페이지</title>
    <link rel="stylesheet" href="styles.css">
</head>
<body>
    <h1>환영합니다!</h1>
    <div id="box"></div>
    <script src="script.js"></script>
</body>
</html>
```

그림 1-14 index.html에 저장된 기본 HTML 코드

다음 예제로 [CSS 추가 화면]을 클릭하자. 처음 결과 화면과 달리 배경이 하늘색으로 바뀌었고, '환영합니다!' 글자는 밝은 보라색으로 변경되었다. 또한 글자 다음 줄에 파란 박스가 생겼다.

styles.css라는 이름으로 저장된 CSS 코드는 [그림 1-15]와 같다. styles.css에서 **body**는 전체 HTML의 배경색을 지정하고, **h1**은 '환영합니다!'의 글자색을 지정하며, **#box**는 박스의 크기와 색상을 결정한다. 따라서 배경색을 변경하거나 박스의 크기와 색상을 바꿀 때에는 index.html은 그대로 두고 style.css의 코드만 바꾸면 된다.

```
body {
    background-color: #c4fff9;
}

h1 {
    color: #a090d0;
}

#box {
    width: 30px;
    height: 30px;
    background-color: blue;
    position: absolute;
}
```

그림 1-15 styles.css를 사용하여 CSS를 적용한 웹 페이지

마지막으로 [자바스크립트 추가 화면]을 클릭하면 파란색 박스가 옆으로 이동한다. [그림 1-16]은 script.js로 저장된 자바스크립트 코드이다. 자바스크립트는 웹 페이지를 동적으로 만들며 자바스크립트 코드를 변경하면 다양하게 움직이는 박스를 만들 수 있다.

```
let box = document.getElementById("box");
let position = 0;

function MoveBox() {
    if (position < 150) {
        position += 1;
        box.style.left = position + "px";
        requestAnimationFrame(MoveBox);
    }
}

MoveBox();
```

그림 1-16 script.js에 저장된 자바스크립트 코드

결론적으로 문서 내용과 구조는 HTML로 만들고 문서 디자인과 색상은 CSS로 만들며 동적인 웹 페이지는 자바스크립트로 만든다.

TIP HTML, CSS, 자바스크립트의 차이점을 보여주기 위해 각각 파일로 만들었지만, 3개의 파일을 합쳐 하나의 파일로 만들어도 결과는 같다. 무료로 제공되는 'miracle 웹 시스템' 1장의 [HTML, CSS, 자바스크립트 경험하기]에서 파일을 각각 만들었을 때와 하나의 파일로 만들었을 때의 차이점을 직접 확인하자.

SECTION 02 웹 시스템의 발전

1 웹 관련 기술의 발전

웹의 역사를 간단히 정리해보자. 1969년 아파넷이 만들어지고 1993년 모자이크 브라우저가 공개되기 전까지 인터넷은 군사용이나 연구용으로만 사용되었다. 1994년 모자이크 개발자들이 연구소를 나와 회사를 세우고 넷스케이프 내비게이터Netscape navigator 웹 브라우저를 출시한 이후부터 인터넷이 대중의 관심을 받기 시작했다.

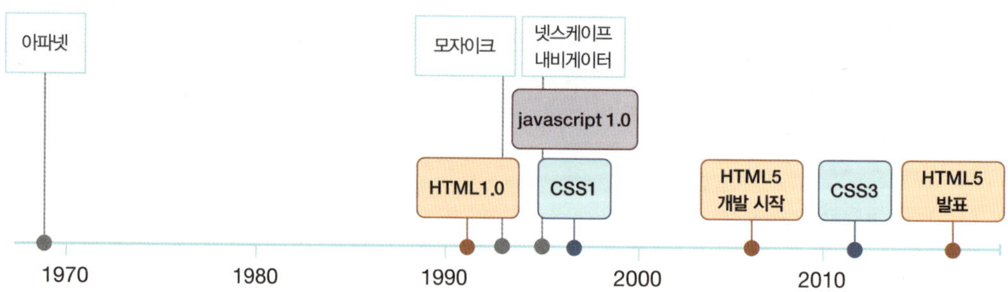

그림 1-17 웹의 역사

1. 웹 표준

현재 웹 표준과 가이드라인을 개발하는 단체는 W3CWorld Wide Web Consortium이다. W3C가 설립된 취지는 웹 프로토콜과 웹 서비스의 가이드라인을 개발하는 것이었다. 1991년 HTML 1.0 표준이 제정된 후에 모든 웹 페이지는 HTML 1.0 표준을 기반으로 제작되었다. 그 당시 웹 페이지는 미리 만들어진 그림책에 불과했다. CSS가 없었기 때문에 디자인이나 색상을 바꾸려면 HTML 자체를 수정해야 했다. HTML에서 CSS를 분리하고 자바스크립트를 이용할 수 있게 된 것은 1996년부터이다.

웹 시스템으로 인하여 제3차 산업혁명이 일어나고 오프라인에서만 이루어지던 일을 온라인에서도 처리할 수 있게 되었다. 웹 시스템은 온라인 쇼핑, 온라인 뱅킹, 커뮤니티, 원격 교육 등 여러 분야에 사용되기 시작했다. 그러면서 웹 페이지에 대한 다양한 요구가 생겨났다. 이에 발맞추어 HTML 표준은 계속 발전하여 현재의 HTML5가 되었고, CSS도 CSS1에서 CSS3까지 발전했다. 이 책은 최신 표준인 HTML5와 CSS3를 기반으로 작성했다.

2. CGI와 스크립트 언어

HTML은 한 번 만들어진 문서의 내용을 수정하기 어렵다. 그래서 다른 응용 프로그램과 협업하여 시시각각 변하는 데이터를 웹 페이지에 삽입하려면 복잡한 과정을 거쳐야 한다. 예를 들어 웹 페이지에 현재 시각을 표시한다고 가정하자. 현재 시각은 서버에 설치된 운영체제가 알고 있다. 따라서 웹 데몬이 운영체제에 현재 시각을 질문한 다음 응답을 받아서 웹 문서에 삽입한다. 이렇게 웹 데몬이 응용 프로그램이나 운영체제에 질문하거나 응답할 때 사용하는 프로그램을 CGI Common Gateway Interface라 부른다.

웹 데몬이 운영체제에 질문할 때와 데이터베이스에 질문할 때의 질문 형식이 다르다. 따라서 웹 데몬은 CGI를 이용하여 응용 프로그램이 요구하는 형식에 맞추어 질문해야 한다. 또한 CGI는 응용 프로그램의 응답을 HTML의 문법에 맞게 변형하여 웹 데몬에 전달한다. 다시 말해 CGI는 웹 데몬과 응용 프로그램을 연결하는 인터페이스interface 역할을 한다.

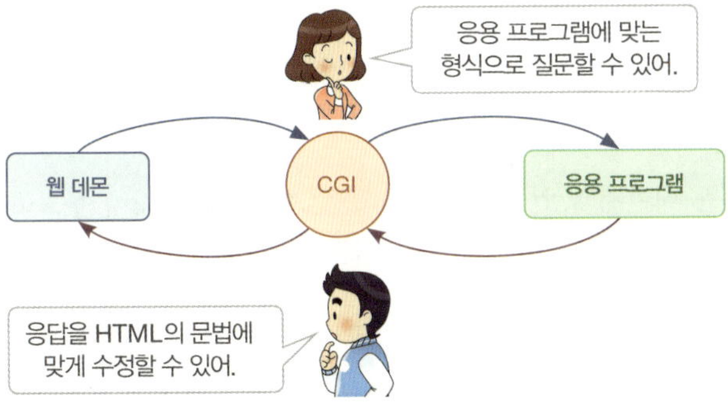

그림 1-18 CGI의 역할

웹 시스템이 발전하면서 데이터베이스와 같은 응용 프로그램과의 연결이 많아지고 질문은 복잡해졌다. 웹사이트에 로그인할 때 필요한 사용자 정보는 데이터베이스에 있다. 사용자가 웹 시스템에 접근할 때마다 웹 데몬은 권한이 있는 사용자인지 데이터베이스에 질문해야 한다. 인터넷 쇼핑몰에서 장바구니에 물건을 담거나 배송 정보를 조회할 때도 데이터베이스 정보를 활용해야 한다. 데이터베이스에 질문하는 것은 운영체제에 지금이 몇 시인지 물어보는 것보다 훨씬 복잡하다. 기존의 CGI로는 이런 복잡한 문제를 해결하는 데 한계가 있다.

웹 데몬 개발사는 웹 개발자들이 주변 응용 프로그램에 쉽게 연결할 수 있도록 CGI를 대신할 강력한 스크립트 언어를 웹 데몬과 묶어 제공하고 있다. 대표적인 웹 데몬인 아파치에서 서버 개발 언어로 제공하는 스크립트 언어가 PHP PHP: Hypertext Preprocessor이다. 아파치는 윈도우 서버에서도 사용할 수 있지만 일반적으로는 유닉스 서버에서 사용한다.

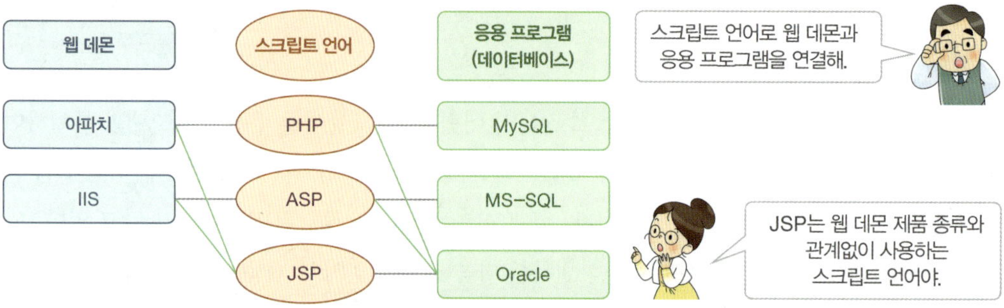

그림 1-19 **웹 시스템의 구성**

마이크로소프트의 웹 데몬인 IIS와 함께 사용하는 스크립트 언어는 ASP Active Server Pages이다. 따라서 웹 데몬을 다른 응용 프로그램과 연결하기 위해 아파치 사용자는 PHP를 알아야 하고, IIS 사용자는 ASP를 알아야 한다. 한편 웹 데몬의 제품 종류와 관계없이 사용할 수 있는 스크립트 언어가 있는데, 이것이 자바 기반의 JSP Java Server Pages이다.

3. 프런트엔드와 백엔드

지금까지의 설명을 종합하면 웹 시스템의 서버 쪽을 두 부분으로 나눌 수 있다. 하나는 웹 서비스 요청자(클라이언트)와 소통하는 웹 페이지 영역이고, 다른 하나는 웹 데몬이 데이터베이스 등의 다른 소프트웨어와 협업하는 영역이다. 웹 페이지와 연동된 영역을 **프런트엔드** front-end라 부르고 웹 데몬과 다른 소프트웨어가 협업하는 부분을 **백엔드** back-end라 부른다.

- **프런트엔드:** 서버의 전면 front에 있으면서 사용자에게 보여지는 영역이다. 프런트엔드의 목표는 HTML, CSS, 자바스크립트를 이용하여 사용자의 요구를 충족하면서 정보를 잘 표현하는 웹 페이지를 만드는 것이다. 따라서 프런트엔드 담당자는 HTML을 잘 다뤄야 할 뿐만 아니라 디자인 감각이 필수적이다. 색상, 레이아웃, 아이콘, 버튼과 같은 디자인 요소를 사용하여 사용자가 편리하게 사용할 수 있는 사용자 인터페이스, 즉 UI User Interface를 만들어야 한다. 최근에는 사용자 경험을 극대화시킬 수 있는 UX User eXperience 디자인으로 발전하는 추세이다.
- **백엔드:** 서버의 후면 back에 있는 웹 시스템 관리 영역이다. 이 영역은 웹 데몬을 설치하고 관리할 뿐만 아니라 웹 데몬과 데이터베이스와 연동하여 웹 시스템 내의 정보를 안전하게 관리한다. 따라서 백엔드 담당자는 데이터베이스에 대한 지식을 갖춰야 하며, PHP·ASP·JSP와 같은 스크립

트 언어에 익숙해야 한다. 아파치 웹 데몬과 MySQL 데이터베이스는 오픈 소스여서 무료로 사용할 수 있다. 그래서 많은 웹 시스템이 '아파치Apache, PHP, MySQL'의 조합을 이용한다. 이들의 머리글자를 딴 APM 시스템이 대표적인 백엔드 시스템이다.

표 1-5 프런트엔드와 백엔드 비교

구분	관련 기술	역할
프런트엔드	HTML, CSS, 자바스크립트	웹 페이지 제작, 사용자 요구사항 파악, UI 및 UX 디자인
백엔드	PHP·ASP·JSP	웹 데몬 및 데이터베이스 관리, 스크립트 언어를 이용하여 웹 데몬과 데이터베이스 연동

2 XML

1. 데이터의 종류

컴퓨터가 다루는 데이터는 비정형 데이터, 정형 데이터, 반정형 데이터라는 3가지 유형으로 구분한다.

- **비정형 데이터**unstructured data는 일반적인 언어, 음악, 사진 등과 같은 대부분의 데이터를 말하며 정해진 구조가 없는 것이 특징이다. 수첩에 적어놓은 전화번호 목록도 비정형 데이터이다. 이름, 직장, 전화번호와 같은 요소들을 규칙 없이 적어놓기 때문이다. 데이터의 구조가 정리되지 않으면 데이터로부터 정보를 추출하기 어렵다. 따라서 비정형 데이터로부터 정보를 추출하려면 먼저 정형 데이터로 변환해야 한다.

그림 1-20 비정형 데이터

- **정형 데이터**structured data는 정해진 구조에 따라 저장한 데이터이다. 대표적인 경우로 스마트폰의 전화번호부가 있다. 스마트폰의 전화번호부는 이름, 직장, 집, 전화번호와 같이 정해진 구조로 정보를 입력한다. 따라서 정형 데이터는 관리가 용이하다. 구조가 정해져 있기 때문에 삽입과 삭제가 편리하고 검색하기도 쉽다. 예를 들어 '삼성에 다니는 사람의 전화번호', '02로 시작하는 전화번호'를 찾을 수 있다. 데이터베이스에 저장된 대부분의 값은 정형 데이터이다.

이름	전화번호	직장
김철수	02-765-4567	삼성
이영자	011-111-2222	LG전자
김호영	017-011-3456	삼성
박봉팔	031-3245-4156	현대자동차

그림 1-21 **정형 데이터**

- **반정형 데이터** semi-structured data는 정형 데이터와 비정형 데이터 사이에 해당하는 중간 형태의 데이터이다. 마치 비정형 데이터처럼 정해진 순서 없이 자유롭게 나열하지만, 구조와 데이터를 함께 저장하고 있다. [그림 1-22]에서 〈이름〉, 〈전화번호〉, 〈직장〉은 구조를 나타내는 태그이다. 〈이름〉과 '김철수', 〈전화번호〉와 '02-765-4567', 〈직장〉과 '삼성'을 함께 저장한다. 태그를 통해 특정 데이터의 의미나 속성을 파악할 수 있다. 반정형 데이터는 비정형 데이터처럼 자유롭게 서술되어 있지만, 구조 정보가 함께 저장되어 있어 필요한 정보를 추출할 수 있다. 대표적인 반정형 데이터의 표현 방식이 XML이다.

```
<이름> 김철수 </이름>
<전화번호> 02-765-4567 </전화번호>
<직장> 삼성 </직장>

<이름> 이영자 </이름>
<직장> LG </직장>
<전화번호> 011-111-2222 </전화번호>
```

그림 1-22 **XML로 표현한 반정형 데이터**

2. XML

XML eXtensible Markup Language은 HTML의 한계를 극복하기 위해 만든 **다목적 마크업 언어**이다. HTML은 매우 단순한 구조이기 때문에 웹 브라우저상에 문서를 표현하는 것 외에는 별다른 기능을 제공하지 못했다. 하지만 인터넷이 발달함에 따라 다양한 데이터를 주고받는 새로운 서비스를 개발하게 되었다. 그래서 W3C에서는 데이터의 구조와 의미를 파악할 수 있도록 HTML의 태그를 확장했는데 이것이 XML이다. 따라서 HTML은 XML의 하위 집합이다.

XML의 가장 큰 특징은 사용자가 정의한 태그를 활용한다는 것이다. 예를 들어 사용자가 전화번호 목록에 〈이름〉, 〈전화번호〉, 〈직장〉 태그를 직접 정의하여 데이터의 의미를 설명할 수 있다.

이렇게 데이터의 의미나 속성을 규정하는 데이터를 메타데이터라 부른다. **메타데이터** metadata 란 '데이터의 데이터'인데, 컴퓨터가 이해할 수 있도록 만들어진 데이터를 의미한다. 정리하면 XML은 사용자 정의 메타데이터를 활용하는 다목적 마크업 언어이다.

3 HTML5

1. HTML의 발전과 비표준 기술

웹 시스템은 처음에 그림책을 보여주는 수준이었지만 사용자가 폭발적으로 늘어남에 따라 동영상 스트리밍, 게임, 은행 업무와 같은 다양한 서비스가 시작되었다. 이러한 여러 가지 웹 서비스를 처리하기에 HTML만으로는 한계가 있었다. 또한 사용자의 서비스 요구를 충족하기 위해 W3C에서는 HTML 1.0부터 시작하여 4.0까지 표준을 개발하여 발표해 왔다. 그러나 표준이 기술의 발전을 따라가기에는 역부족이었다. 대형 소프트웨어 업체들은 HTML 표준이 처리하지 못하는 영역에 자신들이 개발한 기술로 파고들었다. 이렇게 탄생한 대표적인 기술이 어도비의 플래시 flash 와 마이크로소프트의 액티브X Active-X 이다.

액티브X는 웹 서버에서 제공하는 소프트웨어를 클라이언트 컴퓨터에 설치하도록 돕는다. 이를 통해 웹에서 다양한 기능을 수행할 수 있다. 그러나 악성 소프트웨어도 쉽게 설치될 수 있다는 문제 때문에 액티브X는 컴퓨터 보안을 위협하는 기술이라고 평가받았다. 액티브X의 또 다른 문제는 호환성이다. 마이크로소프트의 익스플로러에서만 작동하는 액티브X는 비표준 기술이기 때문에 크롬이나 오페라와 같은 웹 브라우저에서는 사용할 수 없었다.

여기서 잠깐 **액티브X와 익스플로러의 몰락**

옛날에는 국내에서 온라인으로 은행 업무를 보려면 액티브X를 통해 소프트웨어를 적게는 3개에서 많게는 5개 이상 설치해야 했다. 지금은 스마트폰이 보급되어 대부분의 업무를 스마트폰 환경에서 처리할 수 있으며, 스마트폰 웹 브라우저로 대부분 크롬을 사용한다. 따라서 과거에 액티브X를 이용하도록 만들어진 모든 시스템을 액티브X 없이도 작동하도록 다시 개발해야 했다. 이러한 이유로 한때 웹 브라우저 시장의 80% 이상을 차지했던 익스플로러는 거의 사라졌고, 크롬이 1등을 차지했다. 이후 마이크로소프트에서는 익스플로러를 포기하고 새로운 웹 브라우저인 엣지(Edge)를 출시했다.

2. HTML5의 특징

액티브X와 같은 비표준 기술을 사용하지 않고도 다양한 프로그램을 개발할 수 있도록 만들어진 기술이 HTML5이다. HTML5는 W3C를 통해 발표된 최신 표준이다. HTML5는 과거의 HTML에 비해 다양한 요구를 수용하는 매우 강력한 시스템이다. HTML5의 주요 특징은 다음과 같다.

- **멀티미디어 재생:** 과거에 유튜브를 시청하려면 플래시를 설치해야만 했다. HTML5 기반 웹 시스템에서는 프로그램을 설치하지 않고 웹 브라우저에서 직접 멀티미디어를 재생할 수 있다.
- **그래픽 지원:** HTML5에서는 그래픽카드가 지원하는 하드웨어 가속을 받아 2차원과 3차원 그래픽을 모두 지원하기 때문에 빠르고 다양한 화면을 볼 수 있다.
- **양방향 통신 지원:** 기존의 웹 시스템은 HTML을 클라이언트에게 전달하는 것이 목적이었다. HTML5에서는 클라이언트와 서버가 양방향 통신을 할 수 있도록 지원한다. 따라서 웹 시스템을 이용하여 온라인 게임도 제작할 수 있다.
- **다양한 장치에 접근 가능:** 기존의 웹 시스템은 사용자의 컴퓨터 하드웨어에 제한적으로 접근했다. HTML5에서는 다양한 하드웨어에 접근할 수 있다. 예를 들어 웹 브라우저가 GPS에 접근하는 것이 가능해 지도에서 내 주변 위치에 있는 맛집, 병원, 주유소들을 검색할 수 있다.

이외에도 HTML5는 스타일시트인 CSS3를 지원하여 성능을 극대화하면서도 강력한 웹 플랫폼을 만들 수 있다.

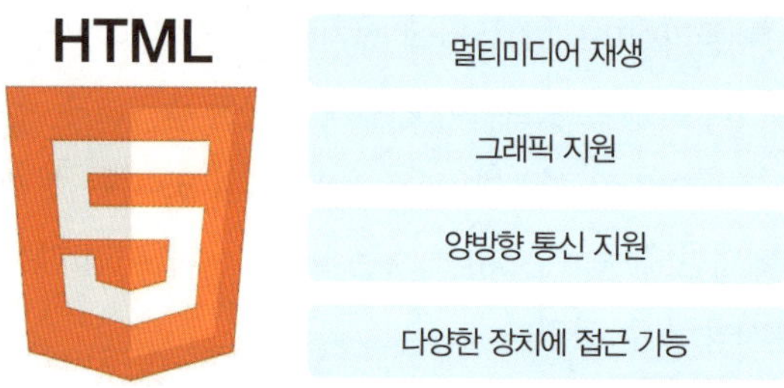

그림 1-23 HTML5의 특징

SECTION 03 웹 페이지 제작의 기초 지식

1 컴퓨터의 색상 표현

컴퓨터에서 점 하나를 픽셀pixel이라 부르고 px로 표시한다. 모니터 해상도가 1024×768이면 가로로 1,024px과 세로로 768px을 나타낼 수 있다는 의미이다. 웹 페이지도 픽셀 단위로 모니터에 나타난다. 앞의 HTML 예제에서 박스의 크기는 가로 30px, 세로 30px이었다. 이는 가로로 점 30개, 세로로 점 30개 크기라는 의미이다.

1. RGB 색상 표현

모든 색상은 3가지 색의 조합으로 만들어진다. 색의 삼원색은 빨강, 노랑, 파랑이고 빛의 삼원색은 빨강$_{\text{Red}}$, 녹색$_{\text{Green}}$, 파랑$_{\text{Blue}}$이다. 빛의 삼원색을 영문 머리글자를 따서 RGB라 부른다. 컴퓨터에서는 픽셀 하나의 색을 빛의 삼원색인 RGB의 조합으로 표현한다.

그림 1-24 RGB 색상 표현

픽셀 하나의 색을 R, G, B 값으로 구성하고, 크기는 각각 1바이트이다. 1바이트로 표현할 수 있는 값은 0부터 255까지 총 256(2^8)단계이다. 따라서 R, G, B를 각각 256단계로 섞어 사용할 수 있다. 예를 들어 RGB(0, 0, 0)은 빛이 없으므로 검은색이다. 반대로 흰색은 모든 빛을 사용하는 (255, 255, 255)다. 같은 방식으로 빨간색의 RGB 값은 (255, 0, 0), 녹색은 (0, 255, 0), 파란색은 (0, 0, 255)다.

RGB 값 (255, 0, 255)는 어떤 색상일까? 빨간 빛과 파란 빛이 섞였으므로 보라색이다. 그렇다면 노란색은 어떻게 만들까? [그림 1-24]에서 노란색은 빨간 빛과 녹색 빛이 섞인 색이다. 그래서 노란색의 RGB 값은 (255, 255, 0)이다.

2. 16진수 색상 표현

웹 페이지를 만들 때 white, black, red, green, blue와 같은 단어를 입력하여 색상을 표현할 수 있다. 그러나 단어만으로 자홍색, 깊은 바다색과 같이 미묘한 색상을 표현하기에는 한계가 있다. 다양한 색상을 표현하고자 할 때 RGB 값을 16진수로 바꾸어 사용한다. #(해시) 기호 다음에 RGB 값을 16진수로 표시하면 된다. 예를 들어 `#00ff00`이라고 쓰면 녹색이 된다. 같은 방식으로 흰색은 `#ffffff`, 검은색은 `#000000`, 보라색은 `#ff00ff`, 노란색은 `#ffff00`이다. 10진수 혹은 16진수를 사용하는 색상 표현법은 다른 응용 프로그램에도 적용된다. [그림 1-25]와 같이 포토샵에서 색상을 선택할 때 10진수와 16진수 방식 모두를 지원한다.

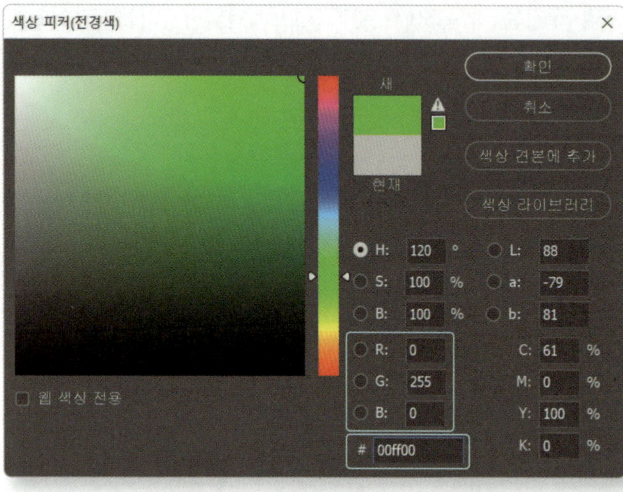

그림 1-25 **10진수와 16진수 모두 지원하는 포토샵의 색상 선택**

> 여기서 잠깐 **트루컬러와 CMYK**
>
> 컴퓨터에서는 빨강, 녹색, 파랑 등의 각각의 색을 0에서 255까지 256단계로 조절하여 색상을 만들 수 있다. 따라서 RGB 각각의 값을 곱하면 256×256×256=16,777,216가지의 색상을 표현할 수 있으며, 이를 트루컬러(true color)라고 한다. 또한, 이미지를 종이에 출력하거나 인쇄할 때는 RGB 대신 CMYK를 사용한다. CMYK는 시안(Cyan), 마젠타(Magenta), 옐로(Yellow), 블랙(Black = Key)의 준말이다. 인쇄할 때 중심이 되는 색상은 검은색인데, 모든 잉크를 섞어 검은색을 표현하기보다는 검은색을 따로 만들어 사용하면 훨씬 편리하다. 그래서 검은색을 따로 사용하고, 이것을 'Key 색'이라고 표시한다.

HTML의 16진수 표기에서는 반복되는 값을 줄일 수 있다. 예를 들어 흰색 `#ffffff`는 `#fff`라 써도 되는데, 6글자가 3글자로 줄어든다. 같은 방법으로 검은색은 `#000`, 보라색은 `#f0f`, 노란색은 `#ff0`로 줄여쓸 수 있다.

■ 배색

웹 페이지를 제작할 때 어울리는 색상으로 화면을 꾸미는 것이 좋다. 색채 감각은 미술이나 디자인 공부를 하지 않으면 익히기 어렵지만, 그럼에도 불구하고 서로 어울리는 색상을 사용하고자 한다면 배색 웹사이트를 이용하면 된다. [그림 1-26]은 쿨러스(https://coolors.co)라는 배색 웹사이트이다. 'EXPLORE'라고 표시된 모니터 그림을 클릭하면 다양한 배색 예시를 볼 수 있다. 또한 원하는 색상을 클릭하면 해당 색상의 16진수 RGB 값이 복사된다. HTML 문서에 붙여넣으면(단축키 Ctrl + V) 해당 RGB 값이 바로 입력된다. 일일이 외우거나 작성할 필요가 없어 편리하다.

TIP 이 책에서 소개하는 웹 제작에 도움되는 사이트들은 miracle 웹 시스템에 링크를 만들어 두었으니 참고하자.

그림 1-26 배색 웹사이트, 쿨러스

2 이미지 사용

컴퓨터에서는 다양한 포맷의 이미지 파일을 사용한다. 이미지 파일은 파일 크기가 커서 압축된 형식으로 저장한다. 압축 원리는 간단하다. 같은 데이터가 연속되어 나타나면 반복되는 데이터를 생략하고 하나만 남긴다. 예를 들어 [바나나, 바나나, 바나나, 바나나, 배]가 있다면 [바나나 4, 배]로 압축한다. 그러면 압축을 풀었을 때 원래의 데이터로 복원된다.

1. 비손실 압축과 손실 압축

압축은 비손실 압축과 손실 압축으로 나뉜다. 비손실 압축은 완전히 똑같은 데이터만 압축하기 때문에 데이터 손실 없이 원본으로 복원할 수 있다. 손실 압축은 비슷한 것도 하나로 압축하기 때문에 압축된 파일을 원본으로 복원할 때 일부 데이터가 사라져 손실 압축이라 부른다.

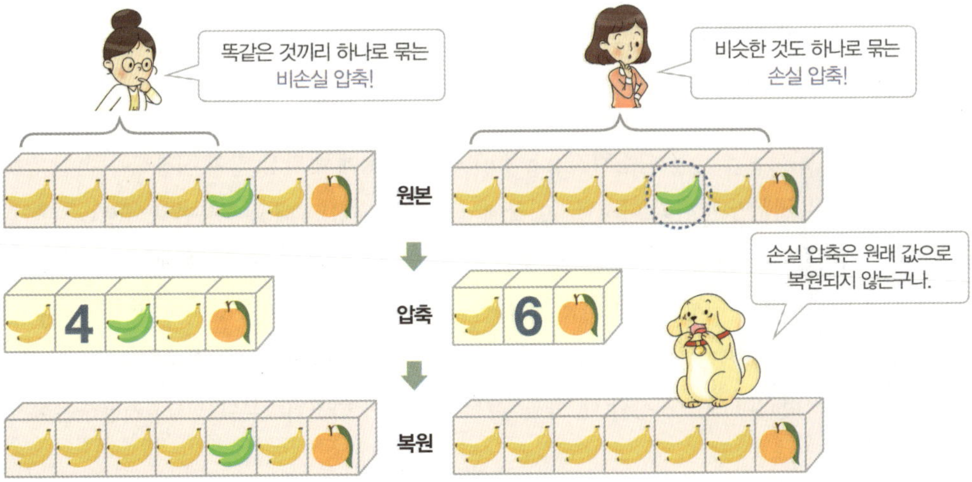

그림 1-27 비손실 압축과 손실 압축

[그림 1-27]에서 [바나나, 바나나, 바나나, 바나나, 덜 익은 바나나, 바나나, 배]를 비손실 압축하면 [바나나 4, 덜 익은 바나나, 바나나, 배]이다. 같은 내용을 손실 압축하면 [바나나 6, 배]로 줄어들고 압축을 풀었을 때 '덜 익은 바나나'가 사라진다. 손실 압축은 일부 데이터가 사라지지만 압축률이 높다. 다시 말해 손실 압축 방식을 사용한 이미지는 화질이 떨어지지만 파일 크기가 작다는 장점이 있다.

2. 이미지 포맷의 종류

여러 가지 이미지 포맷 중 웹 시스템에서 사용할 수 있는 것은 PNG, JPEG, GIF이다.

■ PNG

PNG는 비손실 압축을 사용하기 때문에 웹에서 사용할 수 있는 포맷 중 가장 화질이 좋다. 대신 파일 크기가 크다는 단점이 있다. PNG의 또 다른 특징은 투명한 배경을 설정할 수 있다는 점이다. 그래서 이미지 여러 개를 겹쳐 작업할 수 있다. [그림 1-28]은 PNG 파일과 JPEG 파일의 배경 설정을 비교한 것이다. 웹 페이지 배경에 색상이 있는 경우 배경을 투명하게 설정한 PNG 파일이 배경과 자연스럽게 겹쳐진다.

(a) 흰색 배경 (b) 주황색 배경

그림 1-28 배경을 투명하게 설정할 수 있는 PNG 파일 포맷

■ JPEG

JPEG Joint Photographic Experts Group은 확장자가 jpg나 jpeg인데, 웹에서 가장 많이 사용하는 손실 압축 포맷이다. JPEG은 웹뿐만 아니라 디지털카메라에서 사진을 저장할 때도 사용한다. JPEG의 특징은 사용자가 압축률을 조정할 수 있다는 것이다. 포토샵과 같은 응용 프로그램에서 편집을 마친 후 JPEG으로 저장할 때, [그림 1-29]와 같이 품질을 '저'부터 '최고'까지 선택하여 저장할 수 있다. 저화질은 비슷한 패턴을 하나로 만들어 파일 크기가 작지만 화질이 떨어진다. 따라서 카메라 화질 설정이나 작업한 JPEG을 저장할 때 화질을 '최고'로 설정하거나 원본과 따로 저장하는 것이 좋다.

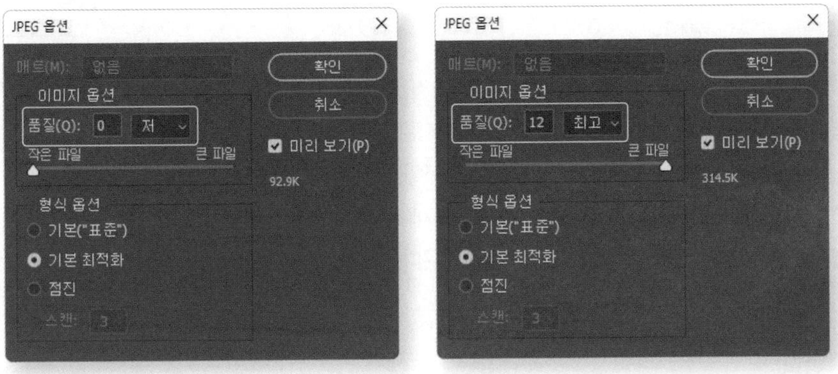

(a) 포토샵에서 품질을 '저'로 설정 **(b) 포토샵에서 품질을 '최고'로 설정**

그림 1-29 **JPEG 압축 옵션**

▪ GIF

GIF는 조금 특이한 이미지 포맷이다. 전체 이미지에서 사용할 수 있는 색상이 256색(1바이트)으로 제한된다. 이는 일반적인 이미지 파일이 픽셀 하나당 RGB 값을 각각 1바이트씩 총 3바이트를 사용하는 것과 비교된다. GIF는 사용할 색상 수를 미리 정하고 그 색상만으로 이미지를 구성하기 때문에 파일 크기가 작다는 장점이 있다. 또한 PNG처럼 투명한 배경을 지원하며, 움직이는 이미지를 만들 수도 있다. 그러나 표현할 수 있는 색이 제한되어 사진에는 적합하지 않고 주로 색상이 적은 아이콘이나 버튼, 배너 광고 등에 사용한다. 웹에서 사용하는 이미지 포맷을 [표 1-6]에 정리했다.

표 1-6 **웹에서 사용하는 이미지 포맷**

구분	압축 방식	원본 손실	색상 제한	투명한 배경	움직이는 이미지	용도
JPEG	손실 압축	있음	없음	×	×	사진
PNG	비손실 압축	없음	없음	지원	×	고화질 사진
GIF	비손실 압축	색 손실	256색	지원	지원	아이콘

▪ WEBP

WEBP(웹피)는 구글에서 웹 게시용으로 만든 이미지 포맷이다. WEBP는 GIF, JPEG, PNG와 호환되는 포맷인데 같은 이미지일 때 GIF, JPEG, PNG보다 WEBP 파일 크기가 작다. 또한 투명한 배경을 지원하며, GIF와 마찬가지로 움직이는 이미지도 만들 수 있다. 그러나 크롬과 같은 특정 브라우저에서만 볼 수 있다는 단점이 있다. WEBP도 웹에서 사용할 수 있는 파일 포맷이지만 일부 브라우저에서는 지원하지 않아 표에서 제외했다. 이외에도 BMP나 TIFF를 지원하는 웹 브라우저도 있지만 대중적이지 않아 설명하지 않았다.

여기서 잠깐

GIF는 비손실 압축 포맷이다. 그런데 다른 포맷의 이미지 파일을 GIF로 변환하면 색상이 256색으로 변경되기 때문에 손실 압축으로 착각하기 쉽다. 주로 크기가 작은 아이콘에 GIF를 사용하기 때문에 파일 크기가 작다고 생각하겠지만, 실제로는 비손실 압축이므로 파일 크기가 크다. 움직이는 GIF 이미지의 파일 크기를 보면 작지 않다는 것을 알 수 있다. WEBP는 GIF에서 파일 크기를 개선한 포맷으로, 움직이는 GIF를 WEBP로 변환하면 파일 크기가 10분의 1로 줄어든다.

3. 정당한 저작물 사용

웹 페이지를 제작할 때 다양한 사진이나 그림을 삽입한다. 그런데 인터넷에 떠도는 사진이나 아이콘을 그대로 사용하면 저작권을 침해할 수 있으니 주의해야 한다. 셔터스톡(https://www.shutterstock.com)과 같은 유료 이미지 사이트에서 요금을 지불하고 이용하는 것이 좋다.

개인 웹사이트에 유료 이미지를 사용하기 부담될 때 무료 이미지를 이용해도 된다. 픽사베이(https://pixabay.com)는 무료 이미지를 제공하는 대표적인 웹사이트이다. 지피(https://giphy.com)에서는 움직이는 GIF 이미지를 무료로 제공한다. 펙셀스(https://www.pexels.com)에서는 동영상 클립을 얻을 수 있다. 이러한 웹사이트에서 라이선스를 확인한 후 콘텐츠를 사용하는 것이 바람직하다.

웹사이트를 구축할 때 다양한 아이콘을 사용한다. 무료 아이콘을 구하기 어렵다면 아이콘을 직접 만들어 사용하는 것도 좋다. 구글의 오토드로(https://www.autodraw.com)는 대표적인 인공지능 아이콘 제작 사이트이다. 화면에 개 모양을 대충 그리면 인공지능이 [그림 1-30]과 같이 깔끔한 아이콘으로 만들어준다. 오토드로에서 그림과 유사한 아이콘을 여러 개 추천해주는데, 채색이나 수정 기능도 있어 편리하게 아이콘을 제작할 수 있다.

그림 1-30 오토드로에서 만든 개 아이콘

3 웹 페이지 제작 시 주의할 점

웹 페이지를 만드는 가장 간단한 방법은 메모장에 코드를 작성하여 파일 형태로 저장하는 것이다. 이때 확장자를 txt 대신 html로 저장해야 한다. 저장된 HTML 파일을 웹 브라우저에 드래그 앤 드롭하면 결과를 확인할 수 있다. 이 외에 웹 페이지 제작 시 주의할 점은 다음과 같다.

1. 파일과 폴더 구성

웹 시스템에서 첫 번째 페이지의 파일 이름은 관습적으로 index.html로 정해져 있다. 독립적인 웹 서버를 사용할 때 home.html이나 first.html과 같이 원하는 이름으로 바꿀 수 있지만, 외부 웹 호스팅 서비스를 이용하는 경우 index.html이 아니면 에러가 발생하는 경우가 있으니 주의해야 한다.

CSS나 자바스크립트를 HTML 안에 넣어 작성해도 되지만 각각 파일로 만들어 사용하는 것이 일반적이다. CSS 파일의 확장자는 보통 'css'이며, 자바스크립트 파일의 확장자는 'js'이다. CSS나 자바스크립트 파일을 따로 만들면 재사용이나 변경이 쉬워 관리하기 편하다.

웹 페이지를 여러 페이지로 만드는 경우 HTML, CSS, 자바스크립트 파일 이외에도 페이지에 삽입하는 사진이나 아이콘 때문에 파일의 개수가 매우 많아진다. 파일을 한 개의 폴더(디렉터리)에서 모두 관리하는 것은 불편하고, 여러 계층의 폴더로 분리하여 보관하는 것이 좋다. 예를 들어 웹 페이지에 삽입하는 이미지, 동영상, 오디오 파일은 media 폴더를 만들어 보관한다.

이 책에서는 쉽게 예제를 확인하고 웹 시스템 구조를 파악할 수 있도록 'miracle 웹 시스템'을 무료로 제공한다. miracle 웹 시스템은 모든 장의 예제 프로그램을 간편하게 실행하여 결과를 볼 수 있을 뿐 아니라 소스 코드까지 확인할 수 있다. 또한 miracle 웹 시스템의 폴더를 '장' 등의 단위로 분류했기 때문에 폴더 구조를 한눈에 알 수 있다. 각 장의 폴더 밑에는 예제를 모아 놓은 html 폴더와 해당 장에서 사용된 이미지와 동영상을 모아 놓은 media 폴더가 있다. 프로젝트가 있는 장의 경우 project 폴더를 따로 만들었다.

TIP miracle 웹 시스템은 모니터 해상도 1280×1024 이상의 환경에서 사용하기를 권장한다.

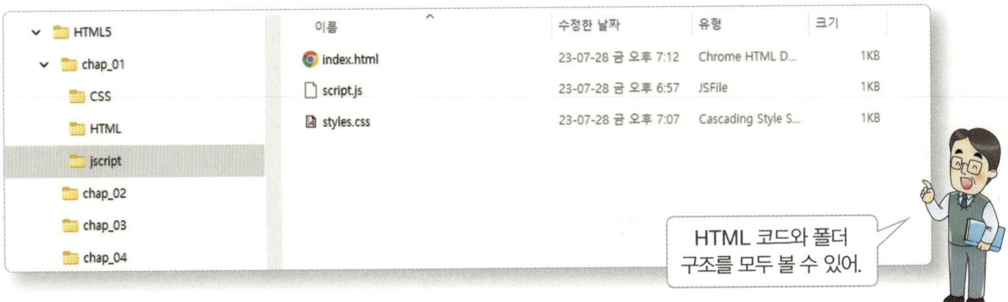

그림 1-31 miracle 웹 시스템의 폴더 구조

■ **파일 이름과 폴더 이름**

웹 페이지는 유닉스 혹은 윈도우의 웹 데몬에서 작동한다. 따라서 폴더나 파일을 만들 때 유닉스와 윈도우의 차이에 유의해야 한다.

- 윈도우 운영체제에서는 폴더 이름이나 파일 이름에 공백이 있어도 되지만, **유닉스에서는 공백과 같은 몇몇 특수문자가 허용되지 않는다**. 따라서 폴더 이름이나 파일 이름에 공백과 같은 특수문자를 사용하지 않는 것이 좋다. 일반적으로 공백 대신에 언더바(_)를 사용한다. 제공되는 miracle 웹 시스템의 폴더 이름과 파일 이름은 이러한 원칙을 지키고 있다.
- 또한 윈도우에서는 폴더 이름과 파일 이름에 대소문자를 구분하지 않지만, **유닉스는 대소문자를 구분한다**. 다시 말해 index.html과 INDEX.html은 윈도우에서 동일한 파일이지만 유닉스에서는 서로 다른 파일이다. 따라서 파일이나 하이퍼링크의 대소문자에 유의해야 한다. 참고로 HTML 태그는 대소문자를 구분하지 않는다.

2. 웹 프로그래밍 연습 도구

책에서 제공하는 예제는 물론 다양한 웹 페이지의 소스 코드를 확인하고 직접 변경해보는 것이 웹 프로그래밍 실력 향상에 도움이 된다. 연습에 참고할 만한 도구를 소개한다.

■ **페이지 소스 보기**

miracle 홈페이지가 아닌 다른 웹 페이지의 HTML 코드를 확인해야 할 때 해당 페이지에서 마우스 오른쪽 버튼을 클릭하면 웹 브라우저에서 제공하는 메뉴 목록이 나타난다. 여기서 [페이지 소스 보기]를 선택하면 [그림 1-32]의 (b)와 같이 소스 코드를 확인할 수 있다. 주의할 것은 이 방법으로 웹상의 모든 HTML 코드를 볼 수 없다는 점이다. HTML 코드에 웹 데몬의 폴더 구조가 노출될 수 있어 보안상의 이유로 [페이지 소스 보기] 기능을 막아놓은 경우도 있기 때문이다.

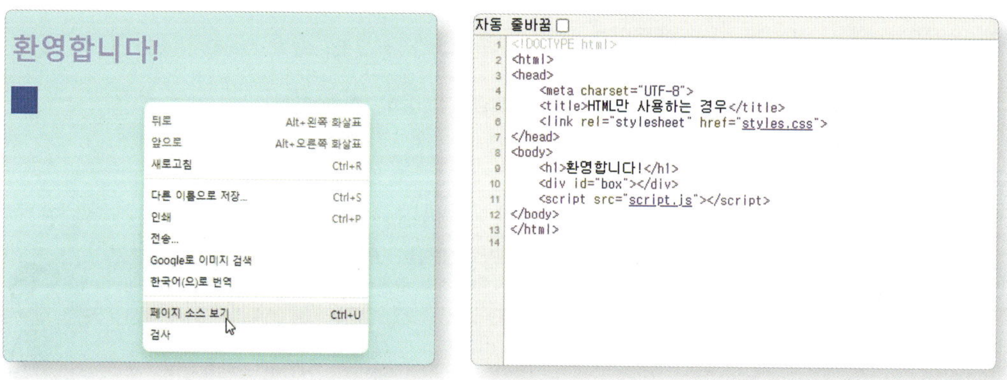

(a) [페이지 소스 보기] 메뉴 (b) HTML 코드

그림 1-32 웹 페이지의 HTML 코드 보기

▪ HTML 개발 툴

제공되는 HTML 코드를 변형하여 결과를 보려면 해당 파일을 찾아 메모장에서 내용을 변경한 후 HTML을 다시 실행해야 한다. 이러한 과정을 생략하려면 HTML 개발 툴을 사용하면 된다. 다양한 HTML 개발 툴이 있지만 마이크로소프트에서 제공하는 비주얼 스튜디오 코드(https://code.visualstudio.com)를 권장한다. 비주얼 스튜디오 코드는 HTML 코드에서 오류를 찾아주고, HTML 개발 관련 응용 프로그램을 플러그인처럼 설치할 수 있어 편리하다. 설치 방법은 매우 간단하기 때문에 따로 설명하지 않는다.

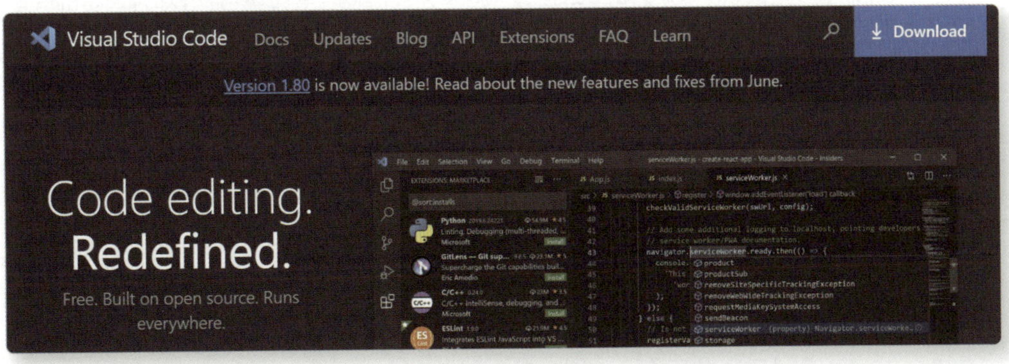

그림 1-33 **비주얼 스튜디오 코드 홈페이지**

간단한 홈페이지를 개발할 때에는 비주얼 스튜디오 코드가 무거울 수 있다. 간단한 코드를 작성하려면 설치 없이 바로 사용할 수 있는 온라인 HTML 편집기를 이용해도 좋다. 대표적인 온라인 HTML5 편집기인 리브위브(https://liveweave.com)를 추천한다. 한 화면에서 HTML5, CSS3, 자바스크립트를 각각 제작하고 결과를 바로 확인할 수 있어 편리하다.

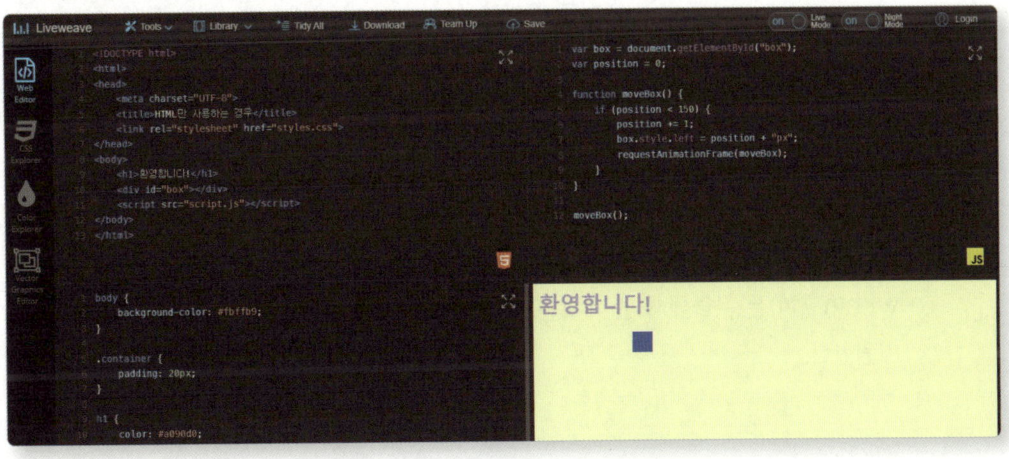

그림 1-34 **온라인 HTML 편집기인 리브위브**

요약

01 인터넷은 전 세계의 모든 컴퓨터를 하나로 연결한 컴퓨터 네트워크이다. 연결된 LAN 사이에서 TCP/IP를 사용하여 데이터를 전송한다.

02 웹 시스템은 클라이언트-서버 구조이다. 주소창에 URL을 입력하면 HTTP를 사용하여 서버에 접속할 수 있다. 서버의 웹 데몬인 HTTPD가 웹 페이지를 웹 브라우저에 전송한다. 웹 브라우저는 웹 서버로부터 전달받은 하이퍼링크를 따라 페이지를 이동하며 문서, 이미지, 동영상을 화면에 보여주는 응용 프로그램이다.

03 HTML은 하이퍼텍스트를 만들 때 사용하는 마크업 언어이다. 마크업 언어는 문자의 앞뒤에 속성을 나타내는 태그를 붙여 문서를 표현한다.

04 웹 페이지는 문서 내용과 구조를 정의하는 HTML, 문서 디자인과 색상을 정의하는 CSS, 문서를 동적으로 만드는 자바스크립트로 구성된다.

05 CGI는 웹 데몬과 다른 응용 프로그램을 연결하는 인터페이스이지만 복잡한 문제를 처리하는 데 한계가 있다. 웹 데몬 개발사에서 CGI를 대신하여 PHP, ASP, JSP와 같은 스크립트 언어를 제공한다.

06 웹 시스템의 서버 쪽은 사용자에게 보여지는 영역인 프런트엔드와 웹 시스템의 관리 영역인 백엔드로 나뉜다.

07 데이터와 태그(구조)를 함께 저장하여 정보를 추출할 수 있는 반정형 데이터가 XML이다. XML은 사용자가 직접 태그를 정의할 수 있으며 이를 메타데이터라 부른다.

08 액티브X와 같은 비표준 기술을 사용하지 않고도 다양한 프로그램을 개발하도록 만들어진 표준이 HTML5이다.

09 컴퓨터에서 점 하나를 픽셀이라 부르며 픽셀의 색상을 RGB로 표시할 때 16진수를 사용한다. 웹 시스템에서 사용하는 이미지 포맷으로는 PNG, JPEG, GIF가 있다. WEBP(웹피)는 구글에서 웹 게시용으로 만든 이미지 포맷으로 일부 웹 브라우저에서만 지원한다.

연습 문제

01 통신 약속을 의미하는 단어는 무엇인가?

① 인터넷 ② 프로토콜
③ 컴퓨터 네트워크 ④ LAN

02 수십 미터에서 수 킬로미터를 연결하는 근거리 네트워크를 의미하는 단어는 무엇인가?

① 인터넷 ② 프로토콜
③ 컴퓨터 네트워크 ④ LAN

03 다음 중 나머지 3개와 종류가 다른 하나를 찾으시오.

① IP ② TCP
③ HTTPD ④ HTTP

04 아파넷 개발 당시 LAN 사이를 지나서 목적지까지 데이터를 전송하기 위해 만든 프로토콜은 무엇인가?

① IP ② FTP
③ HTTP ④ TCP

05 웹 시스템에서 사용되는 문서를 가리키는 단어를 찾으시오.

① HTML ② 하이퍼텍스트
③ HTTP ④ 하이퍼링크

06 웹 페이지를 전송하기 위해 만들어진 프로토콜을 가리키는 단어를 찾으시오.

① HTML ② 도메인 네임
③ HTTP ④ 하이퍼링크

07 웹 페이지에서 자료를 연결하는 데 사용하는 참조 고리를 의미하는 단어를 찾으시오.

① HTML　② URL
③ HTTP　④ 하이퍼링크

08 IP 주소 대신 사용하는 문자 기반의 주소 체계를 의미하는 단어를 찾으시오.

① HTTPD　② URL
③ 도메인 네임　④ 웹 브라우저

09 다음 중 웹의 클라이언트-서버 시스템에서 서버 쪽에 설치되는 소프트웨어를 찾으시오.

① HTTPD　② URL
③ 도메인 네임　④ 웹 브라우저

10 다음 중 웹 클라이언트 쪽 소프트웨어를 찾으시오.

① HTTPD　② URL
③ 도메인 네임　④ 웹 브라우저

11 URL 형식이 맞게 표시된 것을 찾으시오.

① 프로토콜://도메인 네임
② 도메인 네임://프로토콜
③ IP 주소://프로토콜
④ WWW://도메인 네임

12 URL의 프로토콜 부분에 사용할 수 <u>없는</u> 것은 무엇인가?

① FTP　② HTTP
③ ASP　④ HTTPS

13 다음 중 나머지 3개와 종류가 다른 것을 찾으시오.

① HTML ② SGML

③ XML ④ PHP

14 전 세계 문서 표준을 의미하는 단어를 찾으시오.

① HTML ② SGML

③ XML ④ PHP

15 메타데이터와 가장 관련 있는 마크업 언어를 찾으시오.

① HTML ② SGML

③ XML ④ PHP

16 다음 중 웹 페이지 구성 요소가 아닌 것을 찾으시오.

① HTML ② CSS

③ CGI ④ 자바스크립트

17 웹 페이지 구성의 3요소 중 디자인과 색상을 정의하는 것은 무엇인가?

① HTML ② CSS

③ CGI ④ 자바스크립트

18 웹 페이지 구성의 3요소 중 웹 페이지를 동적으로 만들어주는 것은 무엇인가?

① HTML ② CSS

③ CGI ④ 자바스크립트

19 자바스크립트가 저장된 파일의 확장자를 찾으시오.

① jsp ② js

③ java ④ cpp

20 웹 데몬과 다른 응용 프로그램을 연결하는 인터페이스를 가리키는 단어는 무엇인가?

① TCP ② CGI

③ CSS ④ XML

21 아파치 웹 데몬이 제공하는 스크립트 언어는 무엇인가?

① JSP ② PHP

③ TCP ④ ASP

22 자바를 기반으로 만들어져 웹 데몬 제품의 종류와 상관없이 사용할 수 있는 스크립트 언어는 무엇인가?

① JSP ② TCP

③ PHP ④ ASP

23 다음 중 백엔드와 거리가 먼 기술은 무엇인가?

① JSP ② CSS

③ PHP ④ ASP

24 웹에서 하나의 점을 의미하는 단어는 무엇인가?

① px ② RGB

③ js ④ CSS

25 다음 중 노란색을 찾으시오.

① `#ffff00` ② `#ff00ff`

③ `#00ff00` ④ `#ffffff`

26 다음 중 녹색을 찾으시오.

① `#0f0` ② `#f0f`

③ `#0ff` ④ `#fff`

27 웹에서 사용할 수 있는 이미지 포맷 중 압축률을 조절할 수 있는 것을 찾으시오.

① JPEG ② GIF

③ TIFF ④ PNG

28 웹에서 사용할 수 있는 이미지 포맷 중 화질이 좋으면서도 투명한 배경을 지원하는 포맷은 무엇인가?

① JPEG ② GIF

③ MPEG ④ PNG

29 웹에서 사용할 수 있는 이미지 포맷 중 색상을 256개만 지원하는 포맷은 무엇인가?

① JPEG ② GIF

③ MPEG ④ PNG

30 다음 중 파일 이름과 폴더 이름에 대한 설명으로 틀린 것을 찾으시오.

① 유닉스에서는 파일 이름과 폴더 이름에 공백을 사용할 수 있다.

② 윈도우에서는 파일 이름과 폴더 이름에 공백을 사용할 수 있다.

③ 유닉스에서는 파일 이름과 폴더 이름에서 대소문자를 구별한다.

④ 윈도우에서는 파일 이름과 폴더 이름에서 대소문자를 구별하지 않는다.

※ **31~32**번 문항은 다음 HTML 코드를 보고 답하시오.

```
<!DOCTYPE html>
<html>
<head>
    <meta charset="UTF-8">
    <link rel="stylesheet" href="styles1.css">
</head>
<body>
    <h1>환영합니다!</h1>
    <div id="box"></div>
    <script src="script7.js"></script>
</body>
</html>
```

31 이 HTML에 종속되는 CSS 파일 이름과 확장자는 무엇인가?

32 이 HTML에 종속되는 자바스크립트 파일 이름과 확장자는 무엇인가?

※ **33~35**번 문항은 다음 CSS 코드를 보고 답하시오.

```
body {
    background-color: #fbffb9;
}

.container {
    padding: 20px;
}

h1 {
    color: #a090d0;
}

#box {
    width: 30px;
    height: 30px;
    background-color: blue;
    position: absolute;
}
```

33 박스 색을 검은색으로 바꾸려면 어디를 어떻게 고쳐야 하는가?

34 박스 크기를 40×50으로 변경하려면 어디를 어떻게 고쳐야 하는가?

35 HTML 배경을 보라색으로 바꾸려면 어디를 어떻게 고쳐야 하는가?

CHAPTER 02

HTML5로 기본 문서 만들기

학습 목표

- HTML5의 문서 구조와 특징을 이해한다.
- HTML5에 사용되는 태그와 속성에 대해 학습한다.
- HTML5의 기본 태그 및 리스트나 테이블과 같은 고급 태그를 살펴본다.

- HTML5와 기본 태그
  - HTML5 개요
    - HTML5의 구조
    - HTML 작성하기
  - HTML5 기본 태그
    - 문서 영역을 만드는 태그
    - 엔티티 코드
    - 입력한 그대로 출력하기
    - 수평선 만들기
    - 문자 꾸미기
    - 메타데이터
- 고급 문서 만들기
  - 이미지 삽입
    - 경로와 폴더 구조
    - 이미지 태그의 속성
  - 하이퍼링크
  - 리스트
  - 테이블
  - 멀티미디어
    - 비디오 삽입하기
    - 오디오 삽입하기
    - 유튜브 비디오 삽입하기

SECTION 01 HTML5와 기본 태그

1 HTML5 개요

HTML5는 웹 페이지를 만드는 데 사용되는 언어이며 태그와 속성으로 구성된다. HTML5를 사용하여 웹 페이지를 만드는 것은 워드프로세서를 사용하여 문서를 작성하는 것과는 다르다. 웹 페이지를 만들 때는 HTML5에 정의된 문서 구조를 따라야 하며, 내용을 꾸밀 때는 태그와 속성을 사용해야 한다. 또한 여러 칸을 띄어쓰거나 줄 바꿈할 때도 태그를 사용해야 한다.

1. HTML5의 구조

HTML5에서는 〈〉에 둘러싸인 〈태그〉를 사용하여 모든 작업이 이루어진다. 그래서 마크업 언어markup language라 부른다. 태그는 한 쌍의 시작 태그와 끝 태그로 이루어진다. HTML 문서를 나타내는 시작 태그는 `<html>`이고, 쌍을 이루는 끝 태그는 `</html>`이며, 끝 태그 앞쪽에는 /(슬래시)가 붙는다. 일부 태그는 시작 태그만 있고 끝 태그가 없다.

HTML5를 사용하여 웹 페이지를 만드는 일은 책 한 권을 만드는 것과 같다. 책에는 표지와 앞 부속, 본문이 있다. 앞 부속에는 본문을 시작하기 전 머리말이나 목차와 같은 내용이 들어간다. 웹 페이지도 마찬가지이다. [그림 2-1]은 HTML5로 작성된 문서의 기본 구조이다. 그림의 코드는 이 책의 부록으로 제공하는 miracle 웹 시스템의 [예제 2-1](ex2-1.html)이다.

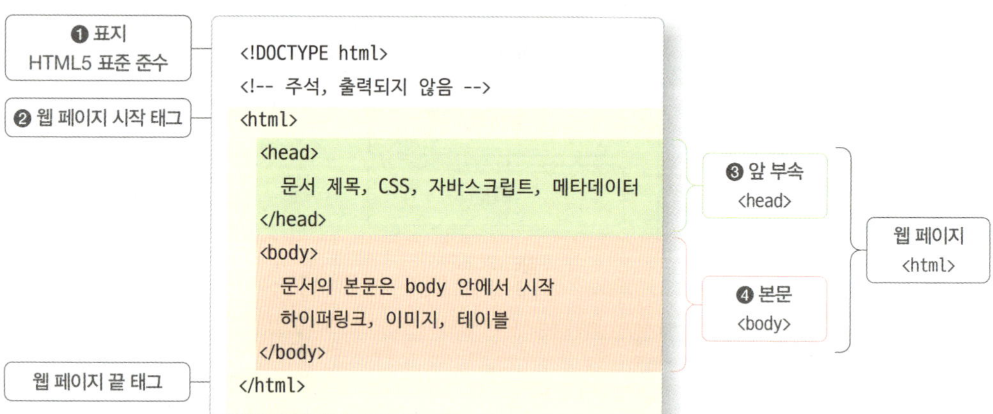

그림 2-1 [예제 2-1]에서 볼 수 있는 HTML5의 구조

❶ **<!DOCTYPE html>**: HTML5 문서의 표지가 **<!DOCTYPE html>**이다. 모든 책의 맨 앞장이 표지인 것처럼 웹 문서는 항상 **<!DOCTYPE html>**로 시작하고, 끝 태그는 없다. **<!DOCTYPE html>**은 HTML5 표준을 준수하여 작성된 문서라는 의미이다. 따라서 HTML5보다 낮은 버전의 웹 페이지는 다른 태그를 사용한다. 이 책은 HTML5 표준을 준수하여 작성되었기 때문에 앞으로 이 책 전반에서 HTML이라고 하면 HTML5를 의미한다.

❷ **<html>**: 실질적인 웹 페이지는 **<html>** 태그에서 시작하여 **</html>** 태그로 끝난다. 그래서 웹 페이지의 가장 마지막 태그는 언제나 **</html>**이다. 책은 머리말이나 목차 다음에 본문이 나온다. 마찬가지로 웹 페이지(**<html>**) 안에는 헤드(**<head>**)가 먼저 나온 다음 본문(**<body>**)이 뒤따라 나온다.

❸ **<head>**: 본문에 대한 설명(앞 부속)은 **<head>**와 **</head>**로 감싼 헤드 영역에 위치한다. **<head>**와 **</head>** 사이에는 문서의 제목이나 CSS, 자바스크립트, 메타데이터 등에 대한 설명이 있다. CSS나 자바스크립트를 별도의 파일로 작성하는 경우 파일의 위치와 이름을 여기에 작성해둔다.

❹ **<body>**: 웹 브라우저의 메인 화면에 표시할 내용은 **<body>**와 **</body>**로 감싼 본문 영역에 위치한다. 본문에는 문자(텍스트)뿐 아니라 이미지, 동영상, 하이퍼링크와 같은 다양한 데이터에 대한 설정 내용이 포함된다. 이와 함께 동적인 영역이 있을 때에는 본문에 자바스크립트 코드가 보이기도 한다.

2. HTML 작성하기

[예제 2-1]의 출력 결과는 [그림 2-2]와 같다. ex2-1.html에는 내용이 **<head>**에 1줄, **<body>**에 2줄로 작성되어 있지만, 출력 결과를 보면 모든 글씨가 한 줄로 표시된다. **HTML에서는 줄 바꿈과 같이 문서를 꾸미는 모든 작업에 태그를 사용**해야 한다. 태그를 사용하지 않으면 그림과 같이 모든 글씨가 한 줄로 길게 표시된다.

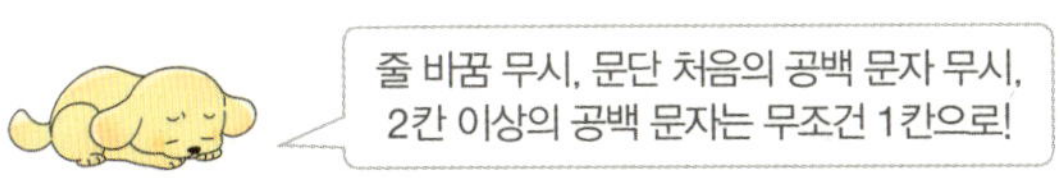

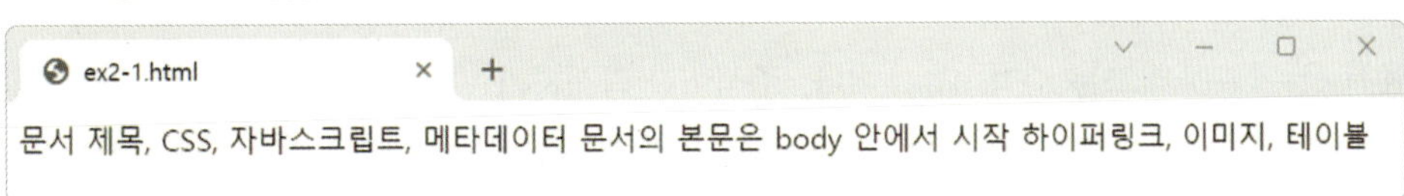

그림 2-2 [예제 2-1] 출력 결과

■ 공백 문자 사용

HTML에서는 불필요한 띄어쓰기를 무시한다. 공백 문자space가 연속으로 2번 이상 나타나면 무조건 1칸으로 처리한다. 다시 말해, 문자와 문자 사이를 아무리 띄어서 입력해도 1칸만 떨어진 걸로 출력된다. 또한 문단을 처음 시작할 때의 공백 문자는 무시된다. 사실 문장 중간에 2칸 이상의 공백이나 문단 처음의 공백 문자는 실수일 가능성이 높다. 만약 의도한 줄 바꿈enter, 2칸 이상의 공백, 문단 처음에 나오는 공백 문자가 있으면 HTML에 분명하게 알려줘야 한다. 줄 바꿈이나 띄어쓰기를 입력하는 방법은 2절의 'HTML5 기본 태그'에서 설명한다.

■ 문자 입력

HTML 웹 페이지에 영어뿐 아니라 여러 나라의 문자를 사용할 수 있다. 유니코드unicode는 여러 나라의 문자를 표현하는 수단이며 대부분의 운영체제가 유니코드를 사용한다. 간혹 유니코드를 지원하지 않는 컴퓨터에서 웹 페이지가 보이지 않는 문제가 발생할 수 있다. 이러한 문제를 해결하려면 <head> 영역에 <meta charset="UTF-8"> 태그를 넣어야 한다. 이는 현재 웹 페이지에서 사용하는 문자 세트가 유니코드라는 의미이다. 일반적으로 <meta charset="UTF-8"> 태그를 생략해도 큰 문제는 없지만, 호환성을 위해 사용하는 것이 좋다.

HTML 문서에는 다양한 태그가 복잡하게 겹쳐서 나타난다. <meta charset="UTF-8"> 태그는 <head> 영역 안에 위치하는데, 들여쓰지 않으면 태그의 구조를 파악하기 어렵다. 따라서 태그 속에 포함된 태그는 들여쓰는 것이 좋다.

표 2-1 HTML 문서의 태그 들여쓰기

들여쓰기 ○	들여쓰기 ×(권장하지 않음)
<head> <meta charset="UTF-8"> </head>	<head> <meta charset="UTF-8"> </head>

TIP <html>, <head>, <body>는 HTML 문서에서 없어서는 안 되는 필수 태그이다. 그래서 이 3개의 태그에는 들여쓰기를 생략하기도 한다.

■ 주석

HTML에서 <!-- --> 태그는 주석comment이다. 주석이란 작성자가 만든 설명으로, 웹 브라우저는 주석을 무시하고 화면에 출력하지 않는다. 주석은 화면에 표시되지 않기 때문에 HTML 문서의 어느 위치에 있어도 상관없다.

■ 태그

태그는 <태그>내용</태그>의 형태로 사용한다. [그림 2-3]은 전형적인 태그 구조이다. 그림에서

<a> </a>는 하이퍼링크를 만드는 태그이다. **태그에 대문자를 사용할 수도 있지만 관례적으로 소문자를 사용**한다. 태그는 내용content을 감싸는 한 쌍의 시작 태그(<>)와 끝 태그(</>)로 이루어진다. 태그가 적용되는 범위는 시작 태그에서 끝 태그까지이므로, 'coolors'라는 내용이 <a> </a> 태그의 영향을 받는다.

그림 2-3 태그와 속성의 구조

줄 바꿈이나 이미지 삽입과 같이 적용 범위가 없는 태그도 있다. 이렇게 끝 태그 없이 단독으로 사용하는 태그를 단일 태그라 부른다. 줄 바꿈 태그
과 이미지 삽입 태그 <img>가 대표적인 단일 태그이다.

TIP 단일 태그라는 표시를 하기 위해 단일 태그의 맨 마지막에 슬래시(/)를 붙이기도 한다. 예를 들어 <img> 태그를 <img/>라 표시할 수 있다.

태그를 사용할 때는 공백 문자에 주의해야 한다. 필요 없는 공백 문자가 들어가면 원하지 않는 결과가 나타날 수 있다. [표 2-2]는 공백 문자를 잘못 사용한 예이다. 잘못 사용된 태그는 모두 무시된다.

표 2-2 공백 문자를 잘못 사용한 태그 예

표기	내용
< body>	태그에 필요 없는 공백 문자가 삽입됨
<a href=" https://coolors.co">	속성값에 필요 없는 공백 문자가 삽입됨

■ 속성

태그는 기본적으로 속성attribute을 가질 수 있다. 물론 태그에 속성이 없을 수도 있고, 하나의 태그에 속성이 여러 개일 수도 있다. 앞의 [그림 2-3]의 경우 2개의 속성을 가진다. 이때 속성과 속성 사이는 공백 문자로 구분한다.

속성은 속성 이름과 속성값으로 구성되며, 속성값은 큰따옴표("")로 감싸 표기한다. [그림 2-3]에서 속성 1의 이름은 href이고 속성값은 https://coolors.co이다. 속성 2의 이름은 target이고, 속성값은 _blank이다. 속성값을 큰따옴표 대신 작은따옴표('')로 표기할 수도 있지만 큰따옴표 사용을 권장한다. 한편 큰따옴표로 시작하여 작은따옴표로 끝내거나 그 반대로는 사용할 수 없다. 이렇게 표기하면 마치 신발을 짝짝이로 신은 것과 같이 오류가 난다.

표 2-3 속성값 표기

표기	내용
`<a href="https://coolors.co">`	사용 권장
`<a href='https://coolors.co'>`	사용 가능
`<a href='https://coolors.co">`	오류

TIP HTML에서는 공백 문자가 포함된 속성값을 작은따옴표로 감싸면 오류가 발생한다. 그래서 속성값에는 큰따옴표(") 사용을 권장한다.

■ 요소

태그, 속성, 내용으로 이루어진 하나의 덩어리를 요소element라 부른다. 다시 말해 온전한 태그 하나가 HTML을 만드는 구성 요소이다. 따라서 [그림 2-3]의 전체 덩어리가 <a> 태그 요소이다.

2 HTML5 기본 태그

100여 개의 HTML 태그 중에서 자주 사용하는 태그의 특징과 사용 방법을 알아보자. 태그는 관련된 영어 단어를 사용하거나 단어의 머리글자를 딴 약자를 사용한다. 따라서 태그는 그 의미와 연관된 단어를 생각해보면 이해하기 쉽다. 웹 브라우저의 출력 결과는 가독성을 높이기 위해 125% 이상으로 확대하여 캡처했다. 따라서 실제 웹 페이지 화면과 다르게 보일 수 있으니 참고하기 바란다.

Know-how **태그 이름을 어떻게 외울까?**

태그나 속성 이름으로 <video>, <title>, width, height와 같이 영어 단어를 그대로 사용하는 경우도 있지만, <a>, <i>, <b>, <dt>, <dd>, <p>, <hr>, <tr>, <td>, <th>, href, src, rowspan, colspan과 같이 영어 단어의 약자인 태그도 있다. 태그를 무작정 외우기보다는 'table data'는 'td', 'table head'는 'th'와 같이 원래의 영어 단어와 함께 외우면 빨리 외우고 오랫동안 기억할 수 있다.

1. 문서 영역을 만드는 태그

지금부터 소개하는 태그는 HTML 문서에서 제목, 문단, 문단 제목 등 영역을 구성하는 태그이다. 문서에 문자를 입력할 때 자주 사용한다.

■ 문서 제목 만들기 <title>

모든 문서에는 제목title이 있으며, **<title> </title> 태그는 문서 전체를 대표하는 문서 제목을 만든다.** 문서 제목은 웹 브라우저 상단의 탭tab에 나타난다. 탭은 웹 브라우저의 메인 화면이 아니기 때문에 <title> 태그는 <head> </head> 태그 영역에 위치한다. [예제 2-2]를 웹 브라우저에서 실행하면 상단 탭에 문서 제목인 '문서 제목 만들기'가 나타난다.

예제 2-2 **문서 제목 만들기** ex2-2.html

```html
<!DOCTYPE html>
<html>
<head>
  <meta charset="UTF-8">
  <title>문서 제목 만들기</title>
</head>
<body title="body는 본문을 의미합니다">
  본문에 마우스를 올려 보세요
</body>
</html>
```

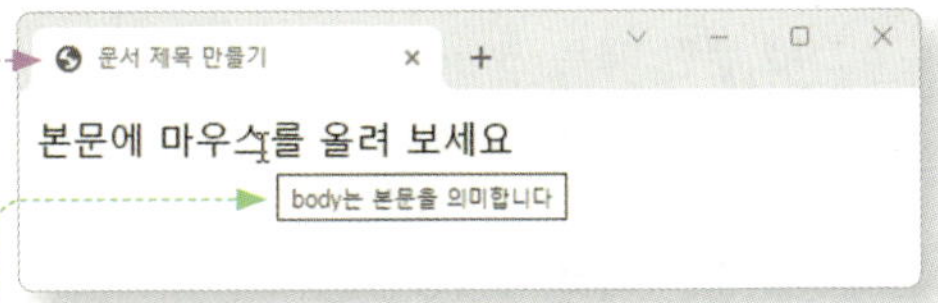

모든 HTML 태그에는 title 속성을 사용할 수 있다. title 속성은 해당 태그의 툴팁tooltip을 나타낸다. [예제 2-2]에서는 <body title="body는 본문을 의미합니다">와 같이 <body> 태그에 title 속성을 지정했다. 툴팁은 평상시에는 보이지 않다가 해당 위치에 마우스를 올리면 조그만 상자 안에 나타나는 글자이다. 본문에 마우스를 올리면 작은 글씨로 'body는 본문을 의미합니다'가 나타난다.

■ 문단 제목 만들기 <h1> ~ <h6>

웹 문서의 장과 절에도 제목이 필요하다. 웹 문서 안에서 **여러 깊이로 제목을 만드는 태그는** <h1>, <h2>, <h3>, <h4>, <h5>, <h6>이다. 문단 제목은 일반적인 글씨보다 굵은 글씨로 화면에 표시된다. 총 6개의 문단 제목 크기는 <h1> </h1>이 가장 크며 <h6> </h6>이 가장 작다. [예제 2-3]에서 제일 큰 글씨의 제목 <h1>부터 가장 작은 글씨의 제목 <h6>의 출력 결과를 확인하자. 실험적으로 <h7> 태그가 작동하는지 만들어보았는데, <h7>은 없는 태그이기 때문에 무시된다. 따라서 <h7> </h7>로 감싼 문자는 일반 크기로 화면에 표시된다.

예제 2-3 **문단 제목 만들기** ex2-3.html

```
<!DOCTYPE html>
<html>
<head>
  <meta charset="UTF-8">
  <title>문단 제목 만들기</title>
</head>
<body>
  <h1>h1 문단 제목 크기</h1>
  <h2>h2 문단 제목 크기</h2>
  <h3>h3 문단 제목 크기</h3>
  <h4>h4 문단 제목 크기</h4>
  <h5>h5 문단 제목 크기</h5>
  <h6>h6 문단 제목 크기</h6>
  <h7>h7 태그는 없음 - 일반폰트</h7>
</body>
</html>
```

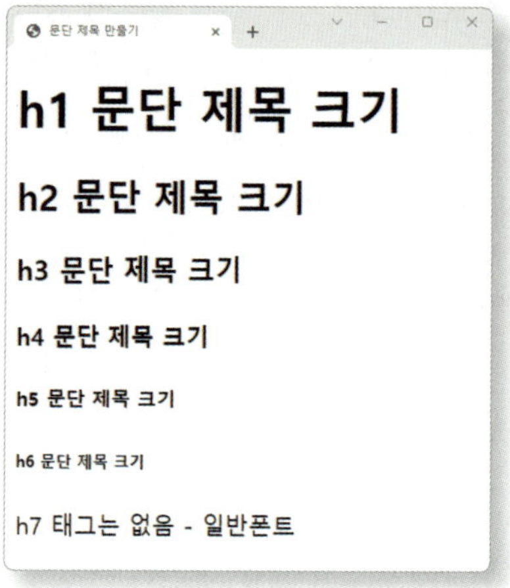

■ 새 줄에서 시작하기 <p>와

문서는 여러 개의 덩어리, 즉 문단paragraph으로 이루어진다. **HTML에서 하나의 문단을 나타내는 태그가 <p>**이다. <p>는 HTML에서 가장 많이 사용되는 태그이다. <p>와 </p> 태그 사이에 문단 하나가 위치한다. 문단과 문단 사이, 다시 말해 <p> </p>와 다음 문단의 <p> </p>는 한 줄 떨어져 화면에 표시된다. 따라서 [예제 2-4]에서 첫 번째 문단과 두 번째 문단이 한 줄 떨어져 표시된다. 참고로 <p>는 끝 태그 </p> 없이 단일 태그로 사용할 수도 있다.

<p> </p>의 특징은 문단 맨 앞의 공백 문자를 무시한다는 점이다. 2개 이상 연달아 나오는 공백 문자는 화면에 1개로 표시하고, 문단 안에서 Enter로 입력한 줄 바꿈은 무시한다. 따라서 [예제 2-4]에서 두 번째 문단 <p> </p>는 '두 번째 문단: 여러 공백 문자 무시! 줄 바꿈 무시!'가 모두 한 줄로 표시된다.

줄 바꿈을 하려면 'break'의 약자인
 태그를 사용한다. **
은 단일 태그**이다.
 태그 이후의 문자는 다음 줄에 출력된다.

처럼 연달아 사용하면 2줄을 띄울 수 있다.

예제 2-4 **새 줄에서 시작하기** ex2-4.html

```
<!DOCTYPE html>
<html>
<head>
```

```
  <meta charset="UTF-8">
  <title>새 줄에서 시작하기</title>
</head>
<body>
  <p>첫 번째 문단</p>
  <p>  두 번째 문단:   여러 공백 문자 무시!
     줄 바꿈 무시!</p>
  <p>줄 바꿈 태그&lt;br&gt;<br>새 줄에서</p>
</body>
</html>
```

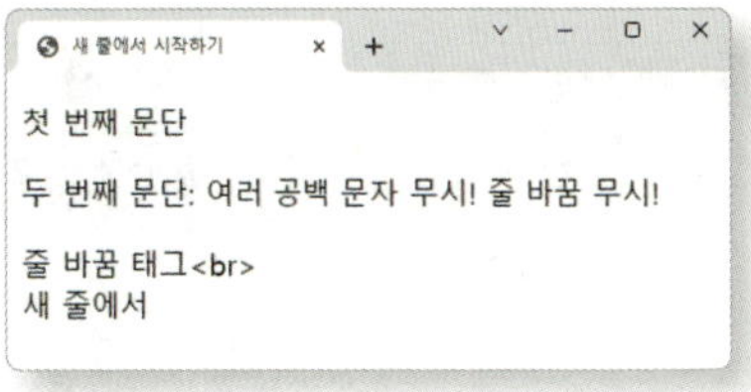

2. 엔티티 코드

HTML에서 부등호 <>는 태그로 인식하기 때문에 본문에 < 또는 >를 입력하면 화면에 표시되지 않는다. 따라서 본문에 <나 >를 입력하려면 엔티티 코드를 사용한다. 엔티티 코드entity code는 &(앰퍼샌드)로 시작하여 ;(세미콜론)으로 끝난다.

앞의 [예제 2-4]에서는 <의 엔티티 코드인 `<`와 >의 엔티티 코드인 `>`를 사용했다. <는 작다는 기호이며, 영어 less than의 약자 `lt`를 사용한다. 반대로 >는 크다는 기호이며 영어 greater than의 약자 `gt`를 사용한다. 그래서 <는 `<`이며, >는 `>`이다. 이외에 키보드에서 입력할 수 없는 기호나 심볼을 사용할 때도 엔티티 코드를 사용한다. 엔티티 코드는 수백 가지가 넘으며 HTML 엔티티 코드 사이트(https://symbl.cc/kr/html-entities)를 방문하면 다양한 코드를 확인할 수 있다. 이 사이트에서 원하는 엔티티 코드를 누르면 코드 값이 자동으로 복사되므로 필요한 곳에 붙여넣으면 된다.

여기서 잠깐 엔티티 코드

엔티티 코드는 유니코드의 기호나 숫자를 문자 형태로 변경한 것이다. HTML 엔티티 코드 사이트에서 맨 오른쪽의 &로 시작하고 ;으로 끝나는 '유니코드'가 엔티티 코드이다. 맨 왼쪽의 'HTML 코드'는 엔티티 코드를 16진수 값(#)으로 변경한 것으로 엔티티 코드 대신 사용할 수 있다.

[표 2-4]는 자주 사용되는 기호와 심볼의 엔티티 코드이다. 큰따옴표 안에 같은 큰따옴표를 겹쳐 써야 하는 경우가 있다. 이때 큰따옴표 엔티티 코드 `"`와 작은따옴표 엔티티 코드 `'`를 사용하면 된다. 키보드에는 나눗셈 기호가 없는데 이때에는 `÷`를 사용하면 된다. 가운뎃점(·)의 엔티티 코드는 `·`이며, 앰퍼샌드(&)는 `&`이다.

표 2-4 주요 기호와 심볼의 엔티티 코드

문자	엔티티 코드	설명	문자	엔티티 코드	설명
<	<	왼쪽 화살괄호, 작다	>	>	오른쪽 화살괄호, 크다
"	"	큰따옴표	'	'	작은따옴표
		일반 공백 문자 1개	÷	÷	나눗셈
		일반 공백 문자 2개	·	·	가운뎃점
		일반 공백 문자 4개	&	&	앰퍼샌드

여러 개의 공백 문자를 입력하거나 문단 맨 앞에 공백 문자를 입력하고 싶으면 공백 문자의 엔티티 코드인 를 사용한다. 공백 문자 여러 개를 연달아 입력할 때는 엔티티 코드를   와 같이 연달아 사용한다.

HTML에서 공백의 크기는 폰트 크기와 비례하여 커지거나 작아진다. 는 일반적인 크기의 공백 문자이다. 주의할 점은 일반 공백 문자인 가 일반 문자의 1/4 크기라는 것이다. 더 큰 공백을 표현하는 엔티티 코드도 있다. 일반 문자 1/2 크기의 공백 문자는 , 일반적인 문자 하나 크기의 공백 문자는 를 사용하면 된다. 이렇게 HTML에서 공백 문자를 사용하기 불편하게 만든 이유는 공백 문자 사용을 자제하라는 의미이다.

여기서 잠깐 **공백 문자 사용 주의**

아래아한글이나 MS워드와 같은 문서 편집 프로그램에서 스페이스바를 여러 번 눌러 문단의 시작과 끝을 공백 문자로 맞추는 사람들이 있다. 이렇게 하면 종이나 문단의 크기를 변경할 때 맞추었던 줄이 엉망이 되어 다시 편집해야 한다. HTML도 웹 문서를 편집하는 도구이며, 공백 문자를 이용하여 모양을 맞추는 대신 CSS를 사용하여 문단의 모양을 맞춰야 한다. 그래서 miracle 웹 시스템의 모든 웹 페이지에서는 와 같은 공백 문자를 사용하지 않았다.

예제 2-5 **기호와 심볼 입력하기** ex2-5.html

```
<!DOCTYPE html>
<html>
<head>
  <meta charset="UTF-8">
  <title>기호와 심볼 입력하기</title>
</head>
<body>
  <p>숫자 2&lt;3이고 4&gt;3이다.</p>
```

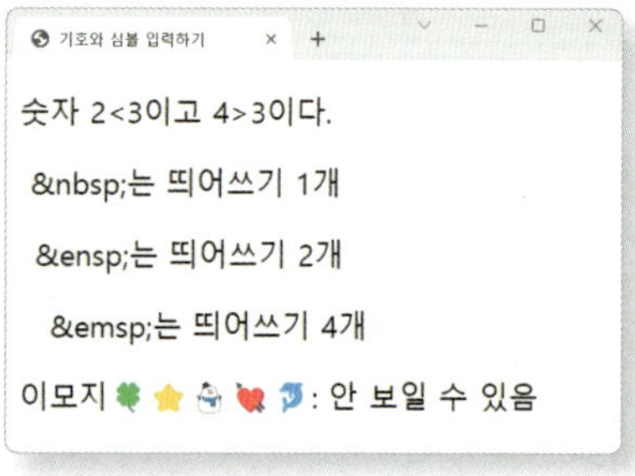

```
  <p> &amp;nbsp;는 띄어쓰기 1개</p>
  <p> &amp;ensp;는 띄어쓰기 2개</p>
  <p> &amp;emsp;는 띄어쓰기 4개</p>
  <p>이모지🍀⭐⛄💘🐬: 안 보일 수 있음</p>
</body>
</html>
```

[예제 2-5]에서 , , 의 공백 크기가 서로 다르다. 또한 본문에 라 쓰면 공백 문자의 엔티티 코드로 인식하여 아무것도 출력되지 않는다. 그래서 &의 엔티티 코드 &를 사용하여 라고 써야만 브라우저 화면에 가 출력된다.

HTML에서는 그림 문자를 의미하는 이모지emoji를 사용할 수 있다. 이모지는 운영체제와 웹 브라우저 버전에 따라 보이지 않거나 다르게 보이기도 한다. 윈도우의 경우 윈도우 8 이전 버전에서는 이모지가 제대로 나타나지 않으니 주의해서 사용해야 한다.

3. 입력한 그대로 출력하기 <pre>

자바와 같은 프로그래밍 언어의 소스 코드에는 들여쓰기를 많이 사용한다. 이러한 소스 코드를 웹 페이지에 표시하면 들여쓰기가 모두 무시되어 소스 코드를 읽기 어려워진다. 사용자가 입력한 내용을 그대로 화면에 보여줄 때 사용하는 태그가 <pre> </pre>이다. <pre>는 모양이 결정된 문서라는 뜻인 'preformatted text'의 약자이다.

[예제 2-6]의 출력 결과와 같이 <pre> </pre> 태그 사이의 문자는 사용자가 입력한 그대로 화면에 표시된다. 주의할 점은 <pre> </pre> 문자 중에 HTML 태그가 있다면 웹 브라우저가 이를 해석하여 보여준다는 것이다. 다시 말해 <pre> <h1>제목</h1> </pre>를 입력하면 <h1> </h1> 태그가 해석되어 '제목'만 큰 글씨로 나타난다.

예제 2-6 입력한 그대로 출력하기 ex2-6.html

```
<!DOCTYPE html>
<html>
<head>
  <meta charset="UTF-8">
  <title>입력한 그대로 출력하기</title>
</head>
<body>
  <p> 문단 처음의 공백,    공백 여러 개
      줄 바꿈 무시</p>
```

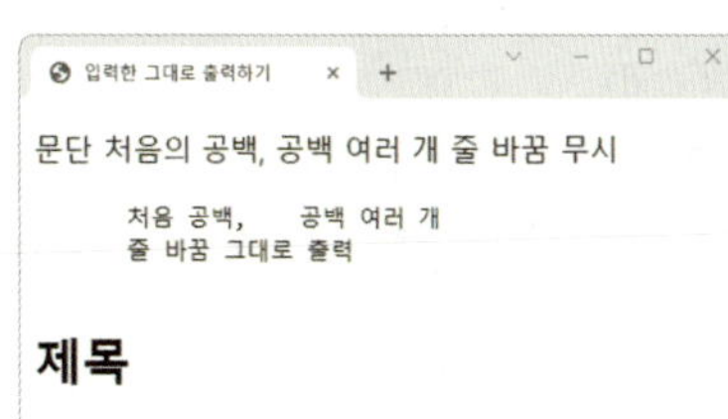

```
  <pre>      처음 공백,    공백 여러 개
    줄 바꿈 그대로 출력
    <h1>제목</h1></pre>
</body>
</html>
```

여기서 잠깐 **입력한 소스 코드를 그대로 출력하는 방법**

<xmp> </xmp>도 입력한 소스 코드를 그대로 출력한다. <pre> 태그는 HTML 태그를 해석하여 화면에 보여주는 반면 <xmp>는 HTML 태그조차 그대로 보여준다. <xmp>가 HTML5 표준에서는 제외된 태그이지만, 크롬이나 엣지 등 여러 웹 브라우저에서는 지원한다. miracle 웹 페이지에서 소스 코드를 크고 읽기 편한 폰트로 보여주기 위해 어쩔 수 없이 <xmp> 태그를 사용했지만, 이는 HTML5 표준이 아니기 때문에 권장하지 않는다.
추가로 html5 폴더에서 style_xmp.css 파일에 있는 `font-size: 18px`를 `20px`나 `22px`로 바꾸면 큰 글자로 소스 코드를 볼 수 있다. 또한 `line-height: 1.3`을 `1.4`나 `1.5`로 변경하면 줄 간격이 넓어진다.

4. 수평선 만들기

문서에 수평선을 나타내고 싶다면 수평선이라는 뜻의 영어 단어 'horizon'의 약자인 <hr> 태그를 사용하면 된다. 단일 태그인 <hr>을 사용하면 [예제 2-7]과 같이 수평선이 그어진다.

TIP CSS를 사용하여 수평선의 굵기나 색상을 변경할 수 있다.

예제 2-7 **수평선 만들기** ex2-7.html

```
<!DOCTYPE html>
<html>
<head>
  <meta charset="UTF-8">
  <title>수평선 만들기</title>
</head>
<body>
  <p>수평선 태그 &lt;hr&gt;</p>
  <hr>
  <p>사건의 지평선 너머로</p>
</body>
</html>
```

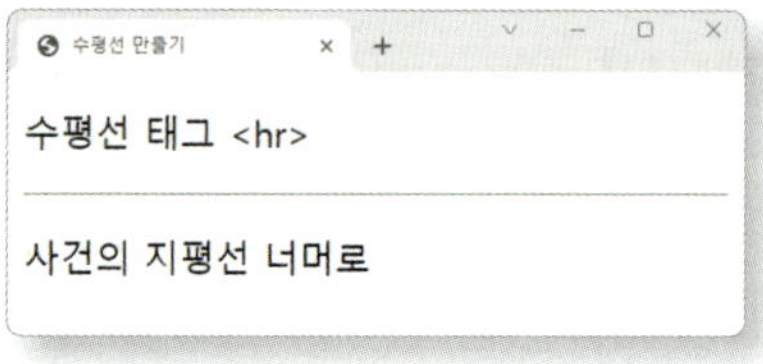

5. 문자 꾸미기

문자를 다양하게 꾸미는 태그를 알아보자. [표 2-5]에는 굵게, 기울이기, 밑줄, 삭제, 강조 표시(하이라이팅), 위첨자, 아래첨자와 같이 문자를 꾸미는 데 사용하는 태그를 정리했다.

표 2-5 문자 꾸미기 관련 태그

태그	설명	표시
<b> 혹은 <strong>	굵게(bold) 혹은 강하게	**굵게**
<i> 혹은 <em>	기울이기(italic) 혹은 강조(emphasis)	*이탤릭*
<u>	밑줄(underline)	밑줄
<del>	삭제선(delete)	~~삭제선~~
<small>	작게	작게
<mark>	강조 표시(하이라이팅)	강조 표시
<sup>	위첨자(superscript)	위첨자
<sub>	아래첨자(subscript)	아래첨자

굵게(<b>, bold), 기울이기(<i>, italic), 밑줄(<u>, underline), 삭제선(<del>, delete), 위첨자(<sup>, superscript), 아래첨자(<sub>, subscript)와 같이 빈번히 사용되는 태그들은 영어의 약자를 사용한다. 이외에도 작게(<small>), 강조 표시(<mark>)와 같이 영어 단어를 그대로 사용하는 태그도 있다. [예제 2-8]을 실행하면 다양한 문자 꾸미기 태그의 결과를 볼 수 있다. 미세한 차이는 있지만, 굵게(<b>)와 강하게(<strong>) 태그는 굵은 글씨로 화면에 표시되고, 기울이기(<i>)와 강조(<em>)는 기울인 글씨로 표시된다.

TIP 진한 글씨를 만드는 <b>, <strong> 태그와 기울어진 글씨를 만드는 <i>, <em> 태그의 차이점은 3장에서 설명한다.

예제 2-8 문자 다양하게 꾸미기 ex2-8.html

```
<!DOCTYPE html>
<html>
<head>
  <meta charset="UTF-8">
  <title>문자 다양하게 꾸미기</title>
</head>
<body>
  <p><b>&lt;b&gt; 굵게</b></p>
  <p><strong>&lt;strong&gt; 강하게</strong></p>
  <p><i>&lt;i&gt; 기울여서</i></p>
  <p><em>&lt;em&gt; 강조</em></p>
```

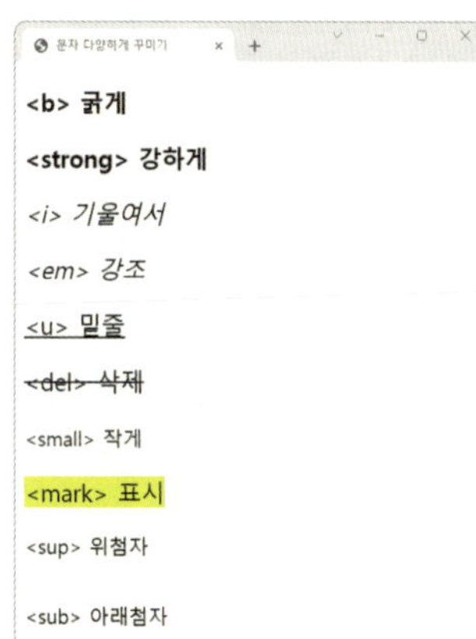

```
    <p><u>&lt;u&gt; 밑줄</u></p>
    <p><del>&lt;del&gt; 삭제</del></p>
    <p><small>&lt;small&gt; 작게</small></p>
    <p><mark>&lt;mark&gt; 표시</mark></p>
    <p><sup>&lt;sup&gt; 위첨자</sup></p>
    <p><sub>&lt;sub&gt; 아래첨자</sub></p>
  </body>
  </html>
```

6. 메타데이터 작성하기 <meta>

웹 페이지의 메타데이터metadata를 작성하는 단일 태그가 <meta>이다. <meta> 태그는 언제나 <head> </head> 태그 안에 위치해야 하며, 웹 페이지를 설명하기 위한 부가적인 정보이다. 앞에서도 이미 <meta> 태그를 사용했다. 해당 웹 페이지가 유니코드 문자 세트를 사용하여 작성되었다면 다음과 같이 표시한다고 배웠다.

```
<meta charset="UTF-8">
```

만약 이 웹 페이지가 검색엔진에 웹 프로그래밍과 관련된 내용이라고 알려주려면 다음과 같이 작성한다. 이 웹 페이지를 대표하는 키워드가 'web programming, HTML5, CSS3, javascript'라는 의미이다. 그러면 이 웹 페이지는 검색엔진에서 web programming, HTML5, CSS3, javascript의 관련 문서로 분류되고, 사용자가 검색한 단어가 키워드와 일치할 때 이 페이지가 검색 결과로 나타난다.

```
<meta name="keyword" content="web programming, HTML5, CSS3, javascript">
```

만약 웹 페이지의 제작자를 표시하고 싶다면 다음과 같이 작성한다. 웹 페이지의 제작자 이름이 'SungHo Cho'라는 의미이다.

```
<meta name="author" content="SungHo Cho">
```

SECTION 02

고급 문서 만들기

1 이미지 삽입

웹 페이지에 이미지를 삽입할 때 사용하는 단일 태그가 <img>이다. <img>는 'image'의 약자이다. <img> 태그를 사용할 때는 'source'의 약자인 src 속성으로 이미지의 위치를 정확하게 알려주어야 한다. 따라서 <img src="이미지 위치">가 기본 형태이다.

HTML에서 그림은 하나의 문자처럼 취급한다. [예제 2-9]에서 제목 태그인 <h1> </h1> 안에 우유 이미지와 '우유' 문자를 넣었다. 또한 문단 태그인 <p> </p> 안에 콜라 이미지와 '콜라' 문자를 넣었다. 출력 결과에서 그림과 문자는 각각 한 줄로 나타난다.

예제 2-9 간단한 이미지 삽입하기 ex2-9.html

```
<!DOCTYPE html>
<html>
<head>
  <meta charset="UTF-8">
  <title>간단한 이미지 삽입하기</title>
</head>
<body>
  <h1><img src="milk.png">우유</h1>
  <p><img src="../media/cola.png">콜라</p>
</body>
</html>
```

[예제 2-9]에서 사용한 이미지 파일 milk.png는 ex2-9.html과 같은 폴더에 있다. 그런데 HTML 파일이 여러 개 있고 각 HTML 파일에서 여러 개의 이미지를 사용하는 경우, 전부 한 폴더에 넣으면 원하는 파일을 찾기 어렵다. 그래서 일반적인 웹 시스템에서 이미지는 media 폴더 안에 넣어 따로 관리한다. 이렇게 HTML 파일이 있는 폴더와 이미지가 있는 폴더가 다를 때 경로path를 입력하여 위치를 지정해야 한다.

1. 경로와 폴더 구조

경로는 파일이 있는 위치를 표시하는 방법이며 경로를 알기 위해서는 폴더의 구조를 이해해야 한다. 제공되는 miracle 웹 시스템의 폴더 구조는 [그림 2-4]와 같다. 가장 상위 폴더는 HTML5이며 chap_01에서 chap_14까지 장별 예제 폴더가 있다. chap_02 폴더 안에는 HTML 문서가 저장된 html 폴더와 이미지가 저장된 media 폴더가 있다. 예제 파일 ex2_9.html은 html 폴더에 있다. milk.png도 html과 같은 폴더에 저장했다. 따라서 ex2_9.html 파일이 위치한 폴더에 함께 저장된 milk.png를 불러와 화면에 표시할 때는 경로 입력 없이 `<img src="milk.png">`라 쓰면 된다.

TIP 폴더의 원래 이름은 디렉터리(directory)이다.

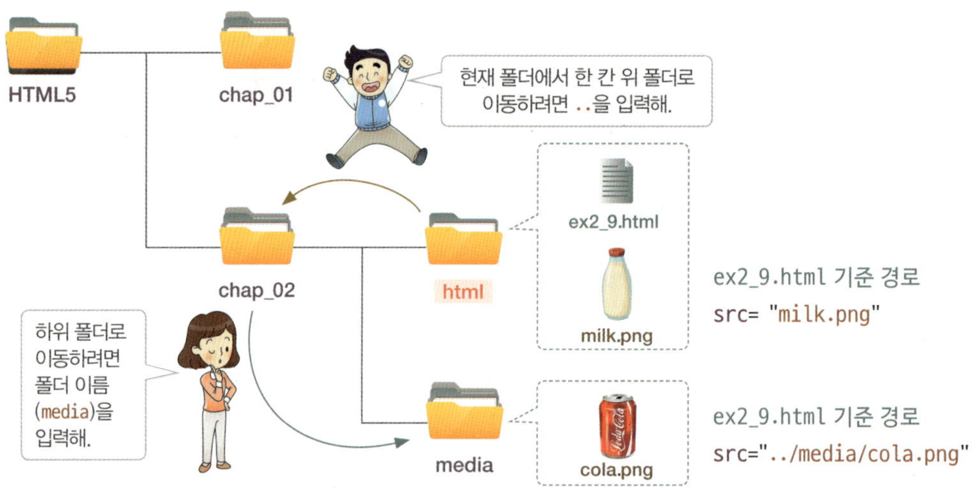

그림 2-4 miracle 웹 시스템의 폴더 구조

ex2_9.html이 있는 html 폴더에서 media 폴더로 이동하는 경우를 생각해보자. html 폴더에서 media 폴더로 바로 가는 길은 없다. html 폴더 한 칸 위의 chap_02 폴더로 올라간 후에 media 폴더로 이동해야 한다. 이때 ..이 현재 폴더에서 바로 한 칸 위 상위 폴더를 가리킨다.

TIP html 폴더에서 media 폴더로 바로 가는 길을 만드는 방법이 있다. 윈도우에서는 바로가기를 만들면 된다. 유닉스에서는 심볼릭 링크를 사용하면 되는데, 명령어가 `ln -s`이다.

경로에서 폴더와 폴더를 구분하는 기호, 즉 폴더 구분자는 슬래시(/)이다. 경로를 표시할 때 현재 폴더에서 상위 폴더로 이동할 때는 ..이라 쓰고, 하위 폴더로 이동할 때는 폴더 이름을 쓴다. 따라서 html 폴더 기준으로 cola.png의 위치는 `../media/cola.png`이다. 이를 풀어 쓰면 '현재 폴더(html 폴더)에서 상위 폴더(..)로 올라갔다가 media 폴더로 내려가 그 안에 있는 'cola.png'라는 의미이다.

chap_01 폴더에 face.png가 있다고 가정하고 경로를 사용하여 지정해보자. chap_01 폴더는 HTML5 폴더 아래에 있기 때문에 chap_01 폴더로 가기 위해서는 HTML5 폴더까지 이동해야 한다. ex2_9.html이 있는 폴더를 기준으로 HTML5 폴더까지 가려면 두 칸 위로 이동해야 한다. 한 칸 위로 올라가면 chap_02 폴더이고, 다시 한 칸 더 위로 올라가야 HTML5 폴더이기 때문이다. HTML5 폴더로 이동한 후에야 chap_01 폴더로 내려갈 수 있다. 따라서 경로는 `src="../../chap_01/face.png"`이다.

윈도우 탐색기에서도 경로를 확인할 수 있다. miracle 웹 시스템을 H: 드라이브에 설치했다면 [그림 2-5]의 (a)와 같이 탐색기 상단 경로 창에 폴더 구조가 표시된다. 경로 창을 누르면 (b)와 같이 폴더의 경로 `H:₩HTML5₩chap_02₩media`가 나타난다. 윈도우에서는 폴더 구분자로 / 대신에 ₩를 사용한다.

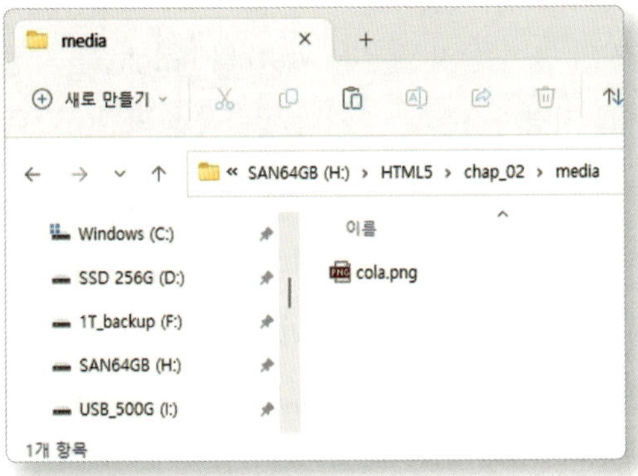

(a) 경로 창

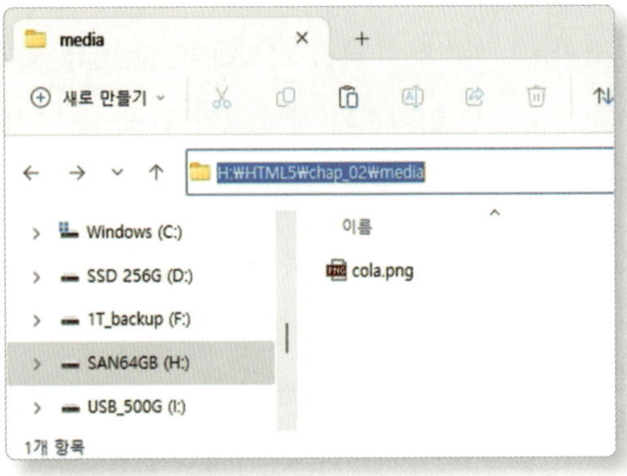

(b) 경로 확인

그림 2-5 **윈도우 탐색기에서의 경로 표시**

TIP 경로는 웹 시스템을 만들 때 자주 사용하는 개념이기 때문에 완벽하게 이해하기를 권장한다. 참고로 .은 현재 폴더를 가리킨다. 따라서 `src="milk.png"`와 `src="./milk.png"`는 같은 의미이다. 또한 HTML은 폴더 구분자로 /와 ₩를 둘 다 허용한다. 그러나 윈도우만 ₩를 사용하고 대부분의 운영체제는 폴더 구분자로 /를 사용하기 때문에 /를 권장한다.

여기서 잠깐 **절대 경로**

시스템의 가장 상위 폴더인 루트 폴더(root folder)를 기준으로 정해지는 경로를 '절대 경로'라 부른다. 절대 경로는 가장 상위 폴더부터 해당 폴더까지의 경로를 전부 적은 것이다. 예를 들어 윈도우에서 H: 드라이브에 miracle 웹 시스템을 설치했다면 cola.png의 절대 경로는 `H:₩HTML5₩chap_02₩media₩cola.png`이다. 절대 경로는 현재 폴더의 위치와 관계없이 가장 상위 폴더를 기준으로 경로를 작성하기 때문에 달라지지 않는 경로이다. 반면 현재 폴더를 기준으로 정해지는 경로를 '상대 경로'라 부른다.

2. 이미지 태그 속성

이미지 태그 관련 속성은 src, width, height, alt가 있다. src 속성값으로는 이미지 파일이 있는 위치를 입력한다. 컴퓨터에 이미지가 저장되어 있는 경우 경로를 포함한 폴더 위치를 입력한다. 파일을 인터넷에서 가져오는 경우 URL을 입력한다.

표 2-6 **이미지 태그 속성**

속성	설명
src="이미지 경로 혹은 URL"	이미지 파일이 저장된 위치 또는 URL
width="100"	이미지 가로 폭 지정(지정하지 않으면 원본 크기)
height="80"	이미지 세로 높이 지정(지정하지 않으면 원본 크기)
alt="대체 문자"	이미지를 표시할 수 없을 때 대신 표시할 문자 지정

width는 이미지의 폭을 지정하며, height는 이미지의 높이를 지정한다. width와 height를 지정하지 않으면 이미지의 원래 크기로 표시된다. 단위를 지정하지 않고 숫자만 입력하면 픽셀(px)로 인식한다.

width나 height 둘 중 하나를 사용하여 이미지의 크기를 변경하면 원래 이미지의 비율을 유지하면서 커지거나 줄어든다. 예를 들어 가로 100px, 세로 80px의 이미지를 width="200"으로 지정하면 세로도 160px로 2배 커진다. 이미지의 비율을 무시하고 width와 height의 크기를 지정할 수도 있지만 이미지가 찌그러져 보일 수 있다. alt는 대안, 대체라는 뜻의 영어 단어 'alternative'의 약자이다. alt="대체 문자"라 지정하면 src 속성으로 지정한 위치에 이미지가 없을 때 화면에 대신 나타낼 문자를 표시할 수 있다.

예제 2-10 이미지 속성 사용하기 ex2-10.html

```
<!DOCTYPE html>
<html>
<head>
  <meta charset="UTF-8">
  <title>이미지 속성 사용하기</title>
</head>
<body>
  1 <img src="milk.png"></br>
  2 <img src="milk.png" width="23"></br>
  3 <img src="milk.png" height="150"></br>
  4 <img src="milk1.png"></br>
  5 <img src="milk1.png" alt="우유"></br>
```

```
</body>
</html>
```

[예제 2-10]은 이미지 속성을 사용하여 이미지를 다양하게 표시한다. 1번은 milk.png를 원래 크기인 47×100으로 출력한 것이다. 2번은 `width="23"`을 입력하여 폭을 반으로 줄여 출력하는데, 이때 높이도 반으로 줄어든다. 마찬가지로 3번에서 `height="150"`을 입력하여 높이를 1.5배로 늘여서 출력하면 폭도 1.5배 커진다. 4번에서 폴더에 없는 이미지인 milk1.png를 지정하면 화면에 '이미지 깨짐' 표시만 나온다. 이때 5번과 같이 `alt="우유"`를 지정하면 '이미지 깨짐' 표시 옆에 '우유'라는 문자가 출력된다.

Know-how **alt 속성을 어떻게 활용할까?**

<img>에서 alt 속성값에 src의 속성값인 경로 주소를 그대로 복사하여 사용하기도 한다. 이미지를 많이 삽입하는 웹 페이지에서 특정 이미지만 보이지 않을 때 깨진 파일의 경로와 이름을 쉽게 찾을 수 있어 편리하다.

2 하이퍼링크

HTML에서 하이퍼링크를 만드는 태그는 <a> </a>이다. <a>는 닻을 뜻하는 'anchor'의 첫 글자에서 따왔다. 현재 페이지를 하이퍼링크로 연결하고 고정한다는 의미이다. <a> 태그에서 이동할 페이지를 나타내는 속성은 **href**이다. href는 'hypertext reference'의 약자이며 주소를 의미한다. <a> 태그의 사용법은 다음과 같다.

<a href="animal.html">동물 보기</a>	다른 HTML 파일 지정
<a href="https://naver.com">네이버</a>	URL 지정

href에 연결할 웹 페이지로 animal.html을 지정하고 출력 결과에서 [동물 보기]를 누르면 animal.html이 화면에 나타난다. 또한 웹 페이지가 다른 폴더에 있으면 경로를 같이 지정해야 한다. href 속성에 URL(https://naver.com)을 지정하고 출력 결과에서 [네이버]를 누르면 네이버 홈페이지로 이동한다. <a> </a>로 둘러싸인 문자는 밑줄과 파란색 글씨로 표시되며, 해당 페이지를 방문한 이후에는 글씨가 보라색으로 바뀐다.

1. 하이퍼링크 태그의 속성

[표 2-7]은 <a> 태그의 주요 속성을 나타낸다. href 속성으로는 다른 HTML이나 URL 연결 이외에도 북마크(#), 전화 걸기(tel:), 이메일 보내기(mailto:)를 할 수 있다.

표 2-7 <a> 태그 속성

속성	속성값	설명
href=	"sample.html"	다른 HTML 연결
	"https://"	URL(외부 웹사이트) 연결
	"#mark"	북마크, 페이지 내 이동
	"tel:"	전화 걸기
	"mailto:"	이메일 보내기
target=	"_self"	현재 창에서 웹 페이지 열기(기본값)
	"_blank"	새 창에서 웹 페이지 열기
	"_parent"	부모 창에서 웹 페이지 열기(부모 창이 없으면 _self와 동일)
	"_top"	최상단 창에서 웹 페이지 열기(최상단 창이 없으면 _self와 동일)
download		파일 다운로드

<a> 태그의 또 다른 속성으로 target이 있는데, 연결한 웹 페이지를 어떤 창에서 보여줄지를 결정한다. target 속성의 값을 지정하지 않으면 같은 창에서 새 웹 페이지 내용을 보여준다. 속성값 _self는 같은 창에서 새로운 내용을 보여주라는 의미이다. 따라서 target을 지정하지 않은 경우와 <a target="_self">로 지정한 결과는 같다. 속성값 _blank는 연결된 웹 페이지를 새로운 창에서 보여준다. 따라서 <a target="_blank">를 입력하면 새로운 창에서 웹 페이지를 보여준다.

download 속성은 웹 서버에서 href에 명시된 html, pdf, 이미지와 같은 파일을 다운로드한다. 예를 들어 <a href="animal.pdf" download>pdf 다운로드</a>를 입력하고 출력 결과에서 [pdf 다운로드]를 누르면 animal.pdf를 다운로드할 수 있다.

TIP miracle 웹 시스템은 웹 서버 없이 작동한다. 따라서 download 속성이 작동하지 않아 예제에서는 사용하지 않았다.

여기서 잠깐 **파생된 창이 있는 경우**

하나의 창으로부터 여러 단계로 파생된 창이 있는 경우, _parent는 바로 위의 창(부모 창)에서 웹 페이지를 보여주며, _top은 맨 위의 창에서 웹 페이지를 보여준다. HTML5에서는 여러 단계로 파생된 창을 권장하지 않기 때문에 _parent와 _top은 자주 사용하지 않는다. 파생된 창과 속성값 _parent, _top에 대한 설명은 3장에서 다시 설명한다.

[예제 2-11]은 간단한 <a> 태그 사용법을 보여준다. 출력 결과에는 맥도날드, 버거킹, 롯데리아의 로고와 함께 홈페이지가 밑줄이 있는 파란색 글씨로 표시된다. 홈페이지를 누르면 해당 홈페이지로 이동한다. 맥도날드는 target 속성을 지정하지 않았기 때문에 맥도날드 홈페이지가 현재 창에서 열린다. 버거킹도 target="_self"로 지정했기 때문에 홈페이지가 현재 창에서 열린다. 롯데리아는 target="_blank"로 지정했기 때문에 홈페이지가 새 창에서 열린다. 참고로 miracle 웹 시스템에서 새 창에서 열리는 페이지는 별표(*)를 붙여서 표시했다.

예제 2-11 하이퍼링크 만들기 ex2-11.html

```
<!DOCTYPE html>
<html>
<head>
  <meta charset="UTF-8">
  <title>하이퍼링크 만들기</title>
</head>
<body>
  <h2>햄버거 가게를 알아보자</h2>
  <p><img src="../media/logo_mac.png" height="50">맥도날드
    <a href="https://www.mcdonalds.co.kr">홈페이지</a></p>
  <p><img src="../media/logo_bking.png" height="50">버거킹
    <a href="https://www.burgerking.co.kr" target="_self">홈페이지</a></p>
  <p><img src="../media/logo_lotte.png" height="50">롯데리아
    <a href="https://www.lotteriafont.com" target="_blank">홈페이지 *</a></p>
  <br>
  <p><a href="ex2-10.html">ex2-10.html 결과 다시보기</a></p>
</body>
</html>
```

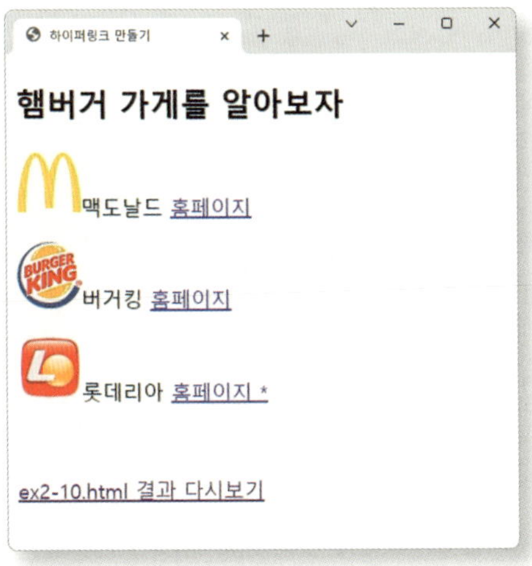

실행 결과에서 마지막 줄의 [ex2-10.html 결과 다시보기]를 누르면 같은 폴더에 있는 ex2-10.html이 열린다. 앞에서 강조한 것처럼 다른 폴더에 있는 웹 문서를 연결하려면 정확한 경로를 입력해야 한다.

2. 하이퍼링크 고급 기능

하이퍼링크를 만드는 `<a> </a>` 태그의 `href` 속성 중에 북마크(책갈피) 기능이 있다. 북마크는 문서의 특정한 위치로 이동하는 기능이다. 위아래로 긴 문서에서 맨 위, 맨 아래, 혹은 중간의 특정 위치로 이동할 수 있다. 북마크는 `<a href="#북마크">` 형태로 사용한다. 북마크를 사용하여 이동할 위치는 태그에 `id="북마크"`로 지정되어 있어야 한다.

TIP id 속성값의 의미는 3장에서 자세히 설명한다.

[표 2-7]에 있는 전화 걸기나 이메일 보내기는 사용자의 스마트폰이나 컴퓨터의 설정에 따라 다르게 작동한다. `<a>` 태그를 사용하여 전화를 걸려면 `<a href="tel:123456789">`와 같이 `tel:` 다음에 숫자로 전화번호를 입력하면 된다. 또한 이메일을 보내려면 `<a href="mailto:me@gmail.com">`과 같이 `mailto:` 다음에 이메일 주소를 입력하면 된다.

[예제 2-12]는 `<a>` 태그의 고급 기능을 보여주는 웹 페이지이다. 예제에서 맨 마지막 줄의 `<a href="#top">`이 북마크 태그이며 [맨 위로]를 누르면 `id="top"`이 있는 태그까지 이동한다. 또한 이동하려면 어디엔가 `top`이 있어야 하는데 이 예제에서는 제목 태그에 `<h2 id="top">`으로 `top`을 지정했다. 북마크는 어떤 태그라도 `id="북마크"` 형태로 삽입할 수 있으며 해당 위치까지 이동하는 것이 가능하다.

예제 2-12 하이퍼링크 고급 기능 ex2-12.html

```
<!DOCTYPE html>
<html>
<head>
  <meta charset="UTF-8">
  <title>하이퍼링크 고급 기능</title>
</head>
<body>
  <h2 id="top"><img src="../media/logo_mac.png" height="50">
    맥도날드 스토리</h2>
  <p>세계 1위의 푸드서비스 기업, 맥도날드를 소개합니다.
    전 세계 120개국 3만 7천여 개의 매장에서
    매일 6,900만 명의 고객들에게 제품과 서비스를 제공하고 있는 맥도날드는
    전세계인들이 사랑하는 퀵 서비스 레스토랑이자
```

```
    세계 1위의 푸드서비스 기업으로, 고객에게 더 나은 경험을 제공함으로써
    '고객이 가장 좋아하는 장소이자 음식을 즐기는 최고의 방법'
    이 되기 위해 노력하고 있습니다.</p>
  <p>이메일 <a href="mailto:me@gmail.com">
    <img src="../media/email.gif" height="90"></a><br>
    혹은 전화로 <a href="tel:12345678">
    <img src="../media/phone.gif" height="90"></a> 연락 주세요</p><br>
  <p><a href="#top">맨 위로</a></p>
</body>
</html>
```

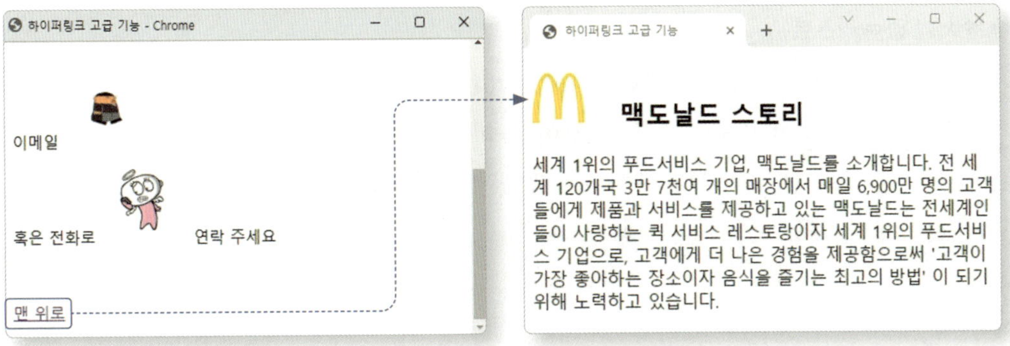

[예제 2-12]의 아래쪽에는 <a href="mailto:me@gmail.com">으로 이메일을 지정하고, <a href="tel:12345678">로 전화번호를 지정했다. <a> </a> 태그 사이에 GIF 이미지만 사용하고 있다는 점에 주목하기 바란다. 이 <a> 태그는 그림을 클릭했을 때 작동하며, 그림에는 문자와 달리 파란색이나 밑줄이 나타나지 않는다.

Know-how **보기 좋은 웹 페이지를 만들려면 어떻게 할까?**

하나의 웹 페이지에서 여러 개의 이미지를 사용할 때 텍스트 한 줄의 높이는 가장 높은 크기의 이미지를 기준으로 한다. 따라서 서로 다른 크기의 이미지를 사용할 때 높이(height)를 맞추면 보기 좋은 웹 페이지를 만들 수 있다.

3 리스트

데이터를 보기 좋게 나열할 때 리스트list를 사용한다. HTML에서 사용하는 리스트는 순서가 없는 리스트인 <ul> </ul>, 순서가 있는 리스트인 <ol> </ol>, 정의 리스트인 <dl> </dl>이 있다. 리스트의 구조는 [표 2-8]과 같다.

표 2-8 리스트 태그의 구조

<ul>과 <ol>	<dl>
<ul> <li>맥도날드</li> <li>버거킹<li> </ul>	<dl> <dt>와퍼</dt> <dd>버거킹의 불맛 나는 버거</dd> </dl>

1. 리스트 태그의 종류

[표 2-8]에서 확인할 수 있듯이 리스트 태그의 종류에 따라 구조와 특징이 조금씩 다르다. 사용법과 출력 결과를 함께 익혀두자.

■ 순서가 없는 리스트

순서가 없는 리스트unordered list를 만들 때 <ul> </ul> 태그 사이에 리스트 아이템을 넣는다. 아이템 태그는 'list item'의 약자인 <li> </li>이다. 리스트 아이템들은 한 글자 정도 들여쓰기가 적용되어 한 줄씩 화면에 표시된다. 또한 아이템 앞에 불릿 기호(•)가 붙는다. 참고로 리스트 아이템의 끝 태그인 </li>는 생략할 수 있다.

■ 순서가 있는 리스트

순서가 있는 리스트ordered list를 만들 때 <ol> </ol> 태그 사이에 리스트 아이템을 넣는다. 이때에도 <li> </li> 태그를 사용한다. 한 글자 정도 들여쓰기가 적용되어 한 줄씩 화면에 표시되며, 아이템 앞에 1. 2. 3.과 같은 번호가 붙는다. <ol> 태그에는 순서의 종류를 나타내는 속성 type과 시작 번호를 나타내는 start를 사용할 수 있다. [표 2-9]는 <ol>에서 사용할 수 있는 type과 start의 속성값에 따른 출력 결과이다.

표 2-9 <ol> 태그의 속성값

속성	속성값	출력 결과	내용
type	"1"	1. 2. 3. 4. 5.	숫자(기본값)
	"A"	A. B. C. D. E.	알파벳 대문자
	"a"	a. b. c. d. e.	알파벳 소문자
	"I"	I. II. III. IV. V.	로마 숫자 대문자
	"i"	i. ii. iii. iv. v.	로마 숫자 소문자
start	"3"	3. 4. 5. , C. D. E. , III. IV. V.	3번째 순서부터 시작

<ol> 태그의 type 속성값으로는 숫자(1) 외에도 알파벳 대문자(A)와 소문자(a), 로마 숫자 대문자(I)와 소문자(i)를 사용할 수 있다. 예를 들어 <li type="a">를 지정하면 리스트 아이템 앞에

a. b. c. 와 같은 알파벳 소문자가 붙는다. type 속성을 지정하지 않았을 때 기본값은 숫자이다. start는 처음 시작하는 리스트 아이템의 번호를 지정하는 속성값이다. <li start="3">으로 지정하면 처음 아이템 번호가 3.부터 시작한다.

■ 정의 리스트

정의 리스트definition list를 만드는 <dl> </dl> 태그의 리스트 아이템은 용어와 용어 설명을 하나로 묶은 것이다. 마치 사전에서 단어와 단어 설명을 묶어 놓은 것과 같다. 따라서 정의 리스트에서 아이템은 용어에 해당하는 'definition term'의 약자인 <dt> </dt> 태그와, 용어 데이터에 해당하는 'definition data'의 약자인 <dd> </dd>가 한 쌍이다. 용어와 용어 데이터는 서로 다른 줄에 표시된다.

표 2-10 리스트 태그의 종류에 따른 출력 결과

종류	속성	리스트 아이템	출력 결과
<ul>		<li>	· 맥도날드 · 버거킹
<ol>	<ol type="1" start="3">	<li>	3. 맥도날드 4. 버거킹
<dl>		<dt>	와퍼
		<dd>	불맛 나는 버거

2. 다양한 리스트를 만들고 출력하기

[예제 2-13]은 다양한 리스트를 한 화면에 출력한 결과이다. 순서가 없는 리스트 <ul> </ul>에서 <li> </li> 태그의 출력 결과에는 •가 붙는다. 순서가 있는 리스트 <ol> </ol>에서 리스트 아이템의 출력 결과에는 번호 1. 2. 3.이 붙는다. 예제에서는 <ol type="I" start="3">과 같이 속성값을 지정하여 3번째부터 시작하는 아이템에 로마 숫자 대문자가 붙는다.

예제 2-13 다양한 리스트 만들기 ex2-13.html

```
<!DOCTYPE html>
<html>
<head>
  <meta charset="UTF-8">
  <title>다양한 리스트 만들기</title>
</head>
<body>
  <h4>햄버거 브랜드</h4>
```

```
  <ul>
    <li>맥도날드</li>
    <li>버거킹</li>
    <li>롯데리아</li>
  </ul>
  <h4>내가 좋아하는 버거 순위</h4>
  <ol type="I" start="3">
    <li>와퍼</li>
    <li>빅맥</li>
    <li>밥버거</li>
  </ol>
  <dl>
    <dt>와퍼</dt>
    <dd>버거킹의 불맛 나는 버거</dd>
    <dt><i>밥버거</i></dt>
    <dd>롯데리아의 빵 대신 밥 사용</dd>
  </dl>
</body>
</html>
```

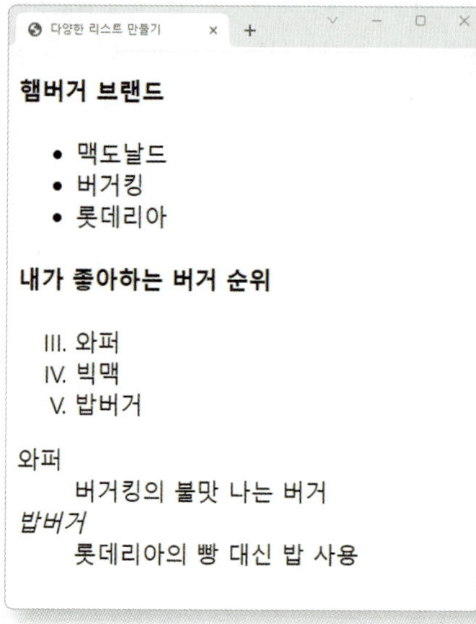

마지막 리스트는 <dl> </dl> 태그를 사용한 정의 리스트이다. 정의 리스트에서 <dt> </dt> 태그를 사용하는 용어와 <dd> </dd> 태그를 사용하는 용어 데이터는 서로 다른 줄에 표시된다. 또한 용어 데이터(<dd>)가 3글자 정도 들여쓰기로 표시된다. 두 번째 용어인 '밥버거'는 이탤릭 태그 <i> </i>를 사용하여 용어(<dt>)를 기울여 표시했다.

4 테이블

테이블(표)은 가로로 이어진 행row과 세로로 이어진 열column로 구성된다. 테이블에서 데이터가 위치하는 한 개의 칸을 셀cell이라 부른다. 웹 페이지에서 **테이블을 만들 때 사용하는 태그는 <table> </table>**이다. 테이블마다 행과 열의 개수가 다르고 행이나 열을 병합할 수도 있어 <table> 태그는 구조가 복잡하다.

TIP 저자도 어릴 때부터 행(row)과 열(column)이 헷갈렸다. 그래서 '행–가로–row'와 '열–세로–column'을 줄여서 '행거로(행가로)'와 '열쇠칼(열세컬)'로 외우곤 했다.

1. 테이블의 기본 구조

테이블에서 가로 한 줄(행)은 'table row'의 약자인 <tr> </tr> 태그를 사용한다. 셀에 데이터를 넣을 때는 'table data'의 약자인 <td> </td> 태그를 사용한다. [그림 2-6]은 2행 3열 테이블의 태그 구조이다. 테이블에는 열을 나타내는 태그가 없다. 그 이유는 조금 뒤에 설명한다.

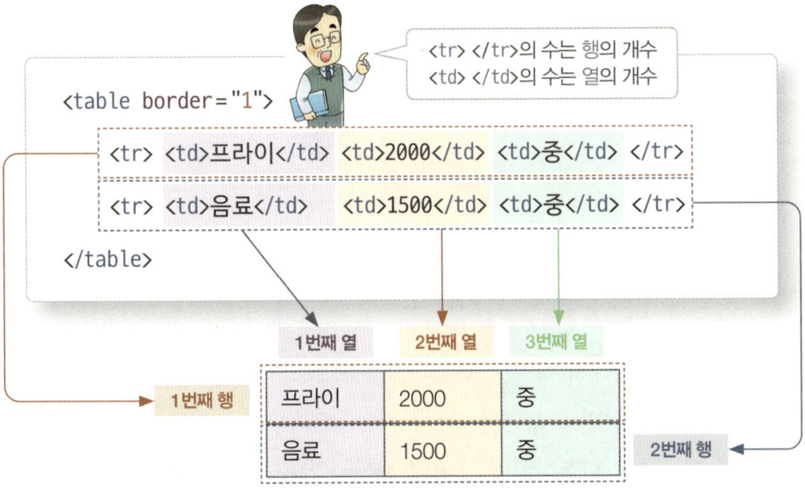

그림 2-6 2행 3열 테이블의 태그 구조

<tr> </tr> 태그가 행 1개를 나타내기 때문에 <tr> </tr>이 몇 번 나타나는지가 행의 개수를 결정한다. <tr> </tr>이 2번 나타나면 2행 테이블이라는 의미이다. 그리고 <tr> </tr> 태그 안에서 <td> </td> 태그가 몇 번 나타나는지가 열의 개수를 결정한다. 그림에서 <tr> </tr> 태그 안에 <td> </td> 태그가 3번 나타났으니 3열 테이블이라는 의미이다. 그래서 열을 나타내는 태그는 따로 없다. 만약 행마다 <td> </td> 태그 수가 다르다면, 열의 개수는 여러 행 중 가장 큰 <td> </td> 태그 수와 같다. 예를 들어 1행에 3개의 <td> </td> 태그가 있고 2행에 4개의 <td> </td> 태그가 있다면 전체 2행 4열의 테이블이 만들어진다.

[예제 2-14]는 테이블의 기본 구조를 나타낸다. <table> 태그를 사용하면 선이 없는 테이블이 만들어진다. 그래서 <table border="1">을 사용하여 선이 나타나는 테이블을 만들었다. border는 경계선을 의미하는 속성이다.

예제 2-14 테이블 기본 구조 ex2-14.html

```
<!DOCTYPE html>
<html>
<head>
  <meta charset="UTF-8">
```

```
    <title>테이블 기본 구조</title>
  </head>
  <body>
    <table border="1">
      <tr>
        <td>프라이</td><td>2000</td><td>중</td>
      </tr>
      <tr>
        <td>음료</td><td>1500</td><td></td><td>중</td>
      </tr>
    </table>
  </body>
</html>
```

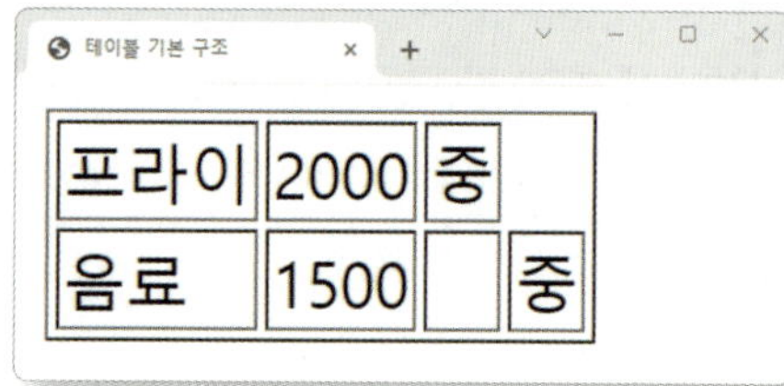

[예제 2-14]에서 **<tr> </tr>** 태그가 2번 나타났으므로 2행(줄)의 테이블이 만들어진다. 1번째 행에 **<td> </td>** 태그가 3개인 반면 2번째 행에는 **<td> </td>** 태그가 4개이다. 열의 개수는 큰 쪽이 기준이므로 2행 4열의 테이블이 만들어진다. 1번째 행에서 **<td> </td>** 태그가 3개뿐이기 때문에 4번째 열이 없는 것으로 표시된다. 2번째 행 3번째 열에서 **<td> </td>** 태그 사이에 데이터가 없기 때문에 웹 브라우저 화면에는 데이터가 비어 있는 상태로 나타난다.

한편 예제 출력 결과로 문자 폭과 높이에 딱 맞추어 여백 없는 표가 만들어진다. 셀의 간격을 일정하게 만들거나 표의 정렬 방식을 변경하는 등의 표를 꾸미는 작업은 CSS에서 다룬다.

2. 제목, 머리, 몸통, 바닥이 있는 테이블

테이블은 제목, 머리, 몸통, 바닥으로 구성되며, 이 중 한두 가지 요소의 설정이 빠지기도 한다. [그림 2-7]은 테이블의 전체 구성 요소이다.

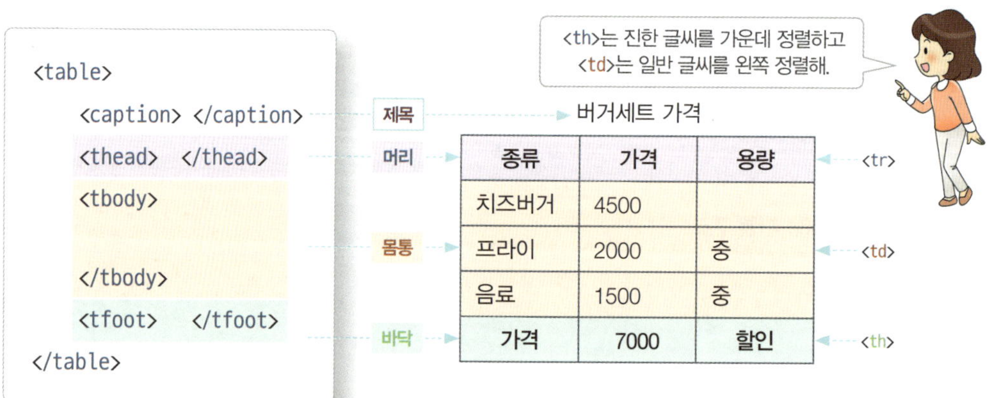

그림 2-7 제목, 머리, 몸통, 바닥이 있는 테이블 구조

테이블의 제목을 붙이는 태그는 <caption> </caption>이다. 테이블 제목은 전체 테이블의 상단에 위치하며 중간 정렬된다. 테이블의 맨 위에 있는 머리를 만드는 태그는 'table head'의 약자인 <thead> </thead>이다. 테이블 머리는 열 데이터를 대표한다. 테이블의 몸통 태그는 'table body'의 약자인 <tbody> </tbody>이며 이 안에 <tr> </tr> 태그와 <td> </td> 태그를 사용하여 행과 열을 만든다. 테이블 맨 아래에 바닥을 만드는 태그는 'table foot'의 약자인 <tfoot> </tfoot>이다.

표 2-11 테이블 관련 태그

태그	설명	형태
<caption>	테이블 제목	<caption> </caption>
<thead>	테이블의 맨 위(머리)	<thead> <tr><th></th></tr> </thead>
<tbody>	테이블 몸통	<tbody> <tr><td></td></tr> </tbody>
<tfoot>	테이블의 맨 아래(바닥)	<tfoot> <tr><th></th></tr> </tfoot>
<tr>	테이블 행	
<td>	테이블 데이터	<tr><td>왼쪽 정렬</td></tr>
<th>	테이블 헤드 데이터	<tr><th>진하게, 가운데 정렬</th></tr>

<tbody>에서 셀에 데이터를 넣을 때 <td> </td> 태그를 사용하지만, <thead>와 <tfoot>에 데이터를 넣을 때는 'table head'의 약자인 <th> </th> 태그를 사용한다. <td>와 <th>는 출력 결과에 차이점이 있는데, <td>는 일반 글씨를 왼쪽으로 정렬하고, <th>는 굵은 글씨를 가운데로 정렬한다. 테이블 머리와 바닥에 <td>를 사용하거나 몸통에 <th>를 사용한다고 해서 문제가 되지는 않는다. 그러나 머리가 일반 글씨에 왼쪽 정렬이고 내용이 진한 글씨에 가운데 정렬인 테이블이라면 전체적으로 보기에 좋지 않다. 따라서 보기 좋은 테이블을 만들기 위해서 <td>와 <th>를 적절히 사용해야 한다.

[예제 2-15]는 제목, 머리, 몸통, 바닥이 있는 5행 3열 테이블을 만드는 HTML 코드이다. 셀에 데이터를 넣을 때 <thead>와 <tfoot>에 <th>를 사용하고, <tbody>에 <td>를 사용했다. 따라서 테이블의 머리와 바닥은 진한 글씨로 가운데 정렬, 몸통은 일반 글씨로 왼쪽 정렬된다.

예제 2-15 제목, 머리, 몸통, 바닥이 있는 테이블 ex2-15.html

```
<!DOCTYPE html>
<html>
<head>
  <meta charset="UTF-8">
```

```
  <title>제목, 머리, 몸통, 바닥이 있는 테이블</title>
</head>
<body>
  <table border="1">
    <caption>버거 세트 가격</caption>
    <thead>
      <tr><th>종류</th><th>가격</th><th>용량</th></tr>
    </thead>
    <tbody>
      <tr><td>치즈버거</td><td>4500</td><td></td></tr>
      <tr><td>프라이</td><td>2000</td><td>중</td></tr>
      <tr><td>음료</td><td>1500</td><td>중</td></tr>
    </tbody>
    <tfoot>
      <tr><th>가격</th><th>7000</th><th>할인</th></tr>
    </tfoot>
  </table>
</body>
</html>
```

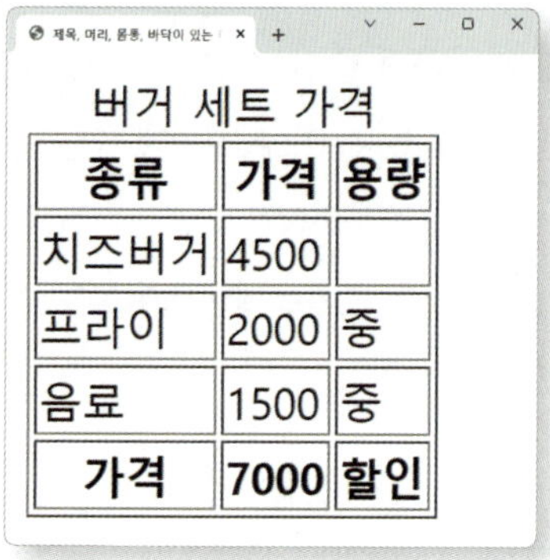

Know-how **그림을 깔끔하게 표시하려면 어떻게 할까?**

여러 개의 그림을 연달아 사용할 때 경계선이 없는 <table> 태그에 <th> 태그를 사용하면 좋다. <th> 태그는 테이블 안에서 그림을 가운데 정렬하기 때문에 깔끔하게 표시할 수 있다.

3. 테이블 합치기

셀을 합쳐서 바둑판 모양 테이블이 아닌 변형된 모양의 테이블을 만드는 방법을 알아보자. 일반적인 워드프로세서에서 변형된 테이블을 만들 때 바둑판 모양의 테이블을 먼저 만든 다음 행이나 열의 셀들을 합쳐서 변형된 표를 만든다. HTML에서도 마찬가지이다.

<td>나 <th> 태그에서 행을 합치는 속성은 rowspan이다. <td rowspan="2">는 테이블에서 2개의 행을 합쳐 데이터를 나타낸다는 의미이다. 'span'은 폭, 혹은 너비를 뜻한다. 따라서 <th> 태그에서도 마찬가지로 rowspan 속성을 사용할 수 있다.

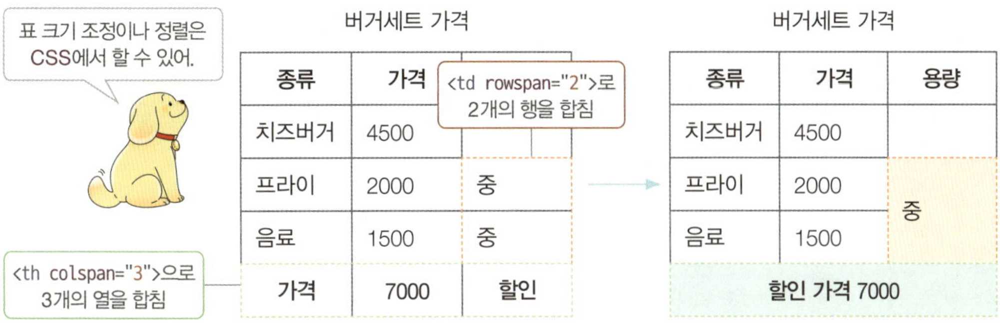

그림 2-8 **테이블에서 행과 열 합치기**

<td>나 <th> 태그에서 열을 합치는 속성은 colspan이다. <th colspan="3">은 열 3개를 합치라는 의미이다. 현재 열과 오른쪽 열 2개를 하나로 합치고, 테이블의 열 3개에 걸쳐서 데이터를 나타내라는 의미이다. <td> 태그에서도 마찬가지로 colspan 속성을 사용할 수 있다.

[예제 2-16]은 rowspan과 colspan을 사용하여 테이블의 행과 열을 합치는 코드이다. <td rowspan="2">로 프라이 용량과 음료 용량, 2개의 행을 합쳤다. 또한 <th colspan="3">으로 표 바닥에 해당하는 3개의 열을 합쳤다. rowspan과 colspan을 사용하여 필요한 행과 열을 합치면 표를 다양한 모양으로 변형시킬 수 있다.

예제 2-16 테이블 합치기 ex2-16.html

```
<!DOCTYPE html>
<html>
<head>
  <meta charset="UTF-8">
  <title>테이블 합치기</title>
</head>
<body>
  <table border="1">
    <caption>버거 세트 가격</caption>
    <thead>
      <tr><th>종류</th><th>가격</th><th>용량</th></tr>
    </thead>
    <tbody>
      <tr><td>치즈버거</td><td>4500</td><td></td></tr>
      <tr><td>프라이</td><td>2000</td>
        <td rowspan="2">중</td></tr>
      <tr><td>음료</td><td>1500</td><td>중</td></tr>
    </tbody>
```

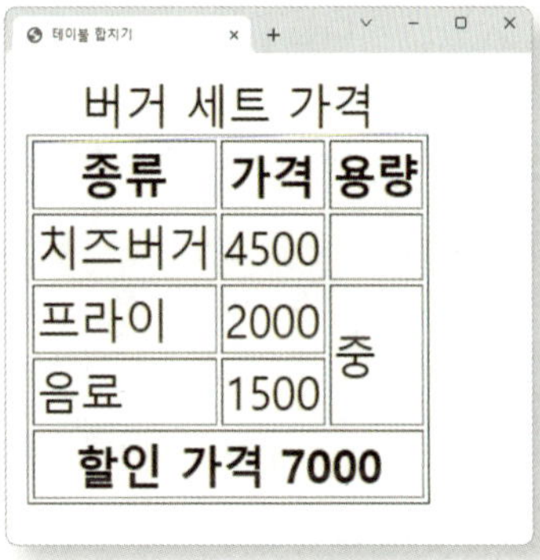

```
    <tfoot>
      <tr><th colspan="3">할인 가격 7000</th></tr>
    </tfoot>
  </table>
</body>
</html>
```

5 멀티미디어

1. 비디오 삽입하기

웹 페이지에서 비디오를 삽입하는 태그가 <video> </video>이다. src 속성을 사용하여 경로를 포함한 파일의 위치나 URL을 지정하면 웹 브라우저에서 비디오를 볼 수 있다. <video> 태그의 사용법은 다음과 같다.

```
<video src="../media/buger1.mp4" width="300" controls></video>
```

miracle 웹 시스템의 chap_03/media 폴더에 buger1.mp4와 buger2.mp4 비디오가 준비되어 있다. 따라서 비디오 위치는 <video src="../media/buger1.mp4">이다. 현재 HTML에서 재생할 수 있는 비디오 포맷은 MP4, OGG, WebM뿐이다. [표 2-12]에 비디오 포맷을 정리했다.

표 2-12 HTML에서 재생할 수 있는 비디오 포맷

포맷	설명
MP4	비디오 전문가 그룹(MPEG)의 비디오 파일 형식
OGG	Xiph.Org 재단에서 개발하는 오픈 소스 컨테이너 포맷
WebM	구글에서 지원하고 개발하는 오픈 소스 비디오 포맷

[표 2-13]에 <video> 태그 속성을 정리했다. 웹 페이지에서 비디오의 폭과 높이를 width와 height 속성으로 조절한다. 비디오를 재생, 또는 멈추거나 음량을 조절할 때는 제어 막대control bar를 사용한다. 제어 막대를 표시하는 속성은 controls이다. 제어 막대가 없으면 비디오를 재생하기 불편하기 때문에 controls 속성을 사용하는 것이 좋다.

표 2-13 <video> 태그 속성

속성	설명
src="비디오 경로 혹은 URL"	비디오 파일 위치를 지정하거나 URL 사용
width="500"	화면의 폭 조절
height="400"	화면의 높이 조절
controls	비디오를 제어하는 막대 표시
autoplay	영상 자동 재생
muted	영상 재생 시 음소거
loop	영상 반복 재생

autoplay 속성은 웹 페이지가 열리는 동시에 비디오를 자동으로 재생한다. muted 속성은 음소거 상태로 비디오를 재생한다. loop는 비디오를 반복 재생하는 속성이다.

2. 오디오 삽입하기

웹 페이지에 오디오를 삽입하는 태그가 <audio> </audio>이다. src로 오디오 파일 위치나 URL을 지정하면 웹 브라우저에서 오디오를 재생할 수 있다. <audio> 태그의 사용법은 다음과 같다.

```
<audio src="../media/morning_vow.mp3" controls loop></audio>
```

miracle 웹 시스템의 chap_03/media 폴더에 morning_vow.mp3 음악이 준비되어 있다. 따라서 오디오의 위치는 <audio src="../media/morning_vow.mp3">이다. 현재 HTML에서 재생할 수 있는 오디오 포맷은 MP3, OGG, WAV뿐이다.

표 2-14 HTML에서 재생할 수 있는 오디오 포맷

포맷	설명
MP3	비디오 전문가 그룹(MPEG)의 오디오 파일 형식
OGG	Xiph.Org 재단에서 개발하는 오픈소스 컨테이너 포맷
WAV	압축하지 않은 오디오 파일이라서 음질은 좋으나 크기가 큼

<audio> 태그에서 제어 막대를 표시하는 속성이 controls이다. 오디오도 제어 막대가 없으면 오디오를 재생하기 불편하기 때문에 controls 속성을 사용하는 것이 좋다. 비디오 태그 속성과 마찬가지로 autoplay 속성은 오디오를 자동 재생하며, loop 속성은 오디오를 반복 재생한다.

표 2-15 <audio> 태그 속성

속성	설명
src="오디오 경로 혹은 URL"	오디오 파일 위치를 지정하거나 URL 사용
controls	오디오를 제어할 수 있는 막대 표시
autoplay	음악 자동 재생
loop	음악 반복 재생

Know-how **웹 페이지에서 비디오를 자동 재생해도 될까?**

오디오나 비디오 자동 재생은 되도록 자제하는 것이 좋다. 사용자가 어느 웹사이트를 방문했는데 갑자기 스피커에서 큰 소리가 나오면 당황스러울 것이다. 그럼에도 비디오를 자동 재생하려면 음소거 속성을 동시에 작성하는 것이 좋다. 구글의 자동 재생 정책(https://developer.chrome.com/blog/autoplay)에도 이와 같은 내용이 있다. 따라서 크롬 웹 브라우저에서 음소거한 비디오는 자동으로 재생할 수 있지만, 음소거하지 않은 비디오는 자동 재생이 제한적으로만 허용된다.

3. 유튜브에서 가져온 비디오 삽입하기

웹 페이지에 유튜브 비디오를 삽입하는 방법은 간단하다. 유튜브에서 삽입하려는 비디오를 찾아서 마우스의 오른쪽 버튼을 누르면 [그림 2-9]와 같은 메뉴 화면이 나타난다. [소스 코드 복사]를 누르면 해당 비디오를 삽입하는 HTML 태그가 복사된다. 복사한 소스 코드를 웹 페이지에 붙여넣는다. 유튜브 비디오의 크기를 조절하고 싶으면 붙여넣은 소스 코드에서 width와 height 속성을 찾아서 값을 바꾼다.

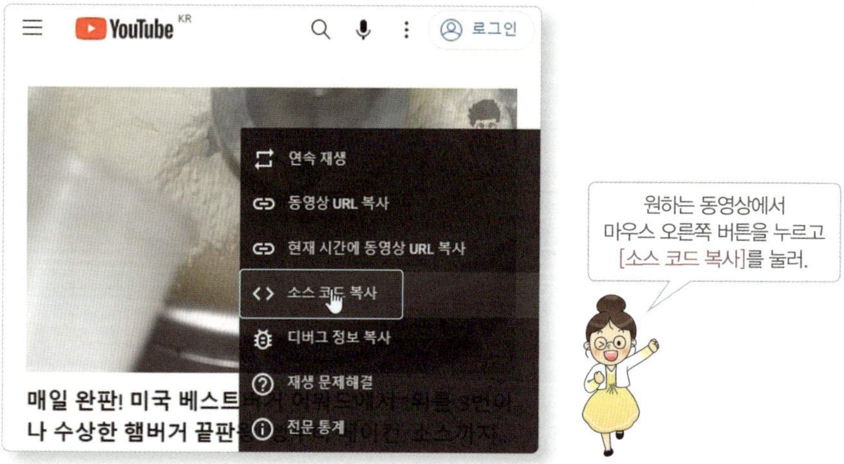

그림 2-9 유튜브 비디오 삽입

[예제 2-17]은 지금까지 설명한 멀티미디어 태그를 사용하여 만든 웹 페이지이다. <video> 태그는 width="300"과 controls 속성을 사용했기 때문에 폭 300px 크기의 비디오가 제어 막대와 함께 나타난다. 제어 막대에는 비디오 시작과 멈춤, 음량 조절, 전체 화면 변환과 같은 제어 버튼이 있다.

<controls> 요소를 통해 웹 브라우저가 제공하는 제어 막대를 나타낸다. loop 속성을 사용하여 오디오 재생이 끝났을 때 반복되도록 했다.

유튜브 동영상은 <iframe width="300" height="205" frameborder="0" src="https://www.youtube.com/embed/VsDtnTvgDB0"> 형태로 추가해 넣을 수 있다. <iframe>은 웹 페이지 안에 또 다른 웹 페이지를 만드는 태그이며 3장에서 설명한다. 유튜브에서 복사하여 붙여넣은 소스 코드는 4줄에 거쳐서 나타나는데, 동영상이 재생되지 않는 웹 브라우저를 위한 코드도 포함하고 있다. [예제 2-17]에서는 필요 없는 코드를 제외하였다. 이렇게 복사한 코드에서 필요 없는 부분은 지우고 사용하면 된다.

예제 2-17 **비디오, 오디오, 유튜브 보기** ex2-17.html

```
<!DOCTYPE html>
<html>
<head>
  <meta charset="UTF-8">
  <title>비디오, 오디오, 유튜브 보기</title>
</head>
<body>
  <h4>버거 패티 만드는 과정</h4>
  <video src="../media/buger1.mp4" width="300"
    controls></video>
  <h4>버거 패티 만들 동안 들을 노래</h4>
  <audio src="../media/morning_vow.mp3"
    controls loop></audio>
  <h4>유튜브 동영상 연결</h4>
  <iframe width="300" height="205" frameborder="0"
    src="https://www.youtube.com/embed/VsDtnTvgDB0">
  </iframe>
</body>
</html>
```

미니 프로젝트 나만의 햄버거 이야기

이 책은 교재용으로 제작되었다. 따라서 강의를 수강하는 학생들이 웹 문서를 만들어 과제를 제출하고, 강의자는 적은 노력으로 과제를 평가할 방법을 찾으려 노력했다. 그 결과로 모든 학생과 강의자에게 똑같은 웹 환경을 제공하고 학생들이 자유 주제로 웹 페이지를 제작할 수 있도록 했다.

처음 만들 웹 문서의 주제는 '나만의 햄버거 이야기'이다. 학생들은 햄버거에 대한 자신의 이야기를 웹 페이지로 만든다. 자유 주제이므로 햄버거에 관한 어떤 이야기도 상관없다. 여러 가지 브랜드에서 내가 좋아하는 햄버거 이야기나, 각 브랜드의 햄버거 재료 분석, 가격 분석도 좋다. 햄버거에 대한 재미있는 에피소드도 좋고, 햄버거 단품과 세트 가격을 비교하거나 감자튀김의 맛을 비교해도 좋다.

문자만 있는 웹 문서보다는 다양한 이미지가 있는 웹 문서가 보기 좋다. 그러나 주제에 맞는 이미지를 구하고, 서로 다른 크기의 이미지를 비슷한 크기로 맞추려면 시간이 오래 걸린다. 그래서 miracle 웹 시스템의 HTML5/chap_02/media 폴더에 [그림 2-10]과 같은 이미지를 마련해 놓았다. 해당 폴더에는 버거킹, 롯데리아, 맥도날드, 맘스터치의 로고와 각 브랜드의 대표 버거인 와퍼, 밥버거, 빅맥, 싸이버거의 이미지가 있다. 그 외에 햄버거와 음료수, 감자튀김 이미지도 있다. 각 이미지는 크기가 비슷하도록 조정하였고, 배경이 투명한 PNG 파일로 만들었다.

그림 2-10 **HTML5/chap_02/media 폴더에 저장된 이미지 파일**

TIP 제공하는 이미지 파일은 버거킹, 롯데리아, 맥도날드, 맘스터치 홈페이지에서 다운로드한 이미지이다. 따라서 과제 용도로만 사용할 수 있으며 인터넷상에 게시할 수 없다. 또한 fries.png와 set.png는 무료 이미지 사이트인 픽사베이(https://pixabay.com)에서 다운로드했음을 밝힌다.

과제 **다음 조건에 맞는 웹 문서를 작성하여 제출하시오.**

❶ HTML5/chap_02/media 폴더에 있는 이미지만 사용하여 '나만의 햄버거 이야기' 웹 페이지를 만든다.
❷ 테이블을 포함하여 2장에서 설명한 태그를 최대한 많이 사용한다.
❸ 테이블의 모양이 복잡할수록 높은 점수를 받는다.
❹ 지금까지 배우지 않은 태그나 CSS는 사용하지 않는다.
❺ 과제를 작성할 때 HTML5/chap_02/project 폴더의 홍길동_20230808.html을 사용한다.
❻ 해당 HTML 파일 이름을 자신의 이름과 학번으로 변경한다. 만약 변경하지 않으면, 내가 만든 과제가 파일 이름을 변경하지 않은 또 다른 학생의 과제로 덮어씌워질 수 있다.

주의할 점은 HTML5/chap_02/media 폴더의 이미지 파일과 HTML5/chap_02/project 폴더의 홍길동_20230808.html을 다른 폴더로 이동하면 안 된다는 것이다. 또한 이미지와 웹 페이지가 서로 다른 폴더에 있기 때문에 웹 페이지에 이미지를 삽입할 때 `src="../media/fries.png"`와 같이 경로를 꼭 지정해야 한다. 경로를 지정하지 않고 fries.png만 입력하면 이미지가 나타나지 않는다.

홍길동_20230808.html의 코드는 다음과 같이 구성되어 있다. 이름과 학번 부분을 자신의 이름과 학번으로 고치고 주석 `<!-- 이 이후부터 자신만의 햄버거 이야기를 만드시오 -->` 이후에 나만의 햄버거 이야기 HTML 코드를 작성하면 된다.

준비 파일 **나만의 햄버거 이야기 기본 코드** 홍길동_20230808.html

```
<!DOCTYPE html>
<html>
<head>
  <meta charset="UTF-8">
  <!-- 자신이 만드는 웹 페이지의 제목을 넣으시오 -->
  <title>햄버거</title>
  <!-- 이름과 학번을 정확하게 쓰시오 -->
  <h3>Report 2장: 이름: 홍길동 학번: 20230808</h3>
  <hr>
</head>
```

```
<body>
  <!-- 이 이후부터 자신만의 햄버거 이야기를 만드시오 -->

</body>
</html>
```

여기서 잠깐 **과제 채점 방식**

학생들이 각자의 이미지 파일을 사용하여 웹 페이지를 만들 경우, 과제를 제출할 때 HTML 파일과 함께 이미지 파일도 보내야 한다. 수십 명의 학생들로부터 HTML 파일과 이미지를 받아서 채점하려면 매우 번거롭다. 그런데 학생과 강의자가 miracle 웹 시스템의 같은 구조의 폴더와 이미지를 사용한다고 했을 때 학생은 HTML 파일만 제출하면 된다. 강의자는 받은 HTML 파일을 HTML5/chap_02/project 폴더에 저장한 후 실행하여 쉽게 과제를 채점할 수 있다. 또한 웹 페이지 상단에 학생 이름과 학번을 적도록 하여 파일 이름을 보지 않아도 누가 제출했는지 쉽게 알 수 있고, 자유 주제이기 때문에 누군가의 과제를 복사해도 쉽게 잡아낼 수 있다.

많은 학생들이 경로를 이해하지 못하여 이미지가 안 보이는 상태로 과제를 제출하거나 이미지나 HTML 파일을 다른 폴더로 옮긴 후 전체 폴더를 압축하여 제출하기도 한다. 학생들이 경로의 개념을 익히는 것도 중요하기 때문에 파일을 다른 폴더로 이동하거나 압축 파일을 제출하지 않도록 지도해야 한다.

요약

01 HTML에서 줄 바꿈과 불필요한 공백 문자는 무시한다. 태그는 한 쌍의 시작 태그와 끝 태그로 이루어지며 끝 태그가 없는 태그를 '단일 태그'라 부른다. 태그는 속성을 가질 수 있으며 태그, 속성, 데이터로 이루어진 하나의 덩어리를 '요소'라 부른다.

태그	설명
<!DOCTYPE html>	HTML5 문서 시작
<html>	실질적인 웹 페이지의 시작
<head>	웹 페이지의 앞 부속
<body>	웹 페이지 메인 화면에 표시할 본문
<title>	웹 브라우저 상단의 탭에 표시할 문서의 제목
<h1> ~ <h6>	다양한 깊이의 제목을 만드는 태그로 <h1>이 제일 큼
<p>	문단(paragraph)
 	단일 태그이며 break의 약자로 줄 바꿈을 나타냄
<pre>	preformatted text의 약자로 입력한 그대로 보여주기
<hr>	단일 태그이며 horizon의 약자로 수평선을 나타냄
<meta>	단일 태그로 메타데이터를 의미함
<b>, <strong>	굵게(bold) 혹은 강하게
<i>, <em>	기울이기(이탤릭, italic) 혹은 강조(emphasis)
<u>	밑줄(underline)
<del>	삭제선(delete)
<small>	작게
<mark>	강조 표시(하이라이팅)
<sup>	위첨자(superscript)
<sub>	아래첨자(subscript)
<img>	단일 태그이며 image의 약자로 경로를 포함한 위치에 있는 이미지를 보여줌
<a>	하이퍼링크
<ul>	순서가 없는 리스트(unordered list)로 list item의 약자인 <li> 사용
<ol>	순서가 있는 리스트(ordered list)로 list item의 약자인 <li> 사용
<dl>	정의 리스트(definition list)로 <dt>와 <dd> 사용

표 계속

<table>	가로 한 줄(행)은 <tr>, 셀에 데이터를 넣을 때에는 <td>, 제목은 <caption>, 머리는 <thead>, 몸통은 <tbody>, 바닥은 <tfoot>을 사용
<video>, <audio>	비디오 삽입 혹은 오디오 삽입

02 HTML에 <>와 같은 특수문자를 내용으로 입력하려면 &로 시작하여 ;으로 끝나는 엔티티 코드를 사용한다. 일반적인 크기의 공백 문자에 대한 엔티티 코드는 이다.

연습문제

01 HTML5의 기본 구조에 사용되는 태그가 <u>아닌</u> 것을 고르시오.

① <!DOCTYPE html>　② <html>
③ <tbody>　④ <head>

02 HTML5 문서에서 가장 마지막에 쓰는 태그를 고르시오.

① </title>　② </html>
③ </tbody>　④ </head>

03 HTML5 문서에서 <title>이 위치하는 태그를 고르시오.

① <!DOCTYPE html>　② <html>
③ <body>　④ <head>

04 태그 중 나머지 3개와 다른 종류의 태그를 고르시오.

①
　② <hr>
③ <pre>　④ <img>

05 태그의 특징이 <u>아닌</u> 것을 고르시오.

① 일반적으로 태그는 시작 태그(<>)와 끝 태그(</>)의 한 쌍으로 이루어진다.
② 태그는 1개의 속성만 가진다.
③ 끝 태그 없이 단독으로 사용하는 태그를 단일 태그라 부른다.
④ 태그, 속성, 데이터로 이루어진 하나의 덩어리를 요소라 부른다.

06 웹 문서 안에서 문단 제목을 만드는 태그를 찾으시오.

① <p>　② <h1>
③
　④ <title>

07 HTML에서 문단 하나를 만드는 태그를 찾으시오.

① <p> ② <h1>
③
 ④ <title>

08 <의 엔티티 코드를 찾으시오.

① · ② <
③ > ④ &

09 &의 엔티티 코드를 찾으시오.

① · ② <
③ > ④ &

10 나머지 3개와 다른 종류의 엔티티 코드를 찾으시오.

①   ②
③   ④ ÷

11 크기가 가장 큰 공백을 만드는 엔티티 코드를 찾으시오.

①   ②
③   ④ ÷

12 수평선을 만드는 태그를 찾으시오.

①
 ② <hr>
③ <pre> ④ <p>

13 문자를 꾸미는 태그 중 진하게 표시하는 태그를 찾으시오.

① <i> ② <sub>
③ <b> ④ <u>

14 문자를 꾸미는 태그 중 삭제선을 표시하는 태그를 찾으시오.

① <mark> ② <del>

③ <b> ④ <u>

15 문자를 꾸미는 태그 중 아래첨자를 표시하는 태그를 찾으시오.

① <mark> ② <sub>

③ <sup> ④ <u>

16 문자를 꾸미는 태그 중 <strong>과 유사하게 표시하는 태그를 찾으시오.

① <i> ② <sub>

③ <b> ④ <u>

17 ex2.html은 HTML5₩chap_02₩html₩ 폴더에 있고, cola.png는 HTML5₩chap_02₩media₩ 폴더에 있을 때, 다음 중 경로를 정확히 지정하는 src 속성값을 찾으시오.

① src="media/../cola.png" ② src="../../media/cola.png"

③ src="../media/cola.png" ④ src="media/cola.png"

18 이미지의 세로 높이를 지정하는 속성은 무엇인가?

① src ② width

③ height ④ alt

19 하이퍼링크 태그 <a> 속성에서 같은 폴더에 있는 sample.html을 연결하는 속성과 속성값으로 맞는 것을 찾으시오.

① src="sample.html" ② href="sample.html"

③ target="sample.html" ④ id="sample.html"

20 하이퍼링크 태그 <a>의 target 속성의 기본값은 무엇인가?

① _blank ② _parent

③ _self ④ _top

21 순서 없는 리스트를 만드는 태그를 찾으시오.

① <ul> ② <del>

③ <ol> ④ <dl>

22 정의 리스트를 만드는 태그를 찾으시오.

① <ul> ② <del>

③ <ol> ④ <dl>

23 정의 리스트에서 용어에 사용하는 태그는 무엇인가?

① <dt> ② <td>

③ <dd> ④ <th>

24 <table> 태그에서 테이블의 제목을 나타내는 태그를 찾으시오.

① <caption> ② <thead>

③ <tbody> ④ <tfoot>

25 <table> 태그에서 테이블의 몸통을 나타내는 태그를 찾으시오.

① <caption> ② <thead>

③ <tbody> ④ <tfoot>

26 <table> 태그에서 가로 행을 나타내는 태그를 찾으시오.

① <tr> ② <dd>

③ <td> ④ <th>

27 <table> 태그에서 머리나 바닥의 셀에 데이터를 삽입하는 태그를 찾으시오.

① <tr> ② <dd>

③ <td> ④ <th>

28 <table> 태그 안에서 두 개의 세로 열을 합치는 태그로 맞는 것을 찾으시오.

① <td rowspan="2"> ② <tr colspan="2">

③ <tr rowspan="2"> ④ <td colspan="2">

29 다음 HTML 코드의 오류를 찾으시오.

```
<!DOCTYPE html>
<html>
<head>
  <meta charset="UTF-8">
</head>
<  body>
  <p>  HTML </p>
</body>
</html>
```

30 다음 HTML 코드의 오류를 찾으시오.

```
<!DOCTYPE html>
<html>
<head>
  <meta charset="UTF-8">
</head>
<body>
  <a href='https://coolors.co">
</body>
</html>
```

31 다음 HTML 코드에서 ①과 ②에 들어갈 내용을 채우시오.

```
<!DOCTYPE html>
<html>
[        ①        ]
  <meta charset="UTF-8">
  <title>문단 제목 만들기</title>
[        ②        ]
<body>
  <h1>h1 문단 제목 크기</h1>
</body>
</html>
```

32 다음 HTML 코드의 출력 결과를 정확하게 쓰시오.

```
<!DOCTYPE html>
<html>
<head>
  <meta charset="UTF-8">
</head>
<body>
  <p> 첫 번째 문단
      두 번째 문단</p>
  <p> 세 번째 문단</p>
</body>
</html>
```

33 다음 HTML 코드의 출력 결과를 정확하게 쓰시오.

```
<!DOCTYPE html>
<html>
<head>
  <meta charset="UTF-8">
</head>
<body>
  <p>2&lt;3과 4&gt;3</p>
</body>
</html>
```

※ 폴더 구조가 다음 그림과 같고 ex2_9.html 파일이 HTML5/chap_02/html 폴더에 있다. 다음 물음에 답하시오.

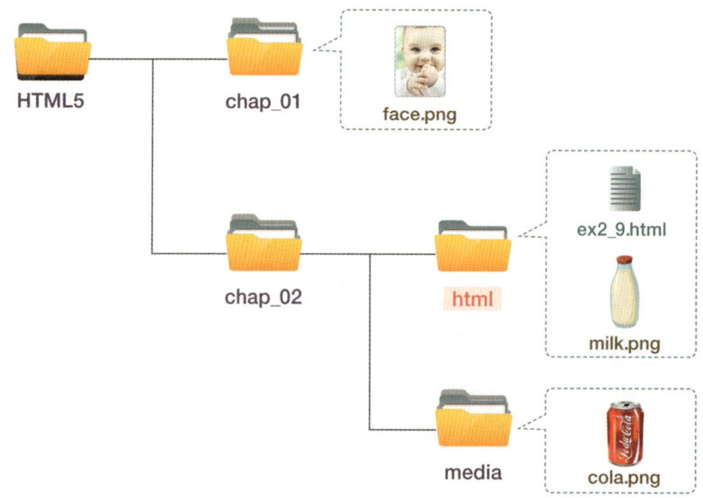

34 같은 폴더의 milk.png를 화면에 나타나게 하는 이미지 삽입 태그를 정확하게 쓰시오.

35 media 폴더의 cola.png를 화면에 나타나게 하는 이미지 삽입 태그를 정확하게 쓰시오.

36 chap_01 폴더의 face.png를 화면에 나타나게 하는 이미지 삽입 태그를 정확하게 쓰시오.

37 다음 HTML에서 하이퍼링크의 북마크 기능을 사용하려 한다. [맨 위로]를 누르면 id="top"까지 이동하는 코드를 채우시오.

```
<!DOCTYPE html>
<html>
<head>
  <meta charset="UTF-8">
</head>
<body>
  <h2 id="top"> 맥도날드 스토리</h2>
  <p> [          ] 맨 위로</a></p>
</body>
</html>
```

38 html 코드를 작성하여 다음과 같은 웹 페이지가 되도록 리스트를 만드시오.

내가 좋아하는 버거 순위

III. 와퍼
IV. 빅맥
V. 밥버거

39 html 코드를 작성하여 다음과 같은 웹 페이지가 되도록 리스트를 만드시오.

밥버거
　　롯데리아의 빵 대신 밥 사용

40 다음과 같은 웹 페이지가 되도록 리스트를 만드시오. 단, 테이블 태그를 <table border="1">로 시작하도록 작성하시오.

버거세트 가격

종류	가격	용량	비교
버거	4000	중	패티1장
버거	5500	대	패티2장
가격	**9000**		**할인가격**

41 다음과 같은 웹 페이지가 되도록 리스트를 만드시오. 단, 테이블 태그를 <table border="1">로 시작하도록 작성하시오.

<table>
<caption>버거세트 가격</caption>
<tr><th>종류</th><th>가격</th><th>용량</th><th>비교</th></tr>
<tr><td rowspan="2">버거</td><td>4000</td><td>중</td><td>패티1장</td></tr>
<tr><td>5500</td><td>대</td><td>패티2장</td></tr>
<tr><th>가격</th><th colspan="3">9000(할인가격)</th></tr>
</table>

CHAPTER 03

문서 구조화와 웹 폼

학습 목표

- 시맨틱 태그를 사용하여 문서를 구조화하는 방법을 알아본다.
- 문자, 숫자, 색상, 파일, 시간 등의 다양한 웹 폼을 학습한다.
- 웹 폼 전송방식의 특징을 살펴본다.

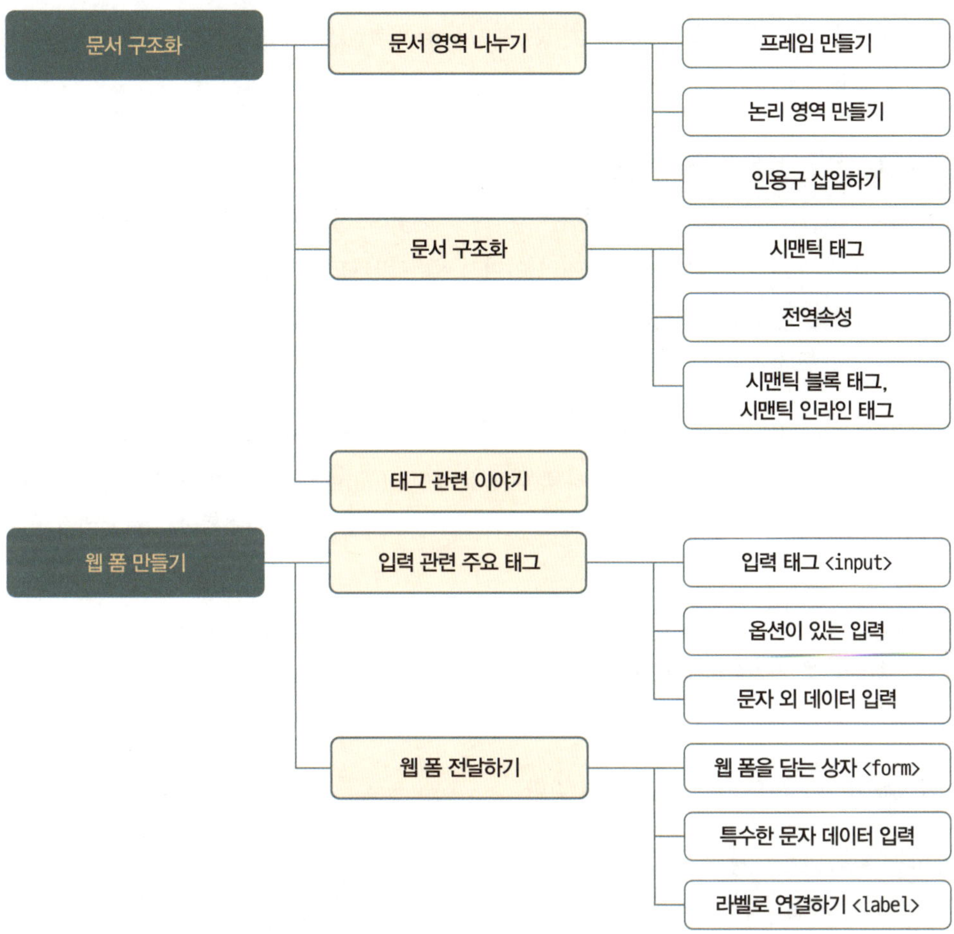
문서 구조화
문서 영역 나누기
프레임 만들기
논리 영역 만들기
인용구 삽입하기
문서 구조화
시맨틱 태그
전역속성
시맨틱 블록 태그,
시맨틱 인라인 태그
태그 관련 이야기
웹 폼 만들기
입력 관련 주요 태그
입력 태그 <input>
옵션이 있는 입력
문자 외 데이터 입력
웹 폼 전달하기
웹 폼을 담는 상자 <form>
특수한 문자 데이터 입력
라벨로 연결하기 <label>

SECTION 01

문서 구조화

1 문서 영역 나누기

HTML로 문서를 작성할 때 물리적 영역 혹은 논리적 영역으로 나누는 여러 가지 방법이 있다. 먼저 문서를 물리적 영역으로 나누는 방법은 **페이지에 프레임(액자)을 만드는 <iframe> </iframe> 태그**를 사용하는 것이다. <iframe>은 'inline frame'의 약자이다.

1. 페이지 안에 프레임 만들기 <iframe>

<iframe> </iframe> 태그로 만들어지는 영역은 테두리로 둘러싸인 또 다른 웹 페이지이다. 따라서 프레임 안에 다른 웹 페이지를 넣거나 이미지 혹은 비디오를 넣을 수 있다. 2장에서 유튜브 비디오를 HTML 문서에 삽입하기 위해 복사한 코드에도 <iframe> 태그가 있었다. <iframe> 태그를 이용하여 문서 중간에 프레임을 만들어 비디오를 넣어주면 된다.

다음 코드는 <iframe>의 사용 예이다. 일부 웹 브라우저는 <iframe>을 지원하지 않기 때문에 프레임이 나타나지 않을 수 있다. 이때 나타낼 대체 문자인 'iframe을 지원하지 않습니다.'를 <iframe> </iframe> 사이에 작성한다. 브라우저가 <iframe>을 지원한다면 대체 문자는 무시된다.

```
<iframe src="../../chap_02/html/ex2-9.html" width="200" height="250">
   iframe을 지원하지 않습니다.</iframe>
```

<iframe>의 태그 속성은 [표 3-1]과 같다.

표 3-1 <iframe> 태그 속성

속성	설명
src="경로 혹은 URL"	프레임에 나타낼 파일의 위치를 지정하거나 URL 지정
srcdoc="HTML 코드"	HTML을 해석하여 결과를 프레임에 출력
width="100"	프레임 가로 폭 지정
height="80"	프레임 세로 높이 지정
name="프레임 이름"	프레임 이름 지정

src="경로 혹은 URL"은 프레임 안에 넣을 HTML 문서, 이미지, 비디오 파일이 있는 위치, 또는 URL을 지정한다. width="100"은 프레임의 가로 폭을 지정하고, height="80"은 세로 높이를 지정한다.

간단한 HTML 코드를 작성하여 <iframe> 안에 넣을 때 srcdoc 속성을 사용한다. srcdoc="HTML 코드"를 사용하면 웹 브라우저가 HTML 코드를 해석하여 그 결과를 <iframe> 안에 보여준다. [예제 3-1]에서 <iframe>의 기본 사용법을 알아보자.

예제 3-1 **페이지 안에 프레임 만들기** ex3-1.html

```
<!DOCTYPE html>
<html>
<head>
  <meta charset="UTF-8">
  <title>페이지 안에 프레임 만들기</title>
</head>
<body>
  <iframe src="../../chap_02/html/ex2-9.html" width="200" height="250">
    iframe을 지원하지 않습니다.</iframe>
  <iframe srcdoc="<mark>오른쪽 프레임</mark>" width="150" height="200">
    </iframe>
</body>
</html>
```

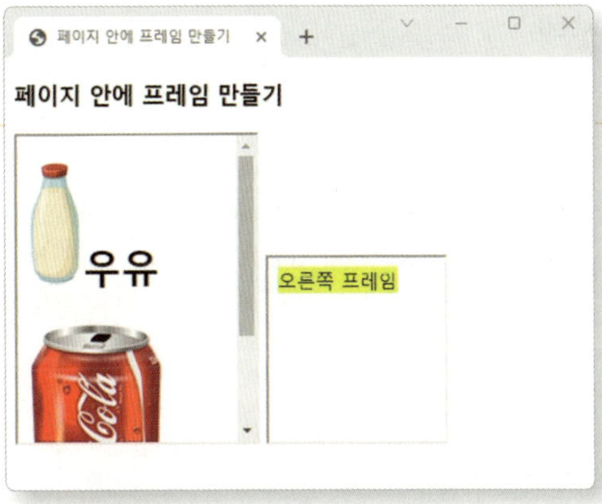

<iframe> </iframe>을 2번 사용하여 프레임 2개를 만들었다. 두 프레임은 텍스트처럼 옆으로 나란히 나열된다. 왼쪽에 놓인 첫 번째 프레임에는 src="../../chap_02/html/ex2-9.html"로 2장에서 만든 ex2-9.html 웹 페이지를 지정했다. 경로를 포함하여 HTML 파일 위치를 지정한다는 것에 주목하자. <iframe>에는 다른 웹 페이지를 넣을 수 있기 때문에 왼쪽 프레임에 ex2-9.html의 결과가 나타난다. 이 프레임의 크기는 폭 200px(width="200")에 높이 250px(height="250")이다.

오른쪽에 위치한 두 번째 프레임에는 srcdoc="<mark>오른쪽 프레임</mark>"를 사용하여 문자를

나타나게 했다. <mark> </mark> 태그를 사용했기 때문에 문자가 형광색으로 강조된다. 프레임의 크기는 폭 150px(width="150")에 높이 200px(height="200")이다. 두 프레임의 높이가 다를 때에는 프레임의 아래 끝을 기준으로 나열된다.

▪ 프레임 이름 지정하기

<iframe>의 name 속성은 프레임의 이름을 지정한다. 프레임에 이름이 생기면 누군가 그 프레임을 호출할 수 있다. name 속성을 사용하면 이름이 있는 프레임을 호출해 작업 결과를 그 프레임에 나타나게 할 수 있다.

[예제 3-2]에서 name 속성의 사용법을 알아보자. 여기에서 <iframe> 2개를 만들었는데, 위쪽 <iframe>은 name="upper_frame"으로, 아래쪽 <iframe>은 name="down_frame"으로 설정했다.

예제 3-2 프레임 이름 지정하기 ex3-2.html

```
<!DOCTYPE html>
<html>
<head>
  <meta charset="UTF-8">
  <title>프레임 이름 지정하기</title>
</head>
<body>
  <p><a href="https://mcdonalds.co.kr" target="upper_frame">맥도날드 홈페이지</a>
    <a href="https://naver.com" target="down_frame">네이버 홈페이지</a>
  </p>
  <iframe name="upper_frame" width="450" height="180"></iframe><br>
  <iframe name="down_frame" width="450" height="180"></iframe>
</body>
</html>
```

<body>의 맨 첫 행을 보자. 맥도날드 홈페이지 URL을 연결하는 <a> 태그 안에 속성 target="upper_frame"을 지정했다. 이는 맥도날드 홈페이지를 upper_frame이라는 이름의 위쪽 프레임에 나타내라는 의미이다. 마찬가지로 네이버 홈페이지는 down_frame이라는 이름의 아래쪽 프레임에 나타난다. 이와 같이 <iframe>에서 name 속성값으로 프레임 이름을 지정하면 해당 프레임에 결과를 나타낼 수 있다.

프레임 안에 다른 프레임을 넣을 수도 있다. 이 경우 웹 페이지의 프레임 안에 또 다른 프레임이 생기는데, 구조가 복잡하여 해커의 공격 대상이 되기 쉽다. 이런 이유로 네이버나 픽사베이와 같은 일부 웹 서버에서는 프레임 안에서 홈페이지를 열 수 없도록 막아 놓았다. 그래서 네이버 홈페이지 버튼을 눌러도 down_frame 안에 네이버 홈페이지가 나타나지 않는다.

TIP 앞서 <iframe>과 </iframe> 사이의 대체 문자는 브라우저가 <iframe>을 지원하지 않을 때 나타난다고 했다. [예제 3-2]에서는 브라우저가 <iframe>을 지원하지만, 네이버가 웹 문서를 화면에 표시하는 것을 막았기 때문에 대체 문자가 나타나지 않는다.

2. 논리 영역 만들기 <div>와 <span>

웹 페이지에서 논리적인 영역을 만들 때 사용하는 태그가 <div> </div>이다. <p> </p> 태그를 사용하여 만든 문단은 하나의 논리적인 영역이다. 이러한 문단 여러 개를 묶어서 또 다른 논리적인 영역을 만들 때 'divide'의 약자인 <div> 태그를 사용한다. 예를 들어 흰색 배경에 검은색 글씨로 설정된 문단에서 특정한 문단만 배경색을 바꾸거나 글씨 색을 바꾸고자 할 때 <div> </div> 태그를 사용하면 된다.

<div> </div>가 커다란 논리 영역을 만든다면, <span> </span>은 작은 영역을 만든다. 폭을 의미하는 <span> 태그는 문단 안에서 특정 단어를 강조하거나 색상을 바꿀 때, 또는 배경색을 바꿀 때 사용한다.

[예제 3-3]은 논리 영역을 만드는 <div>와 <span>의 사용법과 그 결과를 보여준다. 미어캣에 대한 설명이 <p> </p>로 둘러싸인 문단 3개에 걸쳐 나온다. 그중 문단 2개를 <div> </div> 태그로 묶었다. 그리고 <div> 태그 안에 style 속성을 사용하여 배경색을 #a8dadc로 지정했다. style 속성에 대해서는 4장 CSS에서 자세히 설명하기로 하고, 여기서는 background-color가 배경색을 지정한다는 정도로 이해하면 된다. 출력 결과에서 <div> </div> 태그로 둘러싸인 2개의 문단은 다른 문단과 달리 배경이 청록색이다.

<p> </p>로 둘러싸인 문단 안이나 <div> </div>로 묶인 논리적 영역 안에서 조그만 영역을 묶어서 변화를 줄 때 사용하는 것이 <span> 태그이다. [예제 3-3]에서는 '네덜란드어 미어캣'을 <span> </span>으로 묶은 다음 글씨를 붉은색으로 바꾸었다. 참고로 style에서 color 속성으로 문자 색을 지정한다.

예제 3-3 **논리 영역 만들기** ex3-3.html

```
<!DOCTYPE html>
<html>
<head>
  <meta charset="UTF-8">
  <title>논리 영역 만들기</title>
</head>
<body>
  <h3>미어캣(meerkat)<img src="../../animal/meerkat6.png" height="200"></h3>
  <p>척삭동물문 포유강 고양이아목 몽구스과에 속하는 육식성 포유류.</p>
  <div style="background-color: #a8dadc">
  <p>이름은 산스크리트어로 원숭이를 뜻하는 말인 'Markata'에서 유래.</p>
  <p>중세 유럽 탐험가들이 <span style="color: red">네덜란드어 미어캣</span>
    으로 바꾸어 사용.</p>
  </div>
</body>
</html>
```

3. 인용구 삽입하기 <blockquote>

인용구를 삽입할 때 사용하는 태그가 <blockquote> </blockquote>이다. 'quote'는 인용한다는 뜻의 영어 단어이며 <blockquote> </blockquote> 태그로 둘러싸인 영역은 블록으로 처리된다. <cite> </cite> 태그도 인용구를 만들 때 사용된다.

[예제 3-4]에서 <blockquote>와 <cite>의 차이점을 확인하자. <blockquote> </blockquote>로 둘러싸인 인용구는 3칸 정도 들여쓰기를 한 별도의 블록(영역)으로 표시된다. 그래서 태그 이름에 'block'이 들어간다. cite="https://pixabay.com"은 <blockquote>의 속성으로 인용구의 출처를 표시한다. <cite> </cite>로 둘러싸인 영역은 일반 문자와 똑같이 취급한다. 다만 출력 결과에서는 인용구를 일반 문자와 구별하기 위해 기울인 글씨로 표시한다. 인용구에 하이퍼링크를 넣으려면 <cite> </cite> 안에 <a> </a> 태그를 사용한다.

같은 인용구임에도 <blockquote> </blockquote>는 블록으로 처리되기 때문에 블록block 태그라 부른다. <cite> </cite>는 다른 문자와 똑같이 취급되기 때문에 인라인inline 태그라 부른다.

예제 3-4 인용구 삽입하기 ex3-4.html

```
<!DOCTYPE html>
<html>
<head>
  <meta charset="UTF-8">
  <title>인용구 삽입하기</title>
</head>
<body>
  <p>여우 사진<img src="../../animal/fox3.png" height="200"></p>
  <blockquote cite="https://pixabay.com">해당 사진은 pixabay에서 다운로드함
  </blockquote>
  해당 사진은 <cite><a href="https://pixabay.com" target="_block">
  pixabay</a></cite>에서 다운로드함
</body>
</html>
```

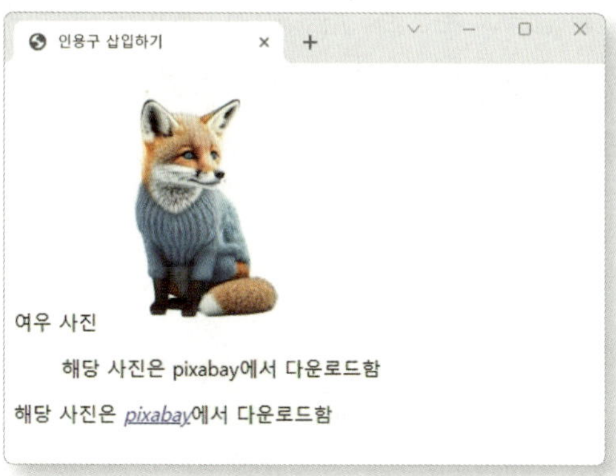

TIP 픽사베이도 네이버와 마찬가지로 <iframe>에서 홈페이지를 열 수 없도록 막아놓았다. 따라서 예제에서 하이퍼링크 속성을 target="_block"으로 지정하여 새 창에서 열리도록 했다.

2 문서 구조화

웹 페이지를 만든다는 것은 누구나 볼 수 있는 문서를 만드는 것이다. 그래서 웹 페이지 제작자는 자신이 만든 웹 페이지가 많은 사람들에게 노출되기를 바란다. 웹 페이지가 구글이나 네이버와 같은 검색 엔진의 검색 결과에서 상위에 노출될수록 많은 사람이 웹 페이지를 방문할 것이다.

구글은 전 세계의 웹 페이지를 수집하는 로봇인 웹봇webbot을 사용한다. 검색 엔진은 웹봇이 가져온 웹 페이지의 내용을 분석하여 같은 분류의 문서끼리 저장한다. 문서에서 어디까지가 제목이고 어디까지가 본문인지, 부가적인 내용은 어디에 있는지 정확하게 표시되어 있어야 웹봇이 웹 페이지를 적절하게 분류할 수 있다.

1. 시맨틱 태그

지금까지 배운 태그 대부분은 문서의 기능function에 초점이 맞추어져 있었다. 제목을 나타내는 <h4> 태그를 보자. <h1>이 가장 큰 제목을 나타내고, <h6>이 가장 작은 제목을 나타낸다는 기능만 설정되어 있다. <h4> 태그는 글씨를 굵게 표시하여 소제목에 사용할 수 있는 태그라는 뜻이다. <h4> 태그 자체가 제목을 의미하지 않는다. 따라서 문단 중간에서 특정 문장을 강조하고 싶을 때 <h4> 태그를 사용해도 문제가 없다.

한 줄로 길게 표시되는 문단을 <p> 태그를 사용하여 하나의 문단으로 묶거나 <div> 태그를 사용하여 여러 개의 문단을 하나로 묶었다고 가정하자. 화면에 문단별로 나뉘어 출력되므로 정리되어 보이지만, 어떤 의미로 문단을 나누었는지 파악하기 힘들다. 따라서 <p>와 <div>도 기능을 위해 만들어진 태그이다.

[그림 3-1]의 (a)에서는 <h4>와 <p>를 사용하여 <body>를 작성했다. 웹 페이지 제작자는 '나의 동물 이야기'라는 제목과 '고양이 카키'라는 부제목을 만들고 본문은 '처음 고양이를 만난 곳은 여의도'라고 작성했다. 그런데 <h4>와 <p>는 문자를 두꺼운 글씨로 보여주거나 문단을 나눌 뿐 어디까지가 제목이고 어디가 부제목이며 어디가 본문인지를 알려주지 못한다.

```html
<!DOCTYPE html>
<html>
<head>
  <meta charset="UTF-8">
  <title>나의 동물 이야기</title>
</head>
<body>
  <h4>나의 동물 이야기</h4>
  <p>고양이 카키</p>
  <p>처음 고양이를 만난 곳은 여의도</p>
</body>
</html>
```

(a) 시맨틱 태그를 사용하지 않은 웹 페이지

```html
<!DOCTYPE html>
<html>
<head>
    <meta charset="UTF-8">
    <title>나의 동물 이야기</title>
</head>
<body>
  <header>
    <h4>나의 동물 이야기</h4>
    <p>고양이 카키</p>
  </header>
  <section>
    <p>처음 고양이를 만난 곳은 여의도</p>
  </section>
</body>
</html>
```

(b) 시맨틱 태그를 사용한 웹 페이지

그림 3-1 시맨틱 태그의 필요성

의미를 가진 태그를 시맨틱 태그semantic tag라 부른다. [그림 3-1]의 (b)를 보자. 시맨틱 태그인 <header> </header> 태그로 제목을 묶고 <section> </section> 태그로 본문을 묶었다. 시맨틱 태그를 사용하면 '나의 동물 이야기'와 '고양이 카키'가 제목이고 나머지 부분은 본문이라는 점이 분명해진다.

웹 페이지는 제목, 본문, 머리글, 바닥글, 하이퍼링크 등으로 구성된다. 또한 본문은 아니지만 본문과 관련 있는 짧은 글이나 관련 기사를 별도로 다룰 수 있다. 시맨틱 태그는 제목, 본문, 머리글, 바닥글, 하이퍼링크, 별도 글과 같은 영역의 의미를 표시하는 태그이다. 따라서 구조화된 문서란 시맨틱 태그를 사용하여 기계나 사람이 문서의 구조를 이해하도록 만든 문서이다.

여기서 잠깐 **기능적 태그와 시맨틱 태그**

HTML 초창기의 태그는 웹 브라우저에서 문서를 표현하는 데 초점을 맞추었기 때문에 <h1> ~ <h6>, <p>, <div>와 같이 기능에 충실한 태그만 있었다. 웹 페이지의 수가 급격하게 늘어나고, 웹봇이나 CGI가 웹 페이지에 접근하여 자동으로 업무를 처리하는 일이 늘어남에 따라 문서 영역의 의미를 표시하는 시맨틱 태그가 추가되었다. 따라서 현재 태그에는 기능적 태그와 시맨틱 태그, 그리고 기능과 시맨틱을 합친 태그가 있다. 일반적으로 태그라고 하면 기능적 태그를 말하며, 시맨틱 태그를 비롯해 기능과 시맨틱을 합친 태그까지 묶어서 시맨틱 태그라 부른다.
태그(기능적 태그)와 비교하여 시맨틱 태그를 우리말로 '의미적 태그'라고 순화시켜 말할 수 있다. 그러나 HTML 분야의 거의 모든 서적에서 시맨틱 태그라는 용어를 사용하기 때문에 이 책에서도 그 용어를 그대로 사용했다.

[그림 3-2]는 시맨틱 태그 <header>, <section>, <article>, <aside>, <nav>, <footer>를 사용하여 구조화된 문서이다.

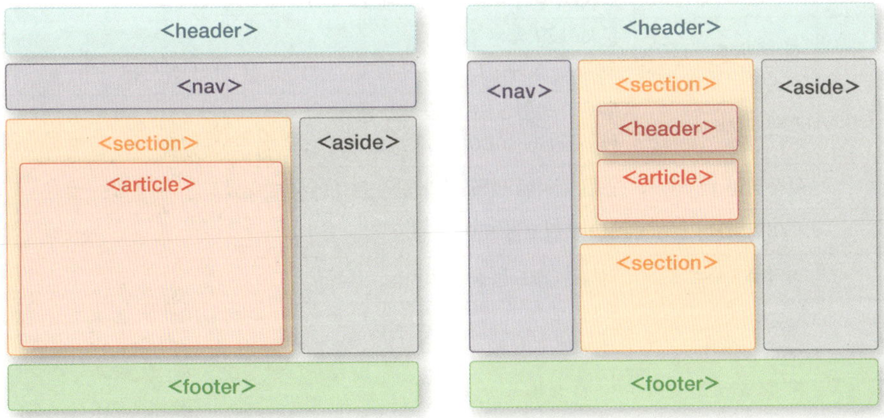

그림 3-2 **시맨틱 태그로 구조화된 문서**

❶ <header> </header> 태그는 머리말을 의미한다. 머리말에는 제목이나 본문의 내용을 소개하는 글이 들어간다. <header> 태그는 웹 페이지 전체에 대한 머리말뿐 아니라 <section>이나 <article> 태그의 머리말에도 사용된다. HTML 문서에서 웹 페이지의 메인 화면에 나타나는 <head>와 혼동하지 말자. <head>는 HTML 전체 문서에서 <body> 이외에 들어갈 부가적인 정보가 담기고, <header>는 웹 문서에서 장의 머리말이 담긴다.

❷ <section> </section> 태그는 본문에서 가장 큰 덩어리인 장$_{\text{chapter}}$을 의미한다. 책에 장이 여러 개 있듯이 웹 페이지도 여러 개의 <section>을 가질 수 있다. <section>의 머리말도 <header> </header> 태그로 묶는다.

❸ <article> </article> 태그는 독립적인 글이다. <section>이 본문이라면 <article>은 본문과 관련 있는 글이다. <article>은 본문과 독립적으로 존재할 수 있고, <section>이 여러 개의 <article>을 가질 수도 있다.

❹ <aside> </aside> 태그는 관련 기사나 별도 글과 같이 본문에서 약간 벗어났지만 관련 있는 부수적인 글을 가리킨다. 주로 본문의 옆에 배치된다.

❺ <nav> </nav> 태그는 'navigation'의 줄임말로 하이퍼링크를 모아놓은 곳이다. 본문에서 사용된 모든 하이퍼링크를 <nav> 태그에 모을 필요는 없다. 일반적으로는 본문이 길어서 <a> 태그에 북마크를 사용할 때 하이퍼링크를 <nav> 태그에 모아 놓는다.

❻ <footer> </footer> 태그는 저작권 정보 등을 표기하는 바닥글을 의미한다.

표 3-2 **시맨틱 태그**

시맨틱 태그	의미	설명
<header>	머리말	전체 웹 페이지 혹은 <section>의 머리말 제목이나 본문 내용을 간단히 소개하는 글 <section>이나 <article>에서도 사용
<section>	장 혹은 절	문서의 장 혹은 절 하나의 웹 페이지가 여러 개의 <section>을 가질 수 있음
<article>	작은 기사	본문과 관련 있는 독립적인 글 한 <section>이 여러 개의 <article>을 가질 수 있음
<aside>	부수적인 글	관련 기사나 별도 글과 같이 본문에서 벗어났지만 관련 있는 글
<nav>	하이퍼링크	하이퍼링크를 모아 놓음
<footer>	바닥글	저작권 정보 등을 표기하는 바닥글

웹 문서에서 시맨틱 태그로 묶은 영역을 배치하는 작업은 CSS에서 처리한다. 다시 말해 <nav>를 <hearder> 밑에 나타나게 할지 혹은 <section>의 오른쪽이나 왼쪽에 나타나게 할지를 CSS에서 결정한다.

TIP 시맨틱 태그 중 <main> </main> 태그는 3절 태그 관련 이슈에서 따로 다룬다.

■ 구조화된 문서 예제

당연한 얘기지만, miracle 웹 시스템의 모든 웹 페이지는 시맨틱 태그를 사용하여 구조화한 문서이다. 예를 들어 3장의 index_03.html의 구조와 시맨틱 태그는 [그림 3-3]과 같다.

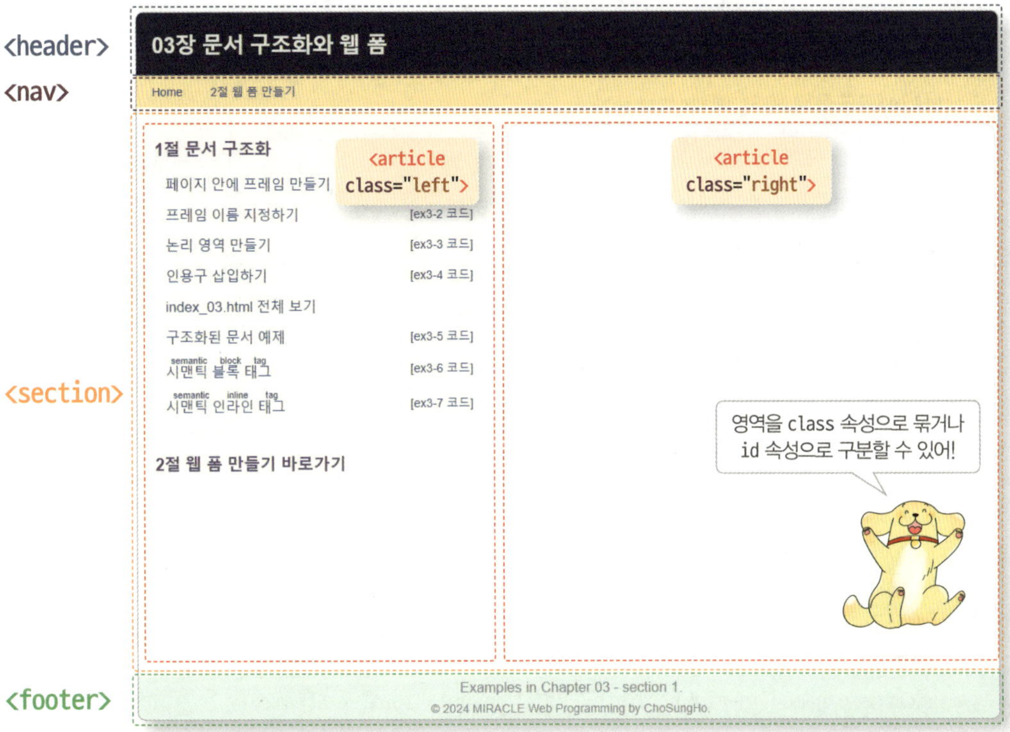

그림 3-3 index_03.html의 구조와 시맨틱 태그

<header> </header> 태그로 감싼 '03장 문서 구조화와 웹 폼'은 문서의 제목이며 화면의 맨 위에 나타난다. 문서 제목 아래 <nav> </nav> 태그로 감싼 영역에는 웹 페이지 맨 앞으로 이동하는 'Home' 링크와 '2절 웹 폼 만들기'로 이동하는 링크가 모여 있다.

본문은 <section> </section> 태그로 감쌌다. 본문 <section>은 두 개의 <article> </article>로 나뉜다. class="left"라는 이름을 붙인 왼쪽 <article>에는 각 예제의 링크가 있다. 왼쪽에서 예제 하나를 클릭하면 해당 내용이 class="right"라는 이름을 붙인 오른쪽 <article>에 나타난다.

바닥글은 <footer> </footer> 태그로 감쌌다. 바닥글에는 예제 3장 1절이라는 내용의 영문과 저작권 정보가 표시된다.

3장의 index_03.html은 소스 코드가 80줄이 넘고 구조가 꽤 복잡하다. 이것을 구조가 잘 보이도록 간략화한 소스 코드가 [예제 3-5]이다. 예제에서 배경색이나 폰트 크기를 지정하는 **style** 속성은 CSS에서 다룰 내용이니 **style**을 제외한 전체 구조를 살펴보기 바란다.

예제 3-5 구조화된 문서 예제 ex3-5.html

```
<!DOCTYPE html>
<html>
<head>
  <meta charset="UTF-8">
  <title>구조화된 문서 예제</title>
</head>
<body>
  <header>
    <h2>03장 문서 구조화와 웹 폼</h2>
  </header>
  <nav style="background-color: #a8dadc;">
    <a href="../../index.html">Home</a>
  </nav>
  <section style="width: 100%; height: 250px;">
    <article class="left" style="width: 40%; float: left;">
      <h3>1절 문서 구조화</h3>
      <p>구조화된 문서
        <a href="ex3-5.txt" target="in-right">[ex3-5 코드]</a></p>
    </article>
    <article class="right" style="width: 60%; height: 245px; float: right;">
      <iframe name="in-right" width="100%" height="100%"></iframe>
    </article>
  </section>
  <footer style="background-color: #dfe9ef;">
    Examples in Chapter 03.
  </footer>
</body>
</html>
```

앞서 설명한 대로 [예제 3-5]는 <header>, <nav>, <section>, <footer>의 순서대로 구조화되었다. <section>은 2개의 <article class="left">와 <article class="right">로 구성된다.

왼쪽의 링크 결과를 나타내는 <iframe name="in-right">가 오른쪽 <article class="right">로 감싼 점을 주목하자. <article class="right">가 없어도 웹 페이지에 문제는 생기지 않는다. 다만 오른쪽과 왼쪽이 서로 의미가 다른 영역이라고 표시하기 위해 <article>로 분리했다.

2. class와 id 전역속성

[예제 3-5]에서 왼쪽의 <article class="left"> 영역과 오른쪽의 <article class="right"> 영역으로 분리할 때 사용한 속성이 class이다. class는 여러 태그를 하나로 묶어주는 전역속성 global attributes이다. 태그마다 사용할 수 있는 속성이 정해져 있다. 그러나 전역속성이란 어떤 태그에도 붙일 수 있는 속성이다. 2장에서 배운 툴팁 속성 title도 전역속성이기 때문에 어떤 태그에나 사용할 수 있다.

miracle 웹 시스템에서 모든 페이지의 왼쪽 <article> 영역은 연녹색 배경에 파란색 글씨로 모양이 동일하다. CSS에서 모든 왼쪽 영역의 모양을 똑같이 만들기 위해 class 속성을 사용하여 <article class="left">로 묶었다. CSS에서 .left의 값을 지정하면 모든 왼쪽 페이지에 동일하게 적용된다. 이와 같이 class는 여러 태그를 하나로 묶는 전역속성이다. 또한 class 속성에서 속성값은 여러 번 반복하여 사용할 수 있다.

class 속성과 반대로 태그를 따로 구분하는 전역속성이 id이다. 2장에서 앵커 태그에 <a href="#북마크">와 같이 북마크를 사용할 때 id="북마크"로 이동할 위치를 지정했다. 만약 웹 페이지 하나에 id="북마크"가 여러 개 있다면 어디로 이동할지 결정할 수 없을 것이다. id는 'identification'의 약자로 태그를 구분하기 위해 사용하기 때문에 이 속성의 속성값은 웹 페이지 전체에서 유일해야 한다.

표 3-3 전역속성

전역속성	내용
class	같은 종류의 태그를 하나로 묶는 속성이며, 같은 class를 여러 번 사용할 수 있음
id	다른 태그와 구분하는 속성이며, id 속성값은 유일해야 함
title	툴팁을 표시하는 속성

3. 시맨틱 블록 태그와 시맨틱 인라인 태그

시맨틱 태그에 대해 조금 더 알아보자. 시맨틱 태그는 블록의 형태를 만드는 시맨틱 블록 태그 semantic block tag와 일반적인 문자처럼 한 줄에 처리하는 시맨틱 인라인 태그로 나눌 수 있다. 앞서 인용구 관련 태그에서 <blockquote>는 시맨틱 블록 태그이며 <cite>는 시맨틱 인라인 태그이다.

■ **시맨틱 블록 태그**

앞서 배운 **<img>** 태그는 이미지를 웹 브라우저 화면에 보여주기만 하는 기능적 태그이다. **<img>**와 함께 사용해 시맨틱을 나타낼 수 있는 태그가 **<figure> </figure>**이다. **<figure> </figure>** 태그로 감싸진 영역은 블록으로 처리된다. 또한 **<figcaption> </figcaption>**을 사용하면 해당 이미지의 이름이 같이 표시된다.

표 3-4 시맨틱 블록 태그

시맨틱 블록 태그	관련 태그	내용
<figure>	<figcaption>	이미지를 블록화하는 태그 이미지 제목은 <figcaption>으로 작성
<details>	<summary>	상세 정보를 보이거나 감추는 태그 상세 정보 제목은 <summary>로 작성

<details> </details>는 상세 정보를 보이거나 숨기는 태그이다. **<details>**에서 제목은 **<summary> </summary>**로 감싼다. 평소에는 **<summary> </summary>**로 감싼 제목만 보이다가 삼각형(▶)을 누르면 **<details> </details>** 태그 안의 내용 전체가 나타난다.

[예제 3-6]은 시맨틱 블록 태그를 보여준다. **<figure> </figure>**로 코알라의 사진을 감싸고 **<figcaption>코알라 모습</figcaption>**으로 이미지의 제목을 작성하면 따로 만들어지는 블록에 이미지와 제목이 나타난다. 이때 제목은 이미지 아래에 나타난다.

예제 3-6 시맨틱 블록 태그 ex3-6.html

```
<!DOCTYPE html>
<html>
<head>
  <meta charset="UTF-8">
  <title>시맨틱 블록 태그</title>
</head>
<body>
  <h4>코알라</h4>
  <p>코알라는 호주 동부에 서식하는 캥거루목에 속하는 동물이다.
    <figure><img src="../../media/koala2.png" height="140">
      <figcaption>코알라 모습</figcaption>
    </figure></p>
  <p>생활사 등 여러 면에서는 나무늘보와 가깝다.</p>
  <hr>
  <details>
```

```
    <summary>나무늘보</summary>
    <p>한국어로 나무와 느림보의 합성어가 너무 잘 어울리는 동물.</p>
  </details>
</body>
</html>
```

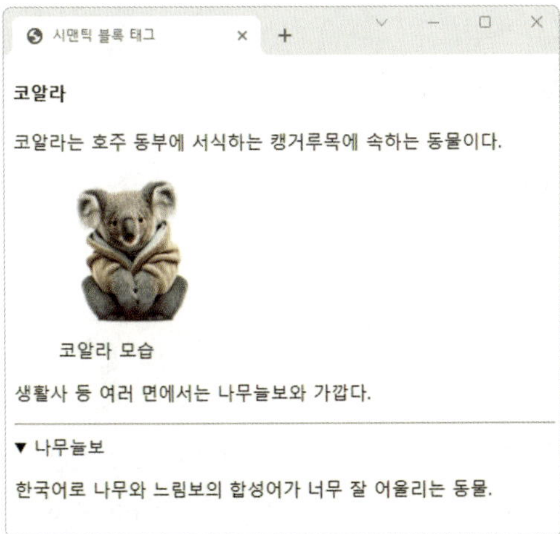

<details> </details> 태그의 경우 평소에는 삼각형(▶) 옆에 <summary>나무늘보</summary>로 감싼 '나무늘보'만 보인다. 삼각형을 누르면 모양이 아래 삼각형(▼)으로 바뀌고, '한국어로 나무와 느림보의 합성어가 너무 잘 어울리는 동물.'이라는 본문 내용이 나타난다. <details> 태그도 블록 형태로 처리되는 시맨틱 태그이다.

■ 시맨틱 인라인 태그

일반적인 문자처럼 취급되는 시맨틱 인라인 태그semantic inline tag로는 앞에서 배운 인용구 관련 태그인 <cite> 외에 글씨를 형광펜으로 강조하는 <mark>나 글씨를 굵게 만드는 <strong>, 기울어진 문자를 만드는 <em>이 있다.

앞서 2장에서 굵은 글씨는 <b>와 <strong>, 기울인 글씨는 <i>와 <em>으로 만들 수 있다고 소개했을 뿐 두 태그의 차이점은 설명하지 않았다. 단순히 굵은 글씨를 만드는 <b> 태그와 달리 <strong> 태그는 중요한 내용을 강조하는 의미를 포함하는 시맨틱 태그이다. 마찬가지로 단순히 기울인 글씨를 만드는 <i> 태그와 달리 <em> 태그는 중요한 내용을 강조하는 의미를 포함한다. <em>은 강조를 의미하는 'emphasis'의 약자이다.

TIP HTML의 역사에서 초기에는 인용구, 강조, 중요한 내용을 표시할 때 <b>와 <i>만 사용했다. 이후에 <strong>, <em>, <mark>, <cite>와 같은 시맨틱 태그가 추가되어 문자의 의미까지 표시할 수 있게 되었다.

루비 첨자를 만드는 <ruby> </ruby> 태그도 시맨틱 인라인 태그이다. <ruby> 태그로 감싼 문자 바로 위에 첨자 형태로 나타나며, 첨자에 사용될 내용은 'ruby text'의 약자인 <rt> </rt>를 사용한다. 시간을 나타내는 시맨틱 인라인 태그는 <time> </time>이며, 값을 막대 형식으로 표시하는 시맨틱 인라인 태그는 <meter> </meter>이다. <meter>와 유사하게 생겨서 작업의 진행 정도를 표시하는 <progress> </progress> 태그도 있다.

표 3-5 시맨틱 인라인 태그

시맨틱 인라인 태그	내용
<ruby>	루비 첨자를 만드는 태그 첨자 내용은 <rt> </rt>에 작성
<time>	시간을 표시하는 태그
<meter>	값을 막대 형태로 표시하는 태그
<progress>	작업의 진행 정도를 표시하는 태그

[예제 3-7]은 시맨틱 인라인 태그를 사용한 웹 페이지이다. <ruby> </ruby>에서 주의할 점은 띄어쓰기가 각 첨자의 위치를 결정한다는 것이다. <ruby> </ruby>의 첫 번째 단어 '시맨틱' 위에는 <rt> </rt>의 첫 번째 단어인 'semantic'이 나타난다. 마찬가지로 두 번째 단어 '인라인' 위에는 <rt> </rt>의 두 번째 단어인 'inline'이 나타난다.

예제 3-7 시맨틱 인라인 태그 ex3-7.html

```
<!DOCTYPE html>
<html>
<head>
  <meta charset="UTF-8">
  <title>시맨틱 인라인 태그</title>
</head>
<body>
  <p><mark>문서 내의 강조는 &lt;mark&gt;</mark></p>
  <p><ruby>시맨틱 인라인 태그<rt>semantic inline tag</rt></ruby></p>
  <p>새날이 밝아오기 1분 전 <time>23:59</time></p>
  <p>전체 10문제 중 7개 맞힘 <meter value="7" max="10"></meter></p>
  <p>파일 업로드(30%) <progress value="0.3" max="1"></progress></p>
</body>
</html>
```

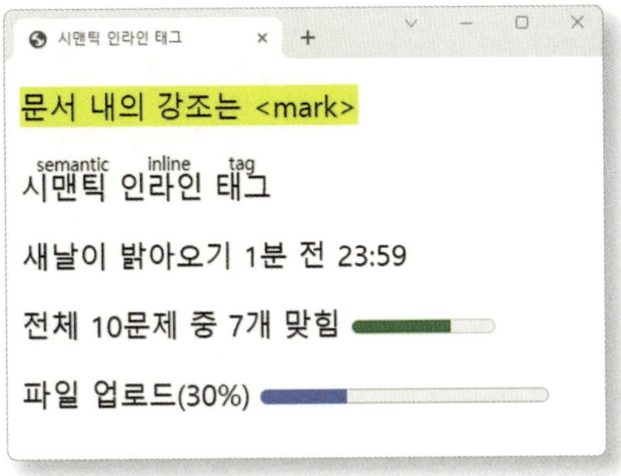

<time> </time> 태그는 그 안에 들어 있는 '23:59'가 시간임을 나타내는 시맨틱 태그이다. <meter> </meter> 태그는 값을 표시하는데, 최댓값을 10(max="10")으로 할 때 7(value="7")을 녹색 막대로 보여준다. <meter>와 유사하게 <progress> </progress>도 전체 1(max="1")에 대하여 현재 진도 30%(value="0.3")를 파란색 막대로 보여준다.

3 태그 관련 이야기

지금까지 설명한 태그들과 비교하여 중요도는 덜 하지만 알아두면 유용한 태그를 소개한다.

1. <main> 태그

앞서 문서 구조화를 설명하면서 장을 의미하는 시맨틱 태그가 <section>이라고 설명했다. <section>보다 더 큰 영역을 의미하는 시맨틱 태그가 <main> </main>이다. 다음 코드는 <main> </main> 태그의 사용 예이다.

```
<!DOCTYPE html>
<html>
<head>
</head>
<body>
  <header> </header>
  <nav> </nav>
  <main>
    <section id="chap-1">
      <article class="left"> </article>
      <article class="right"> <iframe name="upper-right"></iframe> </article>
    </section>
```

```
    <section id="chap-2">
      <article class="left"> </article>
      <article class="right"> <iframe name="down-right"></iframe> </article>
    </section>
  </main>
  <footer> </footer>
</body>
</html>
```

<main>은 <body>의 핵심 내용을 의미하는 시맨틱 태그이다. 따라서 <section>은 웹 페이지 안에 여러 번 나올 수 있지만 <main>은 하나만 존재한다. 또한 <main>에는 저작권 정보나 사이트 로고, 여러 문서에 걸쳐서 반복되는 내용을 포함할 수 없다. <main>은 HTML5 권고에 등록된 태그이지만 인터넷 익스플로러에서는 작동하지 않는다. 그래서 웹 페이지에서 <main> 태그를 사용하지 않기도 한다.

2. 윈도우 계층 구조

앵커 태그 속성 <a target="_parent">와 <a target="_top">의 차이점에 대하여 알아보자. miracle 웹 시스템에서 3장 1절의 링크인 '구조화된 문서 예제'를 누르면 [그림 3-4]와 같이 윈도우 계층 구조가 나타난다. 오른쪽 <iframe> 안에서 [ex3-5 코드]가 있는 윈도우를 기준(_self)으로 보면 전체 페이지가 부모 윈도우(_parent)이다. [ex3-5 코드]가 있는 윈도우 오른쪽의 더 작은 창은 자식 윈도우(in-right)가 된다.

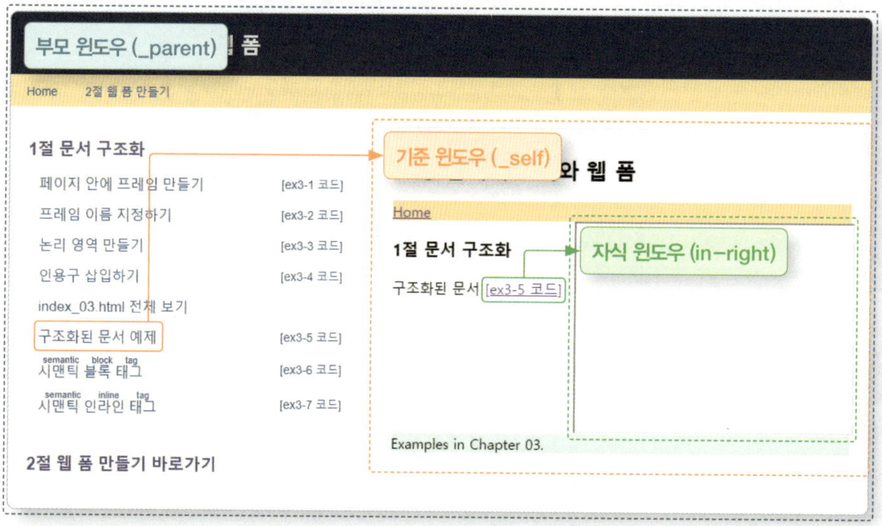

그림 3-4 **윈도우 계층 구조**

오른쪽 <iframe> 안의 [ex3-5 코드]는 앵커 태그 속성이 target="in-right"이기 때문에 하이퍼링크를 눌렀을 때 맨 오른쪽 자식 윈도우(in-right)에 내용이 표시된다. 만약 속성을 target="_self"로 변경하면 오른쪽 <iframe> 안의 기준 윈도우(_self)에서 기존의 내용은 사라지고 결과가 나타난다. 또한 속성을 target="_parent"로 변경하면 전체 페이지의 내용이 사라지고 결과가 나타난다.

만약 부모 윈도우보다도 상위 계층에 윈도우가 있었다면 target="_top"으로 해당 윈도우를 지정할 수도 있다. 그러나 출력 결과에서 볼 수 있듯이 target="_parent"나 target="_top"을 사용하면 잘 만들어 놓은 웹 페이지 구조가 사라져버리니 신중해야 한다.

표 3-6 윈도우 계층 구조와 출력 결과

target 속성값	출력 결과
target="in-right"	맨 오른쪽 자식 윈도우(in-right)에 결과 표시 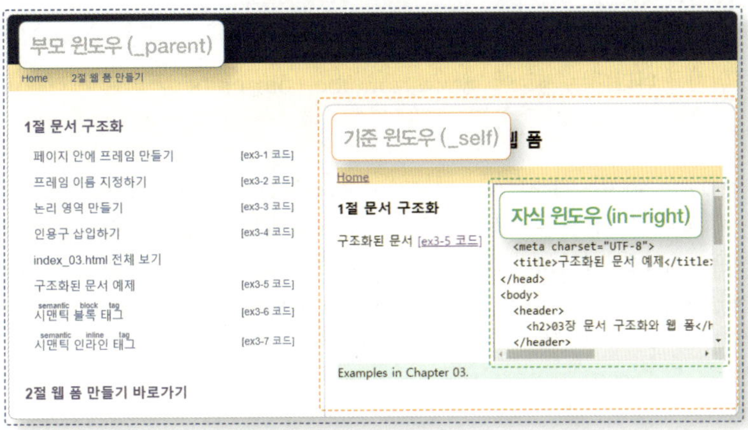
target="_self"	기준 윈도우(_self) 전체에 결과 표시 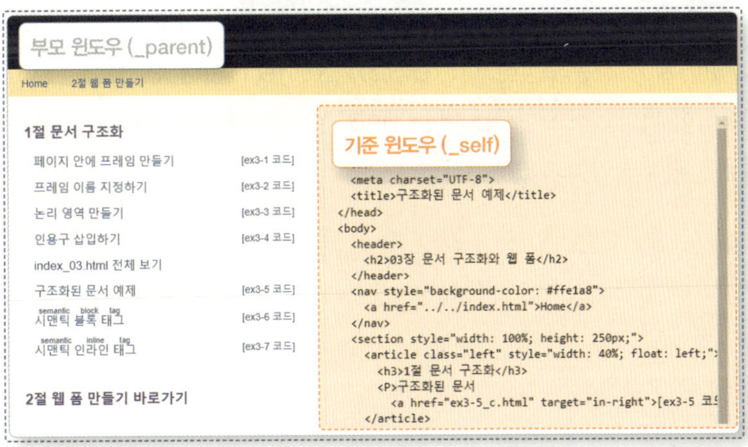

표 계속

<table>
<tr>
<td>target="_parent"</td>
<td>부모 윈도우(_parent)에 결과 표시
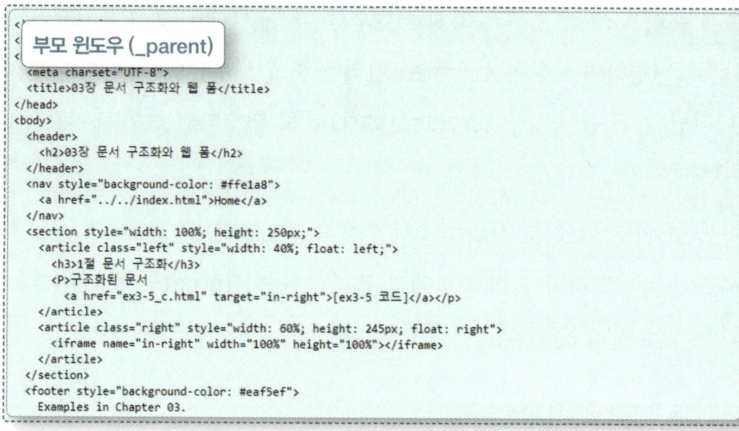

</td>
</tr>
</table>

3. 플러그인 포함 태그 <object>와 <embed>

앞서 2장의 유튜브 비디오 연결에서 소스 코드를 복사한 결과는 다음과 같다. 여기서 유튜브 비디오 위치를 나타내는 경로에 'www.youtube.com/embed/'라는 폴더 이름이 있다.

```
<iframe width="300" height="205" src="https://www.youtube.com/embed/VsDtnTvgDB0"
title="매일 완판! 미국 베스트버거 어워드에서 1위를 3번이나 수상한 햄버거 끝판왕! 빵
부터 베이컨, 소스까지 모두 직접 만드는 수제버거 / Handmade Burger" frameborder="0"
allow="accelerometer; autoplay; clipboard-write; encrypted-media; gyroscope;
picture-in-picture; web-share" allowfullscreen></iframe>
```

과거의 HTML 표준은 비디오나 오디오를 지원하지 않았다. 당시에 비디오나 오디오를 웹 페이지에서 재생하려면 멀티미디어 재생을 제어하는 소프트웨어를 비디오나 오디오 파일과 함께 전송해야 했다. 이때 사용하던 태그가 <embed>와 <object>이다. HTML5는 <video>와 <audio> 태그를 사용하여 비디오와 오디오를 전송·제어할 수 있도록 했다. 따라서 <embed>와 <object> 태그의 사용은 점점 줄어들고 있다.

SECTION 02

웹 폼 만들기

1 입력 관련 주요 태그

웹 페이지에서 사용자 입력을 받는 구성요소를 웹 폼web form이라 부른다. 사용자 입력은 문자, 숫자, 색상, 파일, 시간 등 다양한 종류가 있다.

1. 입력 태그 <input>과 문자 입력

웹 폼 중 <input>은 문자를 입력받을 때 가장 자주 사용하는 단일 태그이다. <input> 태그의 type 속성을 변경하면 다양한 종류의 데이터를 입력받을 수 있다. 문자 데이터는 <input type="text">로 입력받는다. 주의할 것은 문자와 숫자를 같이 입력받을 수 없다는 점이다. '택시1'을 입력하면 1은 숫자가 아닌 문자로 인식한다. 따라서 1, 7, 3.5, −2.8과 같은 숫자를 입력받을 때는 따로 <input type="number">를 사용해야 한다. <input type="number"> 속성을 사용하면 문자를 입력받을 수 없다. 또한 11시 59분을 나타내는 '11:59'와 같은 데이터는 <input type="time">을 통해 입력받는다. 이와 같이 <input> 태그의 type 속성에 다양한 속성값을 입력할 수 있다. [표 3-7]은 type 속성값에 따라 입력할 수 있는 데이터의 종류이다.

표 3-7 <input> 태그의 type 속성값

속성값	내용
text	문자 한 줄 입력
password	패스워드 입력
button, submit, reset, image	단순 버튼, 제출 버튼, 리셋 버튼, 이미지 버튼
month, week, date, time	월, 주, 일, 시간 입력
datetime-local	로컬 날짜와 시간 입력
number, range	숫자 입력, 슬라이드 바를 통한 숫자 입력
radio	단수 선택 입력
checkbox	복수 선택 입력
color	색상 입력
file	파일 업로드
email, tel, url, search	이메일, 전화, URL, 검색어 입력

■ 텍스트와 패스워드 입력 <input>

<input> 태그의 기본 입력 속성은 type="text"이다. text와 유사한 속성값으로 password가 있다. type="password"를 입력하면 '•••••'와 같이 입력한 문자를 볼 수 없도록 처리한다. type 속성값이 text일 때와 password일 때 공통으로 사용할 수 있는 속성은 [표 3-8]과 같다.

표 3-8 <input>의 type 속성값이 text 혹은 password일 때 공통으로 사용하는 속성

속성과 속성값	내용
name="입력 요소 이름"	입력 요소 이름
maxlength="최대 입력 문자 수"	최대로 입력할 수 있는 문자 수
size="문자 창의 크기(문자 수)"	문자 창의 크기
value="초기 문자"	기본값
placeholder="안내 문자"	안내 문자

- **name="입력 요소 이름"**: 입력받은 문자를 서버에 전달할 때 사용하는 이름을 지정한다. 자세한 내용은 다음 절 '웹 폼 전달하기'에서 설명한다.
- **maxlength="최대 입력 문자 수"**: 입력하는 최대 문자 수를 제한할 때 사용한다. 최대 문자 수를 제한하지 않으면 상당히 많은 양의 문자를 입력받을 수 있다.
- **size="문자 창의 크기(문자 수)"**: 화면에 표시되는 문자 창의 크기를 지정한다. 문자 수로 문자 창의 크기를 지정할 수 있다.
- **value="초기 문자"**: 문자 창에 미리 입력해 놓는 값이다. 초기 문자를 지정하지 않으면 빈 창으로 나타난다.
- **placeholder="안내 문자"**: 어떤 값을 입력해야 하는지 사용자에게 안내하는 문자를 지정한다. value="HTML"로 지정하면 검은색으로 'HTML'이 나타나고, 새로운 값을 입력하려면 HTML을 지우고 입력해야 한다. placeholder="아이디"로 지정하면 회색으로 '아이디'가 나타난다. 사용자가 입력을 시작하면 안내 문자는 자동으로 지워진다.

■ 문자 여러 줄 입력 <textarea>

<input> 태그는 기본적으로 한 줄짜리 입력 창을 만든다. 여러 줄에 걸쳐 입력하는 창을 만들 때는 <textarea> </textarea> 태그를 사용한다. <input>은 단일 태그인 반면 <textarea> </textarea>는 쌍을 이루는 태그이다. <textarea> </textarea>에서 사용할 수 있는 속성과 속성값은 [표 3-9]와 같다.

표 3-9 <textarea> 태그의 속성과 속성값

속성과 속성값	내용
rows="창의 행 크기(문자 수)"	입력 창의 행 크기(세로 높이)
cols="창의 열 크기(문자 수)"	입력 창의 열 크기(가로 폭)
wrap="soft"	입력 내용 중 Enter 표시 방법
placeholder="안내 문자"	안내 문자

- **rows="창의 행 크기(문자 수)"**: 입력 창의 행 크기(세로 높이)를 문자 수로 지정한다.
- **cols="창의 열 크기(문자 수)"**: 입력 창의 열 크기(가로 폭)를 문자 수로 지정한다.
- **wrap="soft"**: 입력 내용에 Enter가 포함되었을 때 이를 표시하는 방법을 지정한다.
- **placeholder="안내 문자"**: 어떤 값을 입력해야 하는지 사용자에게 안내하는 문자를 지정한다.

[예제 3-8]은 문자 입력 태그로 만들어진 웹 페이지이다. 첫 번째 줄에서 단일 태그 **<input>**을 사용하여 간단한 문자 입력 창을 표시한다. 그 다음 입력 창은 **<input>** 속성을 사용하여 최대 입력 30자(**maxlength="30"**), 창의 크기는 30자(**size="30"**)로 만들었다. 입력 창에는 미리 입력한 값 'HTML'(**value="HTML"**)이 검은색 글씨로 나타난다. 사용자가 HTML이 아닌 다른 문자를 입력하려면 먼저 HTML을 지워야 한다.

세 번째 입력 창에는 회색으로 '아이디'(**placeholder="아이디"**)라는 글씨가 나타난다. 이 글씨는 안내 문구이므로 사용자가 입력을 시작하면 사라진다. 네 번째 입력 창도 입력 창에 회색으로 '비밀번호'(**placeholder="비밀번호"**)라는 글씨가 나타난다. 문자를 입력하면 '• • • • • •'와 같이 문자를 볼 수 없도록 처리된다는 점이 세 번째 입력 창과 다르다.

다섯 번째 입력 창은 다섯 줄짜리 문자 입력 창이 생성된다. **<textarea>문자</textarea>**로 감싼 문자는 입력 창 안에 미리 입력된 값으로 나타난다. 참고로 미리 입력된 값이 있으면 **placeholder** 속성은 무시된다. 다시 말해 **placeholder** 속성은 미리 입력된 값이 없을 때만 나타난다.

예제 3-8 문자 입력하기 ex3-8.html

```
<!DOCTYPE html>
<html>
<head>
  <meta charset="UTF-8">
  <title>문자 입력하기</title>
```

```
</head>
<body>
  <p><b>&lt;input&gt; 기본</b><br>
  <input></p>
  <p><b>type="text" + 추가속성</b><br>
  <input type="text" value="HTML"
    maxlength="30" size="30"></p>
  <p><b>type="text" & type="password"</b><br>
  <input type="text" placeholder="아이디"><br>
  <input type="password" placeholder="비밀번호"></p>
  <p><b>여러 줄 문자 입력: &lt;textarea&gt;</b><br>
  <textarea rows="5">문자</textarea></p>
</body>
</html>
```

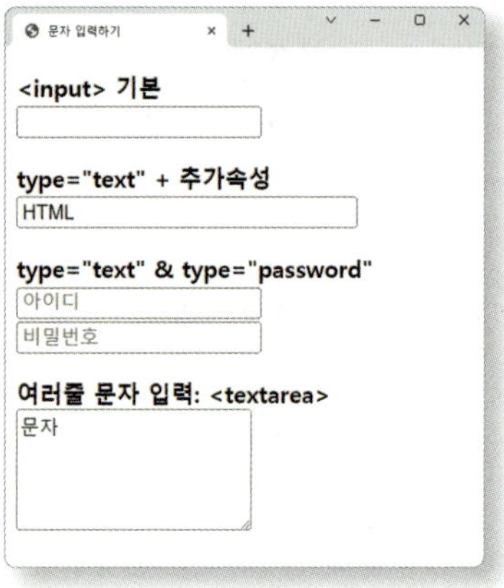

여기서 잠깐 **<textarea>의 wrap 속성**

<textarea> 속성 중 wrap은 입력된 문자를 서버로 보낼 때의 처리 방식을 다룬다. wrap="soft"는 입력된 문자를 서버로 제출할 때 줄 바꿈을 하지 않고 보낸다. 이 속성의 기본값은 wrap="soft"이다. wrap="hard"는 입력된 문자를 서버로 제출할 때 줄 바꿈을 한다. 다만 이때 cols 속성이 설정되어 있어야 한다.

2. 옵션이 있는 입력

입력과 관련된 태그로 <input>이나 <textarea> 이외에도 <datalist>, <select>, <button>가 있다. [표 3-10]은 입력 관련 태그를 정리한 것이다. 입력과 관련된 다양한 속성과 유사한 태그들을 종류별로 설명하였다.

표 3-10 옵션이 있는 입력 태그

태그	설명
<datalist>	입력 문자의 옵션 제공
<select>	리스트를 가진 콤보 박스
<button type="button">	단순 버튼(속성값 submit, reset은 제출 버튼, 리셋 버튼)

■ 옵션이 있는 문자 입력하기 <datalist>

앞서 배운 태그가 생성하는 입력 창에는 사용자가 자유롭게 값을 입력할 수 있다. 이런 경우 사람마다 사물을 표현하는 방식이 다르기 때문에 입력 창에 예상치 못한 값을 입력할 수 있다. 예를 들어 좋아하는 동물을 입력받는다고 가정하면 개, 고양이, 말, 코끼리와 같은 입력을 예상할 것이다. 그런데 개를 좋아하는 사용자가 강아지, 똥개, 치와와, 불독, 시고르자브종과 같은 단어를 입력할지도 모른다. 따라서 사용자가 예상치 못한 입력을 하는 것에 대비해야 한다.

그림 3-5 **입력 창에서 문자를 입력받을 때 주의할 점**

예상치 못한 입력에 대비하는 태그로 **<datalist> </datalist>**가 있다. 이것은 **입력 옵션을 제공하는 태그**이다. 이 태그에서 사용할 수 있는 옵션을 **<option> </option>** 태그로 지정한다. **<datalist> </datalist>** 태그의 사용법은 다음과 같다.

```
<input type="text" list="animal"> •······ list="animal"로 옵션 리스트
<datalist id="animal"> •······ id="animal"로 옵션 리스트 id 설정
  <option value="개"></option> •······ 옵션 1
  <option value="고양이"></option> •······ 옵션 2
</datalist>
```

<datalist id="animal"> </datalist> 태그 안에 **<option> </option>** 태그를 사용하여 옵션을 지정한다. **<option value="">**에 지정한 값이 옵션으로 나타나는데, 사용자는 이 옵션 중에서 하나를 선택할 수 있다. 여기에서는 개와 고양이가 옵션값이다. 웹 페이지 안에 옵션 리스트가 여러 개일 수 있기 때문에 **id="animal"**로 옵션 리스트의 **id** 속성을 지정한다. 앞서 전역속성 **class**와 **id**를 설명하면서 하나의 웹 페이지에서 **id**의 속성값이 유일해야 한다고 설명했다. 따라서 해당 옵션 리스트를 사용할 때 **<input list="animal">**로 지정한다.

[예제 3-9]에서 옵션이 있는 문자 입력 창을 생성하는 태그를 확인할 수 있다. 예제에는 **id="animal"**로 구분되는 **<datalist>**와 **id="place"**로 구분되는 **<datalist>** 2개가 있다. '키우고 싶은 동물은' 입력 창은 **<input type="text" list="animal">**로 생성되고, **id**가 **animal**인 리스트를 옵션으로 사용한다. 그리고 '키우고 싶은 장소는' 입력 창은 **<input type="text" list="place">**로 생성되고, **id**가 **place**인 리스트를 옵션으로 사용한다. 입력 창에 마우스를 가져가면 창의 오른쪽 끝에 삼각형(▼)이 나타나는데, 이것을 누르면 옵션으로 지정된 리스트가 나타난다.

예제 3-9 **옵션이 있는 문자 입력하기** ex3-9.html

```
<!DOCTYPE html>
<html>
<head>
  <meta charset="UTF-8">
  <title>옵션이 있는 문자 입력하기</title>
</head>
<body>
  <p>키우고 싶은 동물은</p>
  <input type="text" list="animal">
  <datalist id="animal">
    <option value="개"></option>
    <option value="고양이"></option>
    <option value="오리"></option>
    <option value="코알라"></option>
  </datalist>
  <p>키우고 싶은 장소는</p>
  <input type="text" list="place">
  <datalist id="place">
    <option value="내방"></option>
    <option value="거실"></option>
    <option value="안방"></option>
    <option value="마당"></option>
  </datalist>
</body>
</html>
```

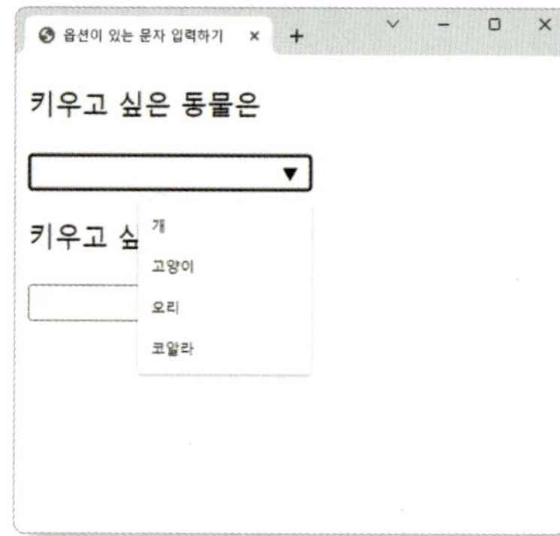

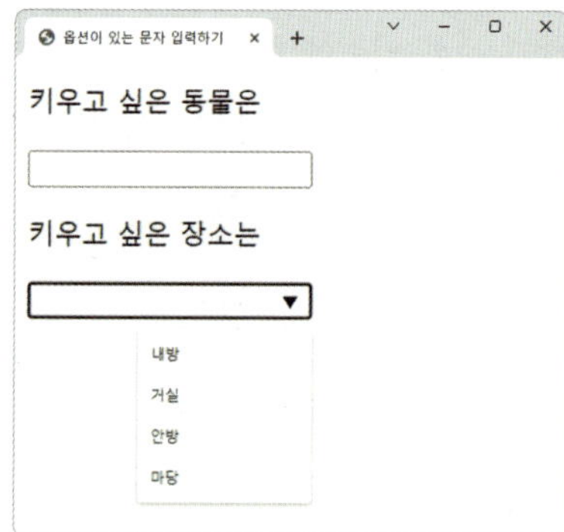

■ **선택 입력 <select>**

앞서 배운 <datalist> </datalist> 태그는 그저 옵션일 뿐이라서 사용자가 옵션을 무시하고 아무 값이나 입력할 수 있다. 이러한 문제를 해결하기 위해 정해진 값만 입력받는 태그가 있다. 드롭박스 형태로 나타나는 <select> </select> 태그는 <datalist> </datalist>와 유사하지만 정해진 값 이외에는 입력할 수 없다는 것이 다른 점이다. [예제 3-10]을 통해 <select> </select> 태그의 사용법을 알아본다.

예제 3-10 **드롭박스 입력하기** ex3-10.html

```
<!DOCTYPE html>
<html>
<head>
```

```
  <meta charset="UTF-8">
  <title>드롭박스 입력하기</title>
</head>
<body>
  <p>키우고 싶은 동물은</p>
  <select>
    <option value="dog">개</option>
    <option value="cat">고양이</option>
    <option value="duck">오리</option>
    <option value="koala">코알라</option>
  </select>
</body>
</html>
```

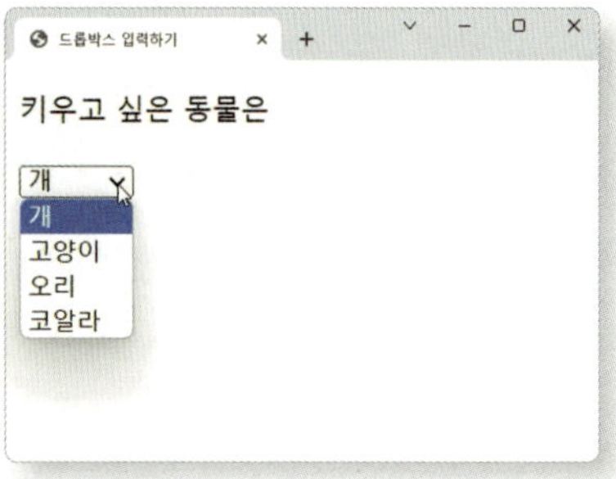

<datalist> </datalist>는 <input>과 함께 사용했지만, <select> </select> 태그는 단독으로 사용하여 값을 입력받는다. 즉, <select> </select>는 태그 안에 <option> </option>으로 지정된 값만 입력받을 수 있다. 또한 value 속성을 사용하면 화면에는 '개'로 표시되고, 서버에 전달할 때는 'dog'(value="dog")로 전달할 수 있다.

■ 선택 입력 radio와 checkbox

<input> 태그의 속성으로 type="radio" 또는 type="checkbox"를 사용하면 입력받는 값을 제한할 수 있다. 다음은 type="radio" 속성의 사용 예이다.

```
<input type="radio" name="ticket" value="1">서울대공원
<input type="radio" name="ticket" value="2">어린이대공원
<input type="radio" name="ticket" value="3" checked>에버랜드
```

여기에서는 name="ticket"이라는 이름을 가진 라디오 버튼을 만든다. 속성값 ticket이 같은 라디오 버튼에 속한 값임을 나타내고 있다. 선택할 수 있는 값은 3가지이다. 사용자가 '서울대공원'을 선택하면 서버에 1이 전달되고, '어린이대공원'을 선택하면 2가 전달되며, '에버랜드'를 선택하면 3이 전달된다. 사용자에게 라디오 버튼을 보여줄 때 아무것도 선택되지 않은 상태로 보여줄 수 있으며, checked 속성을 지정하여 미리 하나의 값을 선택한 상태로 보여줄 수도 있다.

<input> 태그의 속성 type="checkbox"도 type="radio"와 유사하다. 가장 큰 차이점은 type="radio"의 경우 제한된 값 중 하나만 선택(단일 선택)할 수 있고, type="checkbox"의 경우 여러

개를 선택(복수 선택)할 수 있다는 것이다.

[예제 3-11]은 type="radio"와 type="checkbox"의 사용법을 보여준다. name="ticket"으로 묶인 라디오 버튼(type="radio")은 서울대공원, 어린이대공원, 에버랜드 중 하나만 선택할 수 있다. 기본값으로 에버랜드가 선택되어 있다. name="prefer"로 묶인 체크박스(type="checkbox")에서는 판다, 하마, 라마 중 원하는 것을 선택할 수 있다. 하나를 선택할 수도 있고 모두 선택할 수도 있다.

예제 3-11 단일 선택과 복수 선택 입력하기 ex3-11.html

```
<!DOCTYPE html>
<html>
<head>
  <meta charset="UTF-8">
  <title>단일 선택과 복수 선택 입력하기</title>
</head>
<body>
  <p>원하는 동물원의 무료 입장권을 드립니다.(단일 선택)</p>
  <input type="radio" name="ticket" value="1">서울대공원
  <input type="radio" name="ticket" value="2">어린이대공원
  <input type="radio" name="ticket" value="3" checked>에버랜드
  <br><br><hr>
  <p>동물원에서 보고 싶은 동물을 고르세요.(복수 선택)</p>
  <input type="checkbox" name="prefer" value="1">판다
    <img src="../../media/panda2.png" height="120">
  <input type="checkbox" name="prefer" value="2">하마
    <img src="../../media/hippo.png" height="120">
  <input type="checkbox" name="prefer" value="3">라마
    <img src="../../media/lama2.png" height="120">
</body>
</html>
```

체크박스(type="checkbox")에 이미지를 삽입했지만, 출력 결과에서 이미지가 아닌 사각형 체크박스를 직접 눌러야만 선택된다. 이미지를 눌렀을 때도 체크박스를 활성화하도록 만들 수 있는데, 그 방법은 이 장의 마지막에 설명한다.

3. 입력 태그 <input>과 문자 외 데이터 입력

앞서 [표 3-7]에서 <input> 태그의 type 속성값에 따라 입력받는 데이터의 종류가 다르다고 했다. 이번에는 <input> 태그를 사용하여 문자가 아닌 여러 가지 다른 데이터를 입력받는 방법을 알아보자.

▪ 숫자를 입력받는 속성값 number

1, 2, 3은 숫자이지만 고양이1, 고양이2, 고양이3에서 1, 2, 3은 문자이다. 문자와 섞여 있지 않은 숫자 그 자체의 데이터가 숫자이다. 자바스크립트를 포함한 대부분의 프로그래밍 언어에서는 문자와 숫자를 구분하여 입력받는다. HTML에서도 숫자는 <input type="number">를 사용하여 입력받는다. type="number" 속성의 사용법은 다음과 같다.

```
<input type="number" min="0" max="10" step="1">
```

type="number" 속성 다음에 오는 옵션 min은 최솟값, max는 최댓값을 의미한다. step은 증가하거나 감소하는 단위이다. 위의 태그를 실행하면 0에서 10까지 1씩 증가하는 숫자 입력 창이 나타난다.

▪ 슬라이드 바로 숫자를 입력받는 속성값 range

숫자를 입력받는 type="range" 속성도 있다. type="range" 속성을 사용하면 슬라이드 바 형태의 입력 창이 나타난다. type="range" 속성의 옵션은 다음과 같으며 type="number" 속성과 유사하다.

```
<input type="range" min="0" max="100" value="80" step="10">
```

앞서 type="text"와 마찬가지로 type="number"와 type="range" 속성에서도 value 속성을 사용하면 미리 정해진 값을 입력할 수 있다. [예제 3-12]의 첫 번째 입력 창은 처음에 빈 창으로 나타난다. 마우스 커서를 창으로 가져가면 숫자를 증가시키거나 감소시킬 수 있는 작은 버튼(<input type="number">)이 나타난다. 버튼을 눌러 원하는 값을 입력할 수 있는데, 값이 0에서

(min="0") 10까지(max="10") 1씩 증가(step="1")한다. 또는 키보드를 이용하여 숫자를 직접 입력할 수도 있다. 두 번째 입력 창에는 파란색의 슬라이드 바(<input type="range">)가 나타나며, 기본값은 80(value="80")이다. 슬라이드 바는 10씩 증가하거나 감소(step="10")한다.

예제 3-12 **숫자 입력하기** ex3-12.html

```
<!DOCTYPE html>
<html>
<head>
  <meta charset="UTF-8">
  <title>숫자 입력하기</title>
</head>
<body>
  <p>키우고 싶은 고양이는 몇 마리?</p>
  고양이 <input type="number" min="0" max="10" step="1"> 마리 키우고 싶어요.
  <br><br>
  <p>고양이가 한 번에 먹는 사료량은 몇 g?</p>
  <input type="range" min="0" max="100" value="80" step="10">
</body>
</html>
```

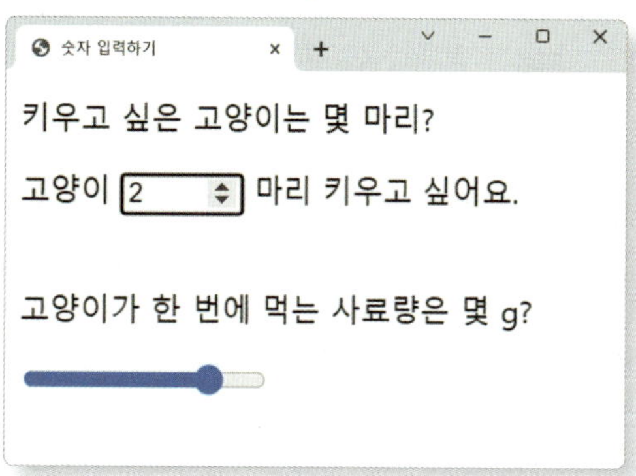

TIP <input type="range">에서 변하는 값을 실시간으로 출력할 때는 자바스크립트를 사용한다.

■ 버튼 속성값 button과 버튼 태그 <button>

HTML에서는 다양한 종류의 버튼을 만드는 태그를 지원하며, 기본 버튼은 <input type="button">의 형태이다. 하지만 버튼을 <button type="button"> </button> 태그를 이용하여 만들 수도 있다. 다음은 버튼 태그의 기본적인 사용법이다.

```
<input type="button" value="in_tag">
<button type="button">bu_tag</button>
```

버튼 위에 표시되는 문자는 value="in_tag"로 지정한다. <button type="button"> </button>은 태그로 감싼 문자 bu_tag를 버튼 위에 표시한다.

type="button"은 어떤 형태의 이벤트도 발생시키지 않는 순수한 형태의 버튼이다. 이벤트가 무엇인지에 대해서는 조금 뒤에 설명한다. 버튼을 눌렀을 때 데이터를 전송하는 이벤트를 발생시키려면 속성 type="submit"을 사용한다. 입력한 내용을 지우고 새로 시작하려면 속성 type="reset"을 사용한다.

<input type="image">도 버튼인데, 일반적인 버튼 이미지 대신 src 속성으로 지정한 버튼 이미지를 사용한다.

[예제 3-13]에서는 다양한 버튼을 만든다. 위에서부터 <input type="button">과 <button type="button"> </button>으로, <input type="submit">과 <button type="submit"> </button>으로, <input type="reset">과 <button type="reset"> </button>으로 각각 2개씩의 버튼을 만든다. 버튼을 만드는 태그는 왼쪽과 오른쪽이 다르지만 출력 결과는 동일하다.

<input type="image">로 이미지 버튼을 만들 때 src 속성값으로 이미지 파일 위치를 지정한다. 반면 <button> </button>으로 이미지 버튼을 만들 때 <img> 태그를 따로 사용한다. 결과 또한 <button> </button>은 회색 상자가 나타나는 점이 다르다.

예제 3-13 다양한 버튼 만들기 ex3-13.html

```
<!DOCTYPE html>
<html>
<head>
  <meta charset="UTF-8">
  <title>다양한 버튼 만들기</title>
</head>
<body>
  <p>단순 버튼: <input type="button" value="in_tag">
  <button type="button">bu_tag</button><br></p>
  <p>제출 버튼: <input type="submit" value="in_submit">
  <button type="submit">bu_submit</button><br></p>
  <p>리셋 버튼: <input type="reset" value="in_reset">
```

```
    <button type="reset">bu_reset</button><br></p>
    <p>이미지 버튼: <input type="image" src="../../media/button1.png">
    <button type="button"><img src="../../media/button1.png"></button></p>
  </body>
  </html>
```

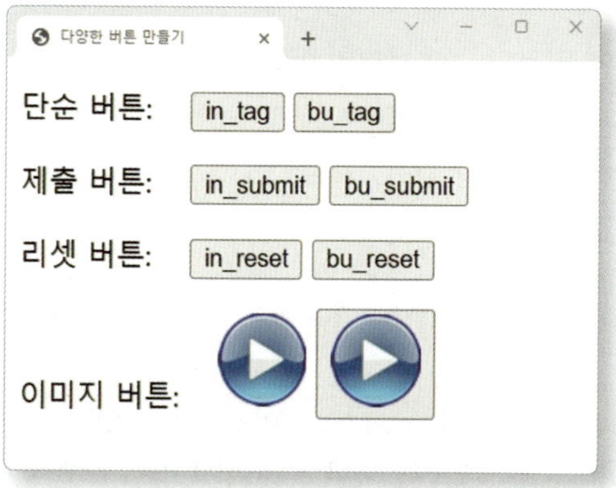

출력 결과를 보면 단순 버튼, 제출 버튼, 리셋 버튼이 있지만, 버튼을 눌러도 아무런 변화가 없어 세 가지 버튼의 차이점을 알 수 없다. 버튼의 변화를 확인하는 방법은 다음 절의 '웹 폼 전달하기'에서 설명한다.

■ **날짜와 시간 입력하기**

<input> 태그는 날짜와 시간 입력을 지원한다. 연, 월, 일 입력값의 구분은 하이픈(-)이며 시간, 분 초의 구분은 콜론(:)이다. 예를 들어 '연-월'을 입력받는 `type="month"` 속성에서 2024년 3월은 '2024-03'으로 입력한다. 그 해 몇 번째 주인지 입력받는 `type="week"` 속성은 '연-w몇 번째 주'로 입력한다. 예를 들어 2024년 15번째 주는 '2024-w15'로 입력한다. 연-월-일을 입력받는 `type="date"` 속성에서 2024년 3월 2일은 '2024-03-02'로 입력한다. `type="datetime-local"`은 사용자 컴퓨터의 로컬 시간을 입력받는다.

날짜와 시간을 동시에 입력할 때, 입력 형식은 '연-월-일T시간:분:초'이며 T를 기준으로 앞쪽은 연-월-일, 뒤쪽은 시간:분:초이다. 따라서 2024년 3월 2일 18시 30분 12초는 '2024-03-02T18:30:12'로 입력한다. 또한 `type="time"`은 시간:분:초를 입력받는다. 18시 30분 25초는 '18:30:25'로 입력한다. 시간과 관련된 입력에서 최솟값은 `min` 속성, 최댓값은 `max` 속성을 사용한다. 또한 미리 특정한 값을 지정할 때는 `value` 속성을 사용한다.

표 3-11 <input> 태그의 시간 관련 속성

속성	입력 형식	입력값 예시
type="month"	연-월	2024-03
type="week"	연-w몇 번째 주	2024-w15
type="date"	연-월-일	2024-03-02
type="datetime-local"	연-월-일T시간:분:초	2024-03-02T18:30:12
type="time"	시간:분:초	18:30:25
min	최솟값 지정	
max	최댓값 지정	
value	값 지정	

[예제 3-14]는 시간 관련 속성에 값을 입력한 결과이다. 각 날짜 입력 창 옆의 달력 모양 아이콘을 누르면 입력 창이 나타난다. 또한 날짜 혹은 시간 입력 창을 누르고 직접 입력해도 된다. 시간 입력 창을 누르면 숫자가 파란색으로 변하는데, 직접 입력하거나 위아래 화살표를 눌러 숫자를 변경하면 된다. 참고로 시간 관련 입력 화면은 브라우저에 따라 모양이 다를 수 있다.

예제 3-14 날짜와 시간 입력하기 ex3-14.html

```
<!DOCTYPE html>
<html>
<head>
  <meta charset="UTF-8">
  <title>날짜와 시간 입력하기</title>
</head>
<body>
  <p><input type="month" value="2024-03"></p>
  <p><input type="week" value="2024-w15"></p>
  <p><input type="date" value="2024-03-02"></p>
  <p><input type="datetime-local"></p>
  <p><input type="time" value="19:00:00" min="17:00:00" max="24:00:00"></p>
</body>
</html>
```

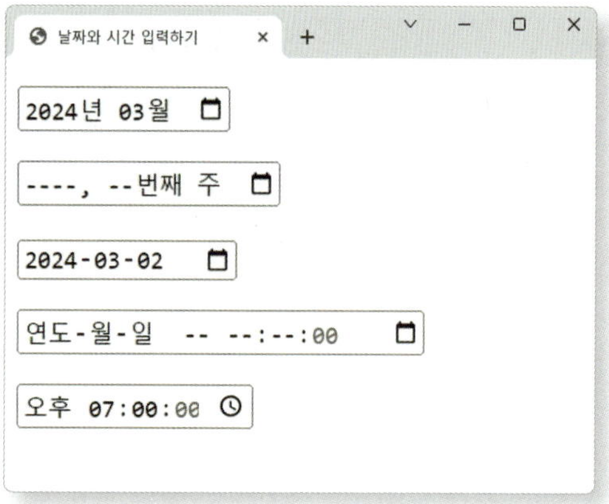

[날짜와 시간 입력]

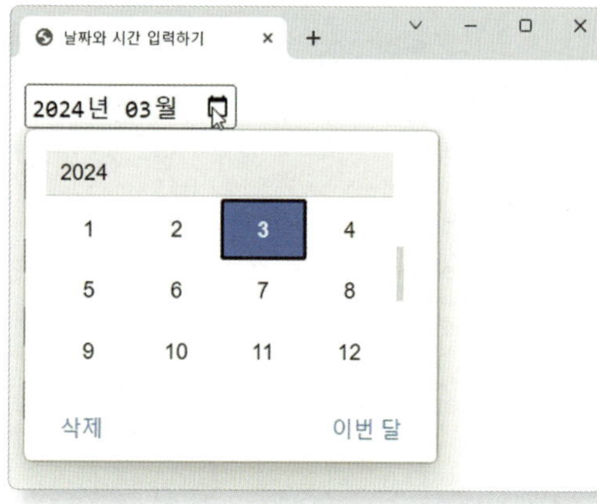

[날짜(월) 입력 창 : type="month"]

[날짜(주) 입력 창 : type="week"]

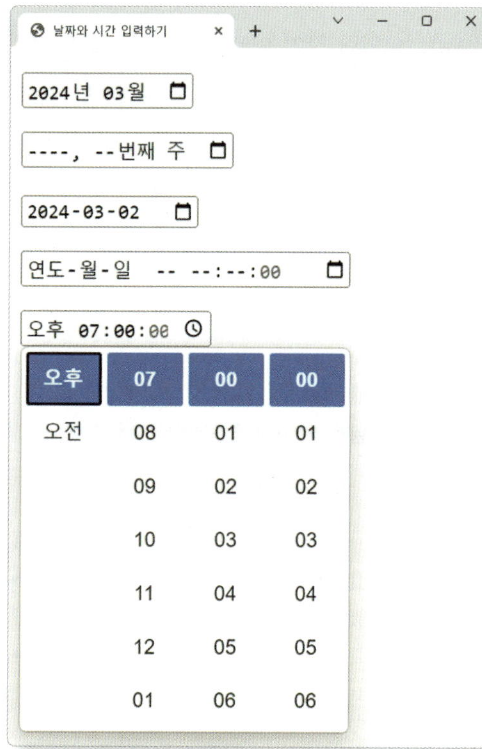

[시간 입력 창 : type="time"]

■ 파일 업로드

<input>에서 파일을 업로드하는 속성은 type="file"이다. type="file"을 사용하면 [파일 선택] 버튼이 생기고, 버튼을 누르면 윈도우 탐색기가 나타나 파일을 선택할 수 있다. 이때 모든 종류의 파일이 선택 창에 나타난다.

만약 이미지 파일만 탐색기 화면 창에 나타나게 하려면 accept 속성을 사용하면 된다. [표 3-12]는 <input type="file"> 태그에서 accept 속성의 사용법이다.

표 3-12 <input type="file"> 태그

태그	내용
`<input type="file" accept="image/*">`	모든 이미지 파일
`<input type="file" accept="image/png, image/jpeg">`	확장자가 PNG, JPEG인 파일
`<input type="file" accept=".hwp, .hwpx, application/msword">`	아래아한글 또는 MS워드 파일

- accept="image/*"에서 별표(*)는 '모두'를 의미한다. 따라서 웹 시스템이 지원하는 모든 형식의 이미지 파일을 나타내라는 의미이다. 만약 이미지 파일 중 PNG와 JPEG의 파일 형식만 나타내려면 accept="image/png, image/jpeg"이라고 쓴다. 파일 확장자를 여러 개 입력할 때는 확장자를 콤마(,)로 나열한다.
- 특정 미디어 타입의 파일만 입력받고 싶다면 해당 미디어 타입을 설정한다. 예를 들어 MS워드 파일만 지원하려면 accept="application/msword"라고 쓴다. 이 경우 확장자 .doc와 .docx의 파일을 선택할 수 있다.
- 웹이 지원하는 미디어 타입media type은 매우 많다. iana 웹사이트(https://www.iana.org/assignments/media-types/media-types.xhtml)를 방문하여 웹이 지원하는 미디어 타입 목록을 확인하기 바란다.
- 아래아한글은 우리나라에서 많이 사용하는 워드프로세서이지만, 외국에서는 사용하지 않아 웹이 지원하지 않는 미디어 타입이다. 이런 경우에는 아래아한글 파일의 확장자 .hwp와 .hwpx를 직접 설정해야 하므로 accept=".hwp, .hwpx"라고 쓴다. 만약 아래아한글과 MS워드의 문서 파일을 모두 입력받으려면 accept=".hwp, .hwpx, application/msword"라고 쓴다.

▪ 색상 입력

색상을 입력받고 싶으면 type="color" 속성을 사용한다. 이때 색상을 선택하는 창이 나타나는데, 10진수 RGB 값을 입력하여 색상을 선택할 수 있다.

[예제 3-15]는 파일을 업로드하고 색상을 입력받는 웹 페이지이다. 첫 번째 [파일 선택] 버튼을 누르면 PNG와 JPEG 형식의 이미지 파일(accept="image/png, image/jpeg")을 선택하는 탐색기 창이 나타난다. 파일 bear1.png를 선택하면 [파일 선택] 버튼 옆에 방금 선택한 파일 이름 bear1.png가 나타난다. 두 번째 [파일 선택] 버튼을 누르면 아래아한글 파일 또는 MS워드 파일

(accept=".hwp, .hwpx, application/msword")을 선택하는 창이 나타난다. 옆에 색상 버튼을 누르면 색상을 선택하는 창이 나타나는데, 창 하단에는 10진수 RGB 값을 입력하는 창도 있다.

예제 3-15 **파일 업로드와 색상 입력하기** ex3-15.html

```
<!DOCTYPE html>
<html>
<head>
  <meta charset="UTF-8">
  <title>파일 업로드와 색상 입력하기</title>
</head>
<body>
  <label>좋아하는 동물 이미지를 고르세요:<br>
    <input type="file" id="profile" accept="image/png, image/jpeg">
  </label><br><br>
  <label>선택한 동물을 설명하는 문서 파일을 업로드하세요:<br>
    <input type="file" id="word" accept=".hwp, hwpx, application/msword">
  </label><br><br>
  <label>선택한 동물과 어울리는 색상을 찾으세요: <input type="color" id="color">
  </label>
</body>
</html>
```

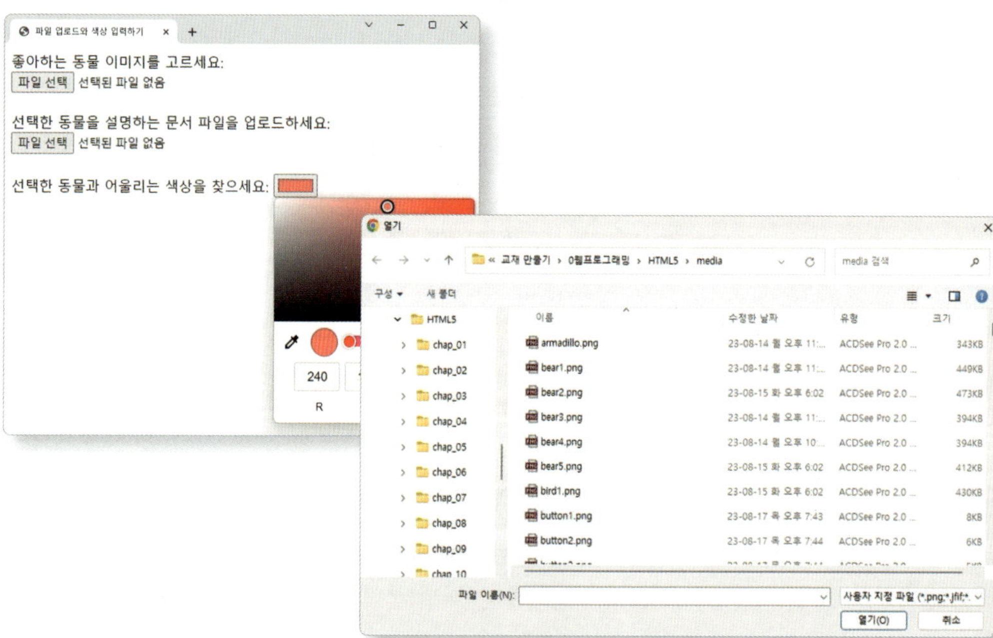

TIP [예제 3-15]에 나타난 <label> </label> 태그의 기능에 대해서는 이 장의 마지막에 설명한다.

2 웹 폼 전달하기

지금까지는 웹 페이지에서 버튼을 만들었으나 눌러도 아무 반응이 없어서 답답했을 것이다. 지금까지 설명한 여러 가지 입력 태그는 자바스크립트에서 입력을 받아 웹 페이지를 변경할 때 사용할 수 있는 수준이다. 예를 들어 사용자의 입력을 받아 그 문자를 움직이는 웹 페이지를 만들 때 입력 태그를 사용한다. 또한 입력 태그는 주로 서버에 있는 다른 응용 프로그램과 데이터를 주고받을 때 필요하다. 예를 들어 사이트에 로그인하기 위해 아이디와 패스워드를 입력할 때 입력한 데이터는 CGI로 전달된다. 그리고 CGI는 데이터베이스를 활용하여 입력한 아이디와 패스워드가 유효한지 확인한다. 유효한 사용자임이 확인되어야 웹사이트에 접근할 수 있다.

1. 웹 폼을 담는 상자 <form>

입력 태그를 자바스크립트와 연결하여 사용할 때는 특별히 제약사항이 없다. 반면 서버에 있는 응용 프로그램과 데이터를 주고받을 때는 데이터를 담을 상자가 필요하다. **웹 폼을 서버로 전달할 때 사용하는 태그인 <form> </form>은 택배 상자와 같다.** 택배 상자에는 택배를 받을 사람의 주소와 요금을 선불로 결제했는지 착불로 결제할지 등의 정보가 적혀 있다. 마찬가지로 웹 폼을 담는 상자에는 웹 폼을 처리할 서버 쪽 응용 프로그램의 URL과 웹 서버로 데이터를 전송하는 방법, 결과를 받는 방법 등이 설정되어야 한다. 따라서 지금까지 배운 웹 폼을 사용하여 입력된 데이터를 웹 서버에 있는 응용 프로그램으로 보낼 때 <form> </form> 태그로 감싸서 보낸다.

그림 3-6 <form> 태그의 필요성

<form> </form> 태그를 사용하는 형식은 다음과 같다. action 속성의 값으로는 웹 폼을 처리할 서버 쪽 응용 프로그램의 URL이 들어간다. method 속성은 웹 폼을 웹 서버로 전송하는 방법을 설정한다. 전송 방법의 차이점에 대해서는 뒤에서 설명한다.

```
<form action="server.php" method="post"> </form>
```

[표 3-13]은 <form> </form> 태그에 사용되는 속성이다. name 속성은 웹 폼의 이름을 나타내며, enctype은 데이터를 암호화하는 방식을 지정한다. 웹 브라우저 화면에 보여지는 것은 웹 페이지뿐이기 때문에 웹 폼을 전달받은 CGI가 결과로 돌려주는 것은 당연히 HTML이다. CGI로부터 받은 HTML을 현재의 창이 아닌 다른 창에 보여주려면 target 속성을 사용한다.

표 3-13 <form> 태그의 속성

속성	내용
name="웹 폼 이름"	웹 폼 이름
action="서버 응용 프로그램의 URL"	웹 폼을 처리할 서버 쪽 응용 프로그램의 URL
enctype="데이터 암호화 방식"	웹 폼의 데이터 암호화 방식
method="get" 혹은 "post"	웹 폼을 웹 서버로 전송하는 방법
target="윈도우 이름"	응용 프로그램으로부터 받은 데이터 출력 창

[예제 3-16]은 여러 웹 폼을 <form> </form>으로 감싸는 방법을 보여준다. 웹 폼에 입력된 데이터는 post라는 방식으로(method="post") server.php에 전달된다(action="server.php"). 또한 사용자로부터 입력받는 데이터는 사용자 아이디 문자 데이터(id="id")와 사용자 패스워드 문자 데이터(id="pwd")이다.

예제 3-16 웹 폼을 담는 상자 ex3-16.html

```
<!DOCTYPE html>
<html>
<head>
  <meta charset="UTF-8">
  <title>웹 폼을 담는 상자</title>
</head>
<body>
  <form action="server.php" method="post">
    아이디 <input type="text" id="id"><br>
    비밀번호 <input type="password" id="pwd">
    <br><input type="button" value="button">
    <br><input type="reset" value="reset">
    <br><input type="submit" value="submit">
  </form>
</body>
</html>
```

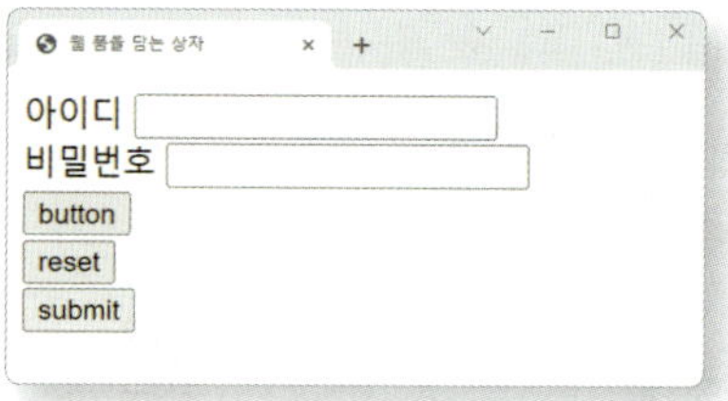

입력 창 밑에 나타나는 첫 번째 버튼을 누르면 아무런 변화가 없다. `<input type="button">`은 자바스크립트와 연동하여 사용하는 버튼이고, 현재 자바스크립트가 연동되지 않았기 때문에 아무런 반응이 없는 것이 당연하다. 두 번째 버튼(`type="reset"`)은 웹 폼의 데이터를 초기화한다. 따라서 웹 폼에 아무거나 입력하고 [reset] 버튼을 누르면 모든 데이터가 사라진다.

마지막 버튼(`type="submit"`)을 누르면 없는 페이지라는 문구가 나온다. 원래 서버의 server.php가 웹 폼을 받아 처리한 후 HTML 형태의 결과를 돌려주어야 하지만, 지금은 server.php가 없으므로 없는 페이지라고 표시된다. 이와 같이 `<input type="submit">`은 제출 이벤트, `<input type="reset">`은 다시 시작 이벤트가 발생하는 버튼이다.

TIP 속성을 지정하지 않은 `<button> </button>`은 기본값이 `<button type="submit">`이다. 따라서 제출용 버튼이 아닌 일반 버튼을 사용할 때는 `<button type="button">`을 지정해야 한다.

■ method 속성값 get과 post

웹 폼을 서버에 전달하는 방법으로 `get` 방식과 `post` 방식이 있다. 영어 단어 'get'은 가져간다는 뜻으로 간단하게 무언가를 집어가는 듯한 어감이다. 이와 비교하여 'post'는 우편이라는 뜻인데, 무언가를 보내기 위해 정성스럽게 포장하는 듯한 어감이다. `method="get"`과 `method="post"`의 동작도 이 어감과 정확히 일치한다.

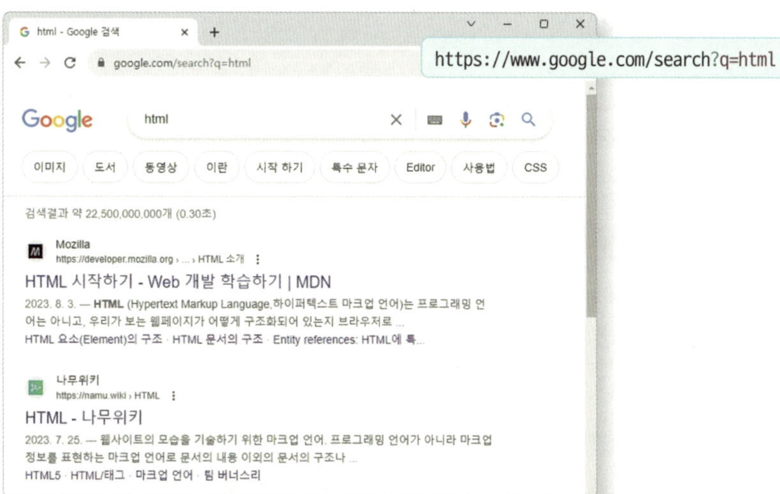

그림 3-7 method="get"으로 전송된 값이 URL에 나타남

입력한 데이터를 `method="get"` 방식으로 보낼 때 입력한 데이터를 URL 주소 뒤에 붙여서 보낸다. 구글에서 검색창에 'html'을 입력해보자. 그러면 [그림 3-7]과 같은 결과가 주소창에 나타난다. 검색할 때는 `method="get"` 방식으로 'html'이라는 글자가 서버로 전송되며, 전송되는 값은

search? 다음에 오는 q=html이다. 검색한 데이터를 굳이 정성스럽게 포장하여 보낼 필요가 없기 때문에 method="get" 방식으로 서버에 보낸다. method="get" 방식에서 데이터는 암호화되지 않으며, 보낼 수 있는 데이터의 최대 길이가 제한된다. 이렇게 간편하게 입력 데이터를 전달하는 방식이 method="get"이다.

그런데 만약 여러분의 아이디와 패스워드를 드러낸 채로 서버로 보낸다면 개인정보가 쉽게 노출될 것이다. 또한 큰 데이터를 보낼 때에는 method="get" 방식을 사용할 수 없다. 이럴 때 사용하는 방식이 method="post"이다. 이 방식에서 데이터는 외부에 노출되지 않도록 정성스럽게 담아서 서버로 전달된다.

표 3-14 get 방식과 post 방식 비교

method="get"	method="post"
URL 뒤에 붙여서 간단하게 전달	정성스럽게 담아서 전달
최대 전송 데이터에 제약이 있음	최대 전송 데이터에 제약이 거의 없음
검색어와 같이 간단한 데이터 전달에 사용	패스워드와 같이 중요한 데이터 전달에 사용

2. 입력 태그 <input>과 특수한 문자 데이터 입력

<input> 태그는 여러 가지 형식의 문자 입력을 지원한다고 앞에서 언급했다. [표 3-15]는 검색 입력 외에 <input> 태그가 지원하는 여러 가지 형식의 문자 입력 속성이다.

표 3-15 <input> 태그의 type 속성값

속성값	내용
search	탐색 입력(취소 버튼을 함께 표시)
url	URL 입력(URL 형식과 맞지 않을 때 경고 툴팁이 나타남)
email	이메일 주소 입력(이메일 형식과 맞지 않을 때 경고 툴팁이 나타남)
tel	전화번호 입력(전화번호 형식과 맞지 않을 때 경고 툴팁이 나타남)

type="search" 속성을 지정하면 검색할 단어를 입력할 수 있는 창이 표시된다. 일반적인 입력 창과의 차이점은 검색 창 옆에 취소 버튼이 함께 표시된다는 것이다. 취소 버튼을 눌러 입력한 내용을 쉽게 지울 수 있다. type="url"은 URL을 입력하는 창을 표시하고, type="email"은 이메일 주소를 입력하는 창을 표시하며, type="tel"은 전화번호를 입력하는 창을 표시한다. 세 가지 입력 창이 일반적인 문자 입력 창과 다른 점은 입력된 데이터가 정해진 형식에 맞지 않으면 경고 툴팁이 나타난다는 것이다. 예를 들어 type="email" 속성은 입력된 문자 중간에 @이 없으면 이메일 형식에 맞게 입력하라는 경고 툴팁이 나타난다.

[예제 3-17]은 <input> 태그의 다양한 type 속성을 사용하는 예제이다. type="search" 속성으로 만든 창에 'HTML'을 입력하면 취소 버튼이 나타난다. type="url", type="email", type="tel" 속성으로 만든 창에 형식에 맞지 않는 데이터를 입력하면 경고 툴팁이 나타난다.

예제 3-17 여러 형식 입력하기 ex3-17.html

```
<!DOCTYPE html>
<html>
<head>
  <meta charset="UTF-8">
  <title>여러 형식 입력하기</title>
</head>
<body>
  <form>
    <label for="search">search 필드 : </label>
    <input type="search" id="search"><br><br>
    <label for="url">url 필드 : </label>
    <input type="url" id="url"><br><br>
    <label for="mail">email 필드 : </label>
    <input type="email" id="mail"><br><br>
    <label for="tel">tel 필드 : </label>
    <input type="tel" id="tel">
  </form>
</body>
</html>
```

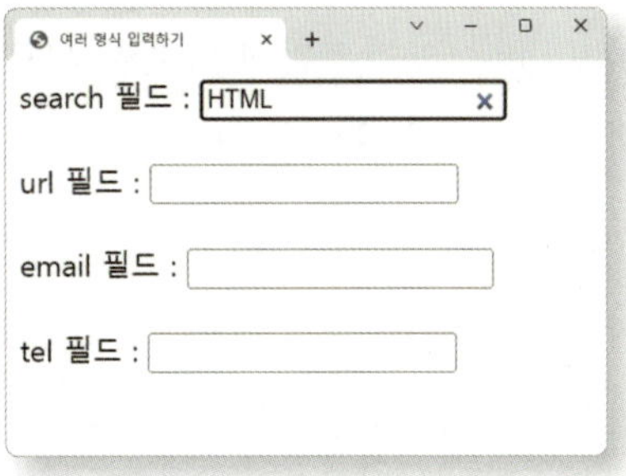

3. 라벨로 연결하기 <label>

관련 있는 요소나 태그를 하나의 라벨로 연결하는 태그가 <label> </label>이다. <label> </label> 태그의 사용법은 [표 3-16]과 같다.

표 3-16 <label> 태그

태그	내용
<label>아이디 <input type="text" id="id"></label>	<label> 태그 직접 사용
<label for="pwd">비밀번호 </label> <input type="password" id="pwd">	for="pwd"로 <label> 연결

<label> </label> 태그 안의 캡션이나 태그는 모두 하나로 연결된다. 첫 번째 줄의 '아이디'와 입력 창 <input type="text" id="id">는 하나로 연결된다. 이렇게 태그를 연결하면 변하는 것

이 있다. 출력 결과에서 '아이디'라는 문자를 클릭했을 때 옆에 있는 입력 창이 바로 활성화되어 입력할 수 있게 된다. <label> </label> 태그로 연결하지 않았을 때는 입력 창을 직접 클릭하지 않으면 입력할 수 없는 것과 비교된다.

<label> </label> 태그 바깥의 태그를 하나로 연결하고 싶다면 for 속성을 사용한다. 위의 예에서 '비밀번호'와 연결되는 <input type="password" id="pwd"> 태그는 <label for="pwd">로 연결된다. for 속성값에 id 값을 써주면 연결되고, 출력 결과에서 '비밀번호'를 누르면 창이 활성화된다는 것이 똑같다.

[예제 3-18]은 <label> </label> 태그를 사용하여 여러 요소나 태그를 하나로 묶는 예제이다. 아이디와 입력 창을 <label> </label> 태그로 묶으면 '아이디'를 클릭했을 때도 입력 창이 활성화된다. 비밀번호는 for="pwd"를 사용하여 아래쪽의 type="password" 입력 창과 연결하였고, 마찬가지로 '비밀번호' 텍스트를 클릭해도 입력 창이 활성화된다.

예제 3-18 라벨로 연결하기 ex3-18.html

```
<!DOCTYPE html>
<html>
<head>
  <meta charset="UTF-8">
  <title>라벨로 연결하기</title>
</head>
<body>
  <form action="server.php" method="post">
    <label>아이디 <input type="text" id="id"></label><br><br>
    <label for="pwd">비밀번호 </label><br>
    <input type="password" id="pwd">
    <input type="submit" value="login">
  </form>
  <br><hr>
  <p>보고 싶은 동물을 고르세요.(그림을 눌러도 선택됨)</p>
  <label><input type="checkbox" name="prefer" value="1">판다
    <img src="../../media/panda2.png" height="120"></label>
  <label><input type="checkbox" name="prefer" value="2">하마
    <img src="../../media/hippo.png" height="120"></label>
  <label><input type="checkbox" name="prefer" value="3">라마
    <img src="../../media/lama2.png" height="120"></label>
</body>
</html>
```

type="checkbox"와 <label> </label> 태그를 함께 사용하면 사용자의 입력이 편해진다. <label> </label> 태그를 사용하지 않을 때는 판다, 하마, 라마의 체크박스를 직접 눌러야만 선택된다. 반면 <label> </label> 태그를 사용하면 해당 이미지를 눌러도 항목이 선택되어 편리해진다.

TIP [예제 3-15]를 다시 실행하고 <label> </label> 태그가 잘 작동하는지 확인해보자. '좋아하는 동물 이미지를 고르세요'라는 문장을 클릭했을 때 어떤 일이 일어나는지 살펴보자.

미니 프로젝트 나만의 동물 이야기

이번 프로젝트의 주제는 '나만의 동물 이야기'이다. 키우고 싶은 동물, 현재 키우고 있는 동물, 인상에 남았던 동물 이야기를 해도 되고, 특정한 동물과 관련 있는 사실을 설명해도 된다. 이 책의 부록인 miracle 웹 시스템의 '3장 project' 폴더를 참고하자.

HTML5/media 폴더에 [그림 3-8]과 같은 동물 이미지가 있다. HTML5/chap_03/media 폴더가 아닌 이유는 4장과 5장의 과제에도 같은 이미지를 사용하기 때문이다.

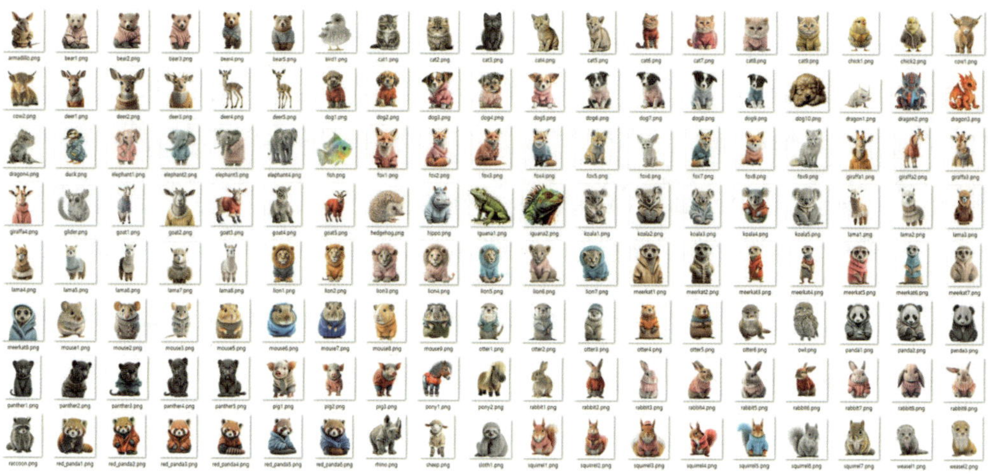

그림 3-8 **HTML5/media에 저장된 이미지**

모든 이미지는 배경이 없는 PNG 파일이며, 이미지의 높이는 640px로 맞추었다. 곰 이미지만 하더라도 5개가 있으며 개 이미지는 10개가 있다. 이렇게 여러 종류의 이미지를 준비했기 때문에 서로 다른 학생의 과제에 같은 이미지가 나타날 가능성은 거의 없다.

2장과 마찬가지로 학생과 강의자가 같은 구조의 폴더와 이미지를 가지고 있다. 따라서 강의자는 학생들이 제출한 HTML 파일을 project 폴더에 넣기만 하면 쉽게 과제를 확인할 수 있다.

제출하는 과제는 반드시 구조화된 문서여야 한다. 따라서 시맨틱 태그 `<header>`, `<section>`, `<article>`, `<footer>`를 포함하며, `<iframe>` 태그를 사용하여 프레임을 만들어야 한다.

준비 파일 **나만의 동물 이야기 기본 코드** 홍길동_20230808.html

```
<!DOCTYPE html>
<html>
<head>
  <meta charset="UTF-8">
  <!-- 자신이 만드는 웹 페이지의 제목을 넣으시오 -->
  <title>동물</title>
  <!-- 이름과 학번을 정확하게 쓰시오 -->
  <h3>Report 3장: 이름: 홍길동 학번: 20230808</h3>
  <hr>
</head>
<body>
  <!-- 이 이후부터 자신만의 동물 이야기를 만드시오 -->

</body>
</html>
```

3장의 project 폴더에는 홍길동_20230808.html 이외에 **<iframe>**에 사용할 홍길동_20230808_2.html과 홍길동_20230808_3.html 파일이 있다. 해당 파일의 이름을 자신의 이름과 학번으로 변경하여 과제를 작성한다. 그래야 다른 학생과 파일 이름이 겹치지 않는다. 따라서 과제로 제출할 파일은 최소 1개에서 최대 3개의 파일이다.

과제 **나만의 동물 이야기 웹 페이지 만들기**

❶ 동물에 대한 자유 주제로 웹 페이지를 만든다.
❷ HTML5/media 폴더에 있는 동물 이미지만 사용한다.
❸ 구조화된 문서여야 하며 <iframe>을 반드시 포함한다.
❹ 3장에서 배운 태그를 최대한 많이 사용하되, 배우지 않은 태그나 CSS는 사용할 수 없다.
❺ HTML5/chap_03/project 폴더의 홍길동_20230808.html, 홍길동_20230808_2.html, 홍길동_20230808_3.html을 사용한다.
❻ 파일 이름을 자신의 이름과 학번으로 변경하고, 웹 페이지 내의 이름과 학번도 변경한다.

요약

01 구조화된 문서란 시맨틱 태그를 사용하여 기계나 사람이 문서의 구조를 이해하도록 만든 것이다. 시맨틱 태그에는 <header>, <section>, <article>, <aside>, <nav>, <footer>가 있다.

02 대표적인 전역속성으로 같은 종류의 태그를 하나로 묶는 class 속성, 다른 태그와 구분하는 id 속성, 툴팁을 만드는 title 속성이 있다.

태그	의미	태그 종류
<iframe>	페이지 안에 프레임을 만드는 태그이며 src="경로 혹은 URL"로 위치를 지정	기능적 태그
<div>	논리적인 영역을 만들 때 사용하는 태그	기능적 태그
<span>	작은 논리적인 영역을 만드는 태그	기능적 태그
<blockquote>	블록 형태로 인용구를 표시하는 태그	시맨틱 블록 태그
<figure>	이미지 태그	시맨틱 블록 태그
<details>	상세 정보를 감추는 태그	시맨틱 블록 태그
<cite>	인라인 형태로 인용구를 표시하는 태그	시맨틱 인라인 태그
<ruby>	루비 첨자 태그이며 첨자는 <rt> </rt>로 입력	시맨틱 인라인 태그
<time>	시간을 표시하는 태그	시맨틱 인라인 태그
<meter>	값을 막대 형태로 표시하는 태그	시맨틱 인라인 태그

03 HTML에서 입력에 사용하는 단일 태그가 <input>이다. <input> 태그의 type 속성값으로 입력하는 데이터를 지정할 수 있다.

type 속성값	유사 속성값	설명
text		한 줄 문자 입력
password		패스워드 입력
button	submit, reset, image	단순 버튼, 제출 버튼, 리셋 버튼, 이미지 버튼
month	week, date, time, datetime-local	월, 주, 일, 시간, 사용자 컴퓨터의 로컬 시간을 입력
number	range	숫자 입력, 슬라이드 바 숫자 입력

radio		단수 선택 입력
checkbox		복수 선택 입력
color		색상 입력
file		파일 업로드
email	tel, url, search,	이메일, 전화, URL 검색어 입력

04 **<input>** 태그는 다양한 날짜와 시간 입력을 지원한다. 연, 월, 일 입력값의 구분은 하이픈(-)이며 시, 분, 초의 구분은 콜론(:)이다.

05 웹 폼의 데이터를 서버의 응용 프로그램과 주고받을 때 상자 역할을 하는 것이 **<form>** 태그이며, 데이터 전달 방법은 속성 **method="get"**과 **method="post"**로 지정한다.

태그	의미
<datalist>	입력 문자의 옵션을 <option> </option> 태그에 연결
<select>	리스트를 가진 콤보 박스
<button>	단순 버튼, 제출 버튼, 리셋 버튼
<textarea>	여러 줄 문자 입력
<form>	웹 폼을 담는 상자
<label>	관련 있는 요소나 태그를 하나의 라벨로 연결

연습 문제

01 다음 중 기능적 태그가 아닌 것을 고르시오.

① <div> ② <iframe>
③ <span> ④ <cite>

02 문단 여러 개를 묶어서 논리적인 영역을 만드는 태그를 찾으시오.

① <div> ② <iframe>
③ <p> ④ <cite>

03 <iframe> 태그의 속성 중 문서가 있는 경로를 지정하는 속성을 찾으시오.

① src ② name
③ href ④ srcdoc

04 <iframe> 태그의 속성 중 <iframe> 여러 개를 구분하는 속성을 찾으시오.

① src ② name
③ href ④ srcdoc

05 다음 중 인라인 형태의 인용구 태그를 찾으시오.

① <blockquote> ② <figure>
③ <cite> ④ <details>

06 다음 중 블록 형태의 인용구 태그를 찾으시오.

① <blockquote> ② <figure>
③ <cite> ④ <details>

07 다음 중 문서 구조화와 가장 거리가 먼 태그를 찾으시오.

① <header> ② <section>
③ <iframe> ④ <footer>

08 문서 구조화 태그 중 머리말에 사용하는 것을 찾으시오.

① <header> ② <section>
③ <article> ④ <head>

09 문서 구조화 태그 중 장(chapter)에 사용하는 것을 찾으시오.

① <header> ② <section>
③ <article> ④ <nav>

10 문서 구조화 태그 중 관련 기사나 관련 글과 같이 본문에서 약간 벗어난 글에 사용하는 것을 찾으시오.

① <aside> ② <footer>
③ <header> ④ <nav>

11 문서 구조화 태그 중 저작권 정보와 같은 내용을 포함한 바닥글에 사용하는 것을 찾으시오.

① <aside> ② <footer>
③ <header> ④ <nav>

12 전역속성이 아닌 속성을 찾으시오.

① class ② title
③ href ④ id

13 특정 태그를 다른 태그와 구별하는 전역속성을 찾으시오.

① class ② title
③ src ④ id

14 툴팁을 만드는 전역속성을 찾으시오.

① class　② title
③ src　④ id

15 상세 정보를 보이거나 감추는 시맨틱 블록 태그를 찾으시오.

① <blockquote>　② <figure>
③ <cite>　④ <details>

16 <details> 태그의 제목을 나타내는 태그를 찾으시오.

① <summary>　② <figcaption>
③ <header>　④ <section>

17 다음 중 시맨틱 인라인 태그가 아닌 것을 찾으시오.

① <b>　② <strong>
③ <em>　④ <mark>

18 다음 중 <rt> 태그와 관련 있는 시맨틱 인라인 태그를 찾으시오.

① <ruby>　② <progress>
③ <figure>　④ <meter>

19 다음 중 값을 막대 형태로 표시하는 시맨틱 인라인 태그를 찾으시오.

① <ruby>　② <details>
③ <figure>　④ <meter>

20 다음 태그 중 여러 줄로 문자를 입력받는 것을 찾으시오.

① <button>　② <input type="password">
③ <input type="radio">　④ <textarea>

21 다음 중 <input> 태그의 type="text"와 함께 사용하여 미리 입력된 문자를 표시하는 속성값을 찾으시오.

① placeholder　② maxlength
③ value　④ name

22 다음 태그 중 사용자가 입력 창에 데이터를 자유롭게 입력할 수 있는 것을 찾으시오.

① <select>　② <input type="checkbox">
③ <input type="radio">　④ <datalist>

23 다음 태그 중 옵션이 있는 문자 입력 태그를 찾으시오.

① <select>　② <input type="checkbox">
③ <input type="radio">　④ <datalist>

24 다음 태그 중 복수로 선택할 수 있는 것을 찾으시오.

① <button>　② <input type="checkbox">
③ <input type="radio">　④ <textarea>

25 버튼을 눌렀을 때 데이터 전송 이벤트가 발생하는 태그를 찾으시오.

① <input type="button">　② <input type="submit">
③ <input type="image">　④ <input type="reset">

26 다음 중 웹 폼을 담는 상자의 역할을 하는 태그를 찾으시오.

① <select>　② <form>
③ <details>　④ <label>

27 <form> 태그의 속성 중 응용 프로그램으로부터 받은 데이터를 어느 창에 출력할지 지정하는 속성을 찾으시오.

① method ② action

③ target ④ enctype

28 서로 관련 있는 요소나 태그를 하나로 연결하는 태그를 찾으시오.

① <select> ② <form>

③ <details> ④ <label>

29 <input> 태그에서 연, 월, 일 입력값을 구분하는 기호는 무엇인가?

① 콜론(:) ② 줄표(-)

③ 쉼표(,) ④ 별표(*)

30 <input> 태그에서 시, 분, 초 입력값을 구분하는 기호는 무엇인가?

① 콜론(:) ② 줄표(-)

③ 쉼표(,) ④ 별표(*)

31 다음 중 <input type="file"> 태그에서 선택 창에 나타날 파일 종류를 지정할 때 모든 형식의 파일을 의미하는 기호를 찾으시오.

① 콜론(:) ② 하이픈(-)

③ 콤마(,) ④ 별표(*)

32 <input type="file"> 태그에서 특정 파일만 선택 창에 나타나게 하려 한다. 다음 중 파일 확장자를 여러 개 나열할 때 사용하는 기호를 찾으시오.

① 콜론(:) ② 하이픈(-)

③ 콤마(,) ④ 별표(*)

33 다음 입력 태그 중 입력된 문자 중에 @이 없으면 툴팁이 나타나는 태그를 찾으시오.

① <input type="search">

② <input type="email">

③ <input type="url">

④ <input type="tel">

34 다음과 같은 결과가 나오도록 HTML 코드의 빈칸을 채우시오.

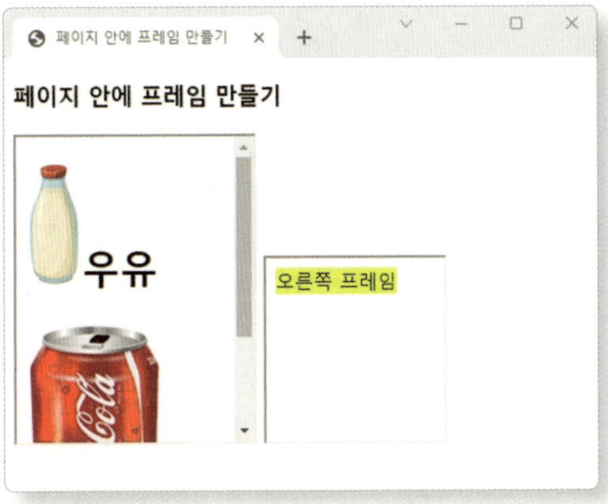


```
<!DOCTYPE html>
<html>
<head>
  <meta charset="UTF-8">
</head>
<body>
  <iframe src="../../chap_02/html/ex2-9.html" width="200" height="250">
    iframe을 지원하지 않습니다.</iframe>
  <iframe ____________________ width="150" height="200">
    </iframe>
</body>
</html>
```

35 다음 HTML에서 '네덜란드어 미어캣'이 붉은 글씨가 되도록 빈칸을 채우시오.

```
<!DOCTYPE html>
<html>
<head>
  <meta charset="UTF-8">
</head>
<body>
  <p>중세 유럽 탐험가들이 [          ] 네덜란드어 미어캣</span>
    으로 바꾸어 사용.</p>
</body>
</html>
```

36 다음 HTML 문서를 구조화된 문서로 변경하시오.

```
<!DOCTYPE html>
<html>
<head>
  <meta charset="UTF-8">
</head>
<body>
    <h2>03장 문서 구조화와 웹 폼</h2>
    <a href="../../index.html">Home</a>
    <h3>1절 문서 구조화</h3>
    <P>구조화된 문서 예제
      <a href="ex3-5.txt" target="in-right">[ex3-5 코드]</a></p>
    <iframe name="in-right" width="100%" height="100%"></iframe>
</body>
</html>
```

37 다음과 같이 구조화된 문서를 만들려 한다. 머리말과 바닥글에 해당하는 시멘틱 태그를 채우시오.

```
<!DOCTYPE html>
<html>
<head>
  <meta charset="UTF-8">
</head>
<body>
    [        ①        ]
    <h2>03장 문서 구조화와 웹 폼</h2>
    [        ②        ]
  <section style="width: 100%; height: 250px;">
    <article class="left" style="width: 40%; float: left;">
      <h3>1절 문서 구조화</h3>
      <P>구조화된 문서
        <a href="ex3-5.txt" target="in-right">[ex3-5 코드]</a></p>
    </article>
  </section>
    [        ③        ]
    Examples in Chapter 03.
    [        ④        ]
</body>
</html>
```

38 다음과 같이 출력되는 시맨틱 인라인 태그를 정확하게 쓰시오.

39 다음과 같은 좌우 프레임을 만들고 맥도날드와 버거킹 홈페이지가 나타나는 웹 페이지를 작성하시오. 창의 크기는 300×200px로 지정하고, URL은 https://mcdonalds.co.kr, https://www.burgerking.co.kr을 사용한다.

40 다음과 같이 5줄의 입력 창에 '문자'가 나타나 있는 웹 폼을 정확하게 작성하시오.

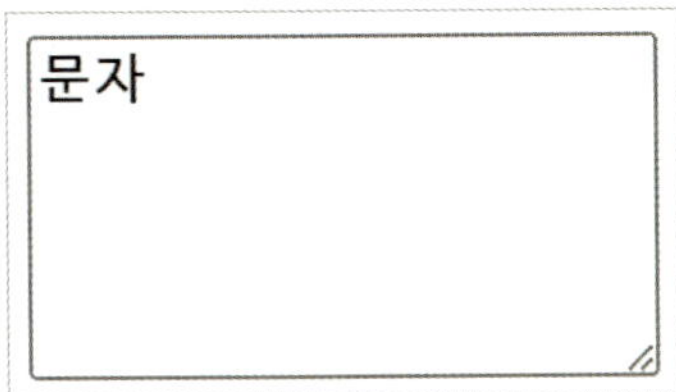

41 다음과 같은 모양이 되도록 웹 페이지를 작성하시오. 입력 창 왼쪽의 '아이디'나 '패스워드' 문자를 눌렀을 때도 입력 창이 활성화되도록 하시오.

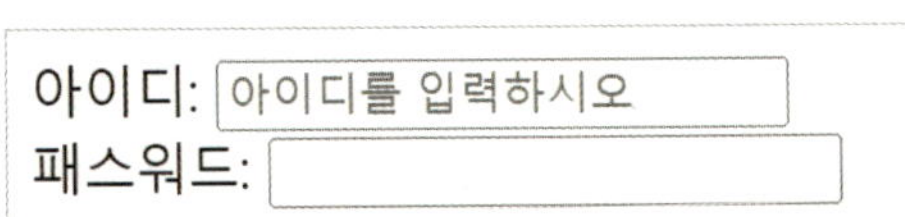

42 다음과 같은 모양이 되도록 웹 페이지를 작성하시오.

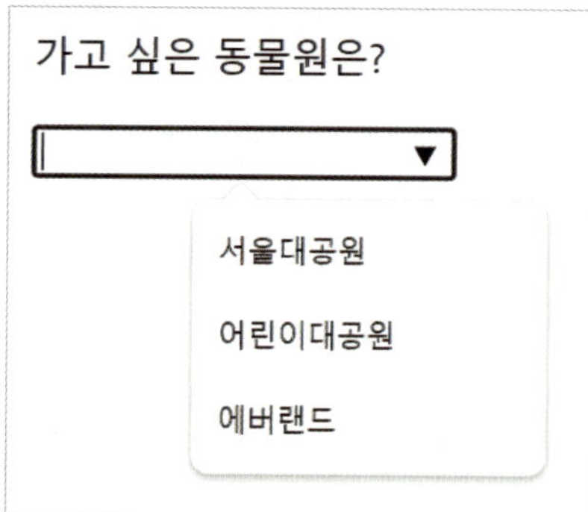

43 다음과 같은 숫자 입력 웹 폼을 정확히 작성하시오. 단 숫자 입력 창에 숫자는 최솟값 0, 최댓값 10, 1씩 증가해야 한다.

44 다음 <form> 태그 코드에서 빈칸을 채우시오. 서버 쪽 CGI 프로그램 이름은 server.php이며 데이터는 암호화하여 전달해야 한다.

```
<!DOCTYPE html>
<html>
<head>
  <meta charset="UTF-8">
</head>
<body>
[                                        ]
    아이디 <input type="text" id="id"><br>
    비밀번호 <input type="password" id="pwd">
    <br><input type="submit" value="submit">
  </form>
</body>
</html>
```

45 다음과 같이 나타나도록 날짜 입력 태그를 정확하게 작성하시오.

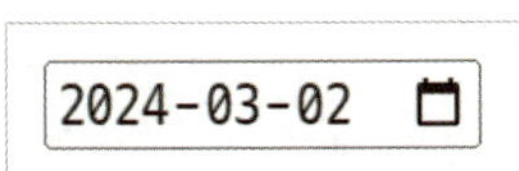

PART 02

CSS3

CONTENTS

CHAPTER 04

CSS3로 웹 페이지 꾸미기

학습 목표

- CSS의 역할을 이해하고 CSS를 작성하는 여러 가지 방법을 익힌다.
- CSS 선택자와 속성을 이용하여 원하는 대상에 스타일을 적용한다.
- HTML의 박스 모델을 이해하고 박스의 CSS 속성을 변경한다.

- CSS 이해하기
  - CSS의 역할
  - CSS 작성 방법
    - CSS의 구조
    - CSS 작성 위치
    - CSS 적용 규칙
  - 선택자 사용하기
- 기본적인 CSS 사용법
  - 단위와 배경 스타일
    - CSS의 크기 단위
    - 색상 표현 단위
    - 배경 스타일 지정하기
  - 폰트와 문자 스타일
    - 웹 브라우저 기본 폰트
    - 폰트 속성
    - 문자 속성
  - 박스 모델
    - 박스 모델의 구성
    - 패딩과 마진 스타일 지정하기
    - 테두리 스타일 지정하기

SECTION

01 CSS 이해하기

1 CSS의 역할

웹 초창기에는 HTML을 사용하여 웹 페이지의 내용을 작성할 때 배경 색상, 문자 색상, 문단 정렬, 표 꾸미기까지 한꺼번에 모두 해결했다. 웹 페이지가 점점 복잡해지면서 웹 페이지를 보다 쉽게 만들고 관리하는 방법이 필요해졌다. 현재는 웹 페이지의 기본 내용만 HTML로 작성하고 웹 브라우저 화면에 나타나는 다양한 표현은 CSS가 담당하도록 분리하여 작업하고 있다.

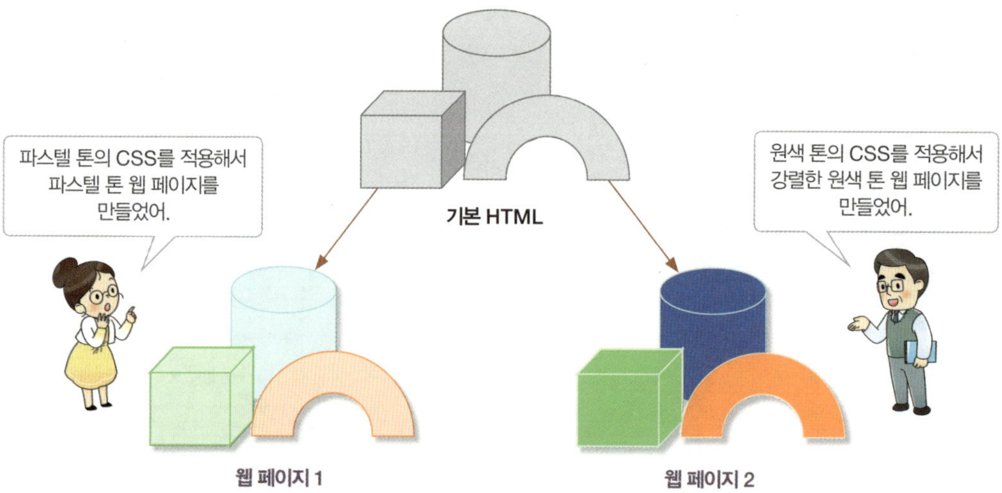

그림 4-1 **HTML과 CSS의 관계**

HTML을 사용하여 기본적인 웹 페이지 내용을 작성했다고 가정하자. 파스텔 톤으로 웹 페이지를 꾸미기 위해 파스텔 톤의 CSS를 적용했다. 이때 마음이 바뀌어 강렬한 원색으로 웹 페이지를 꾸미고자 한다면 CSS만 변경하면 된다. 이렇게 CSS만 바꾸어 적용하면 하나의 HTML을 수천 가지 스타일의 웹 페이지로 만들 수 있다.

회색 매트리스에 꽃무늬 침대보를 씌우면 예쁜 침대가 된다. 스타일시트stylesheet는 마치 침대보처럼 대상을 감싸서 스타일을 변경한다. 하지만 CSS는 HTML에 종속cascade되어 HTML 없이는 존재하지 못한다. 그래서 **HTML에 종속되어 스타일을 변경하는 시트라는 의미로 CSS**Cascading Style Sheets**라 부른다.** 또한 CSS의 최신 버전이 3이기 때문에 CSS3라 부른다. 이 책은 CSS3를 기준으로 만들어졌기 때문에 앞으로 이 책에서 CSS라고 하면 모두 CSS3를 의미한다.

▪ CSS 사용 예

앞서 HTML 태그를 배울 때 웹 페이지를 흰 바탕에 검은 글씨로만 만들 수 있어 답답했을 것이다. [예제 4-1]은 CSS를 사용하여 웹 페이지를 어떻게 바꿀 수 있는지 보여준다. 기본적으로 CSS는 <head> </head> 안의 <style> </style> 태그에 작성한다.

예제 4-1 **<style> 태그로 CSS 만들기** ex4-1.html

```
<!DOCTYPE html>
<html>
<head>
  <meta charset="UTF-8">
  <title>&lt;style&gt; 태그로 CSS 만들기</title>
  <style>
    /* CSS 스타일시트 */
    h2 {
      color: purple;
    }
    p {
      color: #209134;
      width: 300px;
    }
  </style>
</head>
<body>
  <h2>바나나</h2>
  <p><img src="../media/banana1.png" width="120"></p>
  <p>노란색의 아열대 과일</p>
  <p>지방이 없어 체중 조절에 좋음</p>
  <p>식이섬유가 풍부해 주식 대용으로 적당</p>
</body>
</html>
```

[예제 4-1]에서 <body> </body> 안에 사용한 태그는 제목 태그 <h2>와 문단 태그 <p>이다. <style> </style> 안에는 본문에 사용되는 h2와 p 태그에 대한 CSS를 정의한다. <style> </style> 태그 안의 h2 {}는 <h2> 태그를 위한 CSS이며, p {}는 <p> 태그를 위한 CSS이다.

h2 { color: purple; }이라 입력하면 문단 제목 h2의 문자 색(color)이 보라색으로 바뀐다. [예제 4-1]의 출력 결과를 보자. 문단 제목 바나나가 보라색으로 표시되었다. p { color: #209134; width: 300px; }로 입력하면 문단의 문자 색을 #209134로, 문단의 폭(width)을 300px로 표시한다. 이 CSS를 적용한 결과 문단의 문자 색이 검은색에서 녹색으로 변경되고 문단의 폭도 300px로 제한된다.

2 CSS 작성 방법

CSS의 일반적인 구조와 CSS를 작성할 수 있는 3가지 위치에 대해 알아보자.

1. CSS의 구조

CSS는 선택자, 속성, 속성값으로 이루어지며, 그 구조는 [그림 4-2]와 같다. 선택자selector란 CSS가 적용되는 대상이다. 그림에서 선택자 h2는 <h2> 태그에 대한 CSS를 의미한다. 선택자 다음에 중괄호({})를 사용하여 여러 속성을 하나로 묶는다.

그림 4-2 CSS의 구조

[그림 4-2]에서 h2 { color: purple; }은 h2 태그에 대하여 문자 색을 바꾸는 속성 color를 사용하여 보라색(purple)으로 바꾸는 CSS이다. 속성property은 CSS에서 사용하는 속성을 의미하는데, HTML 태그의 속성과 다른 개념이다. CSS 속성의 끝에는 콜론(:)을 붙인다. 속성값property value은 CSS 속성의 상태를 설명하는 값이고 속성값의 끝에는 세미콜론(;)을 붙인다. 따라서 CSS는 속성:속성값;과 같은 형태로 나타낸다.

표 4-1 CSS의 구성 요소

CSS의 구성 요소	내용
선택자	CSS 적용 대상 여러 개의 CSS 속성은 중괄호({})로 묶음
속성(property)	CSS에서 사용하는 속성 끝에는 콜론(:)을 붙임
속성값	속성의 상태를 설명하는 값 '속성:속성값' 끝에는 세미콜론(;)을 붙임

중괄호 안에는 속성을 1개 이상 작성할 수 있다. 중괄호 안에 CSS 속성을 여러 개 작성할 때는 다음과 같이 한 줄로 이어서 쓰는 것도 가능하다.

```
h2 { color: purple; }
p { color: #209134;  width: 300px; }
```

HTML에서 주석을 <!-- --> 안에 작성하는 것과 달리, CSS에서 주석은 /* */ 안에 작성한다. 속성을 중괄호({})로 감싸고, 끝에는 세미콜론(;)을 붙이며, 주석을 /* */ 안에 작성하는 방식은 C 언어나 자바와 같은 프로그래밍 언어의 표현법을 가져온 것이다.

여기서 잠깐 **속성**

HTML 태그 속성(attribute)과 CSS 속성(property)은 우리말로 모두 '속성'이다. 엄밀히 말하면 'attribute'는 정적속성이고, 'property'는 동적속성이다. 예를 들어 자바스크립트를 통해 CSS 속성을 변경하면 문자 색을 실시간으로 변경할 수 있다. 반면 태그 속성을 변경하기는 쉽지 않다. 4장과 5장에서는 주로 CSS 속성을 다룬다. 두 속성을 구별해야 할 때 이 책에서는 'attribute'를 태그 속성이라 부르고 'property'를 CSS 속성이라 부른다.

2. CSS 작성 위치

사용자가 CSS를 따로 정의하지 않으면 웹 브라우저가 준비한 기본 스타일시트를 사용한다. 1장부터 3장까지의 예제에서 웹 브라우저의 기본 스타일시트는 흰색 배경에 검은색 문자이다. 웹 브라우저가 제공하는 기본 스타일시트를 변경하는 방법은 크게 3가지이다.

■ HTML 내부에 CSS 작성하기 <style>

가장 일반적인 형태는 [예제 4-1]과 같이 <head> </head> 안에 <style> </style> 태그로 CSS를 작성하는 것이다. 이 경우 CSS가 적용되는 범위는 해당 웹 페이지 전체이다. 필요하다면 <head> </head> 안에 <style> </style> 태그를 여러 번 사용할 수도 있다.

■ 외부 CSS 파일 연결하기 <link>

웹 페이지 안에 <style> </style>로 작성한 CSS는 해당 웹 페이지에만 적용된다. 그런데 miracle 웹 시스템과 같이 여러 웹 페이지가 같은 CSS를 공유하는 경우도 있다. 이때 CSS를 웹 페이지와 분리하여 별도의 파일 형태로 작성하면 여러 웹 페이지가 같은 스타일시트를 공유할 수 있다.

miracle 웹 시스템의 HTML5 폴더에는 처음 시작 페이지인 index.html이 있다. 또한 각 장의 폴더에는 예제 웹 페이지인 index_0x.html이 있다. 예를 들어 4장의 예제 웹 페이지는 chap_04 폴더의 index_04.html이다. 메인 페이지를 포함하여 각 장의 예제 웹 페이지는 머리말, 배경, 바닥글 색이 모두 같다. 이것이 가능한 이유는 모든 웹 페이지가 HTML5 폴더에 있는 styles.css 스타일시트 파일을 공유하기 때문이다.

그림 4-3 외부 CSS 파일과 스타일시트 공유

웹 페이지에서 외부의 CSS 파일을 사용하려면 다음과 같이 <link> 태그를 사용한다. <link> 태그는 연결할 대상의 문서 종류와 위치를 알려주는 단일 태그이며, <head> </head> 태그 안에 위치한다.

```
<link rel="stylesheet" href="style.css">
```

<link> 태그의 rel 속성은 문서에 연결할 대상이 문서와 어떤 관계relation인지 나타낸다. rel="stylesheet"는 연결되는 문서가 스타일시트라는 의미이다.

TIP rel의 속성값으로 저자에 대한 링크를 나타내는 author, 저작권 정보를 나타내는 license, 도움말 문서에 대한 링크를 나타내는 help 등이 있다.

href="style.css"에서 href 속성은 외부 CSS 파일의 경로를 포함한 위치와 이름을 나타낸다. 일반적으로 CSS 파일의 확장자는 .css이다. miracle 웹 시스템 chap_04 폴더의 index_04.html이 HTML5 폴더의 style.css를 사용하려면 파일 위치를 href="../style.css"라고 작성한다.

여기서 잠깐 **외부 스타일시트를 사용할 때 type 속성은 생략 가능**

외부 스타일시트를 사용할 때 <link rel="stylesheet" href="style.css" type="text/css">와 같이 type="text/css"를 포함하는 것이 태그 규칙이다. 그러나 CSS(rel="stylesheet")는 type="text/css"가 유일한 속성이기 때문에 일반적으로 이를 생략한다.

[예제 4-2]는 <link> 태그를 사용하여 외부 CSS를 사용하는 웹 페이지이다. 외부 CSS 파일 style_04.css는 ex4-2.html과 같이 HTML5/chap_04/html 폴더에 있다. style_04.css 파일에서 h2 태그의 문자 색을 녹색으로(color: green;) 지정하고, 배경색은 하늘색으로(background-color: #def;) 지정한다. 여기서 #def는 #ddeeff를 줄여쓴 것이다. 출력 결과 제목은 하늘색 배경에 녹색 글씨의 바나나가 나타난다.

예제 4-2 **외부 CSS 파일 사용하기** ex4-2.html

```
<!DOCTYPE html>
<html>
<head>
  <meta charset="UTF-8">
  <title>외부 CSS 파일 사용하기</title>
  <link rel="stylesheet" href="style_04.css">
</head>
<body>
  <h2>바나나</h2>
  <p><img src="../media/banana1.png" width="120"></p>
  <p>노란색의 아열대 과일</p>
  <p>지방이 없어 체중 조절에 좋음</p>
  <p>식이섬유가 풍부해 주식 대용으로 적당</p>
```

```
</body>
</html>
```

외부 CSS 파일

style_04.css

```
h2 {
  color: green;
  background-color: #def;
}
p {
  color: #209134;
  width: 300px;
}
```

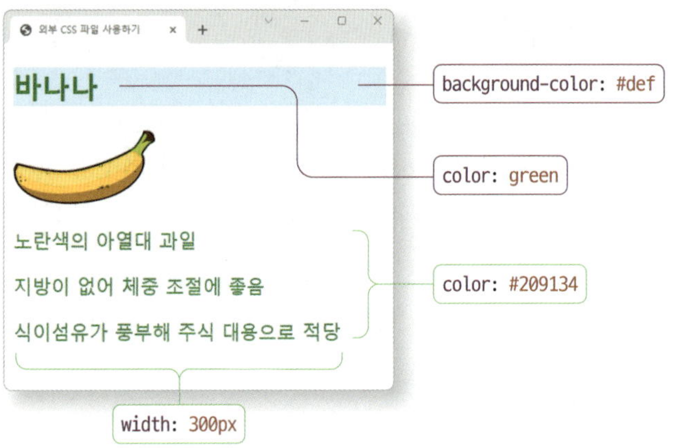

<link> 태그 대신 <style> </style> 태그 안에 @import를 사용할 수도 있다. 다음과 같이 @import "style.css" 혹은 @import url(style.css)라 쓰면 외부 CSS 파일을 불러올 수 있다. @import url을 사용하는 경우 따옴표 대신 괄호를 사용한다.

```
<style>
  @import "style.css"
</style>
```

```
<style>
  @import url(style.css)
</style>
```

■ **태그에 한정되는 style 속성**

태그에 style 속성을 사용하면 특정 태그에만 CSS를 적용할 수 있다. 모든 <p> 태그에 적용하는 CSS는 <style> </style> 태그 안의 p {}로 작성하지만, 특정 <p> 태그에만 적용하려면 style

속성을 사용한다. 태그 안에 style 속성을 사용하는 경우는 중괄호({}) 대신 따옴표("")를 사용한다. 또한 맨 마지막 속성값 뒤에 붙는 세미콜론(;)은 생략할 수 있다.

표 4-2 style 속성 사용법

속성값	내용
<p style="color: #204164; width: 250px;"> <p style="color: #204164; width: 250px">	따옴표 앞 세미콜론은 생략 가능

[예제 4-3]은 태그 안에 style 속성을 사용하는 웹 페이지이다. <p> 태그 4개 중 특정 태그 하나에만 CSS를 적용하고 있다. 출력 결과를 보면 모든 글씨가 웹 브라우저의 기본 설정인 검은색으로 나타나는데 두 번째 줄의 '지방이 없어 체중 조절에 좋음'만 문자 색이 파란색으로 변경되었다.

예제 4-3 태그에 한정되는 style 속성 사용하기 ex4-3.html

```
<!DOCTYPE html>
<html>
<head>
  <meta charset="UTF-8">
  <title>태그에 한정되는 style 속성 사용하기</title>
</head>
<body>
  <h2>바나나</h2>
  <p><img src="../media/banana1.png" width="120"></p>
  <p>노란색의 아열대 과일</p>
  <p style="color: blue;">지방이 없어
     체중 조절에 좋음</p>
  <p>식이섬유가 풍부해 주식 대용으로
      적당</p>
</body>
</html>
```

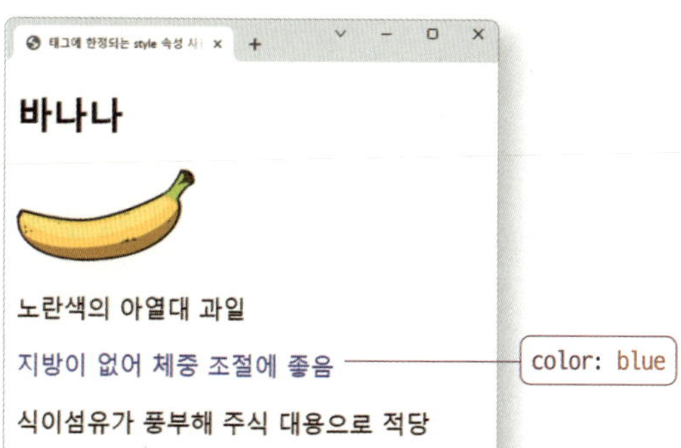

3. CSS 적용 규칙

앞서 웹 브라우저가 제공하는 기본적인 스타일시트 이외에 CSS를 작성하는 3가지 방법을 배웠다. 이러한 스타일시트가 적용되는 데에는 몇 가지 규칙이 있다.

❶ **모든 CSS 속성은 하나로 합쳐진다.** 웹 브라우저의 기본 CSS, 외부 CSS 파일, HTML의 문서 안에 `<style> </style>` 태그로 작성한 CSS, 태그에 작성한 `style` 속성은 모두 하나로 합쳐져서 웹 페이지에 적용되어 나타난다.

❷ CSS 속성이 하나로 합쳐질 때 같은 속성에 대해 서로 다른 속성값이 중복으로 지정되는 경우가 있다. 예를 들어 `<h2>` 문자 색은 웹 브라우저 기본 설정이 검은색이지만, 외부 CSS 파일은 녹색으로, `<style> </style>` 태그는 보라색으로, `<h2>` 태그 안의 `style` 속성은 파란색으로 지정하는 경우가 있다. 이럴 때 브라우저는 `<h2>` 태그를 어떤 색으로 표시할까? 눈에서 멀어지면 마음마저 멀어진다고 했다. 마찬가지로 HTML의 본문에 가장 가깝게 있는 CSS 속성의 우선순위가 가장 높고, 가장 멀리 있는 CSS 속성의 우선순위가 가장 낮다. 그래서 태그 안의 `style` 속성이 우선순위 1번으로 가장 높다.

웹 페이지의 `<style> </style>` 태그가 우선순위 2번이며, 외부 CSS 파일이 우선순위 3번, 웹 브라우저가 제공하는 기본 CSS가 우선순위 4번으로 가장 낮다. **같은 속성에 대해 속성값이 여러 개일 때 우선순위가 가장 높은 속성값만 적용된다.** 따라서 `<h2>`의 문자 색은 태그 안의 `style` 속성으로 지정된 파란색으로 나타난다.

그림 4-4 CSS 속성의 우선순위

❸ CSS 속성은 상속된다. <p><span> </span></p>와 같이 바깥쪽 <p> 태그에 둘러싸인 <span> 태그가 있다고 가정하자. 이때 <p> 태그의 CSS 속성을 <span>이 상속받는다. 따라서 <body> 태그에 정의된 CSS는 본문의 모든 태그에 적용된다.

표 4-3 CSS 적용 규칙

규칙
1. 여러 종류의 CSS 속성은 모두 합쳐진다.
2. 같은 속성에 대하여 속성값이 여러 개일 때 우선순위가 높은 것이 적용된다.
3. 바깥쪽 태그의 CSS 속성은 안쪽 태그로 상속된다.

[예제 4-4]는 CSS 적용 규칙을 확인하는 코드이다. <h2> 태그에 적용되는 CSS로는 외부 style_04.css의 `h2 { color: green;  background-color: #def; }`와 <style> 태그의 `h2 { color: purple; }`, 그리고 <h2 style="color: blue">가 있다.

예제 4-4 CSS 적용 규칙 확인하기 ex4-4.html

```
<!DOCTYPE html>
<html>
<head>
  <meta charset="UTF-8">
  <title>CSS 적용 규칙 확인하기</title>
  <link rel="stylesheet" href="style_04.css">
  <style>
    h2 {
      color: purple;
    }
    span {
      background-color: #ff8;
    }
  </style>
</head>
<body>
  <h2 style="color: blue">바나나</h2>
  <p><img src="../media/banana1.png" width="120"></p>
  <p>노란색의 아열대 과일</p>
  <p><span>지방</span>이 없어 체중 조절에 좋음</p>
  <p>식이섬유가 풍부해 주식 대용으로 적당</p>
</body>
</html>
```

외부 CSS 파일 style_04.css

```
h2 {
  color: green;
  background-color: #def;

p {
  color: #209134;
  width: 300px;
}
```

모든 CSS가 합쳐져서 <h2> 태그에 반영된다. 따라서 제목 배경색이 #def로 나타난다. 문자 색(color) 속성은 여러 속성값이 서로 달라 충돌하기 때문에 우선순위가 가장 높은 style="color: blue"가 적용되어 파란색으로 표시된다. 또한 모든 <p> 태그의 폭은 300px이며 문자 색은 #209134이다. <p> 안의 <span> </span> 태그는 <p> 태그의 문자 색 속성값을 그대로 상속받는다. span { background-color: #ff8; }을 입력하면 <span> </span> 태그에 해당하는 문자의 배경색을 #ff8로 표시한다.

3 선택자 사용하기

선택자selector는 CSS를 적용하는 대상을 선택한다. 다양한 방식으로 대상을 특정할 수 있는데, 태그 이름을 사용하는 태그 선택자가 가장 일반적이다.

1. 태그 선택자

앞서 [예제 4-4]에서 태그 이름을 사용한 h2와 p(h2 { color: purple; }이나 p { color: #209134; })가 태그 선택자이다. **같은 CSS 속성을 여러 개의 태그에 적용할 때 선택자를 쉼표(,)로 연결**한다. h2, p { color: purple; }을 입력하면 <h2> 태그와 <p> 태그의 문자 색이 모두 보라색으로 바뀐다. 모든 태그를 지정하는 기호는 **전체 선택자**라 부르며, 별표(*)로 표시한다. * { color: purple; }을 입력하면 모든 태그를 선택하여 문자 색을 보라색으로 지정한다.

표 4-4 태그 선택자

태그 선택자	내용
tag {}	태그 선택자
tag, tag {}	여러 개의 태그 선택자
* {}	전체 선택자

[예제 4-5]는 쉼표(,)를 사용하여 태그 여러 개를 한꺼번에 선택하여 CSS 속성을 지정하는 예이다. 예제에서 h2, p { color: purple; }은 <h2>와 <p> 태그의 글씨를 모두 보라색으로 지정한다.

예제 4-5 태그 선택자 사용하기 ex4-5.html

```html
<!DOCTYPE html>
<html>
<head>
  <meta charset="UTF-8">
  <title>태그 선택자 사용하기</title>
  <style>
    h2, p { color: purple; }
  </style>
</head>
<body>
  <h2>바나나</h2>
  <p><img src="../media/banana1.png"
    width="120"></p>
  <p>노란색의 아열대 과일</p>
  <p>지방이 없어 체중 조절에 좋음</p>
  <p>식이섬유가 풍부해 주식 대용으로 적당</p>
</body>
</html>
```

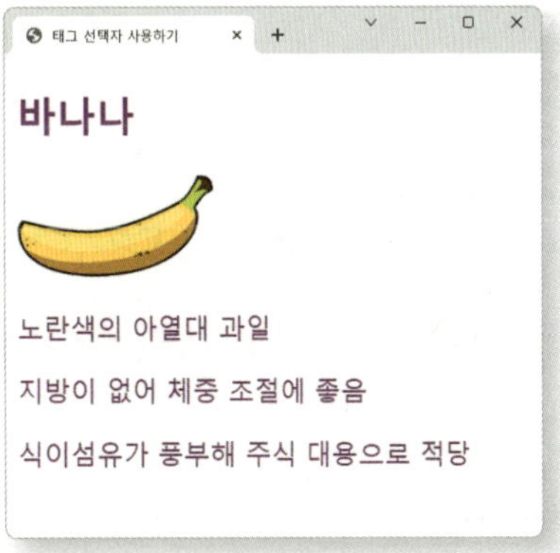

2. 아이디 선택자

3장에서 배운 아이디 속성은 태그를 구분하는 전역속성이다. 아이디 속성에도 CSS를 지정할 수 있다. **id="id1"**은 이름 앞에 해시(#)를 붙인 **#id1**의 형태로 CSS 속성을 작성할 수 있다. 그래서 **해시 기호가 붙은 선택자를 아이디 선택자라 부른다.** **id** 속성은 웹 페이지에서 유일한 값이어야 한다. 따라서 아이디 선택자 **#name**에 적용된 CSS는 웹 페이지에서 특정 태그에만 유일하게 적용되는 스타일시트이다.

표 4-5 아이디 선택자

아이디 선택자	내용
#name {}	id="name" 속성을 가진 태그에 적용

[예제 4-6]은 아이디 선택자의 사용법을 보여준다. 아이디 선택자를 이용한 **#id1 { color: red; }**는 **id="id1"**으로 지정된 **노란색의 아열대 과일**의 문자 색을 빨간색으로 바꾼다. 또한 **#id2 { color: green; }**은 **id="id2"**로 지정된 **식이섬유가 풍부해 주식 대용으로 적당**의 문자 색을 녹색으로 바꾼다.

예제 4-6 아이디 선택자 사용하기 ex4-6.html

```
<!DOCTYPE html>
<html>
<head>
  <meta charset="UTF-8">
  <title>아이디 선택자 사용하기</title>
  <style>
    #id1 { color: red; }
    #id2 { color: green; }
  </style>
</head>
<body>
  <h2>바나나</h2>
  <p><img src="../media/banana1.png"
    width="120"></p>
  <p id="id1">노란색의 아열대 과일</p>
  <p>지방이 없어 체중 조절에 좋음</p>
  <p id="id2">식이섬유가 풍부해 주식 대용으로 적당</p>
</body>
</html>
```

3. 클래스 선택자

클래스 선택자는 전역속성 class로 묶은 모든 태그에 적용되는 CSS이다. 클래스 선택자를 적절히 사용하면 CSS 여러 개를 하나의 태그에 적용할 수도 있고, 여러 개의 class 중에서 특정 태그만 골라서 CSS를 적용할 수도 있다.

표 4-6 클래스 선택자

클래스 선택자	내용
.name {}	class="name" 속성을 가진 태그에 적용
tag.name {}	<tag class="name"> 클래스 이름을 가진 태그에만 적용

클래스 이름 앞에 마침표(.)를 붙이면 클래스 선택자가 된다. 클래스 이름이 class="blue"인 경우 클래스 선택자는 .blue이다. 클래스 선택자 .blue에 정의된 CSS는 class="blue" 속성을 가진 모든 태그에 적용된다. 클래스 태그를 계속 나열하면 나열된 모든 CSS를 한꺼번에 적용할 수 있다. 만약 클래스 선택자 .large도 정의되어 있다면, class="blue large"를 가진 태그는 .blue와 .large의 CSS 속성이 한꺼번에 적용된다.

반대로 클래스 선택자 앞에 태그 이름을 적으면 클래스 선택자의 CSS가 적용되는 범위를 특정 태그로 한정할 수 있다. h2.blue와 같이 **태그.클래스** 형식으로 이름을 명시한 태그 선택자는 여러 h2 태그 중 class="blue"에만 CSS 속성이 적용된다.

[예제 4-7]은 클래스 선택자의 사용법을 보여준다. 클래스 선택자 .blue { color: blue; }는 class="blue" 속성을 가진 태그 3개를 파란색 문자로 만든다. 따라서 <h2>의 '바나나'와 문단 두 개의 문자 색이 모두 파란색으로 표시된다. 클래스 선택자 .large { font-size: 150%; }는 문자의 크기를 1.5배로 키운다는 뜻이다. [예제 4-7에서] <p class="blue large">노란색의 아열대 과일은 클래스 선택자를 2개(.blue와 .large) 사용한다. 그래서 이 문단은 1.5배 크기의 파란색 문자로 표시된다. 또한 클래스 선택자 h2.blue { background-color: aqua; }는 class="blue" 속성을 가진 <h2> 태그에만 적용된다. 따라서 제목의 배경색은 바다색(aqua)으로 변경된다.

예제 4-7 클래스 선택자 사용하기 ex4-7.html

```
<!DOCTYPE html>
<html>
<head>
  <meta charset="UTF-8">
  <title>클래스 선택자 사용하기</title>
```

```
  <style>
    .blue { color: blue; }
    .large { font-size: 150%; }
    h2.blue { background-color: aqua; }
  </style>
</head>
<body>
  <h2 class="blue">바나나</h2>
  <p><img src="../media/banana1.png"
    width="120"></p>
  <p class="blue large">노란색의 아열대 과일</p>
  <p class="blue">지방이 없어 체중 조절에 좋음</p>
  <p>식이섬유가 풍부해 주식 대용으로 적당</p>
</body>
</html>
```

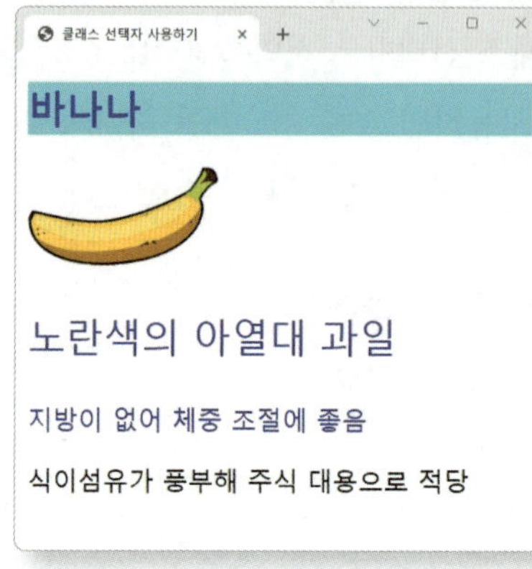

4. 속성 선택자

대괄호([])를 사용하여 특정 속성만 선택하는 속성 선택자를 만들 수 있다. 예를 들어 태그 선택자 a는 모든 <a> 태그에 적용되지만, 대괄호를 사용하는 a[download] 선택자는 <a> 태그 중 download 속성을 가진 태그에만 적용된다. 더 나아가 a[target="_blank"]는 target 속성의 속성값이 _blank인 태그에만 적용되는 속성 선택자이다.

표 4-7 속성 선택자

속성 선택자	내용
a { text-decoration-line: none; }	모든 <a>의 밑줄 제거
a[download] { color: green; }	download 속성을 가진 <a>를 녹색으로 표시
a[target="_blank"] { color: red; }	target="_blank" 속성을 가진 <a>를 빨강으로 표시

[예제 4-8]은 속성 선택자의 사용법을 보여준다. a { text-decoration-line: none; }은 모든 <a> 태그의 밑줄을 없앤다. a[download] { color: green; }은 download 속성을 가진 마지막 <a> 태그를 녹색으로 표시한다. 또한 a[target="_blank"] { color: red; }는 구글 홈페이지(새 창)를 빨간색으로 표시한다.

예제 4-8 **속성 선택자 사용하기** ex4-8.html

```
<!DOCTYPE html>
<html>
<head>
  <meta charset="UTF-8">
  <title>속성 선택자 사용하기</title>
  <style>
    a { text-decoration-line: none; }
    a[download] { color: green; }
    a[target="_blank"] { color: red; }
  </style>
</head>
<body>
  <p><a href="https://mcdonalds.co.kr">
    맥도날드 홈페이지</p>
  <p><a href="https://google.com" target="_blank">
    구글 홈페이지(새창)</p>
  <p><a href="ex4-8.html" download>
    ex4-8.html 다운로드</p>
</body>
</html>
```

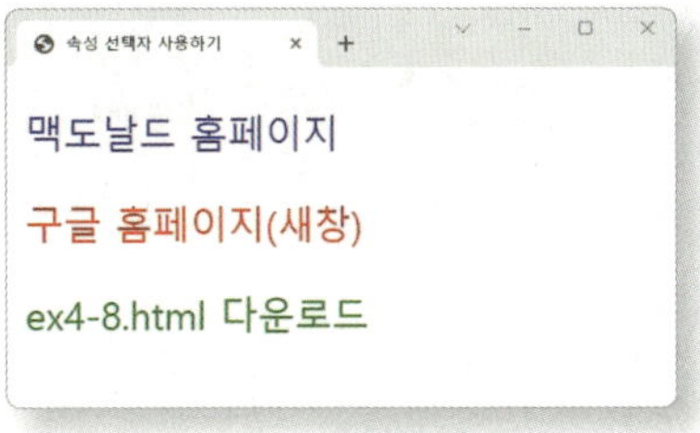

5. 자식과 후손 선택자

태그가 여러 겹으로 중첩된 경우를 생각해보자. 다음과 같은 태그 구조에서 <div> 태그 바로 안쪽의 <p>와 <span> 태그를 <div>의 자식 태그라 부른다.

```
<div>
    <p>div의 자식</p>
    <span>div의 자식
       <p>span의 자식, div의 후손</p>
    </span>
</div>
```

<span> 태그 기준으로 보면, 안쪽에 있는 <p> 태그는 <span> 태그의 자식이다. 이때 <span> 태그의 자식 태그 <p>는 <div> 태그의 후손(손자) 태그이다. 정리하면 태그, 자식, 후손의 관계는 [그림 4-5]와 같다.

그림 4-5 자식과 후손 태그

태그가 여러 겹으로 중첩되어 있을 때 기준 태그 바로 안쪽의 태그는 자식 태그이며, 자식 태그 안쪽의 모든 태그는 후손 태그이다. [그림 4-5]에서 <div> 태그를 기준으로 하면 <div> 바로 아래의 <p>와 <span>은 자식 태그이고, <span> 안의 <p>는 후손 태그가 된다. 후손은 자식을 포함한다는 점을 기억하자.

표 4-8 자식과 후손 선택자

선택자	내용
`tag1 > tag2 {}`	tag1의 자식 태그 tag2에 적용
`tag1 tag2 {}`	tag1의 모든 후손 태그(자식 태그 포함) tag2에 적용

자식 태그와 후손 태그를 구분하여 선택자를 사용할 수 있다. 부등호(>)를 사용한 tag1 > tag2는 tag1의 자식 태그인 tag2에만 적용되는 선택자이다. 공백 문자를 사용한 tag1 tag2는 tag1의 후손 태그에 적용되는 선택자이다. 참고로 후손 태그에는 자식 태그도 포함된다.

[예제 4-9]는 자식과 후손 선택자의 사용법을 보여준다. div > p { color: green; }은 <div>의 자식 태그 <p>와 <span> 중에서 <p>의 문자 색을 지정한다. 따라서 <p>의 노란색의 아열대 과일은 녹색으로 표시된다.

예제 4-9 자식과 후손 선택자 사용하기 ex4-9.html

```
<!DOCTYPE html>
<html>
<head>
  <meta charset="UTF-8">
  <title>자식과 후손 선택자 사용하기</title>
  <style>
    div > p { color: green; }
```

```
    div p { background-color: #ff8; }
  </style>
</head>
<body>
  <h2>바나나</h2>
  <p><img src="../media/banana1.png" width="120"></p>
  <div>
    <p>노란색의 아열대 과일</p>
    <span><p>지방이 없어 체중 조절에 좋음</p></span>
  </div>
  <p>식이섬유가 풍부해 주식 대용으로 적당</p>
</body>
</html>
```

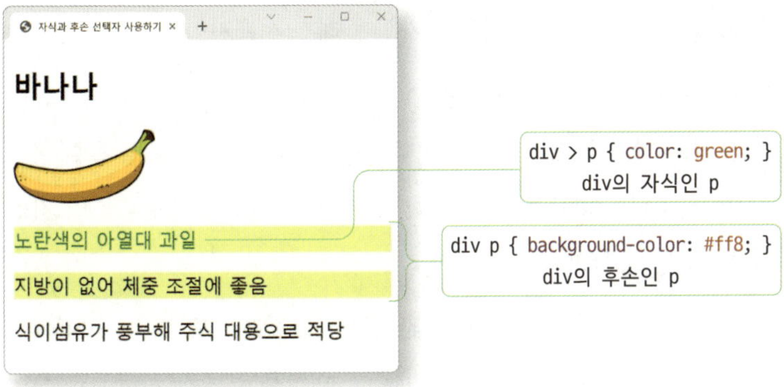

div p { background-color: #ff8; }은 <div>의 자식을 포함한 후손 태그 중 모든 <p>에 대하여 노란색 배경을 지정한다. 따라서 <div> 태그 안쪽의 모든 <p> 태그 배경색은 노란색이다.

6. 가상 클래스 선택자

가상 클래스 선택자는 앞으로 발생할 수 있는 클래스에 대한 선택자이다. 그래서 가상pseudo이라는 용어를 사용한다. 가상 클래스 선택자를 사용하면 이미 클릭한 하이퍼링크의 색상을 기본값인 보라색에서 녹색으로 변경하거나, 마우스 포인터를 문자 위에 올렸을 때의 배경색을 지정할 수 있다.

가상 클래스 선택자의 형태는 **태그:가상클래스선택자**이다. 예를 들어 태그 <p>에 마우스 포인터를 올렸을 때 배경색을 #ff8로 바꾸는 가상 클래스 선택자는 [표 4-9]와 같다. **태그:가상클래스선택자** 안에 공백 문자가 들어가면 안 된다는 점에 주의하자.

표 4-9 가상 클래스 선택자 사용 예

가상 클래스 선택자	내용
`p:hover { background-color: #ff8; }`	<p> 태그에 적용되는 가상 클래스 선택자
`p: hover { background-color: #ff8; }`	태그와 가상 클래스 사이에 공백 문자가 있으면 오류

- :hover는 마우스 커서를 올렸을 때 적용되는 가상 선택자이다.
- :link는 아직 방문하지 않은 하이퍼링크일 때, :visited는 이미 방문한 링크일 때를 선택하는 가상 클래스 선택자이다. :hover는 마우스 포인터를 올렸을 때, :active는 마우스로 클릭했을 때, :focus는 웹 폼 요소가 활성화되어 포커스에 들어와 있을 때를 선택하는 가상 클래스 선택자이다.
- 버튼과 관련하여 :checked는 버튼이 체크되었을 때, :enable은 버튼이 사용 가능한 상태일 때, :disable은 버튼이 사용 불가능한 상태일 때를 선택하는 가상 클래스 선택자이다.
- :first-child는 첫 번째 자식에 적용되고, :nth-child(n)은 n번째 자식에 적용되며, :last-child는 마지막 자식에게 적용되는 가상 클래스 선택자이다. 만약 CSS 속성을 모든 홀수 번째의 자식에 적용하고 싶다면 :nth-child(odd)를 사용하고, 짝수 번째 자식에 적용하려면 가상 클래스 선택자 :nth-child(even)을 사용한다.
- 부분 가상 클래스 선택자는 일부에만 적용되는 선택자인데, 콜론(:) 2개로 표기한다. ::first-letter는 첫 번째 문자에 적용되며, ::first-line은 첫 번째 줄에 적용되는 가상 클래스 선택자이다.

표 4-10 가상 클래스 선택자

종류	가상 클래스 선택자	내용
동적	:link	아직 방문하지 않은 링크일 때
	:visited	방문한 링크일 때
	:hover	마우스가 올라와 있을 때
	:active	마우스로 클릭된 상태일 때
	:focus	포커스에 들어와 있을 때
UI	:checked	버튼이 체크되었을 때
	:enable	사용 가능한 상태일 때
	:disable	사용 불가능한 상태일 때
구조	:first-child	첫 번째 자식

표 계속

	:nth-child(n)	n번째 자식 홀수 번째 자식은 odd, 짝수 번째 자식은 even
	:last-child	마지막 자식
부분	::first-letter	첫 문자
	::first-line	첫 줄

TIP 크롬 등의 일부 브라우저에서는 부분 가상 클래스 선택자에 콜론(:)을 1개만 입력해도 작동한다. 그러나 HTML5 표준에서는 부분 가상 클래스 선택자를 콜론 2개로 표기하도록 규정하고 있다.

[예제 4-10]은 가상 클래스 선택자의 사용법을 보여준다. `p:hover { background-color: #ff8; }`은 <p> 태그에 마우스 포인터가 올라왔을 때 배경색을 노란색으로 바꾼다. `li::first-letter { color: red; }`는 순서 없는 리스트 <ul>의 각 아이템 <li>의 첫 문자 색을 모두 빨간색으로 바꾼다. `li:nth-child(2) { color: green; }`은 <ul>의 2번째 <li> 태그의 문자 색을 녹색으로 바꾼다. `li:last-child { color: blue; }`는 마지막 <li> 태그의 문자 색을 파란색으로 바꾼다.

예제 4-10 가상 클래스 선택자 사용하기 ex4-10.html

```
<!DOCTYPE html>
<html>
<head>
  <meta charset="UTF-8">
  <title>가상 클래스 선택자 사용하기</title>
  <style>
    p:hover { background-color: #ff8; }
    li::first-letter { color: red; }
    li:nth-child(2) { color: green; }
    li:last-child { color: blue; }
  </style>
</head>
<body>
  <h2>바나나</h2>
  <p><img src="../media/banana1.png"
    width="120"></p>
  <ul>
    <li>노란색의 아열대 과일</li>
    <li>지방이 없어 체중 조절에 좋음</li>
    <li>식이섬유가 풍부해 주식 대용으로 적당</li>
  </ul>
</body>
</html>
```

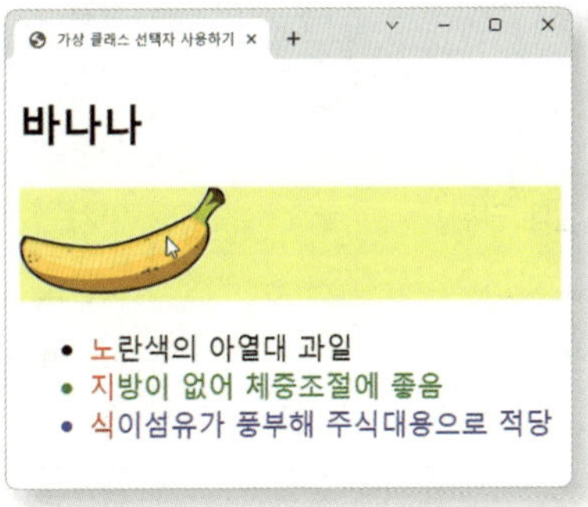

SECTION 02

기본적인 CSS 사용법

1 단위와 배경 스타일

1. CSS의 크기 단위

CSS에서 사용하는 크기에 대한 단위는 절대 단위와 상대 단위로 나뉜다. 절대 단위는 크기나 각도처럼 정해진 단위이다. 실생활에서 볼 수 있는 절대 단위에는 밀리미터(mm)나 센티미터(cm)가 있다. 상대 단위는 말 그대로 상대적인 단위이며, 실생활에서 볼 수 있는 상대 단위로는 퍼센트(%)가 있다. 50%는 원래 크기를 기준으로 1/2이라는 의미이다.

표 4-11 CSS에서 사용하는 크기 단위

종류	단위	의미	내용
절대 단위	px	픽셀	모니터에서 점 하나의 크기
	mm	밀리미터	
	cm	센티미터	1센티미터는 10mm
	in	인치	1인치는 25.4mm
	pt	포인트	출력되는 인쇄물의 크기(1포인트는 0.35mm)
	pc	파이카	1파이카는 12pt(4.23mm)
	deg	각도	양수는 기준점에서 시계 방향, 음수는 시계 반대 방향
상대 단위	%	퍼센트	50%는 원래 크기의 1/2
	em	배수	1.5em은 1.5배
	rem	배수	root를 기준으로 한 배수

1장에서 설명했듯이, 절대 단위에서 픽셀(px)은 모니터에서 점 하나(pixel)의 크기이다. 픽셀은 일반적으로 이미지나 문자의 크기, 동영상의 해상도를 나타낼 때 사용한다. HTML은 모니터에 표시되기 때문에 주로 픽셀을 사용한다. 포인트(pt)는 문서 편집기에서 주로 사용하는 단위이다. 포인트는 출력물에서의 크기를 나타내며, 1pt는 0.35mm이다. 문서 편집기에서 10포인트인 문자는 종이로 출력했을 때 약 3.5mm라는 뜻이다. 1파이카는 12포인트와 같다.

em은 상대 단위의 퍼센트와 비슷한 의미이다. **70%**는 **0.7em**이며, **150%**는 **1.5em**과 같다. 상대 단위를 사용할 때 주의해야 할 것이 있다. 태그 여러 개가 중첩된 경우 CSS가 자식 태그에 상속되는

데, 이때 상대 크기도 상속된다. 한편 웹 브라우저 기본 설정을 기준으로 하는 상대 크기는 rem으로 나타낸다. rem은 'root em'의 약자이다.

여기서 잠깐 **상대 단위 vh, vw, vmax, vmin**

vh와 vw도 HTML에서 사용하는 상대 단위이다. vh는 'view height'의 약자인데, 사용자 웹 브라우저의 높이를 의미한다. vw는 'view width'의 약자인데, 사용자 웹 브라우저 화면의 폭을 의미한다. 사용자 화면 크기를 기준으로 하는 상대 단위에 대해서는 10장에서 자세히 설명한다.

em과 rem을 비교하는 [예제 4-11]을 살펴보자. <body style="font-size: 16px">는 전체 문서의 폰트를 16px로 지정한다. <div> 태그를 3개 겹쳐서 만들었으며 문자 크기를 1.4em씩 증가시켰다. 첫 번째 <div> 태그의 문자 크기는 16px×1.4em이므로 22.4px이다. 두 번째 <div> 태그의 폰트 크기는 22.4px×1.4em이므로 31.36px이다. 상대 크기가 후손으로 상속될수록 절대 크기가 계속 커진다. 한편 rem은 웹 브라우저 기본 설정에 대한 상대 크기를 정한다. 앞서 <body> 태그 내에서 style 속성으로 지정한 웹 브라우저의 기본 폰트 크기는 16px이다, 따라서 태그를 여러 번 중첩한 <div>에서도 폰트의 크기는 root 태그의 16px에 1.4를 곱한 22.4px이 된다.

예제 4-11 **em과 rem 비교하기** ex4-11.html

```
<!DOCTYPE html>
<html>
<head>
  <meta charset="UTF-8">
  <title>em과 rem 비교하기</title>
</head>
<body style="font-size: 16px">
  <div style="font-size: 1.4em">1.4em: 16px * 1.4 = 22.4px
    <div style="font-size: 1.4em">1.4em: 22.4px * 1.4 = 31.36px
      <div style="font-size: 1.4em">1.4em: 31.36px * 1.4 = 43.9px</div>
    </div>
  </div>
  <hr>
  <div style="font-size: 1.4rem">1.4rem: 16px * 1.4 = 22.4px
    <div style="font-size: 1.4rem">1.4rem: 16px * 1.4 = 22.4px
      <div style="font-size: 1.4rem">1.4rem: 16px * 1.4 = 22.4px</div>
    </div>
  </div>
```

```
</body>
</html>
```

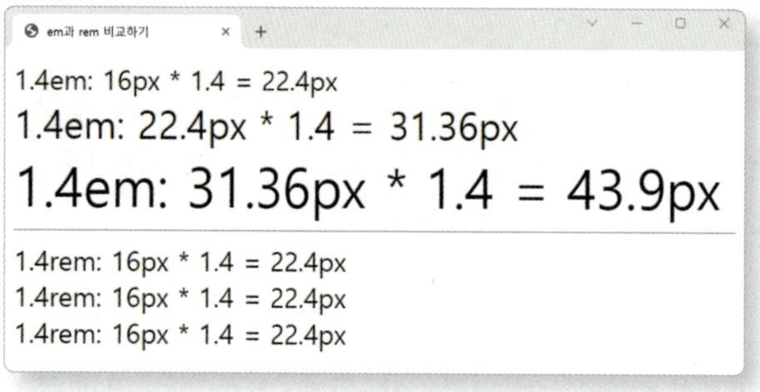

TIP HTML에서 사용하는 상대 단위로 vw, vh, vmax, vmin이 있으며, 이에 대해서는 5장 3절의 '반응형 웹 만들기'에서 자세히 설명한다.

2. 색상 표현 단위

앞서 1장에서 RGB를 이용하여 색상을 표현하는 방법을 설명하였다. 또한 지금까지의 예제에서 색 이름을 직접 사용하거나 16진수를 이용하는 색상 표현법을 사용하였다. CSS에서 사용할 수 있는 색상 표현법 중에 주로 사용하는 방법은 다음과 같다.

표 4-12 색상 표현 단위

색상 표현 단위	값 예시
색 이름	`white`, `black`, `red`, `blue`, `yellow`, `green`
10진수	`rgb(255, 255, 255)`, `rgb(255, 0, 0)`, `rgb(255, 255, 0)`
16진수	`#fffff(#fff)`, `#ff0000(#f00)`, `#ffff00(#ff0)`
10진수와 투명도	`rgba(255, 0, 0, 0.7)`, `rgba(255, 0, 0, 0.3)`

- `white`, `black`, `red`, `blue`, `yellow`, `green`, `aqua`, `lime`, `silver`와 같은 색상 이름을 직접 사용하여 색을 표현할 수 있다. 간단한 표현법이지만 색상의 이름을 전부 외우기 어렵다는 단점이 있다.
- 전통적인 방법은 10진수를 사용하여 RGB를 표현하는 것이다. `rgb(255, 255, 255)`가 흰색, `rgb(255, 0, 0)`이 빨강, `rgb(255, 255, 0)`이 노랑이다.
- 10진수를 16진수로 변환하면 좀더 짧게 색상을 표현할 수 있다. 16진수 표현법은 해시(#) 다음에 16진수 값 6개를 쓰는 식이다. `#ffffff`가 흰색, `#ff0000`이 빨강, `#ffff00`이 노랑이다. 이

표현법에서 2자리씩 연속적으로 나오는 같은 값은 생략할 수 있다. 따라서 **#fff**는 흰색, **#f00**이 빨강, **#ff0**이 노랑이다.

- 파워포인트나 아래아한글처럼 CSS에서도 색의 투명도를 지정할 수 있다. **rgba**는 색상과 색의 투명도까지 나타내는 단위이며, 형식은 **rgba(R, G, B, 투명도)**이다. 투명도 값으로는 0 이상, 1 이하의 실수를 사용한다. **투명도 값이 1이면 색 농도가 100%로 불투명한 색이고, 0이면 색 농도가 0%로 완전히 투명한 색**이다. 따라서 **rgba(0, 0, 255, 0.7)**은 색 농도 70%의 파란색이 된다.

[예제 4-12]에서 다양한 색상 표현 단위를 확인하자. 위에서부터 배경색(**background-color**)을 아쿠아색(**aqua**)과 노랑(**#ffff00**)으로 지정했다. 배경색 값인 16진수 6자리를 3자리로 줄여서 **#ff0**만 입력해도 배경색이 노란색으로 나타난다.

예제 4-12 **다양한 색상 표현 단위** ex4-12.html

```
<!DOCTYPE html>
<html>
<head>
  <meta charset="UTF-8">
  <title>다양한 색상 표현 단위</title>
</head>
<body>
  <p style="background-color: aqua">aqua</p>
  <p style="background-color: #ffff00">#ffff00</p>
  <p style="background-color: #ff0">#ff0</p>
  <p style="background-color: rgb(0, 0, 255)">rgb(0, 0, 255)</p>
  <p style="background-color: rgba(0, 0, 255, 0.7)">rgba(0, 0, 255, 0.7)</p>
  <p style="background-color: rgba(0, 0, 255, 0.3)">rgba(0, 0, 255, 0.3)</p>
</body>
</html>
```

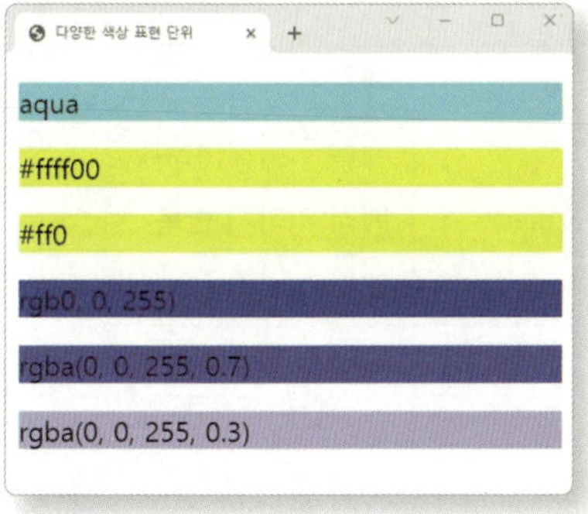

출력 결과에서 아래쪽 문단 3개의 파란 배경색은 같은 색상을 지정하고 투명도만 달리한 것이다. 처음 `rgb(0, 0, 255)`는 `rbga(0, 0, 255, 1)`과 같은 의미이며, 100% 완전한 파란색이다. 두 번째 `rbga(0, 0, 255, 0.7)`은 색 농도가 70%인 파란색으로 나타난다. 세 번째 `rbga(0, 0, 255, 0.3)`은 색 농도가 30%인 파란색으로 나타난다.

다양한 색을 지정하고 싶다면 https://htmlcolorcodes.com을 방문하기 바란다. 색상을 선택하여 10진수나 16진수 색상 값을 얻을 수 있고, 색 이름에 따른 실제 색상도 확인할 수 있다.

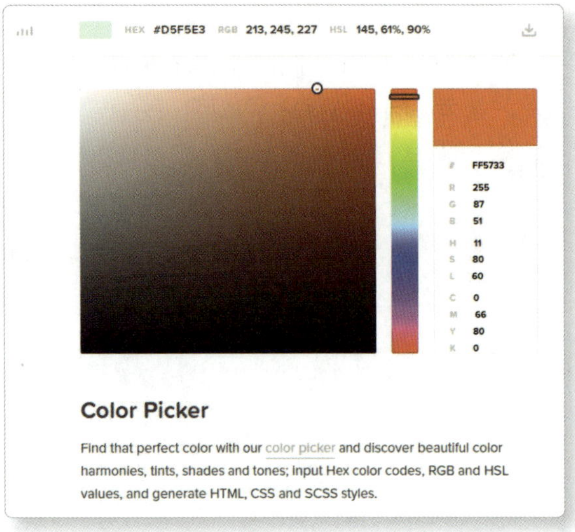

그림 4-6 **HTML 컬러코드 웹사이트(https://htmlcolorcodes.com)**

3. 배경 스타일 지정하기

지금까지 `color` 속성을 사용하여 문자의 색상을 지정하고 `background-color` 속성을 사용하여 배경색을 지정했다. 색상 이외에도 다양한 배경 스타일을 지정할 수 있다. 배경 관련 주요 속성과 속성값은 다음과 같다.

표 4-13 **배경 관련 속성**

배경 속성	속성값	내용
background-color	색 이름, 10진수, 16진수, 투명도(rgba)	배경색
background-image	url("")	배경 이미지 지정
background-repeat	no-repeat, repeat-x, repeat-y, space, round	배경 이미지 반복
background-size	auto, contain, cover, %, width, height	배경 이미지 크기
background		여러 속성 동시 지정

- background-color는 배경색을 지정하는 속성으로 rgba()를 포함하여 모든 색상 표현 단위를 사용할 수 있다.
- background-image 속성은 배경 이미지를 지정한다. background-image: url("")의 형태로 따옴표 안에 경로를 포함하여 이미지 위치를 지정하면 배경 이미지가 화면에 나타난다. 이미지보다 배경이 크면 이미지가 X축과 Y축 방향으로 반복적으로 나타난다. 반면 화면의 공간이 부족하면 이미지는 잘려 나타난다.
- background-repeat 속성은 X축과 Y축 방향으로 반복하여 나타나는 배경 이미지를 조절한다. no-repeat 속성값은 배경 이미지를 반복하지 않는다. repeat-x 속성값은 X축 방향으로만 배경 이미지를 반복하고, repeat-y 속성값은 Y축 방향으로만 배경 이미지를 반복한다. X축과 Y축 모든 방향으로 반복하려면 repeat-x repeat-y를 같이 입력한다. 속성값을 지정하지 않았을 때 기본값은 모든 방향으로 이미지가 반복되는 repeat-x repeat-y이다. background-repeat 속성에서 space 속성값은 이미지가 잘리지 않는 범위에서 이미지와 이미지 사이의 간격을 벌려 배치한다. round 속성값은 이미지를 축소하거나 확대하여 공간에 맞춘다. round 속성값을 입력하면 이미지 전체를 볼 수 있지만, 가로와 세로 비율이 변경되어 이미지가 찌그러져 보일 수 있다.
- background-size 속성은 이미지의 크기를 정한다. 기본 속성값은 auto이며 width나 height를 사용하여 이미지가 들어갈 공간의 크기를 지정할 수 있다. 크기 단위로는 %나 em을 사용할 수 있다. 예를 들어 50%는 전체 공간의 50% 크기로 이미지를 배치하라는 의미이다. contain 속성값은 이미지의 가로와 세로 비율을 유지한 채로 이미지의 크기를 변경하여 공간에 맞춘다. cover 속성값은 가로와 세로 비율을 무시하고 공간에 꽉 차도록 이미지를 변형한다.

[예제 4-13]은 배경 이미지가 있을 때 속성값이 미치는 영향을 보여준다. <div> 태그로 배경 이미지를 넣을 영역을 만들고 높이는 75px로 지정했다. background-repeat: no-repeat는 배경 이미지를 반복하지 않고 1개만 표시한다. background-repeat: repeat-x는 이미지를 X축 방향으로 반복한다. 공간이 부족하면 반복되는 이미지 일부가 잘려보인다.

background-repeat: space는 중간에 공간space을 만들어 이미지가 잘리지 않도록 배치한다. 속성값 repeat-x는 이미지가 연달아 붙어서 배치되는 반면, space는 이미지가 잘리지 않는 범위에서 이미지 사이에 빈 간격이 생긴다. 속성값 round는 이미지 전체가 보이도록 원본을 변형한다.

background-size: 50%는 전체 공간에서 50%만큼 차지하도록 이미지를 배치하라는 의미이므로 이미지가 2개 나타난다. 0.5em을 입력했을 때도 같은 결과가 나타난다. background-size: auto는 background-repeat: repeat-x repeat-y와 마찬가지로 X축과 Y축 방향으로 이미지를 반복 배치한다. cover 속성값은 공간이 꽉 차도록 이미지를 확대하여 배치한다. contain 속성값은 이미지를 여러 개 배치하여 공간을 채운다.

예제 4-13 **이미지를 배경으로 지정하기** ex4-13.html

```
<!DOCTYPE html>
<html>
<head>
  <meta charset="UTF-8">
  <title>이미지를 배경으로 지정하기</title>
  <style>
    div {
      background-image: url("../media/back.png");
      height: 75px;
    }
  </style>
</head>
<body>
  <div style="background-repeat: no-repeat"><h3>repeat: no-repeat</h3></div>
  <div style="background-repeat: repeat-x"><h3>repeat: repeat-x</h3></div>
  <div style="background-repeat: space"><h3>repeat: space</h3></div>
  <div style="background-repeat: round"><h3>repeat: round</h3></div>
  <div style="background-size: 50%"><h3>repeat: 50%</h3></div>
  <div style="background-size: contain"><h3>repeat: contain</h3></div>
</body>
</html>
```

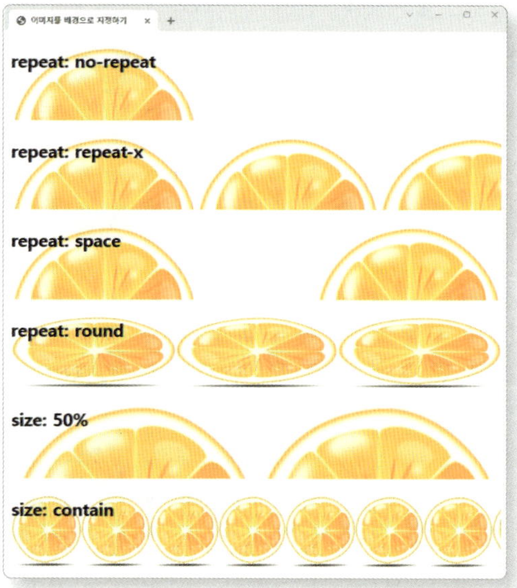

2 폰트와 문자 스타일

1. 웹 브라우저 기본 폰트

HTML에서 다양한 폰트font(글꼴)를 사용할 수 있다. 웹 브라우저가 사용하는 기본 폰트부터 살펴보자. 크롬 웹 브라우저의 폰트 설정 화면은 [그림 4-7]과 같다. 크롬 웹 브라우저에서 폰트 크기는 기본적으로 16px이며, '표준 글꼴'로 맑은 고딕Malgun Gothic을 사용한다. 이외에 'Serif', 'Sans-serif', '고정폭 글꼴'을 설정할 수 있다.

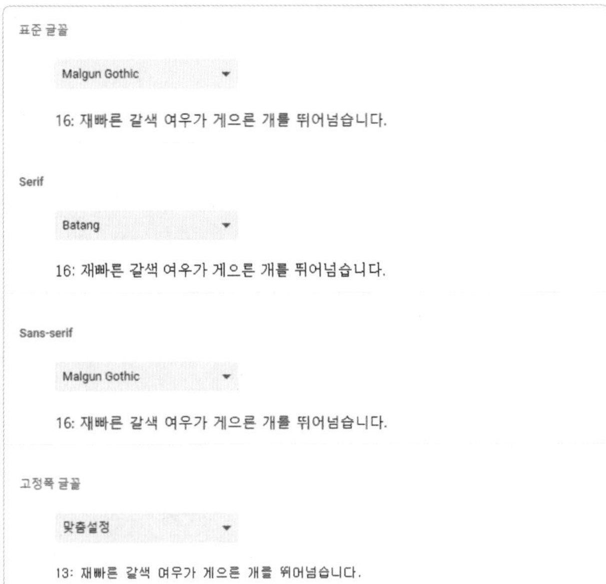

그림 4-7 **크롬 웹 브라우저의 폰트 설정 화면**

■ 폰트의 종류

일반적으로 폰트 종류를 세리프serif, 산세리프sans-serif, 고정폭monospace으로 나눈다. 세리프는 문자의 끝이 좁아지면서 삐침이 있는 폰트이다. 대표적인 세리프 폰트로 'Times New Roman'이 있다. 산세리프는 시작부터 끝까지 문자의 폭이 일정한 폰트이다. 대표적인 산세리프 폰트로 고딕Gothic과 에어리얼Arial이 있다. 산세리프는 가독성이 높아 매우 자주 사용된다. 크롬 웹 브라우저에서 표준 글꼴과 산세리프 모두 '맑은 고딕' 폰트가 기본값이다.

일반적인 폰트는 문자 폭이 일정하지 않기 때문에 abc의 문자 폭에 비해 ijk의 문자 폭이 좁다. 이러한 문제점을 해결한 폰트가 고정폭 폰트이다. 고정폭 폰트는 [그림 4-8]의 (c)와 같이 ijk의 문자 폭이 나머지 문자의 폭과 같아 주로 소스 코드를 표시할 때 사용한다. 지금까지 설명한 폰트 종류 외에도 손으로 쓴 글씨 같은 필기체cursive와 화려한 모양의 판타지fantasy 폰트도 있다.

그림 4-8 폰트의 종류

2. 폰트 속성

■ 폰트를 지정하는 속성 font-family

CSS에서 폰트를 지정하는 속성은 `font-family`이다. 속성값으로 폰트 여러 개를 쉼표(,)로 연결하여 지정한다. 폰트 이름에 공백 문자가 포함될 때는 따옴표를 사용하는 것이 좋다.

```
font-family: Arial, Sans-serif, "Times New Roman"
```

웹 브라우저는 `font-family`에 명시된 폰트를 앞에서부터 순서대로 사용자의 컴퓨터에서 찾아 웹 페이지에 표시한다. 그리고 `font-family` 속성에 폰트를 1개 이상 지정하는데, 첫 번째로 지정한 폰트가 사용자의 컴퓨터에 없을 때 그 다음으로 지정한 폰트를 찾도록 한다. HTML을 작성하는 사람의 컴퓨터에만 있는 특이한 폰트를 지정하는 경우, 그 폰트가 사용자의 컴퓨터에 없으면 의도하지 않은 결과가 나타난다. 따라서 HTML을 작성할 때는 많은 사람이 사용하는 일반적인 폰트를 사용하는 것이 좋다.

여기서 잠깐 **웹 폰트**

모든 사용자의 컴퓨터에서 같은 폰트를 출력하고자 할 때는 웹 폰트를 사용한다. 웹 폰트를 지정하면 웹 브라우저가 서버로부터 폰트를 다운로드하고 사용자의 컴퓨터에 자동으로 설치한다. 대표적인 웹 폰트 서비스로 구글 웹 폰트(https://fonts.google.com)가 있다. 구글 웹 폰트에서 폰트를 선택하면 해당 폰트를 다운로드하는 URL을 `@import url` 혹은 `<link>` 태그의 속성값 형태로 알려준다. 이를 웹 페이지에 삽입하면 모든 사용자의 컴퓨터에서 같은 폰트를 사용할 수 있다.

[예제 4-14]에서 다양한 폰트 패밀리의 출력 결과를 확인하자. 첫 번째 <h2> 태그는 브라우저에서 지정한 세리프로 나타나고, 두 번째 <h2> 태그는 'Times New Roman' 폰트로 나타난다. 특

히 두 번째 <h2> 태그의 style="font-family: 'Times New Roman'" 속성값에서 큰따옴표("") 안에 따옴표를 겹쳐 쓰기 위하여 작은따옴표('')를 사용했다.

TIP 크롬 웹 브라우저는 따옴표를 사용하지 않아도 폰트 이름을 인식한다.

예제 4-14 다양한 폰트 패밀리 ex4-14.html

```
<!DOCTYPE html>
<html>
<head>
  <meta charset="UTF-8">
  <title>다양한 폰트 패밀리</title>
</head>
<body>
  <h2 style="font-family: Serif">[Serif]</h2>
  <h2 style="font-family: 'Times New Roman'">Times New Roman: 가나다ijk</h2>
  <h2 style="font-family: Sans-serif">[Sans-serif]</h2>
  <h2 style="font-family: Arial">Arial: 가나다ijk</h2>
  <h2 style="font-family: Monospace">[Monospace]</h2>
  <h2 style="font-family: Consolas">Consolas: 가나다ijk</h2>
  <h2>[한글]</h2>
  <h2 style="font-family: 바탕">바탕: 가나다ijk</h2>
  <h2 style="font-family: 궁서">궁서: 가나다ijk</h2>
  <h2 style="font-family: 돋움">돋움: 가나다ijk</h2>
  <h2 style="font-family: 고딕">고딕: 가나다ijk</h2>
</body>
</html>
```

출력 결과에서 세 번째와 네 번째 <h2> 태그는 각각 브라우저에서 지정한 산세리프와 'Arial' 폰트로 나타난다. 다섯 번째와 여섯 번째 <h2> 태그는 브라우저에서 지정한 고정폭 글꼴과 'consolas' 폰트로 나타난다. 여섯 번째 <h2> 태그의 고정폭 글꼴 출력 결과에서 ijk의 문자 폭이 다른 문자와 같게 커진 것을 확인할 수 있다.

주의할 점은 웹 브라우저의 세리프, 산세리프, 고정폭 폰트를 설정해도 모두 영문에만 적용되며, 한글은 똑같이 고딕 폰트로 나타난다는 점이다. 다시 말해 영문 폰트를 지정한 한글은 모두 고딕 폰트로 출력된다. 한글을 세리프 폰트로 나타내려면 한글 폰트 패밀리를 별도로 지정해야 한다. 예제 출력 결과의 여덟 번째 줄부터는 한글에 바탕, 궁서, 돋움, 고딕 폰트를 지정한 결과이다.

■ 그 외 폰트 관련 속성

앞서 설명한 `font-family` 이외에도 다양한 폰트 관련 CSS 속성이 있다.

표 4-14 폰트 관련 속성

속성	속성값	내용
font-family	font, initial, inherit	폰트 종류
font-size	%, em, px, pt, xx-small, x-small, small, medium, large, x-large, xx-large, larger, smaller	폰트 크기
font-style	normal, italic, oblique	폰트 스타일
font-weight	normal, bold, light, bolder	폰트 굵기
font	폰트 크기 폰트 굵기 폰트 패밀리	폰트 속성을 한 번에 지정

- `font-family` 속성에는 폰트 이름을 나열한다. `initial` 속성은 폰트를 웹 브라우저 기본값으로 지정하며, `inherit` 속성은 부모 태그의 `font-family` 속성값을 상속inherit한다.
- `font-size`는 폰트의 크기를 변경한다. 앞에서 배운 단위인 퍼센트(%), em, px, pt 등을 사용할 수 있다. 예를 들어 기본 폰트가 16px일 때 125%와 1.25em은 16×1.25=20px이 된다. 이 외에도 `xx-small`, `x-small`, `small`, `medium`, `large`, `x-large`, `xx-large`, `larger`, `smaller` 등의 크기를 나타내는 영어 단어를 사용할 수 있다.
- `font-style`은 문자 스타일을 지정한다. `italic`과 `oblique`는 둘 다 기울어진 글씨체이다. 차이는 `italic`이 좀 더 기울임과 커브가 많고, `oblique`는 일반적인 글씨를 각도만 기울인 형태이다. 그러나 그 차이는 크지 않다.
- `font-weight`는 폰트의 굵기를 지정한다. 굵은 글씨는 `bold`, 더 굵은 글씨는 `bolder`, 획이 가는 글씨는 `light`이다.

- `font`는 폰트 속성값 여러 개를 나열하여 한 번에 지정하는 속성이다.

[예제 4-15]는 폰트 관련 속성을 지정한 예이다. 맨 위에서부터 크기가 10px인 폰트, 크기가 기본값의 120%인 폰트, 크기가 기본값의 1.5배인 폰트, `small` 폰트, `bold` 폰트, `italic` 폰트를 출력한다. 마지막으로 `font: bold 1.2em Arial`은 크기가 1.2배인 'Arial' 폰트 패밀리 글씨를 굵게 출력한다.

예제 4-15 폰트 관련 속성 ex4-15.html

```
<!DOCTYPE html>
<html>
<head>
  <meta charset="UTF-8">
  <title>폰트 관련 속성</title>
</head>
<body>
  <p style="font-size: 10px">font-size: 10px</p>
  <p style="font-size: 120%">font-size: 120%</p>
  <p style="font-size: 1.5em">font-size: 1.5em</p>
  <p style="font-size: small">font-size: small</p>
  <p style="font-weight: bold">font-weight: bold</p>
  <p style="font-style: italic">font-style: italic</p>
  <p style="font: bold 1.2em Arial">font: bold 1.2em Arial</p>
</body>
</html>
```

3. 문자 속성

앞의 예제에서 문자 색상을 나타내는 속성으로 `color`를 자주 사용했다. 이외에도 다양한 문자 관련 속성을 지정할 수 있다. [표 4-15]는 자주 사용하는 문자 관련 CSS 속성이다.

표 4-15 문자 관련 속성

속성	속성값	내용
color	색 이름, 10진수, 16진수, 투명도(rgba)	문자 색상
letter-spacing	표준 단위 사용	문자 간격
line-height	표준 단위 사용	줄 간격
text-align	left, center, right, justify, justify-all	문자 정렬
text-decoration	none, underline, overline, line-through, solid, dashed, wavy	문자 꾸미기
text-indent	표준 단위 사용	문단 들여쓰기

- letter-spacing은 문자 사이의 간격을 조절한다. letter-spacing: 2px는 문자 사이의 간격을 2px 넓힌다. -2px와 같이 음수를 입력하면 문자 사이 간격이 좁혀진다.
- line-height은 줄 간격을 조절하는 옵션이다. 1.2em은 기본 줄 간격의 120%를 의미한다. 기억할 점은 대부분의 웹 브라우저에서 줄 간격 기본값은 100%가 아닌 110%~120%라는 것이다. 따라서 속성값으로 1em을 입력하면 줄 간격이 기본값보다 좁게 나타난다.
- text-align은 문자 정렬 속성이다. 왼쪽 정렬은 left, 가운데 정렬은 center, 오른쪽 정렬은 right, 양쪽 정렬은 justify이다. 속성값으로 justify를 입력했을 때 마지막 줄은 왼쪽 정렬되는데, 마지막 줄까지 양쪽 정렬을 하려면 justify-all을 입력하면 된다.
- text-decoration은 문자를 꾸미는 속성이다. 예를 들어 <a> 태그는 항상 밑줄이 그어진 파란색으로 출력되는데, <a> 태그의 밑줄을 지우고 싶다면 text-decoration: none을 입력한다. 또한 text-decoration의 속성값을 입력하여 문자에 줄을 함께 출력할 수 있다. 밑줄은 underline, 윗줄은 overline, 중간줄은 line-through 속성값으로 설정한다. 선의 종류도 지정할 수 있는데, 실선은 solid, 점선은 dashed, 물결모양 선은 wavy이다. text-decoration 속성에 속성값 여러 개를 한꺼번에 나열하여 지정할 수도 있다.
- text-indent는 문자의 들여쓰기를 지정하는 속성이다. text-indent: 10px를 입력하면 문자를 10px 들여쓰고, text-indent: -10px를 입력하면 문자를 10px 내어쓴다.

[예제 4-16]에서 문자 관련 속성의 출력 결과를 확인하자. letter-spacing: 2px 때문에 모든 문자의 간격이 2px만큼 넓어져서 화면에 나타난다. 반대로 -2px를 입력하면 문자 간격이 좁아진다. line-height: 1em은 줄 간격을 100%로 출력한다. 웹 브라우저의 기본 줄 간격은 110%에서 120% 사이이므로 줄 간격이 조금 좁아진다. 반대로 1.5em은 줄 간격이 150%로 원래보다 넓어진다. text-align: center는 문자를 가운데 정렬하고, right은 오른쪽 정렬한다. <a> 태그에

는 원래 파란색 밑줄이 그어지는데, `text-decoration: none`을 지정하여 하이퍼링크가 밑줄 없이 출력된다. `text-decoration: dashed overline blue`는 파란색 점선의 윗선을 만든다. `text-decoration: wavy underline red`는 빨간색 물결선 밑줄을 출력한다. `text-indent: -5px`는 문단을 5px 내어쓴다. 또한 `text-indent: 20px`는 문단을 20px 들여쓴다.

예제 4-16 **문자 관련 속성** ex4-16.html

```
<!DOCTYPE html>
<html>
<head>
  <meta charset="UTF-8">
  <title>문자 관련 속성</title>
</head>
<body>
  <p style="letter-spacing: 2px">letter-spacing: 2px</p>
  <p style="letter-spacing: -2px">letter-spacing: -2px</p><hr>
  <p style="line-height: 1em">line-height: 1em<br>line-height: 1</p>
  <p style="line-height: 1.5em">line-height: 1.5em<br>line-height: 1.5</p><hr>
  <p style="text-align: center">text-align: center</p>
  <p style="text-align: right">text-align: right</p><hr>
  <p><a href="#" style="text-decoration: none">text-decoration: none</a></p>
  <p style="text-decoration: dashed overline blue">
    text-decoration: dashed overline blue</p>
  <p style="text-decoration: wavy underline red">
    text-decoration: wavy underline red</p><hr>
  <p style="text-indent: -5px">text-indent: -5px</p>
  <p style="text-indent: 20px">text-indent: 20px</p>
</body>
</html>
```

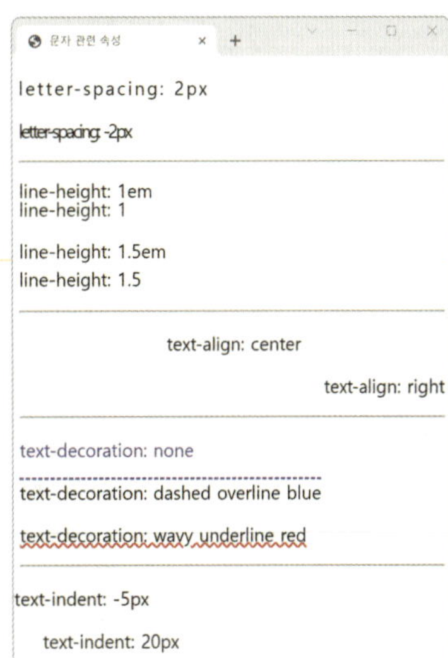

TIP HTML에서 문단 처음의 공백 문자를 무시하는 이유는 들여쓰기나 내어쓰기 할 때 공백 문자 입력을 기준으로 하지 말고, 대신 `text-indent`를 사용하라는 의미이다. 그래야 모든 문단에 일관적으로 들여쓰기나 내어쓰기를 적용할 수 있다.

3 박스 모델

HTML에서 문자나 그림과 같은 내용은 박스box 형태로 구성된다. 박스는 내용을 담는 **내용 영역**content과 내용 영역을 감싸는 **테두리**border로 나뉜다. 지금까지 사용했던 `width`나 `height`은 내용 영역의 크기를 지정하는 속성이었다.

1. 박스 모델의 구성

내용 영역과 테두리 사이 빈 공간을 **패딩**padding이라 부른다. 한쪽 박스의 테두리와 다른 쪽 박스의 테두리 사이 빈 공간을 **마진**margin이라 부른다. 내용 영역에 배경색을 지정할 수 있다. 테두리도 기본적으로는 검은색이지만 색상을 지정할 수 있다. 패딩과 마진은 기본적으로 투명한 영역이다. 만약 내용 영역에 배경색이 있다면 해당 색상은 패딩까지 적용된다. 그러나 마진에는 배경색을 따로 지정할 수 없다.

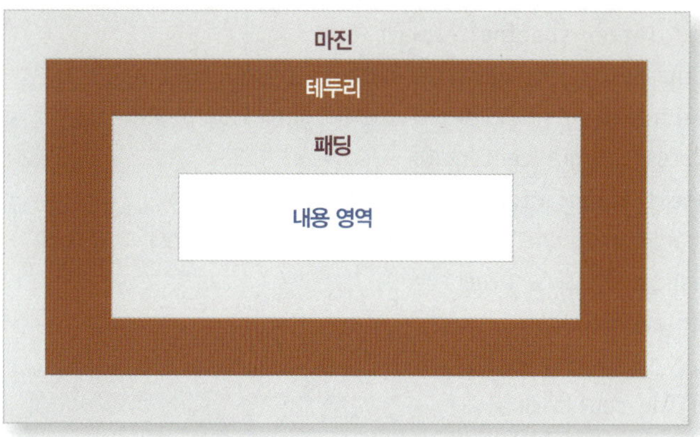

그림 4-9 박스 모델의 구성

표 4-16 박스 모델의 요소

요소	내용
content	문자나 이미지의 실제 내용이 위치하는 영역
padding	내용 영역과 테두리 사이의 영역. 내용 영역에 적용된 배경색이 패딩까지 적용됨
border	테두리 영역. 색상 지정 가능
margin	테두리 바깥쪽의 여백. 배경색 지정 불가능

[예제 4-17]은 `<div>` 태그에 다양한 변화를 주어 박스 모델의 구성을 살펴볼 수 있는 웹 페이지이다. `<div>` 태그의 CSS 속성에 따라 내용 영역의 크기는 폭 200px(`width: 200px`), 높이 20px(`height: 20px`)이다. 내용 영역과 테두리 사이의 간격은 15px(`padding: 15px`)이다. 패

딩은 내용 영역을 감싸기 때문에 위쪽, 오른쪽, 아래쪽, 왼쪽에 각각 15px 여백이 생긴다. 주의할 점은 내용 영역과 패딩 모두 배경색이 **#ffffef**라는 것이다. 테두리와 관련된 CSS 속성은 **border: 5px solid #ffbf69**이다. 두께가 5px이고 실선이며 색상은 **#ffbf69**인 테두리가 만들어진다. **margin: 5px**는 한쪽 박스 테두리와 다른 쪽 박스 테두리 사이가 5px이라는 뜻이다. 마진은 색을 따로 지정하지 않았기 때문에 투명하게 출력된다.

예제 4-17 **기본적인 박스 모델** ex4-17.html

```
<!DOCTYPE html>
<html>
<head>
  <meta charset="UTF-8">
  <title>기본적인 박스 모델</title>
  <style>
    div {
      background-color: #ffffef;
      width: 200px;
      height: 20px;
      padding: 15px;
      border: 5px solid #ffbf69;
      margin: 5px ;
    }
  </style>
</head>
<body>
  <div>오렌지</div>
  <div>주황색의 귤속에 속하는 과일로 비타민C와 섬유질이 풍부</div>
</body>
</html>
```

[그림 4-10]은 [예제 4-17]의 출력 결과이다. 위쪽 **<div>** 박스에서 내용 영역의 높이는 20px이지만 위와 아래에 15px의 패딩이 있어 박스 높이는 50px이다. 그 주위로 5px의 테두리가 만들어진다. 주의할 점은 마진이 위쪽 박스와 아래쪽 박스에서 5px씩 더한 10px이 아니라는 것이다. 마진은 다른 박스와의 거리를 의미하기 때문에 위쪽 **<div>** 박스와 아래쪽 **<div>** 박스 사이의 전체 마진이 5px이다. 또한 폭 200px, 높이 20px로 내용 영역의 크기를 고정했기 때문에 아래쪽 **<div>** 박스처럼 문자를 많이 입력하여 박스가 넘치더라도 내용 영역이 커지지 않는다. 문자가 많을 때 내용 영역이 커지게 하려면 높이를 지정하지 않아야 한다.

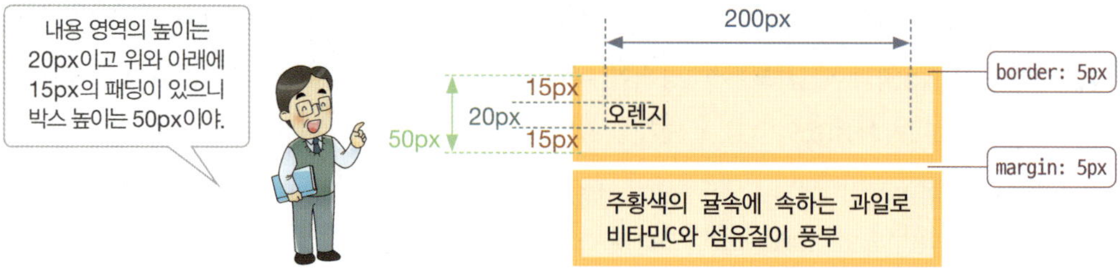

그림 4-10 **[예제 4-17] 출력 결과**

2. 패딩과 마진 스타일 지정하기

패딩은 속성값을 입력하여 위쪽, 오른쪽, 아래쪽, 왼쪽 크기를 각각 지정할 수 있다. 또한 마진도 속성값을 입력하여 각 방향의 크기를 지정할 수 있다.

padding: 20px 40px 60px 80px처럼 패딩의 네 방향 크기를 한 번에 입력하거나 **margin: 20px 40px 60px 80px**처럼 마진의 네 방향 크기를 한 번에 입력하면 **위쪽부터 시계방향, 즉 위쪽, 오른쪽, 아래쪽, 왼쪽 순서로 크기가 지정된다**. 특히 마진은 **margin: auto**라고 입력하면 박스가 화면에서 양옆으로 중앙에 배치된다. 예를 들어 **margin: 20px auto**는 박스의 전체 마진을 **20px**로 만들고 화면의 중앙에 배치한다.

표 4-17 **패딩과 마진 관련 속성**

패딩 속성	마진 속성	내용
padding-top	margin-top	위쪽
padding-right	margin-right	오른쪽
padding-bottom	margin-bottom	아래쪽
padding-left	margin-left	왼쪽
padding	margin	속성값 여러 개를 한 번에 입력

웹 브라우저는 마진 크기 속성값을 3개만 입력하면 위쪽, 양옆쪽, 아래쪽 크기를 입력한 것으로 인식하며, 속성값을 2개만 입력하면 위아래쪽, 양옆쪽 크기를 입력한 것으로 인식한다. 속성값이 1개이면 네 방향 크기를 동일하게 입력한 것으로 인식한다. 이를 정리하면 [표 4-18]과 같다.

표 4-18 **마진 속성값 개수에 따른 네 방향 마진**

마진 속성값	네 방향 마진 크기
margin: 20px 40px 60px 80px;	margin-top: 20px; margin-right: 40px; margin-bottom: 60px; margin-left: 80px;

margin: 20px 40px 60px;	margin-top: 20px; margin-right: 40px; margin-left: 40px; margin-bottom: 60px
margin: 20px 40px;	margin-top: 20px; margin-bottom: 20px; margin-right: 40px; margin-left: 40px;
margin: 20px;	margin-top: 20px; margin-right: 20px; margin-bottom: 20px; margin-left: 20px;

[예제 4-18]은 패딩 크기를 속성값 4개, 3개, 2개, 1개로 지정했을 때의 출력 결과이다. 모든 <div> 박스의 내용 영역은 너비 200px, 높이 20px이고, 테두리는 5px이며, margin-top은 20px, margin-bottom은 40px이다.

첫 번째 <div> 박스는 패딩의 위쪽, 오른쪽, 아래쪽, 왼쪽을 padding: 30px 20px 10px 0으로 지정한다. 두 번째 박스는 padding: 30px 20px 10px로 지정한다. 값을 3개만 입력했기 때문에 패딩이 위쪽은 30px, 양옆쪽은 20px, 아래쪽은 10px이다. 세 번째 박스는 padding: 30px 20px로 지정한다. 값을 2개만 입력했기 때문에 위쪽과 아래쪽 패딩은 30px, 양 옆쪽 패딩은 20px이다. 네 번째 박스는 padding: 30px로 값을 1개만 입력하여 패딩의 모든 방향이 30px이다. 다섯 번째 박스는 margin: auto를 입력하여 화면에서 양옆으로 중앙에 배치된다.

예제 4-18 패딩과 마진 지정하기 ex4-18.html

```
<!DOCTYPE html>
<html>
<head>
  <meta charset="UTF-8">
  <title>패딩과 마진 지정하기</title>
  <style>
    div {
      background-color: #ffffef;
      width: 200px;
      height: 20px;
      border: 5px solid #ffbf69;
      margin-top: 20px ;
      margin-bottom: 40px;
    }
  </style>
</head>
<body>
  <div style="padding: 30px 20px 10px 0">
    padding: 30px 20px 10px 0</div>
```

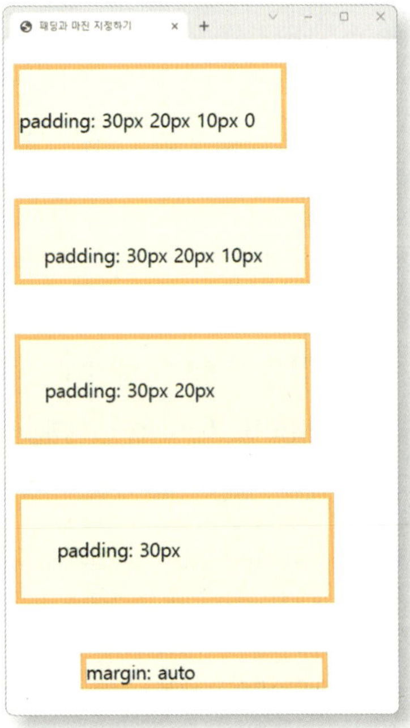

```
  <div style="padding: 30px 20px 10px">
    padding: 30px 20px 10px</div>
  <div style="padding: 30px 20px">
    padding: 30px 20px</div>
  <div style="padding: 30px">
    padding: 30px</div>
  <div style="margin: auto">margin: auto</div>
</body>
</html>
```

3. 테두리 스타일 지정하기

테두리와 관련된 CSS 속성은 [표 4-19]와 같다. 마지막 행의 **border** 속성에는 속성값 여러 개를 나열하여 한 번에 지정할 수 있다.

표 4-19 테두리 관련 속성

속성	속성값	의미
border-width		테두리 두께
border-style	none, solid, double, dotted, dashed, groove, ridge, inset, outset	테두리 스타일
border-color		테두리 색 border-style 지정 필수
border-image	url("")	테두리 이미지 지정
border-radius		테두리 둥글게 만들기
border		속성값 여러 개를 한 번에 지정

- **border-width** 속성은 테두리 굵기를 지정한다. 값을 4개 나열하여 위쪽, 오른쪽, 아래쪽, 왼쪽 순으로 테두리 굵기를 지정할 수 있다. 속성값의 개수에 따라 각 방향의 테두리 굵기를 지정하는 방식은 패딩이나 마진과 같다. 또한 **border-top-width**, **border-right-width**, **border-bottom-width**, **border-left-width** 속성을 사용하여 각 방향의 테두리 굵기를 따로 지정할 수도 있다.
- **border-style**은 테두리 선의 모양을 지정한다. 속성값 **none**은 테두리를 나타내지 않으며, 실선(**solid**), 두 줄 선 (**double**) 등 다양하게 지정할 수 있다.
- **border-color**는 테두리 색상을 지정한다. 주의할 점은 **border-color**를 **border-style**과 함께 사용해야 적용된다는 점이다. **border-style** 속성의 기본값은 **none**이라서 값을 지정하지 않으

면 색을 적용할 실체가 없기 때문이다. 예를 들어 **border solid red**는 실선으로 빨간색 테두리가 만들어지지만, **border red**는 테두리의 실체가 없어 색을 입력했어도 테두리에 적용되지 않는다.

- **border-image**는 테두리 안에 넣을 이미지를 지정한다. 이미지 위치는 **border-image: url("")**의 따옴표 안에 넣는다.
- **border-radius**는 박스 모서리를 둥글게 만드는 속성이다.

[예제 4-19]에서 다양한 테두리 선 스타일의 출력 결과를 확인하자. 모든 박스는 테두리 굵기가 8px이고 테두리 스타일이 각각 **solid**, **double**, **dotted**, **dashed**, **groove**, **ridge**, **inset**, **outset**이다. 마지막의 **border-style: double solid none dotted**는 테두리 위쪽은 두 줄 선, 오른쪽은 실선, 아래쪽에는 선이 없으며, 왼쪽은 점선인 박스를 출력한다.

예제 4-19 테두리 선 스타일 지정하기 ex4-19.html

```html
<!DOCTYPE html>
<html>
<head>
  <meta charset="UTF-8">
  <title>테두리 선 스타일 지정하기</title>
  <style>
    p {
      border: 8px;
      text-align: center;
    }
  </style>
</head>
<body>
  <p style="border-style: solid">solid</p>
  <p style="border-style: double">double</p>
  <p style="border-style: dotted">dotted</p>
  <p style="border-style: dashed">dashed</p>
  <p style="border-style: groove">groove</p>
  <p style="border-style: ridge">ridge</p>
  <p style="border-style: inset">inset</p>
  <p style="border-style: outset">outset</p>
  <p style="border-style: double solid none dotted">
    double(상) solid(우) none(하) dotted(좌)</p>
</body>
</html>
```

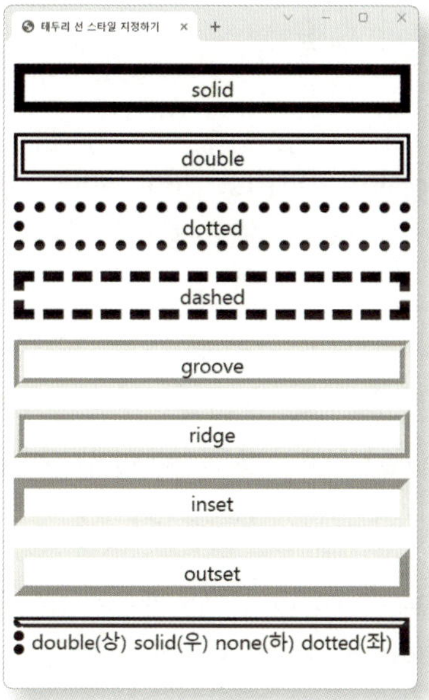

■ 테두리 둥글게 만들기

지금까지는 모서리가 직각인 박스만 만들었다. **border-radius** 속성값을 입력하면 박스의 모서리에 위치한 테두리를 둥글게 만들 수 있다. **border-radius: 20px**는 꼭짓점 위치에 반지름 20px의 원과 포개어지는 둥근 테두리가 만들어진다. 꼭짓점 네 개에 서로 다른 **border-radius** 속성값을 입력할 수 있다. [그림 4-11]은 **border-radius: 20px 40px 60px 0**의 속성값을 설정한 둥근 테두리이다.

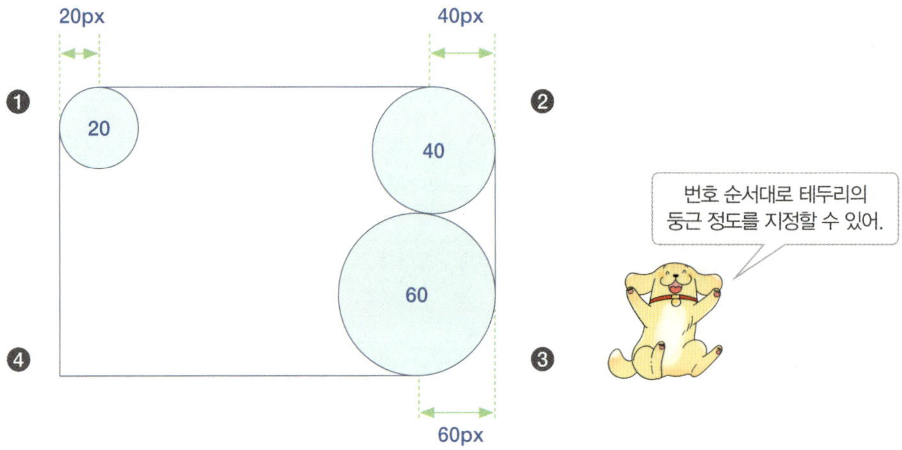

border-radius: 20px 40px 60px 0

그림 4-11 **테두리 둥글게 만들기**

네 꼭짓점 중 왼쪽 위 꼭짓점부터 시계방향으로 둥근 정도를 지정한다. 왼쪽 위의 ❶에는 반지름이 20px인 원과 포개어지는 둥근 테두리가 만들어진다. 오른쪽 위의 ❷에는 반지름이 40px인 원과 포개어지는 둥근 테두리가 만들어진다. 오른쪽 아래의 ❸에는 반지름이 60px인 원과 포개어지는 테두리가 만들어진다.

border-radius: 20px 40px와 같이 값을 2개만 지정하는 경우 ❶과 ❸에 반지름 20px인 원과 포개어지는 테두리가 만들어지고, ❷와 ❹는 반지름이 40px인 원과 포개어지는 테두리가 만들어진다. **border-radius** 속성값에는 퍼센트(%) 단위를 사용할 수 있다. **border-radius: 50%**는 모든 꼭짓점에 반지름이 박스 크기의 50%인 원과 포개어지는 테두리가 만들어진다. **border-radius** 속성값을 **50%**라고 입력하면 박스가 완전한 원이 된다.

[예제 4-20]은 **border-radius** 속성에 다양한 값을 입력했을 때의 출력 결과이다. **border-radius: 10px**는 4개의 모서리에 반지름이 10px인 원과 포개어지는 둥근 테두리를 출력한다. **border-radius: 20px 40px**는 ❶과 ❸ 꼭짓점은 반지름이 20px인 원, ❷와 ❹ 꼭짓점은 반지

름이 40px인 원과 포개어지는 테두리를 출력한다. `border-radius: 20px 80px`은 ❶과 ❸에 20px과 ❷와 ❹에 80px을 지정하여 박스가 마치 럭비공 같은 모양이 된다. 마지막으로 `border-radius: 50%`는 모든 꼭짓점에 박스 크기의 50%를 지정하여, 결국 박스가 완전한 원이 된다.

예제 4-20 **테두리 둥글게 만들기** ex4-20.html

```html
<!DOCTYPE html>
<html>
<head>
  <meta charset="UTF-8">
  <title>테두리 둥글게 만들기</title>
  <style>
    div {
      background-color: #cbeefe;
      width: 100px;
      height: 100px;
      line-height: 100px;
      text-align: center;
    }
  </style>
</head>
<body>
  <div style="border-radius: 10px">10px</div><br>
  <div style="border-radius: 20px 40px">20px 40px</div><br>
  <div style="border-radius: 20px 80px">20px 80px</div><br>
  <div style="border-radius: 50%">50%</div>
</body>
</html>
```

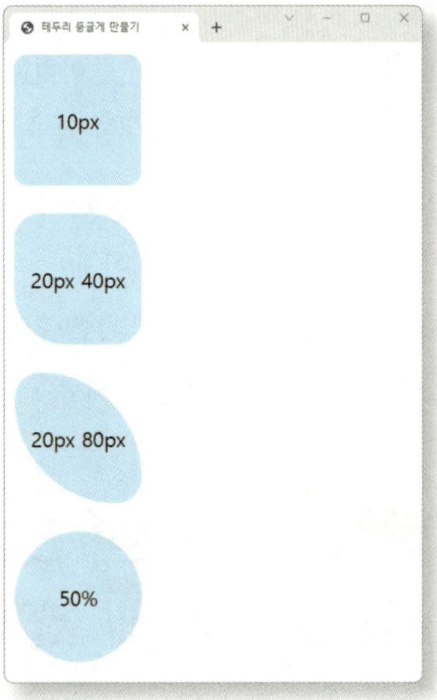

Know-how **문자를 위아래로 중앙에 배치하려면 어떻게 할까?**

박스에서 문자를 양옆으로 중앙에 배치하는 속성은 `text-align: center`였다. 위아래로 중간에 문자를 배치할 때는 `line-height:` 박스 높이를 입력한다. [예제 4-20]에서는 내용물이 한 줄이면서 박스 높이가 100px이므로, `line-height: 100px`와 `text-align: center`를 함께 입력하여 문자를 중앙에 배치했다.

미니 프로젝트 나만의 음식 이야기

3장의 '나만의 동물 이야기'는 `<iframe>`을 활용하기 위해 HTML 파일을 여러 개 만드는 불편함이 있었다. 그리고 HTML을 완성하고 나서 CSS를 작성하기보다 HTML과 CSS를 한꺼번에 작성하는 것이 편리하다. 새로운 주제로 CSS가 포함된 HTML을 작성해보자. 이번 프로젝트의 주제는 '나만의 음식 이야기'이다. 좋아하는 음식이나 먹어보고 싶은 음식, 특정 음식을 만드는 레시피를 소개하거나 해당 음식에 대한 역사적인 사건을 설명해도 된다.

[그림 4-12]는 과제에 사용할 이미지 파일로 HTML5/chap_04/media 폴더에 들어 있다. 대부분 배경이 없는 PNG 파일이지만, 일부 배경이 있는 이미지도 있다. 모든 이미지는 높이를 640px로 맞추어 놓았다. 음식과 관련된 이미지를 아주 많이 준비해 두었기 때문에 서로 다른 학생이 같은 이미지를 과제에 사용할 가능성은 낮다.

그림 4-12 HTML5/chap_04/media 폴더에 있는 이미지

과제는 구조화된 문서로 제출해야 한다. CSS를 사용하여 예쁜 웹 문서를 만들되, 파일을 한 개만 제출한다. 따라서 외부 CSS 파일을 사용할 수 없다.

과제 **나만의 음식 이야기 웹 페이지 만들기**

❶ 음식에 대한 자유 주제로 웹 페이지를 만든다.
❷ HTML5/chap_04/media 폴더에 있는 이미지만 사용한다.
❸ 구조화된 문서여야 하며 4장에서 배운 CSS를 최대한 많이 사용한다.
❹ 배우지 않은 태그나 CSS는 사용 불가하다.
❺ 웹 페이지는 HTML5/chap_04/project 폴더에 있는 홍길동_20230808.html을 사용한다.
❻ 파일 이름을 자신의 이름과 학번으로 변경하고, 웹 페이지 내의 이름과 학번을 변경한다.

▪ 추가 프로젝트: '나만의 동물 이야기' 웹 페이지를 CSS로 꾸미기

3장에서 제출한 '나만의 동물 이야기' 웹 페이지를 꾸며보자. 4장에서 배운 CSS를 활용한다.

과제 **나만의 동물 이야기 웹 페이지 꾸미기**

❶ 외부 CSS 파일을 사용하는 경우 파일 이름을 '학번.css'로 한다.
❷ HTML5/media 폴더에 있는 동물 이미지만 사용한다.
❸ 4장에서 배운 CSS 속성을 많이 사용할수록 높은 점수를 받는다.

요약

01 CSS란 HTML에 종속되어 웹 페이지의 스타일을 변형하는 시트이다. CSS는 **선택자 { 속성: 속성값; }**과 같이 구성된다.

02 CSS는 기본적으로 HTML의 `<style> </style>` 태그 안에 작성하여 스타일을 해당 HTML에만 적용한다. 여러 웹 페이지에 같은 CSS를 적용하려면 외부 CSS 파일로 작성하고 `<link>`나 `@import`를 사용하여 연결한다. 특정 태그에 적용하는 CSS는 `style` 속성으로 작성한다.

03 같은 태그에 대하여 CSS가 여러 개일 때 우선순위가 높은 CSS가 적용된다. 우선순위는 웹 브라우저의 기본 설정이 가장 낮고, 외부 CSS 파일, `<style> </style>` 태그 안의 CSS, 태그의 `style` 속성 순으로 높아진다. 바깥쪽 태그의 CSS는 안쪽 태그에 상속된다.

04 같은 CSS를 여러 태그에 적용하려면 태그 이름을 쉼표(,)로 연결한다. 별표(*)는 모든 태그를 가리킨다. 해시(#)가 붙은 선택자는 아이디 선택자이며, 클래스 이름 앞에 마침표(.)를 붙이면 클래스 선택자이다. 대괄호([ ])를 사용하여 속성 선택자를 만들 수 있다.

05 태그가 여러 겹으로 중첩된 구조에서 자식 선택자에는 부등호(>)를 붙이며, 자식을 포함한 후손 선택자는 공백 문자로 표시한다. 콜론(:)을 사용하는 가상 클래스 선택자는 앞으로 발생할 수 있는 클래스에 대한 선택자이다.

06 CSS에서 사용하는 단위에는 상대 단위와 절대 단위가 있다. 상대 단위인 `em`과 `rem`은 배수를 의미한다. 색상을 표현하는 `rgba`에는 투명도까지 지정할 수 있다.

07 세리프는 문자의 끝이 좁아지면서 삐침이 있는 폰트이며, 산세리프는 삐침이 없는 폰트이다. 고정폭 폰트는 문자 폭이 일정한 폰트이다.

08 CSS에서 문자나 그림은 박스 형태로 삽입된다. 박스는 내용물을 담는 내용 영역과 그 주위를 감싸는 테두리로 구성된다. 패딩은 내용 영역과 테두리 사이의 빈 공간이고, 마진은 테두리와 테두리 사이의 빈 공간이다.

연습문제

01 CSS를 구성하는 필수 요소가 아닌 것은

① 태그　　② 속성

③ 선택자　　④ 속성값

02 CSS에서 속성 다음에 붙이는 기호는 무엇인가?

① 쉼표(,)　　② 세미콜론(;)

③ 별표(*)　　④ 콜론(:)

03 HTML에 외부 CSS 파일을 적용하는 데 사용하는 태그를 찾으시오.

① `<link>`　　② `<p>`

③ `<a>`　　④ `<div>`

04 CSS 적용 규칙이 아닌 것을 찾으시오.

① 바깥쪽 태그의 CSS는 안쪽 태그로 상속된다.

② 여러 종류의 CSS 속성은 합쳐진다.

③ 우선순위가 가장 높은 CSS는 웹 브라우저의 기본 설정이다.

④ 같은 속성에 대하여 속성값이 여러 개일 때 우선순위가 높은 것이 적용된다.

05 다음 중 우선순위가 가장 높은 CSS를 찾으시오.

① 웹 브라우저 기본 설정　　② `<style> </style>` 태그 안의 CSS

③ 외부 CSS 파일　　④ 태그의 `style` 속성

06 CSS 선택자에서 모든 태그를 가리키는 기호는 무엇인가?

① 쉼표(,)　　② 해시(#)

③ 별표(*)　　④ 마침표(.)

07 CSS에서 아이디 선택자 앞에 붙이는 기호는 무엇인가?

① 쉼표(,) ② 해시(#)
③ 별표(*) ④ 마침표(.)

08 CSS에서 속성 선택자에 붙이는 기호는 무엇인가?

① 대괄호([]) ② 중괄호({})
③ 괄호(()) ④ 마침표(.)

09 CSS에서 자식을 포함한 후손 선택자 앞에 사용하는 기호는 무엇인가?

① 부등호(>) ② 해시(#)
③ 별표(*) ④ 공백 문자

10 속성값이 `class="name"`인 `<p>` 태그에만 CSS를 적용하는 선택자를 찾으시오.

① `.name` ② `name.p`
③ `p.name` ④ `p, name`

11 속성값이 `target="_blank"`인 `<a>` 태그에만 CSS를 적용하는 선택자를 찾으시오.

① `a.target="_blank"` ② `a[target]`
③ `a[target="_blank"]` ④ `a{target}`

12 CSS에서 가상 클래스 선택자에 사용하는 기호는 무엇인가?

① 쉼표(,) ② 세미콜론(;)
③ 별표(*) ④ 콜론(:)

13 가상 클래스 선택자 중 마우스가 올라왔을 때 CSS 속성을 적용하는 것을 찾으시오.

① `first-child` ② `hover`
③ `first-letter` ④ `checked`

14 가상 클래스 선택자 중 첫 번째 자식에 CSS 속성을 적용하는 것을 찾으시오.

① first-child　② hover
③ first-letter　④ checked

15 CSS 크기 단위 중 나머지 셋과 종류가 다른 것을 찾으시오.

① em　② rem
③ px　④ %

16 CSS 크기 단위 중 루트를 기준으로 하는 상대적 크기를 나타내는 것을 찾으시오.

① px　② rem
③ pt　④ %

17 CSS 색상 단위 중 투명도를 지정할 수 있는 것을 찾으시오.

① 색 이름　② rgba
③ 16진수　④ rgb

18 요소를 완전히 투명하게 나타내는 색상 표현을 찾으시오.

① rgba(255, 0, 0, 1)　② rgba(255, 0, 0, 0.3)
③ rgba(255, 0, 0, 0.7)　④ rgba(255, 0, 0, 0)

19 다음 중 노란색으로 나타나는 16진수 색상 표현을 찾으시오.

① #f0f　② #fff
③ #ff0　④ #00f

20 백그라운드 이미지의 위치를 지정하는 속성을 찾으시오.

① background-image　② background-repeat
③ background-color　④ background-size

21 삐침이 없는 폰트를 가리키는 단어는 무엇인가?

① 노세리프 ② 산세리프

③ 세리프 ④ 고정폭 폰트

22 모든 문자의 폭이 동일한 폰트를 가리키는 단어는 무엇인가?

① Serif ② San-Serif

③ font family ④ Monospace

23 다음 CSS 속성 중 문자 기울임을 지정하는 것을 찾으시오.

① `font-weight` ② `font-style`

③ `font-family` ④ `font-size`

24 다음 CSS 속성 중 문자 사이의 간격을 지정하는 것을 찾으시오.

① `letter-spacing` ② `line-height`

③ `text-align` ④ `text-indent`

25 다음 CSS 속성 중 줄 사이 간격을 지정하는 것을 찾으시오.

① `letter-spacing` ② `line-height`

③ `text-align` ④ `text-indent`

26 `text-align` 속성값 중 문자를 양쪽 정렬하는 것을 찾으시오.

① `left` ② `justify`

③ `center` ④ `right`

27 박스 모델에서 테두리 영역을 가리키는 단어는 무엇인가?

① content ② padding

③ border ④ margin

28 박스 모델에서 테두리 바깥쪽 여백을 가리키는 단어는 무엇인가?

① content ② padding

③ border ④ margin

29 박스 모델의 패딩 속성값을 `padding: 20px 40px 60px`로 지정했다. 어느 쪽 패딩이 60px인가?

① bottom ② top

③ left ④ right

30 다음 CSS 속성 중 박스를 화면에서 가로로 중앙에 배치하는 것을 찾으시오.

① `padding: auto` ② `margin: auto`

③ `margin: center` ④ `padding: center`

31 다음 CSS 속성 중 테두리를 둥글게 만드는 것을 찾으시오.

① `border-image` ② `border-style`

③ `border-width` ④ `border-radius`

32 HTML 출력 결과가 다음 그림과 같도록 `<style> </style>` 태그 안에 CSS를 작성하시오.

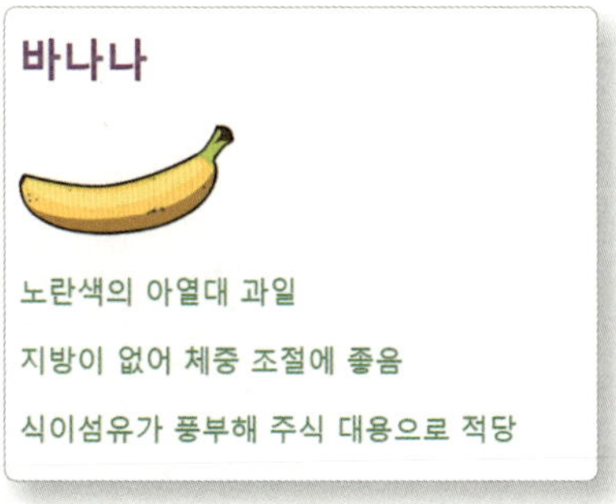

```
<!DOCTYPE html>
<html>
<head>
  <meta charset="UTF-8">
  <style>




  </style>
</head>
<body>
  <h2>바나나</h2>
  <p><img src="../media/banana1.png" width="120"></p>
  <p>노란색의 아열대 과일</p>
  <p>지방이 없어 체중 조절에 좋음</p>
  <p>식이섬유가 풍부해 주식 대용으로 적당</p>
</body>
</html>
```

※ 다음 HTML과 외부 CSS를 보고 물음에 답하시오.

```
<!DOCTYPE html>
<html>
<head>
  <meta charset="UTF-8">
  <style>

  </style>
</head>
<body>
```

```
  <h2>바나나</h2>
  <p><img src="../media/banana1.png" width="120"></p>
  <p>노란색의 아열대 과일</p>
  <p>지방이 없어 체중 조절에 좋음</p>
  <p>식이섬유가 풍부해 주식 대용으로 적당</p>
</body>
</html>
```

외부 CSS 파일

```
h2 {
  color: green;
  background-color: #def;
}
p {
  color: #209134;
  width: 300px;
}
```

33 <h2>바나나</h2>의 글자색은 무엇인가?

34 <h2>바나나</h2>의 배경색은 무엇인가?

35 <span>지방</span>의 글자색은 무엇인가?

36 <span>지방</span>의 배경색은 무엇인가?

37 HTML 출력 결과가 다음 그림과 같도록 <style> </style> 태그 안에 아이디 선택자를 사용하는 CSS를 작성하시오.

```
<!DOCTYPE html>
<html>
<head>
  <meta charset="UTF-8">
  <style>



  </style>
</head>
<body>
  <h2>바나나</h2>
  <p><img src="../media/banana1.png" width="120"></p>
  <p id="id1">노란색의 아열대 과일</p>
  <p>지방이 없어 체중 조절에 좋음</p>
  <p id="id2">식이섬유가 풍부해 주식 대용으로 적당</p>
</body>
</html>
```

38 HTML 출력 결과가 다음 그림과 같도록 <style> </style> 태그 안에 클래스 선택자를 사용하는 CSS를 작성하시오.

```
<!DOCTYPE html>
<html>
<head>
  <meta charset="UTF-8">
  <style>



  </style>
</head>
<body>
  <h2 class="blue">바나나</h2>
  <p><img src="../media/banana1.png" width="120"></p>
  <p class="blue large">노란색의 아열대 과일</p>
  <p class="blue">지방이 없어 체중 조절에 좋음</p>
  <p>식이섬유가 풍부해 주식 대용으로 적당</p>
</body>
</html>
```

39 HTML 출력 결과가 다음 그림과 같도록 <style> </style> 태그 안에 속성 선택자를 사용하는 CSS를 작성하시오.

맥도날드 홈페이지

구글 홈페이지(새창)

ex4-8.html 다운로드

```
<!DOCTYPE html>
<html>
<head>
  <meta charset="UTF-8">
  <style>



  </style>
</head>
<body>
  <p><a href="https://mcdonalds.co.kr">맥도날드 홈페이지</p>
  <p><a href="https://google.com" target="_blank">구글 홈페이지(새창)</p>
  <p><a href="ex4-8.html" download>ex4-8.html 다운받기</p>
</body>
</html>
```

40 HTML 출력 결과가 다음 그림과 같도록 <style> </style> 태그 안에 CSS를 작성하시오. 처음에는 배경색이 없다가 바나나 그림에 마우스 포인터를 올리면 배경색이 #ff8로 바뀐다.

```
<!DOCTYPE html>
<html>
<head>
  <meta charset="UTF-8">
  <title>가상 클래스 선택자</title>
  <style>



  </style>
</head>
<body>
  <h2>바나나</h2>
  <p><img src="../media/banana1.png" width="120"></p>
  <ul>
    <li>노란색의 아열대 과일</li>
    <li>지방이 없어 체중 조절에 좋음</li>
    <li>식이섬유가 풍부해 주식 대용으로 적당</li>
  </ul>
</body>
</html>
```

41 그림과 같이 웹 페이지를 출력하는 HTML 코드는 다음과 같다. `text-decoration: none` 이후 빈칸에 들어갈 HTML을 작성하시오.

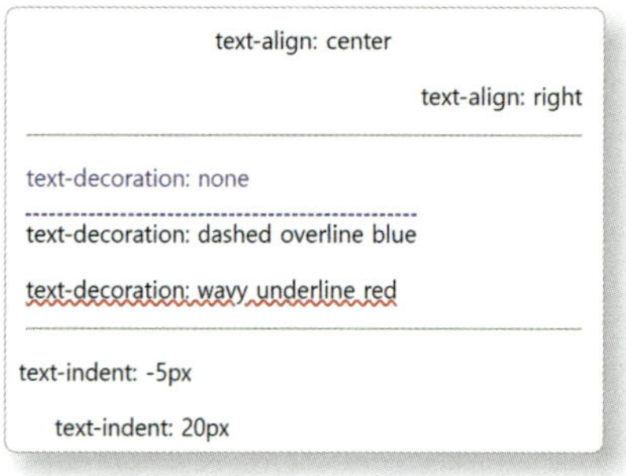


```
<!DOCTYPE html>
<html>
<head>
  <meta charset="UTF-8">
  <title>문자 관련 속성</title>
</head>
<body>
  <p style="text-align: center">text-align: center</p>
  <p style="text-align: right">text-align: right</p><hr>
  <p><a href="#" style="text-decoration: none">text-decoration: none</a></p>
[                                                                  ]
</body>
</html>
```

42 HTML 출력 결과가 다음 그림과 같도록 <style> </style> 태그 안에 CSS를 작성하시오. 배경색은 #ffffef이고, 테두리 색상은 #ffbf69이다.

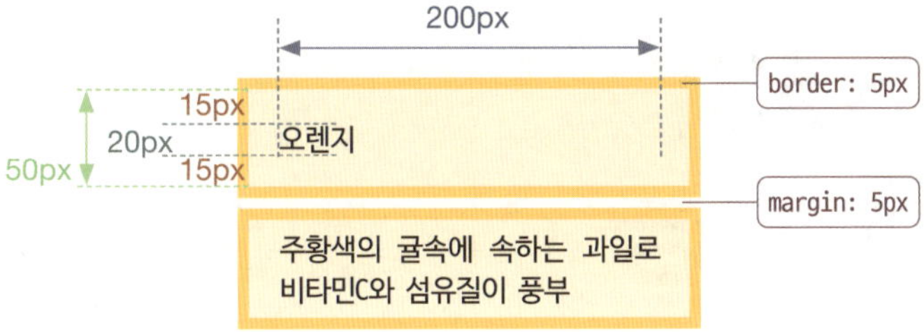


```
<!DOCTYPE html>
<html>
<head>
  <meta charset="UTF-8">
  <style>



  </style>
</head>
<body>
  <div>오렌지</div>
  <div>주황색의 귤속에 속하는 과일로 비타민C와 섬유질이 풍부</div>
</body>
</html>
```

43 HTML 출력 결과가 다음 그림과 같도록 HTML을 작성하시오.

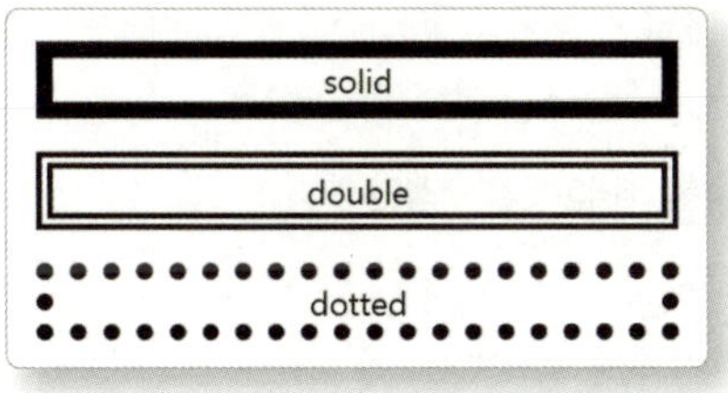

CHAPTER 05

CSS3의 고급 기능

학습 목표

- HTML 태그 박스를 배치하여 보기 좋은 레이아웃을 구성한다.
- CSS를 적용하여 HTML 태그를 꾸민다.
- 그림자, 애니메이션, 커서 모양과 같은 다양한 시각적 효과를 학습한다.

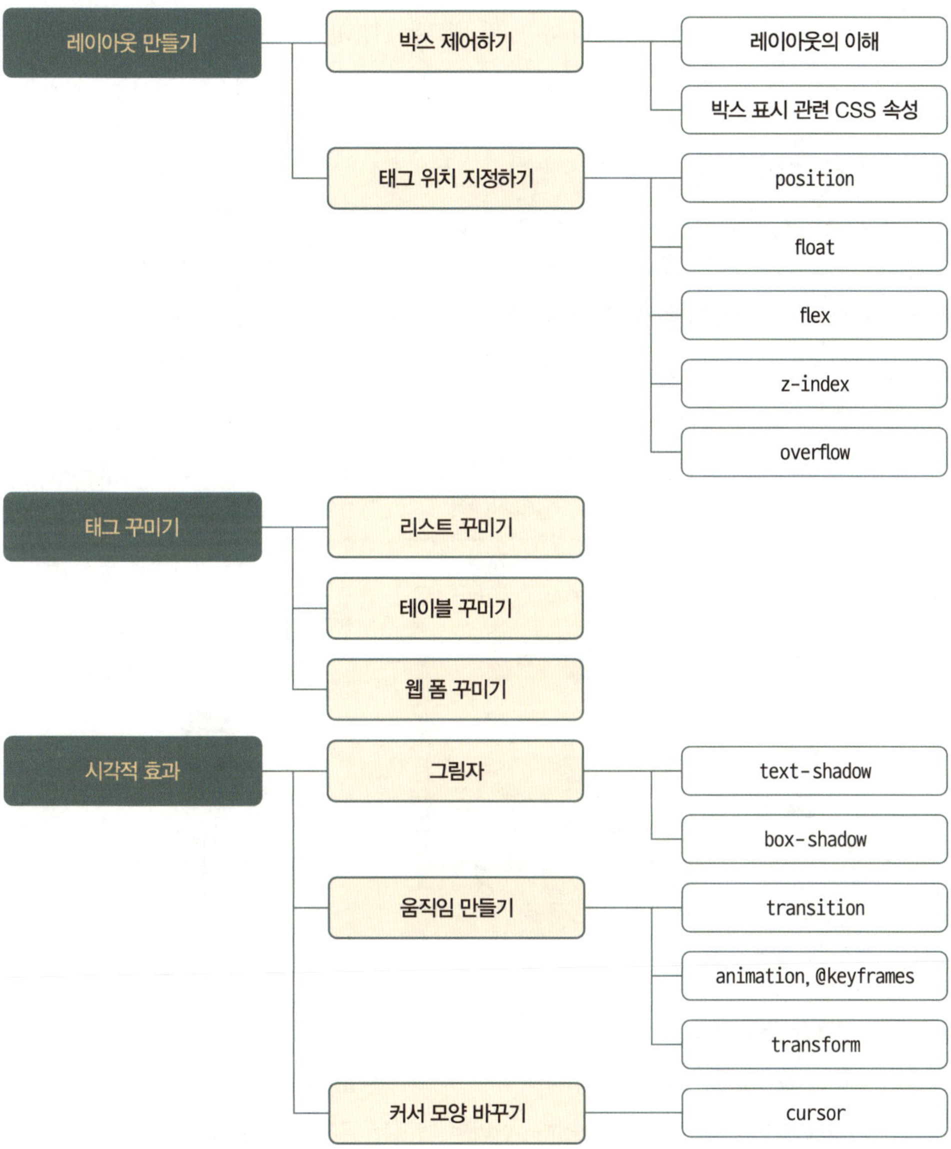
레이아웃 만들기
박스 제어하기
레이아웃의 이해
박스 표시 관련 CSS 속성
태그 위치 지정하기
position
float
flex
z-index
overflow
태그 꾸미기
리스트 꾸미기
테이블 꾸미기
웹 폼 꾸미기
시각적 효과
그림자
text-shadow
box-shadow
움직임 만들기
transition
animation, @keyframes
transform
커서 모양 바꾸기
cursor

SECTION 01

레이아웃 만들기

1 박스 제어하기

3장에서 웹 페이지의 구조화를 위한 시맨틱 태그 <header>, <section>, <article>, <aside>, <nav>, <footer>에 대하여 설명했다. 시맨틱 태그는 HTML 문서에서 각 영역에 의미를 부여할 뿐이고 실질적으로 박스를 배치하는 일은 CSS가 담당한다.

1. 레이아웃의 이해

레이아웃이란 웹 페이지에 CSS를 사용하여 영역을 배치하는 것을 말한다. [그림 5-1]의 구조화된 문서에도 레이아웃이 적용되었고, 이외에도 만들 수 있는 레이아웃은 다양하다. <nav> 영역을 왼쪽에 두거나 <aside>를 <section> 아래에 두기도 하고, 옆으로 <section> 여러 개를 나란히 배치할 수도 있다. 이러한 레이아웃을 만들 때 지금까지 배운 태그로는 한계가 있다.

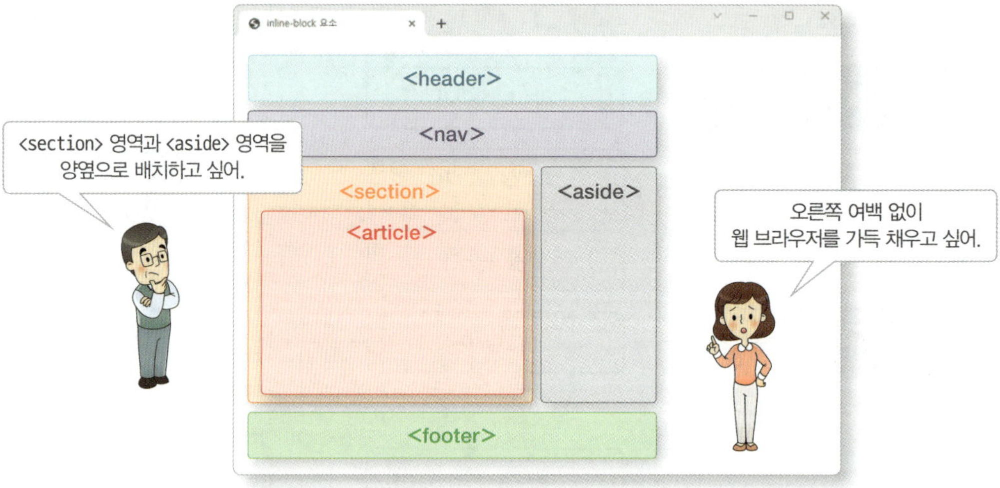

그림 5-1 구조화된 문서

■ 인라인 태그와 블록 태그

지금까지 배운 HTML 태그들을 다시 살펴보자. 태그들은 inline 태그 요소(이하 인라인 태그) 또는 block 태그 요소(이하 블록 태그)였다. **인라인 태그는 문자처럼 한 줄로 이어져서 표시되며 크**

기를 지정할 수 없다. 대표적인 인라인 태그로 <span>, <a>, <i>, <b> 등의 문자를 꾸미는 태그와 <img>, <br>, <input> 등의 태그가 있다. 블록 태그는 한 줄에 걸쳐 나타나는데, 다음 블록 태그는 그 다음 줄에 나타난다. 블록 태그는 크기를 지정할 수 있지만, 한 줄에 연달아 배치할 수 없다. 대표적인 블록 태그로는 <h1> 등의 제목 태그와 <p>, <hr>, <div>, <table> 등의 태그가 있다.

표 5-1 인라인 태그와 블록 태그

인라인 태그	블록 태그
<span>, <a>, <i>, <b>, <mark>, <img>, , <input>, <select>, <textarea>, <button>	<h1>, <p>, <ol>, <ul>, <li>, <hr>, <div>, <table>, <form>

[예제 5-1]은 인라인 태그와 블록 태그의 특성을 보여준다. 인라인 태그인 <span>과 블록 태그인 <div>에 대하여 span, div { }를 사용하여 CSS 속성을 똑같이 적용했다. 따라서 background-color와 border 속성은 <span> 태그와 <div> 태그에 모두 적용된다.

예제 5-1 인라인 태그와 블록 태그 ex5-1.html

```
<!DOCTYPE html>
<html>
<head>
  <meta charset="UTF-8">
  <title>인라인 태그와 블록 태그</title>
  <style>
    span, div {
      background-color: #feb;
      border: 1px solid #715;
      margin: auto;   /* 블록 태그 화면 중앙에 배치 */
      width: 150px;   /* 인라인 태그는 크기 지정 무시 */
      height: 60px;   /* 인라인 태그는 크기 지정 무시 */
    }
  </style>
</head>
<body style="font-size: 20px; font-weight: bold">
  span 태그(인라인 태그):<br>
  <p><span>span</span> <span>한 줄에 표시</span></p>
  div 태그(블록 태그):<br>
  <p><div>div</div> <div>블록에 표시</div></p>
</body>
</html>
```

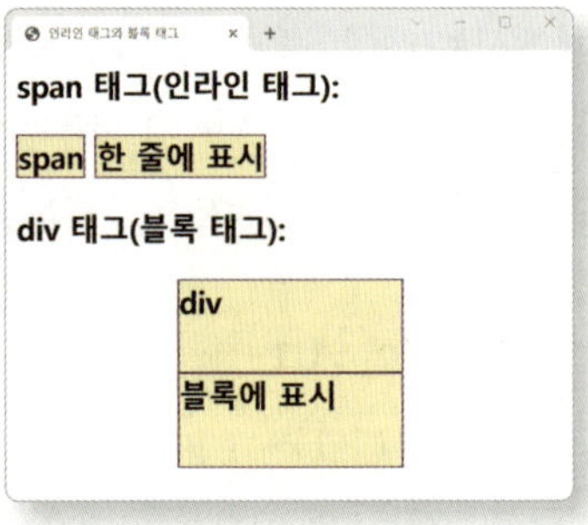

인라인 태그인 <span>의 출력 결과에서 모든 내용이 한 줄에 나타나지만, 크기 속성인 width: 150px와 height: 60px는 적용되지 않는다. 또한 박스를 화면 중앙에 배치하는 margin: auto 속성도 <span> 태그에는 적용되지 않는다. 블록 태그인 <div> 2개는 두 줄로 나타난다. 크기 속성인 width: 150px와 height: 60px가 적용되지만, 두 <div> 요소를 한 줄에 배치할 수 없다. 또한 margin: auto 속성으로 두 <div>가 화면 중앙에 배치된다.

■ 인라인 태그와 블록 태그의 한계

[예제 5-1]에서 블록 태그는 기본적으로 위에서부터 아래로 채워진다. 따라서 [그림 5-1]의 <header>와 <nav> 영역은 블록 태그인 <div>를 사용하여 만들 수 있다. 그러나 <section>이나 <aside> 영역과 같이 영역을 옆으로 나란히 배치하는 방법은 아직 배우지 않았다.

레이아웃을 만들 때 또 다른 문제는 사용자의 모니터 해상도가 서로 다르다는 것이다. <section>과 <aside>를 옆으로 배치한다 해도 두 영역의 폭width을 얼마로 정할지 고민해야 한다. 폭을 너무 넓게 잡으면 해상도가 낮은 모니터에서는 내용이 전부 보이지 않으며, 너무 좁게 잡으면 오른쪽에 여백이 너무 많다.

5장에서는 레이아웃을 만들기 위한 CSS의 고급 기능을 배운다. 다양한 위치에 박스를 배치하고, 사용자 브라우저의 크기에 맞추어 영역 크기를 조절하는 방법을 설명한다. 더 나아가 그림자를 만들거나 이미지를 움직이게 하는 등의 동적인 웹 페이지 만드는 방법을 학습한다.

■ 인라인-블록 태그

앞서 인라인 태그는 내용을 한 줄에 배치하고, 블록 태그는 크기 지정이 가능하다고 설명했다. 인라인 태그와 블록 태그의 장점을 모두 가진 것이 inline-block 태그 요소(이하 인라인-블록 태그)이다. 인라인-블록 태그는 내용을 한 줄에 배치하면서 크기를 지정할 수 있다. 인라인-블록 태그는 기본적으로 인라인 태그와 마찬가지로 내용이 한 줄로 길게 배치된다. 그래서 기본적으로 문자와 관련된 속성을 사용한다.

표 5-2 인라인, 블록, 인라인 블록 태그의 비교

구분	인라인	블록	인라인-블록
영역 배치	한 줄에 배치	블록 형태 배치	한 줄에 배치
크기 지정	불가능	가능	가능
속성	문자 속성	박스 속성	문자 속성

인라인 태그나 블록 태그를 인라인-블록 태그로 변경하려면 display 속성에 속성값 inline-block을 입력하여 지정한다. 모든 <span> 태그와 <div> 태그를 인라인-블록 태그로 만들고 싶다면 CSS를 다음과 같이 작성한다.

```
span, div { display: inline-block; }
```

display 속성은 inline-block 이외에 block, inline, none, flex와 같은 속성값을 가질 수 있다. block은 <span>과 같은 인라인 태그를 블록 태그 형태로 변경한다. inline은 블록 태그를 인라인 태그 형태로 변경한다. none 속성값은 박스를 화면에 나타나지 않게 하는 속성인데 박스가 차지하던 공간도 사라진다. flex 속성은 화면에 유연하게 배치되는 플렉서블 박스 형태로 만들어 준다. none과 flex 속성값의 활용은 나중에 자세히 다룬다.

표 5-3 display 속성값

속성값	내용
block	block 특성(하나의 블록으로 처리되며 크기 지정 가능)
inline	inline 특성(문자처럼 한 줄에 나타나며 문자 관련 속성 사용)
inline-block	inline-block 특성(문자처럼 처리되며 크기 지정 가능)
none	박스가 화면에 나타나지 않음(공간도 사라짐)
flex	플렉서블 박스를 의미하며 유연하게 배치되는 박스 형태

[예제 5-2]에서 인라인-블록의 출력 결과를 확인하자. 앞의 [예제 5-1]과 비교하면 CSS에 display: inline-block만 추가되었다. display: inline-block 속성으로 <span>과 <div> 태그는 둘 다 인라인-블록 태그로 변경된다. [예제 5-1]과 [예제 5-2]의 출력 결과는 차이가 확실하다. 인라인-블록으로 변한 <span> 태그에는 크기 속성이 적용되었다. <div> 인라인-블록 태그 2개도 한 줄에 표시된다. display: inline-block 속성으로 <span>과 <div> 태그의 출력 결과가 화면에 동일하게 나타난다.

[예제 5-1]에서 <div>가 블록 태그일 때는 margin: auto 속성 때문에 화면의 중앙에 배치되었다. 그러나 [예제 5-2]에서 <div>가 인라인-블록으로 바뀐 후에는 문자처럼 한 줄에 배치되기 때문에 margin: auto 속성은 무시된다. 인라인-블록은 기본적으로 인라인 태그와 특징이 같기 때문에 화면에서 태그를 배치하려면 인라인 태그 속성을 사용한다.

예제 5-2 **인라인-블록 만들기** ex5-2.html

```
<!DOCTYPE html>
<html>
<head>
  <meta charset="UTF-8">
  <title>인라인-블록 만들기</title>
  <style>
    span, div {
      display: inline-block;      /* 인라인-블록 선언 */
      background-color: #feb;
      border: 1px solid #715;
      margin: auto;          /* 인라인-블록에서는 무시 */
      width: 150px;
      height: 60px;
    }
  </style>
</head>
<body style="font-size: 20px; font-weight: bold">
  span 태그(인라인-블록):<br>
  <p><span>span</span> <span>크기 지정 가능</span></p>
  div 태그(인라인-블록):<br>
  <p><div>div</div> <div>한 줄에 표시</div>/p>
  인라인-블록은 문자 속성:<br>
  <p><div style="background-color: #8dc;
    width: 300px; text-align: center">
    <span>text-align: center</span></div></p>
</body>
</html>
```

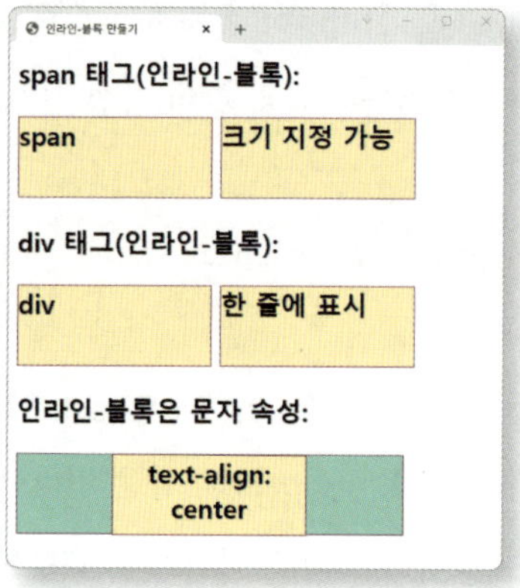

[예제 5-2]의 마지막에서는 <div> </div> 태그 안에 <span> </span> 태그를 넣었다. text-align: center 속성으로 <span> </span> 태그의 영역이 청록색 <div> 박스의 중앙에 배치된다. 또한 바깥쪽 태그의 CSS가 안쪽 태그에 상속된다. 따라서 <div>의 text-align: center 속성이 <span> </span> 태그에 상속되어 'text-align: center' 문자가 가운데 정렬된다.

2. 박스 표시 관련 CSS 속성

웹 브라우저 화면에서 박스를 숨길 수 있다. 이때 박스를 완전히 사라지게 할 수도 있고, 박스가 차지하던 공간은 남겨둘 수도 있다. 태그의 투명도를 조절하여 화면에 희미하게 나타나도록 하는 방법까지 함께 알아보자.

■ 화면에 나타내기 visibility

visibility 속성은 박스를 화면에 나타낼지 혹은 숨길지를 결정한다. visibility 속성값으로는 visible, hidden, collapse 등이 있다.

visibility 속성의 기본값인 visible은 내용물을 화면에 보이게 한다. 반대로 hidden은 내용물이 화면에 보이지 않게 한다. visibility: hidden은 화면에 보이지는 않지만 자리를 차지하고 있던 공간은 남아 있다. 앞서 배운 display: none은 태그가 차지하던 공간까지 없애는 것과 대비된다. 다시 말해 속성값으로 display: none을 입력한 태그는 웹 브라우저 화면에서 흔적도 없이 사라진다. collapse 속성값은 테이블에서 행이나 열을 보이지 않게 한다. 따라서 <tr>, <td>, <th> 태그에 사용하면 해당 행이나 열만 보이지 않게 된다.

표 5-4 visiblity 속성값

속성값	내용
visible	내용물이 화면에 나타남
hidden	내용물이 화면에 나타나지 않고 빈 공간으로 나타남
collapse	테이블에서 행이나 열을 보이지 않게 함

[예제 5-3]은 visibility 속성의 사용 결과를 보여준다. <style> 태그에서 span 선택자의 CSS를 살펴보자. text-align: center는 박스 가로방향으로 중앙에 문자를 정렬하는 속성이고, line-height: 60px는 박스 세로방향으로 중앙에 문자를 정렬하는 속성이다. line-height는 줄 사이의 간격을 조절하는데, 한 줄짜리 내용물에 대하여 박스의 전체 높이를 속성값으로 지정하면 박스의 세로방향으로 중앙에 문자가 정렬된다.

출력 결과에서 첫 번째 줄은 visibility: visible 속성을 사용한 결과이다. <span> 박스 두 개가 모두 보인다. 두 번째 줄은 visibility: hidden 속성으로 왼쪽의 <span> 박스가 사라진다. 그러나 원래 박스가 차지하던 공간은 그대로 남아있다. 마지막 줄은 display: none 속성으로 <span> 박스가 화면에서 보이지 않을 뿐 아니라 박스가 차지하던 공간까지 사라진다.

예제 5-3 화면에 나타내기 ex5-3.html

```
<!DOCTYPE html>
<html>
<head>
  <meta charset="UTF-8">
  <title>화면에 나타내기, visibility 속성</title>
  <style>
```

```
    span {
      display: inline-block;
      background-color: #feb;
      border: 1px solid #715;
      width: 180px;
      height: 60px;
      text-align: center;
      line-height: 60px;   /* 박스 높이와 같으면 박스의 위아래 중간에 배치 */
    }
    span:hover { visibility: visible }
  </style>
</head>
<body style="font-size: 20px; font-weight: bold">
  <span style="visibility: visible">visibility: visible</span>
    보이기 <span>visibility: visible</span><br><br>
  <span style="visibility: hidden">visibility: hidden</span>
    숨기기 <span>visibility: hidden</span><br><br>
  <span style="display: none">display: none</span>
    없애기 <span>display: none</span>
</body>
</html>
```

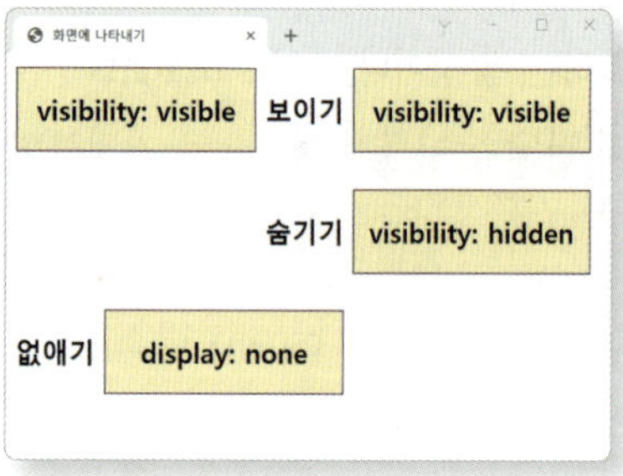

■ **투명하게 지정하기 opacity**

opacity 속성은 화면에 나타나는 결과물을 투명하게 만든다. 속성값으로 0 이상 1 이하의 실수를 사용하는데, 0이면 완전히 투명하게, 1이면 완전히 불투명하게 나타난다. [예제 5-4]는 opacity 속성의 사용 예를 보여준다.

img { border: 5px solid #8dc; opacity: 0.3; }은 굵기가 5px인 테두리를 만들고 opacity를 0.3으로 지정한다. 결과적으로 화면에 흐리게 나타난다. img:hover { border: 5px solid #fff; opacity: 1; }은 <img>에 마우스 커서를 올렸을 때 테두리는 흰색이 되고 이미지는 선명해진다.

예제 5-4 **투명하게 지정하기** ex5-4.html

```
<!DOCTYPE html>
<html>
<head>
  <meta charset="UTF-8">
  <title>투명하게 지정하기</title>
  <style>
    img {
      border: 5px solid #8dc;
      opacity: 0.3;
    }
    img:hover {
      border: 5px solid #fff;
      opacity: 1;
    }
  </style>
</head>
<body>
  <img src="../../font/font_h.png">
  <img src="../../font/font_t.png">
  <img src="../../font/font_m.png">
  <img src="../../font/font_l.png">
</body>
</html>
```

2 태그 위치를 지정하는 CSS 속성

지금까지는 웹 브라우저의 맨 위에서부터 태그 위치가 지정되었다. 인라인이나 인라인-블록 태그는 화면 왼쪽부터 한 줄로 배치되고, 블록 태그는 위에서부터 아래로 배치되었다. 레이아웃을 구성하기 위해 태그를 원하는 위치에 배치하는 방법을 알아보자.

1. 위치를 지정하는 속성 position

position 속성은 화면의 특정한 위치에 태그를 배치할 때 사용한다. position 속성의 속성값에 따른 기준 위치는 [표 5-5]와 같다.

표 5-5 position 속성값

속성값	내용
static	기본 위치
relative	기본 위치를 기준으로 하는 상대적 위치
absolute	조상 태그의 시작 위치를 기준으로 하는 절대적 위치
fixed	화면을 스크롤해도 움직이지 않는 고정적 위치

position 속성의 기본값인 static은 원래 있어야 할 기본 위치에 태그를 배치한다. relative 속성값은 기본 위치를 기준으로 태그 위치를 조정한다. absolute 속성값은 조상 태그의 시작 위치를 기준으로 태그 위치를 조정한다. 만약 조상 태그가 없을 때는 <body> 태그의 시작점이 기준이 된다. fixed 속성값은 화면을 스크롤해도 움직이지 않도록 위치를 고정한다.

position 속성으로 위치를 지정할 때 top, right, bottom, left 속성을 같이 사용한다. top은 위쪽 끝에서부터의 거리를 지정하며, left는 왼쪽 끝에서부터의 거리를 지정한다. bottom은 아래쪽 끝에서부터, right는 오른쪽 끝에서부터의 거리를 지정한다.

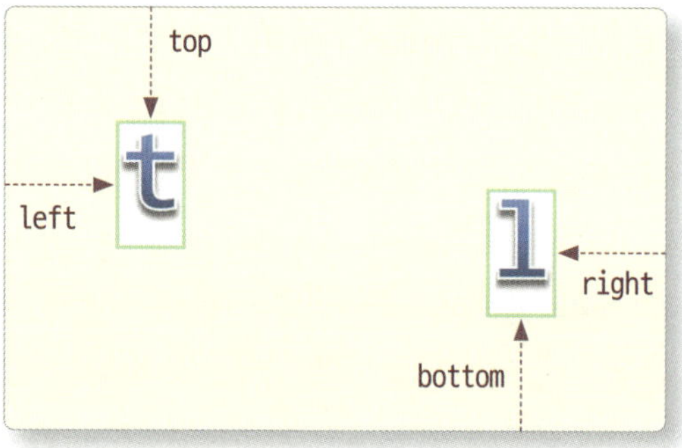

그림 5-2 position의 top, right, bottom, left 속성

■ 상대적 위치 지정하기

예제를 통해 position 속성값의 의미를 정확히 파악해보자. [예제 5-5]는 앞의 [예제 5-4]에 position: relative를 사용하여 태그 위치를 조정한 결과이다. 4개의 <img>는 width: 500px, height: 300px 크기의 <div> 태그 안에 한 줄로 배치된다.

예제 5-5 상대적 위치 지정하기 ex5-5.html

```
<!DOCTYPE html>
<html>
<head>
```

```
  <meta charset="UTF-8">
  <title>상대적 위치 지정하기</title>
  <style>
    img { border: 5px solid #8dc; }
    div {
      width: 500px;
      height: 300px;
      background: #ffe;
      border: 1px solid #663;
    }
    .relative-img {
      position: relative;
      top: 50px;
      left: 30px;
    }
  </style>
</head>
<body>
  <div>
    <img src="../../font/font_h.png">
    <img src="../../font/font_t.png" class="relative-img">
    <img src="../../font/font_m.png">
    <img src="../../font/font_l.png" class="relative-img">
  </div>
  <h3>.relative-img: top 50px; left: 30px;</h3>
</body>
</html>
```

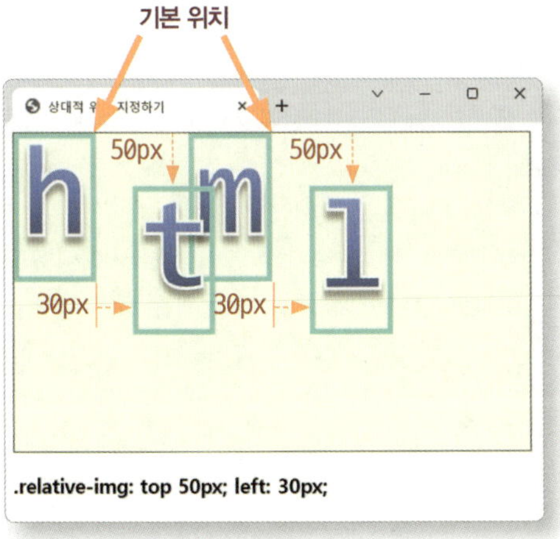

그림 5-3 [예제 5-5]의 출력 결과

<img> 태그 중 class="relative-img" 속성이 있는 font_t.png와 font_l.png만 위치가 변경된다. position: relative 속성으로 원래 위치를 기준으로 위쪽 끝에서부터 아래쪽으로 50px, 왼쪽 끝에서부터 오른쪽으로 30px만큼 이동한다.

■ 절대적 위치 지정하기

[예제 5-6]은 position: absolute를 사용하여 태그 위치를 조정한 결과이다. <img> 태그 중 class="absolute-img"를 가진 font_t.png만 위치가 이동한다. position: absolute 속성은 조상 태그인 <div>의 처음 위치를 기준으로 하며, <img> 태그를 위쪽 끝에서 아래로 50px, 왼쪽 끝에서 오른쪽으로 30px만큼 이동시킨다. 만약 <div>가 없다면 <body>의 처음 위치가 기준이 된다.

예제 5-6 절대적 위치 지정하기 ex5-6.html

```
<!DOCTYPE html>
<html>
<head>
  <meta charset="UTF-8">
  <title>절대적 위치 지정하기</title>
  <style>
    img { border: 5px solid #8dc; }
    div {
      width: 500px;
      height: 300px;
      background: #ffe;
      border: 1px solid #663;
    }
    .absolute-img {
      position: absolute;
      top: 50px;
      left: 30px;
    }
  </style>
</head>
<body>
  <div>
    <img src="../../font/font_h.png">
    <img src="../../font/font_t.png" class="absolute-img">
    <img src="../../font/font_m.png">
    <img src="../../font/font_l.png">
  </div>
  <h3>.absolute-img: top 50px; left: 30px;</h3>
```

```
</body>
</html>
```

[그림 5-4]는 [예제 5-6]의 출력 결과이다. font_t.png가 <div>의 처음 위치를 기준으로 이동한다. font_t.png의 원래 자리가 사라진다는 점이 특징적이다. 따라서 font_h.png 다음에 font_m.png가 나타난다.

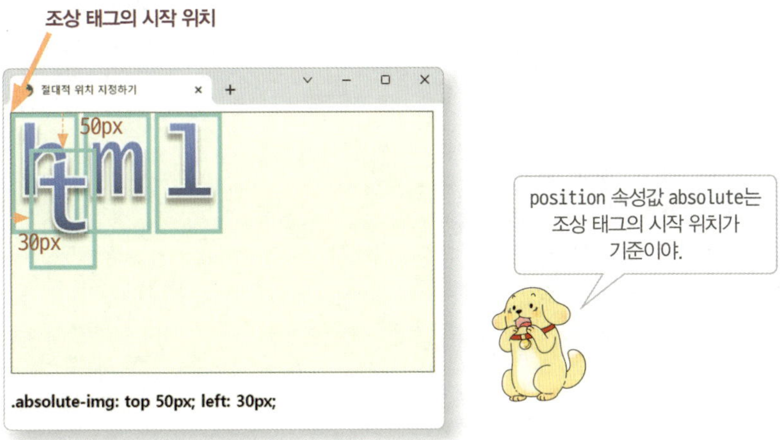

그림 5-4 [예제 5-6]의 출력 결과

■ **고정적 위치 지정하기**

여러분은 웹 페이지에서 스크롤을 내려도 광고가 화면의 같은 위치에 고정되어 계속 따라다니는 화면을 본 적이 있을 것이다. `position: fixed`로 이러한 광고를 만들 수 있다. [예제 5-7]은 `position: fixed`의 사용 예이다.

출력 결과는 p, r, o, g, r, a, m의 폰트 이미지가 아래 방향으로 이어지도록 배치된다. 반면 `class="fixed-img"` 속성이 있는 font_x.png는 `position: fixed` 속성으로 화면 왼쪽 끝에서 200px 떨어진 위치에 배치된다. 스크롤을 위아래로 움직여도 font_x.png의 위치는 변하지 않는다.

예제 5-7 고정적 위치 지정하기 ex5-7.html

```
<!DOCTYPE html>
<html>
<head>
  <meta charset="UTF-8">
  <title>고정적 위치 지정하기</title>
  <style>
```

```
    img { border: 5px solid #8dc; }
    .fixed-img {
      position: fixed;
      left: 200px;
    }
  </style>
</head>
<body>
    <img src="../../font/font_x.png"
      class="fixed-img">
    <p><img src="../../font/font_p.png"></p>
    <p><img src="../../font/font_r.png"></p>
    <p><img src="../../font/font_o.png"></p>
    <p><img src="../../font/font_g.png"></p>
    <p><img src="../../font/font_r.png"></p>
    <p><img src="../../font/font_a.png"></p>
    <p><img src="../../font/font_m.png"></p>
</body>
</html>
```

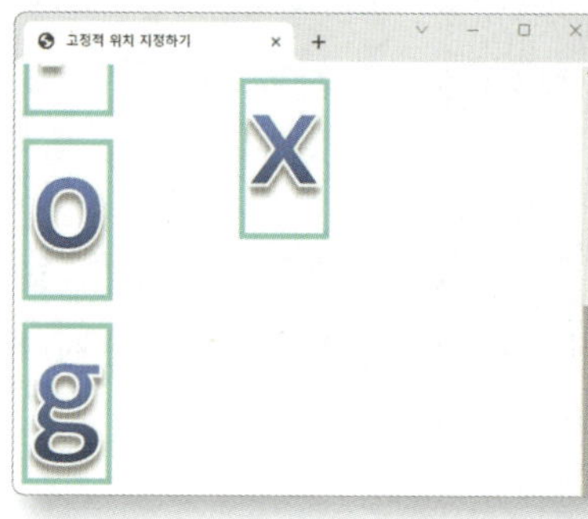

2. 감싸면서 배치하는 속성 float

그림과 문자가 같이 있는 페이지는 같은 줄에 그림 하나와 문장 한 줄이 배치된다. 그림이 클 때는 본문 위의 여백이 많이 생겨 보기에 좋지 않다.

문서 편집기에서 그림과 본문을 배치하는 옵션 중 '어울림'이 있다. 어울림은 본문이 그림을 감싸도록 배치하는 옵션이다. CSS에서 **float는 본문이 그림을 감싸도록 배치하는 속성**이다. float는 그림이 본문에 둥둥 떠 있는float 것처럼 보여서 붙은 이름이다.

float: none　　float: left　　float: right

그림 5-5 float의 속성에 따른 출력 결과

float 속성의 기본값 none은 같은 줄에 그림 하나와 문장 한 줄을 배치한다. left는 그림을 왼쪽에 배치하며, right는 오른쪽에 배치한다. 주의할 점은 이미지와 문자가 섞여 있을 때 float 속성을 이미지 태그에 삽입한다는 것이다. 문자가 아닌 이미지가 둥둥 떠다니기 때문이다.

표 5-6 float 속성값

속성값	내용
none	그림과 문자를 한 줄에 배치
left	그림을 왼쪽에 배치하고 문자가 나머지 영역을 감싸도록 배치
right	그림을 오른쪽에 배치하고 문자가 나머지 영역을 감싸도록 배치

[예제 5-8]은 <div> 박스 2개에 각각 float 속성을 적용하여 본문이 그림을 감싸도록 배치하는 예이다. 첫 번째 <div>의 <img> 태그에는 float: left를 지정하여 그림을 본문 왼쪽에 배치한다. 두 번째 <div>의 <img> 태그에는 float: right를 지정하여 그림을 본문 오른쪽에 배치한다.

예제 5-8 감싸면서 배치하기 ex5-8.html

```
<!DOCTYPE html>
<html>
<head>
  <meta charset="UTF-8">
  <title>감싸면서 배치하기</title>
  <style>
  div {
      display: inline-block;
      width: 250px;
      background: #ffe;
      border: 1px solid #9cc;
      padding: 10px;
    }
  </style>
</head>
<body>
  <div><img src="../media/france5.jpg" height="80px" style="float: left">
    <b>(float: left)</b> The Eiffel Tower is a wrought-iron lattice tower on the
 Champ de Mars in Paris, France. Constructed from 1887, it is named after the
 engineer Gustave Eiffel, whose company designed and built the tower. Locally
nicknamed "La dame de fer" (French for "Iron Lady").</div>
  <div><img src="../media/france3.jpg" height="80px" style="float: right">
```

```
    <b>(float: right)</b> The Eiffel Tower is a wrought-iron lattice tower on
  the Champ de Mars in Paris, France. Constructed from 1887, it is named after
  the engineer Gustave Eiffel</div>
</body>
</html>
```

3. 유연하게 정렬하는 속성 flex

앞의 [예제 5-8]에서 <div> 박스 안의 본문 양이 다르기 때문에 박스 높이에 있어서 차이가 난다. 또한 박스의 폭을 width: 250px로 지정했기 때문에 사용자가 웹 브라우저 창을 크게 해두었다면 오른쪽 공간이 남을 수 있다.

flex 속성은 사용자의 화면 크기와 관계없이 박스 여러 개의 폭과 높이를 똑같이 맞춘다. flex는 플렉서블 박스flexible box의 약자로, 웹 브라우저가 박스의 폭과 높이를 알아서 맞추게 한다. 플렉서블 박스는 관련 속성이 많고 사용법이 복잡하지만, 이 책에서는 가장 기초적인 플렉서블 박스 사용법을 다룬다. 일반적인 사용 방식은 다음과 같다.

```
<div style="display: flex">     /* container */
   <div style="flex: auto">flexible box 1</div>
   <div style="flex: auto">flexible box 2</div>
</div>
```

먼저 배치할 박스를 담는 컨테이너container 박스를 만들고, 컨테이너에 display: flex 속성을 지정한다. 컨테이너 안의 박스들에는 flex 속성을 부여하여 컨테이너를 꽉 채우는 크기로 만든다. flex 속성에 사용할 수 있는 속성값은 [표 5-7]과 같다.

표 5-7 flex 속성값

속성값	내용
none	박스 크기를 조절하지 않음
auto	자동으로 박스 크기를 조절함
단위가 없는 양수	전체에서 해당 태그가 차지하는 공간의 비율

flex 속성의 속성값 none은 박스 크기를 조절하지 않는다. auto는 컨테이너에 꽉 차도록 박스의 크기를 자동으로 조절한다. 속성값으로 단위가 없는 양수를 입력하면 해당 태그가 입력한 숫자와 같은 비율로 공간을 차지하도록 박스 크기를 조절한다.

■ flex 속성값으로 박스 크기 조절하기

[예제 5-9]는 flex 속성을 사용하여 앞의 [예제 5-8]을 수정한 것이다. flex 속성을 사용하려면 먼저 컨테이너를 만들어야 하는데 class="container"인 바깥쪽 <div>가 컨테이너이다. .container의 CSS로 display: flex 속성을 작성했기 때문에 안쪽의 <div> 박스들이 플렉서블 박스가 된다. [예제 5-9]에서는 컨테이너가 존재한다는 것을 보여주기 위해 padding, boarder, margin 속성을 사용했으나 실제로는 display: flex 속성만 있어도 된다.

예제 5-9 박스 크기 조절하기 ex5-9.html

```
<!DOCTYPE html>
<html>
<head>
  <meta charset="UTF-8">
  <title>박스 크기 조절하기</title>
  <style>
    .container {
      display: flex;
      padding: 10px;
      border: 1px dashed #69f;
      margin: 10px;
    }
    .flex_box {
      background: #ffe;
      padding: 5px;
      border: 1px solid #9cc;
    }
  </style>
</head>
```

```
<body>
  <div class="container">
    <div class="flex_box" style="flex: auto">
      <img src="../media/france5.jpg" height="80px" style="float: left" >
      <b>(flex: auto)</b> The Eiffel Tower is a wrought-iron lattice tower on the Champ de Mars in Paris, France. Constructed from 1887, it is named after the engineer Gustave Eiffel. Locally nicknamed "La dame de fer" (French for "Iron Lady").</div>
    <div class="flex_box" style="flex: auto">
      <img src="../media/france3.jpg" height="80px" style="float: right" >
      <b>(flex: auto)</b> The Eiffel Tower is a wrought-iron lattice tower on the Champ de Mars in Paris, France. Constructed from 1887, it is named after the engineer Gustave Eiffel.</div>
  </div>
  <div class="container">
    <div class="flex_box" style="flex: 1">
      <img src="../media/france5.jpg" height="80px" style="float: left" >
      <b>(flex: 1)</b> The Eiffel Tower is a wrought-iron lattice tower on the Champ de Mars in Paris, France. Constructed from 1887, it is named after the engineer Gustave Eiffel. Locally nicknamed "La dame de fer" (French for "Iron Lady").</div>
    <div class="flex_box" style="flex: 1">
      <img src="../media/france3.jpg" height="80px" style="float: right" >
      <b>(flex: 1)</b> The Eiffel Tower is a wrought-iron lattice tower on the Champ de Mars in Paris, France. Constructed from 1887, it is named after the engineer Gustave Eiffel.</div>
  </div>
</body>
</html>
```

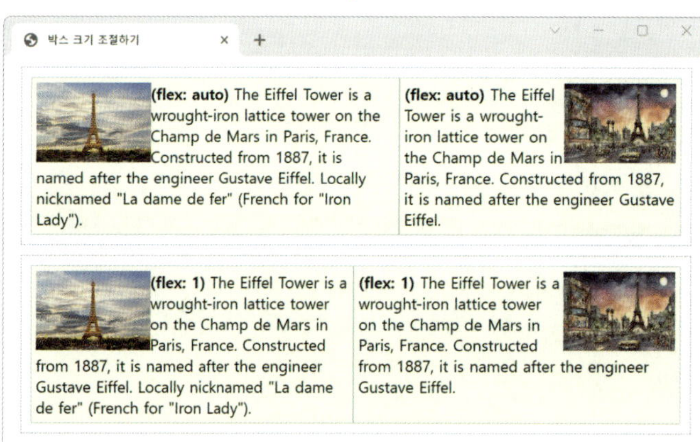

첫 번째 <div> 컨테이너 안의 플렉서블 박스에는 flex: auto 속성값을 입력했다. 출력 결과에서 두 박스의 높이가 같게 배치되었다. 또한 두 박스 내용물의 길이 차이를 고려하여 가로 폭을 조절함으로써 컨테이너를 가득 채웠다.

두 번째 컨테이너 안의 플렉서블 박스에는 flex: 1 속성값을 입력했다. flex 속성값으로 단위가 없는 양수를 입력하면 이는 전체에서 플렉서블 박스가 차지하는 비율을 의미한다. 플렉서블 박스 2개의 속성이 각각 flex: 1이므로, 전체 컨테이너 박스의 폭을 2로 보고 각 박스가 컨테이너 박스의 1/2 크기로 만들어진다.

[그림 5-6]의 (a)는 [예제 5-9]의 출력 결과와 마찬가지로 플렉서블 박스 2개의 flex 속성값이 1로 같다. (b)와 같이 왼쪽 플렉서블 박스가 flex: 1이고 오른쪽이 flex: 2일 때 전체 컨테이너 박스의 폭을 3으로 보고 왼쪽 박스는 전체의 1/3, 오른쪽 박스는 전체의 2/3 크기로 만들어진다.

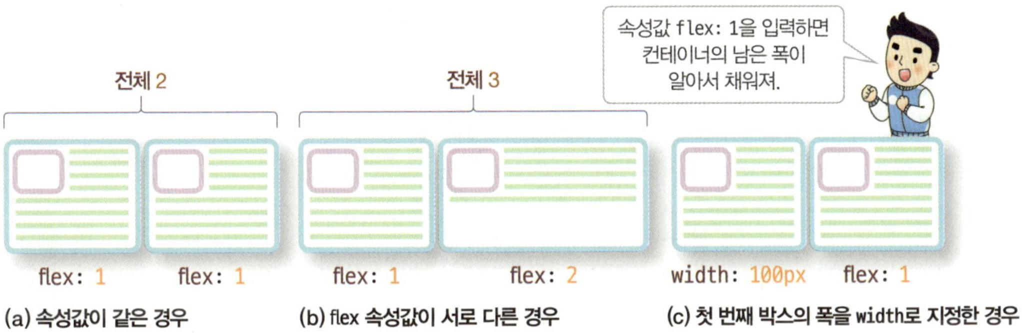

그림 5-6 flex 속성값에 따른 플렉서블 박스의 폭

두 플렉서블 박스의 속성값이 모두 flex: 1이면 두 박스 폭을 각각 width: 50%로 지정했을 때와 결과가 같다. 마찬가지로 두 플렉서블 박스의 속성값으로 각각 flex: 1과 flex: 2를 입력하면, 두 박스 폭을 각각 width: 33%와 width: 67%로 지정했을 때와 결과가 비슷하다. 그럼에도 width 속성값을 백분율로 입력하는 대신 flex 속성값을 사용하는 이유가 있다. (c)에서 왼쪽 플렉서블 박스를 width: 100px와 같이 고정된 크기로 만들었다고 가정하자. 그러면 오른쪽 플렉서블 박스의 폭을 전체의 몇 퍼센트로 지정해야 컨테이너가 가득 차는지 알 수 없다. 이때 오른쪽 박스에 속성값 flex: 1을 입력하면, 왼쪽 박스에 할당된 영역을 제외하고 나머지 컨테이너를 알아서 채운다. flex: 1은 사용할 수 있는 영역 크기의 100%를 의미하기 때문이다.

4. 앞뒤로 배치하는 속성 z-index

HTML에서 그림을 배치하거나 이동시킬 때 X, Y, Z축을 기준으로 한다. X축은 양옆으로 이동하는 축이며 숫자가 커질수록 오른쪽으로 이동한다. Y축은 사용할 때 특별히 주의해야 한다. HTML

은 맨 위쪽의 왼쪽 끝이 기준점이기 때문에 Y축 숫자가 커질수록 아래쪽으로 이동한다. 즉, 위치값이 음수이면 현재 위치를 기준으로 X축에서는 왼쪽으로 이동하고, Y축에서는 위쪽으로 이동한다. 3차원 개념의 Z축은 앞뒤로 이동하는 축이다.

z-index 속성은 이미지나 박스 여러 개를 겹쳐서 배치할 때 앞으로 튀어나오는 정도를 지정한다. 다시 말해 각 이미지의 Z축 위치에 값을 매겨서 어떤 이미지가 앞으로 나오고, 어떤 이미지가 뒤로 물러날지를 결정한다. **z-index**에는 어떤 숫자라도 사용할 수 있으며, 큰 숫자를 속성값으로 입력한 태그가 앞으로 나오고, 작은 숫자를 입력한 태그가 뒤에 배치된다.

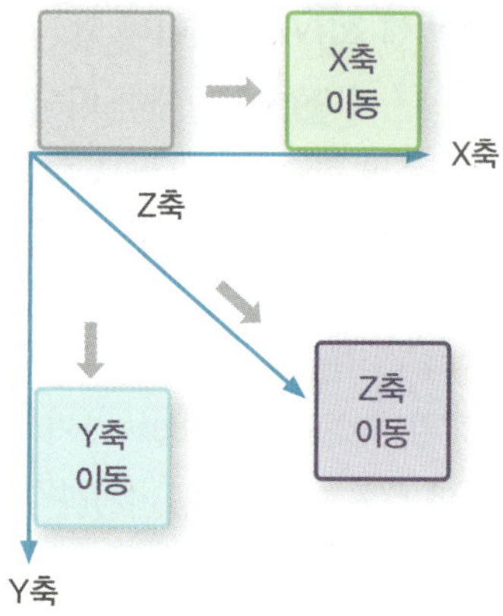

그림 5-7 **축 이동의 개념**

그림 5-8 **z-index 속성값에 따른 상자의 배치**

[예제 5-10]에서 **z-index** 속성의 특징을 확인하자. **position: absolute**를 사용하여 이미지 5개를 겹쳐 배치하고 각 이미지에 **z-index** 속성값으로 숫자 **1**, **50**, **100**, **80**, **70**을 입력했다. **z-index: 100**을 입력한 프랑스 국기가 맨 앞으로 나오고 나머지 이미지들도 숫자 순서대로 겹쳐진다.

예제 5-10 **앞뒤로 쌓기** ex5-10.html

```
<!DOCTYPE html>
<html>
<head>
  <meta charset="UTF-8">
  <title>앞뒤로 쌓기</title>
  <style>
    img {
```

```
        position: absolute;
        height: 150px;
      }
    </style>
  </head>
  <body>
    <img src="../media/france1.jpg" style="z-index: 1">
    <img src="../media/france2.jpg" style="top: 100px; left: 100px; z-index: 50">
    <img src="../media/france.jpg" style="top: 200px; left: 200px; z-index: 100">
    <img src="../media/france4.jpg" style="top: 300px; left: 300px; z-index: 80">
    <img src="../media/france5.jpg" style="top: 400px; left: 400px; z-index: 70">
  </body>
  </html>
```

5. 박스를 벗어난 영역을 처리하는 속성 overflow

overflow 속성은 박스의 내용물이 박스 크기를 넘어설 때 어떻게 처리할 것인지를 결정한다. overflow 속성값은 다음과 같다.

표 5-8 overflow 속성값

속성값	내용
visible	박스를 벗어나는 내용물까지 보여줌
hidden	박스를 벗어나는 내용은 숨김
scroll	위아래, 양옆 스크롤바를 생성
auto	박스를 벗어나는 방향의 스크롤바만 자동으로 생성

overflow 속성의 기본값은 visible이다. 박스를 벗어나는 내용물도 그대로 출력한다. hidden은 박스를 벗어나는 내용물을 숨긴다. scroll은 박스를 벗어나는 내용물이 화면에는 보이지 않지만, 위아래로 이동하는 스크롤바와 양옆으로 이동하는 스크롤바를 생성한다. 사용자는 스크롤바를 움직여 나머지 내용을 볼 수 있다. auto도 마찬가지로 스크롤바를 생성하는데, 박스를 벗어나는 방향의 스크롤바만 자동으로 생성한다.

[예제 5-11]은 overflow 속성을 활용한 예이다. 출력 결과의 왼쪽에서 첫 번째 박스는 속성값이 overflow: visible로 박스를 벗어나는 내용이 모두 나타난다. 두 번째 박스는 속성값이 overflow: hidden으로 박스를 벗어난 내용이 보이지 않는다. 세 번째 박스는 속성값이 overflow: scroll로 박스 가로와 세로 방향으로 스크롤바를 생성한다. 그런데 양옆으로는 내용이 박스를 벗어나지 않기 때문에 가로 방향 스크롤바는 필요 없다. 마지막으로 네 번째 박스는 속성값이 overflow: auto로 박스를 벗어난 내용을 보는 데 필요한 세로 방향 스크롤바만 생성한다.

예제 5-11 박스를 벗어난 영역 처리하기 ex5-11.html

```
<!DOCTYPE html>
<html>
<head>
  <meta charset="UTF-8">
  <title>박스를 벗어난 영역 처리하기</title>
  <style>
    div {
      display: inline-block;
      width: 150px;
      height: 100px;
      background: #ffe;
      border: 1px solid #9cc;
      margin: 10px;
    }
  </style>
</head>
<body>
  <div style="overflow: visible"><b>(overflow: visible)</b> The Eiffel Tower
is a wrought-iron lattice tower in Paris, France. Constructed from 1887.</div>
  <div style="overflow: hidden"><b>(overflow: hidden)</b> The Eiffel Tower
is a wrought-iron lattice tower in Paris, France. Constructed from 1887.</div>
  <div style="overflow: scroll"><b>(overflow: scroll)</b> The Eiffel Tower
is a wrought-iron lattice tower in Paris, France. Constructed from 1887.</div>
  <div style="overflow: auto"><b>(overflow: auto)</b> The Eiffel Tower
```

```
is a wrought-iron lattice tower in Paris, France. Constructed from 1887.</div>
</body>
</html>
```

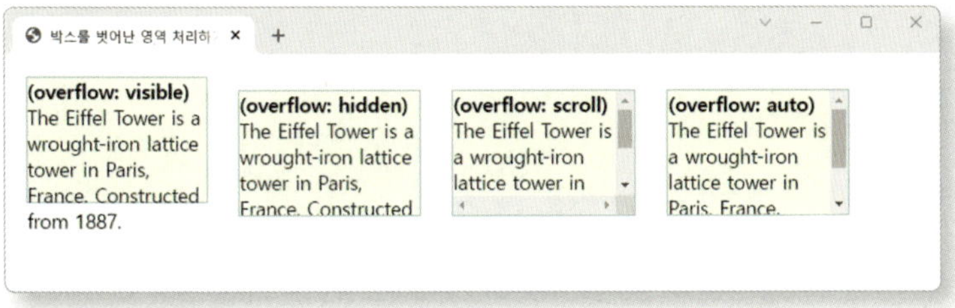

SECTION 02

태그 꾸미기

1 리스트 꾸미기

HTML 태그를 먼저 설명하고 CSS를 나중에 다루었기 때문에 리스트, 테이블, 웹 폼의 모양을 지정하는 CSS를 아직 설명하지 못했다. 이 절에서는 리스트, 테이블, 웹 폼과 관련된 CSS에 대해 간단히 설명한다.

- 순서가 없는 리스트 `<ul>`은 리스트 아이템 앞에 기호나 숫자를 표시한다. `list-style-type` 속성은 이 기호나 숫자의 종류를 지정한다. 기본값은 `disc`이며 검은색 원으로 나타난다. 속성값 `none`을 입력하면 아이템 앞에 아무 기호도 나타나지 않는다. `circle`은 색칠하지 않은 원이 나타나며, `square`는 사각형 기호가 표시된다. 순서가 있는 리스트와 같이 숫자를 붙이려면 `decimal`, 알파벳 소문자는 `lower-alpha`, 대문자는 `upper-alpha`를 입력한다. 소문자 로마 숫자는 `lower-roman`이고, 대문자 로마 숫자는 `upper-roman`이다.
- 기호나 숫자 대신 그림을 사용할 수 있다. `list-style-image: url("")`에서 따옴표 안에 이미지의 경로와 이름을 지정한다.
- `list-style-position` 속성은 아이템을 나타내는 기호나 박스의 위치를 변경한다. 일반적으로 아이템 앞에 붙는 기호는 아이템 영역 바깥쪽에 만들어진다. 그래서 속성값 `outside`가 기본

값이다. 원이나 박스를 아이템 영역 안쪽으로 옮기려면 list-style-position: inside 속성을 사용한다.

- list-style은 여러 속성을 한꺼번에 지정한다. list-style: square inside와 같이 지정하면 아이템 영역 안쪽에 사각형으로 아이템을 표시한다.

표 5-9 list 관련 CSS 속성

속성	속성값 예시
list-style-type	none, disc, circle, square, decimal, lower-alpha, upper-alpha, lower-roman, upper-roman
list-style-image	url()
list-style-position	outside, inside
list-style	

[예제 5-12]에서는 CSS를 사용하여 리스트를 다양한 모양으로 꾸민다. 아이템 영역을 확인할 수 있도록 <ul> 태그에 배경색을 지정했다. 첫 번째 리스트 아이템 '프랑스'는 검정 사각형(list-style-type: square)으로 표시된다. '이탈리아' 앞에는 속이 빈 원(list-style-type: circle)이 표시된다. '프랑스' 앞의 사각형과 '이탈리아' 앞의 원은 아이템 영역 바깥쪽에 만들어진다. '체코'는 아이템 영역 안쪽에 검정 원으로(list-style: disc inside) 표시된다.

두 번째 리스트는 리스트 아이템이 수평으로 나타난다. 이를 위해 class="list-bar"의 후손 선택자 .list-bar li를 사용했다. 또한 아이템을 한 줄로 배치하고(display: inline-block), 아이템 앞에 아무 기호도 나타나지 않도록(list-style-type: none) 했다.

예제 5-12 리스트 꾸미기 ex5-12.html

```
<!DOCTYPE html>
<html>
<head>
  <meta charset="UTF-8">
  <title>리스트 꾸미기</title>
  <style>
    ul {
     font-size: 18px;
     background-color: #d9fbfd;
     padding: 10px;
     margin: 10px;
    }
```

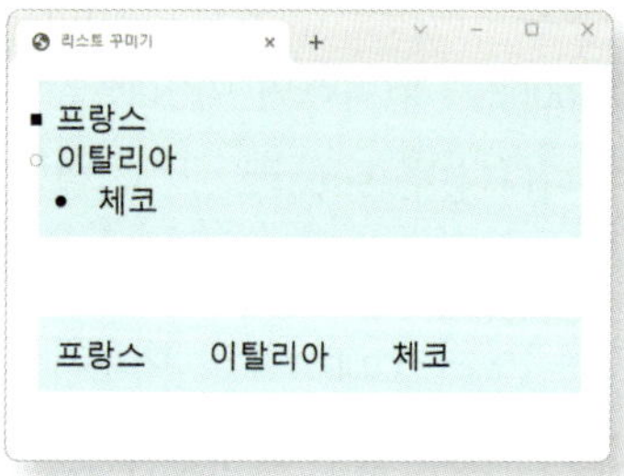

```
    .list-bar li {
      display: inline-block;
      list-style-type: none;
      margin-right: 30px;
    }
  </style>
</head>
<body>
  <ul>
    <li style="list-style-type: square">프랑스</li>
    <li style="list-style-type: circle">이탈리아</li>
    <li style="list-style: disc inside">체코</li>
  </ul><br>
  <ul class="list-bar">
    <li>프랑스</li>
    <li>이탈리아</li>
    <li>체코</li>
  </ul>
</body>
</html>
```

2 테이블 꾸미기

지금까지 배운 CSS만 사용해도 테이블을 꾸미는 데 큰 문제가 없다. 테이블에서 각 셀의 폭과 높이는 <td>나 <th>의 CSS에서 width와 height 속성으로 지정하고, 각 셀의 글자 정렬은 text-align 속성으로 지정한다. 표 전체나 셀의 테두리를 border 속성으로 지정한다. 그런데 셀마다 테두리가 만들어지기 때문에 셀과 셀 사이에는 선이 2개 생긴다. 셀과 셀 사이에 선을 1개만 만들고 싶으면 다음과 같이 border-collapse: collapse를 입력하면 된다. 이는 선을 합치는 속성값이다.

```
border-collapse: collapse
```

[예제 5-13]은 다양한 속성을 사용하여 테이블을 꾸미는 예이다. table { border-collapse: collapse; } 속성은 테이블의 모든 선을 한 줄로 표시한다. 또한 각 셀의 폭은 100px, 높이는 30px이며, border: 1px solid #bbc는 셀 테두리를 만든다. text-align: center는 셀 안의 문자를 가운데 정렬한다.

가상 선택자 tr:nth-child로 짝수 번째 행의 배경색을 하늘색으로 지정한다. 테이블 머리 **<thead>**와 테이블 바닥 **<tfoot>**은 행이 1개밖에 없기 때문에 CSS가 적용되지 않는다. **<tbody>**에는 4개의 행이 있으므로 2번째 행과 4번째 행에 배경색으로 하늘색이 적용된다. 또한 테이블 머리의 배경색은 오렌지색(<thead style="background-color: #ec7">)이 되고, 테이블 바닥의 배경색은 녹색(<tfoot style="background-color: #cd8">)이 된다.

예제 5-13 **테이블 꾸미기** ex5-13.html

버거세트 가격

종류	가격	용량
치즈버거	4500	
너겟	2500	4개
프라이	2000	중
음료	1500	중
가격	9500	할인

```html
<!DOCTYPE html>
<html>
<head>
  <meta charset="UTF-8">
  <title>테이블 꾸미기</title>
  <style>
    table { border-collapse: collapse; }
    td, th {
      border: 1px solid #bbc;
      width: 100px;
      height: 30px;
      text-align: center;
    }
    tr:nth-child(even){ background-color: #d9fbfd; }
  </style>
</head>
<body>
  <table>
    <caption>버거세트 가격</caption>
    <thead style="background-color: #ec7">
      <tr><th>종류</th><th>가격</th><th>용량</th></tr>
    </thead>
    <tbody>
      <tr><td>치즈버거</td><td>4500</td><td></td></tr>
      <tr><td>너겟</td><td>2500</td><td>4개</td></tr>
      <tr><td>프라이</td><td>2000</td><td>중</td></tr>
      <tr><td>음료</td><td>1500</td><td>중</td></tr>
    </tbody>
    <tfoot style="background-color: #cd8">
      <tr><th>가격</th><th>9500</th><th>할인</th></tr>
    </tfoot>
  </table>
</body>
</html>
```

3 웹 폼 꾸미기

지금까지 배운 CSS를 사용하여 웹 폼을 다양하게 꾸며보자. 웹 폼에서 유용한 CSS는 가상 선택자 focus이다. focus는 hover와 유사하지만, 마우스 커서를 웹 폼에 올릴 뿐 아니라 웹 폼을 클릭해서 활성화했을 때 CSS를 적용한다.

TIP 가상 선택자 hover는 마우스 커서를 태그에 올릴 때 CSS를 적용한다.

[예제 5-14]는 웹 폼에서 hover와 focus의 차이점을 확인하는 웹 페이지이다. 아이디를 입력하는 웹 폼 <input type="text">와 패스워드를 입력하는 웹 폼 <input type="password">가 사용된다. input[type=password]:hover {}는 패스워드 웹 폼에 마우스 커서를 올리기만 해도 배경색을 바꾼다. 반면 input[type=text]:focus {}는 마우스 커서를 올려도 배경색에 변화가 없다. 패스워드 웹 폼을 클릭해서 활성화해야 배경색이 변경된다.

예제 5-14 웹 폼 꾸미기 ex5-14.html

```
<!DOCTYPE html>
<html>
<head>
  <meta charset="UTF-8">
  <title>웹 폼 꾸미기</title>
  <style>
    input[type=text]:focus {
      background-color: #feb;
      font-weight: bold;
    }
    input[type=password]:hover {
      background-color: #feb;
    }
  </style>
</head>
<body>
  <p><b>아이디</b><br><input type="text"></p>
  <p><b>패스워드</b><br><input type="password"></p>
</body>
</html>
```

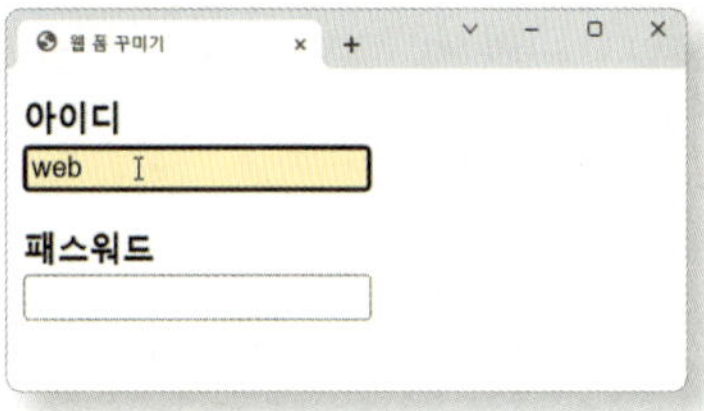

SECTION 03

시각적 효과

1 그림자

앞서 배운 CSS에 그림자나 애니메이션 등을 추가하면 좀 더 완성도 높은 웹 페이지를 꾸밀 수 있다. 완성도를 높이는 시각적인 효과로 그 첫 번째는 문자나 박스를 입체적으로 만드는 그림자이다. 그림자를 생성하고 위치나 색상과 같은 속성을 지정하는 방법을 알아보자.

1. 문자 그림자 text-shadow

문자의 그림자는 text-shadow 속성으로 지정하는데, 속성값을 다음과 같은 순서로 작성한다.

```
text-shadow: Horizontal-offset Vertical-offset Blur-Radius Shadow-Color
```

가장 처음에 입력하는 Horizontal-offset 속성값은 그림자를 문자에서 오른쪽으로 얼마큼 떨어뜨릴지를 지정한다. Vertical-offset 속성값은 그림자를 문자에서 아래쪽으로 얼마큼 떨어뜨릴지를 지정한다. Blur-Radius는 그림자가 흐린 정도를 지정하며, Shadow-Color는 그림자의 색상을 지정한다.

표 5-10 문자 그림자 속성값

속성값	내용	생략 가능
Horizontal-offset	문자의 오른쪽으로 이동하는 정도	×
Vertical-offset	문자의 아래쪽으로 이동하는 정도	×
Blur-Radius	그림자가 흐린 정도	○
Shadow-Color	그림자 색상	○

속성값 중 Blur-Radius와 Shadow-Color는 생략할 수 있지만 Horizontal-offset과 Vertical-offset은 생략할 수 없다. 따라서 문자와 그림자가 같은 위치에 있을 때는 text-shadow: 0 0이라 입력해야 한다. 또한 쉼표(,)로 속성값 여러 개를 연결하면 그림자를 겹칠 수 있다.

[예제 5-15]는 문자 그림자 속성을 사용하여 그림자를 만든 결과이다. 첫 번째 줄은 문자에서 오른쪽으로 5px, 아래로 5px 떨어진 위치에 그림자가 생성된다. 위치를 제외한 나머지 속성을 지정하지 않았기 때문에 같은 크기로 검은색 그림자가 만들어진다.

text-shadow: 5px 5px 5px gray 속성값을 적용한 두 번째 줄의 출력 결과를 확인하자. 문자에서 오른쪽으로 5px, 아래로 5px 떨어진 위치에 그림자를 생성한다. 그림자가 흐린 정도는 5px이고 그림자 색상은 회색이다. text-shadow: 5px 5px 9px #57c 속성값은 그림자의 흐린 정도가 9px로 커졌기 때문에 더 흐린 그림자가 더 넓은 영역에 흩어져 보인다. 그림자 색상은 #57c이다.

text-shadow: 0 0 10px #57c 속성값은 그림자의 위치를 이동시키지 않아 그림자가 흰색 문자를 둘러싸는 형태로 생성된다. 그림자가 흐린 정도는 10px이며 그림자 색상은 #57c이다. text-shadow: 0 0 10px #57c, 0 0 15px red 속성값은 그림자의 위치를 이동시키지 않는다. 0 0 10px #57c의 파란색 그림자와 0 0 15px red의 빨간색 그림자가 생성되어 섞이기 때문에 출력 결과가 보라색 그림자처럼 보인다.

예제 5-15 문자 그림자 만들기 ex5-15.html

```
<!DOCTYPE html>
<html>
<head>
  <meta charset="UTF-8">
  <title>문자 그림자 만들기</title>
</head>
<body>
  <h1 style="text-shadow: 5px 5px">Text-shadow: 5px 5px</h1>
  <h1 style="text-shadow: 5px 5px 5px gray">Text-shadow: 5px 5px 5px gray</h1>
  <h1 style="text-shadow: 5px 5px 9px #57c">Text-shadow: 5px 5px 9px #57c</h1>
  <h1 style="color: white; text-shadow: 0 0 10px #57c">
    Text-shadow: 0 0 10px #57c</h1>
  <h1 style="color: white; text-shadow: 0 0 10px #57c, 0 0 15px red">
    Text-shadow: 0 0 5px #57c, 0 0 10px red</h1>
</body>
</html>
```

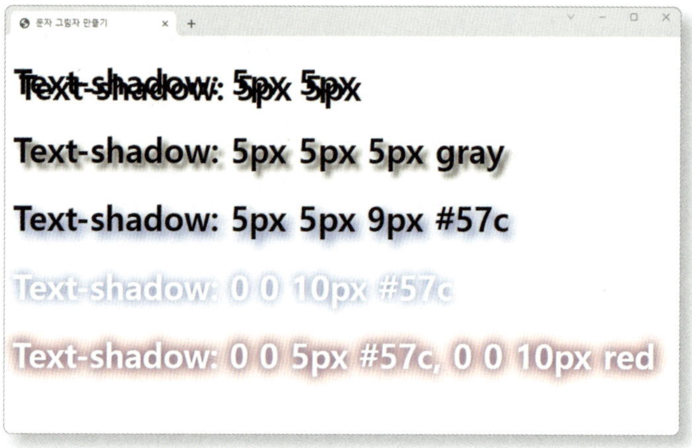

2. 박스 그림자 box-shadow

박스 그림자는 box-shadow 속성으로 지정하며, 속성값은 다음과 같은 순서로 나열된다. 속성값 inset은 그림자를 박스 안의 위쪽에 만들 때 사용한다. Horizontal-offset과 Vertical-offset은 그림자가 각각 박스의 오른쪽, 아래쪽으로 얼마큼 떨어질지를 정한다. Blur-Radius는 그림자가 흐린 정도를 지정한다. Spread가 양수이면 그림자가 확장되고 음수이면 그림자가 축소된다. Shadow-Color는 그림자의 색상을 지정한다.

```
box-shadow: inset Horizontal-offset Vertical-offset Blur-Radius Spread Shadow-Color
```

표 5-11 box-shadow 속성값

속성값	내용	생략 가능
Inset	그림자가 박스 안쪽에 위치	○
Horizontal-offset	박스의 오른쪽 방향의 그림자 위치	×
Vertical-offset	박스의 아래 방향의 그림자 위치	×
Blur-Radius	그림자가 흐린 정도 지정(양수)	○
Spread	그림자 확장(양수) 혹은 축소(음수)	○
Shadow-Color	그림자의 색상 지정	○

box-shadow 속성값 중 Horizontal-offset과 Vertical-offset은 생략할 수 없으며 나머지는 생략할 수 있다. 또한 쉼표(,)로 속성값 여러 개를 연결하여 그림자를 겹칠 수 있다.

[예제 5-16]은 박스 그림자 속성을 사용하여 그림자를 만든 결과이다. 폭 400px, 높이 50px,

마진 35px인 <div> 박스를 만든다. 박스에서 위아래로 중앙에 문자를 배치하고(line-height: 50px), 좌우로 중앙에 문자를 정렬했다(text-align: center).

box-shadow: 10px 10px 속성값은 박스 오른쪽으로 10px, 아래로 10px 떨어진 위치에 그림자를 생성한다. 다른 속성을 지정하지 않아 그림자가 검은색이다. box-shadow: 10px 10px 5px gray 속성값은 흐린 정도가 5px인 회색 그림자를 생성한다. box-shadow: 10px 10px 5px #57c 속성값은 흐린 정도가 5px이며 색상이 #57c인 그림자를 생성한다. box-shadow: 10px 10px 5px 5px #57c 속성값은 박스 오른쪽으로 10px, 아래로 10px 떨어진 위치에 그림자를 생성한다. 이 그림자는 Spread 속성값으로 5px을 지정했기 때문에 바로 위의 세 번째 박스보다 더 넓은 영역에 나타난다. box-shadow: 0 5px 10px #57c, 10px 0 10px 5px #d9d 속성은 위치와 색상이 서로 다른 그림자 2개를 생성한다.

box-shadow: inset 10px 10px 5px 5px #d9d 속성값은 박스의 안쪽에(inset) 그림자를 생성한다. 그림자의 위치는 오른쪽 10px, 아래 10px이며, 흐린 정도 5px에 확장 5px이다.

예제 5-16 박스 그림자 만들기 ex5-16.html

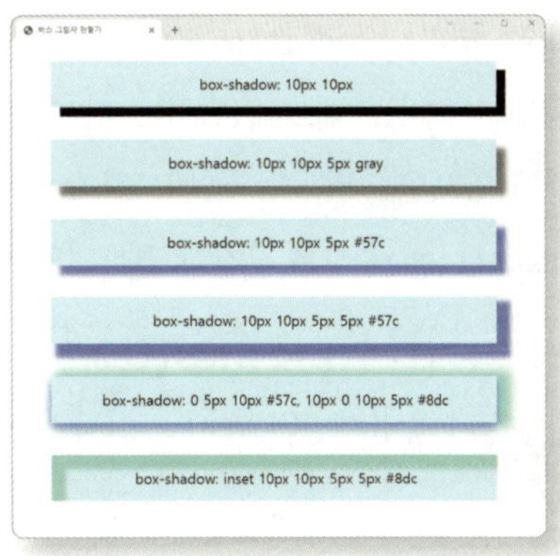


```
<!DOCTYPE html>
<html>
<head>
  <meta charset="UTF-8">
  <title>박스 그림자 만들기</title>
  <style>
    div {
      width: 400px;
      height: 50px;
      margin: 35px;
      line-height: 50px;
      text-align: center;
      background-color: #d2f6ff;
    }
  </style>
</head>
<body>
  <div style="box-shadow: 10px 10px">box-shadow: 10px 10px</div>
  <div style="box-shadow: 10px 10px 5px gray">
    box-shadow: 10px 10px 5px gray</div>
  <div style="box-shadow: 10px 10px 5px #57c">
    box-shadow: 10px 10px 5px #57c</div>
  <div style="box-shadow: 10px 10px 5px 5px #57c">
```

```
    box-shadow: 10px 10px 5px 5px #57c</div>
  <div style="box-shadow: 0 5px 10px #57c, 10px 0 10px 5px #d9d">
    box-shadow: 0 5px 10px #57c, 10px 0 10px 5px #d9d</div>
  <div style="box-shadow: inset 10px 10px 5px 5px #d9d">
    box-shadow: inset 10px 10px 5px 5px #d9d</div>
</body>
</html>
```

2 움직임 만들기

CSS를 사용하여 태그를 이동시키거나 태그 모양을 변화시키는 등의 간단한 움직임을 만들 수 있다. 속성 여러 개를 함께 사용하면 애니메이션의 완성도를 높일 수 있다. 예제를 따라서 해보고 몇 가지를 조합하여 자신만의 웹 페이지를 만들어보자.

1. 상태를 천천히 변화시키는 속성 transition

CSS에서 태그의 상태를 tr1에서 tr2로 변화시킬 때 **transition 속성으로 변하는 속도를 조절**할 수 있다. transition 3s라고 입력하면 변화가 3초에 걸쳐 천천히 일어난다. transition 속성을 사용하는 태그의 위치에 따라 변화하는 양상도 달라진다. 변화 전 태그에 transition 속성이 있으면, 변화가 끝나고 원래 상태로 돌아올 때도 천천히 변한다. 변화 후 태그 안에 있는 transition 속성은 천천히 변하지만 빠르게 원상태로 돌아온다.

[예제 5-17]을 통해 transition 속성의 특징을 알아보자. 예제에서 <h1> 태그 2개의 문자 위로 마우스가 올라가면(hover) 그림자가 생긴다.

class="tr1"에서 .tr1 {} 안에 transition: 1s 속성을 선언했다. 따라서 마우스 커서를 문자에 올릴 때 그림자가 나타나는 데 1초가 걸리며, 마우스 커서를 치웠을 때 그림자가 사라지는 데도 1초가 걸린다. class="tr2"의 경우 .tr2:hover {} 안에 transition: 1s 속성을 선언했다. 문자에 마우스 커서를 올리면 그림자가 나타나는 데 1초가 걸린다. 마우스 커서를 치웠을 때는 그림자가 바로 사라진다.

예제 5-17 천천히 변하기 ex5-17.html

```
<!DOCTYPE html>
<html>
<head>
  <meta charset="UTF-8">
  <title>천천히 변하기</title>
```

```
  <style>
    .tr1 { transition: 1s; }
    .tr1:hover { text-shadow: 7px 7px 8px #57c;}
    .tr2:hover {
      transition: 1s;
      text-shadow: 7px 7px 8px #57c;
    }
  </style>
</head>
<body>
  <h1 class="tr1">마우스를 올려보세요</h1><br>
  <h1 class="tr2">transition 위치 변경</h1>
</body>
</html>
```

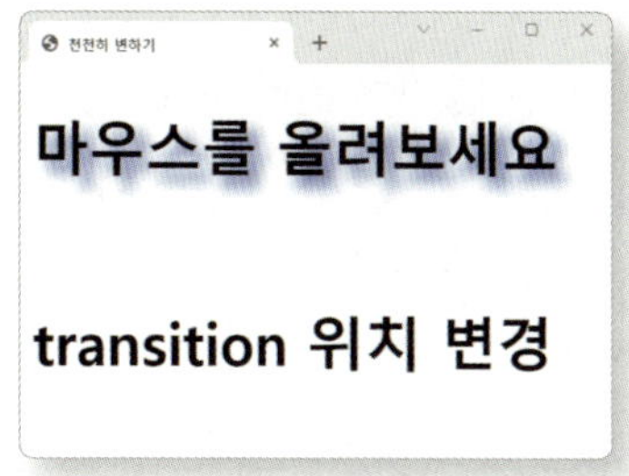

2. 애니메이션을 만드는 속성 animation과 @keyframes

CSS에서 **animation 속성으로 다양한 움직임을 만들 수 있다.** animation 속성은 애니메이션이 완료되는 데 걸리는 시간이나 반복 횟수를 지정하고, 실제 움직임 내용은 @keyframes에 작성한다. 다음은 animation 속성과 @keyframes를 함께 사용하여 애니메이션을 만드는 예이다.

```
<style>
  img { animation: down 3s 5; }
  @keyframes down {
    0%, 100% { transform: translateY(0px); }
    50% { transform: translateY(400px);  }
  }
</style>
```

img { animation: down 3s 5; }는 <img> 태그에 움직임을 만든다. 앞의 코드는 움직임 종류가 down이고 3초 동안 실행하며 5번 반복한다는 의미이다. @keyframes down이 실제 움직임을 나타낸다. 전체 시간 3초의 0% 지점, 다시 말해 시작점에서는 transform: translateY(0px)를 따른다. 이는 Y축 방향으로 이동한다는 의미인데, 0px는 움직이지 않는 상태이다. 여기에 대한 설명은 다음 절에서 자세히 하겠다. 3초의 50% 지점, 즉 1.5초까지는 transform: translateY(400px)를 따른다. 이는 Y축 방향으로 0px에서 400px까지 1.5초 동안 이동한다는 의미이다. 전체 시간의 100% 지점까지는 다시 transform: translateY(0px)를 따른다. 결국 이미지는 처음 위치에서 1.5초 동안 아래로 400px 이동하고, 1.5초에서 3초 사이에 다시 위로 400px 이동하여 원래 자리로 돌아온다. 이러한 움직임을 5번 반복한다.

[표 5-12]는 animation 속성의 속성값이다. **숫자s**는 애니메이션이 완료되는 데 걸리는 시간이다. 숫자만 입력하면 반복 횟수이고, 횟수를 지정하지 않는 경우 1번만 실행된다. 무한히 반복하는 경우 숫자 대신 infinite 속성값을 입력한다. 웹 브라우저에서 제공하는 애니메이션은 매우 정교하다. 움직임을 매끄럽게 보여주기 위해 움직임의 시작과 끝은 천천히 움직이고 중간에는 조금 빠르게 움직인다. 시작, 중간, 끝의 움직임을 모두 동일한 속도로 만들고 싶다면 linear 속성값을 입력한다. 반대로 불규칙적으로 움직이게 하려면 alternate를 입력한다.

표 5-12 animation 속성값

속성값	내용
숫자s	애니메이션을 완료하는 데 걸리는 시간
숫자	반복 횟수
infinite	무한 반복
linear	일정하게 움직임
alternate	불규칙적으로 움직임

[예제 5-18]은 animation 속성을 사용하여 이미지를 움직이는 웹 페이지이다. 모든 이미지의 움직임은 transform: translateY()를 사용하여 Y축으로 0px에서 400px까지 내려갔다가 다시 돌아오는 내용이다.

font_h.png는 3초 동안 아래로 내려갔다가 원래 위치로 돌아오는데(animation: down 3s), 숫자를 지정하지 않았기 때문에 1번만 움직인다. font_t.png는 일정한 속도로 3초 동안 5번(animation: down linear 3s 5) 움직인다. font_m.png는 움직임을 계속 반복(animation: down 3s infinite)한다. font_l.png는 불규칙적인 움직임을 무한히 반복(animation: down 3s infinite alternate)한다.

예제 5-18 애니메이션과 @keyframes ex5-18.html

```
<!DOCTYPE html>
<html>
<head>
  <meta charset="UTF-8">
  <title>애니메이션과 @keyframes</title>
  <style>
    @keyframes down {
```

```
      0%, 100% { transform: translateY(0px); }
      50% { transform: translateY(400px);  }
    }
  </style>
</head>
<body>
  <img src="../../font/font_h.png"
    style="animation: down 3s">
  <img src="../../font/font_t.png"
    style="animation: down linear 3s 5">
  <img src="../../font/font_m.png"
    style="animation: down 3s infinite">
  <img src="../../font/font_l.png"
    style="animation: down 3s infinite alternate">
</body>
</html>
```

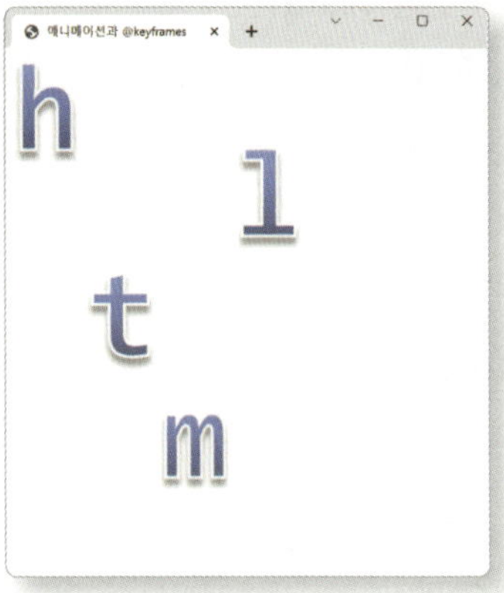

3. 모양을 변경하는 속성 transform

transform은 모양을 변경하는 속성이며 주로 animation의 @keyframes 안에서 사용한다.

- 속성값 translate는 대상을 이동시킨다. translate(10px, 20px)는 X축으로 10px, Y축으로 20px만큼 이동시킨다. 음수를 입력하면 반대 방향으로 이동한다. X축 방향으로만 이동시킬 때는 translateX 속성을 사용한다. 예를 들어 translateX(-10px)는 왼쪽으로 10px만큼 이동시킨다. Y축 방향으로만 이동시킬 때는 translateY를 사용한다. 예를 들어 translateY(20px)는 아래쪽으로 20px만큼 이동시킨다.

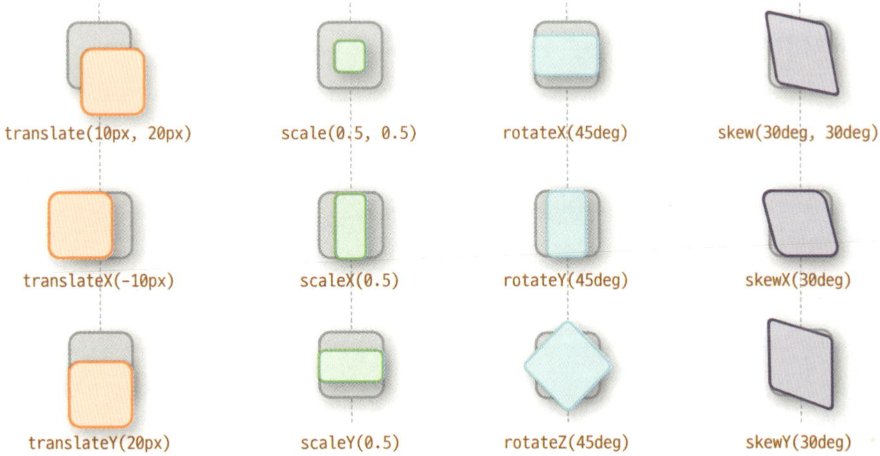

그림 5-9 transform 속성값에 따른 변화

- 속성값 scale은 대상을 확대 혹은 축소시킨다. scale에 입력하는 숫자는 1을 기준으로 한다. 1이면 원래 크기, 1보다 작은 숫자를 입력하면 축소, 1보다 큰 숫자를 입력하면 확대한다. 예를 들어 scale(0.5, 0.5)는 X축 방향으로 50%, Y축 방향으로 50%만큼 대상을 축소한다. scale(2, 2)는 X축 방향으로 2배, Y축 방향으로 2배만큼 대상을 확대한다. X축 방향으로만 크기를 변화시킬 때는 scaleX 속성을 사용한다. scaleX(0.1)은 X축 방향으로 90%만큼 대상을 축소한다. Y축 방향으로만 크기를 변화시킬 때는 scaleY 속성을 사용한다. 예를 들어 scaleY(1.2)는 Y축 방향으로 20%만큼 대상을 확대한다.
- 속성값 rotateX는 X축을 회전축으로 대상을 회전시킨다. 여기에 사용하는 단위는 각도를 의미하는 deg이다. 예를 들어 rotateX(180deg)는 X축을 회전축으로 180도 회전하여 위아래가 뒤집힌다. rotateY는 Y축을 회전축으로 대상을 회전시킨다. 예를 들어 rotateY(360deg)는 Y축을 회전축으로 360도 회전하여 원래 상태로 돌아온다. rotateZ는 Z축을 회전축으로 대상을 회전시키며, 화면에서 풍차 날개가 도는 것처럼 회전한다.
- 속성값 skew는 대상을 기울인다. skew에 입력하는 숫자는 각도를 의미하는 deg이다. skew(30deg, 30deg)는 대상을 X축 방향으로 30도, Y축 방향으로 30도 기울인다. X축 방향으로만 기울일 때는 skewX 속성을 사용하는데, skewX(30deg)는 좌우로 30도 기울여진다. Y축 방향만 기울일 때 skewY 속성을 사용하며, skewY(30deg)는 위아래로 30도 기울여진다.
- 속성값 perspective는 대상에서 가까운 곳은 크게 하고 먼 곳은 작게 만들어 입체적인 효과를 추가한다. perspective는 다른 transform 속성값과 함께 사용한다. 예를 들어 rotateX나 rotateY와 perspective를 함께 사용하면 가까운 쪽이 먼 쪽보다 크게 보이면서 회전한다. 다만 rotateZ는 회전할 때 가깝거나 먼 쪽이 없기 때문에 perspective 속성을 사용해도 아무 효과가 없다.

표 5-13 transform 속성값

속성값	단위	의미
translate, translateX, translateY	px	이동
scale, scaleX, scaleY	숫자	1은 같은 크기, 2는 2배 크기
rotateX, rotateY, rotateZ	deg	회전
skew, skewX, skewY	deg	기울임
perspective	px	입체(다른 효과와 함께 사용)

[예제 5-19]에서 다양한 transform 효과를 확인하자. 모든 animation 속성은 5초(5s)에 걸쳐 실행하며 무한히 반복(infinite)하도록 설정했다.

@keyframes scale은 scale(1, 1)에서 시작하여 5초의 50%가 지났을 때, scale(0, 0)이 되었다가 5초가 되면 원래 상태로 돌아온다. scale(1, 1)은 처음 크기이며 X축과 Y축 방향으로 점점 줄어들어 크기가 0이 되었다가(scale(0, 0)) 원래 크기로 돌아온다.

예제 5-19 모양 바꾸기 ex5-19.html

```
<!DOCTYPE html>
<html>
<head>
  <meta charset="UTF-8">
  <title>모양 바꾸기, transform 속성</title>
  <style>
    img { width: 150px; }
    @keyframes scale {
      0%, 100% { transform: scale(1, 1); }
      50% { transform: scale(0, 0) }
    }
    @keyframes rotateX {
      0% { transform: rotateX(0); }
      100% { transform: rotateX(360deg); }
    }
    @keyframes rotatePX {
      0% { transform: perspective(150px) rotateX(0); }
      100% { transform: perspective(150px) rotateX(360deg); }
    }
    @keyframes rotatePY {
      0% { transform: perspective(150px) rotateY(0); }
      100% { transform: perspective(150px) rotateY(360deg); }
    }
    @keyframes rotateZ {
      0% { transform: rotateZ(0); }
      100% { transform: rotateZ(360deg); }
    }
    @keyframes skew {
      0%, 100% { transform: skew(0, 0); }
      50% { transform: skew(40deg, 40deg); }
    }
  </style>
</head>
<body>
  <img src="../media/italy.jpg" style="animation: scale 5s infinite"><br>
  <img src="../media/italy1.jpg" style="animation: rotateX 5s infinite">
```

```
  <img src="../media/italy1.jpg" style="animation: rotatePX 5s infinite"><br>
  <img src="../media/italy3.jpg" style="animation: rotatePY 5s infinite"><br>
  <img src="../media/italy4.jpg" style="animation: rotateZ 5s infinite"><br>
  <img src="../media/italy5.jpg" style="animation: skew 5s infinite"><br>
</body>
</html>
```

@keyframes rotateX는 X축을 회전축으로 360도(rotateX(360deg)) 회전하는 움직임이다. @keyframes rotatePX도 X축을 회전축으로 360도 회전하는 점은 같다. 그러나 회전하는 동안 가까운 쪽은 크게 보이고, 먼 쪽은 작게 보이는 입체 효과(perspective(150px))가 생긴다. 출력 결과에서 두 번째 줄의 두 이미지를 비교하면 차이를 쉽게 알 수 있다. @keyframes rotatePY는 가까운 쪽은 크게 보이고 먼 쪽은 작게 보이게 하면서(perspective(150px)) Y축으로 360도(rotateY(360deg)) 회전하는 움직임이다. @keyframes rotateZ는 Z축으로 360도(rotateZ(360deg)) 회전하는 움직임이다. @keyframes skew는 skew(40deg, 40deg)은 X축으로 40도, Y축으로 40도 비스듬하게 기울인다.

3 커서 모양 바꾸기

CSS에서는 다양한 커서cursor 모양을 지원한다. 다음과 같이 cursor 속성을 사용하면 help, progress, wait 등 상황에 따라 커서 모양을 변경할 수 있다. 자신이 직접 만든 이미지를 커서로 사용하려면 cursor: url("")에 경로를 포함한 이미지의 위치를 적는다.

표 5-14 cursor 속성 사용법

속성값	내용
`cursor: help`	지원되는 help 커서 이미지 사용
`cursor: url("")`	경로를 포함한 위치에 있는 이미지를 커서로 사용

[표 5-15]는 cursor 속성값에 해당하는 커서 모양의 예이다. 커서 이미지는 브라우저 종류나 버전에 따라 다르게 나타난다.

표 5-15 cursor 속성값

속성값	커서 모양	속성값	커서 모양
auto	자동	copy	
default		move	
none	커서 없음	not-allowed	
help		grab	
pointer		grabbing	
progress		col-resize	
wait		row-resize	
crosshair		zoom-in	
text		zoom-out	
vertical-text			

[예제 5-20]에서 cursor 속성값에 따라 커서 모양이 어떻게 바뀌는지 확인하자. 박스에 마우스 커서를 올리면 위에서부터 cursor 속성값 help, pointer, progress, wait, crosshair, text, vertical-text, copy, move, not-allowed, grab, grabbing, zoom-in, zoom-out의 커서 모양이 나타난다.

예제 5-20 커서 모양 바꾸기 ex5-20.html

```
<!DOCTYPE html>
<html>
<head>
  <meta charset="UTF-8">
  <title>커서 모양 바꾸기, cursor 속성</title>
  <style>
    p {
      background-color: #ffffef;
```

```
      border: 1px solid #ffbf69;
      text-align: center;
    }
  </style>
 </head>
<body>
  박스에 커서를 올리면 커서 모양이 변경됨
  <p style="cursor: help">cursor: help</p>
  <p style="cursor: pointer">cursor: pointer</p>
  <p style="cursor: progress">cursor: progress</p>
  <p style="cursor: wait">cursor: wait</p>
  <p style="cursor: crosshair">
    cursor: crosshair</p>
  <p style="cursor: text">cursor: text</p>
  <p style="cursor: vertical-text">
    cursor: vertical-text</p>
  <p style="cursor: copy">cursor: copy</p>
  <p style="cursor: move">cursor: move</p>
  <p style="cursor: not-allowed">
    cursor: not-allowed</p>
  <p style="cursor: grab">cursor: grab</p>
  <p style="cursor: grabbing">cursor: grabbing</p>
  <p style="cursor: zoom-in">cursor: zoom-in</p>
  <p style="cursor: zoom-out">cursor: zoom-out</p>
</body>
</html>
```

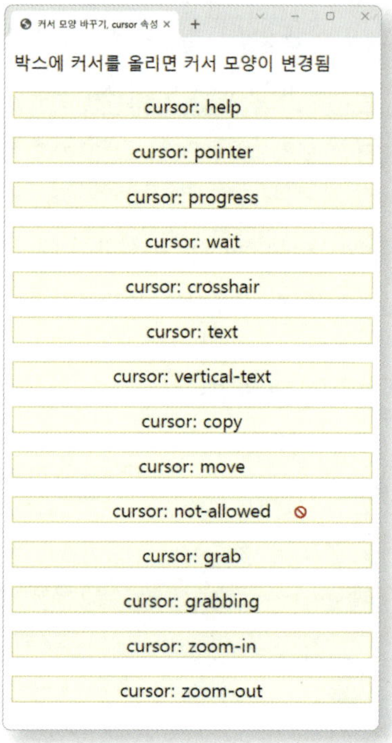

미니 프로젝트 여행을 떠나요

이제 모든 HTML 태그와 CSS 속성을 학습했다. 5장의 프로젝트 주제는 지금까지 배운 모든 기능을 활용하여 만드는 '여행을 떠나요' 웹 페이지이다. 여행을 가고픈 나라나 관심 있는 나라에 대한 웹 페이지를 만든다. 5장에서 사용할 이미지 파일은 국가별 국기와 대표 관광지 사진이다. 해당 이미지는 HTML5/chap_05/media 폴더에 들어 있다.

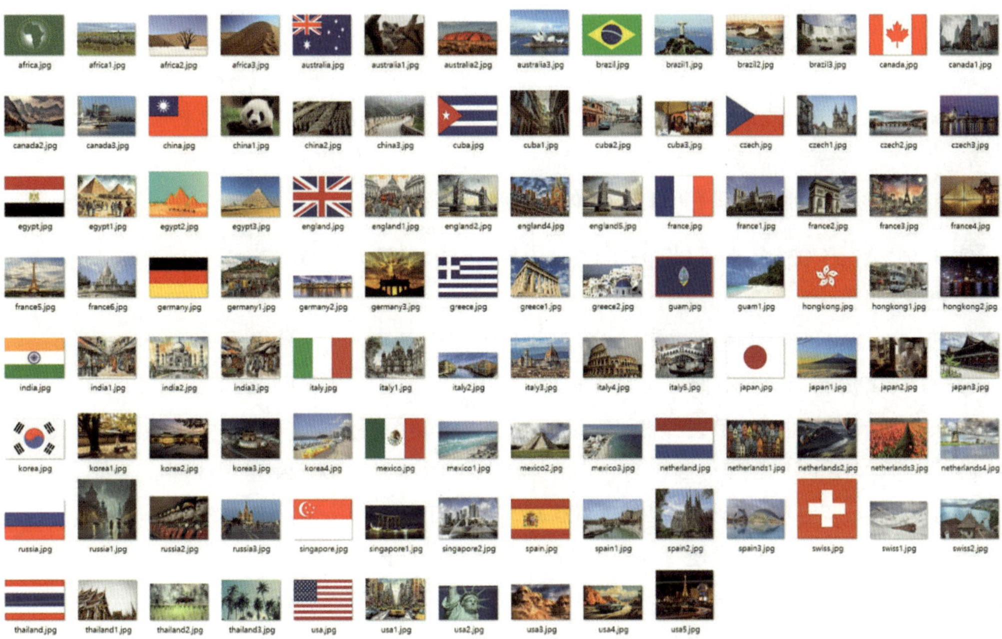

그림 5-10 HTML5/chap_05/media의 이미지

HTML5/font 폴더에는 [그림 5-11]의 알파벳 소문자 이미지가 있다. 이 폴더의 이미지는 모두 배경이 투명한 PNG 파일이다. 참고로 font_sp.png는 문자와 같은 크기의 빈 이미지이므로 공백 문자 대신 사용하면 된다.

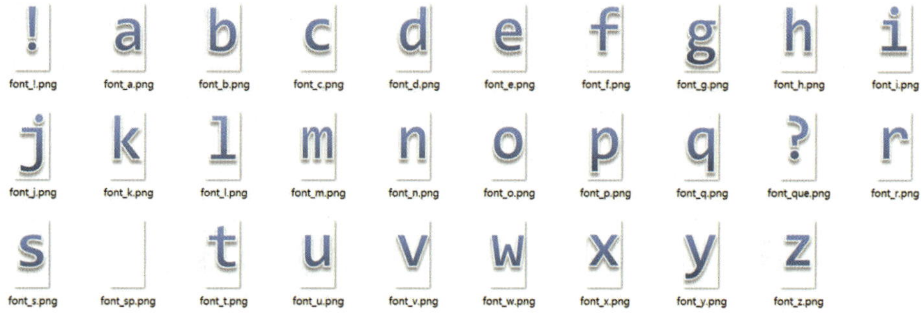

그림 5-11 HTML5/font 폴더에 있는 이미지

과제 **다음 조건에 맞는 웹 문서를 작성하여 제출하시오.**

❶ HTML5/chap_05/media 폴더와 HTML5/font에 있는 이미지를 사용하여 '여행을 떠나요' 웹 페이지를 만든다.

❷ 2장~5장에서 배운 HTML 태그와 CSS를 최대한 많이 사용한다.

❸ 필요하다면 2장, 3장, 4장의 media 폴더에 있는 햄버거, 동물, 음식 이미지를 활용해도 된다.

❹ 이미지 파일을 다른 폴더로 옮겨서는 안 되며, 경로를 입력하여 활용한다.

❺ 과제를 작성할 때 HTML5/chap_02/project 폴더의 홍길동_20230808.html을 사용한다.

❻ 해당 HTML 파일 이름을 자신의 이름과 학번으로 변경한다.

❼ 외부 CSS 파일을 사용하는 경우 파일 이름은 '학번.css'로 한다.

웹 페이지 상단에는 디자인을 고려하여 이름과 학번을 반드시 넣는다. 과제 조건을 준수한다면 어떤 웹 페이지를 만들어도 상관없다. 멋진 '여행을 떠나요' 웹 페이지를 만들어보자.

준비 파일 **여행을 떠나요 기본 코드** 홍길동_20230808.html

```
<!DOCTYPE html>
<html>
<head>
  <meta charset="UTF-8">
  <!-- 자신이 만드는 웹 페이지의 제목을 넣으시오 -->
  <title> </title>
  <!-- 이름과 학번을 정확하게 쓰시오 -->
</head>
```

```
<body>

</body>
</html>
```

■ **추가 프로젝트: 제공되는 웹 페이지의 style.css 분석하기**

다른 사람이 만든 HTML과 CSS를 분석하면 웹 프로그래밍을 이해하는 데 많은 도움이 된다. miracle 웹 시스템의 모든 웹 페이지는 4장과 5장에서 배운 CSS를 거의 모두 사용하여 만들었다. 메인 페이지와 모든 장의 예제 페이지가 공유하는 HTML5/style.css 파일은 200줄이 넘는다.

HTML5/style.css 파일에서 자바스크립트 부분을 제외한 HTML과 CSS를 분석하여 miracle 웹 시스템에서 웹 페이지의 어느 부분에 CSS가 적용되었는지 확인한다. 또한 style.css의 값을 변경하여 웹 페이지의 스타일을 변경한다. 자신이 확인한 CSS의 특징과 변화에 대하여 보고서를 작성하여 제출한다.

요약

01 레이아웃은 웹 페이지에 CSS를 사용하여 영역을 배치하는 것이다. display 속성값으로 대상을 인라인-블록 태그로 지정할 수 있다. 인라인-블록 태그는 인라인 태그처럼 한 줄에 길게 배치되면서 블록 태그처럼 대상의 크기를 지정할 수 있다.

02 visibility 속성은 태그를 화면에 보여줄지 숨길지를 결정한다. collapse 속성은 테이블의 행과 열을 보이지 않게 한다. opacity 속성값으로 태그의 투명도를 지정한다.

03 position 속성은 화면의 특정한 위치에 태그를 배치한다. float 속성은 본문이 그림을 감싸도록 배치한다. flex 속성은 사용자 화면 크기에 상관없이 박스 여러 개의 폭과 높이를 똑같이 맞춘다. 플렉서블 박스를 사용하려면 먼저 박스를 담을 컨테이너를 만들어야 한다.

04 z-index 속성은 이미지나 박스 여러 개를 겹쳐서 배치할 때 앞으로 나오는 것과 뒤로 가려질 것을 결정한다. 속성값으로 가장 큰 숫자를 입력한 태그가 가장 앞에 배치된다.

05 overflow 속성은 박스의 내용물이 박스 크기를 넘어설 때 어떻게 처리할 것인지를 결정한다. list-style-type 속성은 <ul> 리스트에서 아이템 앞 기호를 다른 모양으로 바꾼다.

06 테이블에서 셀마다 테두리를 생성하여 선이 2개 생기는데 이를 선 1개로 바꿀 때 border-collapse: collapse 속성을 지정한다.

07 문자 그림자 속성값은 text-shadow: 다음에 정해진 순서로 한꺼번에 입력한다. 박스 그림자 속성값은 text-shadow: 다음에 정해진 순서로 한꺼번에 입력한다.

08 transition 속성은 CSS에서 애니메이션 등의 변화 속도를 조절한다. animation 속성값으로 애니메이션을 실행하는 데 걸리는 시간, 반복 횟수, 애니메이션 속도를 일정하게 할 것인지를 지정할 수 있다. 실제 움직임 내용은 @keyframes를 사용하여 만든다.

09 transform 속성은 태그의 모양을 변경한다. 속성값을 입력하여 이동시키거나, 확대·축소하거나, 회전시키거나, 기울이거나, 입체 효과를 줄 수 있다. cursor 속성을 사용하면 상황에 따라 커서 모양을 변경할 수 있다.

연습 문제

01 다음 display 속성값 중 크기를 지정할 수 없는 것은 무엇인가?

① inline　② inline-block
③ block　④ flex

02 다음 display 속성값 중 margin: auto를 입력했을 때 화면 중앙에 배치되는 것은 무엇인가?

① inline　② inline-block
③ block　④ flex

03 display 속성값 중 태그를 화면에 보이지 않게 할 뿐만 아니라 태그가 차지하던 자리까지 없애는 속성값은 무엇인가?

① visible　② none
③ hidden　④ collapse

04 다음 중 opacity 속성값으로 입력했을 때 가장 투명하게 표시되는 것을 찾으시오.

① 1　② 0.8
③ 0.3　④ 0

05 화면의 특정 위치에 태그를 위치시킬 때 사용하는 속성을 찾으시오.

① opacity　② visibility
③ position　④ display

06 본문이 그림을 감싸도록 배치하는 속성을 찾으시오.

① float　② visibility
③ position　④ display

07 position의 기본 속성값을 찾으시오.

① fixed ② absolute
③ relative ④ static

08 position 속성값 중 태그의 기본 위치를 기준으로 상대적 위치 지정 속성값을 찾으시오.

① fixed ② absolute
③ relative ④ static

09 position 속성값 중 화면을 스크롤해도 움직이지 않는 고정적 위치 지정 속성값을 찾으시오.

① fixed ② absolute
③ relative ④ static

10 다음 중 float 속성값이 아닌 것을 찾으시오.

① none ② left
③ center ④ right

11 float 속성값 중 그림을 왼쪽에 배치하는 것을 찾으시오.

① none ② left
③ center ④ right

12 박스 여러 개의 높이와 폭을 유연하게 맞출 수 있는 속성을 찾으시오.

① float ② visibility
③ position ④ flex

13 다음 중 flex 속성값으로 사용할 수 없는 것을 찾으시오.

① -1　② none
③ 2　④ auto

14 플렉서블 박스 2개가 있을 때 왼쪽 박스의 속성값이 flex: 2이고 오른쪽 박스의 속성값이 flex: 3이다. 그렇다면 왼쪽 박스는 폭이 얼마인가?

① 2　② 2/5
③ 3/5　④ 3

15 다음 중 z-index 속성값으로 입력했을 때 태그가 가장 앞으로 나오는 것을 찾으시오.

① 12　② 16
③ 3　④ 8

16 overflow 속성의 기본 속성값을 찾으시오.

① visible　② hidden
③ auto　④ scroll

17 다음 overflow 속성값 중 박스를 벗어난 내용물을 숨기는 것을 찾으시오.

① visible　② hidden
③ auto　④ scroll

18 overflow 속성값 중 박스를 벗어난 내용물을 볼 수 있도록 스크롤바를 생성하지만, 불필요한 스크롤바까지 만든다는 단점이 있는 것을 찾으시오.

① visible　② hidden
③ auto　④ scroll

19 <ul> 태그로 작성한 목록에서 아이템 앞의 기호를 아이템 영역 안쪽에 만들고자 한다. list-style-position 속성에 어떤 속성값을 입력해야 하는가?

① inside ② disc

③ upper-roman ④ outside

20 다음 박스 그림자 속성 중 생략할 수 없는 것은 무엇인가?

① Shadow-Color

② Blur-Radius

③ Spread

④ Horizontal-offset

21 태그의 상태를 변화시킬 때 속성값으로 시간을 입력하여 변화 속도를 조절할 수 있는 속성은 무엇인가?

① transform

② translate

③ transition

④ @keyframes

22 animation 속성값 중 불규칙적인 속도로 움직이게 하는 것은 무엇인가?

① alternate ② infinite

③ 숫자 ④ linear

23 animation 속성값 중 애니메이션을 무한 반복하는 속성값은 무엇인가?

① alternate ② infinite

③ 숫자 ④ linear

24 animation 속성값 중 애니메이션이 완료되기까지 걸리는 시간을 지정하는 것은 무엇인가?

① alternate　　② infinite
③ 숫자　　④ 숫자s

25 다음 중 태그의 모양을 변경하는 CSS 속성은 무엇인가?

① transform
② animation
③ transition
④ @keyframes

26 transform 속성값 중 태그를 확대하거나 축소하는 것은 무엇인가?

① translate　　② scale
③ skew　　④ rotate

27 transform 속성값 중 태그를 회전시키는 것은 무엇인가?

① translate　　② scale
③ skew　　④ rotate

28 transform 속성값 중 다른 속성값과 함께 사용하여 태그를 입체적으로 보이게 만드는 것은 무엇인가?

① translate
② scale
③ skew
④ perspective

29 다음 HTML은 왼쪽 그림과 같은 웹 페이지를 출력한다. 웹 페이지가 오른쪽 그림과 같이 출력되도록 CSS를 작성하시오.

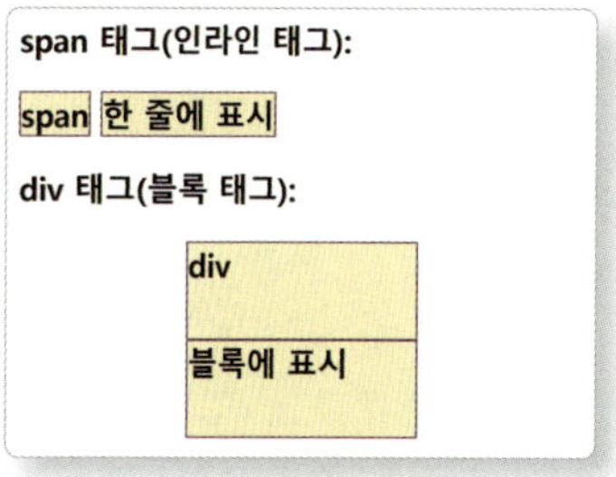

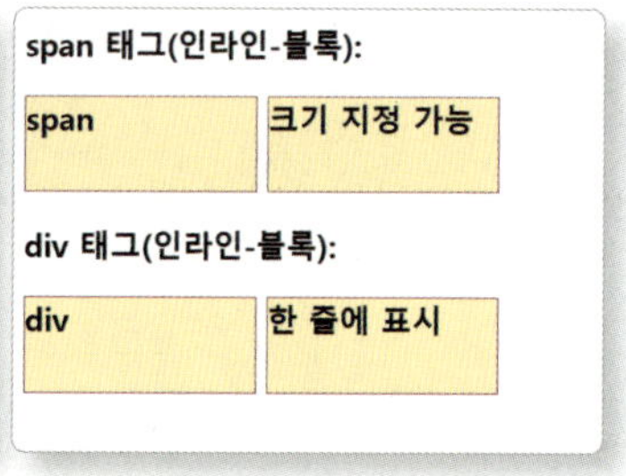


```
<!DOCTYPE html>
<html>
<head>
  <meta charset="UTF-8">
  <style>



  </style>
</head>
<body style="font-size: 20px; font-weight: bold">
  span 태그(인라인-블록):<br>
  <p><span>span</span> <span>크기 지정 가능</span></p>
  div 태그(인라인-블록):<br>
  <p><div>div</div> <div>한 줄에 표시</div></p>
</body>
</html>
```

30 웹 페이지가 다음 그림과 같이 출력되도록 <style> </style> 태그 안에 CSS를 완성하시오.

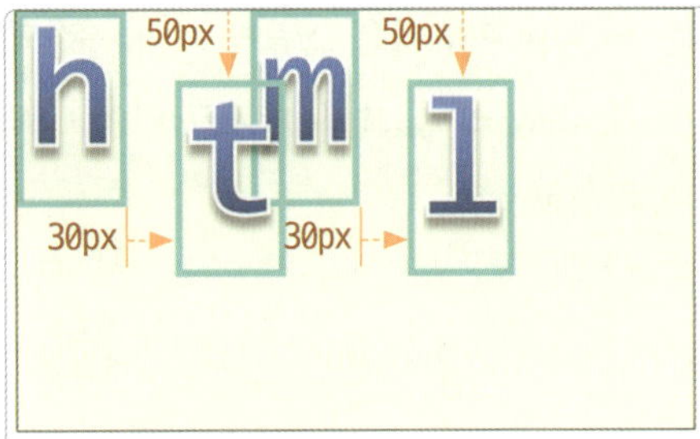

.relative-img: top 50px; left: 30px;

```
<!DOCTYPE html>
<html>
<head>
  <meta charset="UTF-8">
  <style>
    img { border: 5px solid #8dc; }
    div {
      width: 500px;
      height: 300px;
      background: #ffe;
      border: 1px solid #663;
    }

  </style>
</head>
<body>
  <div>
    <img src="../../font/font_h.png">
    <img src="../../font/font_t.png" class="relative-img">
    <img src="../../font/font_m.png">
    <img src="../../font/font_l.png" class="relative-img">
  </div>
  <h3>.relative-img: top 50px; left: 30px;</h3>
</body>
</html>
```

31 웹 페이지가 다음 그림과 같이 출력되도록 <style> </style> 태그 안에 CSS를 완성하시오.

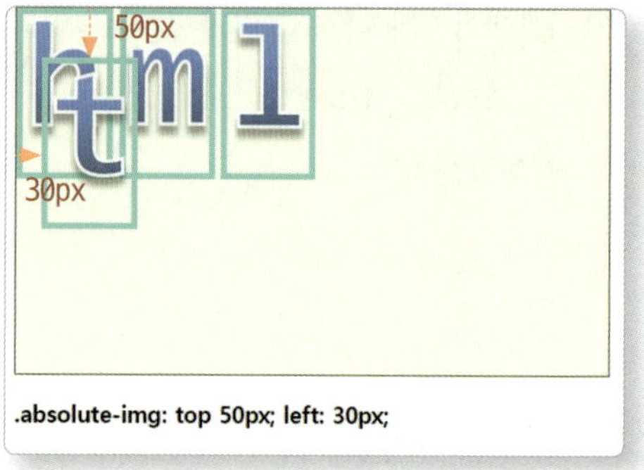


```
<!DOCTYPE html>
<html>
<head>
  <meta charset="UTF-8">
  <style>
    img { border: 5px solid #8dc; }
    div {
      width: 500px;
      height: 300px;
      background: #ffe;
      border: 1px solid #663;
    }
[                                        ]
  </style>
</head>
<body>
  <div>
    <img src="../../font/font_h.png">
    <img src="../../font/font_t.png" class="absolute-img">
    <img src="../../font/font_m.png">
    <img src="../../font/font_l.png">
  </div>
  <h3>.absolute-img: top 50px; left: 30px;</h3>
</body>
</html>
```

32 다음 그림과 같은 웹 페이지가 되도록 HTML 코드의 빈칸을 채우시오.

```
<!DOCTYPE html>
<html>
<head>
  <meta charset="UTF-8">
  <style>
  div {
      width: 250px;
      background: #ffe;
      border: 1px solid #9cc;
      padding: 10px;
    }
  </style>
</head>
<body>
  <div><img src="../media/france5.jpg" height="80px" [                    ] >
    The Eiffel Tower is a wrought-iron lattice tower on the Champ de Mars
    in Paris, France. Constructed from 1887, it is named after the engineer
    Gustave Eiffel, whose company designed and built the tower. Locally
    nicknamed "La dame de fer" (French for "Iron Lady").</div>
</body>
</html>
```

33 웹 페이지가 다음 그림과 같이 출력되도록 HTML 코드의 빈칸을 채우시오.

```
<!DOCTYPE html>
<html>
<head>
  <meta charset="UTF-8">
  <style>
    div {
      display: inline-block;
      width: 150px;
      height: 100px;
      background: #ffe;
      border: 1px solid #9cc;
      margin: 10px;
    }
  </style>
</head>
<body>
  <div [      ①      ]><b>(overflow: scroll)</b> The Eiffel Tower is a
wrought-iron lattice tower in Paris, France. Constructed from 1887.</div>
  <div [      ②      ]><b>(overflow: auto)</b> The Eiffel Tower is a
wrought-iron lattice tower in Paris, France. Constructed from 1887.</div>
</body>
</html>
```

34 웹 페이지가 다음 그림과 같이 출력되도록 <style> </style> 태그 안에 CSS를 완성하시오.

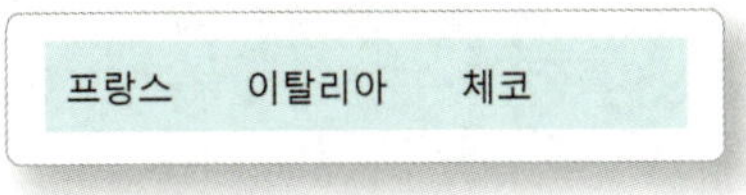


```
<!DOCTYPE html>
<html>
<head>
  <meta charset="UTF-8">
  <style>
     ul {
      background-color: #d9fbfd;
      padding: 10px;
      margin: 10px;
    }



  </style>
</head>
<body>
  <ul class="list-bar">
    <li>프랑스</li>
    <li>이탈리아</li>
    <li>체코</li>
  </ul>
</body>
</html>
```

PART

03

자바스크립트

CONTENTS

CHAPTER 06

자바스크립트와 ES6

학습 목표

- 웹 페이지의 동적 영역을 만드는 자바스크립트를 이해한다.
- 자바스크립트의 변수, 연산자, 조건문, 반복문의 특징을 살펴본다.
- 자바스크립트로 함수를 만들고 변수의 범위를 학습한다.

- 자바스크립트 이해하기
  - 자바스크립트
    - 자바스크립트의 특징
    - 자바스크립트의 위치
  - 변수
    - 변수 만들기
    - 만능 변수와 만능 덧셈 연산
    - 변수 이름의 규칙
  - 연산자
    - 연산자의 우선순위
    - 연산자의 종류
  - 사용자 입력받기
  - 디버깅
- 조건문과 반복문
  - 조건문
  - 반복문
- 함수와 변수의 범위
  - 함수
    - 사용자 정의 함수
    - 함수의 입력
  - 변수의 범위
    - 전역변수와 지역변수
    - 템플릿 문자열과 변수

SECTION 01 자바스크립트 이해하기

1 자바스크립트

1장에서 웹 페이지는 크게 HTML, CSS, 자바스크립트javascript로 구성된다고 설명했다. HTML은 본문의 내용을 만들고, CSS는 웹 페이지를 꾸미고, 자바스크립트는 동적인 영역을 만들 때 사용한다. 이 책에서 제공되는 웹 페이지에서 화면에 눈이 내리거나 각 장을 클릭했을 때 보이지 않던 글자가 나타나 좌우로 움직이는 동작은 모두 자바스크립트로 구현했다. 웹 페이지에 눈을 내리게 하는 자바스크립트 코드는 HTML5 폴더에 있는 snow.js이다. 또한 글자가 나타나 좌우로 움직이게 하는 자바스크립트는 image.js이다. 확장자 js는 'javascript'의 약자이다.

그림 6-1 **자바스크립트로 구현한 웹 페이지의 동작**

1. 자바스크립트의 특징

자바스크립트는 웹 개발 분야에서 가장 널리 사용되는 프로그래밍 언어 중 하나이며 자바 문법과 닮았다는 특징이 있다. HTML, CSS와 함께 웹 페이지의 동적인 요소를 제어하고 상호작용을 구현하는 데 사용되는 자바스크립트에 대해 알아보자.

▪ 자바스크립트와 다른 프로그래밍 언어

컴퓨터에 명령을 내릴 때 C 언어나 자바와 같은 프로그래밍 언어를 사용한다. 컴퓨터에서 사용하는 워드프로세서, 웹 브라우저, 메신저와 같은 응용 프로그램도 프로그래밍 언어를 사용하여 만들어진다. 웹 브라우저에서 움직이는 영역을 만들거나 사용자의 입력을 처리하는 것과 같이

HTML에 명령을 내릴 때 사용하는 언어가 자바스크립트이다. 자바스크립트의 문법은 자바와 매우 닮았다. 자바는 C 언어를 기반으로 개발되었기 때문에 C 언어의 문법과도 닮았다. 따라서 C 언어, 자바, 자바스크립트의 문법은 서로 비슷한 점이 많다.

구조적으로는 다른 점도 있다. 자바스크립트로 작성된 코드는 웹 브라우저가 위에서부터 한 줄씩 읽어내려가면서 바로 실행하는데, 이런 프로그래밍 언어를 인터프리터interpreter 방식이라고 부른다. 자바스크립트의 이름에도 들어가는 스크립트script란 인터프리터 방식의 언어에서 한 줄씩 실행되는 코드를 의미한다. 반면 C 언어와 자바는 컴파일 방식인데, 코드를 컴파일하여 실행 파일을 만든 후 실행 파일을 수행시켜 실행한다.

구조나 문법이 매우 유사하기 때문에 C 언어 또는 자바를 배운 적이 있다면 자바스크립트도 쉽게 사용할 수 있다. 이 책에서는 프로그래밍 언어에 익숙하지 않은 독자들을 위해 자바스크립트의 기초부터 설명할 예정이다. 또한 자바스크립트와 C 언어, 자바의 차이점도 함께 설명한다.

▪ ECMAScript6

HTML5가 HTML의 최신 버전이고 CSS3가 CSS의 최신 버전이듯이, ECMAScript6(ES6)가 자바스크립트의 최신 버전이다. ECMAScript는 비영리 표준화 기구인 Ecma International의 규격이라는 의미이다. 이 기구에서 2009년에 ES5, 2015년에 ES6를 차례로 발표했다. 이 책은 ES6를 기준으로 작성했으며 이전 버전과 달리 ES6부터 추가된 내용은 따로 표시하였다.

2. 자바스크립트의 위치

CSS를 작성하는 방법에는 여러 가지가 있었다. 이와 비슷하게 자바스크립트도 HTML 내부, 외부 자바스크립트 파일, 태그 안의 자바스크립트로 작성할 수 있다.

▪ HTML 내부 자바스크립트

HTML의 내부에 자바스크립트를 작성할 경우 `<script> </script>` 태그 안에 자바스크립트 코드를 작성한다. `<script> </script>`는 HTML 내부 어디에나 만들 수 있다. 다음 코드에서 `<script> </script>` 태그 안의 `document.write()`는 괄호 안의 내용을 웹 페이지에 출력하는 함수이다. `document.write()` 함수 안의 따옴표에는 문자를 입력하는데, 문자 중에 HTML 태그가 있으면 웹 브라우저가 모두 인식한다. 따라서 다음 코드는 화면에 '내부 자바스크립트로 작성한 것'이라는 문장을 출력하고, `<hr>` 태그로 수평선을 만든다.

```
<script>
  document.write("내부 자바스크립트로 작성한 것<hr>");
</script>
```

■ **외부 자바스크립트 파일**

CSS와 마찬가지로 자바스크립트를 여러 웹 페이지가 공유하도록 별도의 파일로 작성할 수 있다. 외부 자바스크립트 파일을 HTML에 삽입하는 경우 다음 코드와 같이 `<script src="script01.js">` 태그를 사용한다. 여기서 `src` 속성은 자바스크립트 파일의 위치를 나타낸다. 삽입되는 외부 자바스크립트 파일의 이름은 script01.js이다. 해당 자바스크립트 파일이 HTML과 같은 폴더에 있기 때문에 위치를 `src="script01.js"`로 입력한다. 만약 다른 폴더에 있다면 경로까지 포함한 위치를 입력한다.

```
<script src="script01.js"> </script>
```

■ **태그 안의 자바스크립트**

태그 안에도 자바스크립트를 넣을 수 있다. 다음 코드는 `<a>` 태그에서 `onclick`이 발생하면 `document.write()` 함수를 실행하는 태그이다. 바깥쪽에 큰따옴표을 사용했기 때문에 함수 안에서는 작은따옴표를 사용하여 문자를 입력했다. `onclick`은 이벤트 속성인데, 마우스로 태그를 클릭하면 해당 자바스크립트를 실행한다. 이벤트에 대해서는 7장에서 자세히 설명한다.

```
<a href="#" onclick="document.write('onclick 태그의 자바스크립트')">
```

[예제 6-1]은 지금까지 설명한 다양한 위치에 자바스크립트를 작성한 코드이다. 출력 결과에서 첫 번째 줄은 `<script> </script>` 태그를 사용한 결과이다. 두 번째 줄은 `<script src="script01.js">`를 사용하여 외부의 script01.js 파일을 가져온 결과이다. 출력 결과의 세 번째 줄은 `<a>` 태그 내부에 자바스크립트를 삽입한 결과이다. 하이퍼링크를 클릭하면 `document.write()` 함수가 실행되어 새 페이지에 'onclick 태그의 자바스크립트'라는 문장이 표시된다. 네 번째 줄은 `<a>` 태그의 `href` 속성값으로 `javascript:` 이후에 코드를 작성한 결과이다. `document.write()` 함수는 새로운 웹 페이지에 결과를 표시하는 반면, `alert()` 함수는 작은 알림 창에 성공, 실패, 경고 등의 결과를 표시한다.

예제 6-1 자바스크립트 위치 확인하기 ex6-1.html

```
<!DOCTYPE html>
<html>
<head>
  <meta charset="UTF-8">
```

```
    <title>자바스크립트 위치 확인하기</title>
    <link rel="stylesheet" href="style_js.css">
    <script>
      // HTML 내부 자바스크립트
      document.write("내부 자바스크립트로 작성한 것<hr>");
    </script>
    <script src="script01.js">
      /* 외부 자바스크립트 파일, script01.js */
    </script>
  </head>
  <body>
    <!-- 태그 안의 자바스크립트 -->
    <a href="#" onclick="document.write('onclick 태그의 자바스크립트')">
    눌러보세요!</a><hr>
    <a href="javascript:alert('href 태그의 자바스크립트')">
    안 누르실 거예요?</a>
  </body>
  </html>
```

외부 자바스크립트 파일 script01.js

```
document.write("script01.js 파일에서 가져온 것<hr>");
```

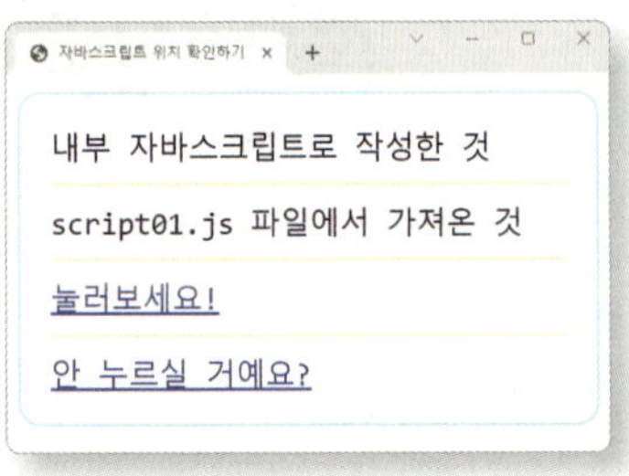

참고로 자바스크립트 코드의 결과가 잘 보이도록 외부 파일인 style_js.css를 6장의 모든 HTML에 적용했다. style_js.css의 내용은 다음과 같다.

```
body {
  font-family: consolas;
  font-size: 20px;
  color: #004;
  padding: 20px;
```

```
    border: 2px solid #cef;
    border-radius: 15px;
  }
  hr {
      border: 1px dotted #fea;
  }
```

3. 자바스크립트의 구성

자바스크립트를 이루는 명령어 한 줄을 코드code 혹은 문장statement이라 부른다. 자바스크립트에서 문장은 반드시 세미콜론(;)으로 끝난다. 이 책에서는 코드, 문장, 문을 혼합하여 사용한다. 예를 들어 '반복문'은 '반복 문장' 혹은 '반복 코드'와 같은 뜻이다.

▪ 함수

자동차는 많은 부품으로 구성된다. 부품을 일일이 확인하여 조립하려면 자동차를 완성하기 어렵다. 그러나 부품을 모듈module 형태로 구성하면 자동차를 훨씬 쉽게 만들 수 있다. 메인 모듈에 앞바퀴 모듈과 뒷바퀴 모듈을 연결하고 차체 모듈을 씌우면 차가 완성된다.

(a) 자동차 부품 조립하기 (b) 자동차 모듈 조립하기

그림 6-2 자동차 모듈을 사용할 때의 장점

자바스크립트에서는 함수가 모듈에 해당한다. 함수function란 정해진 절차에 따라 데이터를 처리하는 코드의 집합이다. 앞에서 사용한 document.write()도 함수이다. 우리는 document.write() 함수가 어떤 코드로 새로운 페이지에 결과를 표시하는지 몰라도 된다. 그냥 필요할 때마다 document.write()를 사용하면 된다. 함수는 괄호(())를 사용한다. 괄호 안에는 함수에 전달할 데이터를 입력한다. 웹 페이지에 출력할 데이터를 document.write() 함수의 괄호 안에 넣으면 된다. 이번 장의 3절에서 함수에 대하여 자세히 설명한다.

■ 블록

자바스크립트에서 하나의 블록이 여러 문장으로 구성될 때 중괄호({})를 사용하여 코드를 묶어 주어야 한다. 다음 코드에서 if (num > 5) {}는 '만약 num이 5보다 크면 블록 안의 문장들을 실행한다'는 뜻이다. if (num > 5)의 결과에 영향을 받는 문장을 중괄호로 묶어준다. 코드를 실행하면 num이 6일 때는 '블록 1', '블록 2', '블록 3'이 모두 출력된다. 반면 num이 1일 때는 '블록 3'만 출력된다.

```
if (num > 5) {                    // 블록 시작
    document.write("블록 1");
    document.write("블록 2");
}                                 // 블록 끝
document.write("블록 3");
```

블록에 속하여 영향을 받는 코드가 1개뿐일 때는 중괄호를 생략할 수 있다. 다음 코드에서 num이 5보다 클 때 실행되는 코드는 '블록 1' 뿐이므로 중괄호를 생략했다. 그러나 중괄호가 있든 없든 영향을 받는 코드는 들여쓰는 것이 좋다.

```
if (num > 5)
    document.write("블록 1");    // if에 영향을 받는 코드
document.write("블록 2");
```

■ 주석

자바스크립트에서도 주석을 사용할 수 있다. 앞의 [예제 6-1]에서 //으로 시작하는 8행은 한 줄 주석인데, 주석 내용을 한 줄로만 입력할 수 있다. 여러 줄 주석은 /* */으로 입력한다. /*와 */ 사이에 여러 줄에 걸쳐서 주석 내용을 입력하면 된다. 주의할 점은 이 주석이 <script> </script> 태그 안에서만 유효하다는 것이다. <script> </script> 태그의 바깥쪽에서는 HTML의 주석인 <!-- -->를 사용해야 한다.

```
// 한 줄 주석
/* 여러 줄에 걸쳐서
  사용할 수 있는 주석 */
```

2 변수

프로그래밍은 요리와 비슷하다. 먼저 레시피에 따라 돼지고기, 양파, 물, 식용유 등의 재료를 적당한 그릇에 담아 준비한다. 재료가 준비되면 레시피에 적힌 순서대로 조리하여 요리를 완성한다. 프로그래밍은 알고리즘에 따라 자료(데이터)를 준비하고 이를 처리하여 결과물을 만든다. 자바스크립트에서 **변수**variable는 자료를 담는 그릇이다.

그림 6-3 **프로그래밍과 요리**

▪ 자료형

'뛰어서 100미터 11.5초에 가능?'이라는 문장에는 다양한 종류의 자료가 있다. '뛰어서, 미터, 초에, 가능'은 문자이다. '100'은 정수이며, '11.5'는 실수이다.

자바스크립트에서 **문자 자료형은 String**이고, **숫자 자료형은 Number**이다. 자바스크립트에서는 0, −1, 100과 같은 정수와 11.5, 3.14, 9.9와 같이 소수점 이하의 값이 있는 실수를 같은 자료형으로 다룬다.

'뛰어서 100미터 11.5초에 가능?'이라는 질문에 100미터를 11.2초 만에 뛰는 사람은 참(`true`)이라 대답할 것이고, 100미터를 13.8초 만에 뛰는 사람은 거짓(`false`)이라 대답할 것이다. 참과 거짓 값만을 가지는 자료형은 Boolean이다. 자바스크립트에서 참과 거짓은 대문자가 없는 `true`와 `false`이다. **불린**Boolean **자료형은 정수로도 표현할 수 있는데, `0`은 `false`와 같고, `1`은 `true`와 같다.**

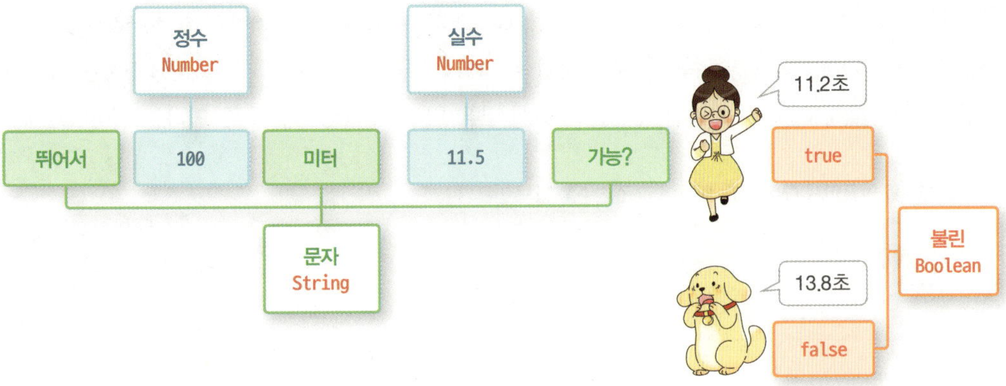

그림 6-4 **'뛰어서 100미터 11.5초에 가능?'의 자료형**

일반적으로 String 자료형은 데이터를 따옴표로 묶는다. 예를 들어 7이라고 입력한 데이터는 Number 자료형이지만, '7' 혹은 "7"이라고 입력한 데이터는 String 자료형이다.

표 6-1 **자바스크립트에서 다루는 데이터와 자료형**

데이터 종류	자료형	내용
문자	String	가, 나, 다, a, b, c와 같은 문자 자료형
정수	Number	-1, 0, 100과 같은 정수 데이터
실수	Number	11.5, 3.14, 9.9와 같은 실수 데이터
불린	Boolean	값이 true와 false뿐인 자료형

여기서 잠깐 **자바스크립트의 자료형**

본문에서 소개하지 않은 자바스크립트의 자료형으로는 값이 없음을 나타내는 Null, 자료 형태가 정의되지 않았음을 나타내는 Undefined, 객체 자료형인 Object가 있다. 객체는 7장에서 다시 설명할 것이다.

1. 자바스크립트에서 변수 만들기

자바스크립트에서 변수를 만드는 방법으로는 let, var, const가 있다. 다음은 let과 var를 사용하여 변수 num을 만들고, num에 값 5를 담는 코드이다. 변수를 선언하고 값을 담는 방식은 let과 var 모두 같다.

표 6-2 **변수 만들기**

let	var
let num; num = 5;	var num; num = 5;

변수를 만들면서 동시에 값을 담을 수도 있다. let text = "hello"는 text라는 변수를 만들면서 text에 'hello'라는 문자를 담는다. var text = "hello"도 같은 의미이다. 그리고 let은 이름이 같은 변수를 다시 만들 수 없지만, var는 이름이 같은 변수를 다시 선언할 수 있다는 점이 다르다.

표 6-3 변수를 만들면서 값을 담고, 이름이 같은 변수를 다시 만들기

let	var
`let text = "hello";` `let text = "hi!";    // 불가능 - 오류!`	`var text = "hello";` `var text = "hi!";    // 가능`

const로도 변수를 만들 수 있다. 다음은 pi 변수를 만들고 3.14를 담는 코드이다. var와 let으로 만든 변수는 담은 값을 변경할 수 있으므로 **변수**라 부른다. const로 만든 변수는 담은 값을 변경할 수 없기 때문에 특별히 **상수**라 부른다. const로 상수를 만들 때는 선언과 동시에 무조건 값을 담아야 한다.

표 6-4 상수 만들기

const로 상수 만들기	const로 상수를 선언하고 값을 담지 않음

`const pi = 3.14;`	`const pi;    // 선언과 동시에 값을 담아야 함 - 오류!`
	`pi = 3.14;`

var는 자바스크립트 초기에 만들어졌으며, 기존 프로그래밍 언어와는 변수의 범위가 매우 다르다. ES5부터 사용한 let과 const는 변수 범위가 C 언어나 자바와 같은 기존 프로그래밍 언어의 변수 범위와 유사하다. 이 책에서는 let과 const를 사용하며, let과 var의 차이점은 3절에서 자세히 설명한다.

표 6-5 var, let, const의 비교

구분	var	let	const
같은 이름의 새로운 변수를 만들 수 있는가?	○	×	×
만든 변수에 새로운 값을 담을 수 있는가?	○	○	×

■ 변수 여러 개 만들기

변수를 여러 개 만들 때 콤마(,)를 사용한다. 다음은 let을 사용하여 변수 text와 num을 선언하고, text에는 문자 'hello'를 담고 num에는 정수 7을 담는 코드이다.

```
let text = "hello", num = 7;
```

■ **변수의 초기화**

변수를 선언한 이후에는 값을 담아서 초기화해야 한다. 자바스크립트에서는 변수를 선언했으나 값을 담지 않으면 undefined로 초기화한다. C 언어에서는 선언된 변수에 아무 값도 담지 않으면 쓰레기값이 담길 수 있다. 쓰레기값이 담긴 변수에 접근하는 경우 문제가 발생한다. 이러한 문제를 방지하기 위하여 자바스크립트에서는 변수를 선언하면 기본으로 undefined를 담아놓는다. 따라서 변수를 undefined로 초기화하는 것은 권장하지 않는다. '값이 없음'으로 변수를 초기화하려면 null을 사용한다.

2. 만능 변수와 만능 덧셈 연산

C 언어나 자바에서는 변수의 자료형이 엄격하게 정해져 있다. 예를 들어 int num이라 선언하면 num에는 정수만 담을 수 있다. 반면 자바스크립트에서는 만능 변수를 제공하므로 변수에 정수, 실수, 문자와 같이 다양한 자료를 담을 수 있다.

뿐만 아니라 자바스크립트에서는 만능 덧셈을 제공한다. 자바스크립트에서는 자료형이 서로 다른 자료를 +로 더하면 알아서 자료형을 변경한다. 원래 7 + 7은 14이고, '7' + '7'에서 '7'은 문자이므로 결과는 문자 두 개를 붙인 77이 된다. 그런데 자바스크립트로 '7' + 7과 같이 문자와 숫자를 더하라고 명령하면, 뒤의 7을 문자로 변경한 후 더한다. 다음 코드에서 변수 merge를 출력하면 화면에 'hello7'이 나타난다.

```
let text = "hello", num = 7, merge;
merge = text + num;
```

표 6-6 만능 덧셈

덧셈	내용
7 + 7 = 14	일반적인 덧셈 연산
'7' + '7' = 77	문자와 문자를 합침
'7' + 7 = 77	문자와 숫자의 덧셈 결과는 문자

[예제 6-2]는 var, let, const를 사용하여 변수를 만들고 연산의 결과를 출력한다. var varNum = 1은 변수 varNum를 만든 후 정수 1을 담는다. 그 다음 줄 varNum = varNum + 10은 varNum에 정수 10을 더하고 이 결과를 다시 varNum에 담는다. 따라서 출력 결과 첫 번째 줄에 11이 나타난다.

예제 6-2 **var, let, const로 변수 만들기** ex6-2.html

```
<!DOCTYPE html>
<html>
<head>
  <meta charset="UTF-8">
  <title>var, let, const로 변수 만들기</title>
  <link rel="stylesheet" href="style_js.css">
</head>
<body>
  <script>
    // var는 자바스크립트 초기 방식
    var varNum = 1;
    varNum = varNum + 10;
    document.write("varNum = "+ varNum + "<hr>");
    // let은 같은 이름의 변수 다시 만들 수 없음
    let letNum = "hello";
    letNum = letNum + varNum;
    document.write("letNum = "+ letNum + "<hr>");
    // const는 값을 바꿀 수 없음
    const pi = 3.14;
    document.write("pi = " + pi)
  </script>
</body>
</html>
```

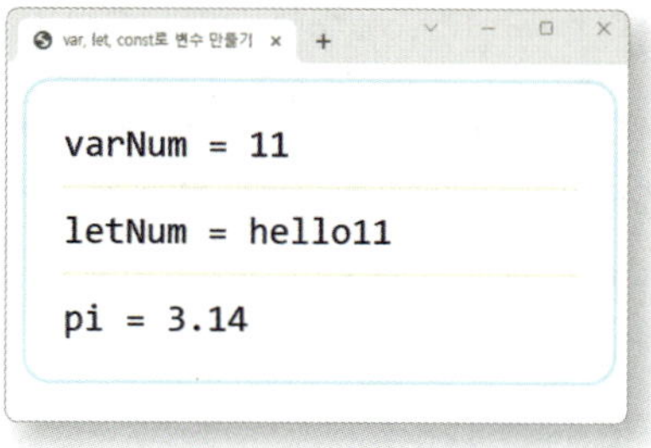

let letNum = "hello"는 변수 letNum을 만든 후 문자 hello를 담는다. 다음 줄의 letNum = letNum + varNum은 letNum에 varNum에 담긴 11을 더하여 다시 letNum에 담는다. varNum에 있는 11은 숫자이지만 letNum에는 문자가 담겨 있기 때문에 hello와 문자 11을 더한다. 출력 결과 둘째 줄에는 'hello11'이 나타난다. 마지막으로 const pi = 3.14는 상수 pi를 만들고 동시에 값 3.14를 담는다. pi는 상수이므로 이후에는 pi에 담은 값을 변경할 수 없다.

3. 변수 이름의 규칙

변수 이름을 만들 때는 다음과 같은 규칙을 지켜야 한다.

❶ 변수 이름은 대소문자를 구분한다. 따라서 num과 Num은 서로 다른 변수이다.

❷ 변수 이름에는 영문자, 숫자, 밑줄(_), $만 사용할 수 있다. 공백 문자를 포함하여 특수 문자를 사용할 수 없으므로, 공백이 필요한 경우에는 밑줄을 사용한다. 따라서 let num과 같은 이름은 만들 수 없고, let_num으로 만들어야 한다.

❸ 변수 이름은 영문자나 $, _로 시작해야 하며, 숫자로 시작할 수 없다. 따라서 total3은 변수 이름으로 사용할 수 있지만, 3total은 사용할 수 없다.

❹ 키워드를 변수 이름으로 사용할 수 없다. 키워드keyword란 자바스크립트에서 사용하려고 미리 예약한 단어이다. 앞에서 배운 let, var, const와 앞으로 배울 if, while, for, switch 같은 단어들이 키워드이다. 대신 letNum과 같이 키워드가 들어간 단어는 변수 이름으로 사용할 수 있다.

❺ 마지막으로 변수 이름을 a1, a2, a3와 같이 의미를 알 수 없게 만들면 코드를 이해하기 어려워지기 때문에 의미 있는 단어를 사용하는 것이 좋다. 의미 있는 단어를 여러 개 사용하여 변수 이름을 만들 때는 var_num과 같이 밑줄을 사용하거나 varNum처럼 대소문자를 섞어서 사용하는 것이 좋다. 소문자로 시작하고 중간 단어의 첫 시작을 대문자로 하는 것을 낙타의 등과 같다고 하여 카멜 표기법camel expression이라 부른다. 이 책에서는 주로 카멜 표기법으로 변수 이름을 만든다.

표 6-7 변수 이름의 규칙

규칙	사용 가능	사용 불가
대소문자 구분		
영문자, 숫자, _, $만 사용	let_num	let num
숫자부터 시작하면 안 됨	total3	3total
키워드 사용 불가	letNum	let

3 연산자

연산이란 일정한 규칙에 따라 계산하는 작업을 말한다. 덧셈, 뺄셈, 곱셈, 나눗셈이 기본적인 연산이다. 연산을 언어로 설명하면 다양한 방식으로 표현할 수 있다. 연산을 언어로 표현했을 때의 문제점은 나라마다 사용하는 언어가 다르다는 것이다. 한국어를 모르는 사람은 '곱'의 의미를 알 수 없다. 이러한 문제점을 해결하기 위해 전 세계 사람들이 +는 덧셈, −는 뺄셈, ×는 곱셈, ÷는 나눗셈으로 약속하였다. 연산을 나타내는 기호를 연산자operator라 부른다. 수학의 연산자와 프로그래밍 언어의 연산자에는 차이가 있다. 덧셈과 뺄셈 연산자는 똑같지만, 프로그래밍 언어에서 곱셈 연산자는 *를, 나눗셈 연산자는 /를 사용한다.

수학에서 = 기호는 같다는 의미로 사용한다. 그러나 프로그래밍에서 = 기호는 대입 연산자이다. 대입 연산자는 연산자의 오른쪽을 연산자 왼쪽의 변수 또는 상수에 대입하라는 의미이다. A = 8은 오른쪽의 8을 왼쪽의 A에 대입하라는 뜻이므로, 실행하면 A에 8이 담긴다. 같다equal는 의미의 자바스크립트 연산자는 ==이다.

연산의 대상을 피연산자operand라 부른다. 5 / 3에서 연산자는 /이고 피연산자는 5와 3이다. 또한 연산자에는 피연산자가 1개인 1항 연산자와 피연산자가 2개인 2항 연산자가 있다. 5 - 3에서 -는 피연산자가 2개인 2항 연산자이다. 반면 -A에서 A 앞의 -는 '부호 연산자'라 하고, 피연산자의 수가 1개이기 때문에 1항 연산자이다. 부호 연산자는 음수를 양수로 바꾸고 양수를 음수로 바꾼다.

1. 연산자의 우선순위

지금까지 배운 내용을 사용해 간단한 연산을 해보자. A = 2 + 6 - 4 / 2를 연산한 결과 A에는 무엇이 담길까? 왼쪽에서 오른쪽으로 계산했다면 2라고 답할 것이다. 그러나 정답은 6이다. 연산은 일반적으로 왼쪽에서 오른쪽으로 진행된다. 다만 우선순위가 높은 연산자를 먼저 연산한다. 곱셈과 나눗셈의 우선순위가 덧셈과 뺄셈보다 높다. 기억을 되살려 보면, 수학 시간에 곱셈과 나눗셈을 덧셈과 뺄셈보다 먼저 계산한다고 배웠을 것이다. 앞의 예시에서 4 / 2를 먼저 연산하여 2가 되고, 다음으로 2 + 6 - 2를 왼쪽에서 오른쪽으로 연산하므로 결과는 6이다.

연산자에는 우선순위가 정해져 있으며 대체로 1항 연산자의 우선순위가 2항 연산자보다 높다. 우선순위가 가장 높은 연산자는 괄호 연산자(( ))이다. 괄호로 묶인 연산을 가장 먼저 수행하기 때문에 연산자의 우선순위가 헷갈릴 때 괄호로 묶어 먼저 수행할 연산을 분명히 표시하는 것이 좋다. 반대로 우선순위가 가장 낮은 연산자는 대입 연산자이다. 다른 연산자와 대입 연산자가 함께 있으면 다른 연산이 모두 끝난 다음에 대입한다.

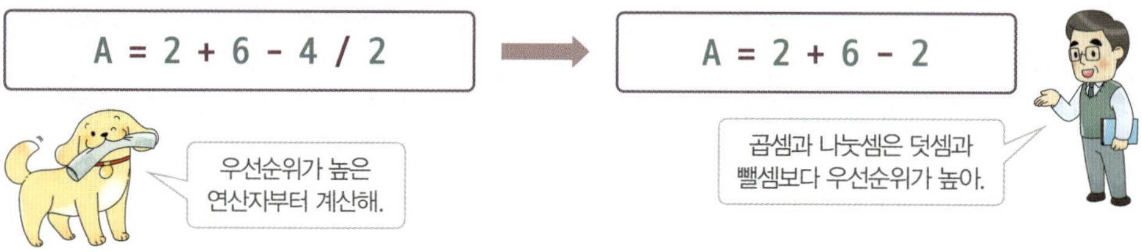

그림 6-5 연산자의 우선순위

2. 연산자의 종류

자바스크립트에서 자주 사용하는 산술 연산자, 비교 연산자, 논리 연산자를 살펴보자. 각 연산자의 우선순위를 함께 알아두면 좋다.

■ **산술 연산자**

산술 연산자란 덧셈, 뺄셈, 곱셈, 나눗셈과 같은 산술 계산에 사용하는 연산자이다. 지수 연산자(**)는 거듭제곱 값을 알려주는 연산자이다. 예를 들어 2의 2승(2^2)은 2 ** 2로 표시하고, 결과는 4이다. 또한 2의 8승(2^8)은 2 ** 8로 표시하고, 결과는 256이다.

TIP 수학 시간에 배웠겠지만 A / B에서 B가 0이면 안 된다. 만약 나누려는 값 B가 0이면 'division by zero' 오류가 난다.

산술 연산자 중 가장 우선순위가 높은 연산자는 지수 연산자이다. 지수 연산자 다음의 우선순위는 음수를 양수로, 양수를 음수로 바꾸는 부호 연산자이다. 예를 들어 9 + -2 ** 3의 경우 2 ** 3을 먼저 연산하여 8이 되고, 부호 연산자 –를 연산하여 −8이 된다. 마지막으로 9와 더하기 때문에 결과는 1이 된다.

나머지 연산자(%)는 나눗셈의 나머지를 알려주는 연산자이다. 예를 들어 7 % 2는 1이며, 8 % 2는 0이다. 나머지 연산자를 사용하면 숫자가 짝수인지 홀수인지 판별하기 쉽다. 피연산자에 % 2를 연산한 값이 0이면 짝수이고 1이면 홀수이다.

표 6-8 **산술 연산자**

연산자	의미	표현식	설명	우선순위
++	증가	++A	A를 1 증가시킨 값	가장 높다
--	감소	--A	A를 1 감소시킨 값	
**	지수	A ** B	A의 B 거듭제곱(A^B)	매우 높다
-	부호	-A	음수를 양수로, 양수를 음수로 변경	높다
*	곱셈	A * B	A와 B의 곱	중간
/	나눗셈	A / B	A를 B로 나눈 값	
%	나머지	A % B	A를 B로 나눈 나머지	
+	덧셈	A + B	A와 B의 합	낮다
-	뺄셈	A - B	A와 B의 차	

산술 연산 중 증감 연산자는 값을 1 증가시키거나 감소시킬 때 사용한다. ++A 혹은 A++는 A의 값을 1 증가시키라는 의미이며, --A 혹은 A--는 A의 값을 1 감소시키라는 의미이다. 증감 연산자의 우선순위는 전체 연산자 중에서 가장 높은 편이다. 증감 연산자는 2절에서 다룰 반복문에서 자주 사용된다.

여기서 잠깐 **전위 증가 연산자와 후위 증가 연산자**

증가 연산자는 ++A와 같이 부호가 앞에 있는 전위 증가 연산자와 A++와 같이 부호가 뒤에 있는 후위 증가 연산자로 나뉜다. 변수 A에 0을 담았다고 가정하자. 전위 증감 연산자 X = ++A에서는 A 값을 1 증가시켜 X에 담는다. X에는 1이 담긴다. 반면 후위 증가 연산자는 값이 먼저 사용된 뒤에 그 값을 증가시킨다. 그래서 X = A++는 X에 0을 먼저 담은 후에 A의 값을 1 증가시킨다. 단독으로 사용하면 전위 증가 연산자와 후위 증가 연산자 모두 A의 값을 1 증가시키기 때문에 본문에서는 따로 구분하지 않았다. 감소 연산자의 경우도 마찬가지이다.

표 6-9 증감 연산자

전위 증감 연산자	후위 증감 연산자	내용	원래 연산
++A	A++	A 값을 1 증가시킴	A = A + 1
--A	A--	A 값을 1 감소시킴	A = A − 1

[예제 6-3]은 산술 연산자를 사용한 예이다. let num = 0은 num 변수를 만들고 0을 담는다. num++는 num 값을 1 증가시키므로 결과는 1이 출력된다. 2 * 3의 결과는 6이며, 2 ** 3은 지수 연산자이므로 2^3을 의미하고 결과는 8이 된다. 7 / 3은 2.3333이고, 7 % 3은 나머지 연산이므로 결과가 1이다.

예제 6-3 **산술 연산자 사용하기** ex6-3.html

```
<!DOCTYPE html>
<html>
<head>
  <meta charset="UTF-8">
  <title>산술 연산자 사용하기</title>
  <link rel="stylesheet" href="style_js.css">
</head>
<body>
  <script>
    let num = 0;
    num++;
    document.write("num++ = " + num + "<hr>");
    num = 2 * 3;
    document.write("2 * 3 = " + num + "<hr>");
```

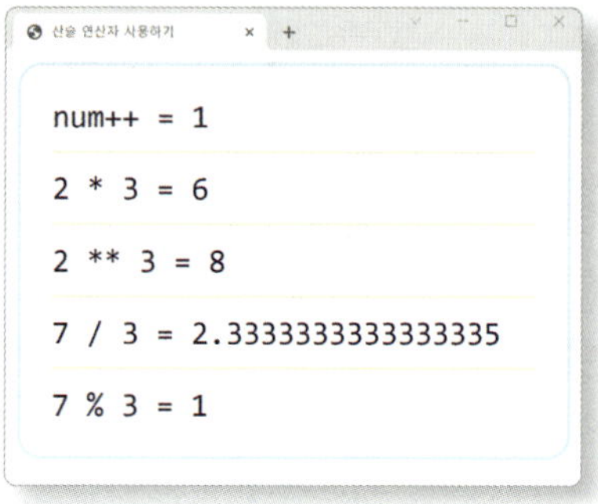

```
    num = 2 ** 3;
    document.write("2 ** 3 = " + num + "<hr>");
    num = 7 / 3;
    document.write("7 / 3 = " + num + "<hr>");
    num = 7 % 3;
    document.write("7 % 3 = " + num);
  </script>
</body>
</html>
```

산술 연산자는 복합 대입 연산자로 바꿀 수 있다. 복합 대입 연산자란 연산을 줄여서 표현하는 방식이다. 예를 들어 A = A + B를 A += B로 줄여쓸 수 있다. [표 6-10]에서 왼쪽의 연산을 오른쪽과 같은 복합 대입 연산자로 줄여쓸 수 있다.

표 6-10 복합 대입 연산자

원래 연산자	복합 대입 연산자
A = A ** B	A **= B
A = A * B	A *= B
A = A / B	A /= B
A = A % B	A %= B
A = A + B	A += B
A = A - B	A -= B

■ 비교 연산자

비교 연산자란 두 개의 데이터를 비교하여 크다, 작다, 같다, 다르다 등을 판별하는 연산자이다. 비교 연산자의 결과는 언제나 참(true)이거나 거짓(false)이다. 앞으로 배울 조건문과 반복문에서 비교 연산자를 자주 사용한다.

A > B는 A가 B보다 큰지를 판별하며 A < B는 A가 B보다 작은지를 판별한다. 마찬가지로 A >= B는 A가 B보다 크거나 같은지를 판별하며, A <= B는 A가 B보다 작거나 같은지를 판별한다. 두 수가 같거나 다른지를 비교할 수도 있다. A == B는 두 수가 같은지 비교하며, A != B는 두 수가 다른지 비교한다.

표 6-11 비교 연산자

연산자	의미	우선순위
>	크다	높다
<	작다	
>=	크거나 같다	
<=	작거나 같다	
==	값이 같다	낮다
===	값과 종류가 같다	
!=	다르다	
!==	값 혹은 종류가 다르다	

== 연산자에서 주의할 점은 자료형과 관계없이 값이 같으면 연산 결과가 참이라는 것이다. 10 == "10"에서 왼쪽은 숫자 10이고 오른쪽은 문자 "10"으로 서로 다른 자료형이지만 값이 같기 때문에 연산 결과는 참이다. 만약 같은 자료형이면서 같은 값인지를 확인하려는 경우 === 연산자를 사용한다. === 연산자는 값뿐 아니라 자료형까지 같아야 참의 결과를 얻을 수 있다. !== 연산자는 값이 다르거나 혹은 종류가 다르면 참이 된다.

표 6-12 값과 자료형이 일치하는지 비교하는 연산자 ===

연산	결과
10 == "10"	자료형은 다르나 값이 같으므로 true
10 === "10"	값은 같으나 자료형이 다르므로 false

[예제 6-4]는 비교 연산자를 사용한 예이다. 2 < 3의 결과로 true가 출력되며, 2 > 3의 결과로 false가 출력된다. 앞서 true는 1과 같고 false는 0과 같다고 하였다. 따라서 1 == true의 비교 연산 결과는 true이다. 마찬가지로 0 == false의 결과도 true이다. 그러나 0 === false의 결과는 false이다. 0은 Number이고 false는 Boolean으로 자료형이 서로 다르기 때문이다.

예제 6-4 비교 연산자 사용하기 ex6-4.html

```
<!DOCTYPE html>
<html>
<head>
  <meta charset="UTF-8">
  <title>비교 연산자 사용하기</title>
  <link rel="stylesheet" href="style_js.css">
```

```
</head>
<body>
  <script>
    let jud;
    jud = 2 < 3;
    document.write("2 < 3: " + jud + "<hr>");
    jud = 2 > 3;
    document.write("2 > 3: " + jud + "<hr>");
    jud = 1 == true;
    document.write("1 == true: " + jud + "<hr>");
    jud = 1 === true;
    document.write("1 === true: " + jud);
  </script>
</body>
</html>
```

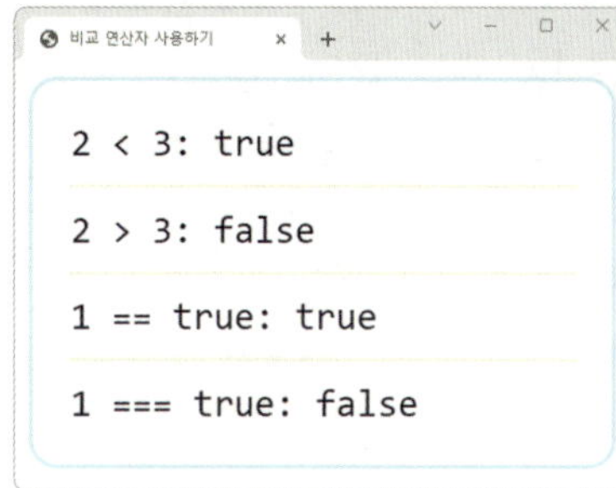

▪ 논리 연산자

논리 연산자란 and나 or와 같은 논리 연산을 하는 연산자이다. and(논리곱) 연산자는 &&이며, or(논리합) 연산자는 ||, not(부정) 연산자는 !이다. 1항 연산자인 not 연산자(!)는 우선순위가 매우 높다.

표 6-13 논리 연산자의 우선순위

<table>
<tr><th>연산자</th><th>의미</th><th>표현식</th><th>의미</th><th>우선순위</th></tr>
<tr><td>!</td><td>부정</td><td>not A</td><td>참을 거짓으로, 거짓을 참으로 변경</td><td>매우 높다</td></tr>
<tr><td>&&</td><td>논리곱</td><td>A and B</td><td>양쪽이 모두 참일 때 참</td><td rowspan="2">낮다</td></tr>
<tr><td>||</td><td>논리합</td><td>A or B</td><td>한쪽만 참일 때 참</td></tr>
</table>

논리 연산자는 조건이 참인지 거짓인지 판별하는 연산자이다. 앞에서 비교 연산자의 결과는 언제나 불린형인 참(true)과 거짓(false)이라 했다. 논리 연산자는 피연산자가 불린형이어야 하며 결과도 언제나 불린형이다.

그림 6-6 논리 연산자

3. 여러 종류의 연산자가 섞여 있을 때의 우선순위

지금까지 산술 연산자, 비교 연산자, 논리 연산자를 설명하였다. 산술, 비교, 논리 연산자를 섞어서 사용할 때의 우선순위를 살펴보자.

산술, 비교, 논리 연산자만 놓고 보면, 우선순위는 괄호 〉 1항 〉 산술 〉 비교 〉 논리 〉 대입 연산자 순이다. 따라서 괄호와 대입 연산자를 제외하면 1항, 산술, 비교, 논리 연산자 순으로 연산이 이루어진다.

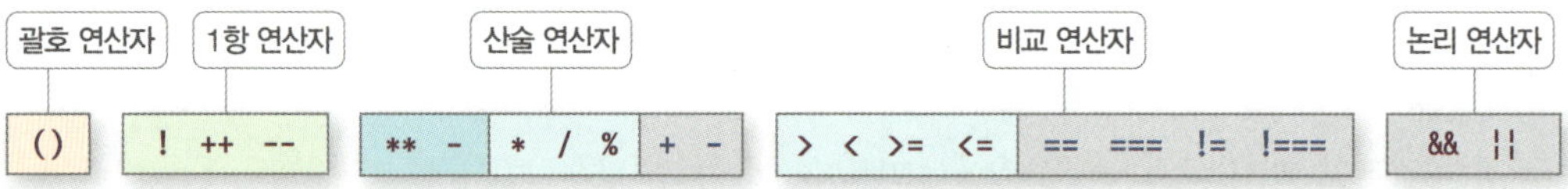

그림 6-7 **연산자의 우선순위**

괄호 연산자의 우선순위가 가장 높다. 괄호 다음으로는 1항 연산자의 우선순위가 높다. 그래서 1항 부정 연산자인 !과 증가 연산자 ++, 감소 연산자 --의 우선순위가 다른 연산자보다 높다.

산술 연산자 중 우선순위가 가장 높은 것은 지수(**) 연산자이다. 그 다음이 부호 연산자(-)이고, 다음은 곱셈, 빼셈, 몫 연산자이다. 덧셈과 빼셈은 그 다음 순서이다. 그 다음은 크기 비교 연산자, 같다(==)와 다르다(!=) 연산자이다. 마지막으로 논리 연산자 순이다.

사실 모든 연산자의 우선순위를 다 외워서 프로그램을 만들기는 쉽지 않다. 그러므로 연산자의 우선순위가 헷갈리면 괄호를 사용하기를 권장한다. [예제 6-5]에서는 논리 연산자를 사용한다. true && true의 논리곱 연산 결과는 참이며, false && true의 결과는 거짓이다. 또한 false || true의 논리합 연산은 참이며, false || false의 결과는 거짓이다. !true와 !false의 부정 연산 결과는 참과 거짓의 반대인 거짓과 참이 된다.

예제 6-5 논리 연산자와 우선순위 ex6-5.html

```
<!DOCTYPE html>
<html>
<head>
  <meta charset="UTF-8">
  <title>논리 연산자와 우선순위</title>
  <link rel="stylesheet" href="style_js.css">
</head>
<body>
  <script>
```

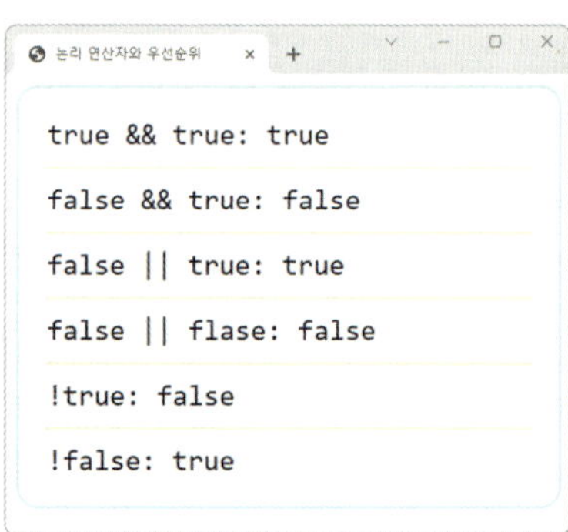

```
    document.write("true && true: " + (true && true) + "<hr>");
    document.write("false && true: " + (false && true) + "<hr>");
    document.write("false || true: " + (false || true) + "<hr>");
    document.write("false || false: " + (false || false) + "<hr>");
    document.write("!true: " + !true + "<hr>");
    document.write("!false: " + !false);
  </script>
</body>
</html>
```

[예제 6-5]에서 주의할 점은 논리 연산자의 우선순위가 산술 연산자나 비교 연산자보다 낮아 나중에 처리된다는 것이다. 따라서 예상치 않은 결과가 나타날 수 있으니 논리 연산자를 사용할 때는 괄호를 사용한다. 한편 not 연산자의 우선순위는 매우 높기 때문에 괄호가 필요 없다.

4 사용자 입력받기

웹 페이지에서 사용자의 나이나 이름을 입력받는 경우가 있다. 사용자로부터 입력을 받는 가장 간단한 방법은 prompt() 함수를 사용하는 것이다. 다음은 prompt() 함수를 이용해 사용자 입력을 받는 코드이다. 먼저 let으로 변수 num을 만들고 num = prompt("숫자를 입력하세요")로 사용자로부터 숫자를 입력받는다. 변수를 만드는 문장과 입력을 받는 문장을 합쳐서 let num = prompt("숫자를 입력하세요")로 줄여써도 된다.

```
let num;                          //num 변수 선언
num = prompt("숫자를 입력하세요");    //prompt()로 입력받은 문자열을 num에 담기
```

주의할 점은 사용자가 입력하는 모든 글자가 String 자료형으로 처리된다는 것이다. 따라서 사용자가 10을 입력해도 숫자가 아닌 문자가 된다. 입력된 문자를 숫자로 바꾸려면 특별한 함수를 사용한다. parseInt()는 문자를 정수$_{\text{integer}}$로 바꾸는 함수이며, parseFloat()은 문자를 실수$_{\text{float}}$로 바꾸는 함수이다.

표 6-14 문자를 Number 자료형으로 바꾸는 함수

함수	내용
parseInt("10")	문자를 정수 10으로 바꿈
parseFloat("10")	문자를 실수 10.0으로 바꿈

여기서 잠깐 **정수와 실수의 자료형**

C 언어, 자바, 파이썬에서는 정수 자료형과 실수 자료형을 구분하여 사용한다. 정수 자료형은 정수를 뜻하는 'integer'를 줄여 int라고 부른다. 실수 자료형은 float라고 부르는데, 실수를 부동 소수점(floating-point) 방식으로 표현하기 때문이다.

변수 선언과 동시에 입력을 받고 이를 정수로 바꾸어 저장하는 코드를 다음과 같이 한 줄로 쓸 수 있다.

```
let num = parseInt( prompt("숫자를 입력하세요") );
```

[예제 6-6]은 prompt() 함수를 사용하여 사용자로부터 입력을 받아 처리하는 자바스크립트 코드이다. 사용자가 10을 입력하면 실제로는 num 변수에 문자 10이 저장된다. 따라서 add = num + 22는 문자 10 뒤에 문자 22를 붙이는 것으로 인식하여 문자 1022가 출력된다. num = parseInt(num)은 num에 담은 문자 10을 숫자 10으로 바꾸어 다시 num에 저장한다. 이후 add = num + 22는 숫자 10에 22를 더한 것으로 인식되어 32가 출력된다.

예제 6-6 **prompt()로 사용자 입력받기** ex6-6.html

```
<!DOCTYPE html>
<html>
<head>
  <meta charset="UTF-8">
  <title>prompt()로 사용자 입력받기</title>
  <link rel="stylesheet" href="style_js.css">
</head>
<body>
  <script>
    let num, add;
    num = prompt("숫자를 입력하세요");
    document.write("num: " + num + "<hr>");
    add = num + 22;
    document.write("num + 22: " + add + "<hr>");
    num = parseInt(num);
    add = num + 22;
    document.write("parseInt + 22: " + add);
  </script>
```

```
</body>
</html>
```

입력창에 10을 입력

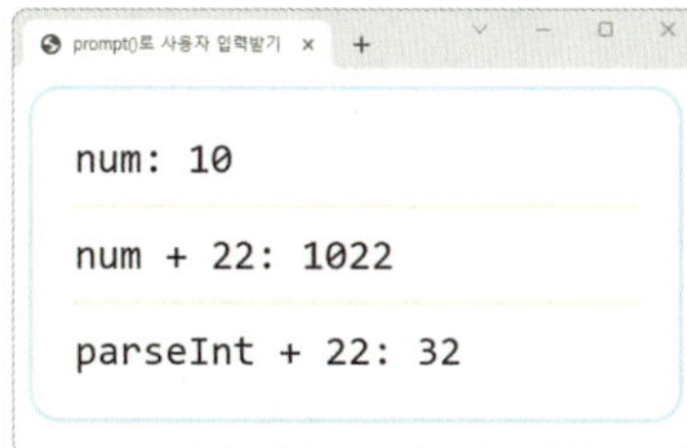

출력 결과

5 디버깅

코드를 작성하다 보면 수많은 오류를 만나게 된다. 코드의 오류를 버그bug라 부르며 오류를 고치는 과정을 디버깅debugging이라 부른다. 디버깅 툴은 여러 가지가 있지만, 대표적으로 크롬 브라우저에서 제공하는 디버깅 툴이 있다. 크롬 브라우저에서 F12를 누르면 디버깅 툴이 열린다. 여기에서 웹 페이지의 정보를 매우 상세히 볼 수 있기 때문에 전문가들이 크롬 디버깅 툴을 많이 사용한다. 초보자에게는 비주얼 스튜디오 코드Visual Studio Code를 추천한다. 비주얼 스튜디오 코드는 크롬 디버깅 툴보다 화면 구성이 간결하며 사용법도 배우기 쉽다.

[그림 6-8]은 [예제 6-6]의 코드를 비주얼 스튜디오 코드에서 디버깅하는 화면이다. let으로는 원래 같은 이름의 변수를 만들 수 없다. 14번 줄에 일부러 let num = parseInt(num)을 넣었더니 아래쪽 [PROBLEMS] 영역에 num과 이름이 같은 변수가 2개 있다는 오류가 표시된다. 적절한 툴을 사용하면 HTML이나 자바스크립트 코드를 작성하기가 훨씬 수월해진다.

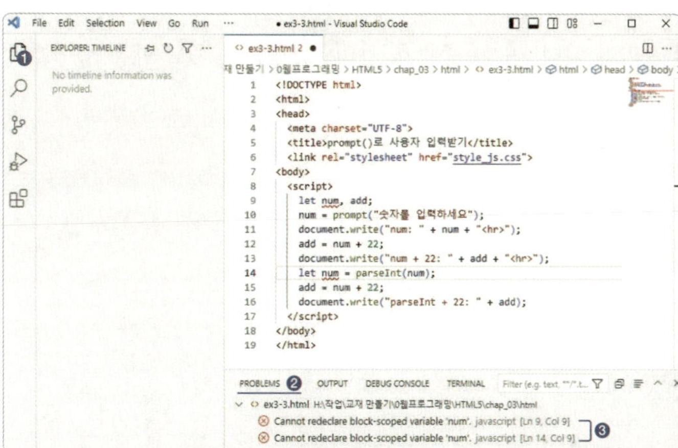

그림 6-8 비주얼 스튜디오 코드에서 디버깅하는 화면

SECTION 02 조건문과 반복문

1 조건문

조건문은 조건에 따라 실행하는 코드가 달라지는 구조이다. 조건문에는 여러 종류가 있는데, 상황에 가장 적합한 조건문을 사용하면 된다.

1. if 조건문

if 조건문의 구조는 [그림 6-9]와 같이 if (조건) {}이며, 조건이 참(true)일 때 중괄호({}) 안의 코드를 실행한다.

```
if ( 조건 ) {
    참일 때 실행;
}
일반 코드;
```

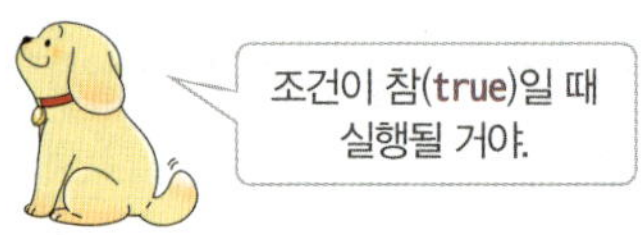

그림 6-9 if 조건문의 구조

위의 그림에서 if 조건문 밑의 일반 코드는 조건 만족과 관계없이 무조건 실행된다. 조건이 참일 때 실행되는 코드(중괄호 안의 코드)는 일반 코드와 구분하기 위하여 들여쓰는 것이 좋다. 다음 if 조건문의 예를 보자. 만약 rain이 true면 웹 페이지에 '우산 가져가기'가 출력된다. if (rain == true)는 if (rain)으로 써도 결과가 같다. 또한 중괄호 안의 코드가 한 줄일 때는 중괄호를 생략할 수 있다.

```
if (rain == true) {
  document.write("우산 가져가기<hr>");
}
```

2. if – else 조건문

if 조건문에는 조건이 참일 때 실행되는 코드만 있었다. 조건이 거짓일 때 실행되는 코드가 필요할 때는 if – else 조건문을 사용한다. if - else 조건문의 구조는 if (조건) {참일 때 실행} else {거짓일 때 실행}이다. 여기서 else 다음의 '거짓일 때 실행'은 if 다음에 오는 조건이 거짓(false)일 때 실행되는 코드이다.

```
if ( 조건 ) {
    참일 때 실행;
}
else {
    거짓일 때 실행;
}
일반 코드;
```

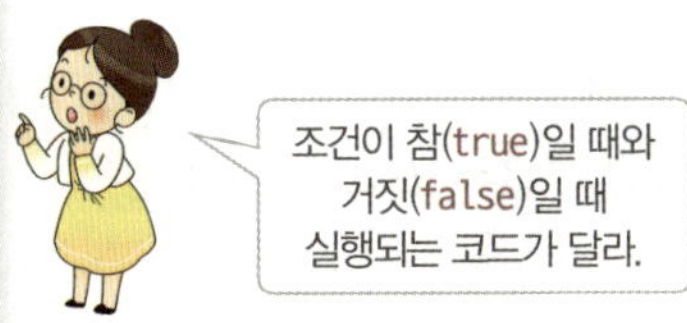

그림 6-10 if-else 조건문의 구조

[예제 6-7]은 영화 《내 머릿속의 지우개》의 대사인 '이거 마시면 우리 사귀는 거다'를 if – else 조건문을 사용하여 작성한 코드이다. 이 웹 페이지는 사용자로부터 '이거 마시면 사귀는 거다!'에 대한 답을 입력받는다. 만약 사용자가 'yes'라고 입력하면 '오늘부터 1일'을 출력하고 그렇지 않으면 '헤어진다'를 출력한다. 주의할 점은 prompt( ) 함수로 입력받은 데이터가 항상 문자라는 것이다. 따라서 drink == "yes"와 같이 따옴표를 사용해 문자형 변수 drink와 문자 'yes'를 비교해야 한다.

예제 6-7 if-else 조건문 사용하기 ex6-7.html

```
<!DOCTYPE html>
<html>
<head>
  <meta charset="UTF-8">
  <title>if-else 조건문 사용하기</title>
  <link rel="stylesheet" href="style_js.css">
</head>
<body>
  <script>
    let drink = prompt("이거 마시면 사귀는 거다!");
    document.write("술마신다: " + drink + "<hr>");
```

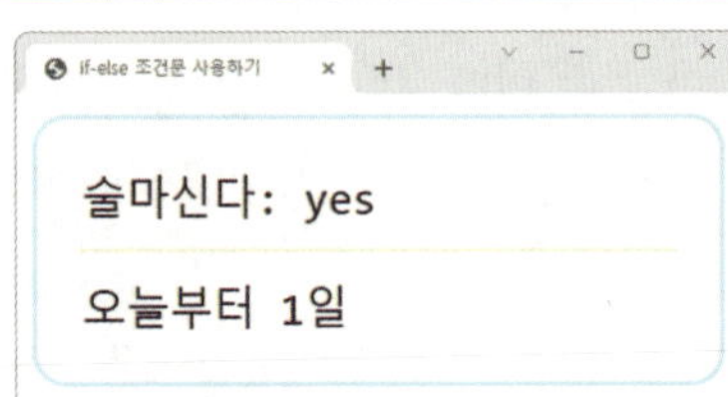

```
    if (drink == "yes") {
      document.write("오늘부터 1일");
    } else {
      document.write("헤어진다");
    }
  </script>
</body>
</html>
```

■ **3항 조건문**

3항 조건문이란 if - else 조건문을 한 줄로 표현한 것이다. 3항 조건문의 구조는 조건 ? 참일 때 실행 : 거짓일 때 실행이다. 맨 앞의 조건이 참일 때 물음표(?) 다음의 코드가 실행되고, 거짓일 때는 콜론(:) 다음의 코드가 실행된다.

```
조건 ? 참일 때 실행 : 거짓일 때 실행
```

그림 6-11 3항 조건문의 구조

[예제 6-7]의 '이거 마시면 우리 사귀는 거다' 코드를 3항 조건문으로 바꾸면 다음과 같다.

```
drink == "yes" ? document.write("오늘부터 1일") : document.write("헤어진다");
```

3. 다중 조건문

조건이 여러 개일 때 다중 조건문을 사용한다. 다중 조건문은 if – else if - else와 같이 구성된다. else if를 사용하여 조건을 계속 연결하는 구조이다. 실생활에서 조건이 여러 개인 상황을 자주 만날 수 있다. 예를 들어 별다방 쿠폰 행사에서 고객이 모은 쿠폰이 20개 이상이면 여행용 가방, 20개 미만 10개 이상이면 다이어리, 10개 미만이면 커피를 증정한다고 가정하자.

그림 6-12 별다방 쿠폰 행사

[예제 6-8]은 쿠폰 개수에 따라 사은품을 출력하는 코드이다. 사용자로부터 쿠폰 개수를 입력받아 parseInt() 함수를 사용하여 정수로 바꾼 후에 coupon 변수에 담는다. 만약 coupon에 담긴 값이 20 이상이면 '여행 가방'을 출력하고, 20 미만이고 10 이상이면 '다이어리'를 출력한다. 나머지 경우에는 '커피 한 잔'을 출력한다.

예제 6-8 **다중 조건문 사용하기** ex6-8.html

```
<!DOCTYPE html>
<html>
<head>
  <meta charset="UTF-8">
  <title>다중 조건문 사용하기</title>
  <link rel="stylesheet" href="style_js.css">
</head>
<body>
  <script>
    let coupon = parseInt(prompt("쿠폰 개수를 입력하시오"));
    document.write("쿠폰: " + coupon + "장<hr>");
    if (coupon >= 20) {
      document.write("여행용 가방");        // 20 이상일 때
    } else if (coupon >= 10) {
      document.write("다이어리");           // 10 이상일 때
    } else {
      document.write("커피 한 잔");         // 10 미만일 때
    }
  </script>
</body>
</html>
```

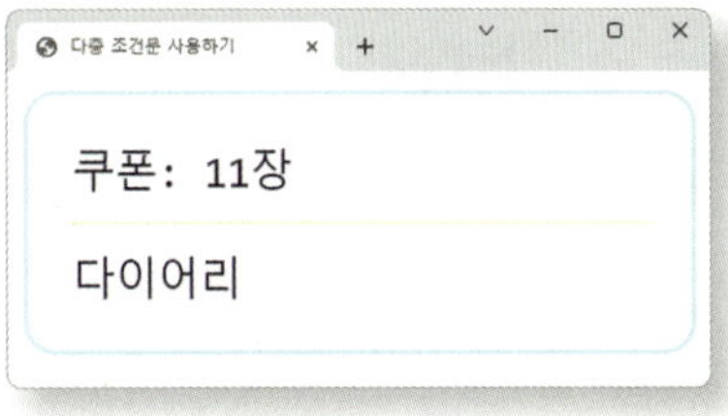

4. switch 조건문

switch 조건문은 다중 조건문 if – else if – else와 유사한 switch (조건) {} 구조이다. 조건의 결과가 case에 해당하면 콜론(:) 다음의 코드가 실행되고, 해당 case 아래의 모든 코드가 실행된다. 또한 switch 조건문에서 나열된 case 중에 어느 조건에도 해당하지 않을 때는 default: 다음에 있는 코드가 실행된다.

```
switch ( 조건 ) {
    case A:
        실행문 A;
        break;
    case B:
        실행문 B;
        break;
    default:
        실행문 C;
}
```

그림 6-13 switch 조건문의 구조

앞에서 다중 조건문을 사용한 [예제 6-8]을 switch 조건문으로 바꾸면 다음과 같다.

```
<script>
  let coupon = parseInt(prompt("쿠폰 개수를 입력하시오"));
  document.write("쿠폰: " + coupon + "장<hr>");
  coupon = Math.floor(coupon / 10);
  switch (coupon) {
    case 2:
      document.write("여행 가방");     // 20 이상일 때
      break;
    case 1:
      document.write("다이어리");      // 10 이상일 때
      break;
    default:
      document.write("커피 한 잔");    // 10 미만일 때
  }
</script>
```

switch 조건문에서 case 조건으로는 크기 비교를 할 수 없다. 따라서 쿠폰을 10으로 나눈 후 소수점 이하를 버려야 한다. Math.floor() 함수는 소수점 아래를 버림하는 함수이다. Math.floor()의 괄호 안에 coupon의 값을 10으로 나눈 값을 입력한다. 이때 coupon의 값이 20 이상이

면 함수가 정수 2를 반환한다. 따라서 case 2가 실행된다. 마찬가지로 coupon의 값이 10 이상 19 이하이면 함수가 정수 1을 반환하여 case 1이 실행된다. 나머지 경우는 default가 실행된다.

TIP 소수점 아래를 반올림하는 함수는 Math.round()이며, 소수점 아래를 올림하는 함수는 Math.ceil()이다.

주의할 점은 case에서 break가 없으면 밑의 case가 연달아 실행된다는 것이다. 따라서 해당 case만 실행하고 switch 조건문을 종료하려면 break 명령을 사용해야 한다. break를 사용하지 않는 switch 조건문은 다음에 설명한다.

▪ switch 조건문의 활용

switch 조건문은 다중 조건문을 대체하려 만들어진 문법이 아니다. 위의 예시와 같이 다중 조건문을 switch 조건문으로 바꾸면 오히려 구조가 복잡해진다. switch 조건문은 여러 선택지 중에서 조건에 따라 몇 가지를 고르는 상황에 더 적합하다. switch 조건문에 어울리는 예제를 살펴보자. 어느 놀이동산의 패키지는 다음과 같다. 1번 패키지는 돌고래쇼, 놀이기구 10종, 입장권을 하나로 묶은 것이고, 2번 패키지는 놀이기구 10종과 입장권을, 3번 패키지는 입장권만 사용할 수 있는 패키지이다.

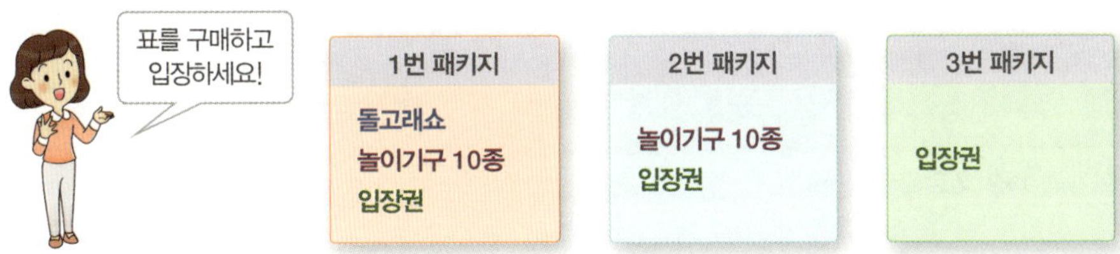

그림 6-14 놀이동산 패키지

[예제 6-9]는 사용자에게 패키지 번호를 입력받아 그 패키지로 이용할 수 있는 상품을 출력하는 코드이다. break가 없기 때문에 1번 패키지 case 1은 돌고래쇼, 놀이기구 10종, 입장권이 모두 출력된다. case 2는 놀이기구 10종과 입장권이 출력되고, 나머지는 default로 입장권만 출력된다. 놀이동산 패키지를 다중 조건문으로도 만들 수 있지만, switch를 사용하여 만드는 것이 더 간단하다. 이와 같이 다중 조건문과 switch 조건문은 만들려는 코드의 구조에 따라 선택적으로 사용해야 한다.

예제 6-9 **switch 조건문 사용하기** ex6-9.html

```
<!DOCTYPE html>
<html>
<head>
```

```
    <meta charset="UTF-8">
    <title>switch 조건문 사용하기</title>
    <link rel="stylesheet" href="style_js.css">
  </head>
  <body>
    <script>
      let coupon = parseInt(prompt("패키지 번호를 입력하세요"));
      document.write("패키지: " + coupon + "번<hr>");
      switch (coupon) {
        case 1:
          document.write("돌고래쇼 ");          // 1번 패키지
        case 2:
          document.write("놀이기구 10종 ");      // 2번 패키지
        default:
          document.write("입장권");             // 3번 패키지
      }
    </script>
  </body>
</html>
```

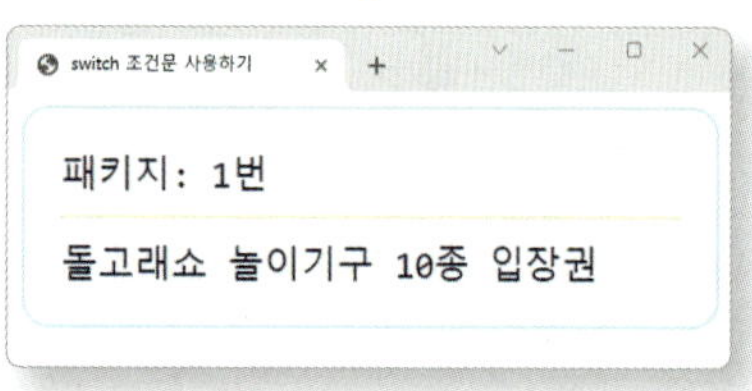

2 반복문

조건문에서는 조건이 참일 때 실행문이 한 번 실행되었다. 반복 구조는 조건이 만족되는 동안 실행문이 계속 실행된다. 반복 구조에 사용되는 키워드로 **while**과 **for**가 있다.

1. while 반복문

통닭 60마리 주문이 들어왔다. [그림 6-15]는 통닭 60마리를 튀기는 while 반복문의 구조이다. 주문된 통닭은 order = 60부터 시작한다. 통닭이 한 마리 튀겨질 때마다 order는 1씩 감소한다. order가 0보다 큰 동안에는 계속 통닭을 튀긴다. order가 0이 되는 순간 통닭 튀기는 것을 멈춘다.

그림 6-15 while 반복문의 구조

반복문은 초깃값, 반복 조건, 증가/감소 3가지로 구성된다. 초깃값이란 반복을 시작하는 값이다. 반복 조건이란 참인 동안 반복되는 조건식이다. 증가/감소란 반복문이 실행되는 동안 조건의 값을 증가 혹은 감소시키는 연산식이다. [그림 6-15]에서 order = order - 1이 감소식이다. 따라서 통닭을 한 마리 튀길 때마다 order는 1씩 감소한다.

[표 6-15]에서 if 조건문과 while 반복문은 똑같이 생겼다. 차이점이 있다면 if 조건문은 조건이 참(true)일 때 한 번만 실행되는 반면 while은 조건이 참인 동안 계속 실행된다는 것이다.

표 6-15 if 조건문과 while 반복문

조건문	내용
if (order > 0) 통닭 튀긴다;	조건이 참이면 1마리 튀긴다.
while (order > 0) 통닭 튀긴다;	조건이 참인 동안 계속 튀긴다.

2. for 반복문

for도 while과 같은 역할을 하는 반복문이다. [그림 6-16]에서 for 반복문의 괄호 안에는 **초깃값; 반복 조건; 증가/감소**가 차례로 들어간다. while과 for를 비교하면 for 반복문의 구조가 좀 더 간결하다.

그림 6-16 for 반복문의 구조

for 반복문 안의 각 구성 요소를 세미콜론(;)으로 구분한다. **증가/감소는 for 반복문에서 마지막에 있기 때문에 세미콜론을 붙이지 않는다.** 따라서 for 반복문의 구조는 **for (초깃값; 반복 조건; 증가/감소)**이다. [그림 6-16]에서 order = order - 1은 감소 연산자를 사용하여 order--로 써도 된다. for 반복문에서 값을 1씩 증가시키거나 감소시킬 때는 주로 증감 연산자를 사용한다.

[예제 6-10]은 while과 for를 사용하여 통닭을 4마리씩 튀기는 코드이다. while 반복문에서 초깃값은 i = 1이며 i가 5보다 작은 동안 document.write(i + "<img src='../media/chicken.png'> ")를 반복 실행한다. 통닭 그림 하나를 화면에 출력한 후 i++로 i 값을 1 증가시킨다.

예제 6-10 **while과 for 반복문 사용하기** ex6-10.html

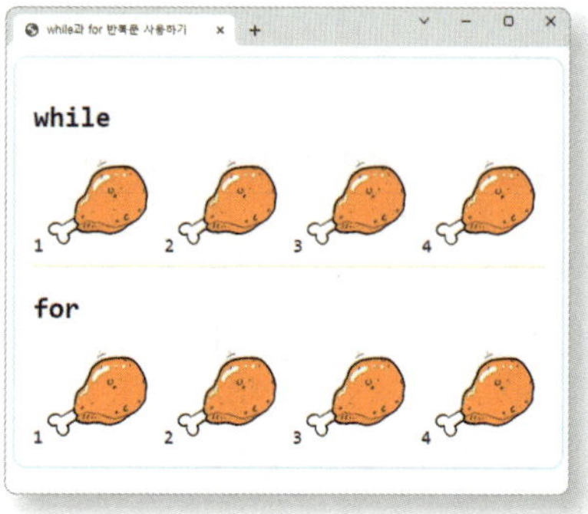


```
<!DOCTYPE html>
<html>
<head>
  <meta charset="UTF-8">
  <title>while과 for 반복문 사용하기</title>
  <link rel="stylesheet" href="style_js.css">
</head>
<body>
  <h2>while</h2>
  <script>
    let i = 1;                              // 초깃값
    while (i < 5) {                         // 반복 조건
      document.write(i + "<img src='../media/chicken.png'> ");
      i++;                                  // 증가
    }
  </script>
  <hr>
  <h2>for</h2>
  <script>
    for (let k = 1; k < 5; k++)
      document.write(k + "<img src='../media/chicken.png'> ");
  </script>
</body>
</html>
```

두 번째 <script> </script> 태그는 while 반복문과 같은 내용을 for 반복문으로 바꾼 코드이다. for 조건문은 초깃값, 반복 조건, 증감 연산을 한 줄에 넣을 수 있기 때문에 while 반복문보다 코드가 간결해진다. 또한 조건문에 속한 실행문이 한 줄이기 때문에 중괄호를 생략한다.

3. do while 반복문

do while 반복문은 while 반복문의 반복 조건이 맨 밑으로 내려온 구조이다. [예제 6-10]의 통닭 튀기기 코드를 do while 반복문으로 바꾸면 다음과 같다. do while 반복문에서는 반복 조건이 맨 뒤에 나오기 때문에, 실행문이 처음에 한 번 무조건 실행된다는 특징이 있다.

```
let order = 1;
do {
  document.write(i + "<img src='../media/chicken.png'> ");
  order++;
} while (order < 5);
```

4. 다중 반복문

다중 반복문이란 반복문을 여러 개 겹쳐 사용하는 것이다. 대표적인 경우가 [예제 6-11]과 같은 구구단 출력 코드이다. 구구단을 출력하려면 2단, 3단, 4단과 같이 단을 출력하는 반복문이 필요하다. 또한 각 단 안에서는 1부터 9까지 수를 곱하는 반복문도 필요하다.

다중 반복문은 이렇게 반복문 안쪽에 또 다른 반복문을 겹친 구조이다. [그림 6-17]에서 다중 반복문의 구조를 이해할 수 있다. 변수 dan을 사용하는 바깥쪽 for 반복문은 각 단을 출력한다. 따라서 2부터 9까지 반복한다. dan이 2일 때, 변수 num을 사용하는 안쪽 for 반복문은 1부터 9까지 반복한다. num이 9일 때까지 출력하고 끝나면, 바깥쪽의 for 반복문이 새로 시작된다. 새로 시작될 때는 dan에 1을 더해 3단이 된다. dan = 3일 때, num을 사용하는 for 반복문이 다시 실행된다. num이 1부터 9까지 반복되어 3단이 끝나면, 그 다음은 4단, 그 다음은 5단이 실행된다. 9단까지 실행이 끝나면 전체 반복문이 끝난다.

그림 6-17 구구단의 다중 반복문 구조

[예제 6-11]에서 바깥쪽 for 반복문에서는 변수 dan을 사용하여 2에서 9까지 반복한다. 이 반복문이 2단, 3단, 4단과 같이 각 단을 만들어 낸다. 각 단은 단수에 1부터 9까지 곱한다. 따라서 안쪽 for 반복문은 변수 num을 사용하며 1에서 9까지 실행된다.

예제 6-11 다중 반복문으로 구구단 출력하기 ex6-11.html

```
<!DOCTYPE html>
<html>
<head>
  <meta charset="UTF-8">
  <title>다중 반복문으로 구구단 출력하기</title>
  <link rel="stylesheet" href="style_js.css">
</head>
<body>
  <script>
    let dan, num;
    for (dan = 2; dan < 10; dan++){
      document.write(dan + "단: ");
      for (num = 1; num < 10; num++){
        document.write(dan + "X" + num +  "=" + dan * num + " ");
      }
      document.write("<hr>");
    }
  </script>
</body>
</html>
```

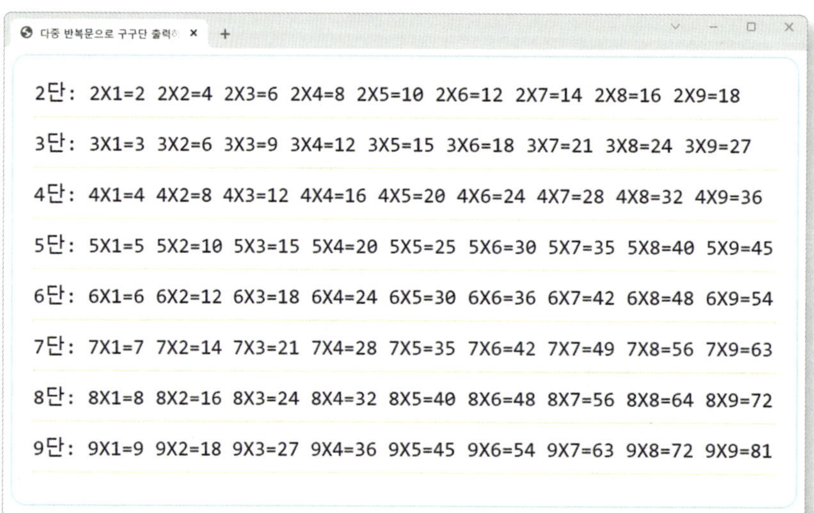

5. 반복문에서 유용한 키워드

블록 안의 코드를 반복 실행하다가 특정 조건에서는 코드를 실행하지 않도록 할 수 있다. break와 continue 키워드를 사용하여 조건에 따라 반복문을 빠져나오는 방법을 알아보자.

■ break 문

break는 작업을 멈추고 블록에서 탈출하라고 명령하는 키워드이다. [예제 6-12]는 break를 사용한 구구단 출력 코드이다. [예제 6-11]의 구구단 코드에서 num을 사용한 안쪽 for 반복문에 if (num == 5) break를 추가했다. 따라서 num이 5일 때 break가 작동하여 안쪽 for 반복문에서 탈출한다. 이후 dan을 사용하는 바깥쪽 for 반복문이 다시 실행된다.

예제 6-12 break를 사용하여 구구단 출력하기 ex6-12.html

```
<!DOCTYPE html>
<html>
<head>
  <meta charset="UTF-8">
  <title>break를 사용하여 구구단 출력하기</title>
  <link rel="stylesheet" href="style_js.css">
</head>
<body>
  <script>
    let dan, num;
    for (dan = 2; dan < 10; dan++){
      document.write(dan + "단: ");
      for (num = 1; num < 10; num++){
        if (num == 5) break;                    // 추가된 코드
        document.write(dan + "X" + num +  "=" + dan * num + " ");
      }
      document.write("<hr>");
    }
  </script>
</body>
</html>
```

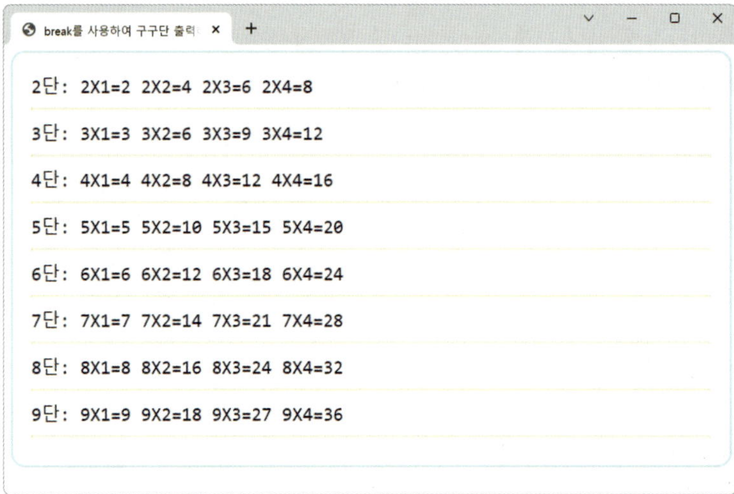

break는 해당 반복문만 탈출하기 때문에 dan을 사용하는 바깥쪽 for는 정상적으로 작동한다. 따라서 화면에 각 단의 4번째 곱셈식까지만 출력된다.

■ continue 문

continue는 실행문을 멈추고 반복문의 처음으로 돌아가라고 명령하는 키워드이다. break는 자신이 속한 반복문이나 조건문을 탈출하는 반면, continue는 해당 코드를 실행하지 않고 반복문의 처음으로 이동한다. [예제 6-13]은 앞의 [예제 6-12]에서 break를 사용한 부분을 continue로 바꾼 코드이다.

예제 6-13 continue를 사용하여 구구단 출력하기 ex6-13.html

```
<!DOCTYPE html>
<html>
<head>
  <meta charset="UTF-8">
  <title>continue를 사용하여 구구단 출력하기</title>
  <link rel="stylesheet" href="style_js.css">
</head>
<body>
  <script>
    let dan, num;
    for (dan = 2; dan < 10; dan++) {
      document.write(dan + "단: ");
```

```
      for (num = 1; num < 10; num++) {
        if (num == 5) continue;                 // 추가된 코드
        document.write(dan + "X" + num +  "=" + dan * num + " ");
      }
      document.write("<hr>");
    }
  </script>
</body>
</html>
```

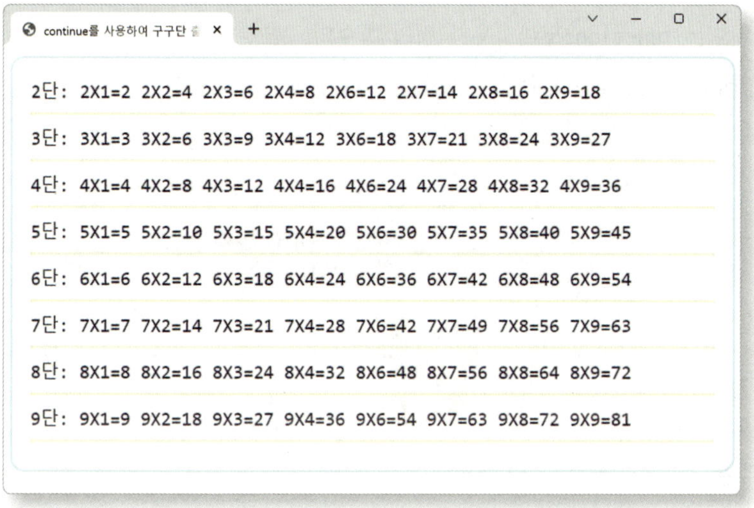

[예제 6-13]의 반복문 실행 중에 continue를 만나면 바로 밑의 실행문으로 진행이 이동하지 않고, continue가 속한 반복문의 처음으로 돌아간다. 그래서 출력 결과에서 각 단에 5를 곱한 식이 없다. num이 5일 때 if (num == 5) continue;가 실행되어 바로 다음 줄의 document.write()는 실행되지 않기 때문이다.

정리하면 break는 자신이 속한 블록을 빠져나가게 하고, continue는 자신이 속한 블록의 처음으로 이동한다. 따라서 continue를 만나면 바로 밑의 코드는 실행되지 않는다.

SECTION
03 함수와 변수의 범위

1 함수

앞서 prompt(), parseInt(), document.write()와 같은 함수를 사용했다. 이렇게 미리 만들어진 함수 말고 사용자가 직접 함수를 만들어 사용할 수도 있는데, 이를 **사용자 정의 함수**라 부른다. 함수를 만드는 키워드는 function으로 사용자 정의 함수의 구조는 [그림 6-18]과 같다. function add() {}의 형태로 add()라는 함수를 정의한다. add() 함수의 내용이 중괄호 안에 들어간다.

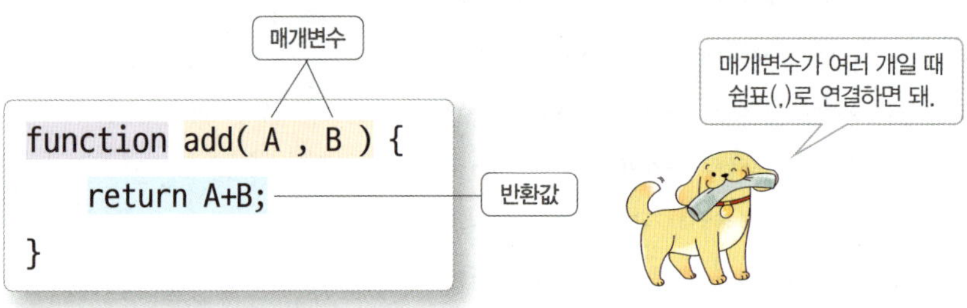

그림 6-18 사용자 정의 함수의 구조

1. 사용자 정의 함수

함수에는 기본적으로 입력값과 반환값이 있다. 함수의 입력값은 **매개변수**parameter를 통해 전달한다. 매개변수가 없는 함수도 있고 여러 개인 함수도 있는데, 매개변수가 여러 개일 때 쉼표(,)를 사용한다. [그림 6-18]의 add() 함수에서 매개변수는 A와 B이므로 2개이다. 또한 함수 안의 return은 함수가 반환하는 값이다. [그림 6-18]에서 add() 함수는 A + B 연산 결과를 반환한다.

[예제 6-14]에서 함수를 정의하고 사용하는 방법을 자세히 살펴보자. function add(num1, num2) {}로 add() 함수를 선언한다. add() 함수를 **호출**call하는 쪽에서는 2개의 변수를 보내는데, 첫 번째 변수는 num1로, 두 번째 변수는 num2로 전달한다. add() 함수는 num1과 num2를 더한 값을 반환하고 함수를 종료한다.

함수를 호출하는 코드는 sum = add(a, b)이다. add() 함수의 첫 번째 매개변수인 num1에는 a 값인 3이 전달되고, 두 번째 매개변수인 num2에는 b 값인 4가 전달된다. 3과 4를 더하여 반환하는 값 7은 변수 sum이 받는다. sum을 출력하면 7이 화면에 나타난다. 반환값이 없는 함수의 경우 add()와 같이 함수 이름만 입력하여 호출한다.

예제 6-14 사용자 정의 함수 만들고 호출하기 ex6-14.html

```
<!DOCTYPE html>
<html>
<head>
  <meta charset="UTF-8">
  <title>사용자 정의 함수 만들고 호출하기</title>
  <link rel="stylesheet" href="style_js.css">
</head>
<body>
  <script>
    function add(num1, num2) {
      return num1 + num2;
    }
    let a = 3, b = 4;
    const sum = add(a, b);        // add() 함수 호출
    document.write(a + " + " + b + " = " + sum);
  </script>
</body>
</html>
```

▪ 사용자 정의 함수의 활용

또 다른 사용자 정의 함수를 만들어보자. [예제 6-15]는 사용자에게 번호를 입력받아서 1이면 햄버거, 2면 피자, 3이면 감자튀김을 출력하는 음식 주문 코드이다. food = parseInt(prompt("햄버거=1, 피자=2, 감자튀김=3"))는 사용자로부터 입력받은 값을 변수 food에 담는다. 다음에 있는 result = makeFood(food)로 함수를 호출한다. makeFood() 함수가 전달받는 매개변수는 food이며 반환되는 값은 result에 저장된다.

makeFood() 함수의 내부를 보자. 만약 사용자가 1, 2, 3 중 하나를 입력하면 해당 이미지를 화면에 출력한 후 true를 반환하고, 그렇지 않으면 false를 반환한다. media 폴더에 있는 햄버거 이미지는 food1.png이고, 피자는 food2.png, 감자튀김은 food3.png이다. 따라서 <img src='../media/food" + num + ".png'>는 입력한 숫자에 해당하는 이미지를 출력한다. 화면에 이미지 출력이 끝나면 result에는 true 혹은 false가 저장되어 있다. 사용자가 올바른 번호를 입력했다면(true) '식사 맛있게 하세요'가 출력되고, 그렇지 않으면 '없는 음식을 주문하셨습니다'가 출력된다.

예제 6-15 **함수를 사용한 음식 주문하기** ex6-15.html

```
<!DOCTYPE html>
<html>
<head>
  <meta charset="UTF-8">
  <title>함수를 사용한 음식 주문하기</title>
  <link rel="stylesheet" href="style_js.css">
</head>
<body>
  <script>
    function makeFood(num) {
      if (num >= 1  && num <= 3 ) {
        document.write("<img src='../media/food" + num + ".png'>");
        return true;
      } else return false;
    }
    const food = parseInt(prompt("햄버거=1, 피자=2, 감자튀김=3"));
    const result = makeFood(food);
    if (result)
      document.write("<hr>식사 맛있게 하세요");
    else
      document.write("없는 음식을 주문하셨습니다");
  </script>
</body>
</html>
```

▪ 이름 없는 함수

자바스크립트에는 이름 없는 함수가 있다. [예제 6-14]의 두 수를 더하는 함수 sum = add(a, b)를 이름 없는 함수로 바꿀 수 있다. 이름 없는 함수는 add() 함수의 내용 전체를 sum = 옆에 적어 놓는 형태이다. 함수에 add()와 같은 이름이 없기 때문에 이름 없는 함수라 부른다. 이렇게 만든 함수는 sum(a, b)로 호출한다. 다시 말해 sum()이 함수의 이름을 대신한다.

▪ 화살표 함수

화살표 함수는 화살표(=>)를 사용하여 만드는 함수인데, 이름 없는 함수보다 더 간결하다. 화살표 함수는 자바스크립트 최신 버전인 ES6부터 지원한다.

표 6-16 이름 없는 함수와 화살표 함수의 비교

이름 없는 함수	화살표 함수

`let a = 3, b = 4;`
`let sum = function (num1, num2) {`
`  return num1 + num2`
`}`
	`let a = 3, b = 4;`
	`let sum = (num1, num2) => num1 + num2;`

화살표 함수의 매개변수 지정 방법은 [표 6-17]과 같다. 매개변수가 없으면 괄호만 사용하고, 매개변수가 1개이면 괄호 없이 변수만 사용할 수 있다. 매개변수가 2개 이상인 경우에는 함수와 동일하다.

표 6-17 화살표 함수의 매개변수 지정

매개변수	표기	내용
없을 때	`() => {}`	괄호만 사용
1개일 때	`x => {}`	괄호 생략 가능
2개 이상일 때	`(x, y) => {}`	함수와 동일

화살표 함수의 규칙은 [표 6-18]과 같다. 코드가 두 줄 이상이면 일반적인 함수와 동일하게 중괄호를 사용한다. 코드가 한 줄이면, return이 없어도 연산의 결과값을 자동으로 반환한다. 또한 코드가 한 줄인 경우 중괄호를 생략할 수 있다.

표 6-18 화살표 함수의 몸통 규칙

코드의 줄 수	표기	내용
2줄 이상일 때	`x => { let r = x + x;` `  return r; }`	함수와 동일
1줄일 때	`x => { x + x; }`	return이 없어도 결과를 자동으로 반환
	`x =>  x + x;`	중괄호 생략 가능

[예제 6-16]은 [예제 6-14]의 두 수를 더하는 함수를 화살표 함수로 바꾼 코드인데, 매우 간결해졌다. 함수를 호출할 때 앞의 예제에서는 sum = add(a, b)를 사용했지만, 화살표 함수에서는 sum(a, b)를 사용한다는 점에 주의하자.

예제 6-16 **화살표 함수 만들고 호출하기** ex6-16.html

```
<!DOCTYPE html>
<html>
<head>
  <meta charset="UTF-8">
  <title>화살표 함수 만들고 호출하기</title>
  <link rel="stylesheet" href="style_js.css">
</head>
<body>
  <script>
    let a = 3, b = 4;
    let sum = (num1, num2) =>  num1 + num2;
    document.write(a + " + " + b + " = " + sum(a, b));
  </script>
</body>
</html>
```

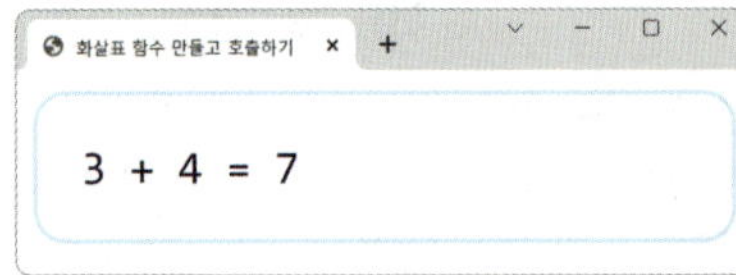

■ 클릭으로 함수 호출하기

HTML 태그와 함수를 연결하는 방법을 알아보자. [예제 6-17]은 태그의 이벤트와 함수를 연결하는 방법을 보여준다. <h1 id="alter" onclick="change()">는 사용자가 h1 태그를 클릭하면 change() 함수를 호출한다. onclick은 마우스로 무언가를 클릭할 때 생성되는 이벤트이다. 이벤트에 대해서는 9장에서 자세히 설명한다.

change() 함수의 몸통을 자세히 보자. document.getElementById("alter")는 HTML의 요소 중 id="alter" 요소를 가져오는 함수이다. id="alter"는 h1 태그의 id 속성이므로 h1의 내용을 가져와 alter 변수에 저장한다. alter.style.background = "aqua"는 alter의 스타일을 변경한다. alter의 스타일 중 background를 aqua로 변경한다. 출력 결과는 처음에 흰색 배경이었다가 문자 'Change Colors'를 클릭하면 배경색이 바다색으로 변경된다.

예제 6-17 **클릭으로 함수 호출하기** ex6-17.html

```
<!DOCTYPE html>
<html>
<head>
  <meta charset="UTF-8">
  <title>클릭으로 함수 호출하기</title>
  <link rel="stylesheet" href="style_js.css">
</head>
```

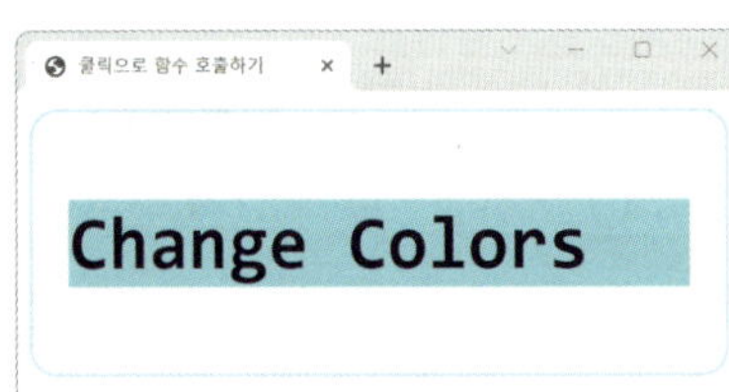

```
<body>
  <h1 id="alter" onclick="change()">Change Colors</h1>
  <script>
    function change() {
      const alter = document.getElementById("alter");
      alter.style.background = "aqua";
    }
  </script>
</body>
</html>
```

2. 함수의 입력

함수에 값을 입력하기 위한 매개변수를 전달하는 데에는 여러 가지 방법이 있다. 사용자가 버튼을 눌러 함수에 매개변수를 전달하는 방법과 사용자가 HTML 태그를 통해 입력한 값을 전달하는 방법을 알아보자.

■ 버튼으로 함수에 매개변수 전달하기

[예제 6-18]은 버튼으로 문자 색을 바꾸는 코드이다. change() 함수는 매개변수로 색상을 입력받아 색을 변경한다. 출력 결과에 버튼이 4개 있고, 각 버튼을 클릭하면서 change() 함수를 호출할 때 색상을 매개변수로 전달한다. 예를 들어 [red] 버튼을 클릭하면 onclick="change('red')"로 함수를 호출하여 문자가 빨간색으로 바뀌고, [green] 버튼을 클릭하면 onclick="change('green')"으로 함수를 호출하여 문자가 녹색으로 바뀐다.

TIP [예제 6-17]의 alter.style.background는 배경색을 바꾸고, alter.style.color는 문자의 색을 바꾼다.

예제 6-18 버튼으로 매개변수 전달하기 ex6-18.html

```
<!DOCTYPE html>
<html>
<head>
  <meta charset="UTF-8">
  <title>버튼으로 매개변수 전달하기</title>
  <link rel="stylesheet" href="style_js.css">
</head>
<body>
  <h1 id="alter">Change Colors</h1>
  <button onclick="change('red')">red</button>
  <button onclick="change('blue')">blue</button>
```

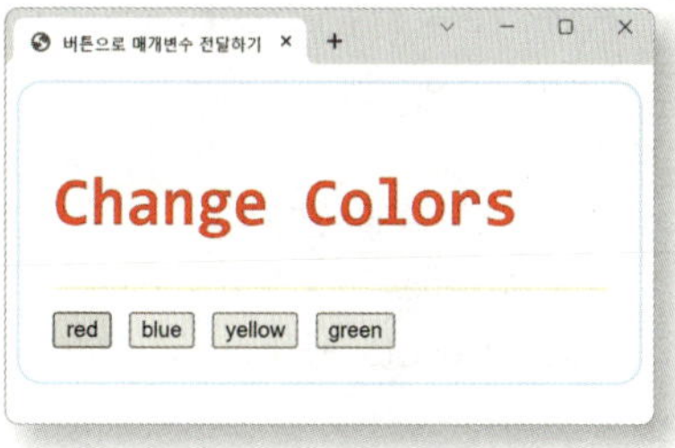

```
  <button onclick="change('yellow')">yellow</button>
  <button onclick="change('green')">green</button>
  <script>
    function change(colors) {
      const alter = document.getElementById("alter");
      alter.style.color = colors;
    }
  </script>
</body>
</html>
```

■ **HTML의 입력 태그와 함수 연결하기**

지금까지는 prompt() 함수를 통해 사용자로부터 값을 입력받았다. <input> 태그를 통해 값을 입력받아 함수로 처리하는 방법에 대하여 살펴보자. [예제 6-19]는 <input>으로 입력받은 금액 안에서 음식을 무작위로 제공하고 잔돈을 반환하는 코드이다.

<input>으로 금액을 입력받고, 사용자가 [order] 버튼을 클릭하면 randomFood() 함수를 호출한다. 앞서 [예제 6-18]에서는 document.getElementById('id 속성값')으로 HTML 태그를 가져왔다. 태그에 입력된 값을 가져오려면 뒤에 .value를 붙인 document.getElementById('input').value를 사용한다. 따라서 사용자가 <input>에 입력한 값은 money에 저장된다.

예제 6-19 **input과 무작위 수 사용하기** ex6-19.html

```
<!DOCTYPE html>
<html>
<head>
  <meta charset="UTF-8">
  <title>input과 무작위 수 사용하기</title>
  <link rel="stylesheet" href="style_js.css">
</head>
<body>
  음식 1개당 1200원입니다. 얼마 내실래요?<hr>
  <input type="text" id="input">
  <button onclick="randomFood()">order</button>
  <script>
    function randomFood() {
      const money = parseInt(document.getElementById('input').value);
      const fnum = Math.floor(money / 1200);
      const change = money - (fnum * 1200);
```

```
    if (money >= 1200) {
      for (let i = 1; i <= fnum ; i++) {
        food = Math.floor(Math.random() * 3) + 1;
        document.write(i + "<img src='../media/food" + food + ".png'>");
      }
      document.write("<h3>합:" + fnum * 1200 + ", 반환:" + change + "</h3>");
    } else
      document.write("금액이 모자랍니다");
  }
 </script>
</body>
</html>
```

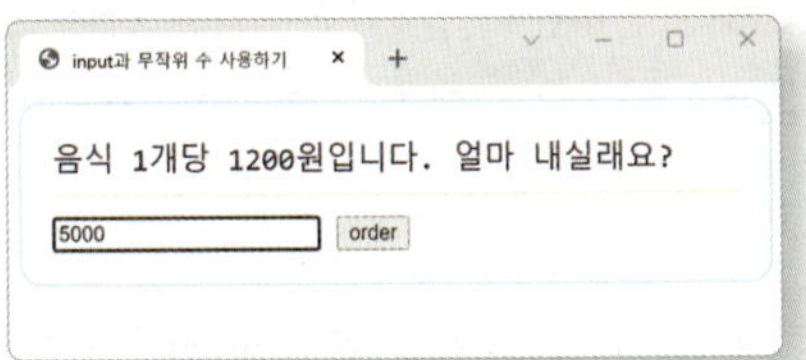

사용자가 '5000' 입력

출력 결과

fnum 변수는 제공할 음식의 개수이고, Math.floor(money / 1200)의 연산 결과를 담는다. change 변수는 잔돈이고, money - (fnum * 1200)의 연산 결과를 담는다. 만약 money가 1200 미만이면 '금액이 모자랍니다'를 출력한 후 함수를 끝낸다. money가 1200 이상이면 for 반복문을 수행시켜 fnum만큼 음식을 출력한다. 음식은 Math.random() 함수를 사용하여 무작위로 고른다.

여기서 잠깐 **Math.random() 함수**

Math.random()은 무작위 수를 생성하는 대표적인 함수이다. Math.random()이 생성하는 무작위 수는 0.0 이상 1.0 미만의 실수이다. 따라서 0 이상 9 이하의 무작위 정수를 생성하려면 Math.random() * 10으로 0.0 이상 10.0 미만의 실수를 만든 다음 Math.floor()를 사용하여 소수점 아래를 버린다. 이렇게 하면 0에서 9까지의 무작위 수가 만들어진다. 그리고 1 이상 10 이하의 무작위 수를 생성하려면 Math.floor(Math.random() * 10)에 1을 더한다.

표 6-19 무작위 수

무작위 수 코드	무작위 수 범위
x = Math.random()	0 <= x < 1
x = Math.floor(Math.random() * 10)	0 <= x <= 9
x = Math.floor(Math.random() * 10) + 1	1 <= x <= 10

준비된 음식 이미지는 food1.png, food2.png, food3.png이기 때문에 1 이상 3 이하의 무작위 수가 필요하다. 그래서 음식을 무작위로 고르는 코드는 food = Math.floor(Math.random() * 3) + 1이다. 음식이 fnum만큼 모두 출력되면 음식 금액의 합과 잔돈을 출력하고 함수를 종료한다.

2 변수의 범위

여러분이 C 언어나 자바를 배웠다면 잘 알겠지만, 변수를 선언하면 그 변수를 사용할 수 있는 범위가 정해진다. 변수의 사용 범위를 스코프scope라 부른다. 블록 안에 정의된 변수는 해당 블록 안에서만 사용할 수 있다.

1. 전역변수와 지역변수

특정한 블록 안에서만 사용할 수 있는 변수를 **지역변수**local variable라 부른다. 지역변수와는 반대로 자바스크립트 영역 전체에서 사용할 수 있는 변수를 **전역변수**global variable라 부른다. 일반적으로 전역변수는 <script> 태그가 시작하자마자 정의하고, 함수의 바깥에서 정의한다.

[예제 6-20]에서 전역변수와 지역변수의 차이를 확인하자. 자바스크립트가 시작되자마자 let gb = "전역"으로 선언한 gb는 전역변수가 된다. 또한 test() 함수의 블록 안에 let lo = "지역"으로 선언한 lo는 지역변수가 된다. test() 함수 안에서 변수 gb와 lo의 값을 출력하면 각각 '전역'과 '지역'이 나타난다. 전역변수 gb는 어디서나 사용할 수 있고, test() 함수 안에서는 지역변수 lo도 사용할 수 있다.

test() 함수 밖에서 전역변수 gb를 출력해도 '전역'이 정상적으로 출력된다. 그러나 함수 안에서 선언한 지역변수 lo의 값은 출력되지 않는다. 지역변수는 블록 안에서만 정의되고 사용 가능하기 때문에 test() 함수 밖에서 출력하면 에러가 발생한다. 그래서 화면에 아무것도 출력되지 않는다.

예제 6-20 전역변수와 지역변수 차이 알아보기 ex6-20.html

```
<!DOCTYPE html>
<html>
<head>
  <meta charset="UTF-8">
  <title>전역변수와 지역변수 차이 알아보기</title>
  <link rel="stylesheet" href="style_js.css">
</head>
<body>
  <script>
    let gb = "전역";
    function test() {
```

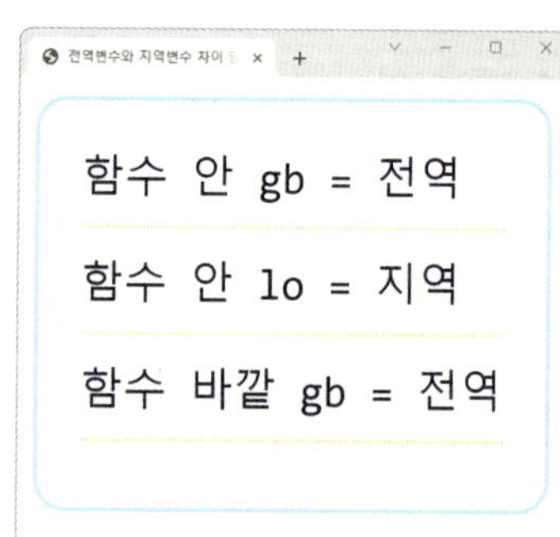

```
      let lo = "지역";
      document.write("함수 안 gb = " + gb + "<hr>");
      document.write("함수 안 lo = " + lo + "<hr>");
    }
    test();
    document.write("함수 바깥 gb = " + gb + "<hr>");
    document.write("함수 바깥 lo = " + lo + "<hr>");
  </script>
</body>
</html>
```

이처럼 지역변수는 블록 안에서만 사용할 수 있다. 따라서 다음 코드의 for 반복문 안에 let으로 선언한 num 변수를 for 반복문 바깥에서 사용할 수 없다.

```
function test() {
  for (let num = 1; num < 10; num++) {
     // num 변수 사용 가능
  }
  // num 변수 사용 불가능
}
```

■ 자바스크립트 변수의 범위 확인하기

자바스크립트에서 var 키워드를 생략하고 변수를 선언할 수 있다. 다시 말해 num = 3이라고 써도 변수 num이 만들어진다. 이는 C 언어나 자바와는 다르기 때문에 주의해야 한다. [예제 6-21]에서 자바스크립트 변수와 var의 특징을 확인하자.

예제 6-21 자바스크립트 변수의 범위 확인하기 ex6-21.html

```
<!DOCTYPE html>
<html>
<head>
  <meta charset="UTF-8">
  <title>자바스크립트 변수의 범위 확인하기</title>
  <link rel="stylesheet" href="style_js.css">
</head>
<body>
  <script>
    x = "전역var";     // var를 생략하고 변수 선언 가능
```

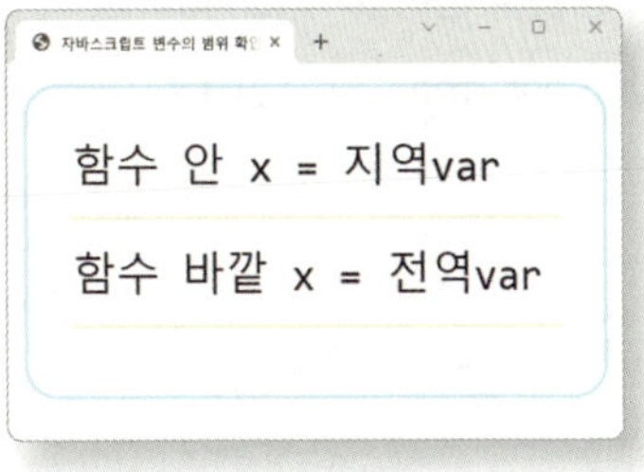

```
    function test() {
      var x = "지역var";
      document.write("함수 안 x = " + x + "<hr>");
    }
    test();
    document.write("함수 바깥 x = " + x + "<hr>");
  </script>
</body>
</html>
```

<script> 태그 밑에 자바스크립트 첫 줄인 x = "전역var"는 전역변수 x를 선언하고 값으로 '전역var'를 담는다. 마치 이미 선언된 변수 x에 값을 저장하는 것처럼 보이지만 var 키워드를 생략한 채로 변수 x를 만든 것이다.

자바스크립트가 var를 생략하여 변수를 선언하는 코드를 허용할지라도 권장하지는 않는다. 그 이유는 다음과 같다. test() 함수 안에서 다시 var x = "지역var"로 지역변수 x를 선언한다. x 값의 출력 결과는 '지역var'이다. test() 함수 안에는 전역변수 x와 지역변수 x가 공존하고, x를 출력하면 지역변수의 값이 출력된다. 참고로 전역변수 x를 사용하려면 this.x라고 적는다. test() 함수 바깥쪽에서 다시 x를 출력하면 '전역var'가 출력된다. 지역변수 x가 함수 바깥쪽에서는 사라져버리기 때문이다. [예제 6-21]의 자바스크립트는 변수 x의 이름은 같은데 접근하는 위치에 따라 서로 다른 값을 출력하는 문제가 있다.

ES6 권고에 따르면 **var 키워드를 사용하지 않아야 한다.** 또한 const로 선언한 변수는 값을 변경하는 것을 금지한다. 상수나 7장에서 설명할 객체에는 const 사용을 권장한다. 그러면 객체가 다시 할당되거나 값이 바뀌어 문제가 생기는 것을 사전에 차단할 수 있어 편리하다. **let은 변수 범위가 제한되는 지역변수 선언에만 사용하기를 권장한다.**

2. 템플릿 문자열과 변수

앞서 document.write()로 변수의 값을 웹 페이지에 출력할 때 + 연산자를 사용했다.

```
let str = "yes";
document.write("결과 : " + str + " 오늘부터 1일")
```

ES6부터는 템플릿template이라 불리는 새로운 문자열 표기법을 도입했다. 템플릿에서는 기존의 작은따옴표나 큰따옴표 대신 백틱 문자(`)를 사용한다. 백틱backtick 문자는 키보드에서 왼쪽 끝 Tab

의 위쪽, 숫자 1의 왼쪽에 있다. **${변수이름}**으로 문자 중간에 변수 값을 넣어서 출력할 수 있다. 앞의 코드를 템플릿 표기로 변경하면 다음과 같다.

```
let str = "yes";
document.write(`결과 : ${str} 오늘부터 1일`)
```

또한 템플릿 문자열은 여러 줄에 걸친 문자열을 허용한다. [예제 6-22]는 [예제 6-7]의 '이거 마시면 사귀는 거다' 코드를 템플릿 표기로 변경한 코드이다.

예제 6-22 템플릿과 변수 같이 사용하기 ex6-22.html

```
<!DOCTYPE html>
<html>
<head>
  <meta charset="UTF-8">
  <title>템플릿과 변수 같이 사용하기</title>
  <link rel="stylesheet" href="style_js.css">
</head>
<body>
  <script>
    let drink = prompt(`한 잔 따른다.
"이거 마시면 사귀는 거다!"`);
    if (drink == "yes") {
      document.write(`답:${drink} 오늘부터 1일`);
    } else {
      document.write(`답:${drink} 헤어진다`);
    }
  </script>
</body>
</html>
```

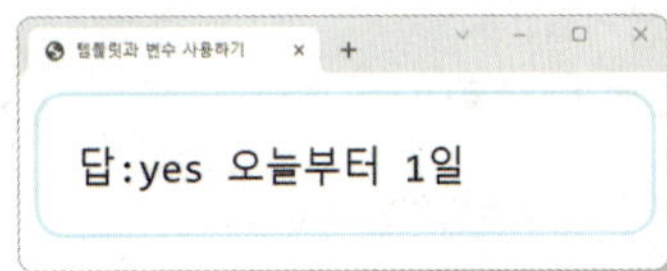

미니 프로젝트 가위바위보 게임

지금까지 배운 자바스크립트 코드를 사용하여 가위바위보 게임을 작성해보자. 가위바위보 게임의 출력 결과는 다음과 같다.

그림 6-19 **가위바위보 게임 결과**

과제 **다음 조건에 맞는 웹 문서를 작성하여 제출하시오.**

❶ prompt()를 사용하여 가위 = 0, 바위 = 1, 보 = 2를 사용자로부터 입력받아 user 변수에 저장한다.

❷ 가위 이미지는 rpc0.png이고, 바위 이미지는 rpc1.png이고, 보 이미지는 rpc2.png이며, 이미지는 모두 media 폴더에 있다. 사용자가 입력한 값에 해당하는 이미지를 화면에 출력한다.

❸ Math.random()을 사용하여 0, 1, 2중 하나를 com 변수에 저장한다. 무작위로 만들어진 com 값에 해당하는 이미지를 화면에 출력한다.

❹ 마지막으로 가위바위보 게임 결과를 화면에 출력한다. 게임 결과는 비기거나, User가 이기거나 Com이 이기는 경우 중 하나이다.

❺ 가위바위보 게임 코드는 project 폴더의 p1_홍길동_20230808.html 파일 안에 작성한다. 제출할 때는 파일 이름을 자신의 이름과 학번으로 변경한다.

■ 추가 프로젝트: 사용자 입력으로 문자 색 바꾸기

사용자가 <input> 웹 폼을 통해 색상 관련 문자를 입력하면 문자를 해당 색으로 변경하는 코드를 작성하시오. 출력 결과는 다음과 같다.

그림 6-20 **사용자 입력으로 문자 색 바꾸기**

과제 **다음 조건에 맞는 웹 문서를 작성하여 제출하시오.**

❶ 사용자는 <input> 웹 폼을 통해 색상 관련 문자를 입력한다.

❷ Change Colors 문자의 색을 입력받은 문자에 해당하는 색으로 변경한다.

❸ 'red'나 'aqua'와 같은 색 이름을 입력할 수 있을 뿐 아니라, **#a84796**과 같이 16진수 값을 입력할 수도 있다.

❹ 코드는 project 폴더의 p2_홍길동_20230808.html의 파일 안에 작성하고, 제출할 때는 자신의 이름과 학번으로 변경한다.

요약

01 자바스크립트는 HTML 내부, 외부 자바스크립트 파일, 태그 안에 작성할 수 있다.

02 함수란 정해진 절차에 따라 데이터를 처리하는 코드의 집합으로 모듈과 같다. 자바스크립트에서 블록 하나가 여러 문장으로 구성되면 중괄호({})를 사용하여 묶는다.

03 문자 자료형은 `String`이고, 숫자 자료형은 `Number`이다. `Boolean`은 값이 `true` 또는 `false`뿐인 자료형이다.

04 변수는 자료를 담는 그릇이고 변수에 숫자, 문자와 같은 다양한 자료형을 담을 수 있다. 자바스크립트에서 변수를 만드는 키워드는 `let`, `var`, `const`이다. `const`로 상수를 만들 때 반드시 선언과 동시에 값을 담아야 한다.

05 연산자는 연산에 사용되는 기호이며 피연산자는 연산의 대상이다. 우선순위가 높은 연산자를 먼저 연산하는데, 괄호 〉 1항 〉 산술 〉 비교 〉 논리 〉 대입 연산자 순이다.

- 산술 연산자는 지수(**), 부호(-), 곱셈(*), 나눗셈(/), 나머지(%), 덧셈(+), 뺄셈(-) 연산을 한다. 1씩 증가시키거나(++) 감소시키는(--) 증감 연산자도 산술 연산자에 속한다.
- 비교 연산자는 데이터 두 개를 비교하여 크다, 작다, 같다, 다르다를 판별한다. 연산 결과는 언제나 참(`true`) 또는 거짓(`false`)이다.
- 논리 연산자 `&&`, `||`, `!`는 각각 and, or, not 논리 연산을 수행한다.

06 `if` 조건문에서 조건이 참일 때 중괄호({}) 안의 코드가 실행된다. 다중 조건문은 `else if`를 사용하여 조건을 계속 연결하는 구조이다. `while`과 `for` 반복문에서 조건이 만족되는 동안 실행이 반복된다. 반복문은 초깃값, 반복 조건, 증가/감소로 구성된다.

07 `function add() {}`로 `add()` 함수를 정의한다. 함수의 내용이 중괄호 안에 들어간다. 함수의 입력값은 매개변수를 통해 전달되고, 함수가 반환하는 값은 `return`이다.

08 블록 안에 정의된 변수는 해당 블록 안에서만 사용할 수 있다. 특정한 블록 안에서만 사용할 수 있는 변수는 지역변수이고 전체 영역에서 사용할 수 있는 변수는 전역변수이다.

연습문제

01 자바스크립트에서 문자 자료형은 무엇인가?

① String ② Float
③ Int ④ Boolean

02 자바스크립트에서 실수 자료형은 무엇인가?

① String ② Float
③ Int ④ Boolean

03 자바스크립트에서 값이 참 또는 거짓뿐인 자료형은 무엇인가?

① True ② Bool
③ Int ④ Boolean

04 자바스크립트에서 정수 0과 같은 뜻을 가진 키워드를 찾으시오.

① true ② True
③ False ④ false

05 자바스크립트에서 변수를 선언할 때 사용하는 키워드가 아닌 것은 무엇인가?

① let ② var
③ float ④ const

06 자바스크립트에서 한 번 선언한 변수를 다시 선언할 수 있는 키워드는 무엇인가?

① let ② var
③ float ④ const

07 자바스크립트에서 변수의 값을 변경할 수는 있지만 같은 이름의 변수를 다시 선언할 수 없는 키워드는 무엇인가?

① let ② var

③ float ④ const

08 자바스크립트에서 변수 이름에 사용할 수 없는 것은 무엇인가?

① 숫자

② 밑줄 기호(_)

③ 공백 문자

④ 달러 기호($)

09 자바스크립트에서 변수 이름에 ( )를 사용할 수 없으나 ( )가 포함된 문자는 사용할 수 있다. 2개의 괄호에 공통으로 들어가는 단어는 무엇인가?

① 숫자

② 키워드

③ 문자

④ 달러 기호($)

10 다음 산술 연산자 중 나머지 연산자를 찾으시오.

① - ② %

③ ** ④ +

11 다음 중 우선순위가 가장 높은 연산자를 찾으시오.

① = ② !

③ -(부호 연산자) ④ ()

12 다음 산술 연산자 중 가장 우선순위가 높은 연산자를 찾으시오.

① -(부호 연산자)
② %
③ **
④ +

13 다음 산술 연산자 중 가장 우선순위가 높은 연산자를 찾으시오.

① -(부호 연산자)
② *
③ /
④ +

14 다음 비교 연산자 중 가장 우선순위가 높은 연산자를 찾으시오.

① >=
② ==
③ ===
④ !==

15 비교 연산자 중 종류도 같고 값도 같을 때만 참이 되는 연산자는 무엇인가?

① !=
② ==
③ ===
④ !==

16 or 연산의 연산자를 찾으시오.

① !=
② &&
③ !
④ ||

17 not 연산의 연산자를 찾으시오.

① !=
② &&
③ !
④ ||

18 다음 연산자 중 우선순위가 가장 높은 것은 무엇인가?

① 논리 연산자

② 비교 연산자

③ 1항 연산자

④ 산술 연산자

19 사용자로부터 데이터를 입력받는 데 사용하는 함수는 무엇인가?

① `Math.floor()`　② `prompt()`

③ `parseInt()`　④ `Math.random()`

20 무작위 수를 생성하는 함수는 무엇인가?

① `Math.floor()`　② `prompt()`

③ `parseInt()`　④ `Math.random()`

21 다음 중 실행문이 반드시 한 번은 실행되는 반복문을 찾으시오.

① `for`　② `while`

③ `switch`　④ `do – while`

22 블록에서 탈출시키는 키워드는 무엇인가?

① `break`　② `switch`

③ `continue`　④ `while`

23 다음 실행문으로 진행하지 않고 반복문의 처음으로 돌아가게 하는 키워드는 무엇인가?

① `break`　② `switch`

③ `continue`　④ `while`

24 화살표 함수에 대한 설명으로 틀린 것을 찾으시오.

① 매개변수 1개일 때 괄호를 생략할 수 있다.

② 코드가 2줄이면 중괄호를 생략할 수 있다.

③ 매개변수 1개일 때 괄호를 생략할 수 있다.

④ 매개변수가 없을 때 괄호만 사용한다.

25 `x = Math.random()`에서 x 값의 범위로 맞는 것을 찾으시오.

① `0 <= x <= 9`

② `0 <= x < 1`

③ `1 <= x <= 10`

④ `0 <= x <= 1`

26 `x = Math.floor(Math.random() * 10) + 1`에서 x 값의 범위로 맞는 것을 찾으시오.

① `1 <= x <= 9`

② `0 <= x < 1`

③ `1 <= x <= 10`

④ `0 <= x < 9`

27 템플릿 문자열 안에 값으로 변수 str을 넣을 때 맞는 표기법을 찾으시오.

① `#str`

② `$str`

③ `${str}`

④ `#{str}`

28 사용자가 입력한 수를 7로 나누고 나머지를 출력하는 코드를 작성하시오.

29 다음 코드를 변형하여 yes, y, 1 중 하나를 입력하면 '오늘부터 1일'을 출력하고, 그렇지 않으면 '헤어진다'를 출력하도록 만드시오.

```
let drink = prompt("이거 마시면 사귀는 거다!");
document.write("술마신다: " + drink + "<hr>");
if (drink == "yes") {
  document.write("오늘부터 1일");
} else {
  document.write("헤어진다");
}
```

30 다음 코드에 continue를 사용하여 구구단의 각 단에서 4를 곱한 식과 7을 곱한 식을 출력하지 않도록 하시오.

```
let dan, num;
for (dan = 2; dan < 10; dan++){
  document.write(dan + "단: ");
  for (num = 1; num < 10; num++){
    document.write(dan + "X" + num +  "=" + dan * num + " ");
  }
  document.write("<hr>");
}
```

31 다음 코드를 화살표 함수를 사용하는 코드로 수정하시오.

```
function add(num1, num2) {
  return num1 + num2;
}
let a = 3, b = 4;
const sum = add(a, b);        // add() 함수 호출
document.write(a + " + " + b + " = " + sum);
```

32 문자 'Change Colors'를 클릭했을 때 배경색이 aqua로 변하도록 <script> 태그 안에 자바스크립트 코드를 작성하시오.

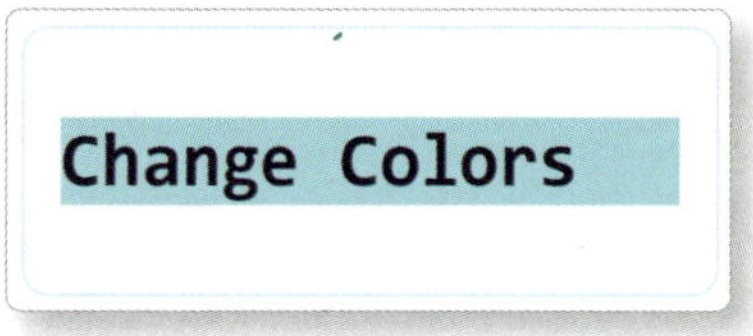


```
<!DOCTYPE html>
<html>
<head>
  <meta charset="UTF-8">
</head>
<body>
  <h1 id="alter" onclick="change()">Change Colors</h1>
  <script>



  </script>
</body>
</html>
```

33 버튼을 누르면 문자가 버튼에 쓰인 색으로 변하도록 <script> 태그 안에 자바스크립트 코드를 작성하시오.

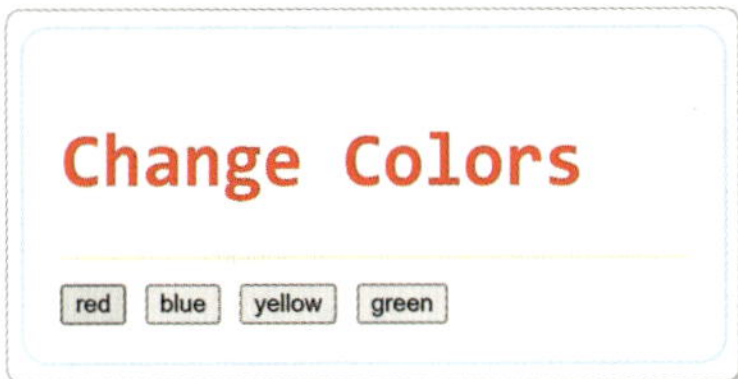


```
<!DOCTYPE html>
<html>
<head>
  <meta charset="UTF-8">
</head>
<body>
  <h1 id="alter">Change Colors</h1>
  <button onclick="change('red')">red</button>
  <button onclick="change('blue')">blue</button>
  <button onclick="change('yellow')">yellow</button>
  <button onclick="change('green')">green</button>
  <script>



  </script>
</body>
</html>
```

CHAPTER 07

자바스크립트 객체 다루기

학습 목표

- 자바스크립트 객체를 이해한다.
- Array, String, Date, Math 객체의 특징을 살펴본다.
- 사용자 객체를 만드는 방법을 학습한다.

- 자바스크립트 객체 이해하기
  - 자바스크립트 객체
    - 객체의 장점
    - 자바스크립트 객체의 구성
    - 객체 선언과 객체 생성
    - 전역객체
  - 배열과 Array 객체
    - 배열
    - Array 객체
  - 문자열과 String 객체
    - String 객체
    - for-of 반복문
  - Date 객체
  - Math 객체
- 사용자 객체 만들기
  - 사용자 객체
    - 사용자 객체 만들기
    - 사용자 객체의 속성 다루기
    - for-in 반복문
  - class를 이용하는 객체 상속

SECTION

01 자바스크립트 객체 이해하기

1 자바스크립트 객체

자바스크립트를 이루는 거의 모든 것이 객체object이다. 자바스크립트를 이해하려면 객체와 객체가 아닌 것의 차이를 이해해야 한다. [그림 7-1]은 시간, 분, 초가 있는 시계에 대한 일반 코드와 객체를 사용한 코드를 보여준다. (a)의 일반적인 자바스크립트 코드에는 시간hour 변수 `h`, 분minute 변수 `m`, 초second 변수 `s`가 있다. 시계와 관련된 함수로 현재 시각을 반환하는 함수 `getTime()`과 시간을 설정하는 함수 `setTime(h, m, s)`를 만들었다. 변수 `h`, `m`, `s`가 다른 함수나 변수와 섞여 있어 변수의 의미를 파악하기가 어렵다. 또한 시간과 관련된 함수 `getTime()`이나 `setTime()`이 변수 선언과 멀리 떨어져 있어 의미를 파악하기 어려울 수 있다. 그래서 주석으로 변수와 함수의 의미를 일일이 설명해야 한다.

```
getTime() {. . . }
setTime(h, m, s) { . . . }

let h, m, s;
```

Clock 객체

```
class Clock() {
  let h, m, s;

  getTime() {. . . }
  setTime(h, m, s) { . . . }
}
```

(a) 일반 자바스크립트로 작성한 시계 코드 (b) Clock 객체를 사용하는 코드

그림 7-1 일반 코드와 객체를 사용하는 코드

객체는 서로 관련 있는 변수와 함수를 하나의 틀로 묶는다. [그림 7-1]의 (b)에서는 변수와 함수를 `Clock` 객체로 묶었다. `Clock` 객체 안의 변수 `h`, `m`, `s`와 함수 `getTime()`, `setTime()`은 모두 시계와 관련이 있다. 따라서 변수나 함수를 따로 설명하지 않아도 의미를 쉽게 파악할 수 있다.

1. 객체의 장점

객체는 단순히 코드를 편리하게 관리하려고 만든 개념이 아니다. 앞서 6장에서 함수는 소프트웨어적인 모듈이기 때문에 복잡한 내부 기능을 몰라도 쉽게 코드를 작성할 수 있다고 설명했다. 객체는 여러 함수를 모아놓은 만능 모듈이다. **객체를 사용하면 코드를 상속하거나 재사용하여 간단하게 코드를 구현할 수 있다.** 예를 들어 `Clock` 객체를 상속하여 다양한 시계를 만들 수 있다. `Clock` 객체를 상속하고 `alarm()` 함수만 더하면 알람 시계가 된다. 알람 시계에 `autoSetTime(GPS)` 함수만 추가하면 스마트 시계가 된다. `autoSetTime(GPS)` 함수는 GPS로부터 현재 시각을 받아 자동으로 시각을 맞추는 함수이다. 매시 정각에 울리는 괘종시계는 `Clock` 객체를 상속하고 `ringBell(h)` 함수만 추가하면 된다, 또한 `Clock` 객체에 `timer()` 함수만 추가하면 타이머를 만들 수 있다.

시계의 정밀도를 높이는 업그레이드가 이루어졌다고 가정하자. 만약 모든 시계를 따로 만들었다면 각 시계 안의 `Clock` 관련 코드를 찾아 하나씩 업그레이드해야 한다. 그러나 객체를 사용했다면 `Clock` 객체 하나만 업그레이드해도 모든 시계의 기능이 함께 업그레이드된다. 이처럼 객체를 사용하면 코드를 재사용할 수 있어 제작의 효율뿐 아니라 코드 관리의 효율도 높아진다.

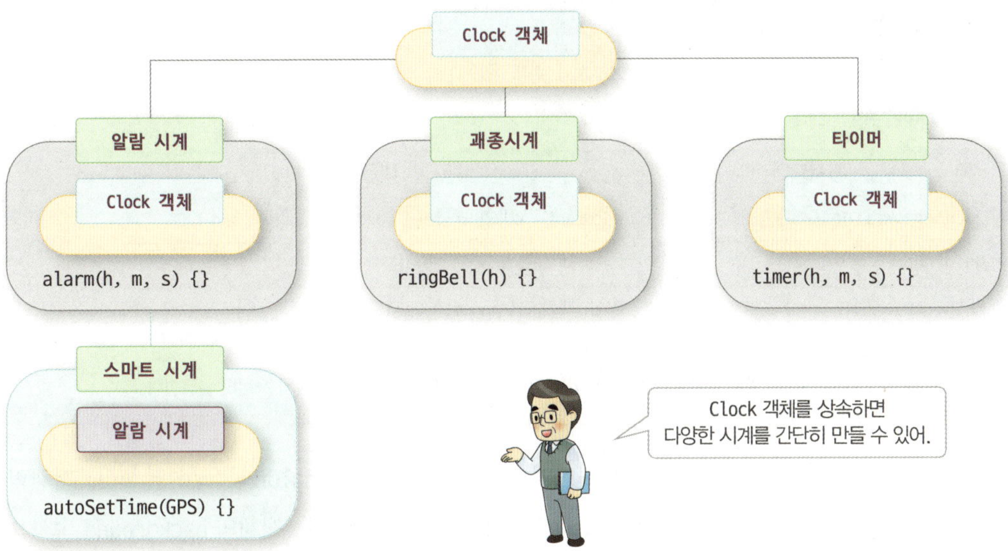

그림 7-2 Clock 객체를 상속하는 다양한 시계 만들기

2. 자바스크립트 객체의 구성

일반적인 객체는 변수와 관련 함수의 집합이다. **자바스크립트 객체는 데이터를 의미하는 속성property과 데이터를 조작하는 메서드로 구성된 집합**이다. 자바스크립트 객체에서 속성property은 일반적인 객체의 변수에 해당한다. 지금까지 배운 속성으로는 태그의 속성인 'attribute'와 CSS의 속성인 'property'가 있었는데, 객체의 속성은 'property'이다. 또한 메서드method는 일반적인 객체의 함수에 해당한다. 메서드에는 함수와 마찬가지로 괄호(())가 붙는다.

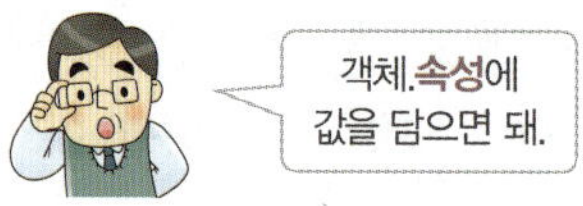

`object.property = value`

(a) 속성

`object.method(value)`

(b) 메서드

그림 7-3 **자바스크립트 객체의 구성**

자바스크립트 객체의 속성이나 메서드를 사용하기 위해서는 점(.) 연산자를 사용한다. 자바스크립트 객체의 속성값을 변화시키기 위해서는 **객체.속성 = 값**을 사용한다. 또한 객체의 메서드를 호출하는 코드는 **객체.메서드()**이다. 여기서 값value은 데이터를 의미하며, 함수를 사용하기도 한다.

사실 이전의 예제 코드에서도 객체의 메서드를 사용한 적이 있다. document는 웹 페이지를 객체화한 것이며, document 객체의 메서드 중 write()는 웹 페이지에 데이터를 출력하는 메서드이다. Math는 수학 관련 객체이다. floor()는 소수점 아래를 버리는 메서드이고, random()은 무작위 수를 생성하는 메서드이다.

표 7-1 **자바스크립트 객체의 메서드**

메서드	내용
`document.write()`	document 객체의 write() 메서드
`Math.floor()`	Math 객체의 floor() 메서드
`Math.random()`	Math 객체의 random() 메서드

TIP document 객체와 관련된 문서 객체모델을 DOM이라 부른다. DOM에 대해서는 8장에서 자세히 설명한다.

이전의 예제 코드에서 객체의 속성값을 변화시키기도 했다. **style.color = "red"**는 style 객체의 color 속성을 red로 변경하고, **style.background = "aqua"**는 style 객체의 background 속성을 aqua로 변경한다.

표 7-2 **객체의 속성값 변경**

`style.color = "red"`	style 객체 color 속성을 red로 변경
`style.background = "aqua"`	style 객체 background 속성을 aqua로 변경

3. 객체 선언과 객체 생성

자바스크립트에서 객체를 만들어 사용하는 과정은 '객체 선언'과 '객체 생성' 2단계이다. 객체 선언은 객체의 구조, 즉 속성과 메서드를 결정하는 단계이다. 객체 생성은 선언한 객체 구조와 똑

같은 모양의 객체를 만드는 단계이다. new 키워드를 사용하면 객체 선언과 똑같은 모양의 객체를 여러 개 만들 수 있다. 객체를 붕어빵에 비유하면 객체 선언은 붕어빵 틀을 만드는 단계이고 객체 생성은 붕어빵 틀에 재료를 부어 실제로 붕어빵을 만들어내는 단계이다.

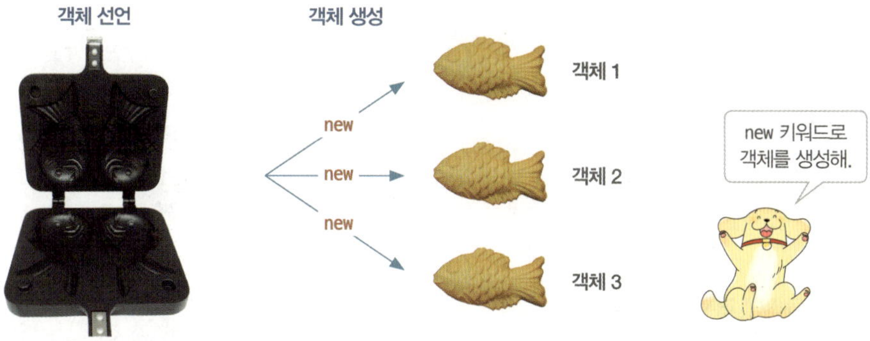

그림 7-4 **객체 선언과 객체 생성**

자바스크립트의 객체는 사용자가 직접 만들어 사용하는 객체와 미리 만들어 제공하는 객체로 나뉜다. 사용자가 만들어 사용하는 객체는 객체 선언과 new를 사용한 객체 생성이 모두 이루어진다. 반면 자바스크립트가 제공하는 Array, String, Date 객체는 new를 사용하여 객체 생성만 하고 사용하면 된다. 특히 Array나 String 객체는 new 없이도 객체를 생성할 수 있다.

4. 전역객체

자바스크립트에는 최상위 객체가 있다. 자바스크립트에서 사용하는 모든 객체는 최상위 객체의 후손이다. HTML에서 최상위 객체는 window이며, 어떤 객체에서나 사용할 수 있기 때문에 전역객체라 부른다. 전역객체에 속한 속성은 전역객체 속성이다. 또한 전역객체에 속한 메서드는 전역객체 메서드이다. 전역객체 속성이나 전역객체 메서드는 자바스크립트의 어디에서나 접근하거나 호출할 수 있다.

■ 전역객체 메서드

대표적인 전역객체 메서드로는 window.alert(), window.prompt(), window.parseInt()가 있다. 전역객체의 이름 window는 생략할 수 있다. 그래서 이전 예제에서 alert(), prompt(), parseInt()와 같은 메서드는 window 객체 이름을 생략하고 사용했다.

전역객체 메서드를 몇 가지 더 살펴보자. confirm()은 메시지가 출력되었을 때 사용자로부터 확인 또는 취소의 값을 입력받는다. 입력이 확인일 때 true, 취소일 때 false가 반환된다. eval()은 괄호 안의 수식을 계산하여 결과를 반환한다. isNaN()은 데이터가 숫자인지 아닌지를 판별하는 메서드이다.

표 7-3 전역객체 메서드

전역객체 메서드	객체 이름 생략	내용
window.alert()	alert()	알림 메시지
window.prompt()	prompt()	사용자로부터 입력
window.confirm()	confirm()	확인/취소 버튼(확인=true, 취소=false)
window.eval()	eval()	수식을 계산하여 결과를 반환
window.parseInt()	parseInt()	정수로 변환
window.parseFloat()	parseFloat()	실수로 변환
window.isNaN()	isNaN()	숫자이면 false, 숫자가 아니면 true

여기서 잠깐 **isNaN() 메서드의 사용**

NaN은 Not-a-Number의 약자로 숫자가 아니라는 뜻이다. 주의할 점은 isNaN(1)에서 1이 숫자이므로 반환값이 true가 아닌 false라는 것이다. 또한 isNaN("0.5")와 같이 값이 문자이지만 숫자로 변환할 수 있을 때도 숫자로 간주하여 결과는 false이다. 따라서 isNaN("str")과 같이 숫자로 변환할 수 없는 문자를 입력해야만 반환값이 true이다.

표 7-4 isNaN() 메서드

입력값	반환값	설명
isNaN(1)	false	숫자이면 false
isNaN("0.5")	false	숫자로 변환할 수 있으면 false
isNaN("str")	true	숫자로 변환할 수 없으면 true

■ 전역객체 메서드 사용하기

[예제 7-1]은 지금까지 설명한 전역객체의 특성을 확인하는 코드이다. 전역객체 메서드는 window.confirm()이라 써도 되고 객체 이름을 생략하여 confirm()만 써도 된다. 또한 isNaN("str")과 같이 명백히 숫자가 아닌 경우에만 true가 반환된다. 마지막으로 eval(3 * 4)는 수식을 계산하여 결과 12를 반환한다.

예제 7-1 **전역객체 메서드 사용하기** ex7-1.html

```
<!DOCTYPE html>
<html>
<head>
  <meta charset="UTF-8">
  <title>전역객체 메서드 사용하기</title>
```

```
    <link rel="stylesheet" href="style_js.css">
  </head>
  <body>
    <script>
      const jud = window.confirm("confirm()에서 window.가 생략된 것을 이해했나요?");
      document.write("전역객체 속성 이해했음:  " + jud + "<hr>");
      document.write("isNaN(1) = " + isNaN(1) + "<hr>");
      document.write("isNaN('0.5') = " + isNaN('0.5') + "<hr>");
      document.write("isNaN('str') = " + isNaN('str') + "<hr>");
      document.write("eval(3 * 4) = " + eval(3 * 4));
    </script>
  </body>
</html>
```

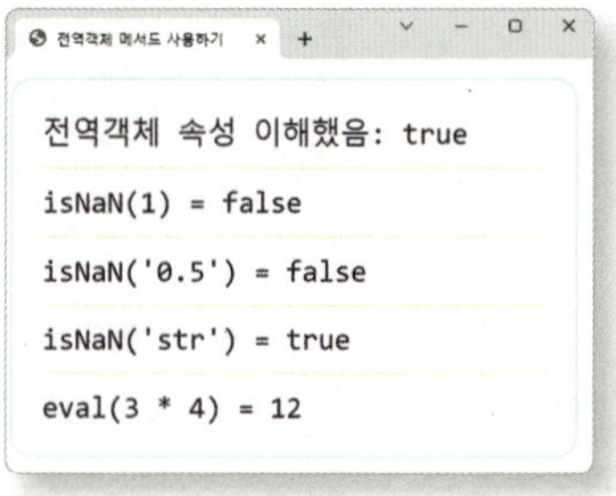

TIP eval()은 보안의 문제가 있다. 따라서 자바스크립트 표준에서는 eval() 사용의 자제를 권고하고 있다.

2 배열과 Array 객체

1. 배열

변수 하나에는 데이터를 하나만 저장할 수 있다. 따라서 데이터를 여러 개 사용하려면 변수를 여러 개 만들어야 한다. **배열array은 데이터를 하나의 묶음으로 처리하는 데이터 구조**이다. 배열을 만드는 방법은 간단하다. 한 묶음으로 처리할 데이터를 대괄호([])와 쉼표(,)로 묶는다. `arr = [10, 20, 30, 40, 50]`이라 쓰면 변수 5개를 하나로 묶는 배열을 만든 것이다. `arr`이라는 이름을 붙인 배열에서 대괄호가 데이터 묶음의 시작과 끝을 표시한다. 쉼표는 각 데이터를 구분한다. 배열 `arr`에는 독립적인 변수 5개가 모여 있는데, 번호를 붙인 방이 여러 개 있다고 생각하면 된다.

■ 배열 생성하기

`let` 키워드로 배열을 생성한다. 다음 코드에서는 10부터 50까지 5개의 원소가 있는 배열이 만들어진다. 집 안 공간이 방으로 구성되듯이 배열은 원소로 구성되어 있다. `document.write(arr)`로 10,20,30,40,50을 출력한다.

```
let arr = [10, 20, 30, 40, 50];
document.write(arr);
```

```
10,20,30,40,50
```

배열에는 다음과 같이 여러 종류의 데이터를 섞어서 저장할 수 있다. 자바스크립트에서 만능 변수를 제공하듯이 만능 배열도 제공하고 있다.

```
let arr = [1, "첫번째", 2.34, true];
document.write(arr);
```

```
1,첫번째,2.34,true
```

다음 그림은 배열 arr = [10, 20, 30, 40, 50]이다. 배열 arr에는 arr[0], arr[1], arr[2], arr[3], arr[4]라는 변수 5개가 묶여 있다. arr[n]에서 n은 배열 arr의 방 번호와 같다. 배열 arr에서 [0]부터 [4]까지의 숫자가 독립적인 원소(방)를 구분하는데, 이것을 인덱스$_{\text{index}}$라 부른다. 배열 arr에서 arr[0]은 0번 인덱스를 가진 변수를 가리킨다. 다시 말해 방 번호(인덱스) 0에는 숫자 10이 들어 있다는 의미이다.

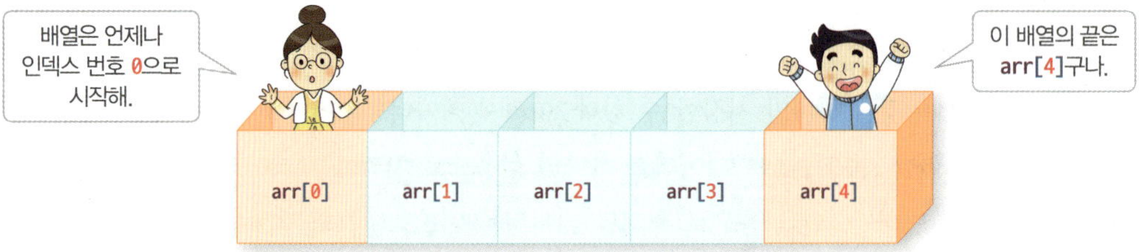

그림 7-5 **원소가 5개인 배열**

■ 배열 원소에 접근하기

변수가 5개 묶여 있는 배열에서 맨 처음 인덱스 번호는 0이다. 따라서 배열 arr의 변수는 arr[0]부터 시작하여 마지막은 arr[4]이고, arr[5]는 없다.

```
let arr = [10, 20, 30, 40, 50];
for (let i = 0; i < 5; i++)
  document.write("[" + i + "]=" + arr[i] + " ");
```

```
[0]=10 [1]=20 [2]=30 [3]=40 [4]=50
```

배열에서 인덱스로 표현된 한 개의 원소는 변수처럼 취급된다. arr은 배열이지만, arr[0], arr[1], arr[2]는 독립된 변수처럼 사용한다. 따라서 arr[1]에 5를 담으려면 arr[1] = 5라고 쓰면 된다. 다음은 배열의 각 원소에 5를 더하는 코드이다. arr[i] = arr[i] + 5는 각 배열의 값에 5를 더한 값을 다시 배열에 담는 코드이다.

```
let arr = [10, 20, 30, 40, 50];
for (let i = 0; i < 5; i++){
  arr[i] = arr[i] + 5;
  document.write("[" + i + "]=" + arr[i] + " ");
}
```

```
[0]=15 [1]=25 [2]=35 [3]=45 [4]=55
```

■ 빈 배열 선언하기

자바스크립트에서는 빈 배열 선언을 허용한다. arr = []와 같이 대괄호 안에 값을 넣지 않으면 빈 배열이 만들어진다.

```
let arr = [];          // 빈 배열을 선언
```

빈 배열을 선언한 후에 배열의 인덱스에 값을 대입하면 배열이 자동으로 만들어질 뿐 아니라 배열의 크기도 자동으로 커진다. 다음 코드는 빈 배열 arr을 선언하고, arr[0]에는 23, arr[1]에는 12, arr[2]에는 34를 담아 3개의 원소를 가진 배열을 만든 후 출력하는 코드이다. 빈 배열로 시작하여 원소 3개를 가진 배열이 만들어진다.

```
let arr = []        // 빈 배열을 선언
arr[0] = 23;
arr[1] = 12;
arr[2] = 34;
for (let i = 0; i < 3; i++)
  document.write(`arr[${i}]=${arr[i]} `);
```

▼

```
arr[0]=23 arr[1]=12 arr[2]=34
```

빈 배열을 선언한 후에 아직 존재하지 않는 배열 원소에 접근하려고 하면 'undefined'가 출력된다. 다음 코드에서 arr[2]를 만들지 않은 상태에서 arr[2]에 접근하니 'undefined'가 출력된다.

```
let arr = []
arr[0] = 23;
arr[1] = 12;
for (let i = 0; i < 3; i++)
  document.write(`arr[${i}]=${arr[i]} `);
```

▼

```
arr[0]=23 arr[1]=12 arr[2]=undefined
```

여기서 잠깐 **C 언어의 배열과 자바스크립트의 배열**

C 언어에서 배열은 같은 종류의 데이터를 하나로 묶은 것이다. 자바스크립트에서 배열은 데이터의 종류와 상관없이 하나의 묶음으로 모아 놓은 것이기 때문에 C 언어의 배열과는 의미가 다르다. 또한 C 언어에서는 한 번 선언한 배열의 크기를 변경할 수 없으나 자바스크립트에서는 가능하다. 한편 파이썬에서 여러 종류의 데이터를 하나로 묶어놓은 것을 리스트(list)라 부르는데, 자바스크립트의 배열은 파이썬의 리스트에 더 가깝다.

2. 배열 객체

Array 객체를 사용하여 배열을 만들 수 있다. arr = new Array(10, 20, 30, 40, 50)은 Array 객체를 사용하여 원소 5개를 가진 arr 객체를 선언하는 코드이다. new Array()를 사용하여 만든 배열 객체와 대괄호를 사용하여 만든 배열은 똑같다. 대괄호를 사용하여 배열을 만들면 배열 객체로 바뀐다.

배열 객체에서 가장 중요한 속성은 length이다. length를 사용하면 배열의 길이를 알 수 있어 코드를 작성하기 편리하다. 다음은 배열 객체를 만든 후에 각 원소의 값을 출력하는 코드이다. 이 코드의 첫 줄을 let arr = [10, 20, 30, 40, 50]으로 바꿔도 결과는 같다.

TIP 일반적으로 객체 이름의 첫 글자는 대문자를 사용한다.

```
let arr = new Array(10, 20, 30, 40, 50);
for (let i = 0; i < arr.length; i++)
  document.write("arr[" + i + "]=" + arr[i] + "  ");
```

▼

```
arr[0]=10  arr[1]=20  arr[2]=30  arr[3]=40  arr[4]=50
```

Array 객체를 사용하여 원소가 없는 빈 배열 객체를 만드는 방법은 다음과 같다.

```
let arr = new Array();         // 빈 배열 객체 선언, arr = []와 같음
```

▪ 배열 객체로 배열 만들고 출력하기

빈 배열 객체를 만든 후에 원소를 추가하면 자동으로 배열의 크기가 커질 뿐 아니라 length 속성값도 증가한다. [예제 7-2]는 빈 배열을 만들고 원소를 추가한 후에 모든 원소의 합을 출력하는 코드이다. let arr = new Array()로 빈 배열을 만든 후 arr[0] = 23, arr[1] = 12, arr[2] = 34를 추가하면 arr.length는 3이 된다. 모든 원소의 값을 더한 후 sum에 담아 출력하면 69가 출력된다.

예제 7-2 배열 만들고 출력하기 ex7-2.html

```
<!DOCTYPE html>
<html>
<head>
  <meta charset="UTF-8">
  <title>배열 만들고 출력하기</title>
  <link rel="stylesheet" href="style_js.css">
</head>
<body>
  <script>
    let arr = new Array();     // arr = []와 같음
```

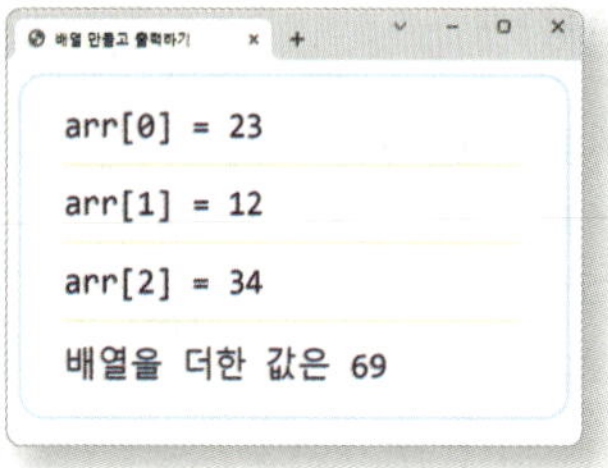

```
    let sum = 0;
    arr[0] = 23;
    arr[1] = 12;
    arr[2] = 34;
    for (let i = 0; i < arr.length; i++){
      document.write(`arr[${i}] = ${arr[i]}<hr>`);
      sum = sum + arr[i];
    }
    document.write(`배열을 더한 값은 ${sum}`);
  </script>
</body>
</html>
```

■ 배열 객체의 메서드

배열이 객체이기 때문에 다양한 메서드를 사용할 수 있다. [표 7-5]는 자주 사용되는 Array 객체 메서드이다.

표 7-5 Array 객체 메서드

메서드	내용
arr1.concat(arr2)	arr1 배열 뒤에 arr2 배열을 합치고 그 복사본을 반환함
filter(function())	function()의 조건에 맞는 배열의 복사본을 반환함
indexOf(x, i)	i번째 인덱스 원소부터 시작하여 문자열 x가 처음 나타나는 위치를 찾아 반환하고 x가 없으면 -1을 반환함(i를 생략하면 처음부터 찾음)
join(s)	배열의 모든 원소를 합친 문자열을 반환(괄호 안에 s가 있으면 원소 사이에 s를 삽입하여 합친 문자열을 반환)
pop()	배열 맨 뒤의 값을 삭제함
push(x)	배열 맨 뒤에 x를 삽입함
reverse()	배열의 원소 순서를 거꾸로 바꿈
shift()	배열 맨 앞의 원소를 제거하고 그 값을 반환
slice(ix, iy)	ix부터 iy 직전까지의 복사본을 반환함(iy를 생략하면 ix부터 끝까지의 복사본을 반환)
sort()	모든 원소를 정렬함
toString()	배열의 각 원소를 문자열로 바꾸어 반환함
unshift(x)	배열 앞부분에 x값을 삽입함

[예제 7-3]의 출력 결과를 통해 Array 메서드의 특징을 살펴보자. 6장에서 설명했듯이, 백틱 문자(``) 사이에 있는 ${}는 문자열 안에 변수나 변수의 결과값을 출력한다.

a1.concat(a2)는 배열 a1 뒤에 배열 a2를 합친 결과를 반환한다. a2.filter(gt)는 gt 함수의 조건에 맞는 결과를 반환한다. gt 함수는 바로 윗줄에 function gt(e)로 정의되어 있으며, 배열의 각 원소 e에 대하여 7보다 크거나 같은 값만을 반환한다. a2.filter(gt) 안에는 괄호를 뺀 함수 이름(gt)만 쓴 것에 주의하자. a2.indexOf(6)은 배열의 처음부터 6의 위치를 찾아서 반환한다. 원소가 없는 경우에는 -1을 반환한다. a2.indexOf(6, 2)라 쓰면 배열의 인덱스 2번(a2[2])부터 6을 찾는다.

a2.push(4)는 a2 배열의 맨 마지막에 원소 4를 추가한다. a2.pop()은 a2 배열의 맨 마지막 원소를 제거하고 제거한 값 4를 반환한다. 이와 유사하게 shift()는 배열 맨 앞의 원소를 제거한 후 그 값을 반환하고, unshift(9)는 배열의 맨 앞에 원소 9를 삽입한다. 앞의 메서드와 달리 push(), pop(), shift(), unshift() 메서드는 배열의 크기를 변화시킨다. push()와 unshift()는 배열 크기가 1 증가하고, pop()과 shift()는 배열의 크기가 감소한다.

reverse()는 배열 전체 원소의 순서를 거꾸로 한다. a2.slice(1, 4)는 1번 인덱스(a2[1])부터 4번 인덱스 앞까지, 다시 말해 a2[3]까지의 복사본을 반환한다. a[4]는 포함되지 않는다. a2.slice(1)과 같이 마지막 인덱스를 지정하지 않았다면 a[1]에서부터 끝까지 배열을 복사하여 반환한다.

sort()는 배열의 원소를 순서대로 정렬하며, toString()은 각 원소의 값을 문자열로 변환하여 반환한다. 반환되는 배열의 원소 개수는 변하지 않는다. join()은 모든 원소를 하나로 합쳐 문자열을 반환한다. 따라서 반환되는 값은 배열이 아니라 문자열이다. join("+")는 원소를 합칠 때 원소와 원소 사이에 구분자로 +를 삽입한다. join(" ")를 사용하면 공백 문자로 원소와 원소 사이를 구분한 문자열이 만들어진다.

예제 7-3 Array 객체의 메서드 사용하기 ex7-3.html

```
<!DOCTYPE html>
<html>
<head>
  <meta charset="UTF-8">
  <title>Array 객체의 메서드 사용하기</title>
  <link rel="stylesheet" href="style_js.css">
</head>
<body>
  <script>
    let a1 = [0, 1, 2, 3, 4];
    let a2 = new Array(9, 8, 7, 6, 5);
    document.write(`a1 = [${a1}]<br>`);
```

```
    document.write(`a2 = [${a2}]<hr>`);

    document.write(`a1.concat(a2) : ${a1.concat(a2)}<hr>`);
    function gt(e) { return(e >= 7) };
    document.write(`a2.filter(gt) : ${a2.filter(gt)}<hr>`);
    document.write(`a2.indexOf(6) : ${a2.indexOf(6)}<hr>`);
    a2.push(4);
    document.write(`a2.push(4) : ${a2}<hr>`);
    a2.pop();
    document.write(`a2.pop() : ${a2}<hr>`);
    document.write(`a1.reverse() : ${a1.reverse()}<hr>`);
    a2.shift();
    document.write(`a2.shift() : ${a2}<hr>`);
    a2.unshift(9);
    document.write(`a2.unshift(9) : ${a2}<hr>`);
    document.write(`a2.slice(1, 4) : ${a2.slice(1, 4)}<hr>`);
    document.write(`a2.sort() : ${a2.sort()}<hr>`);
    document.write(`a2.join("+") : ${a2.join("+")}`);
  </script>
</body>
</html>
```

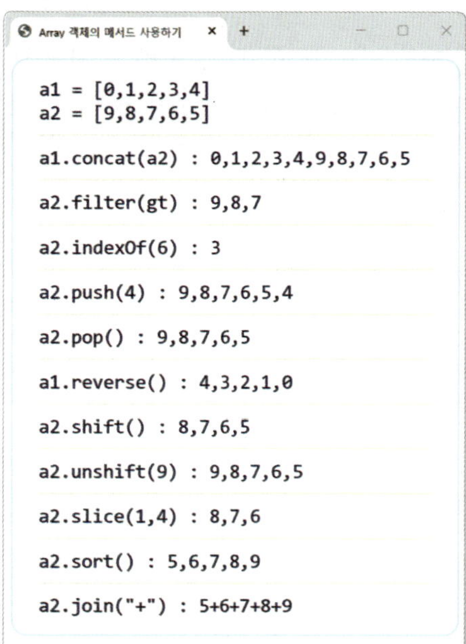

3 문자열과 String 객체

작은따옴표('')나 큰따옴표(""), 백틱 문자(``) 사이에 입력한 데이터는 문자열이다. 배열과 마찬가지로 문자열도 String 객체와 new를 사용하여 만들 수 있다.

1. String 객체

다음 표에서 문자열을 선언한 두 가지 코드의 결과는 같다. String 객체를 사용하지 않고 만든 문자열은 String 객체로 자동 변환된다.

String 객체를 생성	문자열 변수를 선언
let str = new String("문자열");	let str = "문자열";

String 객체는 Array 객체와 마찬가지로 length 속성을 사용할 수 있다. 다음 코드와 같이 str.length를 출력하면 3이 출력된다.

```
let str = "문자열";
document.write("str = '" + str + "', length = " + str.length);
```

▼

```
str = '문자열', length = 3
```

■ String 객체의 인덱스 활용하기

String 객체의 각 문자는 배열처럼 사용할 수 있다. 즉 인덱스로 문자 각각의 위치를 지정할 수 있다. 다음 코드처럼 str[0], str[1], str[2]를 출력하면 '문', '자', '열'이 출력된다.

```
let str = "문자열";
document.write(`str[0]=${str[0]}, str[1]=${str[1]}, str[2]=${str[2]}`);
```

▼

```
str[0]=문, str[1]=자, str[2]=열
```

String 객체에서 문자의 순서를 거꾸로 출력하는 코드는 다음과 같다. str.length – 1부터 시작하여 인덱스를 1씩 줄여가며 출력하면 문자 순서가 거꾸로 출력된다.

```
let str = "거꾸로 타는 보일러";
for (let i = str.length - 1; i >= 0; i--)
  document.write(str[i]);
```

```
러일보 는타 로꾸거
```

■ **String 객체의 메서드**

String 객체는 배열처럼 문자 하나씩을 취급할 수 있지만 Array 객체는 아니다. 따라서 String 객체의 메서드는 따로 있다. [표 7-6]은 String 객체의 주요 메서드이다.

표 7-6 String 객체 메서드

메서드	내용
charAt(i)	i번째 인덱스의 문자를 반환함
str1.concat(str2)	str1에 str2 문자열을 합침
indexOf(s, i)	i번째부터 시작하여 문자 s가 처음 나타나는 위치를 찾아 반환하고 s가 없으면 -1을 반환함(i를 생략하면 처음부터 찾음)
replace(s, t)	문자 s를 문자 t로 변경함
search(s)	문자 s가 처음 나타나는 위치를 찾아 반환함. indexOf()와 기능이 같지만 시작 위치를 지정할 수 없다는 점이 다름
slice(ix, iy)	ix부터 iy 직전까지의 문자열을 반환함(iy를 생략하면 ix부터 끝까지 반환). substring()과 기능이 같지만 iy가 음수일 수 있다는 점이 다름
split(s, limit)	s를 분리자로 하여 문자열을 분리하고 배열을 반환함. limit는 반환되는 배열 크기를 제한함(""를 입력하면 한 문자씩 분리)
substr(i, len)	i번째 인덱스부터 len만큼의 문자열을 배열로 반환함(len을 생략하면 끝까지 반환)
substring(ix, iy)	ix부터 iy 직전까지의 배열을 반환함(iy를 생략하면 ix부터 끝까지 반환). slice()와 비슷하지만 iy는 언제나 양수라는 점이 다름
toLowerCase()	소문자로 변환함
toUpperCase()	대문자로 변환함
trim()	양끝의 공백 문자를 제거함

[예제 7-4]의 출력 결과를 통해 String 메서드의 특징을 살펴보자

예제 7-4 **String 객체의 메서드 사용하기** ex7-4.html

```
<!DOCTYPE html>
<html>
<head>
  <meta charset="UTF-8">
  <title>String 객체의 메서드 사용하기</title>
  <link rel="stylesheet" href="style_js.css">
</head>
<body>
  <script>
    const s1 = new String("Web ");
    const s2 = "Programming";
    document.write(`s1 = "${s1}"<br>`);
    document.write(`s2 = "${s2}"<hr>`);

    document.write(`s1.charAt(0) : ${s1.charAt(0)}<hr>`);
    document.write(`s1.concat(s2) : ${s1.concat(s2)}<hr>`);
    document.write(`s2.indexOf("i") : ${s2.indexOf("i")}<hr>`);
    document.write(`s2.replace("m", "M") : ${s2.replace("m", "M")}<hr>`);
    document.write(`s2.search("m") : ${s2.search("m")}<hr>`);
    document.write(`s2.split("a") : ${s2.split("a")}<hr>`);
    document.write(`s2.substr(0, 4) : ${s2.substr(0, 4)}<hr>`);
    document.write(`s2.substring(3, 7) : ${s2.substring(3, 7)}<hr>`);
    document.write(`s2.slice(3, -1) : ${s2.slice(3, -1)}<hr>`);
    document.write(`s2.toLowerCase() : ${s2.toLowerCase()}<hr>`);
    document.write(`s2.toUpperCase() : ${s2.toUpperCase()}<hr>`);
    document.write(`s1.trim() : +${s1.trim()}+`);
  </script>
</body>
</html>
```

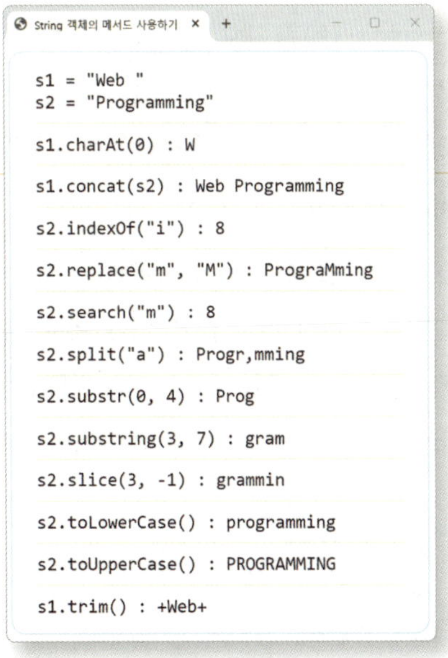

s1.charAt(0)은 s1의 0번째 인덱스 문자를 반환한다. s1[0]과 같은 의미이며, 출력 결과는 'W'이다. s1.concat(s2)는 s1의 문자열 뒤에 s2를 합친 문자열을 출력한다. 그래서 'Web Programming'이 출력된다.

s2.indexOf("i")는 문자 i가 처음 나오는 위치를 찾아 인덱스를 반환한다. i는 s2[8]에 있으므로 8이 반환된다. 만약 문자열에 i가 하나도 없다면 -1이 반환된다. indexOf("i", 2)와 같이 시작 인덱스 번호를 지정할 수도 있다.

s2.replace("m", "M")는 문자 m을 찾아 대문자 M으로 변경한다. m이 여러 개일 때도 처음 한 번만 변경된다. 따라서 PrograMming이 출력된다. s2.search("m")은 m이 처음 나오는 위치를 찾아 인덱스를 반환한다. 기본적으로 indexOf()와 같지만, 시작 인덱스 번호를 지정할 수 없다는 점이 다르다.

s2.split("a")는 a를 분리자로 하여 문자열을 분리한다. 따라서 Progr과 mming 2개의 문자열을 원소로 가진 배열이 만들어진다. arr = s2.split("a")에서 반환값을 받는 arr은 Array 객체가 된다. 이와 비슷하게 s2.split("")은 문자열의 모든 문자가 한 개씩 분리된 Array 객체를 반환한다. s2.split("a", 1)은 반환하는 배열의 크기를 1로 제한한다. 따라서 Progr만 반환된다.

```
arr = s2.split("a")      // arr은 Array 객체, arr[0]: "Progr", arr[1]: "mming"
arr = s2.split("")       // arr[0]: "P", arr[1]: "r", ...
arr = s2.split("a", 1)   // arr[0]: "Progr" 1개만 반환
```

s2.substr(0, 4)는 0번 인덱스(s2[0])부터 시작하여 4개의 문자만 반환한다. 만약 s2.substr(0)과 같이 길이를 지정하지 않았다면 0부터 맨 마지막까지의 문자를 반환할 것이다. s2.substring(3, 7)은 s2[3]부터 7번 인덱스 앞까지, 다시 말해 s2[6]까지의 문자만 반환한다. s2[7]은 포함되지 않는다는 점에 주의하기 바란다. 만약 substring(3)과 같이 마지막 인덱스를 지정하지 않았다면 s2[3]부터 끝까지의 문자를 반환한다.

s2.slice(3, -1)은 substring()과 기능이 같지만, 끝 인덱스로 음수를 입력할 수 있다. [표 7-7]에 나타난 것과 같이, 음수 인덱스는 뒤에서부터 앞으로 붙인 인덱스이며 맨 마지막이 -1이다. 따라서 s2.slice(3, -1)은 s2[3]부터 s2 문자열의 맨 마지막 글자 직전(s2[9])까지의 문자열을 복사한다. s2[3]부터 맨 마지막까지의 문자열을 복사하려면 slice(3)이라 쓴다.

표 7-7 문자열의 음수 인덱스

인덱스	0	1	2	3	4	5	6	7	8	9	10
문자	P	r	o	g	r	a	m	m	i	n	g
음수 인덱스	−11	−10	−9	−8	−7	−6	−5	−4	−3	−2	−1

s2.toLowerCase()는 s2의 모든 문자를 소문자로 바꾸어 반환한다. s2.toUpperCase()는 s2의 모든 문자를 대문자로 바꾸어 반환한다. s1.trim()은 s1의 앞 혹은 뒤에 있는 공백 문자를 제거한 후 반환한다.

■ String 메서드 활용하기

String 객체의 메서드를 사용하여 문자열 회전 코드를 만들 수 있다. 문자열 회전 코드란 문자열을 출력하고 맨 앞의 문자 1개를 맨 뒤로 보내어 출력하는 작업을 반복하는 코드이다.

예제 7-5 문자열 회전시키기 ex7-5.html

```
<!DOCTYPE html>
<html>
<head>
  <meta charset="UTF-8">
  <title>문자열 회전시키기</title>
  <link rel="stylesheet" href="style_js.css">
</head>
<body>
  <script>
    let text = new String("Programming");
    let firstChar;

    for (let i = 0; i <= text.length; i++) {
      document.write(text + "<hr>");
      firstChar = text[0];
      text = text.slice(1) + firstChar;
    };
  </script>
</body>
</html>
```

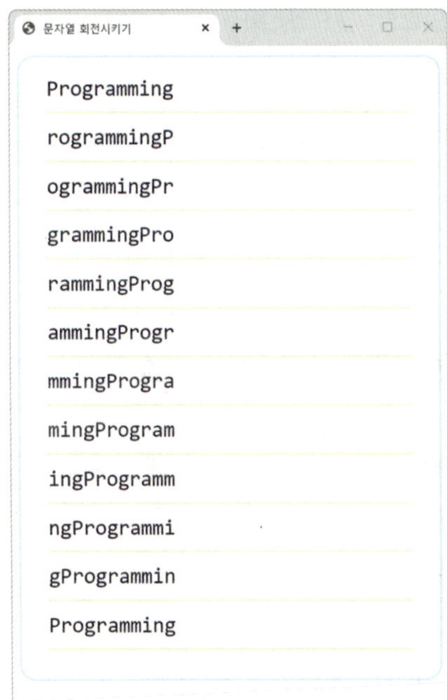

문자열 회전 코드의 핵심은 간단하다. firstChar = text[0]는 맨 앞의 문자를 firstChar 변수에 저장한다. text = text.slice(1) + firstChar는 slice(1) 메서드를 사용하여 1번 인덱스부터 끝까지 자른 다음 firstChar를 문자열 맨 뒤에 붙인다. 이를 반복하면 문자열이 회전하여 출력된다. 사실 [예제 7-5]에서는 문자열이 반복 출력되는 것일 뿐 실제로 회전하지는 않는다. 8장에서는 [예제 7-5]의 코드를 업그레이드하여 실제로 문자열이 회전하는 코드를 소개할 예정이다.

2. for-of 반복문

ES6부터 도입된 for-of 반복문은 Array 객체나 String 객체의 원소를 하나씩 변수에 대입한다. 다음 코드에서 for-of가 dayString[0]부터 dayString[6]까지 한 번에 한 글자씩 문자를 day 변수에 넣는다. 따라서 일요일부터 토요일까지 차례로 출력된다.

```
const dayString = "일월화수목금토";

for (let day of dayString)
  document.write(day + "요일, ");
```

▼

```
일요일, 월요일, 화요일, 수요일, 목요일, 금요일, 토요일,
```

Array 객체도 String 객체와 마찬가지로 원소를 하나씩 대입한다. [예제 7-6]은 for-of를 사용하여 색 이름과 같은 색상의 문자열을 생성한다. colorArray에는 "red", "aqua", "gray", "purple", "orange" 원소가 있다. for-of를 사용하여 원소 하나씩 color 변수에 넣는다. document.write("<h1 style='color:" + color + "'>" + color + "</h1>")로 출력하면 색 이름과 같은 색상의 글자가 화면에 나타난다.

예제 7-6 **for-of로 색 이름과 같은 색상의 문자 만들기** ex7-6.html

```
<!DOCTYPE html>
<html>
<head>
  <meta charset="UTF-8">
  <title>for-of로 색 이름과 같은 색상의 문자 만들기</title>
  <link rel="stylesheet" href="style_js.css">
</head>
<body>
  <script>
    const colorArray = ["red", "aqua", "gray", "purple", "orange"];

    for(let color of colorArray)
```

```
    document.write("<h1 style='color:" + color + "'>" + color + "</h1>");
  </script>
</body>
</html>
```

4 Date 객체

Date 객체는 연도, 월, 일, 시간과 관련된 객체이다. 앞서 배운 Array나 String 객체와 달리 new를 사용하여 객체를 생성해야만 한다. 다음과 같이 today = new Date()를 사용하여 Date 객체를 생성하면 today 객체에 시스템으로부터 받은 현재 연, 월, 일, 시간이 자동으로 입력된다. today를 출력하면 한국 표준시가 출력된다.

```
today = new Date()                // 현재 기준의 날짜 관련 객체 생성
document.write(today + "<hr>");
```

```
Tue Oct 31 2023 10:54:51 GMT+0900 (한국 표준시)
```

2022년 4월 24일과 같이 날짜를 지정하여 Date 객체를 만들 때는 today = new Date(2022, 3, 24)라 쓴다. 월은 실제의 값보다 1 작은 값을 넣어야 한다. 4월은 3을 입력하는 식이다. 그 이유는 조금 뒤에 설명한다.

```
today = new Date(2022, 3, 24)   // 2022년 4월 24일의 Date 객체 생성
```

■ **Date 객체의 메서드**

다음은 Date 객체의 메서드이다. get으로 시작하는 메서드는 연, 월, 일, 시간 값을 출력할 때 사용하며, set으로 시작하는 메서드는 연, 월, 일, 시간을 새로운 값으로 설정할 때 사용한다.

표 7-8 Date 객체 메서드

메서드		내용
getFullYear()	setFullYear()	4자리 연도
getMonth()	setMonth()	월(0 ~ 11), 출력 시 + 1, 입력 시 – 1
getDate()	setDate()	일(1~31)
getDay()	setDay()	요일(0~6)
getHours()	setHours()	시간(0~23)
getMinutes()	setMinutes()	분(0~59)
getSeconds()	setSeconds()	초(0~59)
getMilliseconds()	setMilliseconds()	밀리초(0~999)
toLocaleString()		연, 월, 일, 시간 표시

TIP Year() 메서드는 연도에서 1900을 뺀 값이 출력된다. 따라서 연도가 2023년일 때 123이 출력된다.

getFullYear()는 4자리 연도를 나타낸다. getMonth()는 월을 나타내는데, 0부터 11까지의 값을 사용한다. 따라서 1월이 0이다. 월을 출력할 때는 getMonth() + 1, 입력할 때는 getMonth() - 1을 사용한다. getDate()는 일을 나타낸다. getDay()는 0부터 6까지의 값으로 요일을 나타낸다. 따라서 0이면 일요일, 1이면 월요일이다. getDay() 메서드를 사용하여 요일을 출력하는 코드는 String이나 Array 객체의 특성을 이용하여 다음과 같이 만들 수 있다. const day = "일월화수목금토"로 day 객체를 만든 후, day[today.getDay()]로 출력하면 해당 요일이 출력된다. 또는 day = ["일", "월", "화", "수", "목", "금", "토"]도 같은 결과이다.

```
let today = new Date();
const day = "일월화수목금토";
document.write(day[today.getDay()] + "요일<br>");
```

getHours()는 0에서 23 사이의 값으로 시간을 나타낸다. getMinutes()는 분, getSeconds()는 초, getMilliseconds()는 1/1000초를 나타낸다. toLocaleString()은 시스템의 현재 시각을 연, 월, 일, 시간 순으로 표시한다. [예제 7-7]을 통해 Date 객체 메서드의 사용법을 살펴보자.

예제 7-7 시스템 날짜 출력하기

ex7-7.html

```
<!DOCTYPE html>
<html>
<head>
  <meta charset="UTF-8">
  <title>시스템 날짜 출력하기</title>
  <link rel="stylesheet" href="style_js.css">
</head>
<body>
  <script>
    let today = new Date();
    const day = "일월화수목금토";
    document.write(today + "<hr>");
    document.write(today.toLocaleString() + "<hr>");
    document.write(today.getFullYear() + "년<hr>");
    document.write(today.getMonth() + 1 + "월<hr>");
    document.write(today.getDate() + "일<hr>");
    document.write(day[today.getDay()] + "요일<hr>");
    document.write(today.getHours() + "시<hr>");
    document.write(today.getMinutes() + "분<hr>");
    document.write(today.getSeconds() + "초");
  </script>
</body>
</html>
```

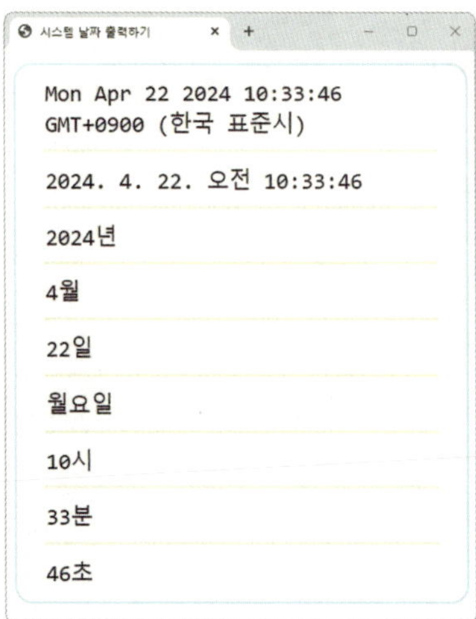

■ Date 객체 활용하기

입력된 날짜로부터 오늘까지 지나온 일수 혹은 남은 일수를 계산하는 날짜 계산기 코드를 만들어 보자. 가장 단순한 방법은 입력된 연, 월, 일로부터 현재의 연, 월, 일을 빼는 것이다. 그러나 이 방법은 생각보다 복잡하다. 8월 10부터 9월 9일까지의 일수는 31일이지만, 9월 10일부터 10월 9일까지의 일수는 30일이다. 또한 2월 10일부터 3월 9일까지의 일수는 28일이지만 윤년이라면 29일이다.

이보다 단순한 방법을 소개한다. 현재 날짜는 Date 객체에 밀리초 단위로 저장된다. 예를 들어 2024년 3월 1일 22시 30분에서 같은 날 22시 31분을 빼면 -60000이다. 이 값을 1000으로 나누면 -60초이고, 다시 60으로 나누면 -1분이다.

[예제 7-8]은 이러한 특성을 이용하여 만든 날짜 계산기 코드이다. 먼저 <input>을 통해 연도, 월, 일을 입력받는다. const today = new Date()는 today라는 Date 객체를 생성하는데, today에는 현재 날짜가 입력된다. inputDate = new Date(year, month - 1, day)는 사용자가 입력한 날짜를 저장할 inputDate 객체를 생성한다. 월은 1을 빼서 입력하는 것에 주의하자.

timeDiff = today – inputDate는 두 날짜의 차이를 timeDiff에 저장한다. 저장된 값은 밀리초 단위이다. 두 날짜의 차이를 일(day) 단위로 바꾸려면 1000 * 60 * 60 * 24를 곱한 값으로 나눈다. 그리고 Math.floor()를 사용하여 나머지를 버리면 일수를 얻는다. 웹 페이지 화면에 출력할 때는 document.getElementById("today").innerHTML을 사용한다. document 객체와 관련된 내용은 8장에서 자세히 설명한다.

예제 7-8 **날짜 계산기** ex7-8.html

```
<!DOCTYPE html>
<html>
<head>
  <meta charset="UTF-8">
  <title>날짜 계산기</title>
  <link rel="stylesheet" href="style_js.css">
</head>
<body>
  <h2>궁금한 날짜를 입력하세요:</h2>
  <input type="number" id="year" placeholder="년">
  <input type="number" id="month" placeholder="월">
  <input type="number" id="day" placeholder="일">
  <button onclick="calculateDays()">계산</button><hr>
  <p id="today"></p>
```

```
    <p id="result"></p>
    <script>
      function calculateDays() {
        const year = parseInt(document.getElementById("year").value);
        const month = parseInt(document.getElementById("month").value);
        const day = parseInt(document.getElementById("day").value);

        const today = new Date();
        const inputDate = new Date(year, month - 1, day);
        const timeDiff = today - inputDate;
        const daysDiff = Math.floor(timeDiff / (1000 * 60 * 60 * 24));

        document.getElementById("today").innerHTML=`${today.toLocaleString()}`;
        if(daysDiff >= 0)
          document.getElementById("result").innerHTML=`${daysDiff}일 전`;
        else
          document.getElementById("result").innerHTML=`${-(daysDiff)}일 남았음`;
      }
    </script>
  </body>
  </html>
```

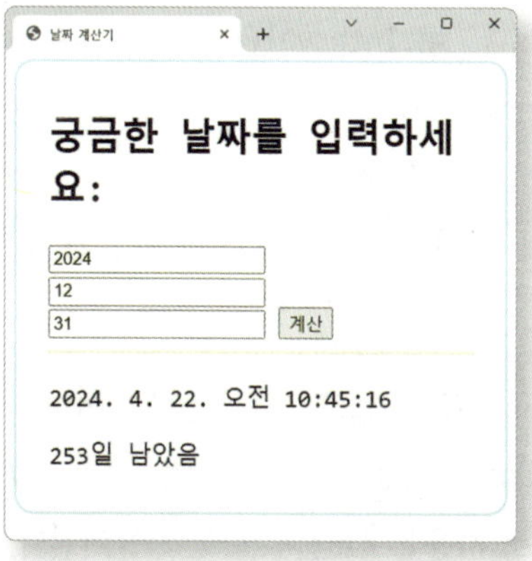

5 Math 객체

■ Math 객체의 메서드

앞서 소수점 이하를 버리거나 무작위 수를 생성할 때 Math.floor()나 Math.random()과 같은 Math 객체의 메서드를 사용했다. Math 객체는 수학 관련 메서드를 모아놓은 객체이다. Math 객체는 객체를 선언하지 않아도 메서드를 사용할 수 있다. [표 7-9]는 Math 객체의 주요 메서드이다.

표 7-9 Math 객체 메서드

메서드	내용
abs(x)	절댓값
cos(x), sin(x), tan(x)	코사인, 사인, 탄젠트
exp(x)	지수 e^x
pow(x, y)	지수 x^y
random()	무작위 수
floor(x), round(x), ceil(x)	버림, 반올림, 올림
log()	로그
sqrt(x)	제곱근
max(a, b, c)	최댓값
min(a, b, c)	최솟값

[예제 7-9]는 지금까지 배운 String 객체와 Math 객체를 사용하여 무작위 색으로 배경을 바꾸는 코드이다. setInterval()은 이 예제에서 처음 소개하는 메서드인데, 주기적으로 함수를 실행시키는 역할을 한다.

intervalID = setInterval(changeColor, 1000)은 changeColor() 함수를 1,000밀리초에 한 번씩 반복하여 실행한다. setInterval() 메서드의 입력값에서 함수 이름 다음의 숫자는 밀리초를 의미하는데, 500은 0.5초마다 한 번씩 실행한다는 의미이다. setInterval()은 함수를 무한히 반복한다. 반복을 멈추는 메서드는 clearInterval(intervalID)이다. 여기서 intervalID는 intervalID = setInterval()로부터 받은 값이다. 따라서 해당 setInterval()을 중지하라는 의미이다. [예제 7-9]에서는 count 변수를 사용하여 배경색을 25번 바꾼 후에 setInterval()의 동작을 멈춘다.

배경색을 바꿀 때는 #16진수를 사용한다. letters = "0123456789ABCDEF"를 만든 후 color = "#"으로 초기화한다. # 뒤에 letters[Math.floor(Math.random() * 16)]을 사용하여 16진수 값 중 하나를 무작위로 골라 붙인다. 이를 6번 반복하면 색상으로 사용할 #16진수 값이 만들어진다. 무작위로 생성한 색상을 배경색으로 지정한 후에는 color = "#"으로 다시 color 변수를 초기화한다. 배경색은 1초마다 1개씩 25개의 색이 만들어진다. 8장에서는 [예제 7-9]를 색과 박스 모양이 함께 변하는 코드로 업그레이드할 것이다.

예제 7-9 무작위로 배경색 바꾸기

ex7-9.html

```
<!DOCTYPE html>
<html>
<head>
  <meta charset="UTF-8">
  <title>무작위로 배경색 바꾸기</title>
  <link rel="stylesheet" href="style_js.css">
</head>
<body>
  <script>
    const letters = "0123456789ABCDEF";
    let color = "#";
    let count = 1;
    let intervalID = setInterval(changeColor, 1000);

    function changeColor() {
      if (++count > 25)
        clearInterval(intervalID);
      for (let k = 0; k < 6; k++)
        color += letters[Math.floor(Math.random()*16)];
      document.write("<div style='background-color:"
        + color + "'>" + color + "</div>");
      color = "#";                // 16진수 문자열 초기화
    }
  </script>
</body>
</html>
```

SECTION 02

사용자 객체 만들기

1 사용자 객체

1. 사용자 객체 만들기

지금부터 사용자가 직접 객체를 만들고 사용하는 세 가지 방법을 설명한다.

▪ 객체의 속성과 메서드 나열하기

가장 간단한 방법은 **객체 = {}**이다. 중괄호 안에는 객체 속성이나 메서드를 나열한다. 속성은 **속성:속성값** 형태로 지정한다. **속성:속성값**이 여러 쌍이면 쉼표(,)로 열거한다. 메서드는 **속성: function {}**과 같이 이름 없는 함수 형태로 정의한다. 다음은 person 객체를 선언한 다음 person 객체의 메서드를 호출하는 코드이다.

```
let person = {
  name: "cho",                // 속성: 속성값, 속성: 속성값,
  age: 23,
  intro: function () {        // 속성: 함수는 메서드
    document.write("My name: " + this.name + ", age: " + this.age + "<br>");
  }
};

person.intro();
```

▼

```
My name: cho, age: 23
```

let person = {}로 person 객체를 선언한다. name: "cho", age: 23은 속성 name을 생성하여 'cho' 문자열을 담고, 속성 age에는 23을 담는다. intro: function () {}은 person의 메서드이고, 이름은 intro()이다. 따라서 intro() 메서드를 person.intro()로 사용하면 'My name: cho, age: 23'이 출력된다. 객체 선언에서 주의할 점은 **객체 안의 메서드가 객체의 속성을 사용할 때 this를 사용해야 한다**는 것이다. this는 객체의 변수를 의미한다.

▪ 빈 객체를 먼저 생성하기

사용자 객체를 만드는 또 다른 방법은 빈 객체를 만들고, 속성과 메서드를 나중에 채우는 것이다. 빈 Array 객체를 만들고 데이터를 채우는 것과 같다. 다음은 빈 person 객체에 name 속성값과 age 속성값, 속성을 출력하는 메서드를 채우는 코드이다.

```
let person = new Object();
  person.name = "cho";
  person.age = 23;
  person.intro = function () {
    document.write("My name: " + this.name + ", age: " + this.age + "<br>");
  };

person.intro();
```

▼

```
My name: cho, age: 23
```

첫 번째 줄에서 person = new Object()로 빈 객체를 만든다. 이후 person.name = "cho"는 person의 name 속성을 만들고 속성값 cho를 넣는다. 메서드는 person.intro = function () {}을 사용하여 만든다. person.intro()의 출력 결과는 'My name: cho, age: 23'이다.

▪ function으로 객체 선언하기

function 키워드를 사용하여 객체를 선언할 수도 있다. 마치 사용자 정의 함수와 같다. 다음은 객체를 선언하고 사용하는 코드이다.

```
function Person (name, age) {
  this.name = name;
  this.age = age;
  this.intro = function () {
    document.write("My name: " + this.name + ", age: " + this.age + "<hr>");
  }
};
let person1 = new Person("cho", 23);
let person2 = new Person("kim", 24);
person1.intro();
person2.intro();
```

function Person (name, age) {}로 객체를 선언한다. 전통적으로 객체의 이름 첫 글자에는 대문자를 사용한다. 변수에 this를 붙이는 것 외에는 함수 선언과 유사하다. new 키워드로 Person 객체의 틀과 같은 모양의 객체를 생성한다. person1 = new Person("cho", 23)은 person1이라는 Person 객체를 만든다. 객체가 만들어지면서 name 속성에는 'cho', age 속성에는 23이 입력된다. person1 객체의 메서드를 사용하는 방법은 기존의 객체에서와 동일하다.

Person 객체 선언은 한 번이지만, new Person으로 만들어진 person1과 person2 객체는 서로 독립적이다. person1의 name 속성값은 cho이고, person2의 name 속성값은 kim이다. 각 객체에서 자신의 name 속성이라는 의미로 this.name을 사용한다.

[예제 7-10]은 function을 사용하여 Person 객체를 선언한 다음 person1과 person2 객체를 생성하는 코드이다. 각 객체의 intro() 메서드를 사용한 결과를 살펴보자.

예제 7-10 사용자 객체 선언 및 사용하기 ex7-10.html

```
<!DOCTYPE html>
<html>
<head>
  <meta charset="UTF-8">
  <title>사용자 객체 선언 및 사용하기</title>
  <link rel="stylesheet" href="style_js.css">
</head>
<body>
  <script>
    function Person (name, age) {
      this.name = name;
      this.age = age;
      this.intro = function () {
        document.write("My name: " + this.name + ", age: " + this.age + "<hr>");
      }
    };
    let person1 = new Person("cho", 23);
    let person2 = new Person("kim", 24);
    person1.intro();
    person2.intro();
  </script>
</body>
</html>
```

2. 사용자 객체의 속성 다루기

■ 속성값을 변경하거나 속성 추가하기

사용자 객체를 선언할 때 속성을 나열하지만, 이미 만들어진 객체의 속성값을 나중에 변경하거나 선언할 때 없었던 속성을 추가할 수 있다.

```
let person = new Object();
  person.name = "cho";
  person.age = 23;
  person.intro = function () {
    document.write("My name: " + this.name + ", age: " + this.age + "<br>");
  };
person.age = 33;                    // 객체 속성 age 값 변경
person.weight = 70;                 // 객체 속성 weight와 값 추가
document.write("age: " + person.age + ", weight: " + person.weight);
```

▼

```
age: 33, weight: 70
```

`person.age = 33`은 age의 속성값을 23에서 33으로 변경한다. `person.weight = 70`은 person 객체에 없던 weight 속성을 추가하고 속성값 70을 넣는다. `person.age`와 `person.weight`를 출력하면 각각 33과 70이 나타난다.

■ 속성 삭제하기

delete 키워드를 사용하여 속성을 삭제할 수 있다. `delete person.age`는 age 속성을 삭제한다. 이후에 `person.age`에 접근하려 하면 'undefined'가 출력된다.

```
let person = new Object();
  person.name = "cho";
  person.age = 23;
  person.intro = function () {
    document.write("My name: " + this.name + ", age: " + this.age + "<br>");
  };
delete person.age;
document.write("age: " + person.age + "<br>");
```

```
age: undefined
```

■ **대괄호로 속성에 접근하기**

객체의 속성에 접근할 때 점(.) 연산자를 사용할 수 있지만 대괄호([])를 사용할 수도 있다. 대괄호는 변수에 저장된 값을 속성으로 변화시킨다.

```
let person = new Object();
  person.name = "cho";
  person.age = 23;
  person.intro = function () {
    document.write("My name: " + this.name + ", age: " + this.age + "<br>");
  };
const know = "age";
document.write("age: " + person[know] + "<br>");
```

```
age: 23
```

know 변수에는 문자열 'age'가 저장되어 있다. 이를 속성으로 인식하게 하려면 person[know]라 쓴다. 대괄호는 변수에 있는 값을 속성으로 변화시키기 때문에 person.age의 의미가 된다.

3. for - in 반복문

for-in 반복문은 for-of와 유사하게 객체 안의 모든 속성을 하나씩 변수에 전달한다. 다음 코드는 for-in을 사용하여 객체 안의 모든 속성과 속성값을 확인할 수 있다.

```
for(let prop in person) {              // prop에 각 속성이 순차적으로 들어감
  document.write(prop + ": " + person[prop] + "<hr>");
}
```

for(let prop in person)은 person 객체에 있는 모든 속성을 하나씩 prop에 전달한다. 모든 속성이 전달되면 for 반복문은 자동으로 종료된다. 전달된 속성의 값을 확인하기 위해서는 앞에서 배운 대괄호를 사용한다(person[prop]). [예제 7-11]은 for-in을 사용하여 객체의 속성과 속성

값을 확인하는 코드이다. person 객체에는 name, age, weight 속성이 있다. for-in을 사용하여 prop 변수와 person[prop]를 출력하면 모든 속성과 속성값을 확인할 수 있다.

예제 7-11 **for-in으로 개별 속성에 접근하기** ex7-11.html

```
<!DOCTYPE html>
<html>
<head>
  <meta charset="UTF-8">
  <title>for-in으로 개별 속성에 접근하기</title>
  <link rel="stylesheet" href="style_js.css">
</head>
<body>
  <script>
    let person = new Object();
    person.name = "cho";
    person.age = 23;
    person.weight = 70;

    for(let prop in person) {
      document.write(prop + ": " + person[prop] + "<hr>");
    }
  </script>
</body>
</html>
```

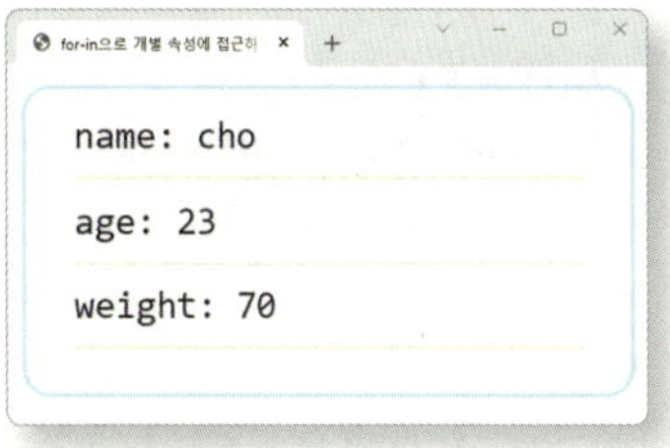

2 class를 이용하는 객체 상속

ES6 이전에는 자바와 같은 객체지향 언어를 배운 사람이 자바스크립트를 사용할 때 class 키워드가 없어 당혹스러워했다. 프로토타입prototype을 사용하면 객체를 구현하고 상속할 수 있었으나 그 과정이 복잡했다. ES6부터 class 키워드가 도입되면서 다른 객체지향 언어와 유사하게 객체를 생성하고 상속할 수 있게 되었다.

다음 코드는 앞선 예제의 Person 객체와 내용이 같은 객체를 class 키워드를 사용하여 만드는 예제이다. 여기서 constructor()는 객체를 생성하고 초기화하는 특별한 메서드로 객체가 만들어질 때 가장 먼저 작동한다.

```
class Person {
  constructor(name, age) {
    this.name = name;
    this.age = age;
  }
  intro() {
    document.write("My name: " + this.name + ", age: " + this.age + "<br>");
  }
}
let person1 = new Person("cho", 23);
person1.intro();
```

```
My name: cho, age: 23
```

이 코드는 constructor()를 사용하여 속성과 속성값을 설정하는 것 이외에 특별히 다른 점은 없다. 그러나 constructor() 덕분에 상속을 쉽게 처리할 수 있다.

앞에서 객체의 장점은 상속을 통해 코드를 재사용할 수 있는 점이라고 했다. [예제 7-12]는 class를 사용하여 객체를 상속하는 코드이다. 상위 객체인 Animal 객체에는 name과 age 속성이 있다. Animal 객체를 상속하여 Person 객체와 Dog 객체를 만들면 상속한 객체에서도 name과 age 속성을 사용할 수 있다. 대신 Person 객체에는 id 속성을 추가하며, Dog 객체에는 owner(소유주) 속성을 추가할 것이다.

먼저 class Animal {}로 상위 객체인 Animal 객체를 선언한다. Animal 객체에는 name 속성과 age 속성이 있다. class Person extends Animal은 Animal 속성을 상속하여 Person 객체를 만든다는 의미이다. Animal 객체를 상속하면 Person 객체에서도 Animal의 속성에 접근할 수 있다. 실제로 상위 객체에 접근하는 것은 constructor(){} 안의 super(name, age)이다. extends 키워드는 상속을 의미한다. super() 키워드는 상위 객체의 속성을 사용하겠다는 의미이다. 또한 Person 객체만 가지는 id 속성을 constructor(){} 안에 정의한다. 따라서 Person 객체에서는 constructor(name, age, id)로 정의한다. Person 객체에 name, age, id 속성이 있다는 의미이다.

예제 7-12 class를 이용한 객체 상속하기 ex7-12.html

```
<!DOCTYPE html>
<html>
<head>
  <meta charset="UTF-8">
  <title>class를 이용한 객체 상속하기</title>
  <link rel="stylesheet" href="style_js.css">
</head>
<body>
  <script>
    class Animal {
      constructor(name, age) {
        this.name = name;
        this.age = age;
      }
    }
    class Person extends Animal {
      constructor(name, age, id) {
        super(name, age);         // Animal 객체의 속성에 접근
        this.id = id;
      }
    }
    class Dog extends Animal {
      constructor(name, age, owner) {
        super(name, age);         // Animal 객체의 속성에 접근
        this.owner = owner;
      }
    }
    let ps = new Person("성호", 23, 7634);
    let dog = new Dog("시고르자브종", 3, "성호");
    document.write(`${ps.name}의 나이는 ${ps.age}살, ID: ${ps.id}<hr>`);
    document.write(`${dog.owner}의 개 ${dog.name}의 나이는 ${dog.age}살<hr>`);
  </script>
</body>
</html>
```

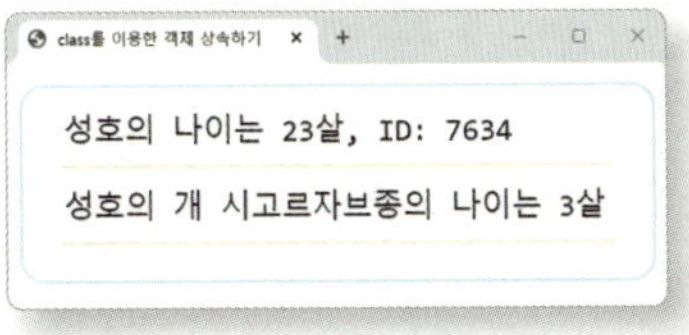

class Dog extends Animal은 Animal 속성을 상속하여 Dog 객체를 만든다는 의미이다. Animal 객체를 상속하면 Person 객체에서도 Animal의 속성에 접근할 수 있다. Dog 객체에서도 constructor(){} 안의 super(name, age)는 Animal 객체의 속성에 접근한다는 뜻이다. 또한 Dog 객체만 가지는 속성으로 owner 속성을 constructor(){} 안에 정의한다. 따라서 Dog 객체에서는 constructor(name, age, owner)로 정의한다. Animal, Person, Dog 객체의 구조는 [그림 7-6]과 같다.

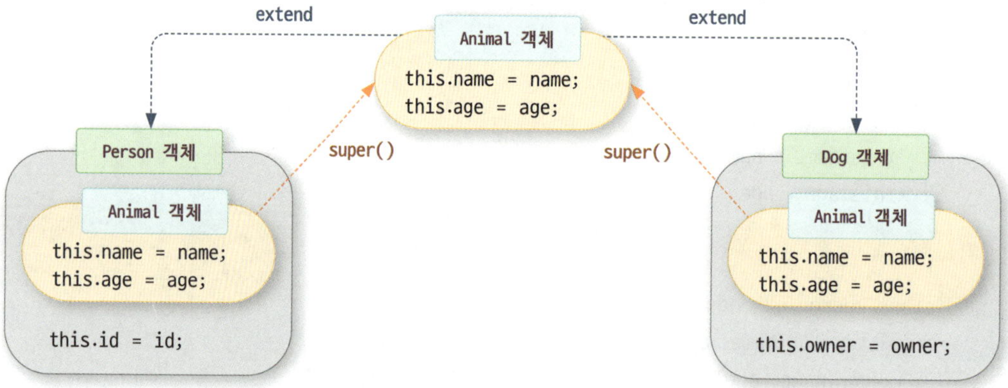

그림 7-6 Animal 객체 상속 후 객체의 구조

ps = new Person("성호", 23, 7634)는 Person 객체인 ps를 생성한다는 뜻이고, dog = new Dog("시고르자브종", 3, "성호")는 Dog 객체인 dog를 생성한다는 뜻이다. ps 객체와 dog 객체를 출력하면 '성호의 나이는 23살, ID: 7634, 성호의 개 시고르자브종의 나이는 3살'이 나타난다.

요약

01 자바스크립트 객체는 서로 관련 있는 변수와 여러 함수를 묶은 만능 모듈이다. 객체를 사용하면 코드를 상속하거나 재사용하여 코드 작성과 코드 관리의 효율을 높일 수 있다.

02 자바스크립트 객체는 데이터를 의미하는 속성과 데이터를 조작하는 메서드로 구성된다. . 연산자를 통해 속성이나 메서드를 사용한다.

03 객체 선언은 객체가 갖고 있는 속성과 메서드를 결정하는 단계이다. 객체 생성은 선언한 것과 똑같은 구조의 객체를 new 키워드로 만들어내는 단계이다.

04 자바스크립트의 모든 객체는 최상위 객체인 window의 후손이다. 이를 전역객체라 부른다. 전역객체 속성이나 전역객체 메서드는 자바스크립트 어디에서나 접근·호출할 수 있다.

05 배열은 대괄호([])와 쉼표(,)를 사용하여 데이터를 하나의 묶음으로 처리하는 데이터 구조이다. 인덱스는 배열에서 원소를 구분하는 숫자이다. Array 객체로 배열을 만들 수 있다.

06 문자열은 작은따옴표('')나 큰따옴표(""), 백틱 문자(``) 사이에 들어가는 데이터이다. String 객체와 new를 사용하여 문자열을 생성한다. 인덱스로 String 객체의 각 문자에 접근할 수 있다.

07 new 키워드를 사용하여 Date 객체를 생성한다. Date 객체를 생성하면 객체에 시스템으로부터 얻은 현재의 연도, 월, 일, 시간이 자동으로 입력된다. Math 객체는 수학 관련 메서드의 집합이며 객체를 선언하지 않아도 메서드를 사용할 수 있다.

08 객체 = {}로 사용자 객체를 정의한다. 객체 안의 메서드가 객체의 속성을 사용할 때 this 키워드를 사용한다. 빈 객체를 생성한 후 속성과 메서드를 나중에 채워 사용자 객체를 만들거나, function 키워드로 사용자 객체를 선언할 수도 있다.

09 class 키워드로 객체를 생성할 때 다른 객체를 상속할 수 있다. 상속할 상위 객체를 extends 키워드로 지정한다.

연습 문제

01 다음 중 객체에서 데이터를 조작하는 것과 가장 관련 있는 용어는 무엇인가?

① 프로퍼티 ② 메서드
③ 속성값 ④ 태그

02 객체를 사용하는 이유와 관련 없는 것은 무엇인가?

① 코드 길이 축소 ② 코드 상속
③ 코드 재사용 ④ 코드 관리의 효율성

03 객체의 속성이나 메서드를 사용할 때 붙이는 연산자를 찾으시오.

① 콤마(,) ② 세미콜론(;)
③ 점(.) ④ 콜론(:)

04 HTML에서 최상위 객체의 이름은 무엇인가?

① Array ② window
③ String ④ document

05 다음 중 새로운 객체를 만들 때 사용하는 키워드를 찾으시오.

① `attribute` ② `new`
③ `value` ④ `property`

06 HTML에서 생략할 수 있는 객체 이름은 무엇인가?

① `Array` ② `window`
③ `String` ④ `document`

07 전역객체 메서드 중 알림창에서 확인 혹은 취소 값을 입력받는 것은 무엇인가?

① `confirm()` ② `isNaN()`
③ `prompt()` ④ `alert()`

08 다음 전역객체 메서드 중 사용자로부터 값을 입력받는 것은 무엇인가?

① confirm() ② isNaN()

③ prompt() ④ alert()

09 다음 중 isNaN() 메서드의 괄호 안에 넣었을 때 true가 반환되는 값을 찾으시오.

① "False" ② 1

③ "0.14" ④ "0"

10 배열 arr = [10, 20, 30, 40, 50]에서 마지막 요소의 인덱스 값은 얼마인가?

① 5 ② 50

③ 4 ④ 3

11 Array 객체에 없는 배열 원소를 출력하면 화면에 무엇이라고 나타나는가?

① NaN ② error

③ false ④ undefined

12 Array 객체를 사용하여 배열을 선언한 문장으로 문법에 맞는 것은 무엇인가?

① arr = Array() ② arr = new Array()

③ arr = Array[] ④ arr = new Array[]

13 Array 객체에서 배열의 맨 뒤에 값을 삽입하는 메서드는 무엇인가?

① pop() ② shift()

③ push() ④ unshift()

14 Array 객체에서 배열의 맨 앞의 값을 삭제한 후 해당 값을 반환하는 메서드는 무엇인가?

① pop() ② shift()

③ push() ④ unshift()

15 Array 객체에서 배열의 모든 원소를 합친 문자열을 반환하는 메서드는 무엇인가?

① join()　　② shift()

③ push()　　④ reverse()

16 indexOf() 메서드에서 찾는 값이 없을 때 반환하는 값은 무엇인가?

① 0　　② false

③ -1　　④ 1

17 Array 객체 a에 대하여 slice(1, 3) 메서드가 반환하는 값은 무엇인가?

① a[1]. a[2]　　② a[1]

③ a[1]. a[2]. a[3]　　④ a[1]. a[3]

18 str = new String("가나다라마")에서 str[1]의 출력 결과는 무엇인가?

① 가　　② 나

③ 다　　④ 라

19 String 객체에서 양쪽 끝의 공백 문자를 제거하는 메서드는 무엇인가?

① split()　　② toUpperCase()

③ toLowerCase()　　④ trim()

20 String 객체에서 모든 문자를 대문자로 바꾸는 메서드는 무엇인가?

① split()　　② toUpperCase()

③ toLowerCase()　　④ trim()

21 String 객체에서 분리자를 사용하여 문자열을 분리하고 배열을 반환하는 메서드는 무엇인가?

① split() ② replace()

③ toLowerCase() ④ trim()

22 String 객체에서 특정한 문자가 처음 나타나는 위치를 반환하는 메서드는 무엇인가?

① split() ② replace()

③ search() ④ trim()

23 str = new String("가나다라마")에서 str.slice(1, -2)의 출력 결과를 찾으시오.

① 나다 ② 가나다

③ 나다라 ④ 나다라마

24 Array나 String 객체의 원소를 하나씩 변수에 대입하는 반복문은 무엇인가?

① for ② for-of

③ for-in ④ while

25 Date 객체에서 getDay() 메서드가 반환한 값이 2이다. 무슨 요일을 나타내는가?

① 목요일 ② 화요일

③ 월요일 ④ 수요일

26 Math 객체에서 소수점 아래를 올림하는 메서드는 무엇인가?

① Math.round() ② Math.random()

③ Math.ceil() ④ Math.floor()

27 `Math` 객체에서 무작위 수를 생성하는 메서드는 무엇인가?

① `Math.round()` ② `Math.random()`

③ `Math.ceil()` ④ `Math.floor()`

28 사용자 객체에서 객체 자신의 속성을 사용하기 위해 붙이는 키워드는 무엇인가?

① `this` ② `delete`

③ `class` ④ `super()`

29 사용자 객체에서 객체를 선언할 때 사용하는 키워드는 무엇인가?

① `constructor` ② `extends`

③ `class` ④ `super`

30 사용자 객체에서 객체를 상속할 때 사용하는 키워드는 무엇인가?

① `constructor` ② `extends`

③ `class` ④ `super`

31 사용자 객체에서 객체를 생성하고 초기화하는 메서드는 무엇인가?

① `constructor()` ② `extends()`

③ `class()` ④ `super()`

32 다음 중 사용자 객체의 속성을 하나씩 변수에 대입하는 반복문은 무엇인가?

① `for` 반복문 ② `for-of` 반복문

③ `for-in` 반복문 ④ `while` 반복문

33 다음 코드가 출력하는 값을 적으시오.

```
<script>
  let a1 = new Array(9, 8, 7, 6, 5);
  document.write(`a1.indexOf(6) : ${a1.indexOf(6)}<hr>`);
  a1.push(4);
  document.write(`a1.push(4) : ${a1}<hr>`);
</script>
```

34 다음 코드가 출력하는 값을 적으시오.

```
<script>
  const s1 = new String("Web ");
  const s2 = "Program";
  document.write(`s1.charAt(0) : ${s1.charAt(0)}<hr>`);
  document.write(`s1.concat(s2) : ${s1.concat(s2)}<hr>`);
</script>
```

35 `str = "거꾸로 타는 보일러"`를 거꾸로 출력하는 코드를 작성하시오.

36 `str = "Programming"`을 한 글자씩 회전시키는 코드를 작성하시오.

37 오늘의 요일을 한글로 출력하는 코드를 작성하시오.

38 `for-of` 반복문을 사용하여 색 이름과 같은 색의 문자열을 만드는 코드를 작성하시오.

39 출력 결과가 다음과 같도록 빈칸을 채워 사용자 객체를 정의하는 코드를 완성하시오.

```
My name: cho, age: 23

My name: kim, age: 24
```

```
<!DOCTYPE html>
<html>
<head>
  <meta charset="UTF-8">
  <link rel="stylesheet" href="style_js.css">
</head>
<body>
  <script>
    function Person (name, age) {
      [      ①      ]
      [      ②      ]
      this.intro = function () {
        document.write("My name: " + this.name + ", age: " +
        this.age + "<hr>");
      }
    };
    let person1 = new Person("cho", 23);
    let person2 = new Person("kim", 24);
    person1.intro();
    person2.intro();
  </script>
</body>
</html>
```

CHAPTER 08

문서 객체모델

학습목표

- 문서 객체모델(DOM)을 이해한다.
- HTML 요소에 접근하고 값을 읽어오는 방법을 학습한다.
- HTML 요소를 추가하거나 삭제하는 방법을 배운다.

- 문서 객체모델 이해하기
  - 문서 객체모델
    - 태그가 객체 형태인 이유
    - 문서 객체모델의 구성
  - 웹 시스템 관련 객체
- DOM 객체 다루기
  - HTML 요소에 접근하기
    - 요소 하나에 접근하기
    - 요소 여러 개에 접근하기
    - 태그 선택자로 요소에 접근하기
  - HTML 요소에서 값 가져오기
    - 웹 폼 태그의 문자열 읽기
    - 웹 폼 태그의 속성값 읽기
  - HTML 요소 변경하기
    - 내용 변경하기
    - 속성 변경하기
  - HTML 요소 추가와 삭제하기
    - 노드 추가하기
    - 노드 삭제하기
    - 테이블 요소 추가하기

SECTION 01 문서 객체모델 이해하기

1 문서 객체모델

자바스크립트는 HTML 내의 요소를 동적으로 움직이기 위해 개발된 언어이며, 자바스크립트를 이루는 거의 모든 것은 객체이다. 자바스크립트가 적용되는 대상인 태그 또한 객체로 구성된다. **HTML을 구성하는 모든 객체 형태의 태그를 문서 객체모델**Document Object Model, 줄여서 **DOM**이라 부른다.

1. HTML 태그가 객체 형태인 이유

HTML의 모든 태그가 객체 형태인 이유는 분명하다. 자바스크립트가 HTML의 각 태그에 자유롭게 접근하려면 태그를 객체로 관리하는 것이 편리하기 때문이다. 문서 객체모델(DOM)은 HTML을 구성하는 태그 요소와 속성을 객체 형태로 구조화하여 자바스크립트가 해당 객체에 편리하게 접근하도록 만든 인터페이스interface이다.

문서 객체모델에서 최상위 객체는 document이다. document 객체는 곧 HTML 문서 전체를 의미한다. 최상위 document 객체의 하부 객체로는 지금까지 사용했던 <html>, <head>, <body>와 같은 태그 객체가 있다. 이러한 태그 객체는 서로 부모와 자식 관계이다.

```
<!DOCTYPE html>
<html>
   <head>
      <title>text 1</title>
   </head>
   <body>
      <div style="background-color:#fdd">
         <h1 style="color:#aaf">text 2</h1>
      </div>
   </body>
</html>
```

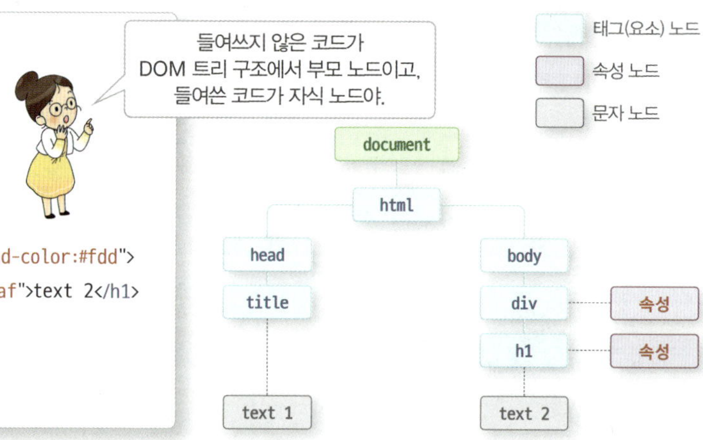

(a) HTML 문서

(b) HTML 문서의 DOM 트리

그림 8-1 DOM 트리 구조

DOM에서 바깥쪽 태그가 부모 태그이고, 안쪽 태그는 자식, 그 안쪽 태그는 손자인 구조이다. 이러한 관계를 도식화한 트리 구조를 DOM 트리라 부른다. 트리Tree 구조는 위가 뿌리root이며 아래로 가지가 뻗어 나가는 뒤집힌 나무 형태이다. DOM 트리 구조에서 각각의 객체를 노드node라 부른다. [그림 8-1]에서 (a)의 HTML 문서를 (b)의 DOM 트리로 표현할 수 있다.

2. 문서 객체모델의 구성

문서 객체모델(DOM)을 구성하는 4가지 노드는 다음과 같다.

- **문서 노드**document node: DOM 트리에서 최상위인 루트 노드이며, HTML 문서 전체를 나타내는 객체이다. 이전에 사용한 `document.write()`나 `document.getElementById()` 메서드에서 `document`가 문서 노드이다. HTML 문서에서 문서 노드는 1개만 존재한다.
- **요소 노드**element node: HTML의 `<head>`, `<body>`, `<div>`, `<h1>`과 같은 태그 요소를 객체 형태로 만든 것이다. HTML 문서에서 각 태그가 부모-자식 관계이듯이 요소 노드도 부모-자식 관계로 계층적 구조를 가진다. 요소 노드는 모두 문서 노드의 자식이며 DOM 트리 구조의 핵심이 된다. 또한 요소 노드는 속성 노드를 가질 수 있는 유일한 노드이다.
- **속성 노드**attribute node: 모든 HTML 태그 요소의 속성을 객체 형태로 만든 노드이다. 속성 노드는 요소 노드와 결합하여 요소의 속성을 불러오거나 변경한다.
- **문자 노드**text node: HTML의 내용을 담고 있다. 문자 노드는 DOM 트리 구조에서 최하위 노드이다. HTML의 모든 문자는 문자 노드이며, 모든 요소 노드는 문자 노드를 꾸미기 위해 존재한다.

표 8-1 문서 객체모델을 구성하는 노드

노드	특징
문서 노드	HTML 문서에서 1개만 존재하는 DOM 트리의 최상위 노드이다. HTML 문서 전체를 나타내는 객체이다.
요소 노드	태그 요소를 객체 형태로 만든 노드로 부모-자식 관계이며 속성 노드를 가질 수 있다.
속성 노드	태그 요소의 속성을 객체 형태로 만든 노드로 속성을 불러오거나 변경한다.
문자 노드	HTML의 모든 문자는 문자 노드이며 DOM 트리 구조에서 최하위 노드이다.

2 웹 시스템 관련 객체

웹 시스템에는 문서 객체모델 외에도 다양한 객체가 있다.

- `Array`, `String`, `Math`, `Date` 객체는 데이터를 보관하고 처리하도록 자바스크립트에서 제공하는 기본 객체이다.

- DOM의 객체는 HTML을 구성하는 태그 요소, 속성, 문자를 객체 형태로 만든 것이다. DOM의 객체는 HTML 문서의 태그나 속성을 구조화함으로써 자바스크립트가 손쉽게 객체에 접근하여 읽고 조작하도록 제공되는 애플리케이션 프로그래밍 인터페이스Application Programming Interface, API이다.
- 브라우저 객체모델Browser Object Model, BOM은 DOM과 유사한 개념으로 운영체제나 웹 브라우저와 관련된 내용을 객체 형태로 만든 것이다. 전역객체인 `window` 객체를 통해 BOM에 접근할 수 있다. BOM에 대해서는 10장에서 자세히 설명한다.
- 이벤트event는 마우스 커서를 객체에 올리거나 객체를 클릭하는 것과 같이 HTML에서 발생하는 행동이나 사건을 말한다. 9장에서는 다양한 이벤트 객체의 처리 방법을 학습한다.

3 공통 CSS 파일

이 장의 예제에서는 다음과 같은 외부 CSS 파일을 공통으로 사용한다. 파일 이름은 style_js.css이다.

```
body, textarea, table, td {
  font-family: consolas;
  font-size: 20px;
  color: #004;
  padding: 12px 25px;
  border: 2px solid #cef;
  border-radius: 15px;
  margin: 10px;
}
input, select, button {
  font-size: 16px;
  color: #004;
  padding: 5px 10px;
  margin: 10px;
}
hr {
    border: 1px dotted #fea;
}
```

SECTION

02 DOM 객체 다루기

1 HTML 요소에 접근하기

1. 요소 하나에 접근하기

DOM과 관련된 객체들은 모두 document로 시작한다. 따라서 태그 요소의 값을 읽거나 값을 변경하기 위하여 개별 태그 요소에 접근할 때 document.getElementBy로 시작하는 메서드를 사용한다. id는 HTML에서 유일한 값이기 때문에 태그 요소 하나에 접근하기 위해 사용할 수 있다. DOM 관련 메서드의 이름은 카멜 표기법으로 작성한다. 따라서 getElementById()는 id를 가진 요소element를 가져오는get 메서드이다. 괄호 안에는 태그 요소의 id를 넣는다.

표 8-2 요소 하나에 접근하는 메서드

노드	특징
document.getElementById("id")	id를 가진 태그 요소 하나에 접근

[예제 8-1]은 document.getElementById()를 사용하여 HTML에 새로운 문자를 출력한다. 본문에는 <p id="ide"></p>와 같이 p 태그 자리만 있을 뿐 내용이 없다. 따라서 p 태그의 id 속성값을 통해 p 태그 요소에 접근하여 문자를 삽입할 것이다. innerHTML 속성이 p 태그 요소에서 문자를 읽거나 변경한다. innerHTML이 읽어오거나 전달하는 데이터는 문자 노드인 String 객체이다.

document.getElementById("ide").innerHTML = "text"는 'text'라는 글자를 id="ide"를 가진 <p> 태그 안에 삽입하라는 의미이다. 예제에서는 'getElementById: id요소만 선택'이 출력된다. 참고로 str = document.getElementById("ide").innerHTML은 id="ide"를 가진 태그의 Sting 객체를 str에 전달한다.

예제 8-1 요소 하나에 접근하기 ex8-1.html

```
<!DOCTYPE html>
<html>
<head>
  <meta charset="UTF-8">
  <title>요소 하나에 접근하기</title>
```

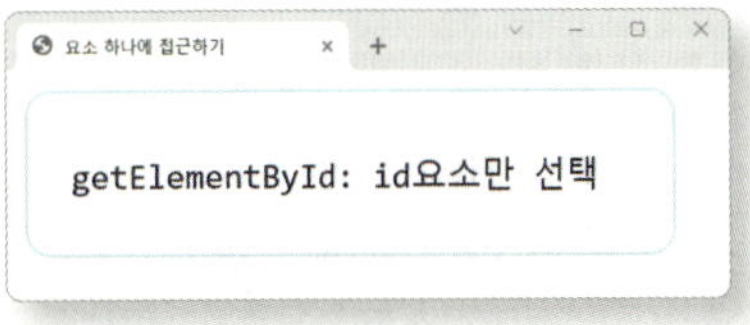

```
  <link rel="stylesheet" href="style_js.css">
</head>
<body>
  <p id="ide"></p>
  <script>
    document.getElementById("ide").innerHTML
      = "getElementById: id요소만 선택";
  </script>
</body>
</html>
```

[예제 8-1]을 다음과 같이 변경해도 출력 결과는 같다. document.getElementById로 변수 p에 객체를 담은 후 p.innerHTML을 사용하여 문자를 삽입하면 화면에 출력된다.

```
<script>
    let p = document.getElementById("ide");
    p.innerHTML = "getElementById: id요소만 선택";
</script>
```

2. 요소 여러 개에 접근하기

class 속성은 여러 태그에 적용할 수 있는 전역속성이다. 따라서 document.getElementsByClassName("class")로 속성이 class인 모든 태그 요소에 접근할 수 있다. 앞서 배운 document.getElementById() 메서드는 결과가 1개만 나타난다. 그래서 메서드 이름에 단수 명사 'Element'를 사용한다. 그러나 여러 요소에 접근하고자 할 때는 s를 붙여 복수 명사 'Elements'를 사용한다. 또한 document.getElementsByClassName()의 결과는 언제나 **Array 객체**이다.

태그 요소 여러 개에 접근하는 또 다른 방법으로 document.getElementsByTagName("tag")가 있다. 이 메서드는 태그 이름으로 태그 요소에 접근하며, 결과는 마찬가지로 Array 객체이다. 또한 name 속성을 갖는 태그에 접근할 때는 document.getElementsByName("name")을 사용한다.

표 8-3 요소 여러 개에 접근하는 메서드

메서드	내용
document.getElementsByClassName("class")	class를 가진 모든 태그 요소에 접근
document.getElementsByTagName("tag")	tag를 가진 모든 태그 요소에 접근
document.getElementsByName("name")	name을 가진 태그 요소에 접근

[예제 8-2]는 getElementsByClassName()과 getElementsByTagName()을 사용하여 태그 요소 여러 개에 접근하는 코드이다. 이 HTML에는 class 속성이 없는 <p> 태그 1개와 class="elm" 속성이 있는 <p> 태그 2개가 있다.

예제 8-2 요소 여러 개에 접근하기 ex8-2.html

```
<!DOCTYPE html>
<html>
<head>
  <meta charset="UTF-8">
  <title>요소 여러 개에 접근하기</title>
  <link rel="stylesheet" href="style_js.css">
</head>
<body>
  <p>p & No class</p>
  <p class="elm">p class="elm" 1</p>
  <p class="elm">p class="elm" 2</p><hr>
  <script>
    const elms = document.getElementsByClassName("elm");
    for (let i = 0; i < elms.length; i++)
      document.write(`ByClassName: elms[${i}] = ${elms[i].innerHTML}<br>`);
    document.write("<hr>");
    const tags = document.getElementsByTagName("p");
    for (let i = 0; i < tags.length; i++)
      document.write(`ByTagName P: tags[${i}] = ${tags[i].innerHTML}<br>`);
  </script>
</body>
</html>
```

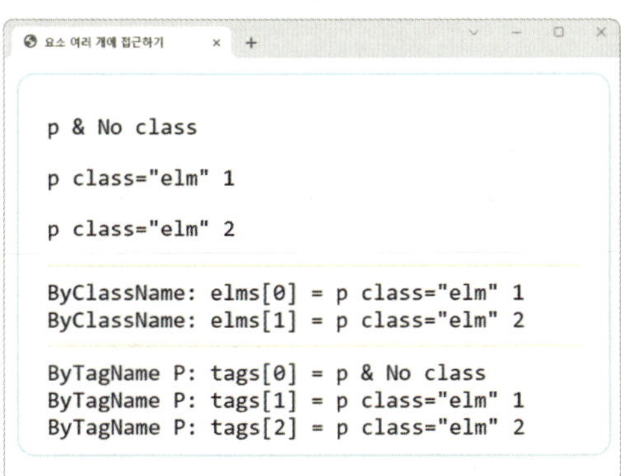

elms = document.getElementsByClassName("elm")에 의해 class="elm" 속성을 가진 2개의 <p> 태그 객체는 elms 변수에 배열 형태로 저장된다. elms는 Array 객체이기 때문에 elms.length를 사용하여 for 반복문으로 배열 내용을 출력할 수 있다. 주의할 점은 elms[i]는 i번째의 elms 객체를 의미한다는 것이다. 따라서 i번째 elms 객체가 갖고 있는 문자를 출력하기 위해서는 elms[i].innerHTML이라 써야 한다.

tags = document.getElementsByTagName("p")는 모든 <p> 태그를 Array 객체 형태로 tags 변수에 저장한다. tags.length를 사용하여 for 반복문을 실행하면 3개의 문자열이 출력된다. document.getElementsByName("name")을 사용한 예제는 나중에 소개한다.

3. 태그 선택자로 요소에 접근하기

앞서 CSS에서 다양한 선택자를 사용했다. document.querySelectorAll("s")는 태그 선택자를 통해 태그 요소에 접근한다. 괄호 안의 s가 태그 선택자이다.

메서드	내용
document.querySelectorAll("s")	s 태그 선택자를 사용하여 태그 요소에 접근

앞서 배운 id, class, 태그 이름으로 요소에 접근하는 방식을 document.querySelectorAll() 하나만으로 모두 처리할 수 있다. 예를 들어 # 문자를 사용해 id를 선택하고, 점(.) 문자를 사용해 class를 선택한다. [예제 8-3]은 document.querySelectorAll()을 사용하여 다양한 방법으로 태그 요소에 접근하는 예이다.

예제 8-3 태그 선택자로 요소에 접근하기 ex8-3.html

```
<!DOCTYPE html>
<html>
<head>
  <meta charset="UTF-8">
  <title>태그 선택자로 요소에 접근하기</title>
  <link rel="stylesheet" href="style_js.css">
</head>
<body>
  <p class="elm">p class="elm" 1</p>
  <p class="elm">p class="elm" 2</p>
  <p>p & No class 1</p>
  <p id="ide">p id="ide"</p><hr>
  <script>
```

```
    const dots = document.querySelectorAll(".elm");
    for (let i = 0; i < dots.length; i++)
      document.write(`dots[${i}] = ${dots[i].innerHTML}<br>`);
    document.write("<hr>");
    const hash = document.querySelectorAll("#ide");
    for (let i = 0; i < hash.length; i++)
      document.write(`hash[${i}] = ${hash[i].innerHTML}<br>`);
  </script>
</body>
</html>
```

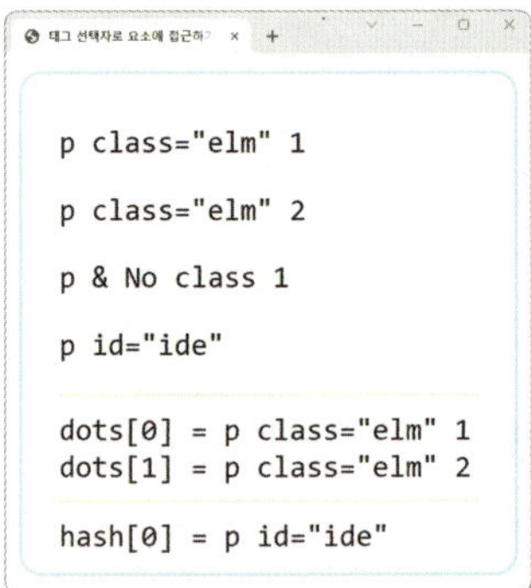

HTML에 있는 4개의 <p> 태그 중 2개는 class="elm" 속성을 가지며, 1개는 id="ide" 속성을 가진다. document.querySelectorAll(".elm")을 사용하여 class="elm" 속성을 가진 태그 요소에 접근하면 <p> 태그 2개의 내용을 출력한다. 또한 document.querySelectorAll("#ide")를 사용하여 id="ide" 속성을 가진 태그 요소에 접근하면 <p> 태그 1개의 내용을 출력한다.

2 HTML 요소에서 값 가져오기

1. 웹 폼 태그의 문자열 읽기

앞에서 사용한 class나 id는 모든 태그에 적용할 수 있는 전역속성이며 getElementsByClass()나 getElementById()로 태그 요소에 접근했다. 웹 폼에서 <form> 태그를 사용하면 기존과는 조금 다르게 태그 요소에 접근할 수 있다. <form> 태그는 다양한 웹 폼 객체를 가지고 있다. 따라서 <form> 태그를 사용하는 경우 document.form을 통해 접근한다.

▪ input 태그의 값 읽기

다음의 코드를 보면 name="userId"를 가진 <input> 태그가 name="myform"을 가진 <form> 태그로 둘러싸여 있다. <input> 태그 객체에는 document.myform.userId로 접근한다.

```
<form name="myform">
  <input type="text" name="userId">
</form>
<script>
  const id1 = document.myform.userId;
  alert(`${id1.value}님 환영합니다`);
</script>
```

주의할 점은 <form> 태그로 둘러싸인 객체에만 이 메서드를 적용할 수 있다는 것이다. <form> 태그가 없으면 getElementsByClass, getElementById, getElementsByTagName, getElementsByName, querySelectorAll 등으로 접근해야 한다.

앞에서 사용한 태그 요소의 문자는 innerHTML 속성을 사용하여 문자에 접근했다. 웹 폼을 통해 입력되는 문자는 value 속성을 통해 접근한다. 따라서 앞의 코드에서 <input> 태그를 통해 들어온 값은 id1.value로 접근하면 된다.

[예제 8-4]는 <input> 태그를 통해 사용자 ID와 패스워드를 입력받은 후 패스워드의 길이에 따라 다른 문자열을 출력한다. name="userId"로 사용자 ID를 받는 <input> 태그와 name="passwd"로 패스워드를 받는 <input> 태그 2개가 있다. 두 <input> 태그의 부모 태그인 <form> 태그는 이름이 name="myform"이다. 사용자 ID를 받는 <input> 태그 객체는 <form> 태그로 둘러싸여 있으므로 document.myform.userId로 접근한다. 마찬가지로 패스워드 값을 갖는 객체는 document.myform.passwd이다.

예제 8-4 input 태그의 값 읽기 ex8-4.html

```
<!DOCTYPE html>
<html>
<head>
  <meta charset="UTF-8">
  <title>input 태그의 값 읽기</title>
  <link rel="stylesheet" href="style_js.css">
</head>
<body>
  <form name="myform">
    사용자ID <input type="text" name="userId"><br>
    패스워드 <input type="password" name="passwd"><br>
    <input type="submit" value="log in" onclick="getInput()">
  </form>
```

```
  <script>
    function getInput() {
      const id = document.myform.userId;
      const pw = document.myform.passwd;
      if (pw.value.length <= 4)
        alert(`${id.value}님 패스워드를 변경하세요`);
      else
        alert(`${id.value}님 환영합니다`);
    }
  </script>
</body>
</html>
```

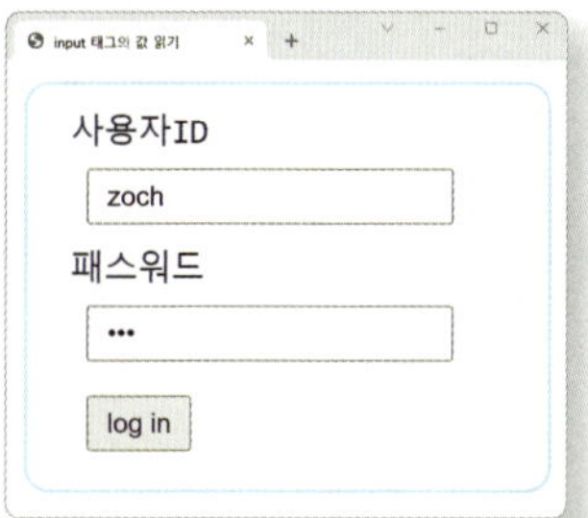

패스워드 입력

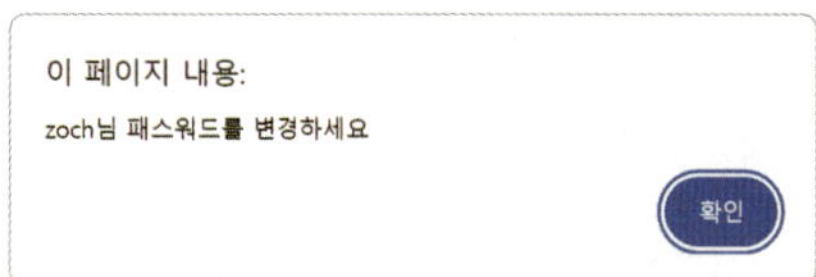

패스워드를 3글자 입력했을 때 나타나는 알림창

웹 폼 객체에서 사용자가 입력한 값은 `value` 객체로 처리된다. 따라서 `id = document.myform.userId`에서 `id`는 사용자가 입력한 값의 객체를 가지고 있다. 사용자가 입력한 ID 값을 사용하려면 `id.value`를 사용해야 한다.

마찬가지로 `pw = document.myform.passwd`에서 `pw`는 사용자가 입력한 객체이며 값은 `pw.value`이다. `pw.value`는 `String` 객체이기 때문에 문자의 길이는 `pw.value.length`이다. 따라서 사용자가 입력한 패스워드의 길이가 4 이하인지 알고 싶다면 `if (pw.value.length <= 4)`를 사용한다.

▪ textarea에서 값 읽기

[예제 8-5]는 textarea에서 사용자가 입력한 문자들을 읽고 화면에 출력한다. `st = document.getElementById("input").value`로 textarea에 입력된 문자를 `st`에 담는다. `st`에 담은 문자를 `<p>` 태그를 통해 화면에 표시할 때는 `document.getElementById("result").innerHTML = st`를 사용한다. 웹 폼 태그인 textarea에서 값을 받을 때는 `value`를 사용하고 일반 태그인 `<p>`에 값을 넣을 때는 `innerHTML`을 사용하는 점에 주의하자.

예제 8-5 **textarea에서 값 읽기** ex8-5.html

```
<!DOCTYPE html>
<html>
<head>
  <meta charset="UTF-8">
  <title>textarea에서 값 읽기</title>
  <link rel="stylesheet" href="style_js.css">
</head>
<body>
  <textarea id="input" rows="5" cols="20"></textarea><br>
  <input type="button" value="Get Text" onclick="getTextarea()"><hr>
  <p id="result"></p>
  <script>
    function getTextarea() {
      const st = document.getElementById("input").value;
      document.getElementById("result").innerHTML = st;
    }
  </script>
</body>
</html>
```

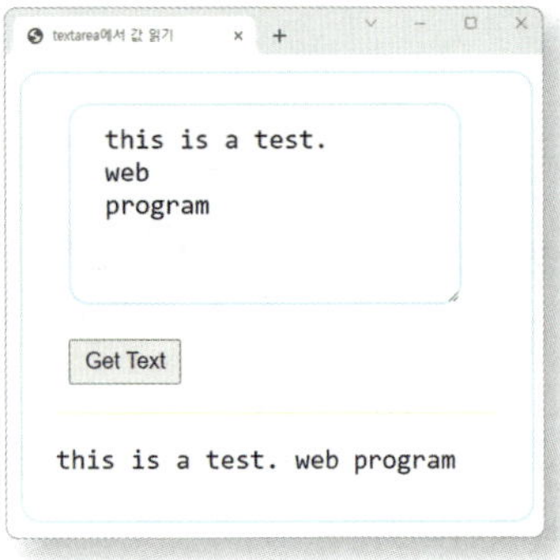

출력 결과에서 세 개의 문자열 사이에 공백 문자가 하나씩 있는 것처럼 보이지만 실제로는 공백 문자가 아니다. 사용자가 입력할 때 Enter를 눌러 3줄에 걸쳐서 입력했다. 따라서 한 줄의 끝에는 줄바꿈을 의미하는 \n이 있는 셈이다. 그러나 HTML에서는 \n을 무시하여 출력 결과에서 공백 문자로 표시된다. 만약 줄 바꿈을 화면에 출력하고 싶다면 다음과 같이 <p> 태그를 <pre> 태그로 바꾸면 된다. 출력 결과에 사용자가 입력한 그대로 줄 바꿈이 나타난다.

```
<pre id="result"></pre>
```

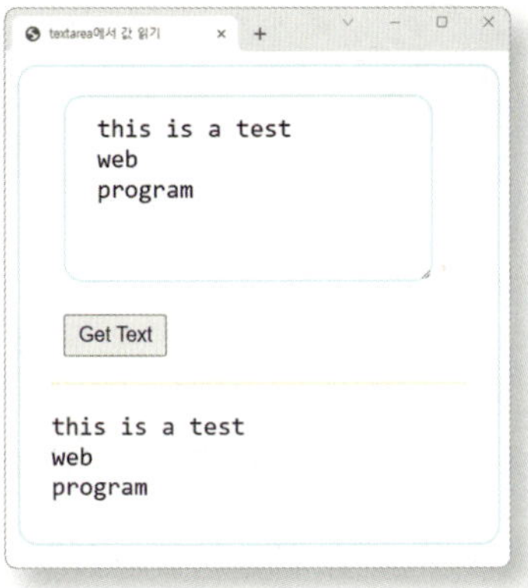

그림 8-2 <pre> 태그로 줄 바꿈을 출력한 결과

2. 웹 폼 태그의 속성값 읽기

■ 체크박스에서 값 읽기

[예제 8-6]은 체크박스에서 사용자가 체크했는지 아닌지를 확인한다. 사용자가 체크한 상태로 버튼을 누르면 '작업을 진행하겠습니다.'를 출력하고 체크하지 않은 상태로 버튼을 누르면 '사용자의 요구로 중단!'을 출력한다. 체크박스에서 사용자가 체크했는지 확인하는 속성은 checked이다. 체크했다면 속성값이 true이고 체크하지 않았다면 false이다. 따라서 if (document.getElementById("myCheckbox").checked == true)와 같이 checked가 true인지 검사한다.

예제 8-6 체크박스에서 값 읽기 ex8-6.html

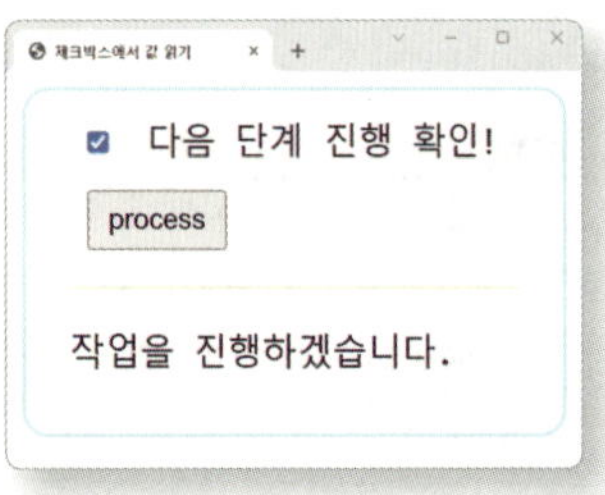


```
<!DOCTYPE html>
<html>
<head>
  <meta charset="UTF-8">
  <title>체크박스에서 값 읽기</title>
  <link rel="stylesheet" href="style_js.css">
</head>
<body>
  <input type="checkbox" id="myCheckbox"> 다음 단계 진행 확인!<br>
  <input type="button" value="process" onclick="getCheckbox()"><hr>
  <p id="result"></p>
  <script>
    function getCheckbox() {
      if (document.getElementById("myCheckbox").checked == true)
        document.getElementById("result").innerHTML="작업을 진행하겠습니다.";
      else
        document.getElementById("result").innerHTML="사용자의 요구로 중단!";
```

```
    }
  </script>
</body>
</html>
```

■ **체크박스에서 여러 개의 값 읽기**

[예제 8-7]은 여러 아이템이 있는 체크박스에서 값을 읽어온다. '추가채소 1500원, 추가음료 1000원, 추가피클 500원'이라는 3개의 체크박스와 [add] 버튼이 있다. 사용자가 원하는 항목에 체크하고 [add] 버튼을 누르면 체크 상태인 항목을 덧셈 연산하여 전체 금액을 출력한다.

[예제 8-6]에서는 체크박스가 1개만 있었기 때문에 getElementById를 사용하여 값을 읽어왔다. 이번 예제에서 각 아이템은 name="myAdd" 속성을 가지며, value 속성에는 금액이 들어 있다. adds = document.getElementsByName("myAdd")는 adds 변수에 모든 체크박스 객체를 담는다. getElementsByName을 사용했기 때문에 adds에 배열로 저장된다.

배열에서 adds.length만큼 for 반복문을 실행하면서 adds[i].checked가 true인지 확인한다. true이면 값을(adds[i].value) 정수로 바꾸어(parseInt()) sum에 더한다. 체크된 모든 값을 더해 sum에 담는다.

예제 8-7 체크박스에서 값 여러 개 읽기 ex8-7.html

```
<!DOCTYPE html>
<html>
<head>
  <meta charset="UTF-8">
  <title>체크박스에서 값 여러 개 읽기</title>
  <link rel="stylesheet" href="style_js.css">
</head>
<body>
  <input type="checkbox" name="myAdd" value="1500">추가채소 1500원<br>
  <input type="checkbox" name="myAdd" value="1000">추가음료 1000원<br>
  <input type="checkbox" name="myAdd" value="500">추가피클 500원<br>
  <input type="button" value="add" onclick="getCheckbox()"><hr>
  <p id="result"></p>
  <script>
    function getCheckbox() {
      let sum = 0;
      const adds = document.getElementsByName("myAdd");
      for (let i = 0; i < adds.length; i++) {
```

```
        if (adds[i].checked)
          sum = sum + parseInt(adds[i].value);
      }
      document.getElementById("result").innerHTML = `추가금액: ${sum}원`;
    }
  </script>
</body>
</html>
```

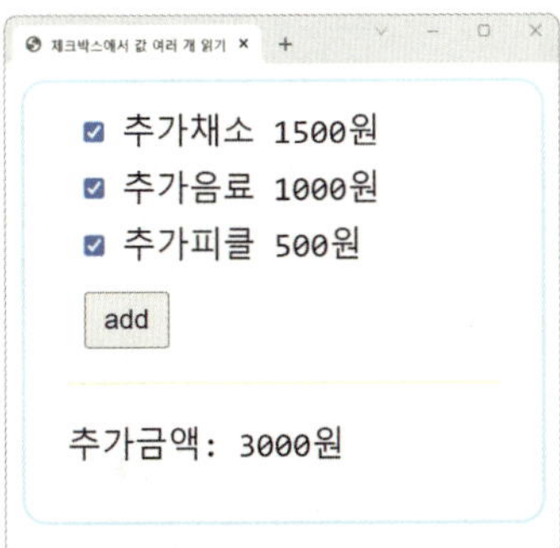

■ 라디오 버튼에서 값 읽기

[예제 8-8]은 라디오 버튼에서 사용자의 선택을 가져온다. 예제에서는 RED, GREEN, BLUE 중 하나를 선택하면 그 결과를 출력한다. 코드 구조는 체크박스에서 값 여러 개를 읽어오는 [예제 8-7]과 비슷하다. 라디오 버튼의 아이템은 모두 `name="color"` 속성을 가진다. 또한 각 아이템은 각자의 `value` 값을 가진다.

앞의 [예제 8-7]과 같이 `document.getElementsByName("color")`를 사용할 수 있다. 그러나 [예제 8-8]에서는 `document.querySelectorAll("[type='radio']")`로 라디오 버튼의 결과를 가져와 보자. 체크박스에서는 아이템을 여러 개 선택할 수 있지만, 라디오 버튼은 값을 1개만 선택할 수 있다. 따라서 `if (choice[i].checked)`가 `true`이면 화면에 값을 출력한 후 `break`로 블록을 빠져나온다. `break`가 없어도 코드는 정상적으로 작동하지만, `break`를 사용함으로써 코드를 읽는 사람이 라디오 버튼의 특성을 생각하지 않아도 1개의 값만 선택할 수 있다는 점이 분명해진다.

예제 8-8 라디오 버튼에서 값 읽기 ex8-8.html

```
<!DOCTYPE html>
<html>
<head>
  <meta charset="UTF-8">
```

```
  <title>라디오 버튼에서 값 읽기</title>
  <link rel="stylesheet" href="style_js.css">
</head>
<body>
  <input type="radio" name="color" value="red" checked>RED<br>
  <input type="radio" name="color" value="green">GREEN<br>
  <input type="radio" name="color" value="blue">BLUE<br>
  <input type="button" value="choice" onclick="getRadio()"><hr>
  <h2 id="result"></h2>
  <script>
    function getRadio() {
      const choice = document.querySelectorAll("[type='radio']");
      for (let i = 0; i < choice.length; i++) {
        if (choice[i].checked) {
          document.getElementById("result").innerHTML=`${choice[i].value}`;
          break;
        }
      }
    }
  </script>
</body>
</html>
```

여기서 잠깐 **라디오 버튼의 name 속성은 필수**

라디오 버튼에서 name을 사용하지 않더라도 생략해서는 안 된다. 만약 name을 생략하면 각 아이템이 독립적으로 작동하여 아이템 여러 개를 선택할 수 있을 뿐 아니라 선택을 해제할 수 없게 된다. 따라서 1개만 선택할 수 있다는 라디오 버튼의 특성을 잃어버린다.

■ 드롭박스에서 값 읽기

체크박스나 라디오 버튼은 checked 속성으로 사용자의 선택을 확인한다. 반면 <option> 태그를 사용하는 드롭박스는 조금 다른 방법으로 사용자 선택을 확인해야 한다. [예제 8-9]는 '키우고 싶은 동물은'이라는 질문에 대하여 사용자의 선택을 화면에 출력하는 코드이다.

예제 8-9 드롭박스에서 값 읽기 ex8-9.html

```
<!DOCTYPE html>
<html>
<head>
  <meta charset="UTF-8">
  <title>드롭박스에서 값 읽기</title>
  <link rel="stylesheet" href="style_js.css">
</head>
<body>
  <p>키우고 싶은 동물은</p>
  <select id="myOption">
    <option value="dog">개</option>
    <option value="cat">고양이</option>
    <option value="duck">오리</option>
    <option value="koala">코알라</option>
  </select><br>
  <input type="button" value="클릭" onclick="getSelect()"><hr>
  <h2 id="result"></h2>
  <script>
    function getSelect() {
      const index = document.getElementById("myOption").selectedIndex;
      const st = document.getElementById("myOption").options[index].value;
      document.getElementById("result").innerHTML = st;
   }
  </script>
</body>
</html>
```

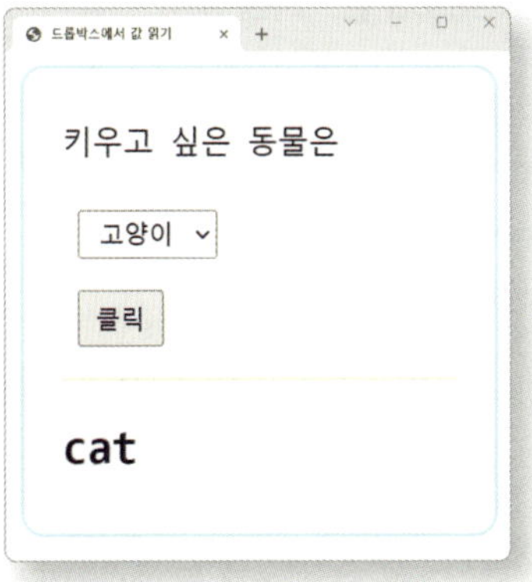

드롭박스에는 <option>이 여러 개 달리며, 각 <option> 태그에는 value 값이 있다. 사용자가 선택한 옵션 번호를 selectedIndex가 전달한다. 따라서 index = document.getElementById("myOption").selectedIndex는 index에 사용자가 선택한 옵션의 번호를 담는다.

드롭박스에서 각 옵션은 배열 형태로 붙어있다. 따라서 옵션의 값을 읽어오기 위해서는 options

[index].value를 사용한다. 따라서 st = document.getElementById("myOption").options [index].value는 st에 사용자가 선택한 옵션의 값을 담는다.

3 HTML 요소 변경하기

1. 내용 변경하기

▪ 텍스트를 출력하는 메서드

앞서 HTML에 글자를 출력하는 다양한 방법을 익혔다. document.write()는 HTML 문서 전체에 내용을 출력한다. 만약 기존의 HTML이 존재하는데 document.write()를 사용하면 HTML 페이지가 새로 만들어지기 때문에 스타일을 처음부터 다시 지정해야 한다. 따라서 비어 있는 HTML에 간단하게 출력할 때만 document.write()를 사용한다. 유사한 메서드로 document.writeln()이 있다. document.writeln()은 출력되는 문장의 끝에 줄 바꿈 문자 \n을 추가한다. 앞에서 설명했듯이 HTML 문서에서 \n은 무시되어 공백 문자로 표시된다.

표 8-4 HTML에 텍스트를 출력하는 메서드

메서드	내용
document.write()	HTML 페이지를 새로 만들고 글자를 출력
document.writeln()	글자 끝에 줄 바꿈 문자를 추가하여 출력

▪ 문자 노드에 접근하는 속성

HTML 요소에서 문자를 읽어 오거나 요소에 문자를 삽입할 때는 innerHTML 속성을 가장 많이 사용하며, 지금까지 여러 번 사용했다. innerText는 HTML이 적용된 상태로 HTML 요소의 문자를 처리한다. 따라서 display:none으로 처리된 HTML의 문자는 읽을 수 없다. 그리고 innerHTML은 문자와 그 문자에 적용된 HTML을 모두 인식하므로 작동시키기에 다소 무겁다는 단점이 있다. 반면 textContent 속성은 HTML을 제외한 모든 문자를 가져온다. HTML이 필요 없는 순수한 문자를 처리할 때 유용하다. textContent는 HTML을 무시하기 때문에 display:none으로 처리된 문자도 가져올 수 있다.

표 8-5 문자 노드에 접근하는 속성

속성	내용
innerHTML	HTML 태그 요소를 직접 변경함. HTML 태그를 인식함
innerText	HTML이 적용된 상태로 불러옴. 따라서 display:none의 문자는 읽을 수 없음
textContent	HTML을 제외한 모든 문자를 가져옴. 따라서 display:none의 문자도 가져옴

[예제 8-10]은 textContent를 사용하여 7장의 문자열 회전 코드를 실제 회전이 이루어지도록 변경한 코드이다. 회전시킬 문자는 <h1 id="rotate">Programming</h1>에 있는 'Programming'이다. rotate = document.getElementById("rotate")는 회전시킬 문자가 포함된 요소를 지정한다. 다음으로 text = rotate.textContent로 회전시킬 문자를 얻는다. 얻은 텍스트를 rotate.textContent = rotatedText로 화면에 출력한다. setInterval(rotateString, 500)은 코드를 회전하는 함수 rotateString()을 0.5초마다 한 번씩 실행시킨다. 나머지는 7장의 문자열 회전 코드와 유사하다.

TIP text = rotate.innerHTML도 사용할 수 있지만, 문자만 처리하는 textContent가 훨씬 가볍다.

예제 8-10 문자열 회전시키기 ex8-10.html

```
<!DOCTYPE html>
<html>
<head>
  <meta charset="UTF-8">
  <title>문자열 회전시키기</title>
  <link rel="stylesheet" href="style_js.css">
  <style>
    #rotate {
      font-size: 40px;
      color: blue;
    }
  </style>
</head>
<body style="text-align: center">
  <h1 id="rotate">Programming</h1>
  <script>
    const rotate = document.getElementById("rotate");
    function rotateString() {
      const text = rotate.textContent;
      const firstChar = text[0];
      const rotatedText = text.slice(1) + firstChar;
      rotate.textContent = rotatedText;
    };
    setInterval(rotateString, 500);  // 500ms마다 문자열을 회전
  </script>
</body>
</html>
```

2. 속성 변경하기

DOM에서는 속성도 객체로 보고 접근한다. [예제 8-11]은 태그 요소의 속성을 변경한다. [Change] 버튼을 누를 때마다 사진 2개가 번갈아 출력된다. 출력 결과의 첫 번째 사진은 `<img id="image" src="../media/photo1.jpg">`로 지정되었다. `document.getElementById("image").src = "../media/photo2.jpg"`는 `img` 태그의 `src` 속성을 2번째 사진으로 변경한다. 태그에서 사용하는 모든 속성을 객체 형태로 만들었기 때문에 편리하게 접근할 수 있다.

버튼을 누를 때마다 2개의 사진을 번갈아 나타내기 위해 `toggle` 변수를 사용했다. `toggle`은 `if` 조건문 안에서 증가 연산자(`++toggle`)를 사용해 1을 증가시킨다. 그 다음 나머지 연산자를 사용해 결과가 0이거나 1이 된다. 결과값이 0이면 photo2.jpg가, 결과값이 1이면 photo1.jpg가 나타난다.

예제 8-11 속성 변경하기 ex8-11.html

```
<!DOCTYPE html>
<html>
<head>
  <meta charset="UTF-8">
  <title>속성 변경하기</title>
  <link rel="stylesheet" href="style_js.css">
</head>
<body style="text-align: center">
    <img id="image" src="../media/photo1.jpg"><br>
    <input type="button" value="Change" onclick="changeImage()" >
    <script>
      let toggle = 1;
      function changeImage() {
        if (++toggle % 2 == 0)
          document.getElementById("image").src = "../media/photo2.jpg";
        else
          document.getElementById("image").src = "../media/photo1.jpg";
      }
  </script>
</body>
</html>
```

번갈아 나타나는 사진(1)

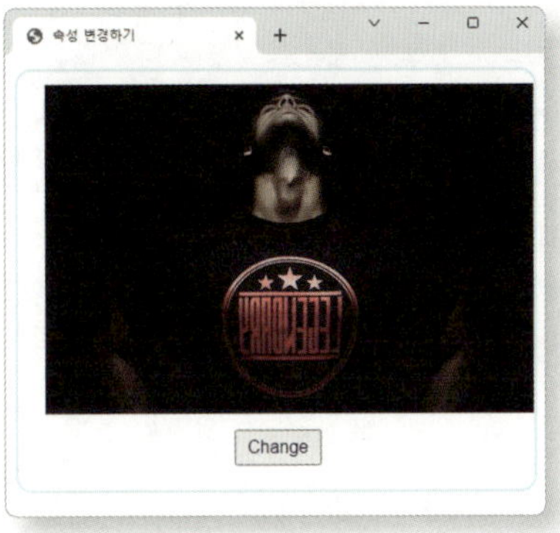

번갈아 나타나는 사진(2)

■ 스타일 변경하기

속성과 마찬가지로 스타일도 객체 형태로 구성되기 때문에 `style.속성`의 형태로 접근할 수 있다. 예를 들어 문자의 색상을 바꿀 때는 `style.color`로 접근한다. 이때 **속성 이름에 대시(-)가 포함된 속성은 카멜 표기법을 사용**해야 한다. 예를 들어 `background-color` 속성은 'backgroundColor'라고 표기하며, `border-radius`는 'borderRadius'라고 표기한다.

[예제 8-12]는 7장에서 무작위 수를 사용하여 배경색을 바꾸었던 코드를 변형한 것이다. 정사각형 박스의 배경색이 무작위로 변경되고, 동시에 모양이 원으로 변한다. 처음에 박스는 `width: 300px`와 `height: 300px`의 정사각형으로 생성한다. 박스가 `margin: auto`에 의해 화면의 중앙에 배치된다.

무작위로 배경색을 지정하는 부분은 7장의 코드와 같다. `color` 변수에 16진수 색상이 무작위로 저장된다. `document.getElementById("box").style.backgroundColor = color`는 0.25초마다 한 번씩 배경색을 변경한다. 배경색을 바꾸는 `style.backgroundColor`에 대시(-)가 없는 대신 카멜 표기법을 사용하는 점에 주의하자.

`count` 변수에는 반복되는 횟수가 저장되는데, `count`가 50이 되면 `clearInterval(intervalID)`가 작동하여 반복문이 종료된다. 박스의 `border-radius` 속성은 테두리를 둥글게 만든다. 따라서 ``document.getElementById("box").style.borderRadius = `${count}%` ``는 박스의 `style.borderRadius`를 1%에서 50%까지 변화시킨다. 최종적으로 박스가 원이 된다.

예제 8-12 **스타일 변경하기** ex8-12.html

```
<!DOCTYPE html>
<html>
<head>
  <meta charset="UTF-8">
  <title>스타일 변경하기</title>
  <link rel="stylesheet" href="style_js.css">
</head>
<body>
  <div id="box" style="width: 300px; height: 300px; margin: auto"></div>
  <script>
    const letters = "0123456789ABCDEF";
    let color = "#";
    let count = 1;
    let intervalID = setInterval(changeColor, 250);

    function changeColor() {
      if (++count > 50)
        clearInterval(intervalID);
      for (let k = 0; k < 6; k++)
        color = color + letters[Math.floor(Math.random() * 16)];
      document.getElementById("box").style.backgroundColor = color;
      document.getElementById("box").style.borderRadius = `${count}%`;
      color = "#";                       // 16진수 문자열 초기화
    }
  </script>
</body>
</html>
```

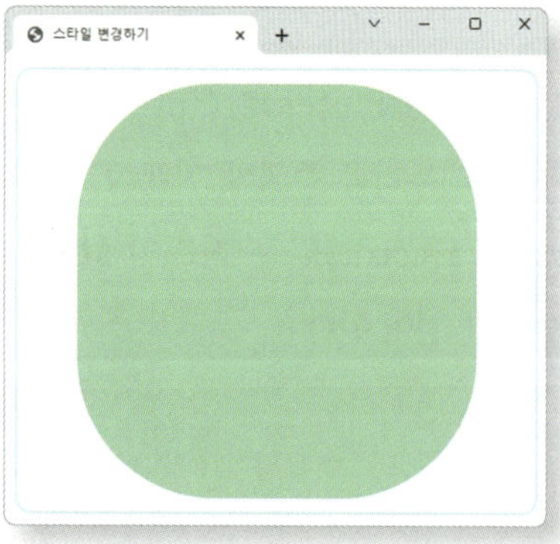

4 HTML 요소 추가와 삭제하기

1. 노드 추가하기

DOM에서는 노드를 추가하거나 삭제할 수 있다. 노드를 추가하려면 먼저 노드를 생성하고, 새로 만들어진 노드를 요소 노드의 자식 노드로 추가해야 한다.

createElement()로 노드를 생성한다. 괄호 안에는 태그 이름이 들어간다. 예를 들어 createElement("p")는 <p> 태그 노드를 생성하고, createElement("a")는 <a> 태그 노드를 생성한다. 그리고 appendChild(node)를 사용하여 새 노드를 태그의 자식 태그로 추가한다.

표 8-6 DOM에서 노드를 추가하거나 삭제하는 메서드

메서드	내용
createElement("tag")	<tag> 노드를 생성한다.
appendChild(node)	부모 노드에 node를 추가한다.
removeChild(node)	부모 노드에서 node를 삭제한다.

[예제 8-13]은 새로운 노드를 만들고 부모 노드에 자식으로 추가한다. [add] 버튼을 누르면 addNode(t) 함수가 실행되며, t에 URL 'https://daum.net'이 전달된다. node = document.createElement("a")에 의해 <a> 태그 노드가 만들어지며, 이를 node 변수가 가지고 있다. node.href = t는 <a>의 href 속성을 Daum 웹 페이지의 URL로 지정한다. 또한 node.innerHTML = \`<hr>${t}\`는 화면에 표시되는 문자를 생성한다. document.getElementById("target").appendChild(node)는 새로 만들어진 요소 노드를 **<h3>**의 자식 노드로 지정한다. 출력 결과에서 <a>에 https://daum.net이 연결되며, 하이퍼링크를 클릭하면 Daum 웹 페이지로 이동한다.

예제 8-13 노드 추가하기 ex8-13.html

```
<!DOCTYPE html>
<html>
<head>
  <meta charset="UTF-8">
  <title>노드 추가하기</title>
  <link rel="stylesheet" href="style_js.css">
</head>
<body>
  <h3 id="target">사이트 추가하기</h3>
  <input type="button" value="add" onclick="addNode('https://daum.net')">
  <script>
```

```
    function addNode(t) {
      let node = document.createElement("a");
      node.href = t;
      node.innerHTML = `<hr>${t}`;
      document.getElementById("target").appendChild(node);
    }
  </script>
</body>
</html>
```

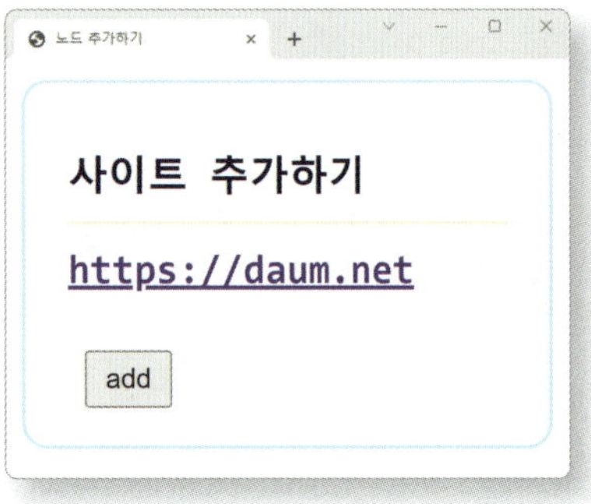

2. 노드 삭제하기

DOM에서 removeChild()로 노드를 삭제할 수 있다. removeChild()를 사용하려면 부모 노드와 삭제할 자식 노드를 모두 지정해야 한다. [예제 8-14]는 부모 노드 하나와 그에 따른 자식 노드를 순차적으로 삭제한다. 부모 노드인 <div> 하위에 3개의 자식 노드 <p>가 있다. num 변수는 자식 노드를 id="p1"부터 하나씩 삭제하는 데 사용한다. parent = document.getElementById("target")은 parent 변수에 부모 노드인 <div>를 저장한다. child = document.getElementById(`p${num}`)는 child 변수에 삭제할 자식 노드를 저장한다. num의 초깃값이 1이므로 처음에 d="p1"인 <p>가 선택된다. 이후 parent.removeChild(child)에 의해 첫 번째 <p>가 사라지고, num 값은 2가 된다. [노드 지우기] 버튼을 누를 때마다 자식 노드가 하나씩 삭제된다.

예제 8-14 **노드 삭제하기** ex8-14.html

```
<!DOCTYPE html>
<html>
<head>
  <meta charset="UTF-8">
  <title>노드 삭제하기</title>
  <link rel="stylesheet" href="style_js.css">
</head>
```

```
<body>
  <div id="target">
    <p id="p1">첫 번째 노드</p>
    <p id="p2">두 번째 노드</p>
    <p id="p3">세 번째 노드</p>
  </div>
  <button onclick="removeNode()">노드 지우기</button>
  <script>
    let num = 1;
    function removeNode() {
      const parent = document.getElementById("target");
      const child = document.getElementById(`p${num}`);
      parent.removeChild(child);
      num++;
    }
  </script>
</body>
</html>
```

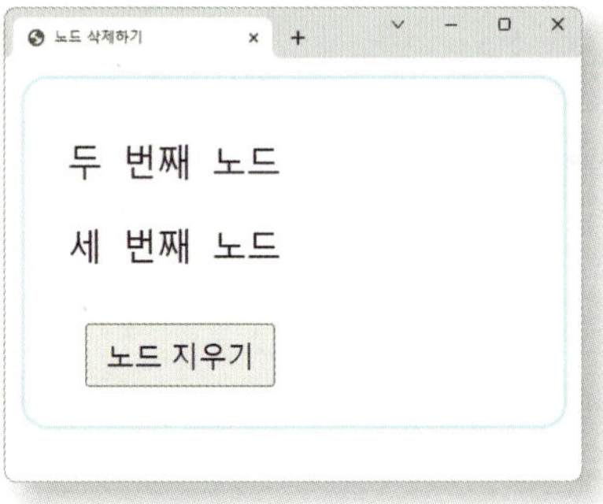

3. 테이블 요소 추가하기

insertRow(index)는 테이블에 행row을 추가한다. index는 0부터 시작하는 값으로, 추가하는 행의 위치를 지정한다. insertCell(index)는 셀을 추가한다. 마찬가지로 추가하는 셀의 위치를 index로 지정한다. deleteRow(index)는 행을 삭제한다. 지울 행의 위치를 index로 지정한다.

표 8-7 테이블 요소를 추가하거나 삭제하는 메서드

메서드	내용
insertRow(index)	index의 위치에 행을 추가한다.
insertCell(index)	index의 위치에 셀을 추가한다.
deleteRow(index)	index 위치의 행을 삭제한다.

[예제 8-15]는 [열 추가] 버튼을 누를 때마다 아래에 한 줄씩 행이 추가되는 코드이다. table = document.getElementById("target")은 추가하려는 테이블 객체를 table 변수에 담는다. row = table.insertRow(num)은 table에 행을 추가한다. num의 초깃값이 1이므로 첫 번째 행이 추가된다. 원래의 셀은 0번째 행이기 때문에 행이 원래 셀 아래로 추가된다.

새로 만들어진 행에서 첫 번째 셀은 cell1 = row.insertCell(0)으로 생성하고, 두 번째 셀은 cell2 = row.insertCell(1)로 생성한다. cell1.innerHTML = `추가 셀 ${num}`은 만들어진 첫 번째 셀에 내용을 담고, cell2.innerHTML = `추가 셀 ${num}`은 두 번째 셀에 내용을 담는다. 행과 셀이 모두 만들어지면 num을 1 증가시킨다. 따라서 버튼을 누를 때마다 아래로 행과 셀이 계속 만들어진다.

예제 8-15 **테이블 요소 추가하기** ex8-15.html

```
<!DOCTYPE html>
<html>
<head>
  <meta charset="UTF-8">
  <title>테이블 요소 추가하기</title>
  <style>
    table, td { border-collapse: collapse; }
  </style>
  <link rel="stylesheet" href="style_js.css">
</head>
<body>
  <table id="target">
    <tr><td>원래 셀</td><td>원래 셀</td></tr>
  </table><br>
  <button onclick="insertTable()">행 추가</button>
  <script>
    let num = 1;
    function insertTable() {
      let table = document.getElementById("target");
      let row = table.insertRow(num);
      let cell1 = row.insertCell(0);
      let cell2 = row.insertCell(1);
      cell1.innerHTML = `추가 셀 ${num}`;
      cell2.innerHTML = `추가 셀 ${num}`;
      num++
    }
```

```
  </script>
</body>
</html>
```

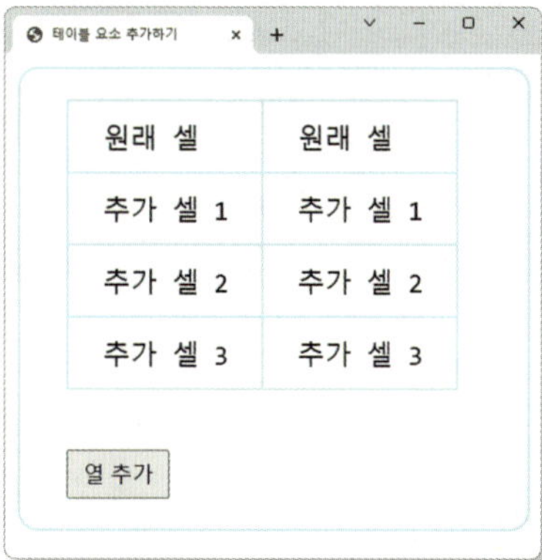

요약

01 문서 객체모델(DOM)은 HTML의 태그 요소와 속성을 객체 형태로 구조화하여 자바스크립트가 해당 객체에 접근하기 편리하도록 하는 인터페이스이다. DOM에서 모든 객체는 부모와 자식의 관계이다.

02 DOM 트리 구조에서 각 객체를 노드라 부른다. 트리에서 가장 최상위인 문서 노드는 HTML 문서를 가리킨다. 문서 노드의 자식인 요소 노드는 태그 요소이다. 가장 최하위에 문자 노드가 있다. 요소 노드가 가지는 속성 노드는 태그 요소에 포함된 속성의 객체 형태이다.

03 일반적인 태그 요소에 접근하는 메서드는 다음과 같다.

메서드	내용
`document.getElementById("id")`	id 속성값이 id인 유일한 태그 요소에 접근
`document.getElementsByClassName("class")`	속성값이 class="class"인 태그 요소 여러 개에 접근하며, 반환값은 Array 객체
`document.getElementsByTagName("tag")`	모든 <tag> 태그 요소에 접근
`document.getElementsByName("name")`	name 속성을 가지는 태그 요소에 접근
`document.querySelectorAll("s")`	태그 선택자 s로 태그 요소에 접근

04 `document.form` 메서드로 웹 폼 태그 요소 <form>에 접근한다.

객체	내용
checkbox	checked 값은 사용자가 박스를 체크했으면 `true`이고 체크하지 않았으면 `false`
select	사용자가 선택한 옵션의 번호를 selectedIndex가 전달하며, `options[index].value`를 사용하여 옵션의 값 value를 읽어옴

05 `document.write()`는 HTML 문서 전체에 괄호 안의 내용을 출력한다.

06 `innerHTML`은 HTML 요소에서 문자를 읽어오거나 요소에 문자를 삽입한다. `innerText`는 HTML이 적용된 상태로 문자를 처리한다. `textContent`는 HTML을 제외한 모든 문자를 읽어온다.

07 createElement()는 노드(태그)를 생성한다. 만들어진 노드는 appendChild(node)를 사용하여 자식 태그로 추가한다. removeChild()로 노드를 삭제한다.

08 insertRow(index)는 테이블에 행을 추가한다. index 속성이 행을 추가하는 위치를 나타낸다. insertCell(index)는 셀을 추가하며, deleteRow(index)는 행을 삭제한다.

연습 문제

01 DOM 트리에서 최상위에 있는 노드는 무엇인가?

① document node ② element node
③ attribute node ④ text node

02 DOM 트리에서 최하위(말단) 노드는 무엇인가?

① document node ② element node
③ attribute node ④ text node

03 태그 요소를 객체 형태로 만든 것은 무엇인가?

① document node ② element node
③ attribute node ④ text node

04 속성 노드를 가질 수 있는 유일한 노드는 무엇인가?

① document node ② element node
③ attribute node ④ text node

05 다음 중 반환값의 형태가 나머지 3개와 가장 다른 메서드를 찾으시오.

① `getElementsByName` ② `getElementsByTagName`
③ `getElementById` ④ `getElementsByClassName`

06 태그 이름으로 요소를 선택하는 메서드는 무엇인가?

① `getElementsByName` ② `getElementsByTagName`
③ `getElementById` ④ `getElementsByClassName`

07 CSS의 태그 선택자로 요소를 선택하는 메서드는 무엇인가?

① `querySelectorAll` ② `getElementsByTagName`
③ `getElementById` ④ `getElementsByClassName`

08 querySelectorAll() 괄호 안에 .을 사용했을 때와 결과가 같은 메서드는 무엇인가?

① getElementsByName ② getElementsByTagName

③ getElementById ④ getElementsByClassName

09 <p>와 같이 일반적인 태그 객체에서 문자를 가져오는 속성 객체는 무엇인가?

① innerHTML ② checked

③ selectedIndex ④ value

10 웹 폼에서 문자를 가져오는 속성 객체는 무엇인가?

① innerHTML ② checked

③ selectedIndex ④ value

11 체크박스 웹 폼에서 사용자가 박스를 체크했는지 확인하는 속성 객체는 무엇인가?

① innerHTML ② checked

③ selectedIndex ④ value

12 다음 중 값이 true 또는 false뿐인 속성 객체는 무엇인가?

① innerHTML ② checked

③ selectedIndex ④ value

13 드롭박스 웹 폼에서 사용자가 선택한 옵션의 번호를 갖는 속성 객체는 무엇인가?

① selectedIndex ② checked

③ innerHTML ④ value

14 display:none으로 숨긴 문자까지 가져오는 문서 객체모델의 메서드는 무엇인가?

① innerHTML ② innerText

③ document.write ④ textContent

15 다음 중 DOM 객체의 속성을 사용할 때 배경을 지정하는 객체를 찾으시오.

① `background-Color` ② `backgroundColor`
③ `background-color` ④ `backgroundcolor`

16 DOM에서 노드를 생성하는 메서드는 무엇인가?

① `appendChild( )` ② `createElement( )`
③ `insertCell( )` ④ `insertRow( )`

17 DOM에서 테이블의 행을 만드는 메서드는 무엇인가?

① `appendChild( )` ② `insertCell( )`
③ `deleteRow( )` ④ `insertRow( )`

18 DOM에서 테이블의 첫 번째 행 위에 새로운 행을 만드는 메서드를 찾으시오.

① `insertRow(0)` ② `insertCell(0)`
③ `insertCell(1)` ④ `insertRow(2)`

19 DOM에서 테이블의 1번 행 아래에 새로운 행을 만드는 메서드를 찾으시오.

① `insertRow(0)` ② `insertCell(0)`
③ `insertCell(1)` ④ `insertRow(2)`

20 <script> </script> 태그 안에 자바스크립트 코드를 입력하여 class 속성값이 elm인 태그만 출력하도록 완성하시오.

```
<!DOCTYPE html>
<html>
<head>
  <meta charset="UTF-8">
  <link rel="stylesheet" href="style_js.css">
</head>
<body>
  <p>p & No class</p>
  <p class="elm">p class="elm" 1</p>
  <p class="elm">p class="elm" 2</p><hr>
  <script>



  </script>
</body>
</html>
```

21 querySelectorAll을 포함하는 자바스크립트 코드를 <script> </script> 태그 안에 입력하여 id 속성값이 ide인 태그만 출력하도록 완성하시오.

```
<!DOCTYPE html>
<html>
<head>
  <meta charset="UTF-8">
  <link rel="stylesheet" href="style_js.css">
</head>
<body>
  <p class="elm">p class="elm" 1</p>
  <p class="elm">p class="elm" 2</p>
  <p>p & No class 1</p>
  <p id="ide">p id="ide"</p><hr>
  <script>



  </script>
</body>
</html>
```

※ **22~23**번 문항은 다음 코드를 읽고 물음에 답하시오.

```
<!DOCTYPE html>
<html>
<head>
  <meta charset="UTF-8">
  <link rel="stylesheet" href="style_js.css">
</head>
<body>
  <form name="myform">
    사용자ID <input type="text" name="userId"><br>
    패스워드 <input type="password" name="passwd"><br>
    <input type="submit" value="log in" onclick="getInput()">
  </form>
  <script>
     function getInput() {
      const id = document.myform.userId;
      const pw = document.myform.passwd;
      if (pw.value.length <= 4)
        alert(`${id.value}님 패스워드를 변경하세요`);
      else
        alert(`${id.value}님 환영합니다`);
    }
  </script>
</body>
</html>
```

22 사용자 ID는 'zoch', 패스워드는 'hanbit'으로 입력하고 웹 폼을 제출하면 어떤 출력 결과가 나오는가?

23 사용자 ID는 'web', 패스워드는 '098'로 입력하고 웹 폼을 제출하면 어떤 출력 결과가 나오는가?

24 <script> </script> 태그 안에 자바스크립트 코드를 입력하여 사용자가 체크박스 웹 폼에서 선택한 추가 옵션의 합계 금액을 출력하도록 완성하시오.

```
<!DOCTYPE html>
<html>
<head>
  <meta charset="UTF-8">
  <title>checkbox에서 값 여러 개 읽기</title>
  <link rel="stylesheet" href="style_js.css">
</head>
<body>
  <input type="checkbox" name="myAdd" value="1500">추가채소 1500원<br>
  <input type="checkbox" name="myAdd" value="1000">추가음료 1000원<br>
  <input type="checkbox" name="myAdd" value="500">추가피클 500원<br>
  <input type="button" value="add" onclick="getCheckbox()"><hr>
  <p id="result"></p>
  <script>




  </script>
</body>
</html>
```

25 <script> </script> 태그 안에 자바스크립트 코드를 입력하여 사용자가 드롭박스 웹 폼에서 선택한 옵션의 값을 출력하도록 완성하시오.

```
<!DOCTYPE html>
<html>
<head>
  <meta charset="UTF-8">
  <title>select에서 값 읽기</title>
  <link rel="stylesheet" href="style_js.css">
</head>
<body>
  <p>키우고 싶은 동물은</p>
  <select id="myOption">
    <option value="dog">개</option>
    <option value="cat">고양이</option>
    <option value="duck">오리</option>
    <option value="koala">코알라</option>
  </select><br>
  <input type="button" value="클릭" onclick="getSelect()"><hr>
  <h2 id="result"></h2>
  <script>



  </script>
</body>
</html>
```

26 <script> </script> 태그 안에 자바스크립트 코드를 입력하여 ../media/photo1.jpg와 ../media/photo2.jpg 두 이미지를 번갈아 보여주도록 완성하시오. 사용자가 [클릭] 버튼을 누르면 이미지가 바뀌도록 한다.

```
<!DOCTYPE html>
<html>
<head>
  <meta charset="UTF-8">
  <link rel="stylesheet" href="style_js.css">
</head>
<body>
  <p>키우고 싶은 동물은</p>
  <select id="myOption">
    <option value="dog">개</option>
    <option value="cat">고양이</option>
    <option value="duck">오리</option>
    <option value="koala">코알라</option>
  </select><br>
  <input type="button" value="클릭" onclick="getSelect()"><hr>
  <h2 id="result"></h2>
  <script>
    let toggle = 1;



  </script>
</body>
</html>
```

27 다음 코드에서 ❶❷❸번 코드의 역할을 설명하시오.

```
<!DOCTYPE html>
<html>
<head>
  <meta charset="UTF-8">
  <title>노드 추가하기</title>
  <link rel="stylesheet" href="style_js.css">
</head>
<body>
  <h3 id="target">사이트 추가하기</h3>
  <input type="button" value="add" onclick="addNode('http://daum.net')">
  <script>
    function addNode(t) {
      let node = document.createElement("a"); ❶
      node.href = t;
      node.innerHTML = `<hr>${t}`; ❷
      document.getElementById("target").appendChild(node); ❸
    }
  </script>
</body>
</html>
```

28 <script> </script> 태그 안에 자바스크립트 코드를 입력하여 사용자가 [노드 지우기] 버튼을 누를 때마다 가장 위에 있는 <p> 노드부터 하나씩 삭제하는 코드를 완성하시오.

```
<!DOCTYPE html>
<html>
<head>
  <meta charset="UTF-8">
  <title>노드 삭제하기</title>
  <link rel="stylesheet" href="style_js.css">
</head>
<body>
  <div id="target">
    <p id="p1">첫 번째 노드</p>
    <p id="p2">두 번째 노드</p>
    <p id="p3">세 번째 노드</p>
  </div>
  <button onclick="removeNode()">노드 지우기</button>
  <script>
    let num = 1;



  </script>
</body>
</html>
```

29 <script> </script> 태그 안에 자바스크립트 코드를 입력하여 사용자가 [행 추가] 버튼을 누를 때마다 테이블의 마지막 행 아래에 열과 행을 한 개씩 삽입하도록 완성하시오.

```
<!DOCTYPE html>
<html>
<head>
  <meta charset="UTF-8">
  <title>테이블 요소 추가하기</title>
  <style>
    table, td { border-collapse: collapse; }
  </style>
  <link rel="stylesheet" href="style_js.css">
</head>
<body>
  <table id="target">
    <tr><td>원래 셀</td><td>원래 셀</td></tr>
  </table><br>
  <button onclick="insertTable()">행 추가</button>
  <script>
    let num = 1;



  </script>
</body>
</html>
```

CHAPTER 09

이벤트 처리하기

학습목표

- 이벤트 리스너와 이벤트 핸들러를 학습한다.
- 이벤트 객체와 매개변수, 이벤트 전파의 특징을 이해한다.
- 마우스, 윈도우, 입력, 키보드와 같은 다양한 이벤트 사용법을 배운다.

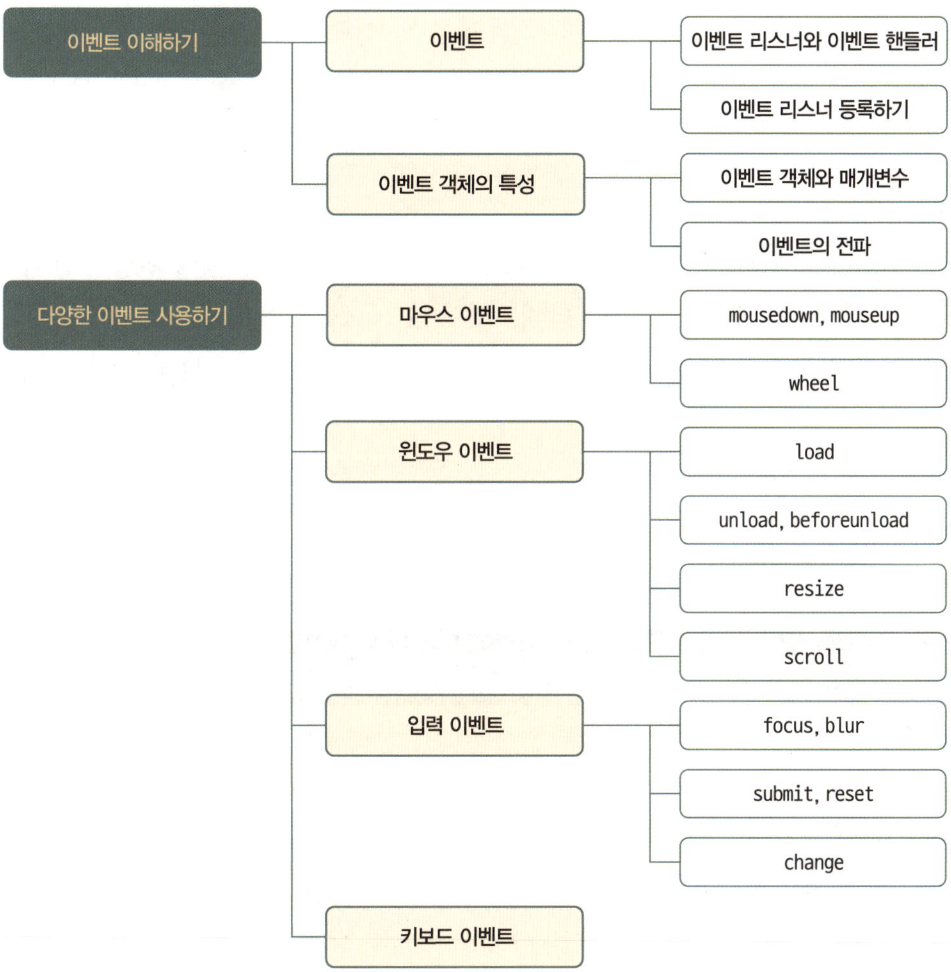

이벤트 이해하기
이벤트
이벤트 리스너와 이벤트 핸들러
이벤트 리스너 등록하기
이벤트 객체의 특성
이벤트 객체와 매개변수
이벤트의 전파
다양한 이벤트 사용하기
마우스 이벤트
mousedown, mouseup
wheel
윈도우 이벤트
load
unload, beforeunload
resize
scroll
입력 이벤트
focus, blur
submit, reset
change
키보드 이벤트

SECTION 01

이벤트 이해하기

1 이벤트

HTML 웹 페이지에서는 여러 가지 이벤트event가 발생한다. 사용자가 마우스 커서를 태그에 올리기도 하고, <a> 태그를 클릭하거나 마우스의 휠을 위아래로 움직여 스크롤할 수도 있다. 이처럼 이벤트는 사용자와의 상호작용, 브라우저의 상태 변화 등 다양한 형태로 발생한다. DOM 객체는 발생한 이벤트의 정보를 자바스크립트로 전달하여 이벤트를 처리하도록 한다.

1. 이벤트 리스너와 이벤트 핸들러

HTML에서는 이벤트가 발생했다는 사실을 이벤트 리스너event listener를 통해 알 수 있다. 이벤트 이름 앞에 on을 붙이면 이벤트 리스너 이름이 된다. 예를 들어 miracle 웹 시스템의 index.html 페이지에서 각 장의 제목에 마우스 커서를 올리면 문자 이미지가 나타나면서 옆으로 움직인다. 마우스 커서가 객체 위에 있을 때 발생하는 이벤트는 mouseover이다. 그리고 HTML에서 mouseover가 발생했음을 확인하는 이벤트 리스너의 이름은 onmouseover이다. 따라서 onmouseover="showImage('image1')"과 같이 onmouseover에 자바스크립트 코드 showImage()를 연결하면 mouseover 이벤트가 발생할 때마다 자바스크립트 코드가 실행되어 화면에 이미지가 나타난다.

그림 9-1 이벤트 리스너와 이벤트 핸들러의 관계

반대로 마우스 커서를 객체에서 내리면 이미지도 사라지는데, 이는 onmouseout="hideImage('image1')" 때문이다. onmouseout은 마우스 커서를 내리는 mouseout 이벤트에 대한 이벤트 리스너이다. 마우스 커서를 객체에서 내리면 hideImage()가 실행된다. showImage()나 hideImage()와 같이 **이벤트 리스너에 연결되는 함수를 이벤트 핸들러**handler라 부른다. 이벤트가 발생했을 때 이벤트를 처리하는 함수라는 의미이다.

HTML에는 [표 9-1]과 같이 마우스, 윈도우, 입력, 키보드, 터치와 관련된 다양한 이벤트가 있다. 마우스 이벤트는 클릭, 마우스 커서의 움직임, 휠의 작동과 관련이 있다. 윈도우 이벤트는 웹 페이지를 화면에 표시하거나 다른 페이지로 이동할 때 발생한다. 입력 이벤트는 입력 요소에 마우스 커서를 올리거나 버튼을 클릭할 때 발생한다. 키보드 이벤트는 키보드를 누를 때 발생한다. 터치 이벤트는 스마트폰과 같이 터치스크린이 있는 기기에서 발생하는 이벤트이다.

표 9-1 HTML 이벤트의 종류

종류	이벤트	이벤트 리스너	종류	이벤트	이벤트 리스너
마우스	click	onclick	입력	focus	onfocus
	dblclick	ondblclick		blur	onblur
	mouseover	onmouseover		submit	onsubmit
	mouseout	onmouseout		reset	onreset
	mousedown	onmousedown		change	onchange
	mouseup	onmouseup	키보드	keydown	onkeydown
	mousemove	onmousemove		keyup	onkeyup
	wheel	onwheel		keypress	onkeypress
윈도우	load	onload	터치	touchstart	ontouchstart
	unload	onunload		touchmove	ontouchmove
	resize	onresize		touchend	ontouchend
	scroll	onscroll			

2. 이벤트 리스너 등록하기

이벤트 리스너를 만드는 가장 간단한 방법은 태그의 속성으로 **이벤트 리스너="함수()"**를 작성하는 것이다. 여기서 **함수()**는 이벤트 핸들러이다. 예를 들어 마우스의 왼쪽 버튼을 눌러 click 이벤트가 발생했을 때 이벤트 핸들러 rotate()를 실행하려면 다음과 같이 작성한다. <img> 태그 안에 click 이벤트의 이벤트 리스너인 onclick을 추가한다.

```
<img id="rotateImage" src="../media/photo1.jpg" onclick="rotate()">
```

[예제 9-1]은 click 이벤트가 발생했을 때 이미지를 회전시킨다. 9장에서 사용하는 모든 예제에는 8장에서 사용한 style_js.css를 그대로 사용한다. [예제 9-1]에서 사용하는 이미지의 위치는 ../media/photo1.jpg이다. onclick이 발생하면 rotate()가 실행되며, image.style.transform이 deg 값만큼 회전한다. deg 값이 0에서 360도까지 변하면 이미지가 한 바퀴 회전한다. deg 값을 360까지만 변하게 설정했다면 버튼을 여러 번 눌러도 이미지는 한 바퀴만 회전한다. 따라서 버튼을 누를 때마다 이미지를 한 바퀴씩 회전시키기 위해서는 click 이벤트가 발생할 때마다 deg 값에 360을 계속 더해야 한다.

예제 9-1 이벤트 리스너 사용하기 ex9-1.html

```
<!DOCTYPE html>
<html>
<head>
  <meta charset="UTF-8">
  <title>이벤트 리스너 사용하기</title>
  <link rel="stylesheet" href="style_js.css">
  <style>
    body { text-align: center; }
    #rotateImage { transition: transform 1s; }
  </style>
</head>
<body>
  <h4>이미지를 클릭해보세요</h4><hr>
  <img id="rotateImage" src="../media/photo1.jpg" onclick="rotate()">
  <script>
    let deg = 0;
    let image = document.getElementById("rotateImage");

    function rotate() {
      deg = deg + 360;
      image.style.transform = "rotate(" + deg + "deg)";
    }
  </script>
</body>
</html>
```

■ 객체에 직접 이벤트 추가하기

객체에 직접 이벤트를 추가할 수도 있다. let image = document.getElementById("rotateImage") 이후에 image.onclick = rotate를 사용하여 image 객체에 있는 onclick 이벤트 리스너에

rotate 핸들러를 추가할 수 있다. 이때 rotate() 함수의 괄호를 생략한다는 점에 주의하자.

```
<img id="rotateImage" src="../media/photo1.jpg">
<script>
  let deg = 0;
  let image = document.getElementById("rotateImage");
  image.onclick = rotate;         // 핸들러 함수에서 괄호 생략

  function rotate() {
    deg = deg + 360;
    image.style.transform = "rotate(" + deg + "deg)";
  }
</script>
```

■ **이벤트 리스너 여러 개 등록하기**

한꺼번에 이벤트 여러 개를 등록하여 사용할 수 있다. [예제 9-2]는 mouseover와 mouseout 2개의 이벤트를 등록하여 사용하는 코드이다. image 객체 하나에 image.onmouseover = gone과 image.onmouseout = back으로 2개의 이벤트 리스너를 등록한 경우이다. 이미지 위로 마우스 커서가 올라오면 이미지는 작아지다가 사라지고, 마우스 커서가 이미지를 벗어나면 원래의 크기로 돌아온다.

onmouseover는 마우스 커서가 이미지 위로 올라올 때 실행되는 이벤트 리스너이며 gone() 함수를 실행시킨다. 이때 gone() 함수는 괄호를 생략하여 표기한다. gone() 함수는 scale(0, 0)을 실행하므로 이미지가 작아지다가 화면에서 사라진다. onmouseout은 마우스 커서가 이미지를 벗어날 때 실행되는 이벤트 리스너이며 back() 함수를 실행시킨다. back() 함수는 scale(1, 1)을 실행하므로 이미지가 원래의 크기로 돌아온다.

예제 9-2 **이벤트 리스너 여러 개 등록하기** ex9-2.html

```
<!DOCTYPE html>
<html>
<head>
  <meta charset="UTF-8">
  <title>이벤트 리스너 여러 개 등록하기</title>
  <link rel="stylesheet" href="style_js.css">
  <style>
    body { text-align: center; }
    #rotateImage { transition: transform 1s; }
```

```
  </style>
</head>
<body>
  <h4>마우스 커서를 이미지 위에 올렸다가 치워보세요</h4><hr>
  <img id="rotateImage" src="../media/photo2.jpg">
  <script>
    let image = document.getElementById("rotateImage");
    image.onmouseover = gone;
    image.onmouseout = back;

    function gone() {
      image.style.transform = "scale(0, 0)";
    }
    function back() {
      image.style.transform = "scale(1, 1)";
    }
  </script>
</body>
</html>
```

■ 이벤트 리스너를 등록하는 다른 방법

❶ **addEventListener(이벤트, 함수)**로 객체에 이벤트를 등록할 수 있다. 주의할 점은 이벤트 리스너가 아닌 이벤트 이름으로 등록한다는 것이다. 또한 함수는 이름만 입력하고 괄호를 생략한다. [예제 9-2]를 **addEventListener()** 사용 코드로 바꾸면 다음과 같다.

```
image.addEventListener("mouseover", gone);
image.addEventListener("mouseout", back);
```

❷ 이름 없는 함수를 사용하여 이벤트 리스너와 함수를 연결하면 코드가 간결해진다. [예제 9-2]를 이름 없는 함수 사용 코드로 바꾸면 다음과 같다.

```
    image.onmouseover = function() {
      image.style.transform = "scale(0, 0)";
    }

    image.onmouseout = function() {
      image.style.transform = "scale(1, 1)";
    }
```

[예제 9-2]를 addEventListener()와 이름 없는 함수 모두를 사용하는 코드로 바꾸면 다음과 같다.

```
let image = document.getElementById("rotateImage");
image.addEventListener("mouseover", function() {
  image.style.transform = "scale(0, 0)";
});

image.addEventListener("mouseout", function() {
  image.style.transform = "scale(1, 1)";
});
```

2 이벤트 객체의 특성

1. 이벤트 객체와 매개변수

이벤트 리스너에 이벤트 핸들러 함수를 연결하면 매개변수로 이벤트 객체를 전달할 수 있다. 전달되는 이벤트 객체에는 다양한 이벤트 속성$_{\text{property}}$이 포함된다.

[예제 9-3]은 마우스가 움직일 때 발생하는 mousemove 이벤트를 사용하여 비행기 이미지가 마우스를 쫓아다니게 하는 예제이다. document.onmousemove = updateImage는 HTML 전체 페이지에서 마우스가 움직일 때마다 updateImage()가 작동한다. 이벤트 핸들러가 작동할 때 updateImage(event)에서 event 매개변수로 객체가 전달된다. 전달된 event 객체 안에는 마우스의 현재 위치가 저장되어 있다. event.clientX는 마우스의 현재 X축 좌표이며, event.clientY는 마우스의 현재 Y축 좌표이다. 마우스의 현재 X축 좌표와 Y축 좌표로 이미지를 이동시키면 비행기가 마우스 커서를 따라서 날아다니는 것처럼 보인다.

예제 9-3 이벤트 객체와 매개변수 ex9-3.html

```
<!DOCTYPE html>
<html>
<head>
  <meta charset="UTF-8">
  <title>이벤트 객체와 매개변수</title>
  <style>
    body { overflow: hidden; }
    #followMouse { transition: transform 1s linear; }
  </style>
</head>
<body>
```

```
    <img id="followMouse" src="../media/photo3.png">
    <script>
      let image = document.getElementById("followMouse");
      document.onmousemove = updateImage;

      function updateImage(event) {
        const X = event.clientX;
        const Y = event.clientY;
        image.style.transform = `translate(${X}px, ${Y}px)`;
      }
    </script>
  </body>
</html>
```

TIP transition: transform 1s linear를 사용하여 비행기가 천천히 움직이도록 했다.

2. 이벤트의 전파

이벤트는 태그의 계층 구조를 따라 이동하는데, 이를 이벤트의 전파propagation라 부른다. 이벤트가 전파되는 방향에 따라 버블링bubbling과 캡처링capturing으로 나뉜다. [그림 9-2]는 버블링과 캡처링에서 이벤트의 전파 방향을 도식화한 것이다.

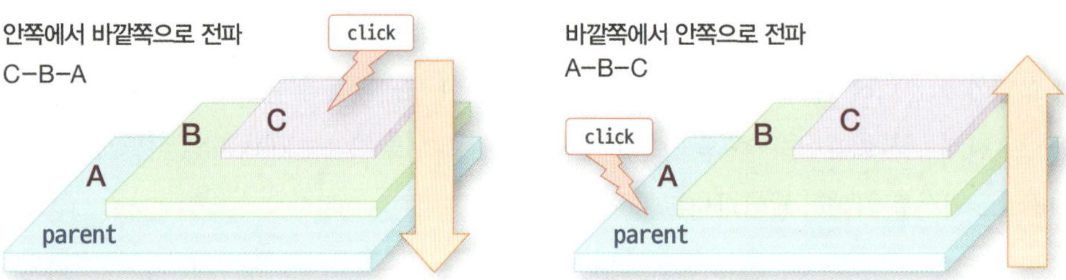

(a) 버블링 (b) 캡처링

그림 9-2 이벤트의 전파

여러 계층으로 구성된 태그가 있다고 가정하자. A는 맨 바깥쪽 태그 요소(부모 태그)이며 B는 중간, C는 맨 안쪽 태그 요소이다. 이때 C 태그를 클릭하면 click 이벤트가 C – B – A의 순으로 전파된다. 전파된다는 의미는 A, B, C 태그에 각각 onclick 이벤트 핸들러가 연결되어 있을 때 C – B – A 순으로 모든 태그의 이벤트 핸들러가 작동한다는 의미이다. 이렇게 안쪽부터 차례로 이벤트가 전달되는 방식을 버블링이라 부른다. 마치 물방울이 퍼져나가듯이 이벤트가 전파된다고 해서 붙은 이름이다. 모든 이벤트는 기본적으로 버블링 방식으로 전파된다.

반대로 A 태그 요소를 클릭했을 때 바깥쪽부터 차례로 이벤트가 전파되는 방식을 캡처링이라 부른다. 캡처링 방식에서는 [그림 9-2]의 (b)와 같이 A 태그 요소만 클릭해도 A - B - C 순서대로 이벤트 핸들러가 모두 작동한다.

■ 이벤트 전파 방향 지정하기

버블링과 캡처링 중 어느 방식으로 이벤트 핸들러를 실행할 것인지 결정하려면 addEventListener("click", rotate)로 이벤트 리스너와 이벤트 핸들러를 연결한다. 기본값은 버블링 방식이다. addEventListener("click", rotate, false)와 같이 매개변수 false를 추가하면 버블링 방식으로 이벤트가 전파된다. 반면 addEventListener("click", rotate, true)와 같이 매개변수 true를 추가하면 캡처링 방식으로 이벤트가 전파된다. 같은 이벤트에 대해 버블링 방식과 캡처링 방식을 모두 등록하는 경우 캡처링 방식으로 먼저 전파되고 그 다음 버블링 방식으로 전파된다.

```
addEventListener("click", rotate);          // 기본값 false 버블링
addEventListener("click", rotate, true);    // true 캡처링
```

[예제 9-4]에서 이벤트 전파의 방향과 순서를 확인하자. 먼저 바깥쪽 div(id="parent")와 안쪽 div(id="child") 태그로 계층을 구성한다. 다음으로 addEventListener()를 사용하여 click 이벤트에 대한 4개의 이벤트 핸들러를 등록한다. 처음 2개는 버블링 방식으로 부모와 자식 div 태그의 이벤트 핸들러를 등록하고, 나머지 2개는 캡처링 방식으로 부모와 자식 div 태그의 이벤트 핸들러를 등록한다. 자식 div 태그를 클릭하면 캡처링 방식이 먼저 실행된다. 캡처링 단계는 바깥쪽부터 안쪽으로 전파되기 때문에 부모-자식 순서로 이벤트 핸들러가 작동한다. 이후 버블링 단계에서는 자식-부모 순으로 이벤트 핸들러가 작동한다.

예제 9-4 이벤트의 전파 방향 확인하기 ex9-4.html

```
<!DOCTYPE html>
<html>
<head>
  <meta charset="UTF-8">
  <title>이벤트의 전파 방향 확인하기</title>
  <style>
    div {
      padding: 40px;
      border: 1px solid #c9a;
```

```
      margin: 20px;
    }
  </style>
</head>
<body>
  <div id="parent">div 부모 태그
    <div id="child">div 자식 태그</div>
  </div>
  <script>
    document.getElementById("parent").addEventListener("click", function() {
      alert("부모 요소에 클릭 이벤트 발생(버블링 단계)");
    });          // 부모 태그에 클릭 이벤트 리스너 추가(버블링 방식)

    document.getElementById("child").addEventListener("click", function() {
      alert("자식 요소에 클릭 이벤트 발생(버블링 단계)");
    });          // 자식 태그에 클릭 이벤트 핸들러 추가(버블링 방식)

    document.getElementById("parent").addEventListener("click", function() {
      alert("부모 요소에 클릭 이벤트 발생(캡처링 단계)");
    }, true);    // 부모 태그에 클릭 이벤트 리스너 추가(true = 캡처링 방식)

    document.getElementById("child").addEventListener("click", function() {
      alert("자식 요소에 클릭 이벤트 발생(캡처링 단계)");
    }, true);    // 자식 태그에 클릭 이벤트 리스너 추가(true = 캡처링 방식)
  </script>
</body>
</html>
```

출력 결과에서 **<div 자식 태그>**를 클릭하면 [그림 9-3]의 (a)와 같은 알림창이 나타난다. [확인] 버튼을 여러 번 누르면 연달아 (b), (c), (d)의 알림창이 나타난다. 마지막 (d)의 알림창에서 [확인] 버튼을 누르면 알림창이 닫힌다. 같은 출력 결과에서 **<div 부모 태그>**를 클릭했을 때는 알림창이 어떻게 나타나는지 설명해보자.

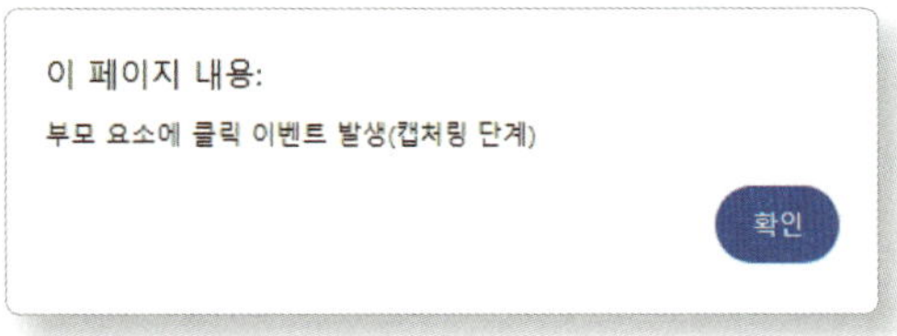

(a) 첫 번째 알림창

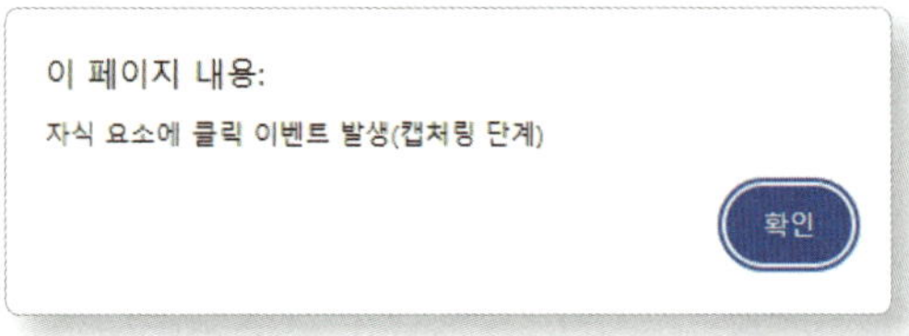

(b) 두 번째 알림창

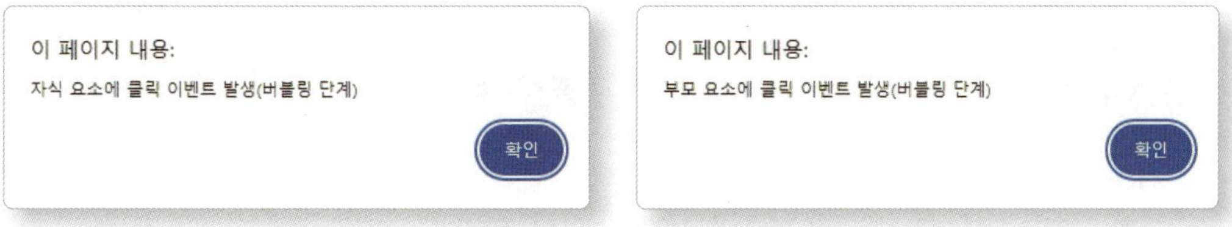

(c) 세 번째 알림창 (d) 네 번째 알림창

그림 9-3 [예제 9-4]의 div 자식 태그를 클릭했을 때의 알림창

▪ 이벤트 전파 중지하기

이벤트가 전파되면 자식 태그만 클릭해도 부모 태그까지 이벤트가 전파되어 원하지 않는 결과를 일으킬 수 있다. 자식 태그를 클릭했을 때 자식의 이벤트 핸들러만 작동하고 부모 태그를 클릭했을 때 부모의 이벤트 핸들러만 작동하도록 만들 필요가 있다.

이벤트 전파의 기본값이 버블링이기 때문에 부모 태그를 클릭할 때 자식 태그에 이벤트가 전파되지 않는다. 따라서 이벤트가 자식 태그를 눌렀을 때만 부모 태그에 전파되는 것을 막으면 된다. `stopPropagation()`은 이벤트 전파를 막는 메서드이다. 이벤트 핸들러가 실행되면서 전달되는 객체의 `stopPropagation()` 메서드를 실행하면 이벤트 전파가 중지된다.

[예제 9-5]는 자식 태그의 이벤트가 부모 태그에 전달되는 것을 막아준다. 자식 `div`의 `click` 이벤트를 등록할 때 `function(e)`와 같이 매개변수로 객체 `e`를 전달받는다. 이후 `e.stopPropagation()`을 실행하면 부모 태그에 이벤트 객체가 전달되는 것을 막는다. 따라서 자식 `div`를 클릭하면 자식 태그의 이벤트 핸들러만 실행되고, 부모 `div`를 클릭하면 부모 태그의 이벤트 핸들러만 실행된다.

예제 9-5 이벤트 전파 중지하기 ex9-5.html

```
<!DOCTYPE html>
<html>
<head>
  <meta charset="UTF-8">
  <title>이벤트 전파 중지하기</title>
  <style>
    div {
      padding: 40px;
      border: 1px solid #c9a;
      margin: 20px;
    }
  </style>
</head>
<body>
```

```
  <div id="parent">div 부모 태그
    <div id="child">div 자식 태그 (이벤트 전파 중지)</div>
  </div>
  <script>
    document.getElementById("parent").addEventListener("click", function() {
      alert("부모 요소에 클릭 이벤트 발생");
    });

    document.getElementById("child").addEventListener("click", function(e) {
      alert("자식 요소에 클릭 이벤트 발생");
      e.stopPropagation();      // 이벤트 전파 중지
    });
  </script>
</body>
</html>
```

SECTION 02 다양한 이벤트 사용하기

1 마우스 이벤트

앞의 예제에서는 마우스 이벤트인 click([예제 9-1]), mouseover, mouseout([예제 9-2]), mousemove([예제 9-3])를 사용했다. 마우스의 왼쪽 버튼을 2번 눌렀을 때 발생하는 dbclick 이벤트는 예제에서 click을 dbclick으로만 바꾸면 된다. 앞서 다루지 않았던 마우스 관련 이벤트를 살펴보자.

1. mousedown과 mouseup 이벤트

[예제 9-6]은 mousedown과 mouseup을 사용하여 이미지의 크기를 조절하는 코드이다. 마우스의 왼쪽 버튼을 누르기 시작하면(mousedown) 이미지가 커지고, 마우스 왼쪽 버튼에서 손을 떼면(mouseup) 이미지가 원래 크기로 돌아온다.

image.onmousedown = larger를 사용하여 이벤트 핸들러 larger()를 onmousedown과 연결

하고, image.onmouseup = back을 사용하여 이벤트 핸들러 back()을 onmouseup과 연결한다. larger() 함수에서 image.style.transform = "scale(2, 2)"는 버튼을 누르는 동안 이미지 크기를 2배로 크게 한다. back() 함수에서 image.style.transform = "scale(1, 1)"은 이미지를 원래 크기로 되돌린다.

예제 9-6 **mousedown과 mouseup 사용하기** ex9-6.html

```
<!DOCTYPE html>
<html>
<head>
  <meta charset="UTF-8">
  <title>mousedown과 mouseup 사용하기</title>
  <link rel="stylesheet" href="style_js.css">
  <style>
    body { text-align: center; }
    #largerImage { transition: transform 1s linear; }
  </style>
</head>
<body>
  <h4>마우스 버튼을 누르고 유지하세요</h4><hr>
  <img id="largerImage" src="../media/photo4.jpg" width="50%">
  <script>
    let image = document.getElementById("largerImage");
    image.onmousedown = larger;
    image.onmouseup = back;

    function larger() {
      image.style.transform = "scale(2, 2)";
    }
    function back() {
      image.style.transform = "scale(1, 1)";
    }
  </script>
</body>
</html>
```

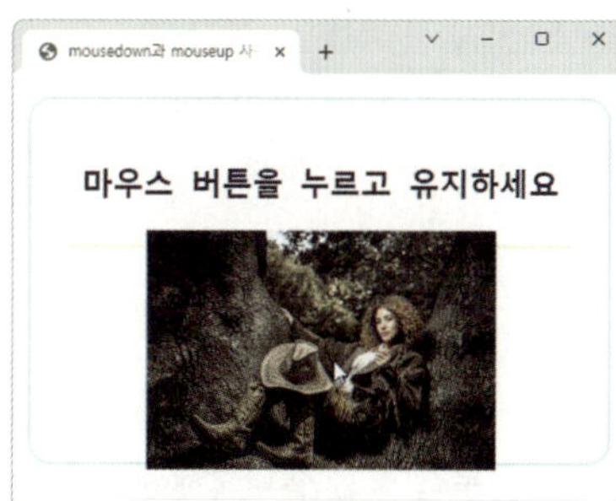

2. wheel 이벤트

마우스 휠은 마우스와는 다른 방식으로 이벤트를 처리한다. 마우스 휠은 기본적으로 웹 페이지의 스크롤 이벤트와 연결되어 있다. wheel 이벤트를 다른 곳에서 사용하기 위해서는 event.preventDefault()를 사용하여 기존에 연결된 이벤트를 제거해야 한다.

mousemove 이벤트 객체에서 마우스 커서의 위치는 clientX와 clientY로 알 수 있었다. 휠이 움직인 수치는 deltaX와 deltaY가 가지고 있다. 일반적인 휠은 위아래로만 움직일 수 있으므로 deltaY만 사용한다. 참고로 공 모양의 휠이 달린 마우스는 상하좌우로 움직이기 때문에 deltaX와 deltaY를 모두 사용한다. deltaY는 휠이 움직이지 않은 상태인 0이 기준이다. 휠을 위로 움직이면 deltaY 값이 음수가 되며, 휠을 아래로 움직이면 deltaY 값이 양수가 된다. 따라서 if (event.deltaY < 0)의 조건은 휠을 위로 움직였을 때 참이다.

[예제 9-7]은 wheel 이벤트를 사용하여 마우스의 휠을 움직일 때 이미지가 커지거나 작아지도록 작성한 코드이다. 화살표 함수 document.addEventListener('wheel', (event) => {})를 사용하여 코드를 작성했으며, 매개변수 event를 통해 wheel 객체를 전달받는다.

화면에 나타나는 이미지의 크기는 폭 320px 높이 210px이다. 이미지의 폭을 wb 변수가 가지고 있으며 초깃값은 320이다. 높이는 hb 변수가 가지고 있으며 초깃값은 210이다. 휠이 위로 움직이면(event.deltaY < 0) wb와 hb에 각각 1.1씩 곱한다. 즉, 이미지의 크기가 직전 크기의 10%씩 커진다. 휠이 아래로 움직이면 wb와 hb를 각각 1.1로 나누어 이미지의 크기를 10%씩 줄인다.

예제 9-7 **wheel 이벤트 사용하기** ex9-7.html

```
<!DOCTYPE html>
<html>
<head>
  <meta charset="UTF-8">
  <title>wheel 이벤트 사용하기</title>
  <link rel="stylesheet" href="style_js.css">
  <style>
    body {
      text-align: center;
      overflow: hidden;
    }
  </style>
</head>
<body>
  <h4>마우스 휠을 돌려보세요</h4><hr>
  <img id="largerImage" src="../media/photo5.jpg" width="320" height="210">
  <script>
    const image = document.getElementById("largerImage");
    let wb = 320, hb = 210;

    document.addEventListener('wheel', (event) => {
```

```
      event.preventDefault();                 // 기본 스크롤 이벤트 제거
      if (event.deltaY < 0) {
        wb = wb * 1.1;
        hb = hb * 1.1;
      } else {
        wb = wb / 1.1;
        hb = hb / 1.1;
      }
      image.style.width = wb + 'px';
      image.style.height = hb + 'px';
    });
  </script>
</body>
</html>
```

2 윈도우 이벤트

윈도우 이벤트로는 페이지를 처음 로딩할 때 발생하는 load 이벤트와 현재 페이지를 종료할 때 발생하는 unload 이벤트, 웹 브라우저의 크기를 변경할 때 발생하는 resize 이벤트, 스크롤바를 움직일 때 발생하는 scroll 이벤트가 있다.

1. load 이벤트

[예제 9-8]은 페이지를 새로 로드할 때마다 화면 중간에 있는 우주선이 회전하는 코드이다. 이름 없는 함수 image.addEventListener("load", function() {})을 사용하여 load 이벤트를 등록한다. 페이지가 로드될 때마다 image.style.transform = "rotate(360deg)"가 실행되어 이미지가 회전한다.

예제 9-8 **load 이벤트 사용하기** ex9-8.html

```
<!DOCTYPE html>
<html>
<head>
  <meta charset="UTF-8">
  <title>load 이벤트 사용하기</title>
  <style>
    body { text-align: center; }
    #loadingImage { transition: transform 0.5s; }
  </style>
```

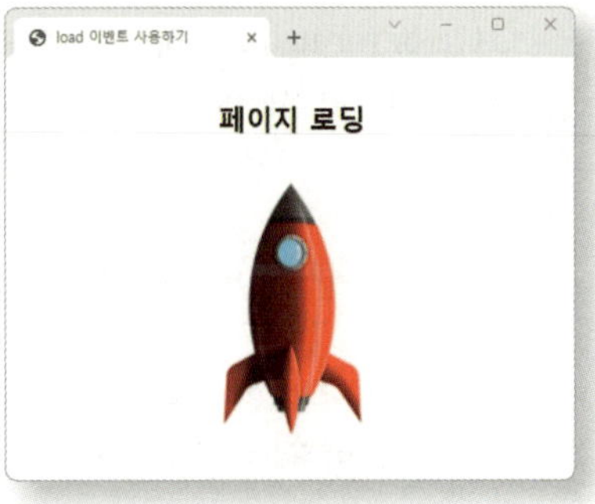

```
</head>
<body>
  <h4>페이지 로딩</h4>
  <img id="loadingImage" src="../media/photo6.png">
  <script>
    const image = document.getElementById("loadingImage");
    image.addEventListener("load", function() {
      image.style.transform = "rotate(360deg)"
    });
  </script>
</body>
</html>
```

2. unload와 beforeunload 이벤트

unload 이벤트는 현재의 페이지를 종료하거나 다른 페이지로 이동할 때 발생하는 이벤트이다. unload가 발생했다는 것은 이미 현재의 페이지가 없어졌다는 의미이기 때문에 이벤트를 등록해도 변화가 발생하지 않는다. 따라서 unload가 발생하기 직전의 이벤트인 beforeunload를 사용한다.

[예제 9-9]는 beforeunload 이벤트를 사용하여 사이트에서 나갈 것인지를 확인한다. 웹 브라우저에서 unload와 관련된 이벤트는 window 객체에 등록되어 있다. 따라서 window.addEventListener("beforeunload", function(event) {}와 같이 window 객체에 beforeunload 이벤트를 등록해야 한다. event.returnValue는 확인 창에 나타나는 메시지이다. 웹 브라우저에 따라 기본 메시지를 그대로 보여주기도 한다.

예제 9-9 beforeunload 이벤트 사용하기 ex9-9.html

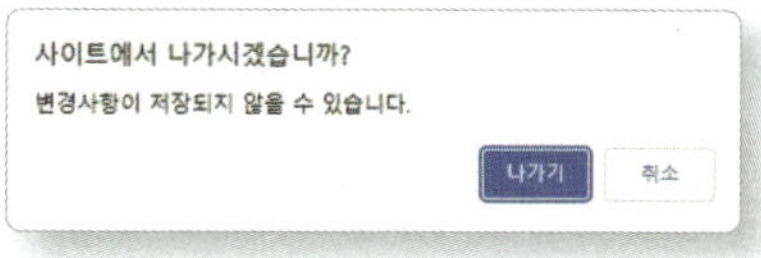


```
<!DOCTYPE html>
<html>
<head>
  <meta charset="UTF-8">
  <title>beforeunload 이벤트 사용하기</title>
  <link rel="stylesheet" href="style_js.css">
</head>
<body>
  <h3>다른 페이지로 이동하시오</h3>
  <script>
    window.addEventListener("beforeunload", function(event) {
      const message = "변경사항이 저장되지 않을 수 있습니다.";
```

```
      event.returnValue = message;
      return message;
    });
  </script>
</body>
</html>
```

3. resize 이벤트

[예제 9-10]은 resize 이벤트를 사용하여 웹 브라우저의 폭에 따라 문자의 폰트 크기를 변경한다. 웹 브라우저의 resize 이벤트는 window 객체가 가지고 있으므로 window.addEventListener("resize", winResize)로 resize 이벤트를 등록한다.

폰트 크기는 웹 브라우저의 폭을 20으로 나눈 값(window.innerWidth / 20)이다. 따라서 웹 브라우저의 폭이 커지면 폰트 크기가 커지고, 폭이 줄어들면 폰트 크기가 작아진다. 웹 브라우저가 이전 페이지의 폰트값을 갖고 있는 경우가 있으므로 winResize()를 실행하여 페이지가 처음 로드될 때 웹 브라우저 폭에 따른 폰트의 크기를 초기화한다.

예제 9-10 resize 이벤트 사용하기 ex9-10.html

```
<!DOCTYPE html>
<html>
<head>
  <meta charset="UTF-8">
  <title>resize 이벤트 사용하기</title>
  <link rel="stylesheet" href="style_js.css">
</head>
<body>
  <p>Resize the window!</p>
  <script>
   function winResize() {
     let size = window.innerWidth / 20;
     document.body.style.fontSize = size + "px";
   }
   winResize();          // 페이지 로드 시 초기화
   window.addEventListener("resize", winResize);
  </script>
</body>
</html>
```

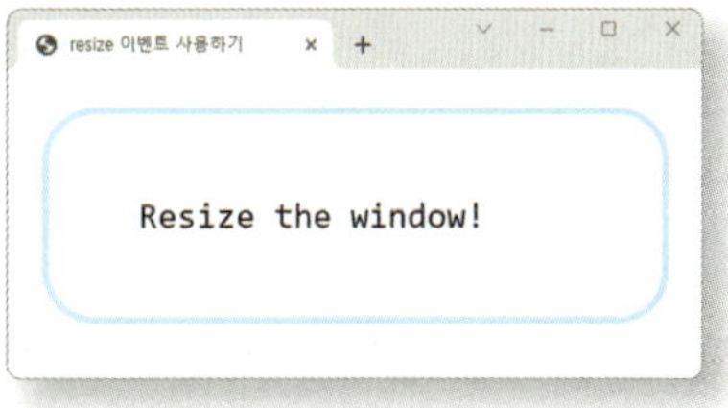

4. scroll 이벤트

[예제 9-11]은 `scroll` 이벤트를 사용하여 스크롤바가 움직일 때마다 배경의 색상이 변한다. **`height: 600vh`**는 위아래로 스크롤바를 움직일 수 있을 만큼 웹 페이지를 길게 만든다. vh는 'viewport height(뷰포트 높이)'의 약자이며 사용자 웹 페이지의 화면 높이를 나타낸다. 100vh는 사용자 화면 높이의 100%를 의미한다. 600vh는 사용자 화면 높이의 6배로 길쭉한 영역을 만든다. vh에 대해서는 10장 2절에서 반응형 웹 페이지와 함께 자세히 설명한다.

예제 9-11 **scroll 이벤트 사용하기** ex9-11.html

```
<!DOCTYPE html>
<html>
<head>
  <meta charset="UTF-8">
  <title>scroll 이벤트 사용하기</title>
  <style>
    body {
      height: 600vh;    /* vh는 화면의 높이 */
      text-align: center;
      transition: background-color 0.5s;
    }
  </style>
</head>
<body>
  <h3>스크롤바를 움직이면 배경색이 변함!</h3>
  <script>
    document.addEventListener("scroll", function() {
      let p = window.scrollY;
      document.body.style.backgroundColor
        = "rgb(" + p % 255 + "," + (255 - p % 255) + ", 200)";
    });
  </script>
</body>
</html>
```

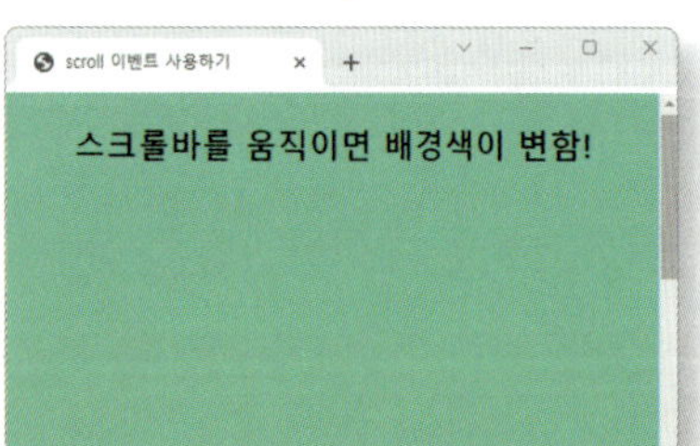

document.addEventListener("scroll", function() {})를 사용하여 scroll 이벤트를 이벤트 핸들러와 연결한다. 좌우의 스크롤 값은 scrollX가 가지고 있으며, 위아래 스크롤 값은 scrollY가 가지고 있다. [예제 9-11]은 위아래 스크롤 값인 scrollY를 사용한다.

나머지 연산자 %를 사용하여 p % 255를 연산하면 0부터 254까지의 정수를 얻는다. 이를 rgb() 함수에 넣어서 배경색을 변경한다. 따라서 스크롤할 때마다 배경색이 변한다. 참고로 보기 좋은 색상을 만들기 위하여 빨강은 p % 255를 사용하고, 녹색은 (255 - p % 255)를 사용하며, 파랑은 200으로 고정했다.

3 입력 이벤트

사용자 입력과 관련하여 다양한 이벤트들이 있다. 첫 번째로 살펴볼 이벤트는 focus와 blur 이벤트이다. focus는 마우스로 입력창을 클릭하여 입력이 준비된 상태이다. blur는 focus의 반대로, 입력창에서 마우스 포커스가 벗어난 상태이다.

1. focus와 blur 이벤트

[예제 9-12]는 입력에 대하여 focus와 blur 이벤트를 사용하여 placeholder에 저장된 입력창 안의 지시문을 변경한다. focus의 경우 CSS의 가상 선택자 :focus를 이용하여 모양을 변경할 수 있었다. [예제 9-12]는 focus와 blur 이벤트를 이용하여 모양뿐 아니라 지시문까지도 변경한다.

예제 9-12 **focus와 blur 이벤트 사용하기** ex9-12.html

```
<!DOCTYPE html>
<html>
<head>
  <meta charset="UTF-8">
  <title>focus와 blur 이벤트 사용하기</title>
  <style>
    body { text-align: center; }
    #inputField {
      padding: 10px;
      font-size: 16px;
      outline: none;
      border: 2px solid #3498db;
    }
    #inputField:focus { border: 2px dotted #e74c3c; }
  </style>
</head>
```

```
<body>
  <input type="text" id="inputField" placeholder="클릭하세요!">
  <script>
    const inputField = document.getElementById("inputField");

    inputField.addEventListener("focus", function() {
      inputField.placeholder = "입력하세요";
    });

    inputField.addEventListener("blur", function() {
      inputField.placeholder = "클릭하세요!";
    });
  </script>
</body>
</html>
```

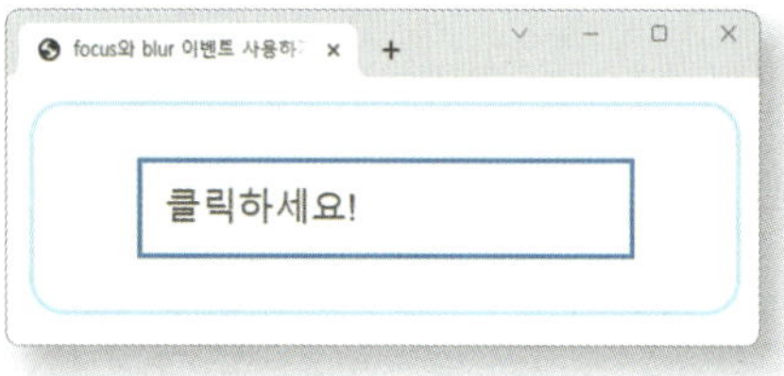

focus 이벤트 발생 전

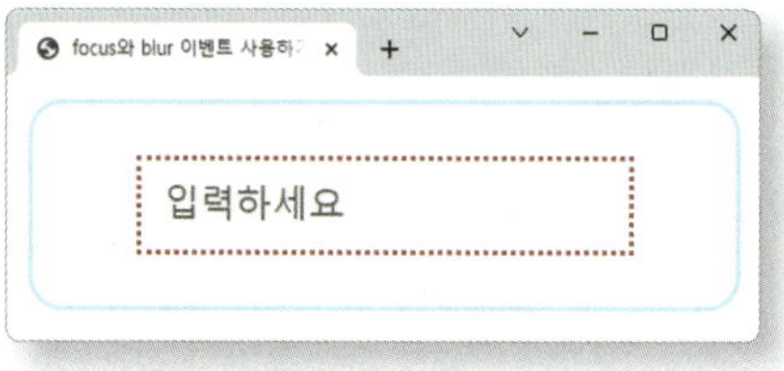

focus 이벤트 발생 후

처음에는 입력창의 파란색 테두리 안에 placeholder에 저장된 지시문 '클릭하세요!'가 표시된다. 이러한 입력창 태그에 inputField.addEventListener("focus", function() {})을 사용하여 focus 이벤트를 등록하고, inputField.addEventListener("blur", function() {})을 사용하여 blur 이벤트를 등록한다.

focus 이벤트가 발생하면 가상 선택자 #inputField:focus로 지정한 CSS에 따라 입력창 테두리가 빨간색 점선으로 변한다. 또한 이벤트 핸들러 함수의 inputField.placeholder = "입력하세요"가 실행되어 입력창 안의 지시문이 '입력하세요'로 변경된다. 포커스가 입력창을 벗어나 blur 이벤트가 발생하면 입력창 테두리가 파란색으로 돌아오고, 이벤트 핸들러 함수의 inputField.placeholder = "클릭하세요!"가 실행되어 지시문은 다시 '클릭하세요!'로 바뀐다.

2. submit과 reset 이벤트

submit과 reset 이벤트는 각각 [Submit]과 [Reset] 버튼을 누를 때 발생한다. [예제 9-13]은 submit과 reset 이벤트를 사용하여 전달되는 값을 HTML 화면에 출력하는 코드이다.

예제 9-13 **submit와 reset 이벤트 사용하기** ex9-13.html

```
<!DOCTYPE html>
<html>
<head>
  <meta charset="UTF-8">
  <title>submit와 reset 이벤트 사용하기</title>
  <link rel="stylesheet" href="style_js.css">
  <style>
    body, form { text-align: center; }
    #result { color: #933; }
  </style>
</head>
<body>
  <div>
    <form id="myForm">
      <label for="message">입력하세요:</label>
      <input type="text" id="message" name="message"><br>
      <button type="submit">Submit</button>
      <button type="reset">Reset</button>
    </form>
  </div><hr>
  <div id="result"></div>
  <script>
    let form = document.getElementById("myForm");
    let resultDiv = document.getElementById("result");

    form.addEventListener("submit", function(event) {
      event.preventDefault();          // 폼의 기본 동작을 막음
      let messageInput = document.getElementById("message");
      let message = messageInput.value;
      resultDiv.innerText = "You typed: " + message;
    });
    form.addEventListener("reset", function() {
      resultDiv.innerText = "Form reset!";
    });
  </script>
</body>
</html>
```

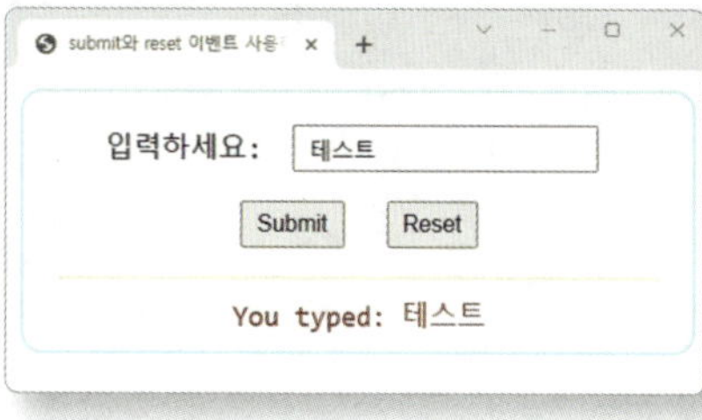

submit 이벤트 발생 후

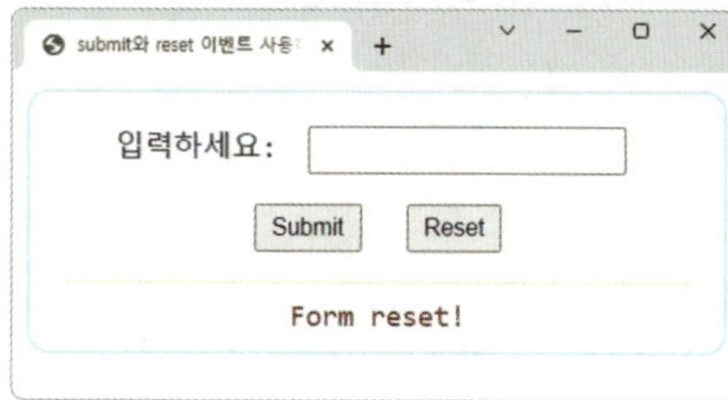

reset 이벤트 발생 후

form.addEventListener("submit", function(event) {})로 웹 폼 객체에 submit 이벤트를 등록한다. form 태그는 [Submit] 버튼을 누를 때 가지고 있는 값을 서버에게 전달하는 것이 기본 동작이다. 따라서 입력된 값을 화면에 출력하려면 preventDefault()를 사용하여 form의 기본 동작을 중지한다. [Submit] 버튼을 누르면 messageInput.value에 보관된 문자를 읽어서 화면에 출력한다.

마찬가지로 form.addEventListener("reset", function() {})으로 웹 폼 객체에 reset 이벤트를 등록한다. [Reset] 버튼을 누르면 resultDiv.innerText = "Form reset!"으로 화면에 'Form reset!'이 출력된다.

3. change 이벤트

change 이벤트는 사용자가 선택을 변경할 때 발생한다. [예제 9-14]는 change 이벤트를 사용하여 드롭박스 웹 폼에서 변경된 옵션을 출력하는 코드이다. selectBox.addEventListener("change", function() {})으로 select 변수에 change 이벤트를 등록한다. 사용자가 옵션을 선택할 때마다 선택된 옵션값이 화면에 출력된다.

예제 9-14 **change 이벤트 사용하기** ex9-14.html

```
<!DOCTYPE html>
<html>
<head>
  <meta charset="UTF-8">
  <title>change 이벤트 사용하기</title>
  <link rel="stylesheet" href="style_js.css">
  <style>
    body, form { text-align: center; }
    #result { color: #933; }
```

```
  </style>
</head>
<body>
  <div>
    <label for="selectBox">가장 좋아하는 과일은?:</label>
    <select id="selectBox">
      <option value="사과">사과</option>
      <option value="바나나">바나나</option>
      <option value="망고">망고</option>
    </select>
  </div><hr>
  <div id="result"></div>
  <script>
    let selectBox = document.getElementById("selectBox");
    let resultDiv = document.getElementById("result");

    selectBox.addEventListener("change", function() {
      let select = selectBox.options[selectBox.selectedIndex].value;
      resultDiv.innerText = "좋아하는 과일은: " + select;
    });
  </script>
</body>
</html>
```

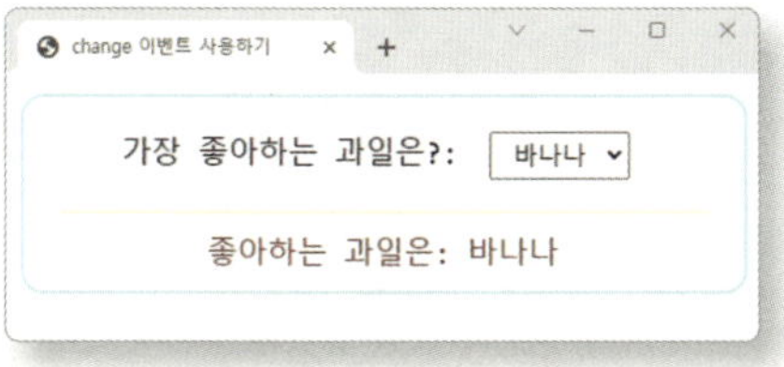

4 키보드 이벤트

키보드 이벤트는 키보드를 누를 때 발생한다. 키보드 관련 이벤트와 연결되는 이벤트 핸들러의 경우 매개변수로 키보드 객체를 얻는다. 키보드 객체는 현재 눌려진 키를 값으로 갖는다.

[예제 9-15]는 keydown 이벤트를 사용하여 키보드의 좌우 화살표 키 방향대로 이미지를 이동시키는 코드이다. 화살표 함수 document.addEventListener("keydown", (event) => {}를 사용하여 document 변수에 keydown 이벤트를 등록한다. 매개변수는 event 객체 안의 event.key

로, 누른 키의 값이 들어 있다. [←]를 누르면 값이 ArrowLeft이며, [→]는 ArrowRight이다. 값이 ArrowLeft면 moveImage(-10)을 호출하여 이미지를 왼쪽으로 10px 이동시키고, ArrowRight면 moveImage(10)을 호출하여 이미지를 오른쪽으로 10px 이동시킨다.

예제 9-15 **키보드 좌우 화살표 키 사용하기** ex9-15.html

```
<!DOCTYPE html>
<html>
<head>
  <meta charset="UTF-8">
  <title>키보드 좌우 화살표 키 사용하기</title>
  <link rel="stylesheet" href="style_js.css">
</head>
<body>
  <h4>좌우 화살표 키를 눌러 보세요</h4><hr>
  <img id="largerImage" src="../media/photo7.jpg">
  <script>
    const image = document.getElementById("largerImage");
    let wb = 0;

    document.addEventListener("keydown", (event) => {
      if (event.key == "ArrowLeft")
        moveImage(-10);
      else if (event.key == "ArrowRight")
        moveImage(10);
    });
    function moveImage(m) {
      wb = wb + m;
      if ( wb < 0 ) wb = 0;
      else if ( wb > 450 ) wb = 450;
      image.style.transform = `translateX(${wb}px)`;
    }
  </script>
</body>
</html>
```

`moveImage(m)` 때문에 이미지가 화면을 벗어나는 것을 방지하기 위하여 `wb`가 0보다 작으면 0으로, 450보다 크면 450으로 값을 고정한다. 좌우 화살표 키를 누르면 X 좌표가 0과 450 사이로 고정되어 이미지가 옆으로 이동한다.

TIP [예제 9-15]를 다른 예제와 같이 오른쪽 `iframe`에서 실행하면 사용자가 오른쪽 창을 클릭한 이후에야 키보드 이벤트가 작동한다. 그래서 새로운 창에서 [예제 9-15]가 실행되도록 했다.

요약

01 HTML에서는 이벤트 리스너를 통해 이벤트가 발생했음을 알 수 있다. 이벤트 이름 앞에 on을 붙이면 이벤트 리스너가 된다. 이벤트 핸들러는 이벤트 리스너에 연결되는 함수이다.

02 이벤트 리스너에 이벤트 핸들러 함수를 연결하면 매개변수로 객체를 전달한다. 전달되는 객체에는 이벤트에 대한 다양한 정보가 들어 있다.

03 태그의 속성에 **이벤트 리스너="함수()"**의 형태로 이벤트 리스너를 연결한다. 여기서 **함수()**가 이벤트 핸들러이다. 객체에 직접 이벤트를 추가하거나 객체 하나에 이벤트 여러 개를 등록할 수 있다. 또한 `addEventListener()`로도 객체에 이벤트를 등록할 수 있다.

04 이벤트는 태그의 계층 구조를 따라 전파된다. 버블링은 이벤트가 안쪽 태그에서 바깥쪽 태그로 전파되는 방식이다. 캡처링은 이벤트가 바깥쪽 태그에서 안쪽 태그로 전파되는 방식이다. 기본값은 버블링이며, `stopPropagation()` 메서드는 전파를 중지한다.

05 마우스 관련 이벤트는 다음과 같다. 이벤트 속성 `clientX`와 `clientY`에는 마우스 커서의 현재 X축 좌표와 Y축 좌표가 저장되어 있다. 마우스 휠은 기본적으로 웹 페이지의 위아래 스크롤 이벤트에 연결되어 있으므로 `wheel` 이벤트를 다른 곳에 사용하려면 `event.preventDefault()`로 이미 연결된 이벤트를 제거해야 한다. 속성 `deltaX`와 `deltaY`에 휠이 움직인 양이 수치로 저장되어 있다.

종류	이벤트	이벤트 리스너	내용
마우스	click	onclick	마우스 왼쪽 버튼을 클릭할 때 발생
	dblclick	ondblclick	마우스 왼쪽 버튼을 2번 클릭할 때 발생
	mouseover	onmouseover	마우스 커서를 태그 요소에 올릴 때 발생
	mouseout	onmouseout	마우스 커서를 태그 요소에서 내릴 때 발생
	mousedown	onmousedown	마우스 왼쪽 버튼을 누르는 순간에 발생
	mouseup	onmouseup	마우스 왼쪽 버튼 누르기를 끝낼 때 발생
	mousemove	onmousemove	마우스가 움직일 때 발생
	wheel	onwheel	마우스 휠이 움직일 때 발생

06 윈도우, 입력, 키보드, 터치 관련 이벤트는 다음과 같다.

종류	이벤트	이벤트 리스너	내용
윈도우	load	onload	페이지 또는 리소스가 로드될 때 발생
	unload	onunload	페이지가 언로드되기 전에 발생
	resize	onresize	브라우저 창의 크기를 변경할 때 발생
	scroll	onscroll	브라우저 스크롤을 움직일 때 발생
입력	focus	onfocus	태그 요소가 포커스를 받을 때 발생
	blur	onblur	태그 요소가 포커스를 잃을 때 발생
	submit	onsubmit	웹 폼을 제출할 때 발생
	reset	onreset	웹 폼을 초기화할 때 발생
	change	onchange	입력 필드의 값을 변경할 때 발생
키보드	keydown	onkeydown	키보드의 키를 누르는 순간에 발생
	keyup	onkeyup	키보드의 키 누르기를 끝낼 때 발생
	keypress	onkeypress	문자를 입력할 때 발생
터치	touchstart	ontouchstart	화면에 손가락을 올리는 순간에 발생
	touchmove	ontouchmove	화면에 올린 손가락을 움직일 때 발생
	touchend	ontouchend	화면에서 손가락을 뗄 때 발생

연습문제

01 이벤트와 연결된 이벤트 리스너 앞에 공통적으로 붙는 단어는 무엇인가?

① on ② event

③ handler ④ front

02 이벤트에 연결되어 이벤트를 처리하는 함수를 가리키는 단어는 무엇인가?

① 이벤트 객체 ② 이벤트 매개변수

③ 이벤트 리스너 ④ 이벤트 핸들러

03 마우스로 더블클릭할 때 발생하는 이벤트는 무엇인가?

① `dblclick` ② `doubleclick`

③ `clickclick` ④ `mouseover`

04 마우스 커서를 태그 요소에 올릴 때 발생하는 이벤트는 무엇인가?

① `onmouse` ② `mouseover`

③ `mouseon` ④ `overmouse`

05 마우스 커서를 태그 요소에서 내릴 때 발생하는 이벤트는 무엇인가?

① `mouseover` ② `mouseout`

③ `mouseoff` ④ `endmouse`

06 마우스 왼쪽 버튼 누르기를 끝낼 때 발생하는 이벤트는 무엇인가?

① `mousedown` ② `mouseout`

③ `clickout` ④ `mouseup`

07 마우스 휠이 움직일 때 발생하는 이벤트는 무엇인가?

① `wheel` ② `mousewheelout`

③ `wheeldown` ④ `wheelup`

08 `mousemove` 이벤트로부터 받은 객체에서 마우스 커서의 X 좌표는 어디에 있는가?

① `clientX` ② `clientY`

③ `deltaX` ④ `deltaY`

09 `wheel` 이벤트로부터 받은 객체에서 마우스 휠의 Y축 방향 변화량은 어디에 있는가?

① `clientX` ② `clientY`

③ `deltaX` ④ `deltaY`

10 이벤트가 바깥쪽 태그에서 안쪽 태그로 전파되는 방식을 가리키는 단어는 무엇인가?

① unload ② 캡처링

③ 버블링 ④ 이벤트 핸들링

11 이벤트 전파 방향의 기본값은 무엇인가?

① 이벤트 리스닝 ② 캡처링

③ 버블링 ④ unload

12 다음 중 이벤트 전파를 중지하는 메서드는 무엇인가?

① `stopPropagation()` ② `preventDefault()`

③ `getElementById()` ④ `addEventListener()`

13 마우스 휠의 동작에 기본적으로 연결된 `wheel` 이벤트를 제거하는 메서드는 무엇인가?

① `stopPropagation()` ② `preventDefault()`

③ `getElementById()` ④ `addEventListener()`

14 웹 페이지를 처음 화면에 나타낼 때 발생하는 이벤트는 무엇인가?

① `load` ② `unload`

③ `scroll` ④ `resize`

15 웹 페이지의 스크롤바를 움직일 때 발생하는 이벤트는 무엇인가?

① load ② unload

③ scroll ④ resize

16 웹 페이지의 스크롤바를 오른쪽으로 움직였을 때 움직인 양을 나타내는 수치가 어디에 저장되는가?

① 스크롤 객체의 scrollX ② 마우스 객체의 scrollY

③ 휠 객체의 deltaX ④ 스크롤 객체의 clientX

17 입력 관련 이벤트 중 태그 요소가 포커스를 받았을 때 발생하는 이벤트는 무엇인가?

① focus ② blur

③ submit ④ change

18 입력 관련 이벤트 중 웹 폼을 제출할 때 발생하는 이벤트는 무엇인가?

① focus ② blur

③ submit ④ change

19 입력 관련 이벤트 중 웹 폼을 초기화할 때 발생하는 이벤트는 무엇인가?

① reset ② blur

③ submit ④ change

20 키보드의 키 누르기를 끝낼 때 발생하는 이벤트는 무엇인가?

① focus ② blur

③ keyup ④ change

21 이미지를 클릭할 때마다 이미지가 한 바퀴 회전하도록 <script> </script> 태그 안을 완성하시오.

```
<!DOCTYPE html>
<html>
<head>
  <meta charset="UTF-8">
  <link rel="stylesheet" href="style_js.css">
  <style>
    body { text-align: center; }
    #rotateImage { transition: transform 1s; }
  </style>
</head>
<body>
  <h4>이미지를 클릭해보세요</h4><hr>
  <img id="rotateImage" src="../media/photo1.jpg" onclick="rotate()">
  <script>



  </script>
</body>
< /html>
```

22 mouseover와 mouseout 이벤트를 등록하여 마우스가 이미지 위로 올라오면 이미지가 사라지고 벗어나면 원래 상태로 돌아오도록 <script> </script> 태그 안을 완성하시오.

```
<!DOCTYPE html>
<html>
<head>
  <meta charset="UTF-8">
  <link rel="stylesheet" href="style_js.css">
  <style>
    body { text-align: center; }
    #rotateImage { transition: transform 1s; }
  </style>
</head>
<body>
  <h4>마우스를 이미지에 올렸다가 치워보세요</h4><hr>
  <img id="rotateImage" src="../media/photo2.jpg">
  <script>



  </script>
</body>
</html>
```

23 mousemove 이벤트를 사용하여 이미지가 마우스를 쫓아다니도록 <script> </script> 태그 안을 완성하시오.

```
<!DOCTYPE html>
<html>
<head>
  <meta charset="UTF-8">
  <style>
    body { overflow: hidden; }
    #followMouse { transition: transform 1s linear; }
  </style>
</head>
<body>
  <img id="followMouse" src="../media/photo3.png">
  <script>



  </script>
</body>
</html>
```

24 다음 코드를 실행하고 자식 태그 영역을 클릭했을 때의 출력 결과를 설명하시오.

```
<!DOCTYPE html>
<html>
<head>
  <meta charset="UTF-8">
  <style>
    div {
      padding: 40px;
      border: 1px solid #c9a;
      margin: 20px;
    }
  </style>
</head>
<body>
  <div id="parent">div 부모 태그
    <div id="child">div 자식 태그</div>
  </div>
  <script>
    document.getElementById("parent").addEventListener("click", function()
      { alert("부모 요소 클릭"); });
    document.getElementById("child").addEventListener("click", function()
      { alert("자식 요소 클릭"); });
  </script>
</body>
</html>
```

25 다음 코드를 실행하고 자식 태그 영역을 클릭했을 때의 출력 결과를 설명하시오.

```
<!DOCTYPE html>
<html>
<head>
  <meta charset="UTF-8">
  <style>
    div {
      padding: 40px;
      border: 1px solid #c9a;
      margin: 20px;
    }
  </style>
</head>
<body>
  <div id="parent">div 부모 태그
    <div id="child">div 자식 태그</div>
  </div>
  <script>
    document.getElementById("parent").addEventListener("click", function()
      { alert("부모 요소 클릭"); }, true);
    document.getElementById("child").addEventListener("click", function()
      { alert("자식 요소 클릭"); }, true);
  </script>
</body>
</html>
```

26 다음 코드는 어떻게 작동하는지 설명하시오.

```
<!DOCTYPE html>
<html>
<head>
  <meta charset="UTF-8">
  <style>
    body { text-align: center; }
    #loadingImage { transition: transform 0.5s; }
  </style>
</head>
<body>
  <img id="loadingImage" src="../media/photo6.png">
  <script>
    const image = document.getElementById("loadingImage");
    image.addEventListener("load", function() {
      image.style.transform = "rotate(360deg)"
    });
  </script>
</body>
</html>
```

27 키보드의 좌우 화살표 키를 누르면 이미지가 그 방향으로 10px 이동하도록 <script> </script> 태그 안을 완성하시오.

```
<!DOCTYPE html>
<html>
<head>
  <meta charset="UTF-8">
  <link rel="stylesheet" href="style_js.css">
</head>
<body>
  <h4>좌우 화살표 키를 눌러보세요</h4><hr>
  <img id="largerImage" src="../media/photo7.jpg">

  <script>



  </script>

</body>
</html>
```

CHAPTER 10

브라우저 객체모델과 반응형 웹

학습 목표

- 브라우저 작동과 관련된 브라우저 객체모델에 대하여 학습한다.
- 미디어 쿼리와 뷰포트의 특징을 이해한다.
- flex와 grid 레이아웃을 사용하여 반응형 웹을 만드는 방법을 살펴본다.

- 브라우저 객체모델 다루기
  - 브라우저 객체모델
  - window 객체 사용하기
    - 윈도우 열고 닫기
    - 윈도우의 크기 지정하기
    - 시간 관련 메서드
    - 윈도우 조작 메서드
  - BOM의 기타 객체 사용하기
- 반응형 웹 만들기
  - 반응형 웹
    - 반응형 웹 페이지와 미디어 쿼리
    - 뷰포트 단위
  - flex 레이아웃
    - flex 가로 레이아웃
    - flex 세로 레이아웃
  - grid 레이아웃
    - grid 레이아웃의 단위
    - 박스에 이름을 붙인 grid 레이아웃
    - @media와 반응형 grid

SECTION 01

브라우저 객체모델 다루기

1 브라우저 객체모델

브라우저 객체모델 Browser Object Model, **줄여서 BOM은 웹 브라우저가 제공하는 객체모델**이다. 앞에서 배웠던 Array, String, Date 객체나 문서 객체모델인 document 객체 이외의 나머지 객체가 모두 브라우저 객체모델에 속한다.

브라우저 객체모델에 속한 객체들은 웹 브라우저의 작동과 관련 있다. 앞에서 웹 브라우저에서 사용자의 입력을 받는 prompt()나 사용자에게 메시지를 보여주는 alert()가 브라우저 객체의 메서드였다. 새로운 웹 브라우저 창을 만든다거나, 웹 브라우저 창의 현재 크기 정보를 얻는다거나, 방문 기록을 조작할 때에도 브라우저 객체를 사용한다.

브라우저 객체는 최상위 객체인 window에 속하는데, window를 생략하고도 사용할 수 있다. 앞에서 window.alert()나 window.prompt()와 같은 메서드를 alert()와 prompt()와 같이 window를 생략하고 사용했다. 사실 지금까지 사용한 문서 객체 document도 정확하게는 window.document인데 window를 생략한 것이다.

브라우저 객체모델에 공식적인 표준은 없다. 따라서 웹 브라우저 종류나 운영체제 종류에 따라 지원되는 객체도 있고, 지원되지 않는 객체도 있다. [표 10-1]은 브라우저 객체모델에서 사용하는 일반적인 객체들이다. document 객체에 대해서는 9장에서 설명한다. 이 장에서는 자주 사용하는 window 객체에서부터 윈도우 하위 객체까지 설명하고자 한다.

표 10-1 **브라우저 객체모델의 객체들**

객체	설명
document	HTML 문서 객체
navigator	웹 브라우저 자체에 속한 객체
screen	사용자 화면 관련 객체
history	방문 기록을 가진 객체
location	URL 정보를 가진 객체
frames	프레임 정보를 가진 객체

2 window 객체 사용하기

1. 윈도우 열고 닫기

window 객체를 사용하여 새로운 웹 브라우저 윈도우(창)를 열거나 닫을 수 있다. 윈도우를 열거나 닫는 방법에 대해 알아보자.

▪ 윈도우 열기 open()

window.open()은 새 윈도우를 여는 메서드이다. window.open()은 다음과 같이 매개변수 3개를 가진다.

```
window.open(URL, Name, Feature)
```

❶ **URL**: 새로 열리는 창의 주소를 입력한다. 'http://naver.com'과 같이 인터넷 URL을 넣어도 되고, 'ex10-1.html'과 같이 경로를 포함한 HTML 파일의 위치를 넣어도 된다. 아무것도 지정하지 않으면 비어 있는 새 창이 열린다.

❷ **Name**: 윈도우 이름을 입력함으로써 사용자가 임의로 이름을 지정할 수 있다. 2장의 <a> 태그에서 설명했듯이, 웹 페이지를 표시할 위치에 따라 Name 값을 4가지로 지정한다. _self는 현재 창을 지우고 새로운 창을 연다. _blank는 새로운 창을 만든다. _parent는 부모 창에서 새로운 웹 페이지를 보여주며, _top은 최상단 창에서 웹 페이지를 연다.

표 10-2 **웹 페이지를 표시할 위치를 지정하는 Name 값**

Name 값	내용
_self	웹 페이지를 현재 창에서 보여줌
_blank	웹 페이지를 새 창에서 보여줌
_parent	웹 페이지를 부모 창에서 보여줌. 부모 창이 없으면 _self와 동일
_top	최상단 창에서 보여줌. 최상단 창이 없으면 _self와 동일

❸ **Feature**: 새로 만들어지는 창의 모양이나 특징 등의 속성을 지정한다. 속성을 여러 개 지정하려면 쉼표(,)로 연결한다.

표 10-3 window 객체의 속성을 지정하는 Feature 값

Feature 값	내용
width	윈도우의 폭
height	윈도우의 높이
left	윈도우의 X축 위치
top	윈도우의 Y축 위치
resizable	크기 조절 가능 여부
location	메뉴바 표시 여부
scrollbars	수직, 수평 스크롤바 표시 여부
status	윈도우 하단 상태바 표시 여부
toolbar	툴바의 표시 여부

다음은 window.open()을 사용하여 내용이 비어 있는 새 창을 여는 두 가지 코드이다. 코드를 실행하면 [그림 10-1]과 같은 창이 만들어진다. 첫 번째 코드가 여는 새 창의 폭은 700px, 높이는 400px이며, 만들어지는 위치는 화면의 왼쪽 끝에서 10px, 위쪽 끝에서 10px 떨어진 지점이다. 두 번째 코드처럼 window를 생략하고 open()만 사용해도 결과는 같다.

```
nw = window.open("", "_blank", "width=700, height=400, left=10, top=10");
nw = open("", "_blank", "width=700, height=400, left=10, top=10");
```

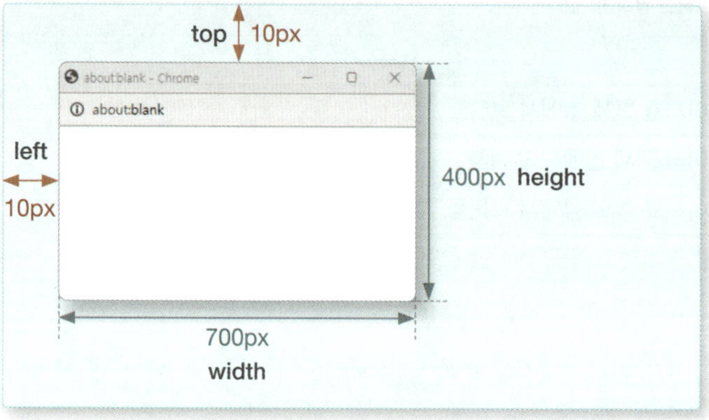

그림 10-1 새로 열리는 창의 위치

nw에는 window.open()으로 새로 만들어진 창의 객체가 담긴다. 앞서 document.write()는 웹 브라우저 창에 문자를 출력할 때 사용했었다. 따라서 새로운 창 nw에 문자를 출력하려면 다음과 같이 작성한다.

```
nw.document.write("<h2>여기는 새 창</h2>");
```

[예제 10-1]은 open()을 사용하여 새 창을 만드는 예제이다. nw = open()을 입력했기 때문에 새 창을 열었을 때 nw가 새 창의 객체 정보를 가진다. document.write()는 기존 창에 문자를 출력하며, nw.document.write()는 새로운 창에 문자를 출력한다.

예제 10-1 **윈도우 열기** ex10-1.html

```
<!DOCTYPE html>
<html>
<head>
  <meta charset="UTF-8">
  <title>윈도우 열기</title>
  <link rel="stylesheet" href="style_js.css">
  <style>
    a { text-decoration-line: none; }
   </style>
</head>
<body>
  <a href="#" onclick="openWin()">누르면 새 창이 열립니다.</a><hr>
  <script>
     function openWin() {
      let nw = open("", "_blank", "width=700, height=400, left=10, top=10");
      document.write("<h2>새로운 창이 열렸음</h2>");
      nw.document.write("<h2>여기는 새 창</h2>");
    }
  </script>
</body>
</html>
```

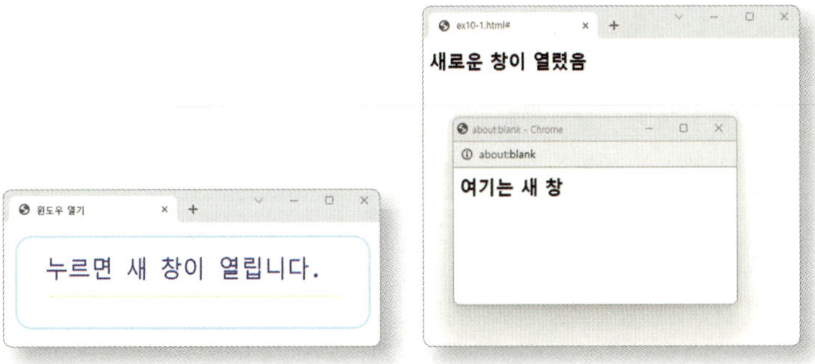

새 창을 열기 전 새 창이 열린 후

■ **윈도우 닫기 close()**

각 브라우저 객체는 창을 닫는 close() 메서드를 가지고 있다. 따라서 nw = open()을 사용하여 연 창은 nw.close()를 사용하여 닫는다.

```
nw = open("", "_blank", "width=700, height=400, left=10, top=10");
nw.close();
```

[예제 10-2]는 창을 열고 다시 닫는 코드이다. 객체를 담는 변수 nw는 함수 openWin()뿐만 아니라 closeWin()에서도 사용하는 변수이므로 전역변수로 선언한다.

예제 10-2 윈도우 닫기 ex10-2.html

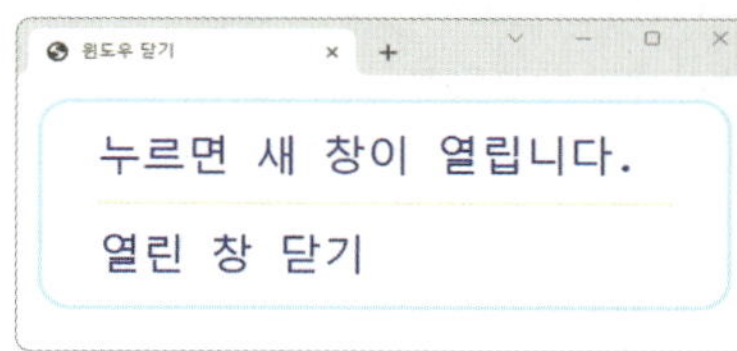


```
<!DOCTYPE html>
<html>
<head>
  <meta charset="UTF-8">
  <title>윈도우 닫기</title>
  <link rel="stylesheet" href="style_js.css">
  <style>
    a { text-decoration-line: none; }
   </style>
</head>
<body>
  <a href="#" onclick="openWin()">누르면 새 창이 열립니다.</a><hr>
  <a href="#" onclick="closeWin()">열린 창 닫기</a>
  <script>
    let nw;
    function openWin() {
      nw = open("", "_blank", "width=700, height=400, left=10, top=10");
      nw.document.write("<h2>여기는 새 창</h2>");
    }
    function closeWin() {
      if (nw)                    // 창이 존재하면 nw == true
        nw.close();
    }
  </script>
</body>
</html>
```

창이 열리지 않았을 수도 있고, 창을 열었으나 사용자가 닫았을 수도 있으니 nw.close()를 사용하기 전에 창이 존재하는지 반드시 확인해야 한다. 창이 열려 있으면(창이 존재하면) nw 값이 true이고, 닫혀 있으면 nw 값이 false이다. 따라서 if (nw)는 창이 열려 있는 경우에만 nw.close()를 실행한다.

2. 윈도우의 크기 얻기

사용자가 윈도우의 크기를 늘이거나 줄였을 때 변경된 윈도우 크기에 맞는 작업을 할 수 있다. 윈도우의 크기를 얻는 방법은 다음과 같다.

■ 윈도우의 폭 innerWidth

윈도우의 폭 정보를 가지고 있는 window 객체의 속성은 window.innerWidth이다. [예제 10-3]은 윈도우의 폭에 따라 폰트의 크기를 변화시키는 예제이다.

예제 10-3 윈도우의 폭 이용하기 ex10-3.html

```
<!DOCTYPE html>
<html>
<head>
  <meta charset="UTF-8">
  <title>윈도우의 폭 이용하기</title>
  <style>
    div {
      background: #ffe;
      border: 1px solid #9cc;
      padding: 10px 30px;
    }
    .flex_font { font-size: 20px; }
  </style>
</head>
<body>
  <div><b>innerWidth 미사용:</b> 웹 브라우저 창을 양옆으로
    늘이거나 줄여도 폰트의 크기가 변하지 않음</div>
  <div class="flex_font" id="resizeFont"><b>innerWidth 사용: </b>
    웹 브라우저 창을 양옆으로 늘이거나 줄이면 창 크기에 따라 폰트의 크기가 변함</div>
  <script>
    function adjustFont() {
      const width = window.innerWidth;
      const divBox = document.getElementById('resizeFont');
```

```
    if (width <= 700 && width > 600)
      divBox.style.fontSize = '16px';
    else if (width <= 600)
      divBox.style.fontSize = '12px';
    else
      divBox.style.fontSize = '20px';
  }
  adjustFont();
  window.addEventListener('resize', adjustFont);
</script>
</body>
</html>
```

윈도우의 폭은 `width = window.innerWidth`를 사용하여 얻는다. window를 생략한 `width = innerWidth`와 같은 의미이다. 창의 폭이 600px보다 크고 700px 이하이면 폰트가 16px이 되고, 600px 이하이면 12px이 되고, 700px보다 크면 20px이 된다. `window.addEventListener('resize', adjustFont)`는 `resize` 이벤트가 발생할 때마다 `adjustFont()`를 실행시킨다. 예제에서는 `addEventListener()`가 `window` 객체에 속한 메서드임을 보여주기 위하여 `window`를 생략하지 않고 사용했다. 예제를 실행한 후 창의 폭을 늘이거나 줄이면 폰트 크기가 변한다. 2절에서 반응형 웹을 배우면서 [예제 10-3]을 더 간단하게 변형해보겠다.

▪ 윈도우의 높이 innerHeight

윈도우의 높이 정보를 가지고 있는 속성은 `window.innerHeight`이다. [예제 10-4]는 윈도우의 높이에 따라 배경색을 변화시키는 예제이다. 예제에서 각 `div` 박스의 높이는 48vh로 설정했는데, 사용자 화면 높이의 48%를 의미한다. 윈도우의 창의 높이는 `height = window.innerHeight`를 통해 얻는다. 여기서 `window`를 생략한 `height = innerHeight`와도 같은 의미이다.

예제 10-4 윈도우의 높이 이용하기 ex10-4.html

```
<!DOCTYPE html>
<html>
<head>
  <meta charset="UTF-8">
  <title>윈도우의 높이 이용하기</title>
  <style>
    div {
      height: 48vh;
```

```
      background: #ffe;
      border: 1px solid #9cc;
    }
    .flex_h { background: #fbb; }
  </style>
</head>
<body>
  <div><b>innerHeight 미사용</b><br> 창을 위아래로 늘이거나 줄여보자</div>
  <div class="flex_h" id="changeColor"><b>innerHeight 사용</b><br>
    창을 위아래로 늘이거나 줄여보자</div>
  <script>
    function adjustHeight() {
      const height = window.innerHeight;
      const divBox = document.getElementById('changeColor');

      if (height <= (window.screen.height * 0.5) && height >
        (window.screen.height * 0.3))
        divBox.style.background = '#bfb';
      else if (height <= (window.screen.height * 0.3))
        divBox.style.background = '#bbf';
      else
        divBox.style.background = '#fbb';
    }
    adjustHeight();
    addEventListener('resize', adjustHeight);
  </script>
</body>
</html>
```

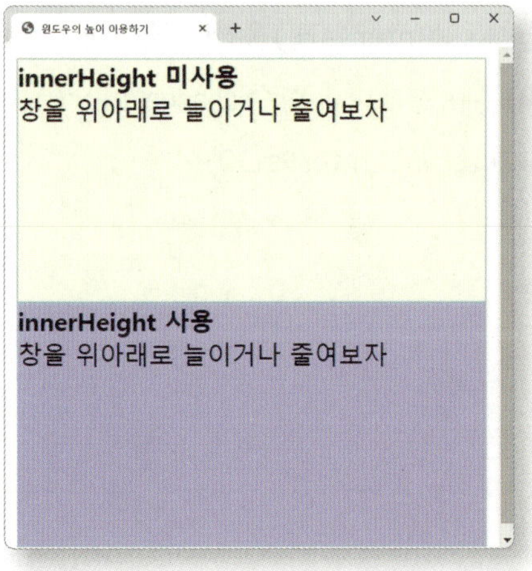

예제에서 윈도우의 높이가 window.screen.height * 0.5보다 작거나 같고 window.screen.height * 0.3보다 크면 배경색이 연녹색이 된다. 여기서 screen.height는 사용자 스크린의 크기를 나타내는데, screen 객체에 대해서는 나중에 설명한다. window.screen.height * 0.3 이하이면 배경이 연보라색이 되고 window.screen.height * 0.5를 넘으면 배경이 붉은색이 된다. addEventListener('resize', adjustHeight)는 resize 이벤트가 발생할 때마다 adjustHeight()를 실행시킨다. 예제가 실행된 후, 윈도우의 높이를 늘이거나 줄이면 배경색이 변한다. 2절에서 반응형 웹을 배우면서 [예제 10-4]를 더 간단하게 변형할 예정이다.

3. 시간 관련 메서드

윈도우 객체에는 실행 시간과 관련 있는 setTimeout()과 setInterval() 메서드가 있다. setTimeout(func, msec)에서 msec는 밀리초이므로 msec 자리에 1,000을 입력하면 1초 후에 함수 func을 실행한다는 의미이다. 또한 setInterval(func, msec)는 func을 msec밀리초마다 주기적으로 실행한다. setTimeout()을 반복문에서 실행하면 setInterval()과 같은 효과를 얻는다. 그런데 setInterval()을 강제로 종료시키지 않으면 영원히 반복한다. 그래서 clearInterval()로 setInterval()을 강제 종료시킨다.

표 10-4 시간 관련 메서드

메서드	내용
setTimeout(func, msec)	일정 시간 이후에 func을 실행함
clearTimeout(ID)	setTimeout()의 작동을 정지시킴
setInterval(func, msec)	일정 시간마다 func을 반복 실행함
clearInterval(ID)	setInterval()의 작동을 정지시킴

▪ 작동 시작 시간 조절하기 setTimeout()

앞서 [예제 8-12]에서 박스 끝을 둥글게 하여 원을 만들 때 setInterval()을 사용했었다. 다음 코드에서 intervalID = setInterval(changeColor, 250)은 0.25초마다 함수 changeColor()를 실행한다. setInterval()의 반복을 멈추는 코드는 clearInterval(intervalID)이다.

```
let intervalID = setInterval(changeColor, 250);

function changeColor() {
  if (++count > 50)
    clearInterval(intervalID);
}
```

[예제 10-5]는 setTimeout()을 사용하여 버튼을 누르면 1초 뒤에 이미지를 화면에 나타낸다. 사용하는 이미지의 위치는 '../media/photo1.jpg'이다. style="display: none"은 맨 처음에 이미지가 화면에 나타나지 않게 한다. 버튼을 눌렀을 때 showImage()가 실행된다.

window.setTimeout() 안의 함수는 이름 없는 함수이다. setTimeout(function(){}, 1000)은 이름 없는 함수를 1초 뒤에 실행시킨다. 이름 없는 함수 안에 있는 document.getElementById("cont").style.display = "block"이 실행되면 숨겨진 이미지가 화면에 나타난다.

예제 10-5 시간 조절하기 ex10-5.html

```
<!DOCTYPE html>
<html>
<head>
  <meta charset="UTF-8">
  <title>시간 조절하기</title>
  <link rel="stylesheet" href="style_js.css">
</head>
<body style="text-align: center">
  <button onclick="showImage()">1초 후 이미지 보기</button>
  <div id="cont" style="display: none"><img src="../media/photo1.jpg"></div>
  <script>
    function showImage() {
      window.setTimeout(function() {
        document.getElementById("cont").style.display = "block";
      }, 1000);
    }
  </script>
</body>
</html>
```

▪ 주기적으로 실행하기 setInterval()

[예제 10-6]은 setInterval()을 사용하여 1초마다 업데이트되는 시계이다. 현재 시각에서 시간을 얻으려면 다음과 같이 코드를 작성한다.

```
const now = new Date();
const hours = now.getHours().toString();                    //현재 시각을 문자로 바꾸기
const hours = now.getHours().toString().padStart(2, '0');  //앞을 0으로 채우기
```

now = new Date()로 시간 객체를 만든 다음 now.getHours().toString()으로 현재 시각을 문자로 바꾼다. 시, 분, 초의 자릿수를 2자리로 맞추기 위하여 1을 01로 표시하는 메서드를 사용한다. padStart(2, '0')는 숫자가 2자리 미만일 때 앞쪽 빈칸을 문자로 채워 2자리로 만드는 메서드이다. 참고로 뒤쪽 빈칸을 문자로 채우는 메서드는 padEnd()이다.

예제 10-6 주기적으로 실행하기 ex10-6.html

```
<!DOCTYPE html>
<html>
<head>
  <meta charset="UTF-8">
  <title>주기적으로 실행하기</title>
  <link rel="stylesheet" href="style_js.css">
</head>
<body style="text-align: center">
  <h2>현재 시각</h2><hr>
  <h1 id="clock">00:00:00</h1>
  <script>
    function updateClock() {
      const now = new Date();
      const hours = now.getHours().toString().padStart(2, '0');
      const minutes = now.getMinutes().toString().padStart(2, '0');
      const seconds = now.getSeconds().toString().padStart(2, '0');
      const clockElement = document.getElementById('clock');
      clockElement.textContent = `${hours}:${minutes}:${seconds}`
    }
    setInterval(updateClock, 1000);
  </script>
</body>
</html>
```

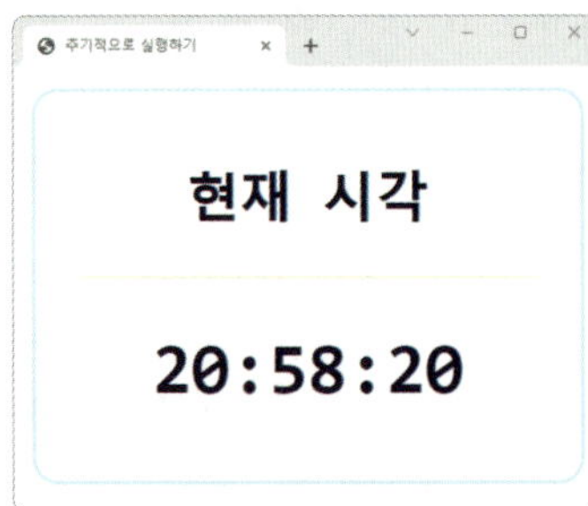

[예제 10-6]에서 hours = now.getHours()로 시간을, minutes = now.getMinutes()로 분을, seconds = now.getSeconds()로 초를 얻는다. setInterval(updateClock, 1000)을 사용하여 1초마다 updateClock()을 실행하면 현재 시각이 화면에 표시된다.

4. 윈도우 조작 메서드

window 객체의 메서드를 이용하여 윈도우를 이동시키거나 스크롤을 조작할 수 있다. 조작하기에 적합한 윈도우를 생성한 다음 메서드를 적용해보자.

▪ 윈도우 이동시키기 moveTo(), moveBy()

moveTo(x, y)는 윈도우를 특정 위치까지 이동시킨다. x는 X축 좌표값이고, y는 Y축 좌표값이다. moveBy(x, y)는 현재 위치를 기준으로 윈도우를 이동시킨다. x는 X축 방향으로 상대적인 이동 거리를 의미하고, y는 Y축 방향으로의 상대적 이동 거리를 의미한다. 음수를 입력하면 반대 방향으로 움직인다.

[예제 10-7]은 moveTo()와 moveBy()를 사용하여 윈도우를 움직이는 예제이다. 현재 윈도우는 움직일 수 없으므로 윈도우를 움직이려면 open()을 사용하여 새 윈도우를 열어야 한다. 새 윈도우를 생성하는 openWin() 함수에서 newWin.moveTo(300, 300)은 윈도우를 왼쪽 끝에서 300px, 위쪽 끝에서 300px 떨어진 지점으로 옮긴다. upWin() 함수에서 newWin.moveBy(0, -10)은 생성한 윈도우를 현재 위치에서 Y축 방향으로 -10px 옮겨 윈도우가 위쪽으로 올라간다. downWin() 함수 안의 newWin.moveBy(0, 10)은 생성된 윈도우를 현재의 위치에서 Y축 방향으로 10px 옮겨 윈도우가 아래쪽으로 내려간다. newWin.close()는 생성된 윈도우를 닫는다.

예제 10-7 윈도우 이동시키기 ex10-7.html

```
<!DOCTYPE html>
<html>
<head>
  <meta charset="UTF-8">
  <title>윈도우 이동시키기</title>
  <link rel="stylesheet" href="style_js.css">
</head>
<body>
  <input type="button" value="윈도우 만들기" onclick="openWin()"><hr>
  <input type="button" value="윈도우 위로" onclick="upWin()"><br>
  <input type="button" value="윈도우 아래로" onclick="downWin()"><hr>
  <input type="button" value="윈도우 닫기" onclick="closeWin()">
  <script>
```

```
    let newWin;
    function openWin() {
      newWin = open("", "", "width=300, height=200");
      newWin.document.write("움직이는 윈도우");
      newWin.moveTo(300, 300);
    }
    function upWin() {
      newWin.moveBy(0, -10);
    }
    function downWin() {
      newWin.moveBy(0, 10);
    }
    function closeWin() {
      if (newWin)
        newWin.close();
    }
  </script>
</body>
</html>
```

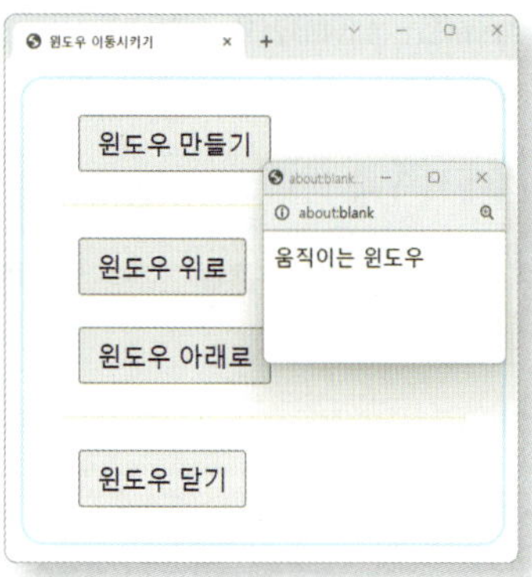

■ **자동 스크롤 scrollTo()와 scrollBy()**

scrollTo(x, y) 메서드는 윈도우에서 자동으로 스크롤을 만든다. 괄호 안에는 도착 지점의 X축 좌표와 Y축 좌표를 입력한다. scrollBy(x, y)는 현재 화면을 기준으로 상대적인 위치로 스크롤을 이동한다. 괄호 안에는 X축과 Y축 방향으로 이동할 상대적인 거리를 입력한다. 만약 음수를 입력하면 반대 방향으로 움직인다. [예제 10-7]은 scrollTo()와 scrollBy()를 사용하여 화면을 자동으로 움직이는 예제이다.

예제 10-8 **자동 스크롤하기** ex10-8.html

```
<!DOCTYPE html>
<html>
<head>
  <meta charset="UTF-8">
  <title>자동 스크롤하기</title>
  <link rel="stylesheet" href="style_js.css">
</head>
<body style="text-align: center">
  <h2>자동 스크롤</h2><hr>
  <script>
    for (let i = 1; i <= 25; i++)
      document.write(i + '<hr>');

    let pos = 0;
    const speed = 40;       // 위아래 스크롤 속도
    setInterval(function() {
      window.scrollBy(0, speed);
      pos = pos + speed;
      if (pos >= innerHeight + speed) {
        pos = 0;
        window.scrollTo(0, 0);
      }
    }, 500);
  </script>
</body>
</html>
```

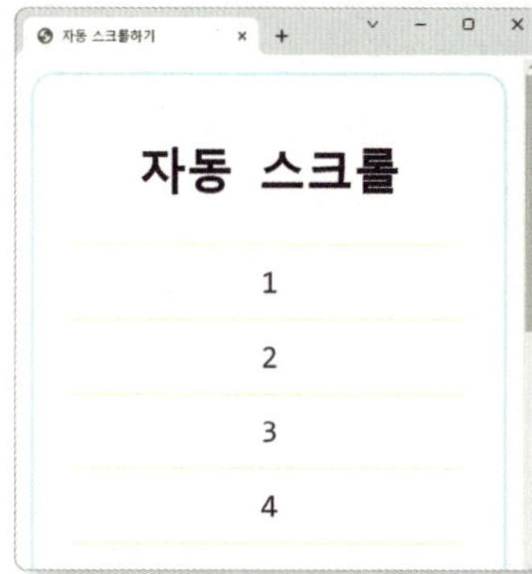

위아래로 스크롤할 수 있도록 document.write(i + '<hr>')을 25번 반복 실행하여 긴 화면을 만든다. setInterval(function() {}, 500)은 0.5초마다 주기적으로 이름 없는 함수를 실행한다.

pos = 0은 현재 스크롤의 위치이며 speed = 40은 스크롤 속도가 한 번에 40px이라는 의미이다. window.scrollBy(0, speed)는 화면을 현재 위치에서 Y축 방향으로 speed만큼 스크롤한다. pos = pos + speed는 스크롤이 발생한 후의 위치를 업데이트한다. 만약 pos >= innerHeight + speed라면 맨 아래 화면까지 스크롤했다는 의미이다. 이때 pos에 0을 담고 window.scrollTo(0, 0)을 사용하여 스크롤을 맨 위로 이동시킨다. 이러한 과정이 무한 반복된다.

3 BOM의 기타 객체 사용하기

1. screen 객체

screen 객체는 웹 브라우저를 실행 중인 사용자 화면에 대한 정보를 가진다. screen 객체를 이용하면 사용자의 화면 해상도, 색상 비트 수color depth와 같은 정보를 얻을 수 있다. [표 10-5]는 가장 자주 사용하는 screen 객체의 속성이다.

표 10-5 screen 객체의 속성

속성	내용
screen.width	사용자의 화면 너비를 픽셀 단위로 반환
screen.height	사용자의 화면 높이를 픽셀 단위로 반환
screen.availWidth	작업표시줄이나 도구모음 등을 제외한 실제 화면의 폭
screen.availHeight	작업표시줄이나 도구모음 등을 제외한 실제 화면의 높이
screen.colorDepth	사용자 모니터가 지원하는 색상 비트 수(screen.pixelDepth와 같음)

[예제 10-9]는 screen 객체를 이용하여 사용자의 화면 폭과 높이, 사용 가능한 화면의 폭과 높이, 모니터가 지원하는 색상 비트 수를 화면에 출력하는 코드이다.

예제 10-9 screen 객체 정보 출력하기 ex10-9.html

```
<!DOCTYPE html>
<html>
<head>
  <meta charset="UTF-8">
  <title>screen 객체 정보 출력하기</title>
  <link rel="stylesheet" href="style_js.css">
</head>
<body>
  <h2>사용자의 화면 정보</h2><hr>
  <p>화면 너비: <span id="width"></span>픽셀</p>
  <p>화면 높이: <span id="height"></span>픽셀</p>
  <p>사용 가능한 너비: <span id="availWidth"></span>픽셀</p>
  <p>사용 가능한 높이: <span id="availHeight"></span>픽셀</p>
  <p>색상 비트 수: <span id="colorDepth"></span>비트</p>
  <script>
    document.getElementById('width').innerText = screen.width;
```

```
    document.getElementById('height').innerText = screen.height;
    document.getElementById('availWidth').innerText = screen.availWidth;
    document.getElementById('availHeight').innerText = screen.availHeight;
    document.getElementById('colorDepth').innerText = screen.colorDepth;
  </script>
</body>
</html>
```

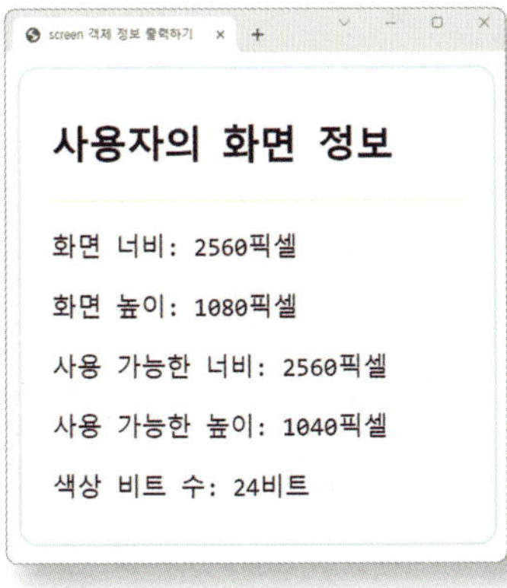

2. location 객체

location 객체는 웹 페이지의 URL 정보를 가진다. location 객체를 통해 현재 페이지의 URL을 읽거나 변경할 수 있다. [표 10-6]은 location 객체에서 가장 자주 사용하는 속성이다.

표 10-6 location 객체의 속성

속성	내용
location.href	현재 페이지의 URL을 반환하거나 새로운 URL로 설정
location.hostname	현재 페이지의 호스트 이름을 반환
location.pathname	현재 페이지의 경로를 반환
location.protocol	현재 페이지의 프로토콜을 반환
location.port	현재 페이지의 포트 번호를 반환
location.search	현재 페이지 URL의 질문 문자열을 반환

[예제 10-10]은 버튼을 클릭하면 location.href를 이용하여 Daum 메인 페이지로 이동하는 코드이다.

예제 10-10 **location 객체 정보 출력하기** ex10-10.html

```html
<!DOCTYPE html>
<html>
<head>
  <meta charset="UTF-8">
  <title>location 객체 정보 출력하기</title>
  <link rel="stylesheet" href="style_js.css">
</head>
<body>
  <h2>URL 조작하기</h2><hr>
  <button onclick="goToNewPage()">다음 메인 페이지로 이동</button>
  <script>
    function goToNewPage() {
      location.href = 'https://www.daum.net';
    }
  </script>
</body>
</html>
```

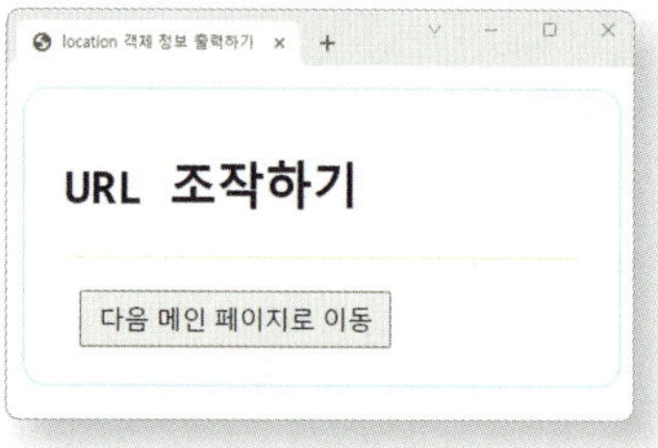

3. navigator 객체

navigator 객체는 현재 웹 브라우저의 정보를 가진다. navigator 객체는 웹 브라우저의 속성과 메서드를 통해 웹 브라우저의 정보를 알려준다. [표 10-7]은 navigator 객체의 주요 속성이다.

표 10-7 **navigator 객체의 속성**

속성	내용
navigator.userAgent	웹 브라우저의 사용자 에이전트 문자열을 반환
navigator.vendor	웹 브라우저를 제작한 회사 또는 그룹을 반환
navigator.appName	웹 브라우저의 이름을 반환
navigator.appVersion	웹 브라우저의 버전 정보를 반환
navigator.platform	현재 사용 중인 운영체제 플랫폼 정보를 반환

[예제 10-11]은 navigator 객체를 이용하여 웹 브라우저의 사용자 에이전트, 제조사, 이름, 버전, 운영체제 플랫폼을 출력한다.

예제 10-11 **navigator 객체 정보 출력하기** ex10-11.html

```
<!DOCTYPE html>
<html>
<head>
  <meta charset="UTF-8">
  <title>navigator 객체 정보 출력하기</title>
  <link rel="stylesheet" href="style_js.css">
</head>
<body>
  <h2>웹 브라우저 정보</h2><hr>
  <p>사용자 에이전트: <span id="userAgent"></span></p>
  <p>웹 브라우저 제조사: <span id="vendor"></span></p>
  <p>웹 브라우저 이름: <span id="appName"></span></p>
  <p>웹 브라우저 버전: <span id="appVersion"></span></p>
  <p>운영체제 플랫폼: <span id="platform"></span></p>
  <script>
    document.getElementById('userAgent').innerText = navigator.userAgent;
    document.getElementById('vendor').innerText = navigator.vendor;
    document.getElementById('appName').innerText = navigator.appName;
    document.getElementById('appVersion').innerText = navigator.appVersion;
    document.getElementById('platform').innerText = navigator.platform;
  </script>
</body>
</html>
```

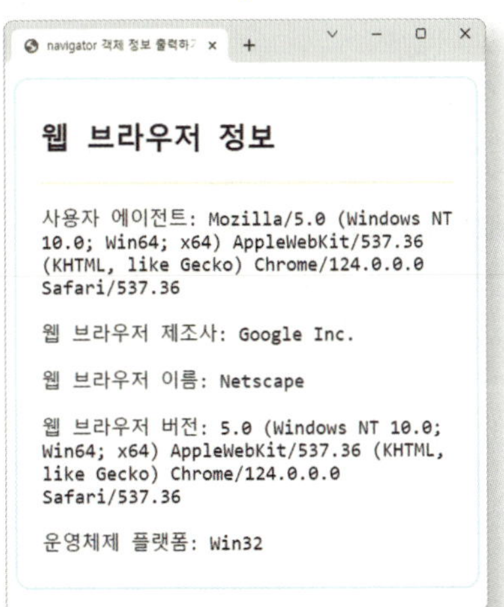

4. history 객체

history 객체는 웹 브라우저 창에서 사용자의 이동 기록을 관리한다. history 객체를 사용하여 사용자가 방문한 페이지의 이동을 조작하고 관리할 수 있다. [표 10-8]은 history 객체의 주요 메서드와 속성이다.

표 10-8 history 객체의 메서드와 속성

메서드 및 속성	내용
history.back()	웹 브라우저에서 '뒤로 가기' 수행
history.forward():	웹 브라우저에서 '앞으로 가기' 수행
history.go(n)	n번째 전 페이지로 이동
history.length	방문한 페이지 수를 반환
history.pushState(state, title, url)	새로운 상태 정보와 새로운 URL을 추가
history.replaceState(state, title, url)	현재 웹 페이지의 URL을 새로운 URL로 교체

[예제 10-12]는 history 객체를 이용하여 뒤로 가기, 앞으로 가기, 2페이지 앞으로 가기를 수행하는 코드이다.

예제 10-12 history 객체 사용하기 ex10-12.html

```
<!DOCTYPE html>
<html>
<head>
  <meta charset="UTF-8">
  <title>history 객체 사용하기</title>
  <link rel="stylesheet" href="style_js.css">
</head>
<body>
  <h2>웹 브라우저 history 조작</h2><hr>
  <button onclick="goBack()">뒤로 가기</button>
  <button onclick="goForward()">앞으로 가기</button>
  <button onclick="goToSpecificPage()">2페이지 앞으로 이동</button>
  <script>
    function goBack() {
      history.back();
    }
    function goForward() {
      history.forward();
    }
```

```
    function goToSpecificPage() {
      history.go(2);      // 2페이지 앞으로 이동
    }
  </script>
</body>
</html>
```

SECTION 02 반응형 웹 만들기

1 반응형 웹

요즘은 PC용 모니터뿐 아니라 태블릿이나 스마트폰에서도 웹 페이지를 많이 본다. 문제는 사용자의 모니터뿐 아니라 태블릿이나 스마트폰 등의 디바이스device 해상도가 모두 다르다는 점이다. 또한 디바이스의 화면 표시 방향도 다를 수 있다. PC용 모니터는 세로 대비 가로가 긴(가로 방향 화면) 반면 스마트폰은 가로 대비 세로가 길다(세로 방향 화면).

그림 10-2 다양한 종류의 디바이스

가로 방향의 화면을 'landscape'라 부른다. 이것은 풍경화landscape와 풍경 사진이 주로 가로가 긴 형태라는 점에서 유래했다. 스마트폰과 같은 세로 방향 화면은 인물화portrait와 인물 사진에서 유래하여 'portrait'라 부른다. 앞에서 CSS를 배울 때 다뤘던 웹 페이지는 대부분 가로 방향이 기본이었는데, 이러한 웹 페이지를 스마트폰에서 열면 부자연스럽다. **반응형 웹 디자인responsive web design은 사용자의 모니터 형태에 따라 레이아웃을 변경하는 것을 말한다.** 반응형 웹 디자인으

로 만들어진 HTML이 반응형 웹 페이지이다. 반응형 웹 페이지의 메타데이터에는 다음과 같은 <meta> 태그를 삽입한다.

```
<meta name="viewport" content="width=device-width, initial-scale=1.0">
```

뷰포트viewport는 사용자에게 보이는 웹 페이지 영역을 의미한다. 따라서 위의 <meta> 태그는 뷰포트의 폭을 모니터 장치 폭에 맞추고(width=device-width), 화면 확대 정도를 100%에 맞추라는 의미이다.

1. 반응형 웹 페이지와 미디어 쿼리

반응형 웹 페이지를 만들기 위해서는 우선 사용자의 모니터 해상도와 방향을 알아야 한다. window 객체 값 중 innerWidth와 innerHeight를 사용하여 웹 브라우저 창의 폭과 높이를 알 수 있지만 사용법이 불편하다. @media 키워드를 사용하면 웹 브라우저를 통해 사용자 모니터의 해상도나 방향에 대하여 질문하고query 답을 얻기가 편리하다. @media는 미디어 쿼리media query를 의미하며, @media 표현식 {}의 형태로 사용한다. 표현식의 결과가 참인 경우 중괄호 안의 CSS가 실행된다. 예를 들어 다음 미디어 쿼리는 사용자의 모니터(screen)가 세로 방향(portrait)인지 질문하고, 그렇다면 <body>의 폰트 크기를 12px로 바꾸라는 의미이다.

```
<style>
  @media screen and (orientation: portrait) {
    body { font-size: 12px; }
  }
</style>
```

@media 표현식에서 (orientation: portrait)는 방향 값이 portrait와 같다는 의미이다. 일반적인 비교 연산처럼 크기 비교는 할 수 없고, 값이 같은지 다른지만 판별할 수 있다. 또한 and, or, not의 논리 연산을 포함할 수 있다.

여기서 잠깐 **실제 반응형 웹**

사실 PC 모니터와 스마트폰 등 환경에 따라 자동으로 변하는 반응형 웹 페이지를 하나로 만드는 일은 매우 복잡하다. 따라서 이번 절에서는 @media와 뷰포트 단위를 사용하여 화면 크기에 따라 웹 페이지를 변경하는 방법을 익힌다.

실제로는 일반 PC 환경의 웹 페이지와 스마트폰을 위한 웹 페이지를 따로 제작한다. 일반적으로 URL 앞에 m을 붙이면 스마트폰용 웹 페이지이다. 예를 들어 PC용 네이버의 URL은 https://naver.com이고, 스마트폰용 네이버의 URL은 https://m.naver.com이다.

■ @media 표현식의 속성

@media 표현식에서 사용하는 주요 속성은 [표 10-9]와 같다. width는 뷰포트의 폭, height는 뷰포트의 높이이다. device-width는 모니터의 물리적인 폭, device-height는 모니터의 물리적인 높이이다. orientation은 모니터의 방향을 의미하는데, 가로 방향은 속성값이 landscape, 세로 방향은 속성값이 portrait이다.

표 10-9 미디어 쿼리 표현식에 사용하는 속성

속성	내용
width	뷰포트의 폭(px)
height	뷰포트의 높이(px)
device-width	모니터의 물리적인 폭(px)
device-height	모니터의 물리적인 높이(px)
orientation	모니터의 방향, 값은 landscape 또는 portrait

앞서 표현식에서는 값이 같은지만 확인할 수 있다고 했다. 따라서 크기를 비교하려면 속성 앞에 max-와 min-을 붙인다. 예를 들어 (width: 700px)는 뷰포트 폭이 700px일 때만 작동하는 표현식이고 (min-width: 700px)는 700px보다 클 때, (max-width: 700px)는 700px보다 작을 때 작동하는 표현식이다. 그리고 700px보다 크고 900px보다 작을 때 작동하는 표현식은 (min-width: 700px) and (max-width: 900px)이다.

표 10-10 미디어 쿼리의 뷰포트 폭 표현식

표현식	내용
@media (width: 700px)	폭이 700px일 때
@media (min-width: 700px)	폭이 700px보다 클 때
@media (max-width: 700px)	폭이 700px보다 작을 때
@media (min-width: 700px) and (max-width: 900px)	폭이 700px보다 크고 900px보다 작을 때

[예제 10-13]은 innerWidth를 사용했던 [예제 10-3]을 변형하여 @media를 사용한 코드이다. 앞의 예제와 마찬가지로 웹 페이지를 양옆으로 늘이거나 줄이면 폰트 크기가 변한다.

예제 10-13 반응형 웹 페이지와 @media ex10-13.html

```
<!DOCTYPE html>
<html>
<head>
  <meta charset="UTF-8">
  <title>반응형 웹 페이지와 @media</title>
  <style>
    div {
      background: #ffe;
      border: 1px solid #9cc;
      padding: 10px 30px;
    }
    .flex_font{ font-size: 20px }
    @media (max-width: 700px) {
      .flex_font{ font-size: 16px }
    }
    @media (max-width: 600px) {
      .flex_font{ font-size: 12px }
    }
  </style>
</head>
<body>
  <div><b>@media 미사용:</b>
    웹 브라우저 창을 좌우로 늘이거나 줄여도
    폰트의 크기가 변하지 않음</div>
  <div class="flex_font"><b>@media 사용:</b>
    웹 브라우저 창을 좌우로 늘이거나 줄이면
    창 크기에 따라 폰트의 크기가 변함</div>
</body>
</html>
```

class="flex_font"를 포함한 아래쪽 <div>의 기본 폰트 크기는 20px이다. 뷰포트 폭이 700px보다 작으면(@media (max-width: 700px)) 폰트 크기가 16px이 된다. 또한 뷰포트 폭이 600px보다 작으면(@media (max-width: 600px)) 폰트 크기가 12px이 된다. 이처럼 @media를 사용하면 innerWidth 없이 간단하게 코드를 구현할 수 있다.

2. 뷰포트 단위

뷰포트에서 사용하는 상대적인 단위로 vw와 vh가 있다. 'viewport width'의 약자인 vw는 뷰포트의 폭의 1/100이고, 'viewport height'의 약자인 vh는 뷰포트 높이의 1/100이다. 따라서 vw, vh는 %와 같은 단위이다.

%와 vw, vh의 관계는 CSS 크기 단위에서 em과 rem의 관계와 같다. %는 조상 태그의 영향을 받지만, vw와 vh는 사용자에게 보이는 영역인 뷰포트를 기준으로 하는 상대 단위이기 때문에 조상 태그의 영향을 받지 않는다. 다시 말해 50vw는 태그의 위치에 상관없이 뷰포트 폭의 50%의 크기이다. 추가로 vmax는 vw와 vh중 더 큰 값이며, vmin은 더 작은 값이다.

표 10-11 뷰포트 단위

단위	의미
vw	뷰포트 폭의 1/100
vh	뷰포트 높이의 1/100
vmax	vw와 vh 중 큰 값
vmin	vw와 vh 중 작은 값

앞의 [예제 10-4]에서는 `innerHeight`를 사용하여 웹 브라우저의 높이에 따라 배경색을 변경했다. 이번에 살펴볼 [예제 10-14]는 `innerHeight` 대신 미디어 쿼리를 사용하여 뷰포트 높이에 따라 배경색을 변경한다. 두 `<div>` 박스는 각각 `height: 48vh`이다. 따라서 `<div>` 박스 1개의 높이가 뷰포트 높이의 48%가 된다. 웹 브라우저 창을 위아래로 늘이거나 줄여도 두 박스의 높이 합은 항상 전체 높이의 96%를 유지한다.

미디어 쿼리에서 아래쪽 박스의 기본 배경색은 `#fbb`로 지정하며, 높이가 500px보다 작으면 `#bfb`, 400px보다 작으면 `#bbf`로 변경한다.

예제 10-14 뷰포트 단위 사용하기 ex10-14.html

```
<!DOCTYPE html>
<html>
<head>
  <meta charset="UTF-8">
  <title>뷰포트 단위 사용하기</title>
  <style>
    div {
      height: 48vh;
      background: #ffe;
```

```
      border: 1px solid #9cc;
    }
    .flex_h{ background: #fbb; }
    @media (max-height: 500px) {
      .flex_h{ background: #bfb; }
    }
    @media (max-height: 400px) {
      .flex_h{ background: #bbf; }
    }
  </style>
</head>
<body>
  <div><b>height: 48vh</b><br>
    창을 위아래로 늘이거나 줄여보자</div>
  <div class="flex_h"><b>height: 48vh</b><br>
    창을 위아래로 늘이거나 줄여보자</div>
</body>
</html>
```

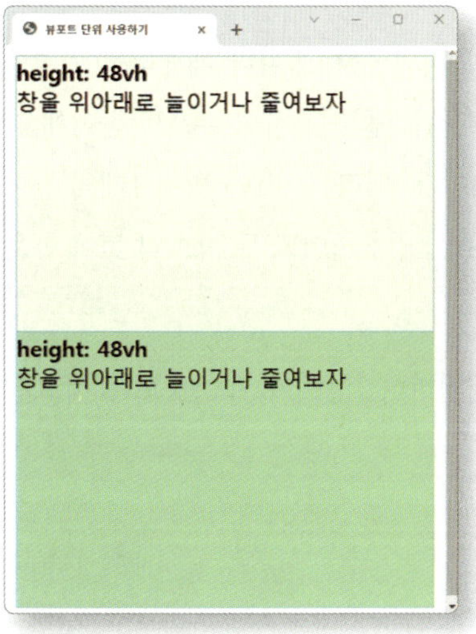

Know-how **박스 두 개의 높이 합은 왜 100보다 작게 할까?**

<body> 태그는 웹 브라우저를 꼭 맞게 채우는 것이 아니라 일정한 마진이 있다. 따라서 <div> 박스의 높이 합을 `height: 100vh`로 지정하면 박스 아래쪽이 잘려서 나타난다.

2 flex 레이아웃

앞에서 display: flex를 이용하여 가로 폭에 꽉 차는 2개의 박스를 만들었다. flex 레이아웃을 사용하면 뷰포트를 꽉 채우도록 박스를 배치할 수 있다. flex 레이아웃을 사용하려면 내용물을 담는 컨테이너를 먼저 선언해야 한다. 컨테이너 안의 박스에 flex: auto를 사용하여 내용물에 따라 자동으로 폭을 지정한다. 다음은 flex 레이아웃의 주요 속성과 속성값이다.

표 10-12 flex 레이아웃의 속성

속성	속성값	내용
flex-direction	row, column, row-reverse, column-reverse	flex 아이템의 배치 방향을 지정
justify-content	flex-start, flex-end, center, space-between, space-around	메인 축을 따라 flex 아이템을 정렬
align-items	flex-start, flex-end, center, baseline, stretch	교차 축을 따라 flex 아이템을 정렬

flex 레이아웃에서 메인 축이란 아이템을 정렬하는 방향이고 교차 축은 메인 축과 교차하는 축이다. 예를 들어 행 방향(가로)으로 박스를 정렬했다면 X축이 메인 축이고 Y축이 교차 축이다. 열 방향(세로)으로 박스를 정렬했다면 Y축이 메인 축이고 X축이 교차 축이다.

1. flex 가로 레이아웃

flex 레이아웃에서는 뷰포트에서 박스가 차지하는 폭을 비율로 지정할 수 있다. 다음 코드와 같이 박스 3개에 각각 flex: 1, flex: 2, flex: 3을 지정하면 전체 크기를 6으로 보고 첫 번째 박스는 폭이 전체의 1/6, 두 번째 박스는 2/6, 세 번째 박스는 3/6으로 만들어진다. 속성값으로 1.5와 같이 실수를 입력해도 된다.

```
<div class="item" style="flex: 1">flex: 1</div>
<div class="item" style="flex: 2">flex: 2</div>
<div class="item" style="flex: 3">flex: 3</div>
```

[예제 10-15]는 폭이 서로 다른 3개의 flex 박스를 생성한다. flex 값을 1, 2, 3으로 지정함에 따라 폭이 전체의 1/6, 2/6, 3/6인 박스가 만들어진다.

예제 10-15 **폭이 서로 다른 flex 레이아웃 만들기** ex10-15.html

```
<!DOCTYPE html>
<html>
<head>
  <meta charset="UTF-8">
  <title>폭이 서로 다른 flex 레이아웃 만들기</title>
  <style>
    .container {
      display: flex;
      align-items: center;
    }
    .item {
      height: 30vh;
      background-color: #fea;
      border: 2px solid #cdf;
      border-radius: 3px;
      text-align: center;
      margin: 10px;
    }
  </style>
</head>
<body>
  <div class="container">
    <div class="item" style="flex: 1">flex: 1</div>
    <div class="item" style="flex: 2">flex: 2</div>
    <div class="item" style="flex: 3">flex: 3</div>
  </div>
</body>
</html>
```

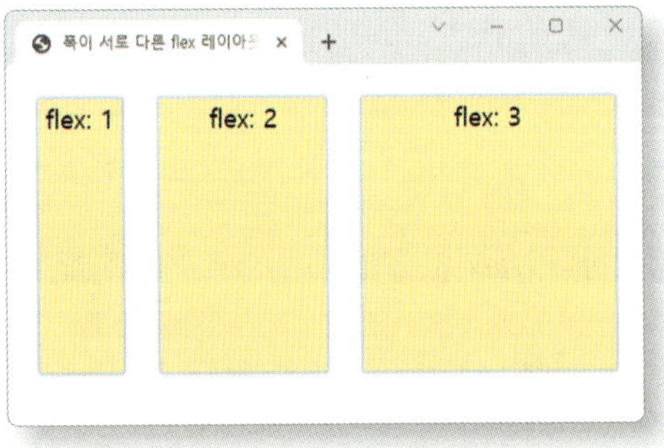

2. flex 세로 레이아웃

flex 레이아웃에서는 박스를 세로로도 간단하게 배열할 수 있다. **flex-direction: column**을 이용하면 박스가 세로로 배열된다. [예제 10-16]은 **flex-direction: column**을 이용하여 박스를 세로로 배치한다.

예제 10-16 flex 세로 레이아웃 만들기 ex10-16.html

```
<!DOCTYPE html>
<html>
<head>
  <meta charset="UTF-8">
  <title>flex 세로 레이아웃 만들기</title>
  <style>
    .container {
      display: flex;
      flex-direction: column;
    }
    .item {
      height: 10vh;
      background-color: #fea;
      border: 2px solid #cdf;
      border-radius: 3px;
      text-align: center;
      margin: 10px;
    }
  </style>
</head>
<body>
  <div class="container">
    <div class="item">1</div>
    <div class="item">2</div>
    <div class="item">3</div>
  </div>
</body>
</html>
```

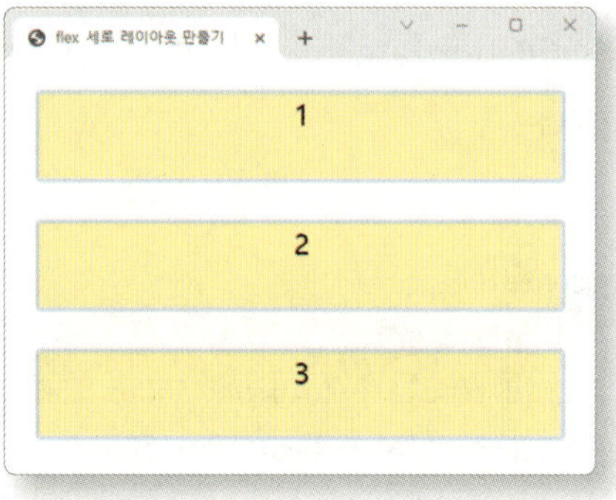

3 grid 레이아웃

grid 레이아웃은 웹 페이지에서 요소를 격자(바둑판) 형태로 배치하는 방법이다. **display: grid**로 선언하여 행과 열로 레이아웃을 구성한다. flex와 유사하지만 여러 줄에 걸쳐서 박스를 배치할 때는 grid를 사용하면 더 편리하다. grid 또한 flex와 마찬가지로 컨테이너 안에 박스를 배치한다. 다음은 기본적인 grid 레이아웃을 구성하는 코드이다. **.container**는 grid를 정의하는 바깥쪽 박스이며, **grid-template-columns**는 폭이 150px인 3개의 열에 박스를 배치한다는 의미이다. 또한 **grid-template-rows**는 2개의 행에 박스를 배치한다는 의미이다. 따라서 총 6개의 박스가 배치된다.

```
.container {
  display: grid;
  grid-template-columns: 150px 150px 150px;  /* 3개의 열을 가진 grid 생성 */
  grid-template-rows: 50px 50px;             /* 2개의 행을 가진 grid 생성 */
}
```

[예제 10-17]에서는 grid 레이아웃으로 박스 6개를 배치한다. **grid-template-columns: repeat(3, 150px)**는 150px을 3번 반복한다는 뜻이므로 **grid-template-columns: 150px 150px 150px**와 같은 의미이다. 또한 **gap: 10px**는 grid 박스의 간격을 의미한다. 따라서 폭 150px, 높이 50px인 6개의 박스가 한 줄에 3개씩, 2줄에 걸쳐서 간격 10px을 두고 배열된다.

예제 10-17 grid 레이아웃 만들기 ex10-17.html

```
<!DOCTYPE html>
<html>
<head>
  <meta charset="UTF-8">
  <title>grid 레이아웃 만들기</title>
  <style>
    .container {
      display: grid;
      grid-template-columns: repeat(3, 150px);
      grid-template-rows: repeat(2, 50px);
      gap: 10px;
    }
    .item {
      background-color: #afb;
      border: 2px solid #ccc;
```

```
      border-radius: 3px;
      text-align: center;
      padding: 10px;
    }
  </style>
</head>
<body>
  <div class="container">
    <div class="item">1</div>
    <div class="item">2</div>
    <div class="item">3</div>
    <div class="item">4</div>
    <div class="item">5</div>
    <div class="item">6</div>
  </div>
</body>
</html>
```

1. grid 레이아웃의 단위

flex 레이아웃에서는 각 박스의 비율을 지정하는 데 숫자를 사용했는데, grid에서는 fr이라는 상대 단위를 사용한다. fr은 'fraction(비율)'을 의미한다. 화면 크기가 변할 때 fr 단위로 남은 공간을 유연하게 조절하여 grid 박스 크기를 적절하게 조절할 수 있다. 일반적으로 fr은 **grid-template-columns** 또는 **grid-template-rows** 속성에서 사용한다.

```
.container {
  display: grid;
  grid-template-columns: 1fr 2fr 1fr;
  grid-template-rows: 1fr 3fr;
  gap: 10px;
}
```

grid-template-columns: 1fr 2fr 1fr은 세 개의 열에 박스를 만드는데, 첫 번째와 세 번째 열에 있는 박스는 같은 폭을 가지며, 두 번째 열에 있는 박스는 폭이 첫 번째와 세 번째 열의 2배라는 뜻이다. 다시 말해 전체 폭을 4등분하고 첫 번째와 세 번째 열 박스가 각각 1/4, 두 번째 열 박스가 2/4의 폭을 나눠 갖는다. 마찬가지로 **grid-template-rows: 1fr 3fr**은 두 번째 줄에 있는 박스의 행 높이가 첫 번째 줄 박스의 행 높이에 비해 3배라는 뜻이다.

[예제 10-18]은 fr 단위를 사용하여 서로 다른 박스의 크기를 가지는 grid 레이아웃이다. **grid-template-columns: 1fr 2fr 1fr**은 박스 3개가 전체 폭을 나누어 가진다. 1번과 3번 박스에 비해 2번 박스의 폭이 2배이다. 웹 브라우저의 폭이 늘거나 줄어도 이러한 비율이 그대로 유지된다. 또한 **grid-template-rows: 1fr 3fr**은 둘째 줄에 있는 4, 5, 6번 박스의 높이가 첫째 줄에 있는 1, 2, 3번 박스의 3배이다.

예제 10-18 **grid 박스 크기 지정하기** ex10-18.html

```
<!DOCTYPE html>
<html>
<head>
  <meta charset="UTF-8">
  <title>grid 박스 크기 지정하기</title>
  <style>
    .container {
      display: grid;
      grid-template-columns: 1fr 2fr 1fr;
      grid-template-rows: 1fr 3fr;
      gap: 10px;
    }
    .item {
      background-color: #afb;
      border: 2px solid #ccc;
      border-radius: 3px;
      text-align: center;
      padding: 10px;
    }
  </style>
</head>
<body>
  <div class="container">
    <div class="item">1</div>
    <div class="item">2</div>
    <div class="item">3</div>
    <div class="item">4</div>
    <div class="item">5</div>
    <div class="item">6</div>
  </div>
</body>
</html>
```

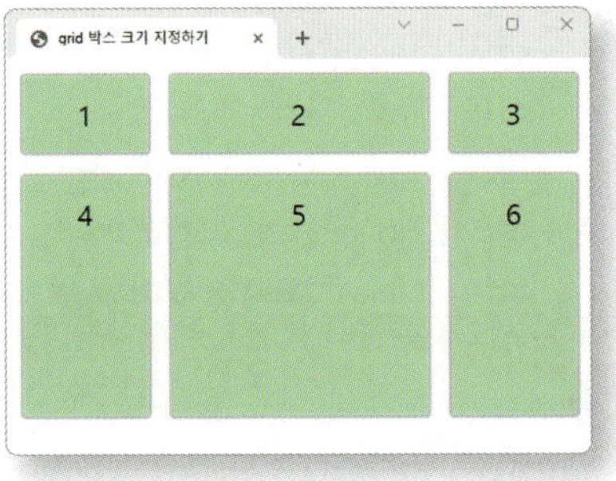

2. 박스에 이름을 붙인 grid 레이아웃

grid 레이아웃에서 각 박스에 이름을 붙여서 배치할 수 있다. **grid-template-areas** 속성으로 grid 박스에 이름을 부여하고, 컨테이너 안에서 각 박스의 위치를 지정한다.

```
.container {
  display: grid;
  grid-template-columns: 1fr 1fr 1fr;
  grid-template-rows: auto;
  gap: 10px;
  grid-template-areas:
    "header header header"
    "main main sidebar";
}
```

grid-template-areas 속성에서 **"header header header"**는 첫 행에서 박스 3개의 공간에 'header'라고 이름 붙인 박스를 배치한다. 다음 줄 **"main main sidebar"**는 두 번째 행의 첫 번째, 두 번째 박스 공간에 main을 배치하고 세 번째 박스 공간에는 sidebar를 배치한다. 결국 sidebar의 폭을 기준으로 main의 폭이 2배이고, header의 폭이 3배가 된다.

[예제 10-19]는 grid 레이아웃에서 이름을 사용하여 박스들을 배치한다. 코드에서 각 **class**의 선택자 안에는 **grid-area**를 사용하여 이름을 붙여준다. 예를 들어 **grid-area: header**는 **grid-template-areas**에서 'header'를 의미한다. 이러한 방식으로 grid 레이아웃에서 사용할 박스에 'header', 'main', 'sidebar'라고 이름을 붙여준다.

예제 10-19 **이름 붙여서 grid 배치하기** ex10-19.html

```
<!DOCTYPE html>
<html>
<head>
  <meta charset="UTF-8">
  <title>이름 붙여서 grid 배치하기</title>
  <style>
    .container {
      display: grid;
      grid-template-columns: 1fr 1fr 1fr;
      grid-template-rows: auto;
      gap: 10px;
```

```
      grid-template-areas:
        "header header header"
        "main main sidebar";
    }
    .item {
      border: 2px solid #ccc;
      border-radius: 3px;
      text-align: center;
      padding: 10px;
    }
    .header {
      grid-area: header;
      background-color: #fea;
    }
    .main {
      grid-area: main;
      background-color: #afb;
    }
    .sidebar {
      grid-area: sidebar;
      background-color: #cdf;
    }
  </style>
</head>
<body>
  <div class="container">
    <div class="item header">Header</div>
    <div class="item main">Main Content</div>
    <div class="item sidebar">Sidebar</div>
  </div>
</body>
</html>
```

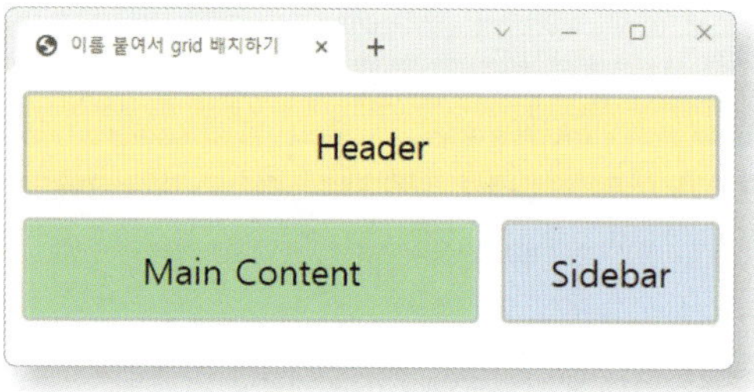

예제에서 grid-template-columns: 1fr 1fr 1fr은 박스 3개가 폭이 같도록 배치하고, grid-template-rows: auto는 박스의 높이를 자동으로 맞춘다. auto를 사용했기 때문에 내용물을 고려하여 적당한 높이의 박스가 만들어진다.

grid-template-areas: "header header header"는 'header'라는 이름을 가진 박스를 3개에 걸쳐서 만든다. 박스를 3개 만드는 것이 아니라 박스 1개를 박스 3개 크기로 만든다는 점에 주의하자. 또한 "main main sidebar"는 main 박스를 2개에 걸쳐서 만들고, sidebar를 박스 1개의 크기로 만든다. 이렇게 만든 박스들은 웹 페이지의 폭이 변하더라도 비율을 그대로 유지한다.

3. @media와 반응형 grid

미디어 쿼리와 grid 레이아웃을 결합하면 웹 브라우저의 폭에 따라 레이아웃이 변하는 반응형 웹을 쉽게 만들 수 있다. [예제 10-20]은 [예제 10-19]에 다음 코드를 추가한 것과 같다.

```
@media (max-width: 600px) {
     .container {
       grid-template-columns: 1fr;
       grid-template-areas:
         "header"
         "main"
         "sidebar";
     }
```

[예제 10-20]은 웹 브라우저 폭이 줄어들었을 때 박스를 새로운 grid 레이아웃으로 배치한다. 웹 브라우저 폭이 600px 미만일 때(@media (max-width: 600px)) 위에서부터 header, main, sidebar 순으로 한 행에 한 개씩 박스를 배치(grid-template-columns: 1fr)한다.

예제 10-20 @media와 반응형 grid ex10-20.html

```
<!DOCTYPE html>
<html>
<head>
  <meta charset="UTF-8">
  <title>@media와 반응형 grid</title>
  <style>
    .container {
      display: grid;
      grid-template-columns: 1fr 1fr 1fr;
```

```
      grid-template-rows: auto;
      gap: 10px;
      grid-template-areas:
        "header header header"
        "main main sidebar";
    }
    .item {
      border: 2px solid #ccc;
      border-radius: 3px;
      text-align: center;
      padding: 10px;
    }
    .header {
      grid-area: header;
      background-color: #fea;
    }
    .main {
      grid-area: main;
      background-color: #afb;
    }
    .sidebar {
      grid-area: sidebar;
      background-color: #cdf;
    }
    @media (max-width: 600px) {
      .container {
        grid-template-columns: 1fr;
        grid-template-areas:
          "header"
          "main"
          "sidebar";
      }
    }
  </style>
</head>
<body>
  <div class="container">
    <div class="item header">Header</div>
    <div class="item main">Main Content</div>
    <div class="item sidebar">Sidebar</div>
  </div>
```

```
</body>
</html>
```

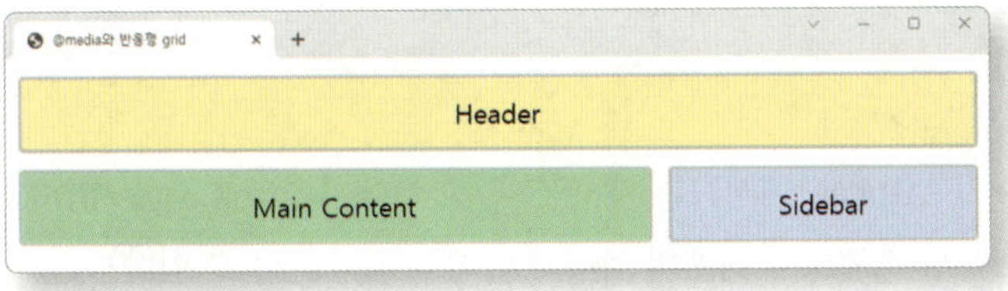

폭이 600px 이상일 때

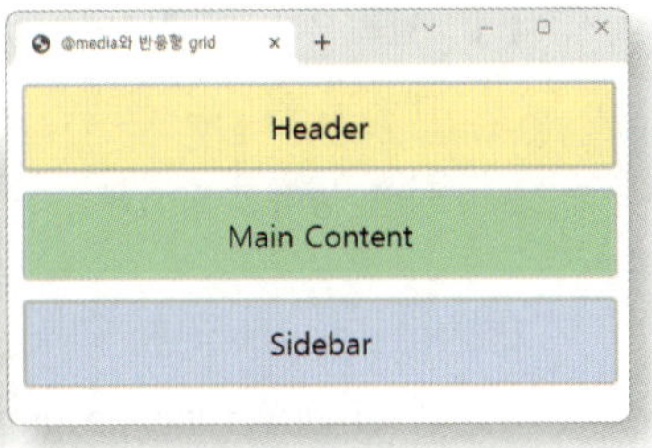

폭이 600px 미만일 때

요약

01 브라우저 객체모델Browser Object Model을 약자로 BOM이라 부른다. 다른 모든 브라우저 객체는 최상위 객체인 window에 속한다. window 객체의 속성이나 메서드에서 객체 이름을 생략할 수 있다.

02 window.open(URL, Name, Feature) 메서드는 새 윈도우를 연다. window.innerWidth와 window.innerHeight 속성이 윈도우 객체의 너비와 높이를 각각 가지고 있다.

03 window 객체의 setTimeout(func, msec) 메서드는 func 함수를 msec 후에 실행한다. setInterval(func, msec)는 func 함수를 msec마다 주기적으로 실행한다. clearInterval()과 clearTimeout()은 각각 setInterval()과 setTimeout()을 종료시킨다.

04 moveTo(x, y) 메서드는 윈도우를 특정 위치로 옮긴다. moveBy(x, y)는 현재 위치를 기준으로 윈도우를 이동시킨다. scrollTo(x, y)는 스크롤을 특정 위치로 이동시킨다. scrollBy(x, y)는 현재 위치를 기준으로 스크롤을 이동시킨다.

05 screen 객체는 웹 브라우저를 실행하는 사용자 화면 정보를 제공한다. location 객체는 웹 페이지의 URL 정보를 제공한다. navigator 객체는 현재 웹 브라우저의 정보를 제공한다. history 객체는 사용자가 방문한 페이지 기록을 관리한다.

06 미디어 쿼리를 사용하면 웹 브라우저를 통해 사용자 디바이스의 해상도나 방향에 대하여 질문할 수 있다. @media 표현식 {}에서 표현식이 참일 때 중괄호({}) 안을 실행한다.

07 뷰포트는 사용자에게 보이는 웹 페이지 영역이다. vw와 vh는 상대적 단위이다. 1vw는 뷰포트 폭 전체의 1/100이고, 1vh는 뷰포트 높이 전체의 1/100이다.

08 반응형 웹 페이지에서는 사용자의 모니터 형태에 따라 레이아웃이 변경된다. flex 레이아웃에서 각 아이템이 차지하는 비율을 지정하면 그 비율대로 뷰포트를 가득 채울 수 있다. grid 레이아웃에서 아이템을 행과 열의 격자 안에 배치할 수 있다.

연습문제

01 다음 중 브라우저 객체모델의 최상위 객체는 무엇인가?

① navigator ② location
③ window ④ screen

02 HTML 문서 자체를 가리키는 브라우저 객체는 무엇인가?

① navigator ② location
③ document ④ screen

03 방문 기록 정보를 가지고 있는 브라우저 객체는 무엇인가?

① navigator ② location
③ window ④ history

04 현재 웹 페이지의 URL 정보를 가지고 있는 브라우저 객체는 무엇인가?

① navigator ② location
③ history ④ screen

05 사용자 화면 크기에 따라 변하는 웹 페이지를 만들려는 경우 어떤 객체를 사용하는가?

① navigator ② location
③ history ④ screen

06 현재 사용 중인 운영체제의 정보를 확인하려면 어떤 객체를 사용하는가?

① navigator ② location
③ history ④ screen

07 현재 웹 페이지를 열기 전 페이지로 돌아가려면 어떤 객체를 사용하면 되는가?

① navigator ② location
③ history ④ screen

08 open() 메서드로 윈도우를 생성할 때 윈도우의 X축 위치를 지정하는 매개변수는 무엇인가?

① left　② top
③ clientX　④ clientY

09 현재 보이는 사용자 화면의 높이를 가지는 window 객체의 속성은 무엇인가?

① innerWidth　② innerHeight
③ innerHTML　④ display

10 함수를 일정 시간 뒤에 한 번 실행하는 메서드는 무엇인가?

① setInterval()　② setTimeout()
③ clearTimeout()　④ clearInterval()

11 일정 시간마다 주기적으로 실행할 함수의 실행을 취소하는 메서드는 무엇인가?

① setInterval()　② setTimeout()
③ clearTimeout()　④ clearInterval()

12 setInterval(func, 250)의 실행 결과로 옳은 것은 무엇인가?

① 함수 func을 250초마다 한 번씩 실행한다.
② 함수 func을 0.25초마다 한 번씩 실행한다.
③ 함수 func을 250번 반복하여 실행한다.
④ 함수 func을 0.25초 후에 실행한다.

13 현재 위치를 기준으로 하는 상대적인 위치로 윈도우를 옮기는 메서드는 무엇인가?

① moveTo()　② moveBy()
③ scrollTo()　④ scrollBy()

14 스크롤을 특정 위치로 옮기는 메서드는 무엇인가?

① `moveTo()` ② `moveBy()`

③ `scrollTo()` ④ `scrollBy()`

15 다음 중 윈도우를 현재 위치에서 왼쪽으로 10px 옮기는 코드를 찾으시오.

① `moveBy(10, 0)` ② `moveBy(0, 10)`

③ `moveBy(-10, 0)` ④ `moveBy(0, -10)`

16 다음 중 윈도우를 현재 위치에서 아래쪽으로 10px 옮기는 코드를 찾으시오.

① `moveBy(10, 0)` ② `moveBy(0, 10)`

③ `moveBy(-10, 0)` ④ `moveBy(0, -10)`

17 다음 중 같은 조건에서 실행할 때 아래쪽으로 가장 많이 스크롤하는 코드를 찾으시오.

① `moveBy(50, 20)` ② `moveBy(50, 10)`

③ `moveBy(50, 0)` ④ `moveBy(20, 50)`

18 웹 브라우저를 통해 사용자 모니터의 해상도나 방향에 대하여 질문하고 답을 얻을 때 사용하는 키워드는 무엇인가?

① `viewport` ② `portrait`

③ `@media` ④ `landscape`

19 모니터의 세로 방향을 의미하는 키워드는 무엇인가?

① `viewport` ② `portrait`

③ `@media` ④ `landscape`

20 뷰포트 폭의 1/100을 의미하는 상대 단위는 무엇인가?

① vh ② vp ③ rw ④ vw

21 미디어 쿼리에서 뷰포트 폭이 700px보다 작을 때를 의미하는 표현식을 찾으시오.

① `(width: 700px)` ② `(max-width: 700px)`

③ `(min-width: 700px)` ④ `(width < 700px)`

22 메인 축을 따라 flex 아이템을 정렬하는 속성은 무엇인가?

① `flex-direction` ② `align-items`

③ `justify-content` ④ `gap`

23 교차 축을 따라 flex 아이템을 정렬하는 속성은 무엇인가?

① `flex-direction` ② `align-items`

③ `justify-content` ④ `gap`

24 flex 레이아웃을 `flex: 1`, `flex: 2`, `flex: 3`으로 지정한 경우 전체 폭 대비 맨 마지막 박스의 크기는 얼마인가?

① 1/6 ② 5/6 ③ 1/3 ④ 1/2

25 grid 레이아웃에서 한 줄에 나타나는 박스의 수와 그 크기를 지정하는 속성은 무엇인가?

① `grid-template-areas` ② `grid-template-columns`

③ `grid-template-rows` ④ `gap`

26 grid 레이아웃에서 줄의 개수와 높이를 지정하는 속성은 무엇인가?

① `grid-template-areas` ② `grid-template-columns`

③ `grid-template-rows` ④ `gap`

27 grid 레이아웃에서 박스 크기를 지정할 때 사용하는 상대 단위는 무엇인가?

① % ② vh

③ vw ④ fr

28 다음 코드의 출력 결과에서 첫 번째 버튼을 클릭하면 새 창이 열린다. 두 번째 버튼을 클릭했을 때 새로 열린 창이 닫히도록 `closeWin()` 함수의 내용을 완성하시오.

```
<!DOCTYPE html>
<html>
<head>
  <meta charset="UTF-8">
  <link rel="stylesheet" href="style_js.css">
  <style>
    a { text-decoration-line: none; }
   </style>
</head>
<body>
  <a href="#" onclick="openWin()">누르면 새 창이 열립니다.</a><hr>
  <a href="#" onclick="closeWin()">열린 창 닫기</a>
  <script>
    let nw;
    function openWin() {
      nw = open("", "_blank", "width=700, height=400, left=10, top=10");
      nw.document.write("<h2>여기는 새 창</h2>");
    }
      function closeWin() {



      }
  </script>
</body>
</html>
```

29 웹 페이지에서 1초마다 한 번씩 현재 시각을 표시하도록 <script> </script> 태그 안을 완성하시오.

```
<!DOCTYPE html>
<html>
<head>
  <meta charset="UTF-8">
  <link rel="stylesheet" href="style_js.css">
</head>
<body style="text-align: center">
  <h2>현재 시각</h2><hr>
  <h1 id="clock">00:00:00</h1>
    <script>



    </script>
</body>
</html>
```

※ 다음 코드를 실행하면 위아래로 충분히 긴 웹 페이지가 만들어진다. **30**번부터 **33**번까지는 다음 코드를 보고 물음에 답하시오.

```
<!DOCTYPE html>
<html>
<head>
  <meta charset="UTF-8">
  <style>
    body {
      height: 600vh;
      text-align: center;
      transition: background-color 0.5s;
    }
  </style>
</head>
<body>
  <h3>자동 스크롤과 배경색 변화</h3>
  <script>
    const windowHeight = window.innerHeight;

    function autoScrollAndColorChange() {
      if (window.scrollY + windowHeight >= document.body.scrollHeight) {
        window.[     ①     ](0, 0);
      } else {
        window.scrollBy(0, 20);
      }
      let p = window.scrollY;
      document.body.style.[     ②     ] = "rgb(" + p % 255 + "," + (255
- p % 255) + ", 200)";
      setTimeout([     ③     ], 50);
    }
    autoScrollAndColorChange();
  </script>
</body>
</html>
```

30 현재 스크롤 위치에 따라 배경색이 변하게 하려면 몇 번 빈칸에 무엇을 채워야 하는가?

31 스크롤 이동이 0.05초마다 반복 실행되도록 하려면 몇 번 빈칸에 무엇을 채워야 하는가?

32 스크롤이 가장 아래까지 이동했을 때의 배경색을 10진수 RGB 표기법과 #16진수 RGB 표기법으로 각각 답하시오.

33 스크롤이 가장 아래까지 이동했을 때 다시 처음으로 돌아오게 하려면 몇 번 빈칸에 무엇을 채워야 하는가?

34 다음 코드의 출력 결과에서 폰트 크기가 20px이다. 웹 브라우저 폭이 700px보다 작을 때 폰트 크기가 16px이 되고 웹 브라우저 폭이 600px보다 작을 때는 폰트 크기가 12px이 되도록 지정하려 한다. 미디어 쿼리를 사용하여 빈칸을 완성하시오.

```
<!DOCTYPE html>
<html>
<head>
  <meta charset="UTF-8">
  <style>
    div {
      background: #ffe;
      border: 1px solid #9cc;
      padding: 10px 30px;
    }
    .flex_font{ font-size: 20px }



  </style>
</head>
<body>
  <div><b>@media 미사용:</b> 웹 브라우저 창을 좌우로 늘이거나 줄여도 폰트 크기
가 변하지 않음</div>
  <div class="flex_font"><b>@media 사용:</b> 웹 브라우저 창을 좌우로 늘이거나
줄이면
    창 크기에 따라 폰트 크기가 변함</div>
</body>
</html>
```

35 미디어 쿼리를 사용하여 웹 브라우저 높이에 따라 배경색이 변하는 코드를 완성하시오. 높이가 500px보다 클 때, 500px보다 작고 400px보다 클 때, 400px보다 작을 때 배경색이 서로 다르게 나타나도록 하시오.

```
<!DOCTYPE html>
<html>
<head>
  <meta charset="UTF-8">
  <style>
    div {
      height: 48vh;
      background: #ffe;
      border: 1px solid #9cc;
    }



  </style>
</head>
<body>
  <div><b>height: 48vh</b><br>
    창을 위아래로 늘이거나 줄여보자</div>
  <div class="flex_h"><b>height: 48vh</b><br>
    창을 위아래로 늘이거나 줄여보자</div>
</body>
</html>
```

36 grid 레이아웃을 사용하여 한 줄에 박스가 3개이면서 2줄로 박스를 배치하는 코드를 완성하시오. 줄과 줄 사이 간격은 10px로 한다.

```
<!DOCTYPE html>
<html>
<head>
  <meta charset="UTF-8">
  <style>
    .item {
      background-color: #afb;
      border: 2px solid #ccc;
      border-radius: 3px;
      text-align: center;
      padding: 10px;
    }
  </style>
</head>
<body>
  <div class="container">
    <div class="item">1</div>
    <div class="item">2</div>
    <div class="item">3</div>
    <div class="item">4</div>
    <div class="item">5</div>
    <div class="item">6</div>
  </div>
</body>
</html>
```

CHAPTER 11

캔버스로 그림 그리기

학습 목표

- <canvas>를 사용하여 그림 그리는 방법을 이해한다.
- 다각형 및 호를 포함한 다양한 도형 그리는 방법을 학습한다.
- 애니메이션 기능으로 움직이는 그림을 만들어본다.

- 캔버스 기본 기능
  - <canvas> 태그 사용하기
    - 문서에 캔버스 추가하기
    - 캔버스로 2차원 그래픽 구현하기
  - 도형 그리기
    - 경로를 사용하여 그리기
    - 다각형 그리기
    - 호와 원 그리기
    - 곡선 그리기
  - 문자와 이미지 그리기
- 캔버스 고급 기능과 애니메이션
  - 캔버스 속성
    - 색상 지정하기
    - 선 굵기 지정하기
    - 그레이디언트 만들기
    - 그림자 만들기
  - 애니메이션
    - 물방울 애니메이션
    - 프랙탈

SECTION 01 캔버스 기본 기능

1 <canvas> 태그 사용하기

HTML에서 사진이나 그림을 나타내는 태그로 <img>를 사용한다. 또한 이미지를 움직이거나 변형시키기 위해 transform 속성을 사용하며, 애니메이션을 작성할 때 @keyframes를 사용한다. HTML에서 도형을 그리고 움직이는 그래픽 화면을 구현하기 위해서는 캔버스를 만들어야 한다. **캔버스canvas는 자바스크립트를 통해 그래픽을 생성, 수정, 제어할 수 있는 요소**이다. 캔버스를 사용하면 그림, 애니메이션, 차트, 게임 등의 그래픽 요소를 나타낼 수 있다. 물론 직선, 도형, 이미지, 텍스트도 포함시킬 수 있다.

1. 문서에 캔버스 추가하기

<canvas> 태그를 사용하면 캔버스를 HTML 문서에 추가할 수 있다. 다음은 <canvas> 태그를 추가하는 간단한 예이다. 여기서 id는 캔버스를 식별하는 데 사용하는 속성이며 width와 height는 캔버스의 크기를 지정한다.

```
<canvas id="myCanvas" width="600" height="400"> </canvas>
```

캔버스에서 getContext() 메서드로 2D 또는 3D 그래픽을 지정한다. 2D 그래픽을 사용하려면 getContext("2d")를 호출하여 캔버스 ctx가 2D 그래픽을 사용한다고 선언한다. 코드는 다음과 같다.

```
const canvas = document.getElementById("myCanvas");
const ctx = canvas.getContext("2d");
```

TIP 3D 그래픽을 사용하려면 const ctx = canvas.getContext("webgl")이라 쓴다.

▪ 색을 채운 도형 그리기

캔버스를 추가한 다음 그림을 그리거나 지우고 움직이는 등의 다양한 기능을 수행할 수 있다. 다음은 내부를 파란색으로 채운 사각형을 그리는 코드이다.

```
ctx.fillStyle = "blue";          // 사각형의 안쪽 색상
ctx.fillRect(20, 20, 50, 50);    // (X, Y, width, height)
```

fillStyle 속성으로 도형 내부를 채우는 색상을 지정한다. fillRect()는 색으로 채워진 사각형을 그리는 메서드이다. fillRect() 메서드 괄호 안에 (X, Y, width, height)에 해당하는 4개의 값을 지정한다. fillRect(20, 20, 50, 50);은 좌표 X축 20, Y축 20인 위치에 사각형이 만들어지며, 크기는 폭 50, 높이 50이 된다.

■ 테두리만 있는 도형 그리기

테두리만 있는 사각형을 그릴 때는 strokeStyle과 strokeRect()를 사용한다. strokeRect() 괄호 안에도 값 4개가 들어가는데, 마찬가지로 (X, Y, width, height)에 해당한다. 정리하면 캔버스에서 내부를 채운 도형에는 fill을 사용하고, 테두리만 있는 도형에는 stroke를 사용한다.

```
ctx.strokeStyle = "red";           // 사각형의 테두리 색상
ctx.strokeRect(20, 20, 50, 50);    // 테두리만 있는 사각형
```

```
ctx.fillStyle = "blue";
ctx.fillRect(20, 20, 50, 50);
```

```
ctx.strokeStyle = "red";
ctx.strokeRect(20, 20, 50, 50);
```

그림 11-1 **fill과 stroke의 차이점**

Know-how **HTML에서 X축, Y축의 방향은 무엇일까?**

HTML에서 왼쪽 상단 끝이 좌표 (0, 0)이다. HTML에서 X축의 방향은 수학에서와 같이 왼쪽에서 오른쪽이지만, Y축은 위에서 아래 방향인 점에 주의하자.

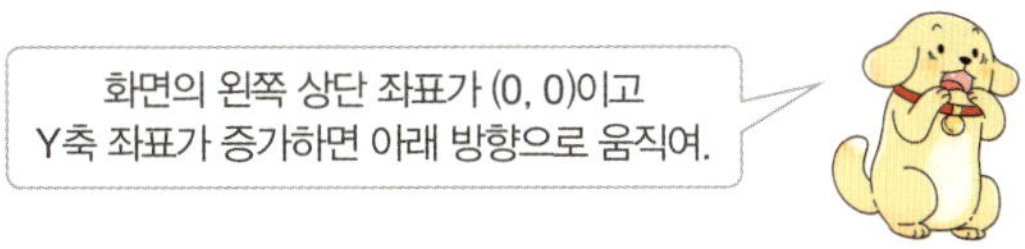

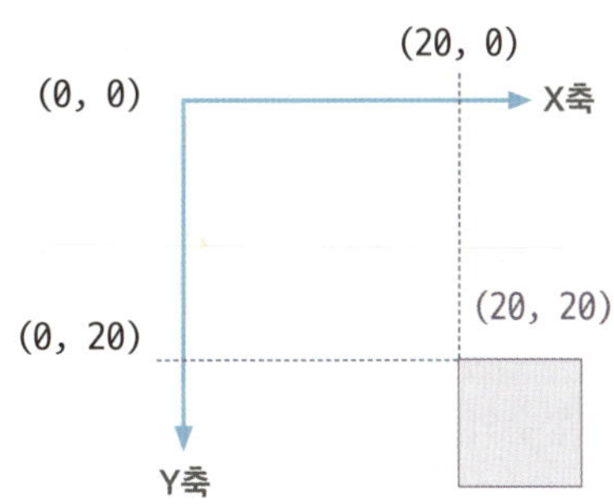

그림 11-2 **X축과 Y축 좌표**

■ **그래픽 지우기**

캔버스에서 그래픽을 지울 때 clearRect() 메서드를 사용한다. clearRect() 메서드 괄호 안에 지울 화면의 범위에 해당하는 4개의 값 (X, Y, width, height)를 지정한다. 이때 (0, 0, canvas.width, canvas.height)라 쓰면 화면 전체의 그래픽을 지운다는 의미이다.

```
ctx.clearRect(0, 0, canvas.width, canvas.height)     // 화면 전체 지우기
```

캔버스에서 프레임마다 업데이트되는 애니메이션을 만들 때 requestAnimationFrame()을 사용한다. 즉 requestAnimationFrame(draw)라 쓰면 draw() 함수를 다시 작동시키라는 뜻이다.

```
requestAnimationFrame(draw)                          // draw 함수를 작동시키기
```

2. 캔버스로 2차원 그래픽 구현하기

[예제 11-1]은 <canvas> 태그를 사용하는 코드이다. 예제를 실행하면 사각형이 계속 움직이다가 하늘색 테두리에 부딪힐 때 이동 방향을 바꾼다.

먼저 style="border: 2px solid #cef"는 캔버스에 테두리를 만든다. draw() 함수가 실행되면 가장 먼저 ctx.clearRect(0, 0, canvas.width, canvas.height)가 화면 전체를 지운다. ctx.fillStyle = "blue"는 파란색으로 사각형 내부를 채우고, ctx.fillRect(x, y, 50, 50)은 위치 (x, y)에 폭 50, 높이 50인 사각형을 그린다. 이 코드에서 변수 x와 y는 사각형의 좌표이며, dx는 X축 방향으로의 이동 거리, dy는 Y축 방향으로의 이동 거리이다. 초깃값에 따라 좌표 (50, 50)에서 시작하여 X축으로 +2, Y축으로 +2씩 움직인다. 만약 x = x + dx를 실행한 후 x + 50이 canvas.width보다 크거나 또는 x가 0보다 작으면 dx를 반대 방향으로 바꾼다. 즉 양옆 테두리에 부딪히면 방향이 바뀐다. 마찬가지로 y = y + dy를 실행한 후 y + 50이 canvas.height보다 크거나 또는 y가 0보다 작으면 dy를 반대 방향으로 바꾼다. 따라서 위아래 테두리에 부딪히면 방향이 바뀐다.

draw() 함수 몸통의 마지막 줄에 있는 requestAnimationFrame(draw)는 draw() 함수를 반복하여 실행시킨다. 따라서 첫 줄에서 화면을 지우고, 중간에서 사각형을 그린 다음 마지막 줄에서 draw 함수의 수행을 반복함으로써 사각형이 계속 움직이게 된다.

예제 11-1 캔버스 사용하기 ex11-1.html

```
<!DOCTYPE html>
<html>
<head>
  <meta charset="UTF-8">
  <title>캔버스 사용하기</title>
</head>
<body>
  <canvas id="myCanvas" width="600" height="400"
    style="border: 2px solid #cef"> </canvas>
  <script>
    const canvas = document.getElementById("myCanvas");   // 캔버스 만들기
    const ctx = canvas.getContext("2d");                  // 2D 그래픽 사용하기
    let x = 50;
    let y = 50;
    let dx = 2;
    let dy = 2;

    function draw() {
      ctx.clearRect(0, 0, canvas.width, canvas.height);   // 화면 지우기
      ctx.fillStyle = "blue";                             // 파란색으로 채우기
      ctx.fillRect(x, y, 50, 50);                         // 직사각형 만들기
      x = x + dx;
      y = y + dy;
      if (x + 50 > canvas.width || x < 0)
        dx = -dx;
      if (y + 50 > canvas.height || y < 0)
        dy = -dy;
      requestAnimationFrame(draw);                        // 애니메이션 만들기
    }
    draw();
  </script>
</body>
</html>
```

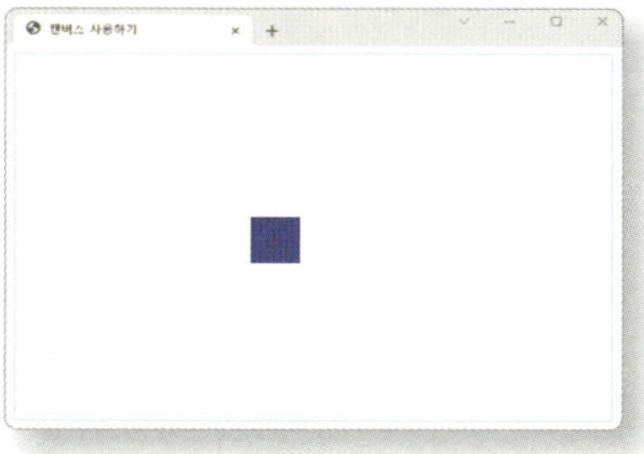

여기서 잠깐 **자바스크립트 코드와 <canvas> 태그의 순서**

캔버스가 생성되기 이전에 캔버스 관련 자바스크립트가 먼저 실행되면 오류가 발생한다. 따라서 자바스크립트 코드를 <canvas> 태그 이후에 작성해야 한다.

2 도형 그리기

1. 경로를 사용하여 그리기

캔버스에서 경로path를 사용하여 도형을 그릴 수 있다. 캔버스에서 경로의 시작과 도착 지점의 좌표를 지정하면 펜으로 선을 그리듯이 이동한다.

▪ 경로 그리기

사각형 경로를 그리는 코드는 다음과 같다. 캔버스에서 경로를 그리기 시작하는 메서드는 **beginPath()**이다. 선을 그리지 않고 이동하는 메서드는 **moveTo()**이며, 선을 그리면서 이동하는 메서드는 **lineTo()**이다. 따라서 **ctx.moveTo(50, 50)**은 X 좌표 50, Y 좌표 50까지 선을 그리지 않고 이동한다. 다음으로 **ctx.lineTo(100, 50)**은 이전 지점인 (50, 50)부터 (100, 50)까지 선을 그리며 이동한다. 또한 **ctx.lineTo(100, 100)**은 이전 지점인 (100, 50)부터 (100, 100)까지 선을 그리며 이동하고, **ctx.lineTo(50, 100)**은 이전 지점인 (100, 100)부터 (50, 100)까지 선을 그리며 이동한다.

```
const canvas = document.getElementById("myCanvas");
const ctx = canvas.getContext("2d");
ctx.beginPath();                    // 경로를 시작
ctx.moveTo(50, 50);                 // 선을 그리지 않고 이동
ctx.lineTo(100, 50);                // 선을 그리며 이동
ctx.lineTo(100, 100);
ctx.lineTo(50, 100);
ctx.closePath();                    // 경로를 닫음 - 종료점과 시작점을 연결
```

closePath()는 경로를 사용한 선 그리기를 종료한다. **closePath()**를 사용하지 않아도 더 이상 선을 그리지 않으면 경로는 종료된다. 그러나 **closePath()**를 사용하면 경로의 종료점인 (50, 100)에서 시작점인 (50, 50)까지 선으로 연결된다. 만약 **closePath()**를 사용하지 않으면 (50, 100)에서 (50, 50)까지의 연결선은 그려지지 않는다. [그림 11-3]은 이 코드의 작동 과정이다.

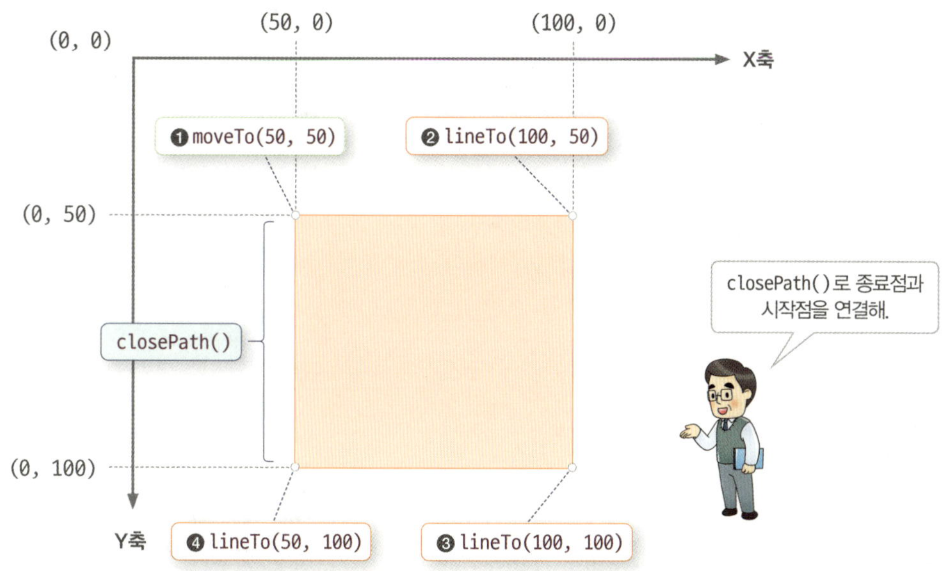

그림 11-3 경로를 이용하여 사각형 그리기

■ 경로를 따라 사각형 그리기

경로는 선을 그리는 길을 알려줄 뿐이다. 실제로 캔버스에 선을 그리려면 stroke()를 입력해야 한다. strokeStyle = "blue"는 경로를 따라 파란색으로 선을 그리라는 의미이다. 만약 경로 안을 채우려면 fill()을 사용한다. 노란색으로 경로 내부를 채우려면 fillStyle = "yellow"로 속성을 지정한다.

```
ctx.strokeStyle = "blue";
ctx.stroke();                    // 경로 그리기
ctx.fillStyle = "yellow";
ctx.fill();                      // 경로 채우기
```

[예제 11-2]는 앞의 [예제 11-1]에서 만든 경로를 따라 선으로 사각형을 그린다. 도형의 테두리는 파란색이고 도형 안은 노란색으로 채운다. 코드를 실행하면 경로를 사용하여 만들어진 사각형이 계속 움직인다.

예제 11-2 경로를 따라 사각형 그리기 ex11-2.html

```
<!DOCTYPE html>
<html>
<head>
  <meta charset="UTF-8">
```

```
  <title>경로를 따라 사각형 그리기</title>
</head>
<body>
  <canvas id="myCanvas" width="600" height="400"
    style="border: 2px solid #cef"> </canvas>
  <script>
    const canvas = document.getElementById("myCanvas");
    const ctx = canvas.getContext("2d");
    let x = 50;
    let y = 50;
    let dx = 2;
    let dy = 2;

    function draw() {
      ctx.clearRect(0, 0, canvas.width, canvas.height);   // 화면 지우기
      ctx.beginPath();                                     // 경로를 시작
      ctx.moveTo(x, y);                                    // 선을 그리지 않고 이동
      ctx.lineTo(x + 50, y);                               // 선을 그리면서 이동
      ctx.lineTo(x + 50, y + 50);
      ctx.lineTo(x, y + 50);
      ctx.closePath();                                     // 처음과 마지막 연결
      ctx.strokeStyle = "blue";
      ctx.stroke();                                        // 경로 그리기
      ctx.fillStyle = "yellow";
      ctx.fill();                                          // 경로 채우기
      x = x + dx;
      y = y + dy;
      if (x + 50 > canvas.width || x < 0)
        dx = -dx;
      if (y + 50 > canvas.height || y < 0)
        dy = -dy;
      requestAnimationFrame(draw);
    }
    draw();
  </script>
</body>
</html>
```

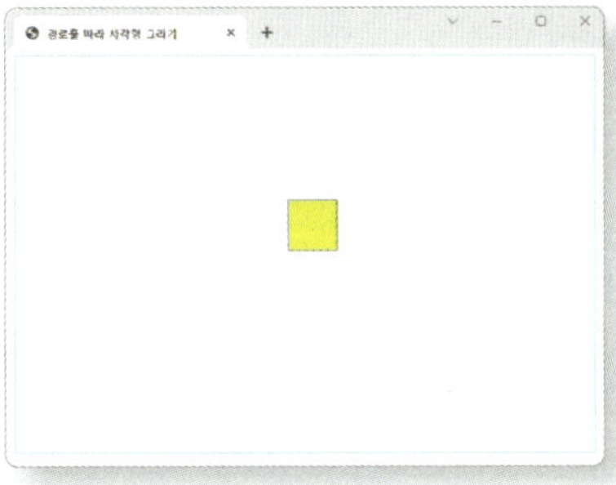

■ 경로를 따라 곡선 그리기

[예제 11-3]은 경로를 이용하여 곡선을 그린다. 경로는 X축 0, Y축 300에서 시작하고 **lineTo()**를 이용하여 X축으로 +1의 선이 그려진다. 즉 두께가 1인 선이 그려진다. X 좌표를 나타내는 x는 계속 증가시키고, Y 좌표를 나타내는 y는 y = y - x / 900으로 감소시킨다. 따라서 y는 점점 감소하여 완만하게 위로 올라가는 곡선이 그려진다.

예제 11-3 경로를 따라 곡선 그리기 ex11-3.html

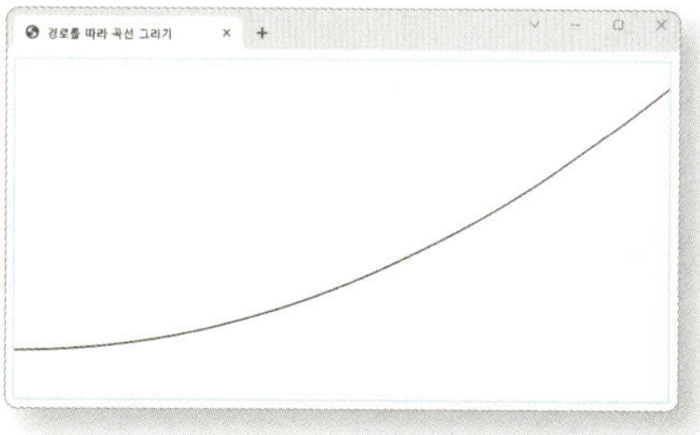

```html
<!DOCTYPE html>
<html>
<head>
  <meta charset="UTF-8">
  <title>경로를 따라 곡선 그리기</title>
</head>
<body>
  <canvas id="myCanvas" width="700" height="350"
    style="border: 2px solid #cef"> </canvas>
  <script>
    const canvas = document.getElementById("myCanvas");
    const ctx = canvas.getContext("2d");
    let x = 0;
    let y = 300;

    function draw() {
      if (x < canvas.width) {
        ctx.beginPath();
        ctx.moveTo(x, y);
        ctx.lineTo(x + 1, y);
        ctx.stroke();
        x = x + 1;
        y = y - x / 900;
      }
      requestAnimationFrame(draw);
    }
    draw();
  </script>
</body>
</html>
```

2. 다각형 그리기

경로를 사용하여 다각형을 그리기는 쉽지 않다. 예를 들어 육각형을 만들 경우 **lineTo()**를 최소한 4번은 사용해야 하며, 육각형의 꼭짓점 좌표를 일일이 계산해야 한다. [예제 11-4]는 메서드를 사용하여 간단하게 다각형을 그린다. [예제 11-4]의 출력 결과는 삼각형부터 십이각형까지 그린 결과이다. 모든 도형은 (300, 10)에서 시작하고 한 변의 길이가 120이다.

[예제 11-4]에서 다각형을 그리는 함수는 **drawPolygon(px, py, length, sides)**이다. 여기서 **px**와 **py**는 다각형을 그리기 시작하는 지점의 X, Y 좌표이다. **length**는 다각형 한 변의 길이이며, **sides**는 다각형 선의 개수이다. 따라서 **drawPolygon(100, 100, 20, 3)**은 좌표 (100, 100)에서 시작하고 한 변의 길이가 20인 삼각형을 만들라는 의미이다.

예제 11-4 다각형 그리기 ex11-4.html

```
<!DOCTYPE html>
<html>
<head>
  <meta charset="UTF-8">
  <title>다각형 그리기</title>
</head>
<body>
  <canvas id="myCanvas" width="700" height="500"
    style="border: 2px solid #cef"> </canvas>
  <script>
    const canvas = document.getElementById("myCanvas");
    const ctx = canvas.getContext("2d");

    function drawPolygon(px, py, length, sides) {
      ctx.beginPath();
      for (let i = 0; i < sides; i++) {
        ctx.lineTo(px, py);
        let angle = (i * 2 * Math.PI) / sides;
        px = px + length * Math.cos(angle);
        py = py + length * Math.sin(angle);
      }
      ctx.closePath();
      ctx.stroke();
    }
    function draw() {
      for (let k = 3; k <= 12; k++)
        drawPolygon(300, 10, 120, k);
```

```
    }
    draw();
  </script>
</body>
</html>
```

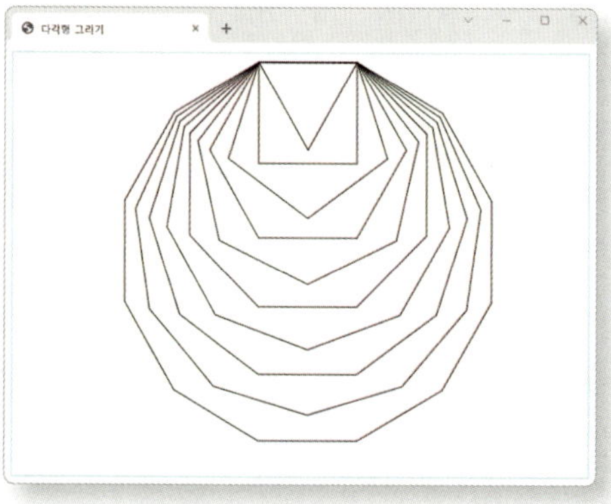

drawPolygon()이 정다각형을 그리는 원리는 간단하다. 도형의 내각을 모두 더하면 언제나 360도이다. 따라서 정삼각형에서 꼭짓점 한 개의 내각은 120도(3 × 120 = 360)이다. 마찬가지로 사각형에서 꼭짓점 한 개의 내각은 90도(4 × 90 = 360)이다. 이러한 원리를 이용하여 angle = (i * 2 * Math.PI) / sides는 꼭짓점 한 개의 내각을 계산한다. 이렇게 각도를 계산하여 선을 그리면 원하는 다각형을 그릴 수 있다.

3. 호와 원 그리기

캔버스에서 호와 원을 그리는 방법을 알아보자. 호 또는 원은 arc() 메서드로 그린다. 다음 코드에서 x와 y는 원의 중심 위치를 나타내며, 반지름으로 원의 크기를 결정한다. **시작 각도**는 호의 시작점을 지정하며, **종료 각도**는 호의 종료점을 지정한다.

```
arc(x, y, 반지름, 시작 각도, 종료 각도)
```

각도의 기준점은 0이고 시계의 3시 방향을 의미한다. 호의 각도는 Math.PI를 기준으로 한다. Math.PI는 180도이고, Math.PI * 2가 360도를 의미한다. 따라서 다음 코드는 0(3시 방향)에서 시작하여 180도까지 호(반원의 호)를 그린다. 원 전체를 그리려면 종료 각도만 바꿔서 arc(100, 100, 20, 0, Math.PI * 2)라고 작성하면 된다.

```
arc(100, 100, 20, 0, Math.PI)          // 3시 방향부터 180도까지 호가 그려짐
```

Math.PI * 2가 360도이기 때문에 3시 방향은 0이면서 동시에 Math.PI * 2이다. 6시 방향은 Math.PI * 0.5이고, 12시 방향은 Math.PI * 1.5이다. 시작 각도와 종료 각도를 바꾸면 원하는 호를 그릴 수 있다. 예를 들어 arc(100, 100, 20, Math.PI, 0)은 9시 방향부터 3시 방향까지 반원의 호를 그린다.

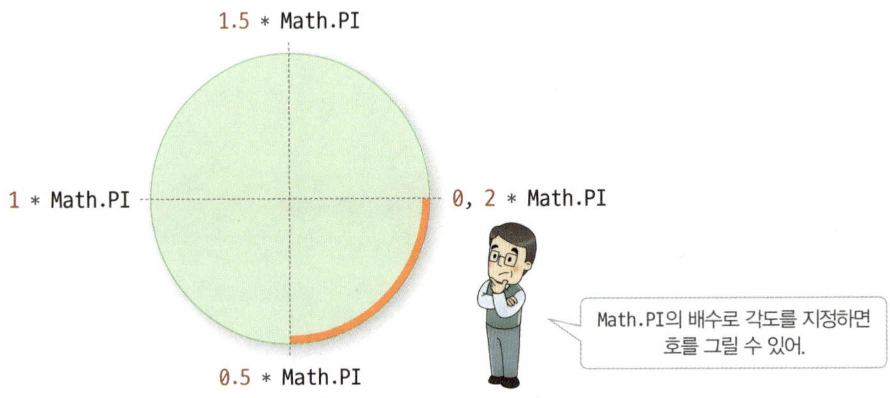

그림 11-4 호 그리기

■ 호 그리기

[예제 11-5]는 반지름 i 값을 0.5, 1, 1.5, 2.0으로 변화시키면서 여러 각도로 호를 그린다. 반지름은 i * 100이므로 호의 반지름은 각각 50, 100, 150, 200이다. 출력 결과는 3시 방향을 시작점으로 하는 90도, 180도, 270도, 360도의 호이며, Math.PI * 2는 완전한 원이다.

예제 11-5 **호 그리기** ex11-5.html

```
<!DOCTYPE html>
<html>
<head>
  <meta charset="UTF-8">
  <title>호 그리기</title>
</head>
<body>
  <canvas id="myCanvas" width="700" height="500"
    style="border: 2px solid #cef"> </canvas>
  <script>
    const canvas = document.getElementById("myCanvas");
```

```
    const ctx = canvas.getContext("2d");

    for (let i = 0.5; i <= 2; i = i + 0.5) {
      ctx.beginPath();
      ctx.arc(350, 250, i * 100, 0, Math.PI * i);
      ctx.stroke();
    }
  </script>
</body>
</html>
```

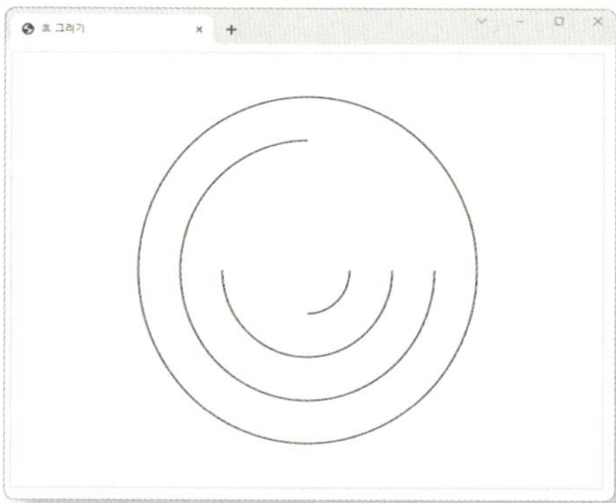

■ **원 그리기**

[예제 11-6]은 `Math.random()`을 이용하여 원의 위치와 크기가 다른 25개의 원을 그리는 코드이다. 또한 `setInterval()`을 사용하여 1초마다 새로운 원을 25개씩 그린다.

앞의 [예제 11-5]에서는 `stroke()`를 사용하여 선만 나타냈다. [예제 11-6]에서는 `fill()`을 사용하여 색을 채운 원을 그린다. 또한 `fillStyle = "rgba(0, 0, 255, 0.4)"`는 투명도 0.4의 파란색 원을 만들기 때문에 원 여러 개가 겹치는 부분은 더 진하게 보인다.

예제 11-6 **원 그리기** ex11-6.html

```
<!DOCTYPE html>
<html>
<head>
  <meta charset="UTF-8">
  <title>원 그리기</title>
</head>
<body>
  <canvas id="myCanvas" width="700" height="500"
```

```
    style="border: 2px solid #cef"> </canvas>
  <script>
    const canvas = document.getElementById("myCanvas");
    const ctx = canvas.getContext("2d");

    function drawRandomCircle() {
        let x = Math.random() * 700;
        let y = Math.random() * 500;
        let radius = Math.random() * 30 + 5;

        ctx.beginPath();
        ctx.arc(x, y, radius, 0, Math.PI * 2);
        ctx.fillStyle = "rgba(0, 0, 255, 0.4)";
        ctx.fill();
    }
    function draw() {
      ctx.clearRect(0, 0, canvas.width, canvas.height);
      for (let i = 1; i < 25; i++)
        drawRandomCircle();
    }
    setInterval(() => { draw() }, 1000);
  </script>
</body>
</html>
```

4. 곡선 그리기

캔버스에서 곡선은 quadraticCurveTo()를 사용하여 그린다. 곡선을 만들 때는 시작점, 제어점, 종료점을 입력해야 한다. 곡선 시작점의 X, Y 좌표는 moveTo(시작점x, 시작점y)로 생성한다. 또한 quadraticCurveTo(제어점x, 제어점y, 종료점x, 종료점y)를 사용하여 제어점과 종료점을 지정한다.

```
moveTo(시작점x, 시작점y);
quadraticCurveTo(제어점x, 제어점y, 종료점x, 종료점y);
```

[그림 11-5]는 시작점, 제어점, 종료점과 곡선의 관계를 보여준다. quadraticCurveTo()는 시작점에서 종료점으로 이어지는 선을 제어점 쪽으로 끌어당겨서 곡선을 만든다. 시작점에서 종료점으로 이어지는 선은 제어점의 중간 정도를 지나는 곡선이 된다. 따라서 제어점이 시작점과 종료점에서 멀어질수록 곡선이 강하게 휜다.

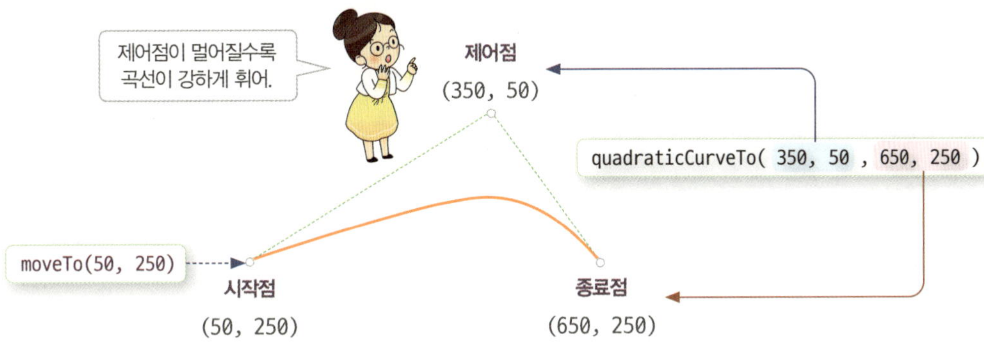

그림 11-5 곡선 그리기

[예제 11-7]은 quadraticCurveTo()를 사용하여 곡선이 휘는 정도를 변화시키며 다양한 곡선을 그린다. 시작점은 (0, 500), 종료점은 (700, 500)으로 고정시킨다. 제어점의 x는 600으로 고정시키며, y는 500부터 시작하여 -500까지 5씩 감소시킨다. 처음에는 평평한 직선으로 시작하여 점점 강하게 휘는 곡선이 만들어진다. 예제에서 ctx.strokeStyle = `rgb(${(500 - y) % 255}, 0, 0)`은 Y 좌표에 따라 선의 붉은색 농도를 변하게 한다.

예제 11-7 곡선 그리기 ex11-7.html

```
<!DOCTYPE html>
<html>
<head>
  <meta charset="UTF-8">
  <title>곡선 그리기</title>
</head>
<body>
```

```
  <canvas id="myCanvas" width="700" height="500"
    style="border: 2px solid #cef"> </canvas>
  <script>
    const canvas = document.getElementById("myCanvas");
    const ctx = canvas.getContext("2d");
    let y = 500;

    function draw() {
      if (y > -500) {
        ctx.beginPath();
        ctx.moveTo(0, 500);                         // 시작점 (x, y)
        ctx.quadraticCurveTo(600, y, 700, 500);    // 제어점 (x, y)와 종료점 (x, y)
        ctx.strokeStyle = `rgb(${(500 - y) % 255}, 0, 0)`;
        ctx.stroke();
        y = y - 5;
      }
      requestAnimationFrame(draw);
    }
    draw();
  </script>
</body>
</html>
```

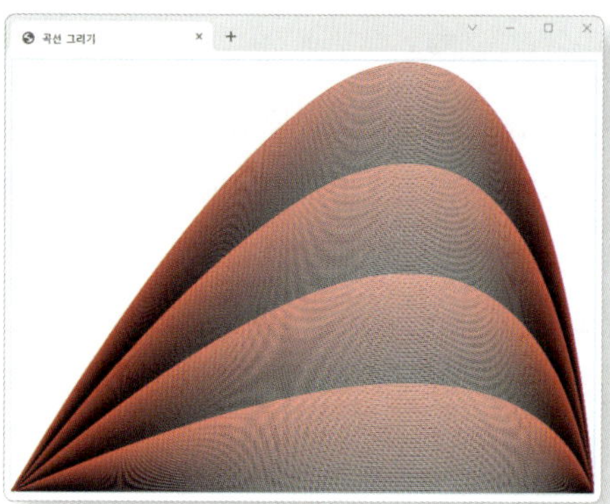

3 문자와 이미지 그리기

1. 문자 그리기

캔버스에 문자를 나타나게 할 때 fillText() 메서드를 사용한다. 다음 코드에서 fillText("캔버스", x, y)는 캔버스의 (x, y) 위치에 '캔버스'라는 문자를 나타낸다. font = "18px Gothic"은 폰트를 18px의 고딕으로 지정한다. 캔버스의 문자도 도형과 마찬가지로 `fillStyle = "blue"`로 색을 지정할 수 있다.

```
ctx.font = "18px Gothic";              // 폰트 지정
ctx.fillStyle = "blue"
ctx.fillText("캔버스", x, y);          // (x, y) 위치에 캔버스 문자가 나타남
```

테두리만 있는 문자를 그리려면 다음과 같이 `fill` 대신 `stroke`를 사용한다. `strokeStyle = "red"`는 붉은색 테두리를 지정한다. 따라서 `strokeText("캔버스", x, y)`는 붉은색 테두리로 '캔버스'라는 문자를 (x, y) 위치에 그린다. `fill`과 `stroke`를 모두 사용하면 테두리와 문자색이 있는 글자가 캔버스 화면에 나타난다.

```
ctx.strokeStyle = "red"
ctx.strokeText("캔버스", x, y);        // (x, y) 위치에 캔버스 문자가 나타남
```

[예제 11-8]은 사각형 대신 18px 고딕 폰트의 문자열을 움직이게 한다. 코드를 실행하면 파란색 문자 '캔버스'가 박스 안을 돌아다닌다.

예제 11-8 문자 그리기 ex11-8.html

```
<!DOCTYPE html>
<html>
<head>
  <meta charset="UTF-8">
  <title>문자 그리기</title>
</head>
<body>
  <canvas id="myCanvas" width="600" height="400"
    style="border: 2px solid #cef"> </canvas>
  <script>
    const canvas = document.getElementById("myCanvas");
    const ctx = canvas.getContext("2d");
    let x = 50;
    let y = 50;
    let dx = 2;
    let dy = 2;
```

```
    function draw() {
      ctx.clearRect(0, 0, canvas.width, canvas.height);
      ctx.fillStyle = "blue";                     // 폰트 색상
      ctx.font = "18px Gothic";                    // 폰트 지정
      ctx.fillText("캔버스", x, y);                // (x, y) 위치에 캔버스 문자가 나타남
      x = x + dx;
      y = y + dy;
      if (x + 50 > canvas.width || x < 0)
        dx = -dx;
      if (y + 5 > canvas.height || y - 18 < 0)
        dy = -dy;
      requestAnimationFrame(draw);
    }
    draw();
  </script>
</body>
</html>
```

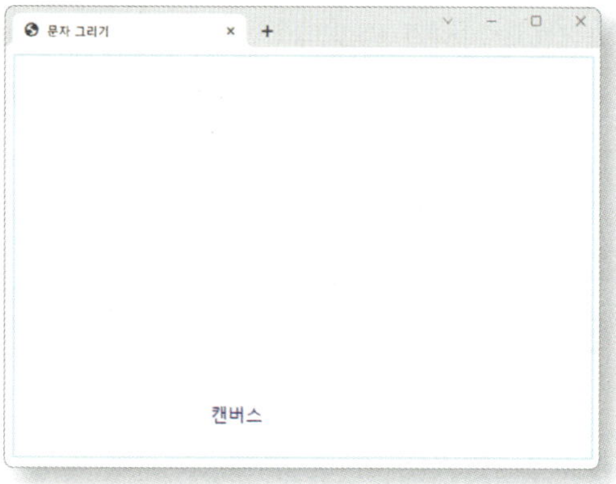

2. 이미지 그리기

다음 코드는 이미지를 캔버스에 나타나게 한다. 이미지를 사용하려면 먼저 const airplane = new Image()와 같이 이미지 객체를 생성해야 한다. 이후 airplane.src = "../media/airplane.png"를 사용하여 이미지 객체의 소스를 지정한다.

```
const airplane = new Image();                    // Image 객체 생성
airplane.src = "../media/airplane.png";          // Image 소스 지정
ctx.drawImage(airplane, x, y, width, height);    // (x, y)에 이미지 그리기
```

화면에 이미지를 나타내는 메서드는 drawImage(airplane, x, y, width, height)이다. 여기서 x와 y는 이미지가 나타나는 좌표이며, width는 이미지의 폭, height는 이미지의 높이이다.

[예제 11-9]는 [예제 11-3]에서 그린 곡선을 따라 비행기 이미지를 움직이게 하는 코드이다. 코드에서 x와 y 값의 변화는 [예제 11-3]을 그대로 사용했다.

예제 11-9 **이미지 그리기** ex11-9.html

```
<!DOCTYPE html>
<html>
<head>
  <meta charset="UTF-8">
  <title>이미지 그리기</title>
</head>
<body>
  <canvas id="myCanvas" width="700" height="350"
    style="border: 2px solid #cef"> </canvas>
  <script>
    const canvas = document.getElementById("myCanvas");
    const ctx = canvas.getContext("2d");
    const airplane = new Image();              // Image 객체 생성
    airplane.src = "../media/airplane.png";    // Image 소스 지정
    let x = 0;
    let y = 300;

    airplane.onload = function draw() {         // 이미지 load 이벤트
      ctx.clearRect(0, 0, canvas.width, canvas.height);
      ctx.drawImage(airplane, x, y, 100, 50);   // (x, y)에 이미지 그리기
      x = x + 2;
      y = y - x / 400;
      if (x > canvas.width) {
        x = 0;
        y = 300;
      }
      requestAnimationFrame(draw);
    }
  </script>
</body>
</html>
```

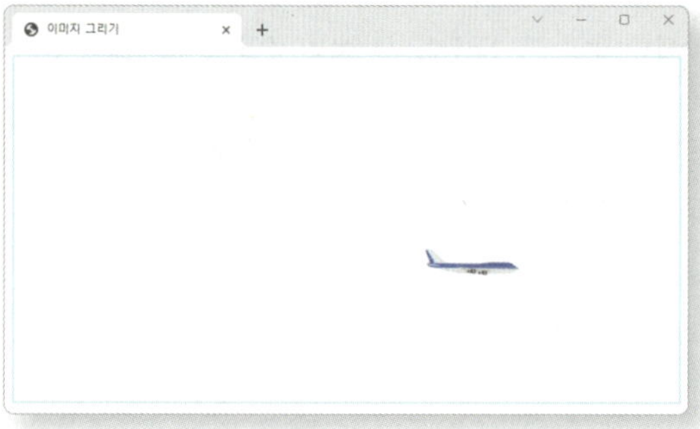

캔버스에서 이미지를 움직이려면 image.onload = function {}과 같이 onload 이벤트를 사용한다. 코드에서는 airplane.onload = function draw() {}로 이미지를 로드한다. 이전 화면이 남아 있을 수 있기 때문에 clearRect()를 사용하여 화면을 모두 지운 다음 drawImage(airplane, x, y, 100, 50)으로 비행기를 화면에 출력한다. 이를 반복하면 비행기가 이륙하는 것처럼 보인다.

SECTION 02 캔버스 고급 기능과 애니메이션

1 캔버스 속성

1. 색상 지정하기

캔버스에서 텍스트나 도형의 내부 색상을 fillStyle로 지정한다. 또한 테두리 선 색상은 strokeStyle로 지정한다. fillStyle과 strokeStyle의 값을 지정할 때 색 이름, #16진수, rgb(), rgba()를 모두 사용할 수 있다.

```
ctx.fillStyle = "#ffea6d";                        // 채워지는 색 지정
ctx.strokeStyle = "rgba(99, 46, 45, 0.7)";         // 테두리 선 색 지정
```

[예제 11-10]은 [예제 11-1]에서 만든 사각형이 움직이는 코드를 변형하여 사각형의 색을 계속 변하도록 만든 코드이다. 색상 변경은 ctx.fillStyle = `rgb(${x % 255}, ${(x + y) % 255},

${y % 255})`로 이루어진다. X와 Y 좌표를 이용하여 RGB에서 R 값은 x % 255로, G 값은 (x + y) % 255로, B 값은 y % 255로 지정하는 코드이다. 따라서 출력 결과를 보면 사각형 색상이 계속 변하면서 움직인다. 출력 결과는 생략한다.

예제 11-10 **색상 지정하기** ex11-10.html

```
<!DOCTYPE html>
<html>
<head>
  <meta charset="UTF-8">
  <title>색상 지정하기</title>
</head>
<body>
  <canvas id="myCanvas" width="600" height="400"
    style="border: 2px solid #cef"> </canvas>
  <script>
    const canvas = document.getElementById("myCanvas");
    const ctx = canvas.getContext("2d");
    let x = 50;
    let y = 50;
    let dx = 2;
    let dy = 2;

    function draw() {
      ctx.clearRect(0, 0, canvas.width, canvas.height);
      ctx.fillStyle = `rgb(${x % 255}, ${(x + y) % 255}, ${y % 255})`;
      ctx.fillRect(x, y, 50, 50);
      x = x + dx;
      y = y + dy;
      if (x + 50 > canvas.width || x < 0)
        dx = -dx;
      if (y + 50 > canvas.height || y < 0)
        dy = -dy;
      requestAnimationFrame(draw);
    }
    draw();
  </script>
</body>
</html>
```

2. 선 굵기 지정하기

선의 굵기는 `lineWidth`로 지정한다. `lineWidth` = 5로 지정하면 선의 두께가 5px이 된다. 굵기를 지정하지 않으면 기본값은 1px이다.

```
ctx.lineWidth = 5;          // 선의 두께 5px로 지정
```

[예제 11-11]은 다양한 굵기로 선을 그린다. 예제를 실행하면 굵기가 1px인 세로선부터 5px인 세로선까지 차례대로 나타난다. 선이 만들어질 때마다 `` ctx.strokeStyle = `rgb(${i * 10}, 0, 0)` ``의 `i`가 증가함으로써 붉은색이 진해진다.

예제 11-11 선 굵기 지정하기 ex11-11.html

```
<!DOCTYPE html>
<html>
<head>
  <meta charset="UTF-8">
  <title>선 굵기 지정하기</title>
</head>
<body>
  <canvas id="myCanvas" width="700" height="400"
    style="border: 2px solid #cef"> </canvas>
  <script>
    const canvas = document.getElementById("myCanvas");
    const ctx = canvas.getContext("2d");

    for (let i = 1; i <= 25; i ++) {
      ctx.beginPath();
      ctx.moveTo(i * 25, 50);
      ctx.lineTo(i * 25, 350);
      ctx.strokeStyle = `rgb(${i * 10}, 0, 0)`;
      ctx.lineWidth = i;
      ctx.stroke();
    }
  </script>
</body>
</html>
```

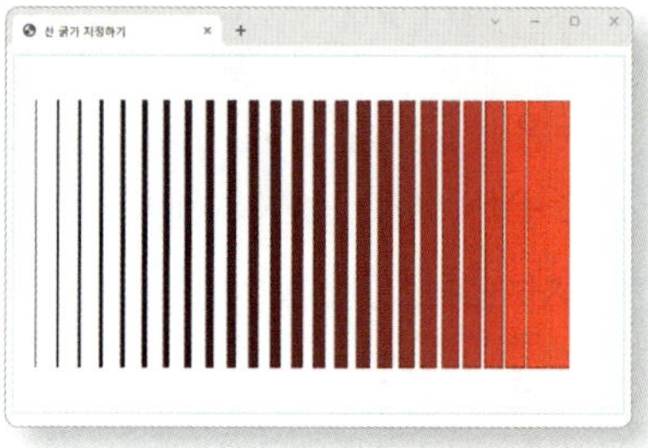

3. 그레이디언트 만들기

색이 단계적으로 조금씩 다른 색으로 변하는 것을 그레이디언트gradient 혹은 그라데이션gradation이라 부른다. 캔버스에서 선형 그레이디언트와 원형 그레이디언트를 지정해보자.

■ 선형 그레이디언트 만들기

`createLinearGradient()`는 직선 형태로 변하는 선형 그레이디언트를 그린다. `createLinearGradient(x1, y1, x2, y2)`에서 x1, y1은 그레이디언트 시작점을 지정하며, x2, y2는 종료점을 지정한다.

그레이디언트에서는 시작 위치의 색과 종료 위치의 색을 지정해야 한다. `addColorStop(offset, 색상)`으로 그레이디언트 색상을 지정한다. `offset`은 0에서 1 사이의 실수로 지정하는데, `offset`이 0이면 시작점의 색상을 지정하고, `offset`이 1이면 종료점의 색상을 지정한다.

[예제 11-12]는 사각형에 선형 그레이디언트를 채운다. `ctx.fillRect(50, 50, 600, 300)`은 그리는 사각형의 폭이 600, 높이가 300이므로 사각형의 시작점이 (50, 50)일 때 시작점 반대편 꼭짓점의 위치는 (650, 350)이다. `gradient = ctx.createLinearGradient(50, 50, 650, 50)`은 사각형에 선형 그레이디언트를 칠한다. 그레이디언트의 시작점은 (50, 50)이고 종료점은 (650, 50)이다.

시작점 색상은 `gradient.addColorStop(0, "purple")`로 보라색을 지정한다. 종료점 색상은 `gradient.addColorStop(1, "white")`로 흰색을 지정한다. 이렇게 만든 그레이디언트는 `ctx.fillStyle = gradient`로 사각형 전체를 채운다. 출력 결과는 왼쪽 끝이 보라색이고 오른쪽으로 갈수록 흰색이 되는 사각형이다.

예제 11-12 선형 그레이디언트 만들기 ex11-12.html

```
<!DOCTYPE html>
<html>
<head>
  <meta charset="UTF-8">
  <title>선형 그레이디언트 만들기</title>
</head>
<body>
  <canvas id="myCanvas" width="700" height="400"
    style="border: 2px solid #cef"> </canvas>
  <script>
    const canvas = document.getElementById("myCanvas");
```

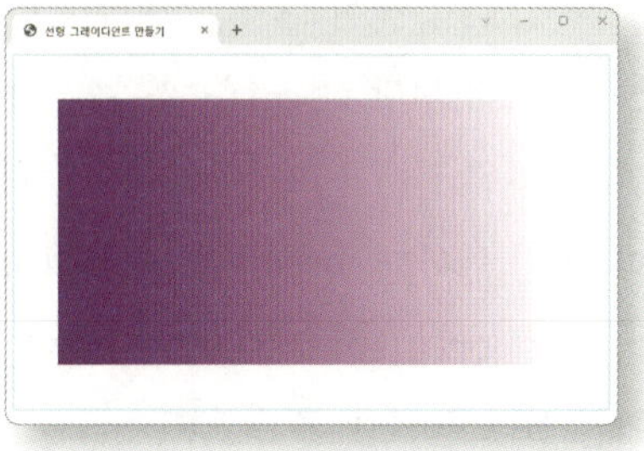

```
    const ctx = canvas.getContext("2d");

    let gradient = ctx.createLinearGradient(50, 50, 650, 50);  // 선형 그레이디언트
    gradient.addColorStop(0, "purple");                        // 오프셋 = 0은 시작점
    gradient.addColorStop(1, "white");                         // 오프셋 = 1은 종료점

    ctx.fillStyle = gradient;
    ctx.fillRect(50, 50, 600, 300);
  </script>
</body>
</html>
```

■ 원형 그레이디언트 만들기

원형 그레이디언트도 createRadialGradient()를 사용하여 그린다. 원형 그레이디언트의 시작 위치와 종료 위치는 점이 아니라 원이라는 것에 주의하자. createRadialGradient(x1, y1, r1, x2, y2, r2)는 중심이 (x1, y1)이고 반지름이 r1인 원을 그레이디언트의 시작 위치로 지정하고, 중심이 (x2, y2)이고 반지름이 r2인 원을 종료 위치로 지정한다.

표 11-1 캔버스 그레이디언트 메서드

메서드	내용
createLinearGradient(x1, y1, x2, y2)	선형 그레이디언트
createRadialGradient(x1, y1, r1, x2, y2, r2)	원형 그레이디언트
addColorStop(offset, 색상);	시작 위치 또는 종료 위치의 색 지정

[예제 11-13]은 원에 원형 그레이디언트를 채운다. ctx.arc(350, 200, 150, 0, Math.PI * 2)로 중심이 (350, 200)이고 반지름이 150인 원을 그린다. 이 원에 gradient = ctx.createRadialGradient(350, 200, 150, 300, 120, 10)으로 원형 그레이디언트를 채운다. 처음에 그린 원 전체가 그레이디언트 시작 위치가 된다. 종료 위치는 중심이 (300, 120)이고 반지름이 10인 원이다. gradient.addColorStop(0, "blue")는 시작 위치의 원을 파란색으로 지정한다. 또한 gradient.addColorStop(1, "white")는 종료 위치의 원을 흰색으로 지정한다. 이렇게 만든 그레이디언트를 ctx.fillStyle = gradient로 칠한다. 출력 결과는 파란색에서 출발해 왼쪽 상단으로 갈수록 점점 흰색이 되는 원이다.

예제 11-13 원형 그레이디언트 만들기 ex11-13.html

```
<!DOCTYPE html>
<html>
<head>
  <meta charset="UTF-8">
  <title>원형 그레이디언트 만들기</title>
</head>
<body>
  <canvas id="myCanvas" width="700" height="400"
    style="border: 2px solid #cef"> </canvas>
  <script>
    const canvas = document.getElementById("myCanvas");
    const ctx = canvas.getContext("2d");

    let gradient = ctx.createRadialGradient(350, 200, 150, 300, 120, 10);
    gradient.addColorStop(0, "blue");
    gradient.addColorStop(1, "white");

    ctx.beginPath();
    ctx.arc(350, 200, 150, 0, Math.PI * 2);
    ctx.fillStyle = gradient;
    ctx.fill();
  </script>
</body>
</html>
```

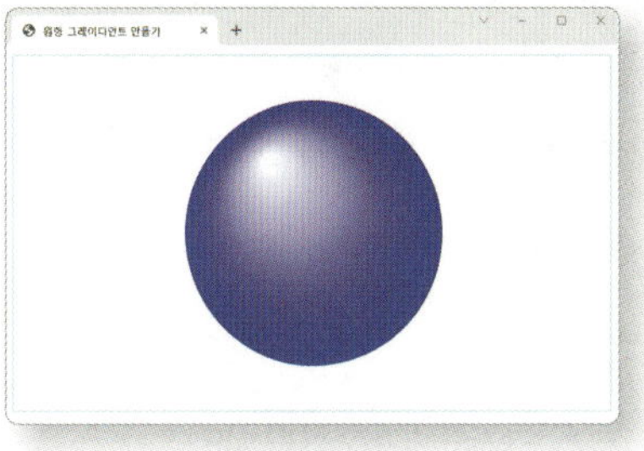

4. 그림자 만들기

캔버스에서 사용하는 도형이나 글씨 등에 그림자를 만들 수 있다. shadowOffsetX는 상대적인 X축 위치를 나타내며, shadowOffsetY는 상대적인 Y축 위치를 지정한다. shadowBlur는 그림자의 번짐 정도를 지정하고, shadowColor는 그림자 색상을 지정한다.

표 11-2 캔버스 그림자 메서드

메서드	내용
ctx.shadowOffsetX	그림자의 X축 위치
ctx.shadowOffsetY	그림자의 Y축 위치
ctx.shadowBlur	그림자 번짐 정도
ctx.shadowColor	그림자 색상

[예제 11-14]는 캔버스 화면에 'Web Programming'이라는 문자를 그리고, 그림자 속성값을 사용하여 그림자를 그린다.

예제 11-14 **그림자 만들기** ex11-14.html

```
<!DOCTYPE html>
<html>
<head>
  <meta charset="UTF-8">
  <title>그림자 만들기</title>
</head>
<body>
  <canvas id="myCanvas" width="700" height="400"
    style="border: 2px solid #cef"> </canvas>
  <script>
    const canvas = document.getElementById("myCanvas");
    const ctx = canvas.getContext("2d");

    ctx.shadowOffsetX = 5;                        // 그림자 X축 위치
    ctx.shadowOffsetY = 5;                        // 그림자 Y축 위치
    ctx.shadowBlur = 10;                          // 그림자 번짐 정도
    ctx.shadowColor = "rgba(100, 50, 100, 0.7)";  // 그림자 색상
    ctx.font = "70px Sans Serif";
    ctx.fillStyle = "#57e";
    ctx.fillText("Web Programming", 50, 150);
  </script>
</body>
</html>
```

2 애니메이션

1. 물방울 애니메이션

[예제 11-15]는 앞에서 배운 애니메이션 방법을 이용하여 캔버스에 수조 안 물방울의 움직임을 구현한다. 물방울은 앞의 [예제 11-6]과 같이 `Math.random()`과 `fillStyle = "rgba(0, 0, 255, 0.4)"`를 사용하여 반투명하게 만든다.

예제에서 개별 물방울은 `x`, `radius`, `speed` 속성을 가지는 `Droplet` 객체이다. `Droplet` 객체의 값 `x`는 물방울의 x축 위치이며, `radius`는 물방울의 반지름이다. `speed`는 물방울의 이동 속도인데, 1보다 크거나 같고 5보다 작은 값이다. 이러한 물방울 객체를 생성하는 함수는 `createDroplet()`

이다. 따라서 droplets.push(createDroplet())은 물방울 객체를 생성하고 배열 droplets[]의 뒤에 삽입한다. 총 50개의 물방울 객체가 배열로 만들어진다.

함수 animate()는 모든 객체에 대하여 droplets[i].update()와 droplets[i].draw()를 반복한다. 물방울 객체의 draw()는 캔버스에 물방울을 그리며, update()는 speed의 이동 속도를 이용해 Y축의 위치를 변경한다. 물방울 객체가 각각 독립적으로 움직이기 때문에 출력 결과 캔버스에서 다양한 크기의 물방울이 서로 다른 속도로 떠오른다.

예제 11-15 물방울 애니메이션 만들기 ex11-15.html

```
<!DOCTYPE html>
<html>
<head>
  <meta charset="UTF-8">
  <title>물방울 애니메이션 만들기</title>
</head>
<body>
  <canvas id="myCanvas" width="800" height="500"
    style="border: 2px solid #cef"> </canvas>
  <script>
    const canvas = document.getElementById("myCanvas");
    const ctx = canvas.getContext("2d");
    let droplets = [];

    function Droplet(x, y, radius, speed) {
      this.x = x;
      this.y = y;
      this.radius = radius;
      this.speed = speed;

      this.draw = function () {
        ctx.beginPath();
        ctx.arc(this.x, this.y, this.radius, 0, Math.PI * 2);
        ctx.fillStyle = "rgba(0, 0, 255, 0.4)";
        ctx.fill();
      }
      this.update = function () {
        this.y = this.y - this.speed;
        if (this.y + this.radius < 0)
          this.y = canvas.height + this.radius;
      }
```

```
    }
    function createDroplet() {
      let x = Math.random() * canvas.width;
      let radius = Math.random() * 15 + 5;
      let speed = Math.random() * 4 + 1;
      return new Droplet(x, canvas.height + radius, radius, speed);
    }
    function animate() {
      ctx.clearRect(0, 0, canvas.width, canvas.height);
      for (let i = 0; i < droplets.length; i++) {
        droplets[i].update();
        droplets[i].draw();
      }
      requestAnimationFrame(animate);
    }

    for (let i = 0; i < 50; i++) {
      droplets.push(createDroplet());
    }
    animate();
  </script>
</body>
</html>
```

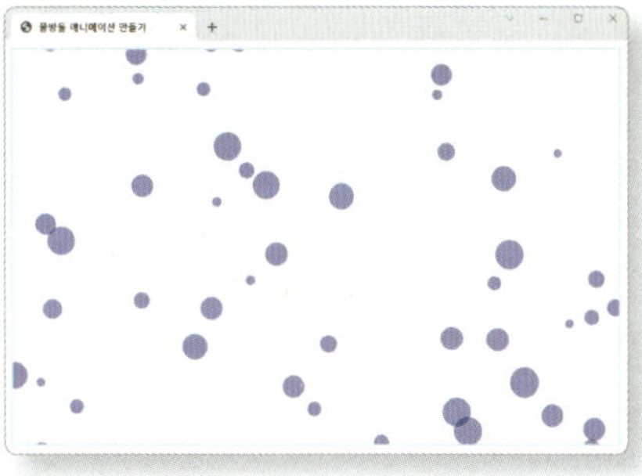

2. 프랙탈

[예제 11-16]은 재귀적 호출을 이용하여 캔버스에 나무 모양을 그리는 프랙탈 코드이다. 프랙탈fractal은 일부 작은 조각이 전체와 비슷한 기하학적 구조이다. 프랙탈은 프로그램의 재귀적 호출로 패턴을 반복하는 방식으로 만든다. **재귀적 호출**recursive call**이란 함수가 자기 자신을 다시 호출하는 것**을 말한다. 이 코드에서는 함수 `drawFractal(x, y, size, angle, depth){}`에서 몸통 마지막 부분의 `setTimeout()` 안에 있는 `drawFractal()` 함수 2개가 재귀호출이다.

다시 말해 drawFractal()이 drawFractal()을 2번 호출하고, 호출된 drawFractal() 2개가 각각 자기 자신을 2번씩 호출하여 총 4번 호출한다. 그 다음에는 8번 호출하고, 그 다음에는 16번 호출하여 나뭇가지를 그린다. 따라서 나뭇가지는 n번째 호출에 2^n개 그려진다. 나뭇가지가 그려지는 모습은 [그림 11-6]과 같다. 예제에서는 가운데 한 줄기부터 시작하여 처음에는 나뭇가지가 2개 만들어지고 다음 나뭇가지는 차례대로 4개, 8개, 16개 만들어진다.

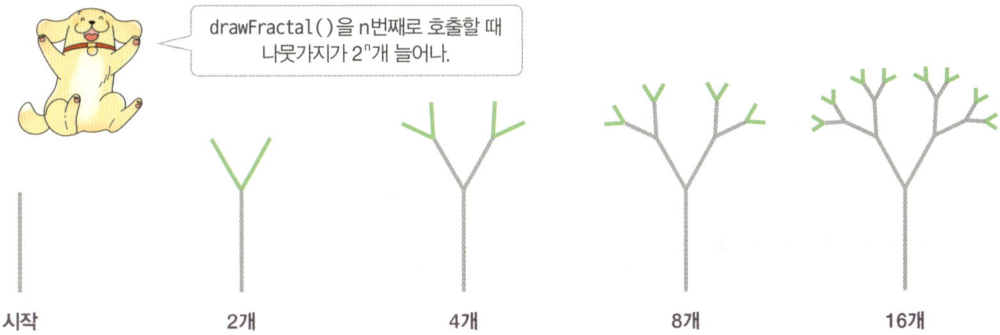

그림 11-6 프랙탈 나무가 만들어지는 과정

나뭇가지가 뻗어나가는 나무를 몇 번이나 그릴지는 total 변수가 결정한다. total = 20이면 재귀호출의 깊이$_{depth}$가 20인 프랙탈 그림을 그린다. 또한 현재 재귀호출의 깊이를 나타내는 depth 변수는 drawFractal()을 호출할 때마다 1씩 줄어들고, depth == 0이 되면 drawFractal() 함수가 종료된다.

예제 11-16 프랙탈 만들기 ex11-16.html

```
<!DOCTYPE html>
<html>
<head>
  <meta charset="UTF-8">
  <title>프랙탈 만들기</title>
</head>
<body>
  <canvas id="myCanvas" width="700" height="500"
    style="border: 2px solid #cef"> </canvas>
  <script>
    const canvas = document.getElementById("myCanvas");
    const ctx = canvas.getContext("2d");
    const startX = canvas.width / 2;
    const startY = canvas.height;
    let total = 20;
```

```
    let step = 0;

    function drawFractal(x, y, size, angle, depth) {
      if (depth === 0) {
        return;
      }
      const x1 = x + size * Math.cos(angle);
      const y1 = y + size * Math.sin(angle);

      ctx.beginPath();
      ctx.moveTo(x, y);
      ctx.lineTo(x1, y1);
      ctx.strokeStyle = `rgba(0, ${depth * 10}, 0, ${depth / total})`;
      ctx.lineWidth = depth / 5;
      ctx.stroke();

      setTimeout(() => {
        drawFractal(x1, y1, size * 0.75, angle - Math.PI / 6, depth - 1);
        drawFractal(x1, y1, size * 0.75, angle + Math.PI / 6, depth - 1);
      }, 1000);
    }
    drawFractal(startX, startY, 125, -Math.PI / 2, total);
  </script>
</body>
</html>
```

요약

01 HTML에서 캔버스를 이용하면 도형을 그리거나 움직이는 2D 또는 3D 그래픽 화면을 구현할 수 있다. <canvas> 태그로 캔버스를 생성한다.

02 fill()은 내부를 색으로 채운 도형을 만들며, stroke()는 테두리만 있는 도형을 만든다. 도형 안쪽 색상, 테두리 색상, 선의 두께는 fillStyle, strokeStyle, lineWidth 속성으로 지정한다. 캔버스 화면을 지울 때는 clearRect()를 사용한다. 애니메이션을 만들 때는 requestAnimationFrame()을 사용한다.

03 캔버스에서 경로를 사용하여 선을 그리거나 도형을 만들 수 있다. beginPath()가 경로 시작을 나타낸다. 선을 그리지 않고 이동하는 메서드는 moveTo()이며, 선을 그리면서 이동하는 메서드는 lineTo()이다. closePath()로 종료점과 시작점을 연결한다.

04 캔버스에서 호나 원은 arc(x, y, 반지름, 시작 각도, 종료 각도)로 그린다. 각도는 Math.PI의 배수로 표현하는데, 각도의 기준점인 0은 시계의 3시 방향을 의미한다.

05 캔버스에서 곡선은 quadraticCurveTo()로 그린다. 곡선의 시작점을 moveTo(시작점x, 시작점y)로 지정하고, quadraticCurveTo(제어점x, 제어점y, 종료점x, 종료점y)를 입력하여 제어점과 종료점을 지정한다.

06 fillText("캔버스", x, y)를 입력하면 캔버스의 (x, y)에 '캔버스'라는 글자가 나타난다.

07 캔버스에 이미지를 나타내려면 const airplane = new Image()로 이미지 객체를 만든 다음 airplane.src = ""를 사용하여 이미지 객체의 소스를 지정한다. 화면에 이미지를 나타내는 메서드는 drawImage()이다.

08 createLinearGradient(x1, y1, x2, y2)는 시작점 (x1, y1)부터 종료점 (x2, y2)까지 색이 변하는 선형 그레이디언트를 만든다. createRadialGradient(x1, y1, r1, x2, y2, r2)는 시작 위치와 종료 위치 사이에 원 모양인 원형 그레이디언트를 만든다. addColorStop(offset, 색상)으로 그레이디언트의 색상을 지정한다.

09 캔버스에서 도형이나 글자에 그림자를 만들 수 있다. shadowOffsetX, shadowOffsetY 속성으로 도형이나 글자의 상대적인 위치를 지정한다.

연습 문제

01 캔버스에서 도형의 외곽선 색을 지정하는 속성을 찾으시오.

① fillStyle ② fillRect
③ strokeStyle ④ strokeRect

02 캔버스에서 내부를 채운 사각형을 만드는 메서드를 찾으시오.

① clearRect() ② fillRect()
③ fillText() ④ strokeRect()

03 strokeRect(20, 30, 40, 50)에서 30은 무엇을 의미하는가?

① 사각형 시작점의 Y축 좌표
② 사각형의 높이
③ 캔버스 시작점의 X축 좌표
④ 캔버스의 높이

04 strokeRect(20, 30, 40, 50)에서 50은 무엇을 의미하는가?

① 캔버스 종료점의 Y축 좌표
② 사각형의 높이
③ 캔버스의 높이
④ 사각형 종료점의 X축 좌표

05 fillRect(20, 30, 40, 50)에서 40은 무엇을 의미하는가?

① 캔버스의 폭
② 사각형 색상 RGB 값 중 파랑의 농도
③ 사각형의 폭
④ 사각형 종료점의 X축 좌표

06 캔버스에서 화면을 지우는 메서드를 찾으시오.

① `clearRect()` ② `fillRect()`

③ `beginPath()` ④ `strokeRect()`

07 캔버스에서 경로를 사용하여 선을 그릴 때 경로를 시작하는 메서드는 무엇인가?

① `lineTo()` ② `closePath()`

③ `beginPath()` ④ `moveTo()`

08 캔버스에서 선을 그리지 않고 경로를 만드는 메서드는 무엇인가?

① `lineTo()` ② `closePath()`

③ `beginPath()` ④ `moveTo()`

09 캔버스에서 경로의 종료점과 시작점을 선으로 연결하는 메서드는 무엇인가?

① `lineTo()` ② `closePath()`

③ `beginPath()` ④ `moveTo()`

10 다음 중 캔버스에서 원을 그리는 코드를 찾으시오.

① `arc(100, 100, 20, 0, Math.PI)`

② `arc(100, 100, 20, 0, Math.PI * 2)`

③ `arc(100, 100, 20, 0, 360)`

④ `arc(100, 100, 20, 0, Math.PI * 1.5)`

11 다음 중 캔버스에서 반원을 그리는 코드를 찾으시오.

① `arc(100, 100, 20, 0, Math.PI)`

② `arc(100, 100, 20, 0, Math.PI * 2)`

③ `arc(100, 100, 20, 0, 180)`

④ `arc(100, 100, 20, 0, Math.PI * 1.5)`

12 캔버스에서 arc(100, 100, 20, 0, Math.PI * 1.5)로 그린 호의 시작점은 몇 시 방향인가?

① 12시 ② 6시

③ 9시 ④ 3시

13 캔버스에서 arc(100, 100, 20, 0, Math.PI * 1.5)로 그린 호의 각도는 몇 도인가?

① 360도 ② 180도

③ 90도 ④ 270도

14 캔버스에서 quadraticCurveTo(600, 800, 700, 500)로 그린 곡선의 제어점 Y 좌표는 무엇인가?

① 500 ② 800

③ 700 ④ 600

15 캔버스에서 화면에 문자를 그리는 메서드는 무엇인가?

① clearRect() ② fillRect()

③ fillText() ④ strokeRect()

16 캔버스에서 선의 두께를 지정하는 속성은 무엇인가?

① fillStyle ② shadowBlur

③ strokeStyle ④ lineWidth

17 캔버스에서 선형 그레이디언트를 만드는 메서드는 무엇인가?

① addColorStop()

② createLinearGradient()

③ fillText()

④ createRadialGradient()

18 캔버스에서 그레이디언트 색상을 지정하는 메서드는 무엇인가?

① `addColorStop()`

② `createLinearGradient()`

③ `fillText()`

④ `createRadialGradient()`

19 다음 중 그레이디언트 종료 위치의 색상이 파란색인 것을 찾으시오.

① `addColorStop(0, "blue")`

② `addColorStop(0.2, "blue")`

③ `addColorStop(0.3, "blue")`

④ `addColorStop(1, "blue")`

20 `createRadialGradient(300, 200, 150, 400, 100, 50)`에서 그레이디언트 시작 위치인 원의 반지름은 얼마인가?

① 100 ② 50

③ 200 ④ 150

21 캔버스에서 그림자의 상대적인 X축 위치를 나타내는 속성은 무엇인가?

① `shadowOffsetX` ② `shadowOffsetY`

③ `shadowBlur` ④ `shadowColor`

22 캔버스에서 그림자의 번짐 정도를 나타내는 속성은 무엇인가?

① `shadowOffsetX` ② `shadowOffsetY`

③ `shadowBlur` ④ `shadowColor`

23 경로를 사용하여 꼭짓점의 X 좌표, Y 좌표가 (50, 50), (100, 50), (100, 100), (50, 100)인 사각형을 그리는 코드를 완성하시오.

```
<!DOCTYPE html>
<html>
<head>
  <meta charset="UTF-8">
</head>
<body>
  <canvas id="myCanvas" width="600" height="400"
    style="border: 2px solid #cef"> </canvas>
  <script>
   const canvas = document.getElementById("myCanvas");
   const ctx = canvas.getContext("2d");
   ctx.beginPath();

  </script>
</body>
</html>
```

24 다음은 캔버스에서 도형이 움직이다가 캔버스 테두리에 닿으면 반대 방향으로 움직이는 코드이다. 경로를 사용하여 폭과 높이는 50px이고, 테두리는 파란색, 내부는 노란색으로 채운 사각형을 그리는 코드를 완성하시오.

```
<!DOCTYPE html>
<html>
<head>
  <meta charset="UTF-8">
```

```
</head>
<body>
  <canvas id="myCanvas" width="600" height="400"
    style="border: 2px solid #cef"> </canvas>
  <script>
    const canvas = document.getElementById("myCanvas");
    const ctx = canvas.getContext("2d");
    let x = 50;
    let y = 50;
    let dx = 2;
    let dy = 2;

    function draw() {
      ctx.clearRect(0, 0, canvas.width, canvas.height);
      ctx.beginPath();



      x = x + dx;
      y = y + dy;
      if (x + 50 > canvas.width || x < 0)
        dx = -dx;
      if (y + 50 > canvas.height || y < 0)
        dy = -dy;
      requestAnimationFrame(draw);
    }
    draw();
  </script>
</body>
</html>
```

25 다음은 캔버스에 정삼각형, 정사각형, 정오각형, ..., 정십이각형을 그리는 코드이다. 빈 칸을 채워 drawPolygon( ) 함수를 완성하시오.

```
<!DOCTYPE html>
<html>
<head>
  <meta charset="UTF-8">
</head>
<body>
  <canvas id="myCanvas" width="700" height="500"
    style="border: 2px solid #cef"> </canvas>
  <script>
    const canvas = document.getElementById("myCanvas");
    const ctx = canvas.getContext("2d");

    function drawPolygon(px, py, length, sides) {
      ctx.beginPath();
      for (let i = 0; i < sides; i++) {
        ctx.lineTo(px, py);
        [                                        ]
        px = px + length * Math.cos(angle);
        py = py + length * Math.sin(angle);
      }
      ctx.closePath();
      ctx.stroke();
    }
    function draw() {
      for (let k = 3; k <= 12; k++)
        drawPolygon(300, 10, 120, k);
    }
    draw();
  </script>
</body>
</html>
```

※ **26~28**번은 캔버스에 호를 그리는 다음 코드를 보고 물음에 답하시오.

```
<!DOCTYPE html>
<html>
<head>
  <meta charset="UTF-8">
</head>
<body>
  <canvas id="myCanvas" width="700" height="500"
    style="border: 2px solid #cef"> </canvas>
  <script>
    const canvas = document.getElementById("myCanvas");
    const ctx = canvas.getContext("2d");
    ctx.beginPath();
    ctx.arc(350, 250, 100, [                    ]);
    ctx.stroke();
  </script>
</body>
</html>
```

26 다음과 같은 호를 그리도록 빈칸을 채우시오.

27 다음과 같은 호를 그리도록 빈칸을 채우시오.

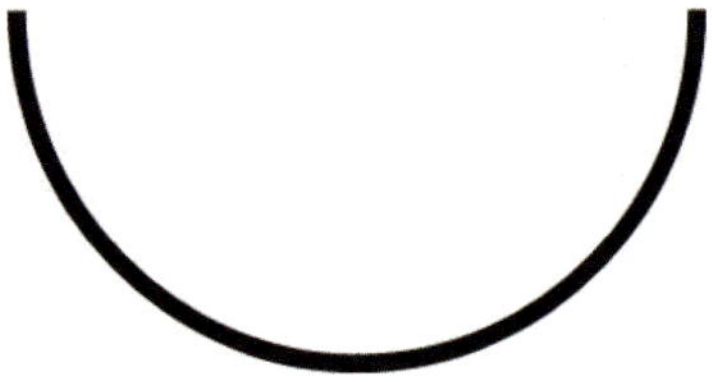

28 다음과 같은 호를 그리도록 빈칸을 채우시오.

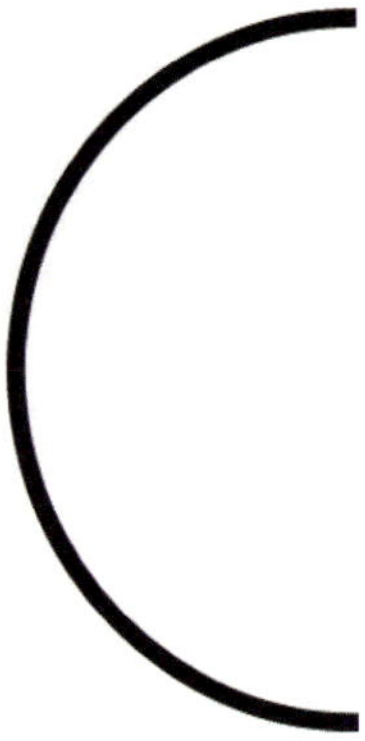

29 다음과 같이 문자에서 X축 방향으로 5px, Y축 방향으로 5px 떨어진 위치에 번짐 정도가 10인 그림자가 만들어지도록 빈칸을 채우시오.

```
<!DOCTYPE html>
<html>
<head>
  <meta charset="UTF-8">
</head>
<body>
  <canvas id="myCanvas" width="700" height="400"
    style="border: 2px solid #cef"> </canvas>
  <script>
    const canvas = document.getElementById("myCanvas");
    const ctx = canvas.getContext("2d");



    ctx.shadowColor = "rgba(100, 50, 100, 0.7)";
    ctx.font = "70px Sans Serif";
    ctx.fillStyle = "#57e";
    ctx.fillText("Web Programming", 50, 150);
  </script>
</body>
</html>
```

※ **30~31**번은 물방울 애니메이션을 만드는 다음 코드를 보고 물음에 답하시오.

```
<!DOCTYPE html>
<html>
<head>
  <meta charset="UTF-8">
  <title>물방울 애니메이션</title>
</head>
<body>
  <canvas id="myCanvas" width="800" height="500"
    style="border: 2px solid #cef"> </canvas>
  <script>
    const canvas = document.getElementById("myCanvas");
    const ctx = canvas.getContext("2d");
    let droplets = [];

    function Droplet(x, y, radius, speed) {
      this.x = x;
      this.y = y;
      this.radius = radius;
      this.speed = speed;

      this.draw = function () {
        ctx.beginPath();
        ctx.arc(this.x, this.y, this.radius, 0, Math.PI * 2);
        ctx.fillStyle = "rgba(0, 0, 255, 0.4)";
        ctx.fill();
      }
      this.update = function () {
        [            ②            ]
      }
    }
    function createDroplet() {
      let x = Math.random() * canvas.width;
      let radius = Math.random() * 15 + 5;
      let speed = Math.random() * 4 + 1;
```

```
    return new Droplet(x, canvas.height + radius, radius, speed);
  }
  function animate() {
    ctx.clearRect(0, 0, canvas.width, canvas.height);
    for (let i = 0; i < droplets.length; i++) {
      droplets[i].update();
      droplets[i].draw();
    }
    requestAnimationFrame(animate);
  }

  for (let i = 0; i < 50; i++) {
    [                ①                ]
  }
  animate();
</script>
</body>
</html>
```

30 물방울이 50개 만들어지도록 빈칸 ①을 채우시오.

31 물방울이 속도 speed로 Y축 방향으로 올라가다가, 캔버스 위쪽 끝에 닿으면 캔버스 아래쪽 끝으로 바로 이동하도록 빈칸 ②를 채우시오.

CHAPTER 12

도전! 프로젝트

학습 목표

- 지금까지 배운 HTML, CSS, 자바스크립트를 이용하여 재미있는 게임을 만든다.

▶ 경마 게임

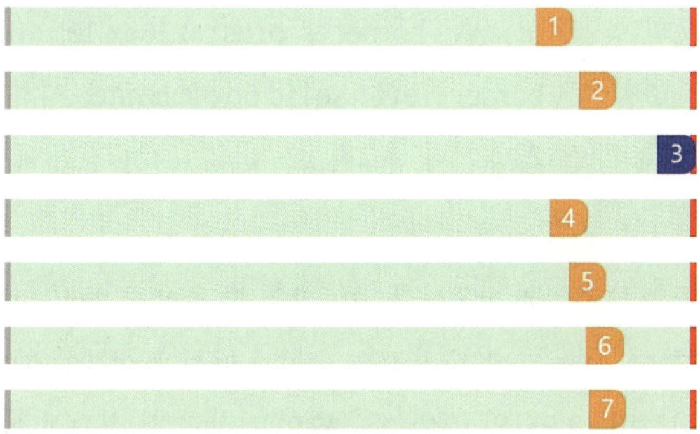

▶ 무지개 문자열

일곱색깔무지개

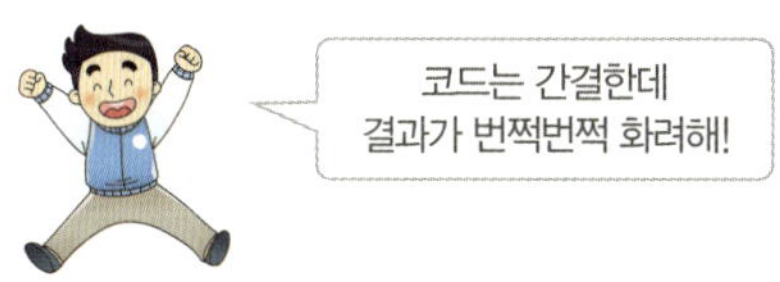

▶ 슬롯머신

슬롯머신 돌리기

2개 맞았음

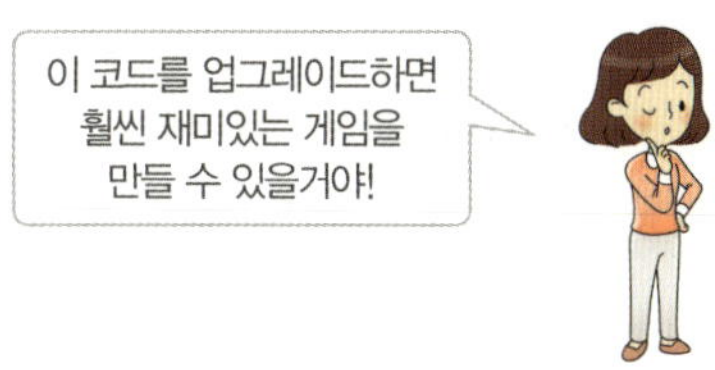

SECTION 01

경마 게임

각자의 트랙에 있는 7마리의 말이 출발선에서 일직선으로 달려 결승선에 도착하는 게임을 자바스크립트로 구현해보자. 각 트랙은 <div>를 사용하여 만들고, 말은 `border-radius: 0 10px 10px 0`으로 한쪽 끝을 둥글게 만들어 번호를 붙인다. 출발선은 `border-left: solid 5px #bbb`로 표시하고, 결승선은 `border-right: solid 5px red`로 눈에 잘 띄게 한다. [그림 12-1]의 (a)는 경마 게임의 초기 화면이다.

말은 `Math.random() * 10`으로 생성한 값만큼 오른쪽으로 이동한다. 7마리의 말 중에서 가장 먼저 결승선에 도착한 말은 색이 파란색으로 변한다. 이동 거리가 무작위 수이기 때문에 실행할 때마다 결승선에 먼저 도착하는 말이 달라진다. [그림 12-1]의 (b)는 3번 말이 가장 먼저 결승선에 도착했을 때의 화면이다.

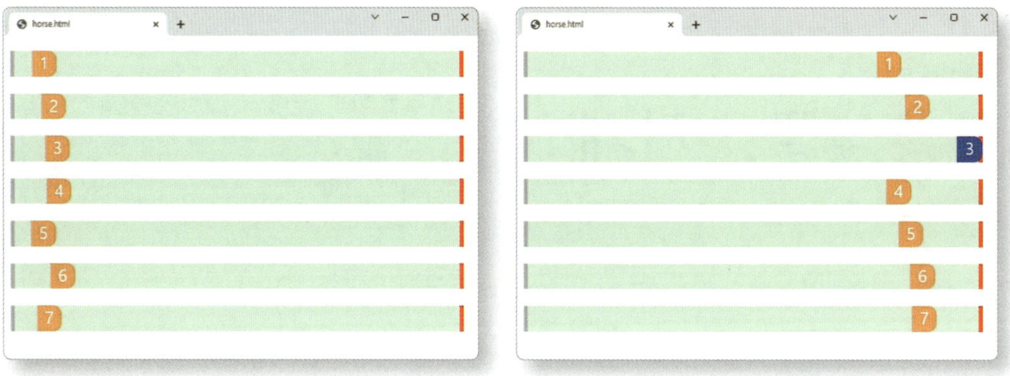

(a) 초기 화면 **(b) 3번 말이 가장 먼저 결승선에 도착한 모습**

그림 12-1 **경마 게임**

■ 경마 게임 업그레이드

경마 게임의 소스 코드를 miracle 웹 시스템에서 찾을 수 있다. 처음에는 소스 코드를 보지 않고 스스로 경마 게임을 만든 후 소스 코드와 비교하기 바란다. 또한 다음과 같이 경마 게임을 업그레이드할 수 있다.

❶ 사용자로부터 1부터 7까지 숫자를 입력받아 말 하나를 선택한다.

❷ 사용자가 선택한 말이 1등이면 '축하합니다. 1등 말을 맞혔습니다.'라고 출력한다.

❸ 사용자가 선택한 말이 1등이 아니면 '다음 기회에'라고 출력한다.

이 외에도 다양한 방법으로 자신만의 경마 게임을 완성시켜 보자.

SECTION 02 무지개 문자열

사용자가 문자를 입력하면 모든 글자가 서로 다른 색깔로 변하는 코드를 작성해보자. 무지개 문자열의 초기 화면은 다음과 같다.

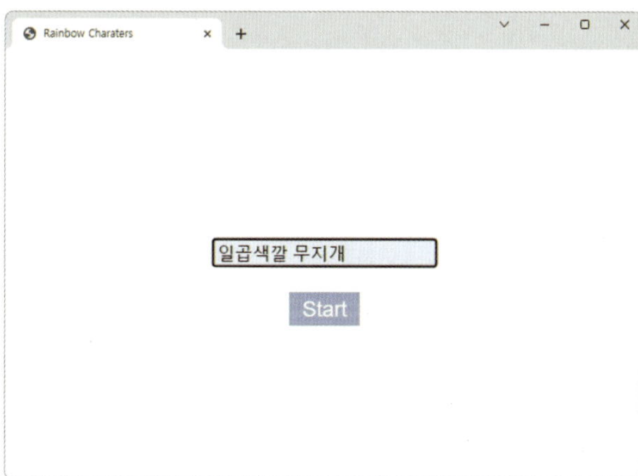

그림 12-2 무지개 문자열의 초기 화면

초기 화면에서 사용자가 임의의 문자열을 입력한 다음 [Start] 버튼을 누르면 입력한 문자가 다양한 색상으로 변한다. 다음 코드를 활용하면 무작위로 색상을 생성하는 코드를 만들 수 있다. [예제 8-12]에서도 이 코드를 사용했다.

```
<script>
  const letters = "0123456789ABCDEF";
  let color = "#";
  let intervalID = setInterval(changeColor, 250);

  function changeColor() {
     for (let k = 0; k < 6; k++)
      color = color + letters[Math.floor(Math.random() * 16)];
  }
```

무지개 문자열의 실행 화면은 다음과 같다.

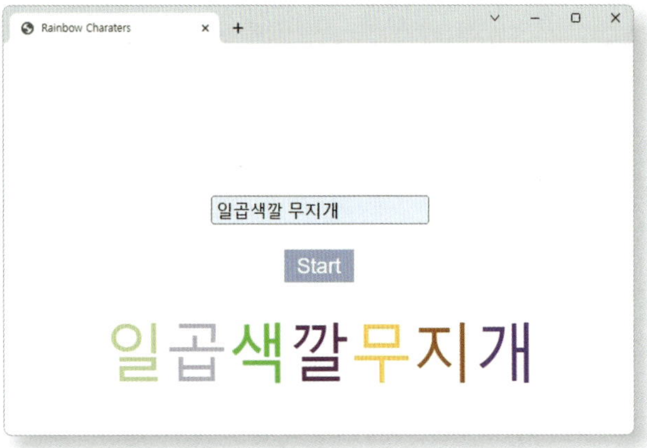

그림 12-3 무지개 문자열의 실행 화면

■ **무지개 문자열 업그레이드**

무지개 문자열 소스 코드는 miracle 웹 시스템에서 찾을 수 있다. 처음에는 소스 코드를 보지 않고 무지개 문자열을 만든 후 소스 코드와 비교해보기 바란다. 또한 다음과 같이 무지개 문자열을 업그레이드할 수 있다.

❶ 글자 색 변경을 100회 실행한다.

❷ 100회 실행 후 다시 사용자로부터 새로운 문자열을 입력받는다.

❸ 사용자가 'stop'을 입력하면 코드를 종료한다.

이 외에도 다양한 방법으로 자신만의 무지개 문자열을 완성시켜 보자.

SECTION 03

슬롯머신

이번에는 특정 문자를 사용하여 슬롯머신 게임을 구현해보자. `const symbols = ["🍀", "⭐", "⛄", "💘", "🐬"]`와 같은 `symbols` 배열을 정의한 후에 문자 3개를 초기 화면에 나타낸다. [그림 12-4]는 슬롯머신 게임의 초기 화면이다.

그림 12-4 슬롯머신 초기 화면

문자 아래의 [슬롯머신 돌리기] 버튼을 누르면 문자 3개가 무작위로 바뀌다가 멈춘다. 문자 3개가 모두 같으면 '잭팟'이라 출력하고, 문자 2개가 같으면 '2개 맞았음'이라 출력하며, 같은 문자가 하나도 없으면 '꽝'을 출력한다. [그림 12-5]는 문자 2개가 같을 때 나타나는 화면이다.

그림 12-5 슬롯머신에서 문자 2개가 같을 때

■ **슬롯머신 업그레이드**

슬롯머신의 소스 코드는 miracle 웹 시스템에서 찾을 수 있다. 처음에는 소스 코드를 보지 않고 슬롯머신을 만든 후 소스 코드와 비교해보기 바란다. 또한 다음과 같이 슬롯머신을 업그레이드할 수 있다.

❶ 사용자는 초깃값으로 1,000포인트를 받는다. 게임 결과에 포인트가 함께 출력된다.

❷ 꽝이 나오면 200포인트 감소시킨다.

❸ '2개 맞았음'이 나오면 200포인트 증가시킨다.

❹ '잭팟'이 나오면 1,000포인트 증가시킨다.

❺ 사용자의 포인트가 0보다 클 때만 슬롯머신을 돌릴 수 있다.

이 외에도 다양한 방법으로 자신만의 슬롯머신을 완성시켜 보자.

찾아보기

T

U V W X

Z

기호

숫자